当代江苏学人学术精萃丛书

江苏省哲学社会科学界联合会



# 杨亦鸣自选集

杨亦鸣 著

凤凰出版传媒集团
凤 凰 出 版 社

图书在版编目（CIP）数据

杨亦鸣自选集 / 杨亦鸣著. -- 南京 : 凤凰出版社,
2010.6
（当代江苏学人学术精萃丛书. 第1辑）
ISBN 978-7-80729-799-4

Ⅰ. ①杨… Ⅱ. ①杨… Ⅲ. ①汉语一语言学一文集
Ⅳ. ①H1-53

中国版本图书馆CIP数据核字(2010)第119355号

书　　名　杨亦鸣自选集
著　　者　杨亦鸣
责任编辑　汪允普
出版发行　凤凰出版传媒集团
　　　　　凤凰出版社(原江苏古籍出版社)
　　　　　南京市中央路165号　邮编 210009
　　　　　发行部电话 025—83223462
集团网址　凤凰出版传媒网　http://www.ppm.cn
照　　排　南京凯建图文制作有限公司
印　　刷　南通印刷总厂有限公司
　　　　　南通市通州经济开发区朝霞路180号　邮编:226300
开　　本　718×1005毫米　1/16
印　　张　31
字　　数　552千字
版　　次　2010年6月第1版　2010年6月第1次印刷
标准书号　ISBN 978-7-80729-799-4
定　　价　60.00元
(本书凡印装错误可向承印厂调换,电话:0513—80237871)

# 总 序

滚滚长江东逝水，浪花淘尽英雄。

江苏，地处中国第一大河流——长江下游，千百年来，她不仅汇聚着奔涌不息的一江春水，更蕴育了代代学界巨擘。从言子、枚乘、董仲舒，到范仲淹、王艮、冯梦龙、金圣叹、顾炎武、王念孙、阮元、王韬、薛福成、马建忠，再到柳亚子、顾颉刚、费孝通……一个个宛如耀眼的繁星，辉映在历史的长空，汇聚成蔚为大观的精神文化遗产。正因有了众多学术大家和他们的创造，江苏被世人誉为物华天宝、人杰地灵，堪称当之无愧。

新中国成立以来，一代江苏学人秉承前辈优良的治学传统，孜孜不倦，奋力勉耕，创造了大量无愧于历史、无愧于时代的学术成果，谱写了上个世纪后半叶江苏学界辉煌夺目的篇章。面对这些弥足珍贵的思想与学术精华，当梓行之，传播之，倡扬之，发展之。自 1999 年起，江苏省哲学社会科学界联合会用 5 年时间，组编并相继出版了《当代江苏学人丛书》。该丛书以在全国具有重要影响的江苏籍著名学者为收录对象，多角度、较全面地反映他们的家世生平、治学经历、学术成就、道德修养和生活情趣。这套由近 50 部书组成的学人丛书，不仅成为弘扬江苏人文精神，展示文化强省建设的学术成果，而且在对广大人民群众进行社会科学知识普及中发挥了应有作用。

然而随着时间的推移，一个不容回避的现实摆在人们面前：《当代江苏学人丛书》收录的对象大多已经辞世，少数健在者也都过了古稀甚至是耄耋之年。面对如此状况，有人不禁会问：曾经群星耀眼的江苏哲学社会科学界会不会后继乏人？让我们颇感欣慰的是，当历史跨入改革开放的新时代，特别是进入新世纪以来，为了回应实践对理论的急切呼唤，进一步繁荣发展江苏哲学社会科学事业，社科界一批中年学者承继着前辈学人的治学精神，继续在这块充满希望的土地上辛勤耕耘，并已取得丰硕的成果。他们或着眼于对当下重大现实问题的深入思考，或着眼于对中华民族发展轨迹的历史追寻；或潜心于精深的学理探析，或专注于相关学科理论的系统爬梳。其思想观点之丰富，学术见解之深刻，理论原创性之显著，令学界刮目。可以说，江苏哲学社会科学界一批学术带头人正在崭露头角。面对这一喜人的局面，在我的提议下，2009年初召开的江苏省哲学社会科学界联合会七届理事会第五次会议通过了编辑出版《当代江苏学人学术精萃丛书》的决定。

《当代江苏学人学术精萃丛书》作为江苏省哲学社会科学界联合会组织实施的"人文江苏系列研究"工程的重要项目，计划用5～8年的时间，出版数十部。这套丛书与前述那套丛书有所不同，她是以现今活跃在江苏哲学社会科学界的在全国有重要影响的著名专家学者为收录对象，以"自选集"的形式选编其在国内具有权威性或国际上具有影响力的中文报刊上公开发表的论文为主体，这些论文应当能够体现其研究的学术成就和水准，曾在国内外学术界产生了较广泛的影响，对推动所属领域的学科发展发挥了应有作用。同时介绍他们治学的心路历程、经验体会以及收录他们全部论著的目录。组织编辑出版《当代江苏学人学术精萃丛书》，既是为了向世人展示当今江苏学人的成果和风采，也是为了激励他们继续努力攀登新的高峰，还是展示近些年来江苏文化大省和社科强省建设的成就。

诸事成功，人才为基。在新的历史起点和新的时代条件下，要开创哲学社会科学的崭新局面，创造哲学社会科学新的辉煌，星星点点的学者群体显然力不从心，而是需要愈来愈多的社科工作者凝心聚力，用自己的辛勤劳动和热忱点燃智慧的火炬，实现科学文化一代接一代的薪火相传。正因如此，我们组织编辑出版这套丛书，还有一个相对长远的目的，就是要通过这套丛书推介这些学界成功者的学术品质、治学之道和人文精神，给后学带来深刻的昭示与启迪：面对异彩纷呈的商品世界，只要我们不为物欲所动，不为世俗偏见所左右，耐得住清贫，耐得住寂寞，坐得起冷板凳，凭着对哲学社会科学事业的一腔赤诚，执着追求，锲而不舍，就一定能开拓更加缤纷璀璨、洋洋大观的学术天地，一定能攀登人文社会科学的学术峰巅。

浩浩江流，前浪后浪。我们不仅仅期许有更多的学者和他们的成果入编丛书，而且格外希望在各种学术活动中不断增添新面孔，汇聚新生力量，壮大学术队伍——也许江苏新一代学术大师就在他们中间诞生。

洪银兴

2010年1月

# 目 录

# 学术小传

## 一、“非负递减函数”

“非负递减函数”是我在1982年研究“也”字句歧义时使用的一个数学术语。“也”字句歧义不同于一般的句法歧义，我认为是语用歧义，由于“也”具有任意的类同追加性，因此同一个“也”字句就有产生多种意义的可能，但“也”的追加有“自然性和非自然性”的特点，即“也”字每次追加的联项越多，其自然性就越小，呈现出非负递减函数的关系，由于这个关系的确立，可以得出“也”字句前提的取值范围为$P \leqslant 2^{n-F}-1$。

用“非负递减函数”这一数学名词作为本学术小传第一节的标题，是因为我觉得它在某种程度上契合了我早期研究的价值取向，这种价值取向可以表述为标新立异和跨学科研究。那时的标新立异还只是一种风格上的追求，希望能求新求异，与众不同；跨学科研究也只是实现这一风格的手段，比如用数学公式来推演和表述语言学研究的内容和结果。当然随着知识的增加和见识的增长，这种价值取向的进一步发展自然是追求语言学研究中的统一解释和最简表达，而数学语言和建模的思想是实现这种价值取向的最佳路径。

我最初接触语言学是在上个世纪“文革”后期，当时还是一名高中学生。从中国古代的四大名著直到《复活》等能找得到的“封资修大毒草”，在小学到初中之间就已经开始陆陆续续地囫囵吞枣了，到了这个年龄段，我的地下阅读渐渐延伸到了一些带有学术或技术色彩的著述。恰逢当时是邓小平主政的“右倾翻案”时期，老师也在教一些语法知识，于是我就把家里那些在“破四旧”时设法保存下来的尘封已久的书籍翻了出来，其中有好几本大学语言学教材，我逐章阅读下来，印象最深的是五十年代印行的史存直编著的《现代汉语讲义》，史先生的书末有一章附录，是讲结构主义音位学的，诸如 g、k、h 与 j、q、x 从音位学的角度看可否合为一类之类的问题，在那个不讲科学，没有理论的年代里，着实让我这个成长中的迷惘少年过了一把钻研科学的瘾，也使我初步体验到了理论构架的美感。不过随后下乡插队，战天斗地，一直到改革开放考上大学，都是一副文学青年的样子，从没想到要研究语言学，但冥冥之中在偶然和必然的因素下，我还是走上了语言学道路，可能少年时纠结于 phonetics 和 phonology 的那惊鸿一瞥就已经形成了我的宿命。

我在大学时代语言学研究的启蒙老师是廖序东教授、李成蹊教授和顾易生教授，1981 年我大三时发表在《语文战线》和《语文教学园地》的两篇有关讨论鲁迅作品日语借词的文章就得到了李成蹊先生和顾易生先生的指导和帮助。我同时所写的另一篇有关语法方面的论文则得到了廖序东先生的指导。鲁迅作品中有“的地”、“底地”、“底的”这样结构助词叠用的现象，当时我看到的论著中涉及到这个问题的，只有廖先生主持编写的《语法基础知识》(江苏人民出版社，1979)，廖先生认为这是欧化语法，我则认为这是从日语来的。出乎我的意料，廖先生在指导论文时，没有谈我的观点对与不对，而是问我写这篇文章看了那些参考书，当我向他一一汇报之后，他又很平和地问我：“黎锦熙先生和刘世儒先生合著的《汉语语法教材》和北京师范学院汉语教研组编著的《五四以来汉语书面语言的变迁和发展》这两本书看过了吗?”我说：“没有。”他就很严肃地对我说：“黎先生最早谈到这个问题。做研究，第一步是要尽量把相关的文献都读遍，否则，问题的来龙去脉搞不清楚，如何下断语?”听了廖先生的话，我明白了做学问不能靠灵机一动，所谓板凳要坐十年冷，文章不写半句空，不是说说而已，而是要踏踏实实地去做。在廖先生的点拨下，我更加详细地论证了自己的观点，这篇文章后来发表在《语言教学与研究》1985 年第 3 期上。



廖先生是著名的语言学家、语文教育家，他 1937 年考入北京师范大学国文系(7 月，卢沟桥事件发生后，学校迁往西安，与国立北平大学、国立北洋工学院组成西安临时大学；1938 年春，又迁至汉中，改名为国立西北联合大学，1939 年原师范大学又独立出来改称国立西北师范学院)，师从语言学泰斗黎锦熙先生。黎先生 1915 年赴教育部之聘前曾在湖南第四师范学校和第一师范学校担任教员，当过一代伟人毛泽东的老师。此时黎先生任北师大文学院院长、国文系主任，亲自给廖先生他们一年级新生讲国语文法、国音学等课程。所以廖老师的语言学功底十分深厚，读大学时已写有多篇论文。从 1981 年起，廖先生陆续给中文系七八级同学开设了多门选修课，1982 年上半年是我们本科阶段的最后一个学期，廖先生又给我们开设了《现代汉语语法学专题研究》的选修课，共讲了“怎样研究语法”、“暂拟教学语法体系的修订”、“汉语语法学简史”、“解放后几次语法大讨论”、“句子分析结果的表示法”、“现代汉语句型”、“语法与逻辑”、“语法与修辞”、“现代语法理论”等九大专题，其后，在读研究生期间，廖先生又给我们开设了“《马氏文通》研究”等课程，可以说我早年的研究兴趣主要集中于语法学和语言学理论并一直保持到现在，在很大程度上是受了廖先生的影响的。

1982 年我写了《论“也”的语义和“也”字句的歧义》一文，呈请廖先生指导，两万多字的长文，廖先生在每一页上都写了许多的眉批和旁注，使我感受到了许多细致入微的东西，特别是领会到怎样把复杂的事物简单化、条理化，说清楚；同时也懂得了要注意不把简单的问题复杂化。记得当时我刚接触乔姆斯基的理论，对形式化很感兴趣，搞了好多的公式，有些是完全不必要的，廖先生一一指出，但对我从新旧信息角度分析问题给予了肯定，使我在修改这篇文章时加大了在语用方面研究的分量，抓住了问题的实质。虽然我后来主要精力用于跟古德夫先生做音韵学，没有立刻将论文全文修改发表，但在国内是较早从语用层面研究语法的。所以尽管 1982 年以后有好几位名家写了好几篇讨论“也”字的论文，成绩斐然，但多半只注重从句法方面来分析，而没有考虑到这种由语用造成的、由语音规则解释的歧义现象。所以在近 20 年之后，当这篇文章的修改稿以《试论“也”字句的歧义》为题发表在《中国语文》2000 年第 2 期上之后，仍被同行们认为是一篇重要的论文。（见《汉语学习》2001 年第 4 期）

沿着语用歧义这个思路，我陆续发表了一些汉语副词的个案研究；《论副词的语用分类》算是一篇带有整体思考的文章，揭示了实际话语中语用前提不同会导致焦点不同，焦点不同导致副词语义指向不同的现象，并根据副词在句中是否会产生语用歧义，把副词分为动态副词和静态副词两类。该文曾在赵元任诞辰 110 周年学术讨论会和第二届肯特岗国际汉语语言学圆桌会议上宣读，后发表在 *Journal of Chinese language and Computing* 2003 年第 1 期上。但是我从语用角度研究语法多数情况下不是时下流行的 pragmatics，更多地应算是关注了意义和语境的 language use。

为什么要从语用的角度研究语法？我认为，首先，研究语言的语法，既要重视句法结构的描写和解释，又应该能够跳出句法，因为客观世界是多维的，反映客观世界的语义结构也是多维的，按理想的状况，不同的语义结构可以表征为不同的线性组合的句法结构，可事实上，语义结构在表征为句法结构时由于受到某种具体语言线性组合规律的限制，形成的某种线性句法结构可能只是个空壳形式；其次，语言的结构规则（语法）有的是句法决定的，有的是语用决定的，但无论受那种因素的制约，由于受到线性组合和句法规律的限制，它都选择了某种句法形式，因此这种线性句法形式有时也会是一个空壳形式，如果不考虑语用原则的制约，只按句法规则来分析并不能发现问题的实质。因此，我们不能指望完全在句法平面内来解决由超句法的各种因素构成的语言的结构规律，这就是我的语法研究往往从语用角度来切入，但也关注其句法投射的原因。《试析主语槽中"NP 的 VP"结构》（载于《语法研究与语法应用》，北京语言学院出版社 1994 年版）就是从话篇语用分析入手，发现主语位置上的"NP 的 VP"是由上文陈述转化来的，转化导致了由对事件的陈述转变为对事件的指称，指出应当区分虽有联系但性质并不相同的两种"功能"，即单位功能和成分功能，从而水到渠成地得出了从语用功能上看，"NP 的 VP"是一个向心结构，整体与核心都是指称性的，提出了不同于朱德熙等学者的处理方法。《关于〈左传〉"贰于 X"及其他》则对杨伯峻等学者提出的《左传》"贰于 X"句具有两种相反语义做了分析，最主要的观点是提出"贰于 X"格式本身的结构和意义都是统一的，不是"贰于 X"有几个意义，而是上下文语境提供和赋予"贰于 X"各种其他意思，古汉语研究同样要分清哪些是语言符号本身的意义，那些是语境所产生的伴随信息。其实对古代汉语的研究来说，这一点更为重要，从《左传》杜注对"贰"的种种解释对后人的影响，就可以知道区分随文释义与综合释义，把语言结构本身的意义与该句在具体语境中文义区别开来的重要性。

教学语法也是我早期研究的重点之一。"文革"前，中学的语法教学主要是依据 1956 年制定的《暂拟汉语教学语法系统》，1981 年 7 月在哈尔滨举行了一次由吕叔湘、王力、张志公等百余名学者参加的"语法和语法教学讨论会"，产生了《〈暂拟汉语教学语法系统〉修订说明和修订要点》，人民教育出版社中学语文室据此推出了修订稿，并经多次广泛征求意见和修改，于 1984 年颁布了《中学教学语法系统提要》在中学试用。哈尔滨会议之后，我一直关注中学语法教学的动向，1984 年《提要》公布后，我与张成福兄陆续在北京的《中学语文教学》、上海的《语文学习》等杂志发表十余篇阐释《提要》的论文。1988 年全国统编的中学语文教材的语法知识部分开始全部采用 1984 年颁布的"中学教学语法系统"，为了配合全国教学语法体系的转轨，我们推出了近 50 万字的《教学语法新体系》一书，受到教育界好评，一年内即再版重印三次，1989 年获得全国优秀图书奖。

## 二、"透视分离法"

"透视分离法"是我自创的一个术语。自《切韵》以后，中国历史上许多韵书、韵图和音学杂著，大都追求《切韵》"论南北是非，古今通塞"的境界，希望能建立一个无所不包的语音系统，这种追求在明清时期尤盛。其实，从音韵学和语音史的角度看，一个大杂烩的音系当然不如单一的音系价值大。长期以来，这类著作得不到应有的重视，关键在于其音系芜杂，难以理清头绪，从而失去了对语音史的论证和解释的作用，因此面对这样一个语音史上的遗产，就有了一个如何利用的问题。我在研究《李氏音鉴》过程中尝试提出并使用了一种既带有方法论意义又具有具体操作性的研究方法，可以从韵书芜杂的表面透视出其音系基础及兼列的音的性质，分离并提取出有用的语音资料，使那些久已尘封的韵书的价值得以彰显于世，我把这种方法命名为"透视分离法"。"透视分离法"其实是我在音韵学研究中追求统一解释和最简表达的另一种表现形式，以此作为讨论音韵学问题的第二节的标题也算是适得其所吧。

在语言学的各部门中，音韵学素有绝学之称。我大学时代的古代汉语课是顾易生教授上的，他在教学方面深有造诣，不论是讲授的内容，还是讲授的方式都极为精彩，特别是音韵学部分，深入浅出，引人入胜，而我又天性喜欢挑战难度，喜欢那些准入门槛高的学科，因此我对音韵学也算是情有独钟，那些看似枯燥乏味的字母、韵部我背诵起来却津津有味。1983 年我报考本校汉语专业研究生，导师组的三位导师是廖序东教授、古德夫教授和李成蹊教授，其中廖先生指导现代汉语专业语法方向，古先生指导汉语史专业音韵方向，李先生指导汉语史专业训诂方向，我作为汉语史专业的研究生，在论文撰写时自然而然地选择了古德夫教授指导的音韵学方向。

业师古德夫教授是一位学养深厚又富于独创精神的音韵学家，也是黎锦熙先生的高足。1939 年抗战时期，他冒着生命危险从敌占区冲破重重封锁线奔赴陕西城固，考入国立西北师范学院(其前身为北京师范大学)，古先生的音韵学课程就是黎先生讲授的，课后他撰写了《说文声符古今通检》、《唐河音系》等论文。直到上个世纪六十年代古先生一直与黎先生和魏建功先生等保持联系，多所请益，他给我们讲授音韵学使用的讲义就是黎先生 1963 年亲自审阅过的。古先生在汉语词汇、语音、语法和训诂学等领域均有研究，但用力最多的还是音韵学。他对中古音的研究造诣很深，上个世纪六十年代就开始细研唐写本王仁昫《刊谬补缺切韵》("王三")，后又陆续参照比勘"切一"、"切二"、"切三"和"王一"、"王二”以及唐五代其他《切韵》修订本的残叶断片等，这些唐写本先后曾著录于《瀛涯敦煌韵集新编》、《敦煌掇琐》、《十韵汇编》、《唐五代韵书集存》等书，但最早真正利用这些资料做系统研究的当推古先生。古先生的工作有许多重要的发明，比如学界一直认为“一般所谓‘切韵系统’，也就是‘广韵的系统’”，（王力《汉语史稿》上册49页）《广韵》的反切“是依照陆法言《切韵》的”，（王力《汉语音韵学》177页）古先生利用上述各种存世与出土的文献资料以去声小韵反切为例，逐项比勘统计，首次发现《广韵》改变《切韵》的反切将近一半，因而《广韵》的反切决不全是《切韵》的反切，《广韵》已非《切韵》。（见古德夫《〈广韵〉反切的来源——〈切韵〉到〈广韵〉反切的改易》，《中国语言学报》第四期）在教学方面，古先生也是一丝不苟，严肃认真，记得古先生的课程考试往往要考十几个小时，早上到古先生家开始做题，中午不休息在古先生家吃完师母做的饭继续做题，晚上掌灯时分才能结束。

古先生的教学和研究工作在骨子里是意气风发的，但我感觉先生为人非常低调，文章写作和发表都相对较少，与我们所了解的他所做的研究工作是不相称的。我多年之后才知道古先生大学期间因品学兼优曾为学校推荐到暂居城固西北联大附近的民国河南省政府主席刘茂恩家做过家教，因此抗战胜利后得以在河南省政府做过一阵子文员，可以想见这个“历史问题”是如何成了压在他心头挥之不去的梦魇。现在想来，刘茂恩先后作为十三军团和十四集团军司令，抗战时率部参加了平型关战役、中条山战役和忻口战役，歼敌数万，当时在国统区算是抗日英雄，一个青年学子焉能妙算后事，况且随着解放战争的发展，古先生看到国民党的腐败和反动本质，毅然弃政从教，于1948年10月进入省立开封中学担任国文教员，并任河南大学文学院讲师，1949年，进入苏南公学、苏南教育研究班学习，接受了马列主义的教育，但“历史问题”还是给古先生后半生带来了沉重的代价和压抑，而这多年的压抑又严重损害了古先生的身体。在我的印象中，古先生和师母常年身体不好，经常住院。古先生身患多种疾病，如双传导阻滞、心脏功能弱化、眼疾、严重肺气肿等，有时在课堂上声断气连，我们的心都提到嗓子眼，但先生或喷药或吃药，咳嗽消停后，继续勉力讲课，令人动容。我的硕士论文完成后，古先生也是在医院的病床上抱病披阅的。改革开放后，形势日渐好转，古先生有心想把失去的岁月补回来，但实在是心有余而力不足，这里逐录古先生1986年的一则日记，可以看出其晚年的工作、生活的状态：“一九八六年十月三日。抄小韵考。现在脑力不行，心力慢性衰竭，眼力近于失明，实在已经不能工作了，但是，还不甘心，争取一、二年内，完成几部稿子，三韵异同已具轮廓，古文字基础可作讲义印出，汉语音韵争取明年修改完毕，作讲义印出。”其实，古先生此后已很难继续工作了，但先生还是整理完成了他最后一部著作《汉语中古音新探》，是江苏教育出版社1993年出版的，而此时距先生辞世已经三年了。

我的音韵学研究主要集中在近代音领域，当年硕士学位论文选题是关于清代《李氏音鉴》的专书研究。我的这一选择受了两个方面的影响，一是在历史比较语言学领域，我非常赞同索绪尔在《普通语言学教程》“语言学史一瞥”里提出的不要试图一下子构拟原始印欧语，而是要利用晚近的语言从罗曼语族、日耳曼语族等语族的研究开始，逐层上溯，我觉得汉语史的研究应该借鉴这一思路，那时我野心勃勃，不知天高地厚，想系统研究汉语语音史，所以先选择了近代音领域；二是我那时发愿想写一本普通话语音史，一方面那是汉语语音史不可缺少的一个环节，另一方面它对国家语言政策的制定和现代汉语语音规范化也有重要意义，但可供使用的反映北京音系的材料少之又少，我就想先逐个研究与北京语音有关的明清韵书、韵图和诗文押韵等，而《李氏音鉴》的作者李汝珍是清代大兴人，成人后又长期生活在海州板浦，对那里的方言我有一定了解，因此决定研究《李氏音鉴》。其实，自20世纪初以来，众多的学者如钱玄同、胡适、白涤州、赵荫堂、王力、陆志韦、俞敏、史存直、李新魁、何九盈等都相继肆力于《音鉴》的研究，可是我的直觉是对于《李氏音鉴》的研究还有许多最基本的问题尚未解决，比如权威的观点是《音鉴》音系南北杂糅或是北音与吴音的综合，因此减少了其价值等等，劳乃宣甚至斥之为：“其书文辞辨博，徵引浩繁，类有学者所为，故浅人多为所震；其实未窥等韵门径。”

但要真正超越前人谈何容易，我首先想到的是要在方法上有所创新，如仍用以前的方法，得出的结论可能只是修修补补，很难有新的发现。经过三个月的潜心思考和对长编材料反复分析，我终于从困兽一样的绝境中看到了希望的曙光：那一天我正在阅读藤堂明保日文版的《中国语音韵论》，突然“透视分离法”一词在我脑海中横空出世，像一道电光石火，激发了我的灵感，使我洞悉了《音鉴》音系的奥秘。这样《音鉴》安排音系的方式及兼列南北的实质均昭然若揭，接着我又顺利地揭开了李汝珍的粗细理论的实质和反切的特点，发现《音鉴》的粗细兼指声韵，反切上字决定介音，与《切韵》以来的传统反切大不相同。由于前人没有看出《音鉴》这些完全不同于以前经典韵书的特点，所以许多结论都有偏颇之处，而我们则运用“透视分离法”从《音鉴》音系中勾勒出了一个完整的两百多年前的北京话语音系统，这样《音鉴》对研究普通话语音史的意义也就不言而喻了。

我的这篇论文因为“离经叛道”的东西太多，能否通过答辩，更重要的是能否得到学界的认可我甚为担忧，连古先生都说“不易为人接受”。事实上这种担忧后来证明确实不是空穴来风。但我的确非常幸运，两位答辩委员兼评审专家——北京师范大学的曹述敬先生和南京师范大学的徐复先生对我给予了热情的关怀和支持。曹先生不仅整体上予以肯定，还随文批注，画出了许多惊叹号，曰“精细”、“创新”等；徐复老的评语更是鼓励有加，他说：“李汝珍的《李氏音鉴》以往确实有不少人研究过，但都不够翔实，作者杨亦鸣同志熟于近代汉语语音史，写了这篇论文以弥补这一缺憾，他的论述和分析，都很中肯，为研究普通话语音史作出了贡献。”还说：“作者对《李氏音鉴》音系的性质，提出它的语音基础是北京音，从而排除了其他学者的一些论定，非常可贵。三点理由，具有说服力，也可以说是作者的精义所在。”“作者对《音鉴》的声、韵、调系统，做了详细论述，他指出李氏书中的‘切异粗细’，即反切上字决定介音，对读者启示很大。”“他把《音鉴》列为十八世纪末的北京音系，言之成理，是可信的。”“作者的研究方法，除归纳法、比较法外，还采用透视分离法，说法新颖，有独创性。论文写得是成功的。”著名的近代音专家杨耐思先生也多所谬奖，他后来在给我这本书所写的序言中说道，“1986 年秋天我有幸读到这个初稿，顿感颇多新意”，认为本书“涵盖了近代汉语语音史的许多新颖的见解，观察入微，论证周密，算得上这个学术领域里的一项重要的研究成果”。他特别提到前人对《音鉴》的研究功不可没，但“关于《音鉴》的详细内容或深层情况仍然不被世人所知，它所代表的音系究竟是怎样的性质？它的‘南北方音兼列’的实质是什么？‘北音’、‘南音’究竟各何所指？这样一些重要的问题，也还没有弄清楚”。杨先生认为我的工作“揭示了《音鉴》的详细内容和它的特色，通过多维考察，理性审视，摸清了李汝珍的粗细理论和反切特点，李氏关于音系的描写和处理方式的具体细节，从而发现《音鉴》所代表的音系并非有些学者所断言的，是一个南北方音杂糅体系，而是一个以当时北京语音为基础，兼顾当时以板浦为代表的海州语音而构成的体系”。并指出这一“关于《音鉴》音系的性质的发现非常重要”，“扫清了笼罩在《音鉴》之上的层层迷雾，显露了它的庐山真面，许多悬而未决的问题都迎刃而解”，“亦鸣同志创获的新的研究方法——透视分离法并在应用中获得成功的经验，对于研究明清音韵专书也有重要的意义”。



1992 年《李氏音鉴音系研究》由陕西人民教育出版社正式出版后，美国、日本、韩国和香港、台湾地区及内地的一些重要学者和重要著作、刊物给予了一定的关注，引用达百余次。许嘉璐等主编的《中国语言学现状与展望》(外语教学与研究出版社，1997 年版)、刘坚主编的《20 世纪的中国语言学》(北京大学出版社，1998 年版)都在“音韵学”部分介绍了这一成果，全国哲学社会科学规划办公室编《哲学社会科学各学科研究现状与发展趋势》(学习出版社，1997 年版)在介绍新时期音韵学研究主要成绩时也指出：“在古代实际语音的研究中，所使用的基本上是历史比较法，创新较少；但在近代音研究中，除了对上述音韵学著作有所深入外，在方法上也有革新。如杨亦鸣的《李氏音鉴音系研究》……”台湾《声韵学会通讯》第五期刊载署名文章《近五年来大陆地区汉语音韵研究概况》除了在“近代音研究”一章中详细介绍《李氏音鉴音系研究》的学术成果和学界评价外，在“结语”一章中对大陆音韵学研究做全面总结时，指出大陆音韵学“在研究方法上则更趋科学化，最具代表性的即是杨亦鸣于研究李氏《音鉴》所使用的‘透视分离法’”。

1990年起，我开始指导汉语史专业研究生运用“透视分离法”对《古今中外音韵通例》、《正音咀华》、《正音切韵指掌》、《正音撮要》、《圆音正考》、《音韵逢源》等韵书做研究，通过对作者的生平、交游和韵书的体制、性质的分析，透视出杂陈于同一框架中兼列的各种不同来源和不同层次的音，从而透过芜杂的表面，破译其音系性质，廓清了许多学者的误解。比如《正音咀华》是清代后期的官话音课本，研究过此书的学者对这本书的音系性质有不同的看法，但共同点都认为此书没有反映当时的北京语音。运用“透视分离法”可以发现《正音咀华》实际上有两套音系：一套是由于迁就传统韵书而列于表面的比较保守的音系，另一套是通过注音的方式而反映出来的当时的官话音。所以《正音咀华》反映的是十九世纪中前期的北京话语音。使用“透视分离法”要注意作者的任何一种经历或韵书本身的任何一种现象都应该作为变量加以考虑，比如沙彝尊、裕恩等满人的音学著作，一定要考虑作者母语满语和满文因素的影响。以《音韵逢源》为例，该书是一本同音韵谱式的等韵图，成书于清道光庚子年(1840)，作者裕恩是清正蓝旗人，该书记录有尖音字和团音字，并注有相应的满文译音，以前许多研究者都以为该书因分尖团而不能反映北京音系，其实《音韵逢源》将精组细音与见晓组细音分开是人为区分的结果，是一种假象，其目的是为了解决满汉译音中的国名、地名、人名的还原问题，应该说早在《音韵逢源》时代之前，北京音系中的尖团音就已经舌面化了。如果我们能够充分考虑到作者身世、母语背景和写作动机，我们就能够搞清楚这类韵书的音系性质、地位和作用。(详见《〈圆音正考〉与〈音韵逢源〉所记尖团音分合之比较研究》，《中国语文》2003年第2期)

我对音韵学不仅在研究上乐此不疲，在教学上也十分倾心。我觉得音韵学应该摘掉绝学的帽子，在其入门阶段既要让初学者领略到音韵学是一门科学性和理论性很强的前沿学科，又要让初学者感受到音韵学是一门通俗易懂饶有兴味的很有实用价值的传统学科。为此，我和顾易生先生合作编写了一部适合初学者阅读的音韵学入门书《音韵易通》(中国矿业大学出版社1989年版)，该书在内容上，举凡音韵学研究的基本材料、基本方法和重要结论以及有关知识，都力图原原本本地介绍给读者;在形式上,则把这些内容归纳为若干个题目,每题集中谈一个问题,既相对独立,又相互联系,行文中注意联系语文课本和文学作品的例子,深入浅出,使素有"绝学"之称的音韵学易于为读者所接受。张世禄先生在为本书所写的序中十分赞赏本书将"学理"和"事例"两相解释的办法,认为达到了"深入浅出、通俗易晓"的要求,"其有助于教学之改进和音韵知识之普及者可谓大矣"。

## 三、"神经机制"

"神经机制"大概是我近十几年来学术活动和所发表的文章中出现频率最多的一个关键词,所以就选它作为以讨论神经语言学为主要内容的第三节的标题。

我是1986年研究生毕业的,1990年晋升为副教授,1994年晋升为教授,也是在这一年,我开始担任系副主任,分管科研、学科建设和研究生工作。由于工作职责的需要,必须考虑学科建设问题,于是选择新的学科生长点,成了我首要的工作。1994年之前,我主要从事的是现代汉语和汉语史的教学与研究工作,但是我对普通语言学的历史和理论的兴趣一刻也未停止过,从洪堡特到索绪尔到乔姆斯基,当时能看到的著作都搜罗殆尽,大快朵颐。因此虽然在我读大学的时候中文系还没有开设语言学概论这门课,但我研究生毕业后在担任古代汉语课程的同时,也开始为本科生开设语言学概论课。从85级开始,一直到现在,只要有时间我都尽量给本科生上这门基础课。1994年我担任行政工作,启动新一轮硕士点的申报,首要目标自然锁定在语言学硕士点(我校当时与语言学类有关的硕士点已有现代汉语和汉语史两个二级学科,语言学二级学科在1997年学科目录调整后更名为语言学及应用语言学)。我作为学科带头人整合全校的力量,专门成立了语言研究所开展语言学的研究,1995年语言学硕士点顺利申报成功,这也是这一年全校唯一申报成功的硕士点。但在语言学研究方向的设计上,我没有按照传统的语言学的老路走下去,而是选择了国内尚未开展的神经语言学的研究道路。这是因为我一直追求语言学理论的前沿性,并且认为以乔姆斯基为代表的生成语言学理论代表了语言学研究的方向,但是在一路跟踪到乔姆斯基最简方案时,我却产生了一个疑问,生成语法将语言研究的焦点从说者拥有的语言知识系统转向人类语言能力,语言学实际上就成了认知科学的一部分,而生成语法那种从理论到理论的演绎的研究能够达到它自身的研究目的吗?联想到我读过的卢利亚的《神经语言学》,尽管这本书的理论背景是结构主义语言学,但其实证和定量的研究应该是研究语言脑机制的必由之路,当然我也知道神经语言学需要具备神经解剖学、神经生理学、失语症学(上个世纪九十年代前,语言的神经机制研究还只能依赖脑损伤病人)等语言学之外的许多知识,但这正激活了我一直追求的挑战难度、求新求异和跨学科研究的价值取向,所以我毅然选择了神经语言学作为我们团队研究的主打方向。

应该说工作需要、学术背景和价值取向决定了我的这一战略选择。但这一选择也给我带来了前所未有的困难和责难,我在《语言的神经机制与语言理论研究》一书的序中说过"期间的困顿与辛苦不足与外人道也"。所幸的是这一战略选择使我们的工作完全融入国际学术前沿。乔姆斯基本人实际上也一直关注这样一个问题:为语言系统及语言系统的使用提供物质基础的生理机制是什么?因此当神经语言学成为显学,走进当代学术前沿时,乔姆斯基对神经语言学给予了极大的期望,甚至认为没有任何原则性的方法可以将语言学和神经语言学区别开来。(斯特尔梅、乔姆斯基《乔姆斯基在线访谈:语用学的性质和相关问题》,沈兴安等译,《语言科学》2003 年第 1 期)如果说我们前面讲到乔姆斯基的形式语言学是语言学研究的前沿和主流,未必能得到各种语言学流派的认同,那么说神经语言学是当代语言学的前沿学科应该没有争议了,因为不仅乔姆斯基 1999 年以来已连续在《脑与语言》、《影像、语言、脑》等杂志发表与语言脑机制有关的论文,就是功能和认知学派的主要学者也走向语言神经机制的研究。比如兰姆在 20 世纪最后十年致力于大脑神经科学的学习,将其认知语言学的研究"升格"为神经认知语言学(neurocognitive linguistics)。(悉德尼・兰姆《兰姆教授谈神经认知语言学》,程琪龙采访、翻译,《外语教学与研究》1999 年第 2 期)Lakoff 和 Feldman 在上世纪末也开始研究语言的神经理论。(Lakoff and Johnson, *Philosophy in the Flesh*. New York: Basic Books, 1999 年版)因此可以说当代形态的理论语言学与神经语言学的研究目的已经合二为一了。

那么,究竟什么是神经语言学呢?我给它下的定义是:神经语言学(Neurolinguistics)是现代语言学的一门新兴交叉学科,集语言学、神经科学、心理学和认知科学为一体,专门研究语言习得、生成和理解的生理机制和心理机制,研究大脑如何产生、接收、存储和提取信息,从而探讨脑与语言的关系,充分体现了当代科学各学科门类交叉综合的发展态势,是当代学术研究的前沿,具有广阔的发展前景和充满活力的未来。需要说明的是神经语言学虽然是一门交叉学科,但它本身不是一门应用学科,就其学科性质而言它是一门探讨语言脑机制的基础学科。但是它的研究成果的应用前景也是显而易见的,在医学临床应用上,其成果可以指导失语症的诊断、治疗和康复;在信息处理、人工智能和认知自动化工程方面可以为探讨大脑神经网络系统提供生物学模型的直接证据,以改进目前的数学模型的智能化水平和模拟人脑功能的能力，从而促进科学技术的发展。此外，还需指出的是，神经语言学研究与语言的神经机制研究二者并不完全相同。神经语言学仍然属于语言学范畴，其研究主旨是语言学的，即对语言神经机制的探索要以当代语言学理论为背景，并最终能够解释人类的语言能力，揭示语言本身的性质和规律。而语言的神经机制研究是从生物学的角度探求语言在大脑中的神经基础和加工机制，其研究手段和研究成果可以为脑科学、心理学、认知科学和语言学等多个学科服务。从这个意义上讲，神经语言学研究与语言的神经机制研究又是有联系的，即后者是前者的来源之一。

我在神经语言学方面的工作，首先是从神经语言学的学科建设、人才培养和研究平台搭建方面入手的。从 1994 年开始，我发奋学习了神经解剖学和失语症语言学，并思考了神经语言学跨学科的研究范式，率先在国内开展以汉语为语料、以当代语言学理论为背景的神经语言学的研究，并于 1996 年起在语言学专业中开设了神经语言学方向，陆续招收了我国第一批神经语言学方向的硕士和博士研究生，指导了我国第一批该方向的博士后，培养和聚集了一批具有不同学术背景但又有共同学术指向的优秀青年才俊，他们对当代理论语言学、神经心理学、失语症学、神经生理学、神经解剖学、神经电生理学、神经影像学等各有专攻，同时又共同从事神经语言学的研究，是具有跨学科知识能够直接从事前沿交叉学科工作的复合型研究人才。我们以此组建了国内第一个神经语言学研究团队，该团队从 1997 年开始，在《中国语文》、《心理学报》等刊物发表神经语言学研究论文数十篇，承担了几十项国家自然科学基金、国家社会科学基金和部省级项目等。该团队还十分重视国际国内的交流与合作，先后与伦敦大学学院、哈佛大学、南加州大学、香港大学、中国科学院心理研究所、浙江大学、南京师范大学等国内外研究机构开展合作研究。2001 年以团队成员为骨干的徐州师范大学语言学及应用语言学专业被评为省重点学科，2002 年获省优秀学科梯队称号，2005 年被评为国家重点学科培育建设点，学科实验室也于 2005 年被评为江苏省语言科学与神经认知工程重点实验室，2006 年研究团队被遴选为“十一五”期间江苏省“青蓝工程”第一批优秀科技创新团队，2009 年被评为江苏省普通高校哲学社会科学重点研究基地，在神经语言学的学科建设上取得了很大的进展，推动了国内神经语言学的发展。

在神经语言学的科学研究方面，我的主要工作集中在中文大脑词库研究、汉语语法的神经机制研究等方面。中文大脑词库方面的成果主要有《中文大脑词库形、音、义码关系的神经语言学分析》（《中国语文》1998 年第 6 期）、《基于神经语言学的中文大脑词库初探》（《语言文字应用》2000 年第 3 期）、《人脑中的基本语言单位——汉语双音节语言单位加工的神经电生理学证据》(《中国语言学报》第十三期)等十余篇论文。其基本观点主要是中文大脑词库同样存在着相互联系而又彼此独立的形、音、义等下位库;在中文大脑词库语义结构中,语义场的存储是词的重要存储方式;在语音结构中,声母、韵母或声调相同的词语联系比较密切,其中起首声母一致在词库中形成一个高度组织系统,此外也存在"浴缸效应"的倾向;在形体表征方面,形体相近的词语联系比较密切,独体字存储比合体字更具稳定性;词库的检索以扩展激活模式达到;中文大脑词库中存储提取的语言单位是词,而不是语素或字等等。这些研究首次采用神经语言学的方法综合研究中文大脑词库,从而将此前的对汉语的感觉式的认知研究纳入和升华到神经科学的、实证的认知研究中来,学术界对此给予了较高的评价。李铁映主编的《中国人文社会科学前沿报告》(社会科学文献出版社,2000 年版,第 376 页)介绍了该成果,并指出:"过去的研究认为汉语形义联系强,形音联系弱,该文从形义性失读状况的大量存在这一事实出发否定了仅由形音性失读现象而得出的上述结论。"《语言学及应用语言学研究》(学林出版社,2001 年版,第 114 页)也载文指出:"由对汉字或汉语语词的零散的分项的认知探讨,发展到用神经语言学的方法以中文大脑词库为研究对象,直接探讨语言与大脑神经机制的关系,说明集语言学、神经科学、心理学、认知科学为一体的……新兴交叉学科——神经语言学在我国已经初步形成了。"

汉语语法的神经机制方面的成果主要有《汉语皮质下失语患者主动句式与被动句式理解、生成的比较研究》(《中国语文》1997 年第 4 期)、《名动分类:语法的还是语义的——汉语名动分类的神经语言学研究》(《语言科学,》2002 年创刊号)、《语法语境下汉语名动分离的 ERP 研究》(《心理学报》2008 年第 6 期)等十余篇论文,对词类和句法的神经机制做了探讨。特别是《汉语皮质下失语患者主动句式与被动句式理解、生成的比较研究》,发现汉语句法结构在听路径、阅读路径和生成路径中的提取加工具有相对独立性,主动句法结构和被动句法结构在大脑中的储取可能表现为一种相对独立而又互相联系的平行式储取机制,由此对当时生成语法学中的深层结构、表层结构说和其转换规则的心理现实性提出了质疑。学术界认为"从某种意义上说,该文的发表对我国大陆神经语言学学科的最终形成起到了重要的推动作用"。(林连通、顾士熙《中国语言学年鉴》,语文出版社,2002 年版,第 400 页)"对神经语言学在我国的形成有着极其重要的意义"。(梁丹丹《中国神经语言学的回顾与前瞻》,《当代语言学》2004 年第 2 期)

关于人脑中是否存在语用模块或相应的神经机制问题,近年来已经成为国际学术界关注的热点问题。我们在《语言的理论假设与神经基础——以当前汉语的若干神经语言学研究为例》(《语言科学》2007年第2期)中运用神经心理学方法通过对失语症患者进行个案和组案测查,发现动态副词和静态副词在大脑中存在双重分离现象,并可进一步推论,人脑优势半球额叶的功能与前提、上下文等语用因素有关,人脑中存在掌管语用的神经机制。关于语言习得方面,《基于ERPs实验的二语词汇能力心理现实性研究》(《外语教学与研究》2008年第3期)等文通过ERP技术研究了二语习得过程中词汇能力的神经心理现实性问题和内隐加工问题。该研究开拓了国内二语习得研究的新思路,具有一定的创新性。

在神经语言学的研究中,我也非常注意研究方法的创新。早期的研究我们与国外同行一样主要是运用临床神经心理学的方法,即利用失语症患者来研究语言,由脑部损伤导致的失语症患者可以给我们提供一种选择性损伤的现象,刚好就是一个现成的受损实验,这为深入揭示大脑潜隐着的语言组织和结构提供了有力的证据。上个世纪九十年代前后,无创伤神经科学技术的诞生使得对语言脑机制的研究走出了仅仅依靠失语症病人这种以"非正常人"为对象的研究,特别是事件相关脑电位技术(ERP)可以观察到正常人毫秒级的脑区电位的变化,功能性磁共振成像技术(fMRI)可以观察到正常人毫米级的脑区激活情况,避开了对正常人直接进行实验的伦理障碍和技术障碍,为研究正常人语言的脑机制提供了技术支撑。我们抓住了这一技术变革的重大机遇,基本上与国际学术界同步利用国际上最先进的电生理学和脑成像技术研究脑区与语言的关系。与具体的研究方法的运用相比,研究范式的开发与创新其意义更加深刻。目前我国的神经语言学研究大量学习、借鉴国外的研究成果和先进技术,这虽然在一定程度上促进了我国神经语言学的发展,但同时也带来了消极的影响。例如,在名动分离的问题上,西方学者有的从语义上设计实验得出名动分离是由语义因素造成的,有的从词的形态变化方面设计实验,得出名动分离是由形态变化造成的。一些汉语研究者未能深入分析汉语的特点,认为汉语是缺少形态变化的语言,于是借鉴了国外从语义角度设计的实验方案,最后只能得出名动分离原因在于语义。事实上,汉语缺少形态标记和形态变化,其语法特征不能通过形态体现出来,只能通过词的组合搭配关系表现出来,因此在研究汉语名动分类的问题上,可以从词语搭配的语法角度设计实验,我们通过这样的实验,最终证明了名动的语法分类是有其神经生理基础的,纠正了西方学者在实验设计范式上的失误。



我和我们团队的神经语言学研究在海内外学术界产生了一定的反响,已被数十种刊物和一些学术著作及博、硕士论文引用和评论达百余次。李铁映主编的《中国人文社会科学前沿报告》、汝信主编的《中国学术年鉴》、全国社科规划办公室编的《国家哲学社会科学"十五"研究状况与"十一五"发展趋势》、语文出版社版和社会科学文献出版社版的《语言学年鉴》以及《光明日报》、《科技日报》、《中国社会科学报》等都对研究成果做了积极的介绍并给予了较高的评价，相关成果曾先后获得教育部中国高校人文社会科学研究优秀成果奖一等奖、二等奖、三等奖和江苏省哲学社会科学优秀成果奖一等奖、二等奖、三等奖等。下一步的工作，在继续进行以前的各项研究的同时，将开展汉语失语症语言能力测查量表的研究和制定，以及发展性阅读障碍的语言机制、聋哑人手语的神经机制的研究。其中发展性阅读障碍语言机制的研究已经有了重要发现，最新成果 Developmental dyslexia in Chinese and English populations: dissociating the effect of dyslexia from language differences 2010 年发表在国际脑科学顶尖杂志 *Brain* 上。

俗谚曰："单丝不成线，独木不成林。"上个世纪九十年代在设计语言学新的学科方向时，我还根据我们现有的知识储备和语言学研究基础并整合学校相关研究力量推出了工程语言学的方向，使它与神经语言学形成了相互支撑的局面。十几年下来，目前这个方向在国内语言学界也是独树一帜，它与国内流行的计算语言学不同，走的是工程学的路子。当年我给工程语言学也大致下了个定义，规划了研究内容和路径：工程语言学（Engineering linguistics）是集语言学、文字学、信息科学、计算机科学、通讯工程、自动化工程为一体，是现代语言学与现代工程技术科学相结合的一门新兴交叉学科，它强调运用现代工程学的原理、方法和手段来研究和处理语言和文字，实现语言文字信息处理的自动化。这个定义得到了包括一批工学博士在内的团队成员的认可。十余年来，工程语言学的研究主要集中在汉字信息处理和语音信号处理这两个方面，在字形处理方面，研究小组将其研究平台建立在当时国际最新的曲线轮廓描述技术基础上，开辟了基于形状代数系统的汉字字形合成和汉字变形技术研究的新领域；语音信号处理小组采用当时最先进的混合识别法（ANN＋HMM），既保留了隐马尔可夫法（HMM）对于语音时间序列具有极强的建模能力的优点，又保留了神经网络识别法（ANN）的识别性高，容错性强，计算简单且可实行平行处理的优点。我参与的工作，主要是利用高精度曲线轮廓描述技术，对甲骨文字形进行处理，研究和开发了甲骨文字形拟合软件，初步建立了一个通用甲骨文字库和甲骨文字形输入编码方法；还参与了汉语方言辨识的研究工作，对于推动汉语方言的信息化处理有一定意义。目前已在《中国科学》、《语言科学》、《中文信息学报》、《计算机科学》等刊物发表十余篇论文，并获国家发明专利 2 项。

## 四、"驿站"

"驿站"是30年前我在学生时代发表的第一篇文章(《中学课本中鲁迅作品里日语借词例释》,《语文教学园地》1981年第3期)中所讨论的一个词。《藤野先生》一文中有这样的句子:"从东京出发,不久便到一处驿站,写道:'日暮里'。"当时的中学语文课本注释"驿站"为:"古时传递文书的人或来往官员途中停宿、换马的地方。在日本,车站称为驿站。"其实,在日语中,车站称为"驿",而不是"驿站",例如"东京驿"。"驿"是我国古籍中的词,秦汉时代就有传驿制度。表示"车站"义的"站"是汉语中的蒙语借词,从南宋时开始传入。元朝改"驿"为"站",明朝复用"驿",有清则"驿"、"站"并用,后来在汉语中"驿"被"站"取而代之,但"驿"这个词却被日语所借用,现代日语中用"驿"表示"车站"、"火车站"的意思。当年鲁迅是沿着日本东海岸线的铁路经日暮里、水户到仙台的,显然这里的"驿站"应是日语"驿"的意思——火车站。例句中的"驿站"可理解为鲁迅借用汉语中现成的文言词"驿站"来表示日语"驿"的意思。我选用"驿站"作为本学术小传最后一节的标题,与我的上述解释没有直接相关,我只是觉得在人生当中,我们一直不停地从一个驿站赶往下一个驿站,恰巧我是从30年前的那个"驿站"上路的,跋山涉水一路赶来,在到达写作小传的此时此刻的驿站,顿生许多感想,所以就选它作为本节的标题,隐喻且有意义。

首先,我个人体会所有的研究都只不过是探求真理过程中的一个驿站,到了下一个驿站可能就是完全不同的景色了,这是对待科学研究的一个基本态度,科学史和语言学史这样的例子不胜枚举。所以我们对自己的研究,虽然应该十分严谨,精益求精,但绝不能固步自封,绝不能老虎屁股摸不得,对别人要欢迎质疑和批评,对自己要勇于质疑和否定,只有不断挑战自我,才能不断创新。陶潜的"今是而昨非"虽然勇于否定自己的过去,在当时是进步的,但在今天已经落伍了,因为在科学研究方面,相信"明是而今非"应该是更明智的选择。有人不理解乔姆斯基的理论为什么天天变动,以为不成熟,已经走向衰落了,其实这正是有活力的表现,是一门成熟的学科的常态,因为我们都知道目前的理论距离探究人类语言能力的最终目标还有多大的差距,当然应该不断探索,而不是停滞不前。对待别人的研究,特别是权威和前辈的研究也应该如此,尊重不等于盲从,中国的学术原创能力差与近代以来迷信权威,不敢越雷池一步有很大的关系,所以有人说中国目前多数科研人员所做的事是别人提出问题,发表论文,我们跟踪别人的论文,解决别人论文中剩下的需要修修补补的问题,然后发表论文。很多人把原创力的匮乏归罪于中国传统文化导致的，这完全是误解，只要看看战国时代百家如何争鸣的就明了传统文化的精髓是什么了，一直到明代，读书人敢于疑古仍是常态，如明薛瑄说："学不进，率由因循。"（薛瑄《薛文清公读书录》卷五）明陈献章说："学贵知疑，大疑则大进，小疑则小进。疑者，觉悟之机也。"（陈献章《白沙语要》）我们有时已经发现我们的工作与权威不同，但我们不是进一步提炼新的理论或模型，而是曲为证明这个例外如何不影响原有的理论，痛失创造的良机。所以我在指导学生进行科研时首要的是灌输驿站理论，没有任何理论一定是万古长青的，对自己的成果也不要过于敝帚自珍，因为下一个驿站可能完全不是这么回事。神经语言学早期根据失语症所厘定的一些脑区的功能，在无创神经影像学技术发明之后，就发现正常人的相应脑区并没有那些功能。所以不断探索，追求卓越，日新月新，是科学研究唯一要做的事。

既然科学研究永远是下一个驿站更美丽，那么科研主体在当下的科学研究的中价值在哪里呢？我个人体会关键在于是否经过你的努力使学术研究在你这里得到推进，使之能传递到下一个驿站。要做到这一点并非易事，积极的要求是要有创新成果，才能使研究往前推进；消极的要求是要符合学术规范，才有产生创新成果的可能。在学术浮躁、学术不端甚至学术造假、学术剽窃时有发生的当下，要做到学术规范实属不易。当然明着剽窃和造假容易发现，更为严重的是不交代学术史或人己成果不分这样隐性的问题。就神经语言学研究来说，容易出现另一种现象，就是由于其学科的前沿性，吸引了一批有学术眼光的高校和学者组成相关团队探索语言的神经机制，但有的研究者急功近利，急于发表文章，知识储备不够，甚至不具备基本的神经解剖学、影像学、统计学和失语症学的知识或当代理论语言学知识，致使有的文章问题百出，也严重影响了学术声誉。如果每一个学者都能从学术规范做起，那么学术发展就有了坚实的基础。

就我个人来说，这么多年，我在从一个驿站奔赴下一个驿站的时候，有过困难，也有过压力，但更多地是获得了快乐，因为我选择了以学术研究作为我的生存方式，我付出了艰辛，也就收获了快乐。但是我不认为我是靠自己单打独斗一路走来的，我从 1996 年起又到学校的行政岗位工作，担任副校长，先后分管过科研、学科建设、研究生、图书馆、学报和产业等，还担任语言研究所所长、重点实验室主任、国家重点学科培育建设点和省一级学科重点学科首席学科带头人，兼任《语言科学》主编、《徐州师范大学学报》主编，兼任中国音韵学研究会秘书长等等，虽然几十年如一日每天工作到深夜，但是如果没有上级领导和同事们的大力支持和帮助，没有师长前辈、团队成员和学生们的大力支持和帮助，我是不可能一路走过来的。所以我感谢所有支持过我的人。我在处理行政与学术的关系上，在处理领导与部门同志的关系上，在处理学科带头人与团队成员的关系上，在处理老师与学生的关系上，奉行三句话，非常简单朴素，但我觉得非常有效，那就是：一、“公事比天大”，不管是在行政工作领域内还在是学术工作领域内，一切以公事为重，集体的事情、别人的事情永远大于个人的事情、自己的事情；二、“对自己不自私，对别人不小气”，对自己永远保持廉洁自律，对别人乐于看到并积极帮助他们获得各种利益；三、“用自己的语言去思考，用大众的语言去表达”，不论是在行政工作方面还是在学术事业方面，独立思考，追求卓越，法乎其上，超前思维，但在管理和教育上贯彻民主作风，坚信大学的管理应该是一个建立在同意而不是命令的基础上的制度。

这里，我还要说的是我的第一个驿站是徐州师范大学，我在这里接受了本科和研究生的教育，如果我在学术事业上作出了一点成绩，我首先应该感谢母校。我今年六月份刚刚应哈佛大学之邀参加第 18 届国际中国语言学年会暨第 22 届北美汉语语言学年会，并忝列由来自美洲、欧洲、亚洲等国家的语言学家组成的大会学术委员会十位委员之一。当有朋友问我是哪里毕业的时候，我自豪地告诉他，我来自徐州师范大学。我相信一句话，起点是不能妆扮的，第一个驿站是学术的起点，也是人生的起点，我们已经经过了许多驿站，我们还将赶往下一个驿站，我们都希望下一个驿站的风景更加靓丽，取得的成就更加杰出。在去往下面一个个驿站的路上，我们一如既往，“君子以立不易方”，我们知道我们总有老去的一天，随着时光流逝我们终将退出历史舞台，但我们也希望能给学术界给世人留下一些痕迹，倘若逝去的痕迹能呈现出非负递减函数的关系，虽然渐趋于零而又大于零，那将是莫大的荣幸。

最后，我想借撰写此小传的机会，对江苏省哲学社会科学联合会和洪银兴主席、廖进副主席等各位领导推出《当代江苏学人学术精萃丛书》的大手笔表示敬意和谢意，同时也祝愿江苏哲学社会科学事业繁荣昌盛，宏图大展；对凤凰出版传媒集团大力支持江苏文化强省和社科强省建设表示敬意和谢意；还要向王华宝先生和汪允普先生表示谢意，感谢他们的辛勤劳动。哈佛大学语言学系黄正德教授、东亚语言文明系萧惠媛教授、冯胜利教授在我访美期间为我提供各种便利，特别是给我安排的 Harvard Square Hotel，舒适便利，给我节省了很多时间，使我得以在哈佛期间可以有很多时间来校对本书稿和撰写小传，这里也向他们表示诚挚的谢意！

# 《李氏音鉴》音系的性质[①]

对《李氏音鉴》音系的性质，历来看法不一。本文从三个方面论证了《李氏音鉴》的语音系统是以十八世纪末的北京语音为基础，兼列当时海州语音与北京语音相异的部分，在音系安排上，这一部分只是在北京音系之外重出，并未影响到北京音系的完整性。因此，从《李氏音鉴》中可以获得关于十八世纪末北京话语音系统的一个完整记录，这对于普通话语音史的研究有着重要的意义。

在普通话语音史的研究中，记录北京话语音系统的著作较为少见，而《李氏音鉴》就是完整地记录北京音系的一项重要文献。但是长期以来，由于《音鉴》作者标榜其音系"兼列南北"，所以人们所重视的只是卷四第二十五问"北音入声论"所载的北音入声材料。[②] 对于它的整个音系的重要性却往往忽略，殊为可惜。

从音系角度来考察《音鉴》的，当首推钱玄同。二十年代初，胡适考证《镜花缘》，在《〈镜花缘〉的引论》中，曾专节讨论"李汝珍的音韵学"，其中声母和韵母的拟音是请钱玄同先生做的。钱先生把《字母五声图》的第十韵、第十一韵分别拟成 ɛn、iɛn、uoen、yoen；并



---

① 本文在研究、写作和修改过程中，得到了南京师范大学徐复教授，北京师范大学曹述敬教授，徐州师范学院廖序东、古德夫、李成蹊诸位教授的帮助，二稿写成后又蒙中国社会科学院语言研究所杨耐思研究员细加审改，在此一并表示衷心的谢意。

② 如白涤洲作《北音入声演变考》（载 1931 年女师大《学术季刊》第 2 卷第 2 期）、陆志韦作《国语入声演变小注》（载《燕京学报》第 34 期）都曾用过《音鉴》所列的"北音入声"，俞敏先生《李汝珍〈音鉴〉里的入声字》（载《北京师范大学学报》1983 年第 4 期）也是就《音鉴》所列的"北音入声"与普通话作比较研究的。

解释说:“ɛn 略如上海读‘安’之音;iɛn 略如长江流域中的官音读‘烟’,不得读北京读‘烟’之音。uoen、yoen 二音当如苏州读‘椀’、‘远’之音,须作圆唇之势,方合。”[①]后来,赵荫棠先生也对《音鉴》作了探讨,将《音鉴》音系归入明清等韵之北音系统,特点是“化浊入清”,但没有具体指明这个音系的性质。[②] 王力先生在《汉语音韵学》中也对《音鉴》作了介绍,他说:“《李氏音鉴》只是以清代的大兴语音为根据而作的书;兼采了吴音,适足以减少这书的价值。”[③]近年来,对《音鉴》作过研究的有李新魁先生,他认为《音鉴》音系有似《切韵》,兼包南北,[④]至于南到何种程度,北到何种程度,则未明言。

所谓《音鉴》音系主要指卷六《字母五声图》所反映的声、韵、调系统。根据我们的研究,这个语音系统是以十八世纪末的北京语音为基础,兼列当时海州(以今灌云县板浦镇为代表)音中与北京音相异的部分。在音系的具体安排上,兼列的部分只是在北京音系之外重出,一般说来,并未影响到北京音系的完整性。下面分三点加以证明。

## 一

生活空间限制了李汝珍对南音的了解。

《音鉴》作者李汝珍是大兴(今属北京市)人,字松石,号松石道人。生卒年不详。据胡适考证,其生年大致在清乾隆中叶(约 1763 年),卒于道光十年前后(约 1830 年)。[⑤] 李氏一生兴趣广泛,于学无所不窥,“而于音韵之学尤能穷源索隐,心领神悟”。[⑥] 他一生未第,《顺天府志》未载其事迹,检其他方志也未发现有关的传记。目前所见的关于他的生平事迹资料都是东鳞西爪。好在与《音鉴》成书有关的一些情况还可找到线索,这些线索是搞清《音鉴》音系性质的重要参考资料。

乾隆四十七年(1782)秋,李汝珍之兄汝璜由大兴至海州板浦,准备接任板浦



① 见《中国章回小说考证》,上海书店 1978 年根据实业印书馆 1942 年版翻印,第 524—526 页。

② 见《等韵源流》第二编“六、明清等韵之北音系统”。商务印书馆(上海)1957 年版。又赵氏研究《音鉴》的文章还有《李氏音鉴的周围》,载《世界日报》1932 年 10 月 8 日(《国语周刊》第 55 期)、10 月 15 日(第 56 期)。

③ 《汉语音韵学》,商务印书馆 1957 年版,第 163 页。

④ 见《汉语等韵学》,中华书局 1983 年版,第 395 页。又见《谈几种兼表南北方音的等韵图》,载《中山大学学报》1980 年第 3 期。

⑤ 见《中国章回小说考证》,第 519 页。

⑥ 见余集《李氏音鉴序》。

场盐课司大使一职。其时，李汝珍随其兄至海州板浦，时年约二十岁。[①] 在这之前，李汝珍一直生活在故乡大兴，因此他所操的方言应是十八世纪末的北京语音。当时的北京音已经逐渐上升为汉民族共同语标准音，[②]他那一口流利的京腔，很受人们的欣羡，“北平子”的雅号即由此而来。[③] 之后，就一直住在海州。期间，曾“受业于凌廷堪仲子夫子，论文之暇，旁及音韵”。[④]

嘉庆六年(1801)，李汝璜调至东台，任淮南草埝场盐课司大使。[⑤] 同年，李汝珍去了一趟河南，但很快(当年或第二年)又返回板浦，[⑥]继续写作《音鉴》。在《音鉴》及后来的《镜花缘》的写作过程中，对李汝珍帮助最大的是许氏兄弟。兄许乔林(1775—1846)，[⑦]字贞仲，号石华。弟许桂林(1779—1822)，字同叔，号月南。二人皆海州硕儒，著述甚丰。李氏与二许兄弟还有姻亲关系。二人中，汝珍与桂林关系尤为密切。桂林曾馆于李家，教汝璜之子，故二人往来切磋甚便。许桂林《李氏音鉴后序》有记载：“松石姊夫，方在朐时，与余契好尤笃。曾纵谈音理，上下其说，座客目瞪舌挢，而两人相视而笑，莫逆于心。”李汝珍自己也说：“或曰：‘……子，北人也，而于南音辨之详，殆亦切磋之益乎？’对曰：‘是也。即如同母十一韵亦由数年同人切磋而成，非珍一人所为耳。……月南为珍内弟，撰《说音》一编，珍于南音之辨得月南之益多矣……’”[⑧]嘉庆九年，李汝珍在板浦完成

---

① 李汝珍《音鉴·第三十三问》：“壬寅之秋，珍随兄佛云宦游朐阳。”壬寅即乾隆四十七年。

② 关于北京音何时成为汉民族共同语标准音问题，学术界有不同看法，这里暂从李新魁先生的说法。李说见《论近代汉语共同语的标准音》，载《语文研究》1980年第1辑。

③ 孙吉昌《镜花缘题词》曰：“咄咄北平子，文采何陆离！”

④ 见《音鉴·第三十三问》。

⑤ 《东台县志·职官表》：“李汝璜，字佛云，河北大兴人，嘉庆六年任草埝场盐课司大使。”

⑥ 许乔林《弇榆山房诗略》卷一有《送李松石县丞汝珍之官河南》，编年为嘉庆辛酉(六年)。一般认为李汝珍于是年任河南某县治水县丞。得官原因不明。据国家黄河水利委员会档案，嘉庆四年七月和十二月砀山县邵家坝曾两次决口。前河南总督康基田曾于决口前奏请允许捐资投效人员“分段认办”。部议五月十二日准。但嘉庆五年十一月邵坝堵合，两江总督费淳河、继任河督吴璥于嘉庆六年二月上疏“请邵坝投效人员于大汛后截数停止”。故李汝珍此次赴河南系捐资投效河工。但即使嘉庆六年赶到河所，也未及参加治水，只得一县丞空衔，未曾实授，因此估计很快便返回板浦。

⑦ 有关二许兄弟的事迹主要见于许桂林《北堂永慕记》、许乔林《海州文献录·人物·许桂林》、许乔林《弇榆山房诗略》、阮元《畴人传》等。

⑧ 《音鉴·第三十三问》。

《音鉴》初稿。[①] 并携稿去草埝场看望汝璜,[②]适逢汝璜于役四川,[③]汝珍便住下修改《音鉴》。次年,汝璜回到草埝场,通读《音鉴》并为之作序,时已在孟冬。[④] 汝珍亦旋即回到板浦,结识了石文煃,长治前十日,石为《音鉴》作序。[⑤] 年底汝珍再度赴河南,[⑥]到河南后,在那里曾将《音鉴》稿寄给许桂林,桂林当年即为之写了序文的初稿,至第二年即嘉庆十二年定稿。[⑦] 汝珍再次去河南仍未做官,估计很快又回到板浦,[⑧]其主要精力都用于小说《镜花缘》的创作,对于宦海沉浮则更加淡泊了。嘉庆十五年,《音鉴》出版。[⑨] 二十三年,《镜花缘》定稿,李汝珍亲赴苏州

---

① 此据《音鉴·第三十三问》:"……夫子以癸丑筮任宜州,路隔南北,近年得相切磋者:许氏石华、许氏月南、徐氏藕船、徐氏香垞、吴氏容如、洪氏静节,是皆精通韵学者也。"李氏所列的这些学者都在海州一带,并未跟随汝珍去河南。故可以说《李氏音鉴》初稿是在板浦完成的。有人认为李氏在河南任上未辍其音学,写成《音鉴》,显误。

② 石文煃嘉庆十年所作的《音鉴序》曰:"往岁,余客燕关,先生游淮北。迨余至淮北,先生又往淮南,闻名不相识也。今来朐浃月,读其书,接其言论、风旨,然后知贤者不可测,而深人无浅语也。临别嘱序于余……""往岁","先生游淮北",当指李汝珍从河南回来后的几年,即写作《音鉴》的那几年李氏在淮北;"迨余至淮北,先生又往淮南",当指李汝珍去草埝场一事。"今来朐浃月",当指李汝珍于嘉庆十年回板浦,见下。

③ 李汝璜在嘉庆十年孟冬月所作的《音鉴序》云:"去年,于役西川……归来仲弟以所撰《音鉴》进。"

④ 见李汝璜《音鉴序》。

⑤ 参本页注②,石序自属作于嘉庆十年长治前十日。

⑥ 戊辰本石序中有"今松石行将官中州矣"云云。

⑦ 许桂林《音鉴后序》说:"今所著《音鉴》将出问世,运以见寄,属之参定。"又《后序》所记年月是丁卯二月即嘉庆十二年,而他写于丁卯四月的《许氏说音自序》却又说"往岁为李松石作《音鉴后序》",可证李汝珍嘉庆十年末或十一年初曾从河南寄《音鉴》给许桂林。许当年(即《说音自序》之"往岁")曾写序文初稿,丁卯二月改定。此从孙佳讯先生说,见《〈镜花缘〉公案辨疑》,第 14 页。

⑧ 据国家黄河水利委员会档案材料查明,截止嘉庆六年二月,投效河工的"同知通判佐杂"等已有 169 名,其后到河所报名者尚多。但嘉庆四年五月二十三日有旧议:"河工佐贰实授后方准其题升委署沿河州县。"李汝珍嘉庆六年既未得实授,嘉庆十年再赴河南不可能得到委署沿河州县。有人认为李在河南一直等到嘉庆十五年才回板浦,恐不确。另,石序"今松石行将官中州矣"一段,在初刻本和同治本中均被删去,而在戊辰本中则添加上,孙佳讯先生认为:"石文煃和他临别时为《音鉴》所写的序,原有'今松石行将官中州矣'这段话。但嘉庆十五年《音鉴》付刊时,作者深感再度河南之行,并没有如石序所希冀的那样,'黼黻皇猷,敦谕风俗',因而把这段删掉。到同治戊辰,李汝珍二侄又把石序原稿刊出……"(《〈镜花缘〉公案辨疑》,第 13 页)此说恐不当。根据我们所掌握的材料看,很可能是因为李觉得此次中州之行并未得官,故删此段,而其侄认为乃叔确实曾得过县丞一衔,虽未被实授,但亦为李氏唯一的宦史,故仍书之不删。

⑨ 嘉庆十五年吴振勷作《李氏音鉴后序》云:"松石世伯著《音鉴》成,将付剞劂,属勷握管……"又洪棣元《李氏音鉴书目小识》云:"嘉庆庚午(即嘉庆十五年)暮春之初,松石世叔以所著《音鉴》付梓,属元校对。"

监刻《镜花缘》，期间还可能赴江宁禀办桃红镇私刻《镜花缘》一事。[1]

以上所述，说明李汝珍自乾隆四十七年秋移居海州板浦，直到乾隆末年开始写作《音鉴》，一直没有离开过海州。在写作《音鉴》过程中，虽曾短期到河南去过，但没有在《音鉴》音系中留下痕迹。而几次出游南方，则都是在《音鉴》完成之后。所以李氏对完整的语音系统的了解，只能是北京音系和板浦音系。而且后者还多得力于其内弟许桂林。从《音鉴》的参订者来看也很能说明问题。一共六人，三位是北京老乡：徐铨、陈云、徐鉴；另三位就是海州板浦人：许乔林、吴振勃、许桂林。[2]

从上可知，李汝珍对长江以南的吴方言缺乏系统的了解。其他南方方言更不必说。比如声调上他只承认平分阴阳，而不承认仄分阴阳。在卷二第十六问"仄无阴阳论"里有专门讨论，这反映了其声母上的不辨清浊。如果说第十六问"仄无阴阳论"是阐述北音系统的需要，不能确证李氏不辨清浊，那么第九问"韵书总论"中，对李涪指责《切韵》诸问题茫然无知，则的确说明他没有清浊的概念。请看原文：

> 唐李涪《刊误》云："法言之书，平声以东农非韵，以东崇为切；上声以董勇非韵，以东动为切；去声以送种非韵，以送众为切；入声以屋烛非韵，以屋宿为切。又言辩之辩则在上声，冠弁之弁则在去声；舅甥之舅则在上声，故旧之旧则在去声；皓白之皓则在上声，号令之号则在去声……"类如此者不一而足，未详何义。（卷二·第九问）

"辩、舅、皓"等字是《切韵》全浊上声字，"弁、旧、号"等字是《切韵》全浊去声字。李涪指责《切韵》把"辩"等字归为上声，说明在李涪的方言里浊上已开始变去，这在元代以后的北方话里更是普遍现象。李汝珍这段话一方面说明其治学态度较为严谨，"知之为知之，不知为不知"；一方面说明他不懂浊音，证据确凿，故被劳乃宣讥为"实未窥等韵门径"。[3]

李汝珍不懂声母之清浊，又坚持仄无阴阳之说，说明他对吴语的两个显著的语音特征毫无认识。自然也就不会在其音系中兼采吴音。例如《音鉴》凡例八说："又南音或以黄王、湖吴不分，又或飞肥、分焚不为阴阳，各成一音者，不惟与北迥然不侔，即质之南人，亦多此同彼不同者，稽之古音，亦皆未然，此盖一隅方音之异，兹概略而不论。"把整个吴语区的共同语音特征当作南音中的"一隅方言



① 见《〈镜花缘〉公案辨疑》，第27页。
② 见《音鉴·卷首》。
③ 《等韵一得·外篇》。

之异”而“略而不论”。可见李氏所说的“南音”并非现代的“南音”概念。

有一个问题需要说明。《音鉴》卷首所载的余集《序》中，有“松石固北人，从兄宦游，长于江南”。这里的“江南”是古省名，清顺治二年(1645)改明代南直隶而置，治所在江宁府。康熙六年(1667)分置为江苏、安徽两省。但习惯上仍合称两省为江南。[①] 所以“江南”并非专指长江以南地区，板浦属古江南省，故可说“松石……长于江南”。这一点，李汝珍自己说得很明白、具体：“壬寅之秋，珍随兄佛云宦游朐阳……”[②]朐阳即朐县，海州的古称，治所在今连云港市西南锦屏山侧。锦屏山古称朐山，朐县即因此山得名。北周径改为朐山县。明初入海州，清雍正初年升直隶州，辖境相当于今江苏连云港市，包括市辖县东海、赣榆、灌云及今淮阴市的灌南、沭阳等地。因海州置于东魏，朐县置于秦，清人好古，故称海州为朐县或朐阳(意为朐山之阳)。

板浦既属江南，在李汝珍这个北京人看来，板浦音也就成了南音之一。《音鉴》凡例十二在介绍粗细的时候说：“……若以南音论之，杭州读毡为庄渊切，苏州读猪为真诗切，皆与北异，惟江宁淮阳徐海等处于粗细之分，其音略近于北。盖南与南亦多未同耳。”这里明确把海州音划在南音之内。结合考查《字母五声图》的列字特别是《音鉴》对南音特点的描写，可看出李氏心目中的南音实际上是指江宁淮阳徐海等处下江官话和北方官话，而以“海”即海州板浦音为代表。这样，虽然北与北不同，南与南不同，但我们可以从李氏的叙述中“破译”出《音鉴》音系中北音和南音的具体所指。

## 二

李氏写作《音鉴》的目的的决定其音系不可能是南北杂糅的，它的语音基础是北京音。

自《切韵》以后，在中国历史上，许多韵书或其他音学杂著，大多追求《切韵》“论南北是非，古今通塞”的境界，仿佛不这样做就是学无根底。为此，许多音韵学者在其著作中力求建立一个无所不包的语音系统，希望“五方之人皆能通解”，[③]他们认为：“古人所定母韵，乃参考诸方音而为之。故讲求音韵者，必集南



① 参见《辞海·历史地理》分册“江南”条。

② 李汝珍《音鉴·第三十三问》。

③ 马自援《马氏等音·叙略》。

北之长，乃能完备。即口吻不能全得其音，亦当心知其意，乃不为方言所囿也。”[①]有的甚至从书名上就可看出这种倾向。如樊腾凤的《五方元音》、胡垣的《古今中外音韵通例》等。这种风气对李汝珍不能没有影响。但是李汝珍是有着一定的语言学思想的学者，他指出：

或曰：“子以南北方音辨之详矣，所切之音亦可质之天下乎?”对曰：“否，不然也。《王制》云：‘五方之民，言语不通！’扬子云：‘俗语不失其方！’以斯而论，天下方音之不同者众矣。珍北人也，于北音宜无不喻矣，所切之音似宜质于北矣而犹曰未可，况质于天下乎？子言过矣。”敢问：“以北音质于北而犹曰未可者，何谓也?”对曰：“……扬子云《方言》既辨之于燕赵郑卫矣，而犹别之于秦晋齐鲁之间。以此推之，岂唯南北不侔，即北音亦多未同者矣，故曰未可也。”或曰：“子之切既不能质于天下，子北人也，而犹不能质于北，然则著为此篇者，殆为覆瓿而设乎?”对曰：“岂惟是哉？……苟方音之侔，彼持彼音，而以吾音为不侔，则不唾之者几希矣。岂直覆瓿而已哉？珍之所以著为此篇者，盖抒管见所及，浅显易晓，俾吾乡初学有志于斯者，籍为入门之阶……”(卷四·第二十八问)

可见李汝珍的撰述志趣与清代大多数学者并不相同。他的音系只对自己的乡音负责。从《音鉴》的著述本意、韵图安排的特点和全书论述的内容来看，《音鉴》的确是为故乡童蒙初学者而写成的一部音学入门书。而这正是《李氏音鉴》的音系基础为北京语音的确凿无疑的证据。从这段话中，我们还了解到，李氏所说的北音应指北京方音，而不是其他北方话。《音鉴》凡例四在介绍了北音不分尖团的特点之后讲：“若逐郡逐音细为考求，北于厢香各母……亦有分有不分者，未可一概而论也。”说明李汝珍完全懂得北音的情况是复杂的，李氏所介绍的北音是不分尖团的，正和他的乡音一致。

一方面要从俗，一方面又要达到自己的写作目的，为了解决这个矛盾，李汝珍采取两条腿走路的方法。首先，在凡例及前五卷的叙述中尽量列举一些方音分歧现象，增加方音的地域覆盖面，造成一种“南北兼列”的态势，但在《字母五声图》中并不把所有的方音都列入。例如卷二第二十四问列举了某些字在不同方言中的读音，但在《字母五声图》中仍按北音标注反切。下面是对照表：

① 劳乃宣《等韵一得·外篇》“杂论”。

| 例字 | 卷三方音的反切 | 《字母五声图》的反切 |
| --- | --- | --- |
| 我 | 徽州：昂牙切 | 王火切 |
| 板 | 湖州：补矮切 | 补绾切 |
| 毡 | 杭州：珠渊切 | 真烟切 |
| 水 | 苏州：赏纸切 | 爽委切 |
| 去 | 扬州：抗意切 | 劝御切 |
| 豆 | 东台：大候切 | 登宥切 |
| 个 | 盐城：岗阳切 | 钳贺切 |
| 风 | 海州：夫温切 | 夫翁切 |

其次，《音鉴》所列的南音只选与北音有直接对应关系的几类。比如中古的桓韵与删韵在北京音中合一，在海州板浦音中仍分立，《字母五声图》就把桓韵与删韵作为南音分列为两个韵。这样一来，南人自可据自己的方音把这两类读为两韵，北人自可据自己的方音读为一韵。如果只是个别字或虽自成一类但不与北京音成套地对应则不取。如凡例八说"南音"有些邪母字读入同部位的精母、清母，例如详字读晴阳切，归入清母，徐字读为全鱼切，归入精母（从平）——现代板浦音"详"仍读[tɕ'iaŋ]，"徐"仍读[tɕ'y]——北京音邪与精、清不混，故《字母五声图》就不把详、徐等字单列为一类。因此在《音鉴》音系中，北音系统本身并未被破坏。这就是《音鉴》南北兼列的实质。

于是，《音鉴》就出现了这样一种局面：一方面在凡例中明确说明："此编悉以南北方音兼列，唯素喻南北方音者观之，始能瞭然矣。"在余集的《序》中也得到"博通"的评语："松石固北人，从兄宦游，长于江南，故于南北之分合异同得失尤致详焉，固非囿于一隅之见也。"另一方面又不得不作如下说明：



> 或曰："吾观同母二十二音，以南音辨之，第二似与十六、十七同，十三似于十九同；以北音辨之，第九似与十同，十一似与十八同。今皆双列不删其复，苟不谙南北音者将何以读之耶？"对曰："吾欲删南音之复则不备于北，欲删北音之复则不备于南。所以双列者，期于赅备双音耳。学者苟能一一辨之，固善矣。如不能区别，或有三五音相同者，则当以所同之音皆作复字读之……若谓必谙南北音者始得读之，谬何甚焉。盖同母悉取音归一律，岂别方音而设乎？学者惟按本处之音读之，自能得其大义。苟能精熟，即使二十二音复者殆半，亦何害于翻切之学耶？"（卷三·第二十四问）

在一个“南北兼列”的《字母五声图》中保留一个并非残缺的北京音系，足见李汝珍的良苦用心。

## 三

根据现代的、历史的方言材料可以证明《音鉴》音系兼列之南音为海州板浦音。

海州音中的一些音类分合现象并非海州板浦一地所特有。如因英不分、桓删有别等，在下江官话的其他地区和吴语的许多地区也都存在。《音鉴》客观上也表现了这些地区若干类语音现象，有专家认为《音鉴》音系是北音与下江官话或吴语的综合体系，大概就是据此而定的。但这只是偶然造成的，从主观上说，李氏兼列的南音是选自板浦音。这除了有以上所谈的诸多原因之外，更重要的是有方言材料和历史文献的证明。

《字母五声图》中兼列的南音在《音鉴》凡例四和卷三第二十四问、卷四第二十六问中都有详细说明。下面我们分韵母和声母两部分考察。

首先来看《音鉴》对所列南音韵母的说明：

> 以韵而论，北于陈程、银盈、勤檠、神绳、林灵、贫平、金京、民鸣、亲青、宾兵、奔崩、根庚、真蒸、新星之类，分之甚细，南或合为一。盖北以真文元侵四韵音近，以庚青蒸三韵音近，二者迥乎不侔，而南以七韵音近相类。至南音于馒蛮、剜弯、官关、毡沾、潘攀、般班、坚艰、膻山、贤闲、延颜之类，分之甚细，北或合而为一。此韵不同也。（凡例四）

又：

> 同母二十二音，以南音辨之，第二似与十六、十七同，十三似与十九同，以北音辨之，第九似与十同，十一似与十八同。（卷三·第二十四问）

以上所引说明《音鉴》所采南音在韵母方面有三个特点：

1. 臻摄、深摄与梗摄、曾摄相混，即《字母五声图》中第二韵与十六、十七同。

2. 山摄合口一等桓韵与一二等寒山删有别，山摄、咸摄三四等与一二等有别，即《字母五声图》中第九韵与十不同，第十一与十八不同。

3. 果摄开合口不分，即《字母五声图》第十三韵与十九同。

今板浦所在灌云县及邻近的连云港市区的韵母与上述三点相同。第一条，臻

摄、深摄与梗摄、曾摄在北京音中有前后鼻音之分，在板浦音中则一律读成后鼻音。第二条稍微复杂些，请看表1的例字对照表：①

**表1**

| 例　字 | 音韵地位 | 北京音 | 板浦音 |
|---|---|---|---|
| 馒 | 山合一平桓明 | man | mõ |
| 蛮 | 山开二平删明 | | mæ̃ |
| 剜 | 山合一平桓影 | uan | õ |
| 弯 | 山合二平删影 | | uæ̃ |
| 官 | 山合一平桓见 | kuan | kõ |
| 关 | 山合二平山见 | | kuæ̃ |
| 毡 | 山开三平仙章 | tʂan | tɕiə̃ |
| 沾 | 咸开二平咸知 | | tɕiæ̃ |
| 潘 | 山合一平桓滂 | p'an | p'õ |
| 攀 | 山开二平删滂 | | p'æ̃ |
| 般 | 山合一平桓帮 | pan | põ |
| 班 | 山开二平删帮 | | pæ̃ |
| 坚 | 山开四平先见 | tɕiɛn | tɕiə̃ |
| 艰 | 山开二平山见 | | tɕiæ̃ |
| 膻 | 山开三平仙书 | ʂan | ɕiə̃ |
| 山 | 山开二平仙生 | | sæ̃ |
| 贤 | 山开四平先匣 | ɕiɛn | ɕiə̃ |
| 闲 | 山开二平山匣 | | ɕiæ̃ |
| 延 | 山开三平仙以 | iɛn | iə̃ |
| 颜 | 山开二平删疑 | | iæ̃ |

第三条，《音鉴》在叙述时未举例，我们径以《字母五声图》中的例字来作对照，请看表2：

① 本文板浦音根据《江苏省和上海市方言概况》(江苏人民出版社1960年版)和《新海连人学习普通话手册》(江苏人民出版社1959年版)两书中有关灌云县和连云港市的语音材料。韵母方面，灌云县和连云港的音类完全相同，个别类的音值微有出入，为清晰起见，本文一律标以连云港音值。

表 2

| 例　字 | 音韵地位 | 北京音 | 板浦音 |
|---|---|---|---|
| 何 | 果开一平歌匣 | xɤ | xo |
| 火 | 果合一上果晓 | xuo | |
| 饿 | 果开一平歌疑 | ɤ | o |
| 窝 | 果合一平戈影 | uo | |
| 哥 | 果开一平歌见 | kɤ | ko |
| 锅 | 果合一平戈见 | kuo | |

我们还有同期的方言材料，可以进一步证明《音鉴》所列南音是板浦音，材料即许桂林的《许氏说音》。该书写作比《音鉴》略晚。[①] 许氏企图搞一个无所不包的音谱，他说："古今音各不同，南北音各不同，要其展转变化，不越乎此。"[②]为此，他在其《音谱》中往往注上"淮音"、"北音"、"吴音"等字样，似乎持论公允，南北兼备。但从其卷一《音谱》及卷二《音谱丛说》中可看出其音系的基础仍是作者方言的板浦音。[③] 下面来看他的韵母系统"十六音统一切音"：[④]

> 昂、昂成、昂同、模（鼻音）、敖、埃、昂雷、昂时、安（阳平）、欧（阳平）、俄、昂拿、而（北音）、完（淮音）、昂神、巷（阳平）

在这十六音中，"昂成"[əŋ]与"昂神"[ən]分列，"安"[ɛ̃]和"完"（淮音）[õ]分列，此为兼备南北而设，实际上在许桂林的方言中[əŋ]、[ən]无别，而在北音中"安"、"完"无别。许氏自己有说明："横字今读若魂，古本与衡同，则正音。而燕人仍读为衡，此类之古今不同而迭为变通者多矣。"[⑤]这里的"今读"就是许氏自己的读音，所以没有注明某地。今板浦横、魂均读[xoŋ]，衡读[xəŋ]，若不论主元音，三字韵尾皆同，可见板浦话鼻音尾[-n]、[-ŋ]不分，自许桂林写《说音》时已然。关于安、完之读音，许氏说"寒山亦必宜分，故古之韵部本分，今北人读如一音，丸如

---

① 许桂林《音鉴后序》说："……欲撰《许氏说音》，以荟众说，未遑卒业也。"时《音鉴》已完成。

②④ 《许氏说音》卷一。

③ 关于《许氏说音》拟另文讨论。

⑤ 《许氏说音》卷二。

顽，官如关，酸如删，潘如攀，而淮阳[1]人读二十五寒二十六桓二韵无一字同者”。[2] 至于中古果摄字，《说音》中皆列为正粗音（开口呼），如俄为昂母正粗音，多为当母正粗音。另，《说音》中每个正粗音都有相应的正细（齐齿呼）、散粗（合口呼）、散细（撮口呼）。而俄的散粗与多的散粗都只用反切表示，有音无字，说明在《说音》中，开口（俄）、合口（多）无别，与《音鉴》所述相同。综上可见，《音鉴》韵母系统所采用之南音实为海州音。

现在来看《音鉴》对所列南音声母的说明：

> 北音不分香厢姜将羌枪六母，南音不分商桑章臧长藏六母。又如南音于良娘厢桑将臧枪仓江釭巷篊等母亦有不分者，此母不同也。（凡例四）

这段话表明其声母有以下三个特点：

1. [l]、[n]不分（如良娘不分）；

2. [ʈʂ ʈʂ‘ ʂ]类、[ʦ ʦ‘ s]类不分（如商桑、章臧、长藏不分）；

3. 分尖团（尖音读[ʦ ʦ‘ s]，团音读[k k‘ x]。因分尖团，即精组和见晓组声母在细音前无变化，与在粗音前读音同，故厢桑、将臧、枪仓、江釭、巷篊等亦无别）。

前两条与现代板浦音完全相符，请看对照表：

良娘类（表3）：

**表 3**

| 例　字 | 音韵地位 | 北京音 | 板浦音 |
|---|---|---|---|
| 良 | 宕开三平阳来 | liaŋ | liaŋ |
| 娘 | 宕开三平阳泥 | niaŋ | |



商桑类（表4）：

① 淮阳即淮北，这里指海州板浦一带，《音鉴》石序说：“往岁余客燕关，先生游淮北，迨余至淮北，先生又往淮南。”此淮北亦指板浦，盖板浦当时为淮北盐务中心。

② 《许氏说音》卷二。

**表 4**

| 例　字 | 音韵地位 | 北京音 | 板浦音 |
|---|---|---|---|
| 商 | 宕开三平阳书 | ʂaŋ | ʂaŋ |
| 桑 | 宕开一平唐心 | saŋ | |
| 章 | 宕开三平阳章 | tʂaŋ | tsaŋ |
| 臧 | 宕开一平唐精 | tsaŋ | |
| 长 | 宕开三平阳澄 | tʂʻaŋ | tsʻaŋ |
| 藏 | 宕开一平唐从 | tsʻaŋ | |

对表 4 需要作一个说明。开口韵的知照系字中还有一部分在现代板浦音中读为[tɕ tɕʻ ɕ]。其韵母也相应地读为齐齿呼。其中包括两类：

(1) 古山摄盐、仙韵开口知章组舒声，如：沾粘瞻占佔陕闪展缠毡战搧扇蝉禅善膳单(姓)。

(2) 古假摄麻韵章组舒声，如：遮者蔗车扯蛇射奢赊舍赦社。

板浦音中的这种现象在十八世纪末业已产生，《说音》云："……燕赵读车蛇德忒勒之方音亦具焉，其细音即遮车蛇等字淮阳诸处之音。"[①]

第三条有些麻烦。整个下江官话分尖团的很少。有些地方是老派分，新派不分，如南京。[②] 灌云县据 1957 年前后的调查是有尖音的。但比较混乱，有些见晓组的字也读成[ts tsʻ s]。下面是《新海连人学习普通话手册》的原文。[③] 加梅花号的是笔者标出的见晓组的字：

z 要改念 j　姐借尖煎兼肩坚剪捡检建腱渐溅贱箭荐件见剑
　　　　　　　　　* * *　* * * *　　　　　　* * *

c 要改念 q　茄歼千迁谦牵签前钱钳虔乾(乾坤)浅遣欠牵
　　　　　　*　　　* *　　　* * *　　　* * *

s 要改念 x　邪泻卸谢些仙掀先贤嫌险显宪献现县线
　　　　　　　　　　　*　* * * * * * * *

见晓组混入精组，说明这两组音位的价值开始动摇，趋向合流。据我们调查，目前灌云县城的三十岁上下的青年人口中已没有尖团区别了。根据这个变化方向做逆推，估计十八世纪末，板浦音中可能有一套完整的尖音。

至于团音，《音鉴》的记载是："江缸、巷筕等母亦有不分者。"说明当时见晓组

① 《许氏说音》卷二。

② 见《江苏省和上海市方言概况》，第 61—62 页。

③ 见《新海连人学习普通话手册》，第 37 页。

在细音前仍读[k k‘ x]。但这在今板浦音中未留有任何痕迹。今均读[tɕ tɕ‘ ɕ]。我们的解释是，十八世纪末，板浦音中的见晓组在细音前已变为[tɕ tɕ‘ ɕ]，李汝珍此条所记的南音为灌云邻县赣榆音。虽然按现代方言分区，赣榆话属北方官话，但当时与灌云同属海州，故也可以称做海州音，或南音。在灌云县周围一带，只有赣榆话保留了一套完整的尖音[tsi-　ts‘i-　si-]和团音[ki-　k‘i-　xi-]。[1]李汝珍当时也不是没有条件接触赣榆音的。

下面就来看看《许氏说音》的声母。《说音》的声母表是“十九音统一切音”。如下：

昂、杭、冈、康、当、汤、郎、张、昌、商、若冈、姜、羌、香、央、方、忙、旁、帮

这十九音均为开口呼，《说音》的声母包括介音，分为正散粗细四类，用“十九音合六十四音正音统属图”表示。现将原图抄录如下：

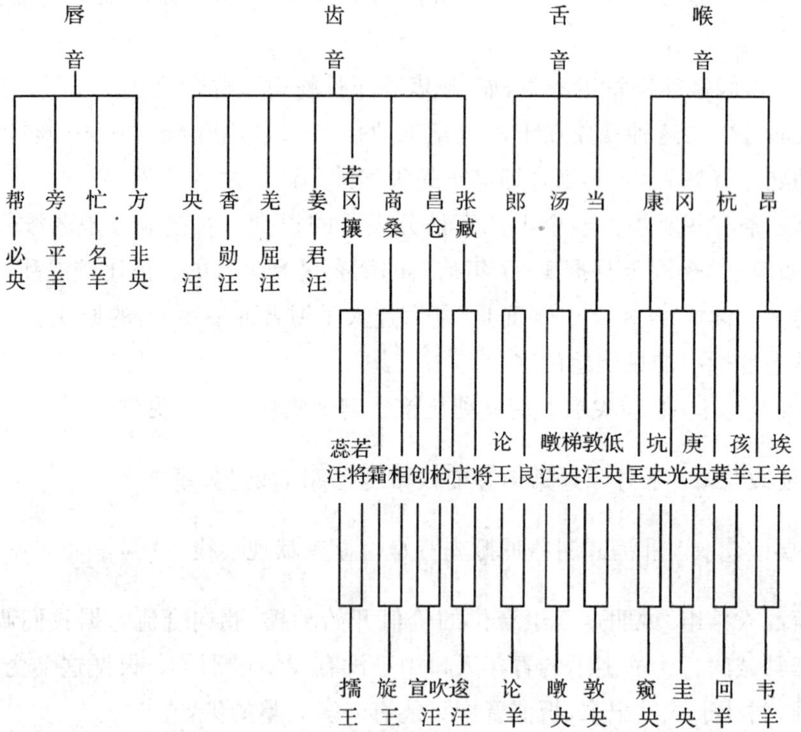


十九音合六十四音正音统属图

[1] 见蒋希文先生《赣榆方言的声母》，《中国语文》1961年9月。

上图反映该声母系统有三个特点，与《音鉴》所列南音声母的特点基本一致。第一，[n]、[l]不分，泥来并入郎。第二，[tʂ tʂ‘ ʂ]与[ts ts‘ s]不分，照组与精组合流，在前面的“十九音”中只用张、昌、商表示。但是许桂林肯定了解北音中照组与精组有别，因为他的朋友李汝珍就是北京人。故“统属图”中把臧、仓、桑附于张、昌、商之下，这种安排既说明板浦音中照组和精组只有一种读法，又说明这种读法有两套来源，并可兼备南北。第三，保留尖音，将、枪、相分别与张臧、昌仓、商桑同母。但团音见组细音姜、羌、香已与见组粗音冈、康、杭分道扬镳。这三点都同现代板浦音相合，同时也支持了我们认为《音鉴》团音读[k、k‘、x]是根据赣榆音的结论。当然，不仅从赣榆音，而且从古反切也可以看出姜冈本属一母，“一证以古法，冈、光、姜、君光本共属一母”，①所以许氏在冈、康、杭下也列有细音庚央、坑央、孩羊，既为通古，也为备今。

最后再讨论一下凌廷堪所增字母的问题。为李汝珍增删字母的，除前述六人外，还有他的老师凌廷堪，《海州文献录·人物·凌廷堪传》曰：

> 凌廷堪……歙县人，父名焻，业贾于海州，遂家焉。廷堪生于海州，六岁而孤……

有人甚至直接说他为板浦人，如钱泳《履园丛话·仲子教授》云：

> 凌仲子，名廷堪，海州板浦人，其父系海上灶户也……

可见凌氏虽然祖籍歙县，但生长于海州，说的应是海州话。当然，不能排除他有会说歙县话的可能，但《字母五声图》显然不是按歙县话归字的。在歙县方言中，“鸦”与“夜”为一类，读[ia]，②但《字母五声图》却是按北音来分的。“鸦”归十四韵[ia]，“夜”归第八韵[ie]。其实麻韵当分为家麻、车遮，元明时已然。李氏自己也说：“麻部按西域四等法当有二韵，如沙奢、查遮之类，今与母韵凡三列者盖音

① 《许氏说音》卷二。

② 见《安徽方言概况》，合肥师范学院方言调查工作组编，内部发行，1962 年 9 月版，第 40 页。

有不同,兼多轻重之异耳。”[1]这里的轻重即为李氏通常所说的粗细。[2] 李氏的粗音韵母指合口呼和撮口呼,细音韵母指开口呼和齐齿呼。[3] 参照《字母五声图》的列字可知,麻韵按主元音的不同分为[a]、[ia]类(十四韵,二十韵)和[ə]类(第八韵)。而[a]类按粗细又分为[a]、[ia]类(十四韵)与[ua]类(二十韵),这就是有轻重之异的两类,凌氏所增即这两类之一。从这里我们意外地发现,与其说凌氏增加了一个韵部,不如说他做了一个分别粗细的示范。因此,我们可以推论“母中麻韵即夫子所增”实际上透露出这样一个信息:《字母五声图》声母和韵母分别粗细的体例是李汝珍的老师凌仲子所定。

通过以上分析可以知道,李汝珍一方面不敢突破《切韵》“因论南北是非,古今通塞”的藩篱,一方面又另有追求。《音鉴》自云“此编兼列南北”,实际上是以北京语音作为基础的,有些北音现象在《字母五声图》中无法反映,就在凡例或前五卷中详加阐述,如“儿”字的读音、入声在北京话中的读法等。而兼列的南音则主要是板浦音。这样,《音鉴》音系就可用下图表示:

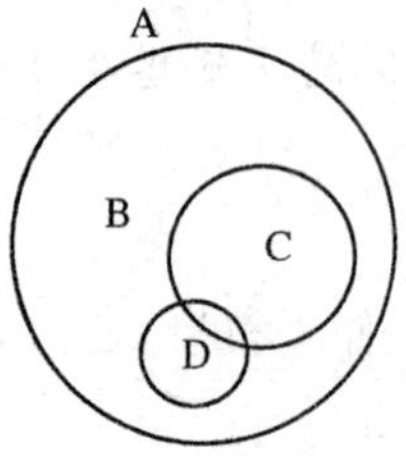


A=《音鉴》音系,
B=《音鉴》所谓北音,即北京音系;
C+D=《音鉴》所谓南音,其中:
C=若干类板浦音,
D=赣榆见系字读法。

我们可以把C与D从A中分离出去,再把凡例与前五卷中有关的北音现象补进A,使A与B完全重合。李汝珍当年从大兴来到海州板浦的时间是乾隆四十七年(1782),距今已有二百零六年,从《音鉴》中我们正可以勾勒出一个完整的二百多年前的北京话语音系统。这样,《音鉴》对研究普通话语音史的意义也就不言而喻了。

(原载《语言研究》1989年第2期)



---

① 《音鉴·凡例五》。

② 《音鉴》卷二第十四问“字母粗细论”说:“至于每母所收犹有音涉轻重之类,若不细为辨别,学者讵明其要?……即如痕魂二字,既归一韵,而又同归一母,以翻切论之,侯门为痕,红盆为魂,盖侯与痕母音近,门与痕韵音近,其皆细而轻([ən]);红与魂亦母音近,盆与魂亦韵音近,其音皆粗而重([uən]),二者稍不区别,则痕魂二音孰能辨之?”

③ 关于《李氏音鉴》的粗细理论,详见拙作《〈李氏音鉴〉音系研究》,徐州师范学院油印本1986年版。

[补记]

本文发表于1989年，原系笔者在1986年完成的硕士论文《李氏音鉴音系研究》的一部分，当时尚未见到《音鉴》付刻前的抄本《音学臆说》，只根据刻本《音鉴》所载的石文煃、李汝璜等人自署于嘉庆十年的《音鉴》序推断《李氏音鉴》初稿完成于嘉庆九年。1990年，笔者在北京大学图书馆读书时看到该馆庋藏的抄本《音学臆说》，方知石、李等人早在嘉庆九年已为《音鉴》的抄本《音学臆说》写就序文。抄本与刻本的序在内容上无实质区别，但所署时间早了一年。如是，则根据抄本石、李等人序文，上推李汝珍去淮南为嘉庆八年，而此时初稿已成，所以《音鉴》初稿完成的时间应更正为嘉庆七年或八年。拙作《李氏音鉴音系研究》(陕西人民教育出版社，1992年版)对抄本和刻本的节目有较为详细的列表比较，并对成书时间有新的论证。特此补记。(2010年1月)

# 《李氏音鉴》与十八世纪末的北京音系[①]

本文分为两个部分，第一部分概括介绍作者以往所发表的对《音鉴》音系的性质、《音鉴》的粗细理论及反切特点和《音鉴》的声、韵、调系统的研究情况。第二部分采取透视分离法，把《音鉴》中十八世纪末的北京音系分离出来，并略加讨论。主要结论是：十八世纪末北京音系的声母系统与现代北京话声母系统已完全一致；十八世纪末北京音系的韵母系统与现代北京话韵母系统十分接近，但[o]的喉牙音尚未变为[ə]，大部分的[yo]韵母尚未变为[ye]，[iai]尚未变[ie]，这说明十八世纪末的北京音系韵母系统是现代北京话韵母系统形成的最后演变阶段。本文试图为普通话语音史的研究提供一个有价值的历史横断面。

## 一

从《中原音韵》到现代北京音系的发展过程是汉语语音史研究中的一个薄弱环节，其主要原因是缺乏可供研究的记载北京语音的文献资料。《李氏音鉴》(以下简称《音鉴》)是反映北京语音的一份重要材料，但长期以来却被看成是一个杂糅的体系，从而失去了其对普通话语音发展历史的论证和解释作用。

① 本文在写作和修改过程中得到了南京师范大学徐复教授，北京师范大学曹述敬教授，徐州师范学院廖序东、古德夫、李成蹊等教授，中国社会科学院语言研究所杨耐思研究员等诸位先生的帮助，特此致谢。

《音鉴》的作者是以小说《镜花缘》而著称于世的清代学者兼小说家李汝珍，他是大兴（今北京市）人，出生于乾隆中叶（约1763年），卒于道光十年前后（约1830年）。[①] 李汝珍的少年时代是在大兴度过的，因此他所操的方言应是十八世纪末的北京话。乾隆四十七年（1782），汝珍随其兄前往海州板浦定居，在那里写下了一部颇有"独到之处"的《李氏音鉴》和一部"博识多通"的《镜花缘》。

关于《音鉴》音系的性质，笔者经过研究，认为《音鉴》的语音系统是以十八世纪末的北京语音为基础，兼列当时海州音与北京音相异的部分，在音系安排上，兼列部分是在北京音系之外重出，并未影响到北京音系的完整性。根据有三。第一，生活空间限制了李汝珍对南音的了解。李汝珍自乾隆四十七年由大兴移居至海州板浦，直到乾隆末年开始写作《音鉴》，一直没有离开过海州，在写作《音鉴》的过程中，虽曾短期到过河南，但没有在《音鉴》中留下痕迹，而几次出游南方，则都是在《音鉴》完成之后，所以，李氏对完整的语音系统的了解，只能是北京音系和属于江淮话的海州板浦音。正因为如此，所以他不懂声母之清浊，且坚持仄无阴阳论，[②]他既然对吴语的两个显著特征毫无认识，自然也不会在其音系中兼采吴音。由于海州板浦古属江南省，在李汝珍这个北京人看来，板浦音也就成了南音。第二，李汝珍写作《音鉴》的目的决定其音系不可能是南北杂糅的，它的语音基础是北京音。关于《音鉴》著述本意，卷四第二十八问有明确说明："珍之所以著为此篇者，盖抒管见所及，浅显易晓，俾吾乡初学有志于斯者，藉为入门之阶……"可见《音鉴》的确是为故乡童蒙初学者而写的一部音学入门书，他的音系只对自己的乡音负责，而这正是《音鉴》音系基础为北京语音的确凿无疑的证据。当然，自《切韵》以后，中国历史上的许多韵书或音学杂著，大多追求《切韵》"论南北是非，古今通塞"的境界。李汝珍虽然有自己的撰述志趣，但也未能免俗。他在凡例及前五卷的叙述中尽量列举了一些方言分歧现象，如徽州、湖州、杭州、苏州、扬州、东台、盐城、海州等地的方音，增加方言的地域覆盖面，造成一种"南北兼列"的态势，但在卷六《字母五声图》中则只按北音标注反切，所列的南音（板浦音）则只选与北音有直接对应关系的几类，这样表面上看起来是南北兼列，而实际上则保留了一个并非残缺的北京音系。第三，现代的、历史的方言材料可以证明《音鉴》兼列之南音确为板浦音。《音鉴》卷六《字母五声图》中兼列的南音在《音鉴》凡例四和卷三第二十四问、卷四第二十六问中都有详细说明。根据这些说明，可以看出《音鉴》所采南音在韵母方面有三个特点：a. 臻摄、深摄与梗摄、

① 此据胡适考证，大致可信。见胡适《中国章回小说考证》，第519页。

② 见《音鉴》卷二第九问"仄无阴阳论"。

曾摄相混，即《字母五声图》中第二韵与十六、十七同；b. 山摄合口一等桓韵与一二等寒山删有别，山摄、咸摄三四等与一二等有别，即《字母五声图》中第九韵与第十不同，十一与十八不同；c. 果摄开合口不分，即《字母五声图》中第十三韵与十九同。今板浦所在灌云县与邻近的连云港市区的韵母与上述三点相同。李汝珍同时代的海州板浦人许桂林所著的《许氏说音》，其韵母系统亦与此特点相合。根据《音鉴》对所列南音的声母的说明，可以看出《音鉴》所采南音在声母方面也有三个特点：a. [l]、[n]不分(如良娘不分)；b. [tʂ tʂʻ ʂ]类、[ts tsʻ s]类不分(如商桑、章臧、长藏不分)；c. 分尖团(尖音读[ts tsʻs]，团音读[k kʻ x])。因分尖团，即精组和见晓组在细音前无变化，与在粗音前读音同，故厢桑、将臧、枪仓、江缸、巷筅等亦无区别)。现代板浦音与当时的《许氏说音》的声母系统与前两条完全相符，第三条李汝珍所记的应是灌云邻县赣榆音，在灌云县周围一带只有赣榆话保留了一套完整的尖音和团音。赣榆与灌云当时同属海州，故也可将赣榆音称作海州音或南音。由以上三点分析可以知道。《音鉴》自云“此编兼列南北”，实际上是以北京语音为基础的，而兼列的南音则主要是板浦音。我们只要把《音鉴》所谓“南音”从《音鉴》音系中分离出去，就可以得到 200 多年前的北京音系。因此《音鉴》对研究普通话语音史的意义当然是不言而喻的。①

但是要研究《音鉴》的声、韵、调系统，首先必须搞清李汝珍的粗细理论和反切特点，否则就难以归纳出正确的语音系统。

李氏所说的粗细与通常所说的洪细有所不同，洪细一般是就韵母而言的，李氏的粗细则兼指声韵。根据对《音鉴》凡例与卷六《字母五声图》的分析，可知声母的粗细是由介音决定的，即后人所说的声介合母。在李氏的三十三字母中，粗细对立的有二十八个，不分粗细即注“古独用”的有五个。同一个声母与[i]介音或[y]介音相拼时称为细音，与[u]介音或零形式介音 ø 相拼时称为粗音。所谓不分粗细，实际上与粗音性质相同，是与[u]介音或 ø 介音相拼的，由于它不再与[i]介音或[y]介音相拼，体现不出与细音的对立，故叫粗细不分。韵母的粗细也是介音决定的，但标准不同，有介音[u]或[y]者叫粗音，有介音 ø 或[i]者叫细音。换言之，通常所说的合口呼、撮口呼叫粗音，开口呼、齐齿呼叫细音。既然声母和韵母俱分粗细，且标准不同，那么声、韵相拼时，介音怎么确定呢？通过对《音鉴》列字的分析，我们发现《音鉴》介音的选择存在以下两个规则：



① 有关《音鉴》音系的详细论证，请参看杨亦鸣(1989)。

规则一：

粗音声母 Ø/[u]＋ { 粗音韵母[u]/[y] —选择→ [u](合口呼)
　　　　　　　　　　 细音韵母 Ø/[i] —选择→ Ø(开口呼) }

规则二：

细音声母[i]/[y]＋ { 粗音韵母[u]/[y] —选择→ [y](撮口呼)
　　　　　　　　　　 细音韵母 Ø/[i] —选择→ [i](齐齿呼) }

规则一表明与粗音声母相拼时，所谓粗音韵母指的是合口呼，所谓细音韵母指的是开口呼；规则二表明与细音声母相拼时，所谓粗音韵母指的是撮口呼，所谓细音韵母指的是齐齿呼。虽然声母与韵母的粗细不统一，但每个音节介音本身却是确定的。

粗细的问题解决了，反切的特点就容易解释了，李汝珍反切的最大特点是"切异粗细"。[①] "切异粗细"的实质是介音问题，即如何确定开齐合撮四呼的问题。李氏的被切字介音是由反切上字决定的，与反切下字无直接关系，下字只取韵腹、韵尾。比如"长"字，在《字母五声图》第一图"一春"中，所注的反切为"呈详切"，由于介音决定于上字，"呈"字为开口呼，故"长"字亦为开口呼。此亦与该韵所标的粗细相合，"长"为春母第一韵（春母是粗音声母，第一韵是细音韵母），按规则一，其介音为 Ø，即开口呼。所以只有按此规律去拼切，才能得出正确的读音。如果按通常的反切规律去拼切，"长"字就要变成齐齿呼，这样拼出的音就不合李氏的原意。当然也有例外，这就是由凡例十二中标有"音皆一律，粗细不分"的唇音字母所构成的七个图，既然李氏的粗细是以介音来决定的，而这几个图又是"音皆一律，粗细不分"，所以它的反切用字就不那么讲究。[②]

了解了《音鉴》字母、韵部和反切的特点，也就掌握了分析《音鉴》音系的钥匙，通过对卷六《字母五声图》的考察，我们给《音鉴》声母和韵母拟定了新的音值。下面是前人的拟音与我们的拟音的对照表：[③]

---

① 《音鉴》卷二第十三问"切分粗细论"。

② 关于《音鉴》粗细理论及反切特点的详细情况，请参看杨亦鸣(1990)。

③ 钱玄同的拟音为胡适所引。原为罗马字，此处转写为国际音标，见胡适(1942)，第 521—525 页。赵荫棠的拟音见赵荫棠(1957)，第 244—255 页。王力的拟音见王力(1957)，第 160—163 页，李新魁的拟音见李新魁(1983)，第 393—394 页。

**表 1　三十三字母各家拟音表①**

| 字　母 | 钱玄同 | 赵荫棠 | 王　力 | 李新魁 | 今　订 |
|---|---|---|---|---|---|
| 春 | tʂ‘,tʂ‘u | tʂ‘,tʂ‘u | tʂ‘ | tʂ‘ | tʂ‘(ʦ‘南音) |
| 满 | m | m | m(粗音) | m | m |
| 尧 | i,y | o | 元音(细音) | o | o |
| 天 | t‘i | t‘i | t‘(细音) | t‘ | t‘ |
| 溪 | ʨ‘i,ʨ‘y | ʨ‘i,ʨy | ʨ‘(细音) | k‘ | ʨ‘(k‘南音) |
| 水 | ʂ,ʂu | ʂ,ʂu | ʂ | ʂ | ʂ(s 南音) |
| 清 | ʦ‘i,ʦ‘y | ʦ‘i,ʦ‘y | tʂ‘(细音) | ʦ‘ | ʨ‘(ʦ‘南音) |
| 涟 | li,ly | li,ly | l(细音) | l | l |
| 嫩 | n,nu | n,nu | n(粗音) | n | n(l 南音) |
| 红 | x,xu | x,xu | x(粗音) | x | x |
| 飘 | p‘i | p‘i | p‘(粗音) | p‘ | p‘ |
| 粉 | f | f | f | f | f |
| 蝶 | ti | ti | t(细音) | t | t |
| 惊 | ʨi,ʨy | ʨi,ʨy | ʨ(细音) | k | ʨ(k 南音) |
| 眠 | mi | mi | m(粗音) | m | m |
| 松 | s,su | s,su | s(粗音) | s | s |
| 峦 | l,lu | l,lu | l(粗音) | l | l |
| 空 | k‘,k‘u | k‘,k‘u | k‘(粗音) | k‘ | k‘ |
| 翠 | ʦ‘,ʦ‘u | ʦ‘,ʦ‘u | ʦ‘(粗音) | ʦ‘ | ʦ‘ |
| 鸥 | o,u | o | 元音(粗音) | o | o |
| 鸟 | ni,ny | ni,ny | n(细音) | n | n(l 南音) |
| 盘 | p‘ | p‘ | p‘(粗音) | p‘ | p‘ |
| 翻 | ɕi,ɕy | ɕi,ɕy | ɕ(细音) | x | ɕ(x 南音) |
| 对 | t,tu | t,tu | t(粗音) | t | t |
| 酒 | ʦi,ʦy | ʦi,ʦy | ʦ(细音) | ʦ | ʨ(ʦ 南音) |
| 陶 | t‘,t‘u | t‘,t‘u | t‘(粗音) | t‘ | t‘ |
| 然 | ʐ,ʐu | ʐ,ʐu | ʐ | ʐ | ʐ |
| 便 | pi | pi | p(细音) | p | p |
| 博 | p | p | p(粗音) | p | p |
| 个 | k,ku | k,ku | k(粗音) | k | k |
| 醉 | ʦ,ʦu | ʦ,ʦu | ʦ(粗音) | ʦ | ʦ |
| 中 | tʂ,tʂu | tʂ,tʂu | tʂ | tʂ | tʂ(ʦ 南音) |
| 仙 | si,sy | si,sy | s(细音) | s | ɕ(s 南音) |

① 表 1 中的“o”表示零声母；表 2 中的“o”是国际音标中的圆唇元音。

**表 2　二十二韵各家拟音表**

| 韵 | 钱玄同 | 赵荫棠 | 王　力 | 李新魁 | 今　订 |
|---|---|---|---|---|---|
| 第一韵 | aŋ,iaŋ | aŋ,iaŋ | aŋ,iaŋ | aŋ,iaŋ | aŋ,iaŋ |
| 第二韵 | ən,in | en,in | ən,in | ən,in | ən,in(əŋ,iŋ 南音) |
| 第三韵 | un,yuŋ | uŋ,yuŋ | uŋ,yuŋ | uŋ,iuŋ | uŋ,yŋ,əŋ |
| 第四韵 | u,y | u,y | u,y | u,y | u,y |
| 第五韵 | au,iau | au,iau | au,iau | au,iau | au,iau |
| 第六韵 | ai,iai | ai,iai | ai,iai | ai,iai | ai,iai |
| 第七韵 | i,ʅ,ɿ | ɿ,ʅ,i | ɿ,ʅ,i | i,ï | ɿ,ʅ,i |
| 第八韵 | e,ie,ye | ɛ,iɛ | ə,ie | e,ie | ə,ie |
| 第九韵 | an | an,ian | an,ian | an,ian | an,ian(æ̃,iæ̃南音) |
| 第十韵 | ɛn,iɛn | ɛn,iɛn | an,ian | iɛn | an,ian(iẽ南音) |
| 第十一韵 | uoen,yoen | uan,yan | uan,yan | uon,yan | uan,yan,an(õ,yõ南音) |
| 第十二韵 | ou,iou | ou,iou | ou,iou | ou,iou | ou,iou |
| 第十三韵 | o,io | o,io | o,io | o | o |
| 第十四韵 | a,ia | a,ia | a,ia | a,ia | a,ia |
| 第十五韵 | uei | uei,yei | uei,yei | ei,uei | ei,uei |
| 第十六韵 | uən,yn | uen,yen | uən,yən | un,yn | un,yn(oŋ,ioŋ,əŋ 南音) |
| 第十七韵 | əŋ,iŋ | əŋ,iŋ | əŋ,iŋ | əŋ,iŋ | əŋ,iŋ |
| 第十八韵 | uan | uan,yan | uan,yan | uan | uan,yan,an(uæ̃,æ̃南音) |
| 第十九韵 | uo,yo | uo,yo | uo,yo | uo,yo | uo,yo(o,iɤɯ 南音) |
| 第二十韵 | ua | ua,ya | ua,ya | ua | ua |
| 第二十一韵 | uai | uai,yai | uai,yai | uai | uai |
| 第二十二韵 | uaŋ | uaŋ,yaŋ | uaŋ,yaŋ | uaŋ | uaŋ |

我们的拟音实际上是两套(凡表中没有用括号标出南音的,即为南音与北音读音相同,不再另用括号注出)。因为我们既然已经搞清了李汝珍写作此书的背景,搞清了他的音系性质,那么在拟音时就要把这个因素考虑进去,也就是说要给出两套拟音,以此尽最大可能保持《音鉴》声母、韵母系统的原貌。①

① 改订拟音的理由见杨亦鸣(1991)。

关于声调，《字母五声图》分为阴平、阳平、上声、去声、入声五类。实际上，十八世末，北京音中的入声早已消失；据许桂林的《许氏说音》，当时板浦音的入声字亦已失去塞音尾，但仍自成一调。不过，《音鉴》的入声并不是为兼列南音而设，这与声母、韵母系统不同，因为其列字原则并非如许氏所说，而是按旧韵书载入的。[①]《音鉴》的入声既然并非反映实际语音，那么李氏设置入声的目的是什么呢？目的只有一个，那就是为帮助口语中已消失入声的北京儿童学习诗赋时掌握平仄。[②] 这与《音鉴》总的著述目的是一脉相承的。

## 二

下面，我们采取透视分离法，把《音鉴》中十八世纪末的北京音系分离出来，并略加讨论。

如上所述，我们确定了《音鉴》音系的性质，分析了《音鉴》反切的特点，并对《音鉴》声、韵系统构拟了音值，这就是"透视"的过程，通过这种细致的研究，从芜杂的表面"透视"出它的音系基础及兼列的音都是什么性质。进一步的工作就是把掺杂进来或曰"兼列"的部分——南音"分离"出去，并补入凡例及正文中因受《字母五声图》图式的限制而无法反映的有关的北音材料（如"儿"的读音，入声的读法等），就可以得到十八世纪末的北京音系了。

下面分声、韵、调三个部分来叙述十八世纪末的北京音系。每个部分先列表，然后叙述其来源。声母来源参照杨亦鸣(1991)对字母的考查，韵母的来源除参照杨亦鸣(1991)对韵的考查外，还要参照"北音入声论"的列字（卷四第二十五问"北音入声论"共列古入声字 716 个，并逐个音节注出时音的反切，可以弥补《字母五声图》之不足）。最后把这个音系与《中原音韵》和现代北京音作一比较。[③]

（一）声母

1. 声母表

p p‘ m f

t t‘ n l

① 参看《音鉴》卷六《字母五声图》的列字，李氏在卷六"卷首语"中也明确说明"图内入声悉照等韵载入"。

② 关于入声的性质及设置目的的详细讨论，请参看杨亦鸣(1991)。

③ 《中原音韵》声、韵、调系统依据杨耐思(1981)。

k　k‘　x

tɕ　tɕ‘　ɕ

tʂ　tʂ‘　ʂ　ʐ

ts　ts‘　s

Ø

2. 来源

(1) p、p‘、m、f　[p]即《音鉴》便、博二母，来源于中古帮母、并母仄声；①[p‘]即《音鉴》飘、盘二母；[m]即《音鉴》满、眠二母；[f]即《音鉴》粉母。

(2) t、t‘、n、l　[t]即《音鉴》蝶、对二母；[t‘]即《音鉴》天、陶二母；[n]即《音鉴》嫩、鸟二母；[l]即《音鉴》涟、峦二母。

(3) k、k‘、x　[k]即《音鉴》个母；[k‘]即《音鉴》空母；[x]即《音鉴》红母。

(4) tɕ、tɕ‘、ɕ　[tɕ]即《音鉴》惊、酒二母；[tɕ‘]即《音鉴》溪、清二母；[ɕ]即《音鉴》翾、仙二母。

(5) tʂ、tʂ‘、ʂ、ʐ　[tʂ]即《音鉴》中母；[tʂ‘]即《音鉴》春母；[ʂ]即《音鉴》水母；[ʐ]即《音鉴》然母。

(6) ts、ts‘、s　[ts]即《音鉴》醉母；[ts‘]即《音鉴》翠母；[s]即《音鉴》松母。

(7) 零声母　零声母即《音鉴》尧、鸥两母。

3. 比较

十八世纪末北京音系的声母系统与现代北京音声母系统完全相同。与《中原音韵》声母系统则有较大的距离。其区别主要有以下几点：

(1)《中原音韵》尚有全浊声母微[v]和次浊声母疑[ŋ]。这两母在十八世纪末的北京音声母系统中已经消失，与影、喻完全合流变为零声母了。当然这个变化并不是十八世纪才完成的。疑母[ŋ]的消失不晚于十五世纪中叶，明兰茂《韵略易通》的《早梅诗》已无疑母。反映十七世纪初叶北京音的顺天(今北京)布衣徐孝《重订司马温公等韵图经》(刊于明万历三十四年)，不仅没有疑母，也没有微母。他的“字母总括”说：“敷微轻唇不立形。”此后，北京话一直保持这种现状。

(2)《中原音韵》的知、庄、章组字音值为舌上音[ʧ]、[ʧ‘]、[ʃ]，十八世纪末已变为[tʂ]、[tʂ‘]、[ʂ]且不与[i]介音相拼。

(3) 日母字在《中原音韵》中读为[ʒ]，在十八世纪末北京音中已读为[ʐ]。

(4) 见晓组字在《中原音韵》中读[k]、[k‘]、[x]，十八世纪末的北京音系中

① 来源部分，以下只列《音鉴》属何母，中古音来源可参照杨亦鸣(1991)的三十三字母列字。韵母部分亦如此，只列《音鉴》属第几韵，中古音来源可参照杨亦鸣(1991)的二十二韵列字。

分化为两组。与开口呼、合口呼韵母相拼时仍读[k]、[k‘]、[x]，与齐齿呼、撮口呼韵母相拼时读[tɕ]、[tɕ‘]、[ɕ]。

(5) 精组字在《中原音韵》中读[ʦ]、[ʦ‘]、[s]，在十八世纪末的北京音中分化为两组，与开口呼、合口呼相拼时读[ʦ]、[ʦ‘]、[s]，与齐齿呼、撮口呼相拼时读[tɕ]、[tɕ‘]、[ɕ]。据《圆音正考》，见晓组与精组的舌面化，十八世纪中叶即已完成。但也有学者认为《圆音正考》中的尖团音尚有区别。如日本学者藤堂明保认为直到十九世纪前半期精组字仍未腭化。① 我们的研究，再次证明十八世纪末以前，北京话中尖团音已经合流。

以上所述说明《中原音韵》之后到十八世纪末之前，北方话包括北京音的声母系统仍处在不停地变动中。这种变动在十八世纪中叶到十八世纪末稳住了势头，然后一直保持到现在。所以我们可以说现代北京话的声母系统在十八世纪末已完全具备。

(二) 韵母

1. 韵母表

| | | | | | |
|---|---|---|---|---|---|
| ɿ | ʅ | ɚ | i | u | y |
| a | | | ia | ua | |
| o | | | | uo | yo |
| ə | | | ie* | | ye* |
| ai | | | iai | uai | |
| ei | | | | uei | |
| au | | | iau | | |
| ou | | | iou | | |
| an | | | ian | uan | yan |
| ən | | | in | un | yn |
| aŋ | | | iaŋ | uaŋ | |
| əŋ | | | iŋ | uŋ | yŋ |

* ie，ye 的实际读音应该是[iɛ]、[yɛ]。

2. 来源

(1) ɿ、ʅ、ɚ、i　[ɿ]、[ʅ]、[ɚ]、[i]即《音鉴》第七韵。其中[ɚ]韵母儿、耳、二等字《字母五声图》未列，但凡例八说："儿字，古皆鬑移切，以近时南北方音辩之，读昂移切。"由日母字变为零声母(昂，《音鉴》属鸥母)，说明儿字已读[ɚ]。今依

① 参见冯蒸(1984)。

凡例八补。其实，这个变化可能在元明时代就已开始了。[①]

（2）u、y　　[u]、[y]即《音鉴》第四韵。

（3）a、ia、ua　　[a]、[ia]即《音鉴》第十四韵。[ua]即《音鉴》第二十韵。

（4）o、uo、yo　　[o]即《音鉴》第十三韵。[uo]、[yo]即《音鉴》第十九韵。

（5）ə、ie、ye　　[ə]、[ie]即《音鉴》第八韵。[ye]，《字母五声图》中无此韵母。所以前列的二十二韵各家拟音表中亦无此韵母。此韵据卷四古入声字的反切拟出。现代北京音的[ye]，属古舒声字的，在十八世纪末尚读[yo]，杨亦鸣(1991)已有叙述，其反切上字为撮口呼，下字为[o]或[uo]韵母字，如瘸为权罗切，靴为史窝切；属古入声字的则已开始分化，其中大部分仍读[yo]，反切上字为撮口呼，下字是当时读[o]或[yo]韵母的字，但有一部分喉牙音的合口三四等字已开始读为[ye]，反切上字为撮口呼，下字则为当时读[ə]或[ie]韵母的字。请看例字(反切为《音鉴》卷四所列)：

| [yo]韵母 | [ye]韵母 |
|---|---|
| 薛，盛梭切，音靴。 | |
| 约，雍窝切。 | |
| 曰，迂靴切。 | |
| 阙缺，区靴切。 | |
| 角觉(开口二等觉韵)、爵(开口三等药韵)，举娥切。 | 决诀玦觖(合口四等屑韵)、厥、蹶(合口三等月韵)、倔(合口三等月韵)、谲(合口四等屑韵)、掘(合口三等物韵)、绝(合口三等薛韵)，举爷切。 |
| 雪，许琐切。 | |
| 虐，女娥切。 | |
| 蓄畜，训卧切。 | |
| 嶽岳乐(开口二等觉韵)、跃(开口二等药韵)，用破切。 | 月刖(合口三等月韵)、悦阅(合口三等薛韵)、阈(合口三等职韵)、轨(合口三等月韵)、域(合口三等职韵)、越(合口三等月韵)，遇遮切。 |

① 参看李思敬(1986)。

(6) ai,iai,uai [ai]、[iai]即《音鉴》第六韵,[uai]即《音鉴》第二十一韵。

(7) ei、uei [ei]、[uei]即《音鉴》第十五韵。

(8) au、iau [au]、[iau]即《音鉴》第五韵。

(9) ou、iou [ou]、[iou]即《音鉴》第十二韵。

(10) an、ian、uan、yan [an]、[ian]即《音鉴》第九韵、第十韵,[an]还来自第十一韵、十八韵的唇音字,[uan]、[yan]即《音鉴》第十一韵(唇音除外)、第十八韵(唇音除外)。

(11) ən、in、un、yn [ən]、[in]即《音鉴》第二韵,[un]、[yn]即《音鉴》第十六韵。

(12) aŋ、iaŋ、uaŋ [aŋ]、[iaŋ]即《音鉴》第一韵,[uaŋ]即《音鉴》第二十二韵。

(13) əŋ、iŋ、uŋ、yŋ [əŋ]、[iŋ]即《音鉴》第十七韵及第三韵唇音字,[uŋ]、[yŋ]即《音鉴》第三韵(唇音除外)。

3. 比较

十八世纪末,北京音韵母系统与《中原音韵》的韵母系统和现代北京音韵母系统都有一些差别。与《中原音韵》相比,十八世纪末北京音韵母系统的主要特点是:

(1) 闭口韵消失。《中原音韵》还保存三个收[m]尾的闭口韵,但在十八世纪末的北京音系里都已收[n]尾,侵寻并入真文,监咸并入寒山,廉纤并入先天。这个合并,在北京音中,大概十六世纪初就已完成。《重订司马温公等韵图经》的韵母系统为十三摄,就只有臻摄和山摄,没有咸摄和深摄。

(2) 撮口呼的产生。《中原音韵》的[iu]在十八世纪末的北京音中,已发展为[y]。撮口呼在北京音中产生的时间尚难确定。不过赵荫棠、李新魁两先生在给《重订司马温公等韵图经》韵母拟音时,已拟有撮口呼。果如是,则撮口呼的产生,在北京音中也不会晚于十六世纪。



(3) 桓欢韵消失。《中原音韵》里桓欢是个特殊的韵部。《音鉴》所列的南音中,桓欢韵也还独立。但在十八世纪末的北京音中,桓欢已转入寒山的合口呼了。十六世纪初的《重订司马温公等韵图经》也是如此,桓欢与寒山同为山摄。看起来,似乎是《中原音韵》的桓欢韵[on]到十六世纪初北京音中已发展为[uan],实际上,《重订司马温公等韵图经》所反映的十六世纪初的北京音和从《李氏音鉴》中所得到的十八世纪末的北京音,直到现代北京音,寒桓两类都是直接继承《广韵》的。在《广韵》中寒韵为开口的[an],桓韵为合口的[uan]。所以陆志韦说《中原音韵》的寒桓分韵，比今国音变得更为积极。[①] 注意到这一点，我们便可以说北京音系的直接源头还不能算为《中原音韵》。《中原音韵》的桓欢在某些官话地区已发展为自成一类（如板浦音等），而北京音系尚未发展到寒山与桓欢分立的局面。在语音变化上，《中原音韵》有些地方比北京音走得更远。

（4）[ɚ]的产生。《中原音韵》儿、耳、而等字归支思韵，没有独立。在十八世纪末的北京音中[ɚ]已产生。

（5）[ə]的产生。《中原音韵》车遮韵知照系字读[iɛ]。十八世纪末的北京音中已读为[ə]。

（6）[yo]、[ye]的产生。十八世纪末北京音的[yo]来源于中古的戈韵合口三等和薛、药、月、屑、觉、屋、术等入声韵，在《中原音韵》中，它们分属车遮韵的[iuɛ]和歌戈韵的[io]。按理，车遮韵的瘸、靴等字在[iu]合为[y]之后，就应为[yɛ]韵母了，但在十八世纪末的北京音中，瘸、靴仍为[yo]韵母。这是《中原音韵》非北京话源头的又一个证据。根据《音鉴》记载，北京话中[ye]的产生是先从车遮韵的部分入声字开始的。详见前[ye]的来源部分。

与现代北京音比较，十八世纪末北京音韵母系统的主要特点是：

（1）[o]的喉牙音字尚未变为[ə]。现代北京音[ə]来源于果摄喉牙音字和麻韵开口三等章组字。十八世纪末的北京音中，麻韵开口三等章组为[ə]，但果摄的喉牙音字仍为[o]。

（2）[yo]尚未完全变为[ye]。中古戈韵合口三等字和薛、药、月、屑、觉、屋、术等部分入声字，在现代北京音中，韵母为[ye]。但在十八世纪末的北京音中，只有少部分合口三四等喉牙音的入声字读[ye]。其余仍读[yo]。

（3）[iai]尚未变为[ie]。十八世纪末的北京音中已有[ie]，来源于中古麻韵开口三等和部分入声韵，但蟹摄开口二等的皆、佳两韵的喉牙音仍读[iai]，尚未变为[ie]。

通过上述比较，不难发现，北京音的源头不应是《中原音韵》。它和《中原音韵》都是从《广韵》平行发展起来的两个十分相近的语音系统。陆志韦等先生认为《中原音韵》的方言基础不是大都音是有一定道理的。另外，十八世纪末北京音的韵母系统已与现代北京音十分接近，正处于最后变化之中。现代北京音所具有的韵母的某几类来源，当时只有部分类已经完成变化，另一部分尚待变化。这说明同一种语音变化是逐类进行的，而不是同时完成。

① 参见陆志韦（1946）。

（三）声调

十八世纪末北京音的声调与现代北京音一样，分为阴平、阳平、上声、去声四类。关于调值，《音鉴》没有详细记载，只是在卷二第十五问"平分阴阳论"中，对阴平、阳平有一个描述："阴者平声之低也，阳者平声之高也。"根据声母、韵母的情况来推论，调值的差距不会太大，但阴平和阳平的调值可能与现代北京音微有出入。

**主要参考文献**


冯蒸：《〈圆音正考〉及其相关诸问题》，《古汉语研究论文集》，北京出版社 1984 年版。

胡适：《〈镜花缘〉的引论》，《中国章回小说考证》，实业印书馆 1942 年版，上海书店 1978 年影印。

李思敬：《汉语"儿"[ɚ]音史研究》，商务印书馆 1986 年版。

李新魁：《汉语等韵学》，中华书局 1983 年版。

陆志韦：《释〈中原音韵〉》，《燕京学报》1946 年第 31 期。

王力：《汉语音韵学》，中华书局 1957 年版。

杨耐思：《中原音韵音系》，中国社会科学出版社 1981 年版。

杨亦鸣：《〈李氏音鉴〉音系的性质》，《语言研究》1989 年第 2 期。

杨亦鸣：《〈李氏音鉴〉的粗细理论及反切特点》，《徐州师范学院学报》1990 年第 1 期，又中国人民大学《语言文字学》1990 年第 7 期。

杨亦鸣：《〈李氏音鉴〉的声、韵、调系统》，《徐州师范学院学报》1991 年第 3 期，又中国人民大学《语言文字学》1992 年第 1 期。

赵荫棠：《等韵源流》，商务印书馆 1957 年版。


（原载《汉语言学国际学术研讨会论文集》，1991 年 11 月）

# 从音韵学角度看《镜花缘》的著作权

在中国古代文学研究领域，长篇小说《镜花缘》的著作权问题是一桩老公案了。本文拟从音韵学角度来讨论《镜花缘》的作者问题，希望能够了结这一公案。全文共分为两部分。第一部分介绍《镜花缘》著作权公案的由来及各方的观点。第二部分通过《镜花缘》所述的音韵系统、反切方式、音学观点等与《李氏音鉴》、《许氏说音》等资料的比勘，确认《镜花缘》的作者为李汝珍。

## 一

长篇小说《镜花缘》以其特有的艺术风格，从其问世之日起就受到读者的热烈欢迎，甚至在定稿本完成之前，就有江宁桃红镇书坊据第二稿传抄本私刻。嘉庆二十三年，依据定稿本的苏州原刻正式出版后，仅在道光年间就有道光元年、道光八年、道光十二年、道光二十二年等刻本刊行，[①]此后各种刻本、印本、外文译本更是层出不穷。最早的外文译本当推19世纪英国汉学家翟理斯的英文摘译《访游君子国》，载于《中国评论》(1877—1878年，第159—165页)，目前已有英、德、俄、日等语言的多种全译本或节译本问世。[②]在研究方面，更有大师级学者鲁迅、胡适、郑振铎等对《镜花缘》作过评论和介绍，国外也有西里尔·伯奇(英)、夏志清(美)、太田辰

① 详见孙佳讯:《〈镜花缘〉公案辨疑》附录《关于〈镜花缘〉版本》，齐鲁书社1984年版。

② 详见王丽娜:《〈镜花缘〉的外文翻译及研究论著》，《镜花缘研究》第二辑，1984年版。

夫(日)、费施曼(俄)、谢马诺夫(俄)、斯科罗包加托娃(俄)等著名学者加盟《镜花缘》研究。[①] 但是这部有着广泛影响的长篇小说的著作权问题一直没有最终的定论,成为中国古代白话小说史上又一作者悬案。

1923 年,胡适先生在《〈镜花缘〉的引论》一文中,依据钱玄同先生的提示,首先考证出《镜花缘》的作者是李汝珍。胡适说:"《镜花缘》刻本有海州许乔林石华的序,序中说:'《镜花缘》一书,乃北平李子松石以十数年之力成之。'其余各序及题词中,也都说是李松石所作。但很少有人能说李松石是谁的。前几年,钱玄同先生告诉我李松石是一个音韵学家,名叫李汝珍,是京兆大兴人,著有一部《李氏音鉴》,在那部书的本文和序里,钩出了一些事迹。"[②]胡氏在其论文的第一、二两部分中专门对李汝珍的生平和李汝珍的音韵学作了考证和介绍。本来作者问题已经真相大白了,但在《镜花缘》的诞生地——海州板浦(今属连云港灌云县),有关作者的种种传说却与胡适的考证相左。据在南京江苏省外贸学校工作的杨石清老先生 1984 年回忆,"当时像杨光第(民国初年灌云县志局局长,清代举人)、吴修伍等家乡学界老辈对将《镜花缘》写作单独地归落于李汝珍一人表示欠当,认为当代的某些学者,像胡适等那些论定,是不了解《镜花缘》诞生地的实际情况"。[③]

1924 年,执教于江苏省立第十一中学(海州师范前身)的吴鲁星先生将自己搜集整理的《文学者逸事》一文投寄郑振铎先生主编的《小说月报》,首倡《镜花缘》作者许乔林说;[④]此外他还写了《镜花缘考证》一文,详细论证了《镜花缘》的作者应是海州硕儒许乔林、许桂林兄弟,[⑤]而不是李汝珍。当时同在海州任教的孙佳讯先生看了吴文的手稿后,不同意吴文的观点,但认为其中有些关于李汝珍的生平资料尚可利用,便益之以自己的一些材料写了一篇《〈镜花缘〉补考》,刊于《秋野》二卷五期,对胡适《〈镜花缘〉的引论》中的某些史实作了补证,后来胡适在征得作者的同意后将此文收入《胡适文存》三集作为附录。1928 年冬,孙佳讯先生又专门写了《海属〈镜花缘〉传说辩证》,刊于北新书局《青年界》四卷四期,反驳



① 详见王丽娜:《〈镜花缘〉的外文翻译及研究论著》,《镜花缘研究》第二辑,1984 年版。

② 胡适:《中国章回小说考证》,上海书店 1979 年据实业印书馆 1942 年版翻印,第 513 页。

③ 见杨石清:《〈海属《镜花缘》传说辨正〉侧记》,《镜花缘研究》第二辑,1984 年版。

④ 见余克超、张传藻:《郑振铎与〈镜花缘〉研究》,《明清小说研究》第 6 辑,中国文联出版公司 1987 年版。

⑤ 许乔林,字贞仲,号石华,嘉庆丁卯科亚元;许桂林,字同叔,号月南,又月岚,嘉庆丙子科举人。有关二许兄弟的详细情况请参看拙著《李氏音鉴音系研究》,陕西人民教育出版社 1992 年版。

吴文的“二许”说。1933 年 7 月，海州《连云报》副刊《海市》连载板浦许绍蘧先生(二许兄弟系其叔伯高祖)的《读〈镜花缘〉传说辩证的反响》，不同意胡文和孙文的《镜花缘》作者李汝珍说，但也不完全同意吴文的“二许”说，提出“许凑”说，认为《镜花缘》是“先桂林公”与李汝珍凑趣而成的。由于许绍蘧为许氏后人，其高祖姑母又为李汝珍续妻，同时，许桂林是音韵学家，《镜花缘》中有大量的音韵学内容，许文还披露一些珍贵资料，如李汝珍侄子李书圃给许桂林的两则短简等，所以“许凑”说在海属一带也有较大的影响。1935 年孙佳讯先生又作《再辨〈镜花缘〉传说》，1940 年刊于汪馥泉氏主编的《学术》第三期，再次论证了《镜花缘》为李汝珍。但是“许作”或“许凑”说在海属地区依然流行不衰，1979 年孙佳讯先生为彻底辨清这一疑案遂订证旧作，补充材料，再次操觚，作长篇论文《〈镜花缘〉作者的疑案》，刊于 1980 年《中华文史论丛》第三辑，此后意犹未尽，又将之改写为十余万字的专著，题为《〈镜花缘〉公案辨疑》，1984 年由齐鲁书社出版。该书由李汝珍生平考证入手，又叙述了《镜花缘》改动的细节，辩驳了海属地区有关《镜花缘》作者的传说，否定了“许作”和“许凑”说，将全书著作权归之于李汝珍。

那么海属对《镜花缘》著作权究竟有些什么传说，“许作”和“许凑”说究竟有些什么根据？孙佳讯先生又是怎样来反驳这些观点的？这里根据上引各文作一概要介绍。

海属关于《镜花缘》作者的传说，主要有六则：

(一) 许乔林赴翰林院售《镜花缘》稿，遇一人同船夜话，亦言前往售稿，问许稿何在，许言腹稿，因请述大意。翌晨，其人已宵行。及许诣院，乃知稿为捷足者所卖。院长令作序，复酬以川资。

(二)《李氏音鉴》原为“许氏音鉴”，许桂林做的；《镜花缘》原是许乔林做的。二书皆被李汝珍强占其著作权。

(三) 许乔林将《镜花缘》稿让或卖给李汝珍的；因李兄任板浦场盐大使，豪富希名。

(四)《镜花缘》原为许桂林所作，与李汝珍某书交换署名出版的；《李氏音鉴》原为“许氏音鉴”，《许氏说音》原为“李氏说音”，也是他俩交换署名出版的。

(五) 许著李续的，或李著许续的，他俩因相互爱才而续书，而联姻。

(六) 许、李兄弟，还有中正二乔(绍侨、绍傅)等，在一起研学之余，凑趣玩，凑成功的。

第一则纯属“传说”，本不须辨驳，但孙佳讯先生认为此说似有情由：“李汝珍赴苏州赶刻《镜花缘》，书甫印出，而江宁桃红镇已抢先出版，因赴江宁县禀办。估计江宁县总要判处书坊赔偿作者一些损失的。这一传说或许由此转化而成。”①

对于第二、三两则，孙先生认为只需从李氏兄弟和许氏兄弟的交往，就可以肯定其纯属无稽之谈了。许桂林在《音鉴后序》中说，“松石姊夫……与余契好甚笃”；许乔林在《送李松石县臣汝珍之官河南》中也说，“契分既已深”。李、许关系如此密切，怎么能硬占亲友的著作为己有？至于说许乔林为得稿费而卖掉著作权，那么许氏作《镜花缘序》，为李氏鼓吹，不是故意弄虚作假吗？更重要的是1935年孙佳讯先生在板浦发现了李汝珍在《镜花缘》二稿快完成时写给许乔林的信，信的内容主要是《镜花缘》已基本定稿，但有一百条酒令尚须改定，待全部改定抄好后即送呈斧正。② 此信足证《镜花缘》为李汝珍所作。其实既有此信作证，其他传说可以不必再费笔墨逐条反驳了，但孙先生为慎重起见仍逐条予以驳正。

第四则中，说《镜花缘》原为许桂林所作，孙先生以许桂林自己的话提出反证。许氏在其文言小说《七嬉·洗炭桥第五》小引中已明言“顷见松石道人作《镜花缘演义》”，③并说他的作品中有些情节是受到《镜花缘》的启发。此外，《镜花缘》中有议论《易经》和《春秋》时日月之处，而许桂林亦著有《易趣》和《谷梁时日

---

① 《〈镜花缘〉公案辨疑》，第69页。

② 此信原为李汝珍亲笔，是1935年孙佳讯先生通过朱亚白、许芝荪两位介绍，在板浦故韩子通处看到的，孙氏曾借得摄影，并据此写了《再辨〈镜花缘〉传说》，连同照片一起投寄北新书局赵景深先生的《青年界》，后因战乱，文章展转发表于汪馥泉先生主编的《学术》第三期(1940年)，但照片手迹未登出，原片现已丢失。此信全文如下：

昨奉手函，备悉一切。所谕之书，此间遍觅俱无。兹于芷江处，借来《隶辨》一部，祈检收。《镜花缘》虽已脱稿，因书中酒令，有双声叠韵一门，即如掣得花木双声者，长春、合欢之类是也；掣得古人叠韵者，王祥、张良之类是也。本人报过名类之后，仍飞一句经史子集，以本题之字落令；所飞之句，亦要双声叠韵在内，错者罚。如报张良，其所飞之句，或云，“吉日兮辰良”，方能令归下手；盖书中“吉日”二字，乃叠韵也。其中以大书小曲点染，亦雅俗共赏之令。日前虽已完稿，因所飞之句，皆眼前之书，不足动人。今拟所飞之句，一百人要一百部书，不准雷同，庶与才女二字，方觉名实相符，方能壮观。第此间书不应手，颇为费事。刻下本已敷衍了卷，现在赶紧收拾，大约月初方能誊清。一俟抄完，当即专人送呈斧政。匆匆，一切不及细书，即候文祉不一。愚兄李汝珍顿首书上石华老弟明府大人阁下。七月望后二日叩。

③ 刘半农在《雨丝》第四卷第五期中曾专门介绍过《七嬉》。赵荫棠的《李氏音鉴的周围》“(一)《七嬉》与《许氏说音》”亦对《七嬉》作过考证、研究，指出其作者为许桂林，见《世界日报》1932年10月8日，《国语周刊》第55期。

月释例》，但有关的观点则完全相反，孙先生以此证明《镜花缘》的确不是许桂林所作。而对《李氏音鉴》与《许氏说音》互换署名这个问题，孙氏指出为《音鉴》作序的有余集、石文煃、吴锡麒、许桂林等人，即使许桂林肯郑而重之地写下假的《后序》，其他几位作序的人难道也都不知实情而跟着受骗了吗？此外，《音鉴》初刻于嘉庆十五年，当时李汝珍正在写《镜花缘》，而《许氏说音》是许桂林卒后才付刻的，①一则生前刊布，一则卒后付刻，可见互换署名一事纯属子虚乌有。

第五则传说也明显不符合史实，据许桂林《北堂永慕记》，二许只有适张氏的妹妹，并无嫁于李汝珍的姊姊或妹妹。实情是嘉庆四年二许从宿迁移家回板浦时，李汝珍年约 35 岁，许乔林 24 岁，许桂林 20 岁，此时李氏早与许姓族中的姑娘结过婚了。因此续书联姻之说亦为无本之木。

第六则倒有些因子。《镜花缘》中有些素材可能为李汝珍的海州朋友提供的，但提供素材不等于有著作权；二许、二乔兄弟在与李氏一起游玩时可能说过一些凑趣的话，但不能由此推衍为全书是凑合而成的，若是凑成的，那就是合著了，当然就有著作权的问题。李氏在写作《镜花缘》时还采用了《山海经》、《博物志》、《拾遗记》、《酉阳杂俎》等书中的奇谈异闻和前人记录的笑话，但并不能说这些著作的编撰者有《镜花缘》的著作权。

至于吴鲁星的《考证》和许绍蘧的《反响》所倡的"许作"和"许凑"说的论据主要是：

(一) 道光二十一年芥子园藏版的《镜花缘》的"许序"有"相传北平李氏以数年之力成之"。"相传"二字暗藏为许作。

(二) 该序下文又用"昔人称"云云，同时人所作的书，"昔人"如何得而批评呢？这原因实在是许氏托名于北平李某以传其书。

(三)《镜花缘》中不少内容为许氏"专利"，如数学、经学、海州风物、海州方言等。

(四) 据许桂林《北堂永慕记》，二许系庶出，生母吴氏小于其父二十二岁。有这样的环境，自然会发生女权剥落的惨苦观念。《记》中说："孺人卒之三月，梦孺人如常时，仰视之，则有须也。岂释氏来生之说信然，将转生为男耶？"这几句里不知含有几许的隐痛！所以《镜花缘》中讲到妇女问题。

---

① 许桂林的《易确》亦为其卒后由许乔林为之刊行，《易确》刻本后有道光壬辰冬十月陶应荣等小志，说月南先生著述甚富，已刊行的有《宣西通》等，未经刊布的有《许氏说音》等。

第一、二条是吴氏在《考证》中提出的。其实吴氏当时只看到道光二十一年“芥子园藏版”本，便认为是初刻，怀疑北平李氏不是李松石，其实道光元年本和道光十二年“芥子园藏版”的《题词》的最后一篇都是《松石歌》，道光二十一年芥子园本却无此歌，显系漏刻。再说许桂林早在《七嬉》中就说过“顷见松石道人作《镜花缘演义》”，故许序原无“松石”二字，并不足以说明此书作者就不是李汝珍。至于许序为什么用“相传”、“昔人称”，许绍蘧的《反响》倒是谈到了这个问题。许父曾因治河事故，寄监苏州多年，所以许氏生性谨慎，对《镜花缘》这样一部奇书拿不准，为避文祸，故隐约其词，希望不至引人注意。在其序末也只写上“梅修居士石华撰”而未书年月。孙佳讯先生认为这个推论是合理的。同样是李汝珍的作品，《受子谱》因与社会、政治无关，所以许氏在其序中明确说“松石二兄博雅多能，不屑以弈名，而通国之善弈者咸推服之，尝集近时诸名手《受子谱》……”，序末署“嘉庆丁丑夏六月石华愚弟许乔林拜撰”。这里既点明“松石”，也指出辑的是“近时诸名手”之棋局，作序的时间和作者也都写得清清楚楚，与《镜花缘》序中的“相传”、“北平李氏”、“昔人”等适成鲜明的对照。其实有这样的顾虑的不仅是许乔林，另一位为《镜花缘》写序的洪棣元，也是如此，他连作者是李氏都未提，时人昔人均不得而知，但他在为《音鉴》“所用书目”所写的小识中却明确地说：“嘉庆庚午暮春之初，松石世叔以所著《音鉴》付梓，属元校对。……世愚侄钱塘洪棣元谨识。”与许乔林的情况同出一辙。

第三条立论的根据是，许桂林经学与算学著作不下十余种，特别是在算学方面造诣精深，入阮元《畴人传》，且身为海州人熟于海州风物与方言，而李汝珍既无经学、算学方面的著作问世，又非世居海州，故算学、经学、海州风物、海州方言等都属于许桂林的“专利”，而《镜花缘》中此类文字甚多，以此推定《镜花缘》不是“许作”即是“许凑”。孙氏认为李汝珍固然不是专攻算学、经学的，但其师凌廷堪[①]邃于三礼、天文、律算、音韵之学，许乔林在《弇榆山房笔谈》中就记有他读戴震《勾股割圜记》时，曾就凌氏质疑。李汝珍生性好博，在从凌氏学习音韵之学时，恐怕也免不了学习其他一些知识，况且《镜花缘》中的算学题目和论经的内容并不是学科前沿的尖端课题，诸如“算灯球”这类的算题，李汝珍当时也算得来。退一步说李汝珍即使在书中吸收许桂林的某些谈资作为素材，在小说创作中也是允许的。不能说这些内容非是“许作”或“许凑”不可。至于海州风物、方言在小说中的运用，对于在海州生活了几十年的李汝珍来说也是很正常的。而事实



① 凌廷堪，字次仲，乾嘉巨子之一，著有《礼经释例》、《燕乐考源》、《校礼堂文集》等，详见拙著《李氏音鉴音系研究》。

上《镜花缘》里还有许多北方特有的词汇，以及“弈棋”的内容，要说“专利”，这些恰恰是李汝珍的“专利”。

第四条也多是推测之词，《镜花缘》的确讲到妇女问题，胡适在《〈镜花缘〉的引论》中也说：“《镜花缘》是一部讨论妇女问题的书。”作者主张女子应和男子一样参加朝廷的考试，并说“也不妨有个女宰相”。但真正涉及妇女痛苦的主要是反对缠足，而且并不十分彻底，有几处还显露出以“三寸金莲”为美。以许母所受的痛苦来说，和《镜花缘》中提出的妇女问题还挂不上钩。何况作者对女子不幸作妾，只有嘲弄，而无同情的表现。

经过逐条驳正辨明，《镜花缘》的全部著作权当归之于李汝珍应该是毫无疑问的了。所以孙佳讯先生在其大著的结尾充满自信而又不无感慨地说：“关于《镜花缘》作者究竟是谁这桩老公案，可以到此结束了吧？”

然而事隔两年，1986 年在连云港召开的全国首届《镜花缘》学术讨论会上，作者问题风云又起，正如《首届〈镜花缘〉学术讨论会综述》所说：“大会讨论中分歧比较大的集中在《镜花缘》的作者以及对这部作品的评价中，各方都旗帜鲜明地亮出了自己的论点、论据。”[①]而双方的论点和论据，根据《综述》的报道看，并没有超出前人的考证。这实际上说明了“许作”或“许凑”论者认为胡适、孙佳讯等人的考证并不足以驳倒他们。那么究竟应该从哪个方面入手才能确证《镜花缘》的著作权呢？我们以为关键是要从音韵学角度来考察，《镜花缘》作者问题的复杂化在很大程度上是由于《镜花缘》中的音韵学内容造成的。

## 二

《镜花缘》第二十三回《说酸话酒保咬文，讲迂谈腐儒嚼字》叙林之洋在淑士国信口胡编说中国有一部“少子”书：

> 这部“少子”乃圣朝太平之世出的，是俺天朝读书人做的，——这人就是老子后裔。老子做的是《道德经》，讲的都是元虚奥妙，他这“少子”虽以游戏为事，却暗寓劝善之意，不外“风人之旨”。上面载着诸子百家，人物花鸟，书画琴棋，医卜星相，音韵算法，无一不备；还有各样灯谜，诸般酒令，以及双陆、马吊、射鹄、蹴球、斗草、投壶，各种百戏之类，件件都可解得睡魔，也可令人喷饭。

① 《明清小说研究》第 6 辑，第 252 页。

“老子”的后裔，当然是李氏，所谓“少子”者，则是《镜花缘》也，鲁迅先生早就指出，这是李汝珍“假林之洋之打诨，自论其书”。[1] 那么在这部“论学说艺”、“博志多通”的《镜花缘》中，作者最得意的学问、才艺是什么呢？作者也借林之洋之口作了回答：

你问“少子”么？就是“张真中珠”。（《镜花缘》三十一回）

所谓“张真中珠”并非哑谜，而是《镜花缘》中的人物唐敖、多九公等在岐舌国费尽心机得来的“字母”，整个字母图其实一个声韵配合表，转录如下：

昌○○○○○○○○○○○○○○○○○○○○○

茫○○○○○○○○○○○○○○○○○○○○○

秧○○○○○○○○○○○○○○○○○○○○○

梯秧○○○○○○○○○○○○○○○○○○○○○

羌○○○○○○○○○○○○○○○○○○○○○

商○○○○○○○○○○○○○○○○○○○○○

枪○○○○○○○○○○○○○○○○○○○○○

良○○○○○○○○○○○○○○○○○○○○○

囊○○○○○○○○○○○○○○○○○○○○○

杭○○○○○○○○○○○○○○○○○○○○○

批秧○○○○○○○○○○○○○○○○○○○○○

方○○○○○○○○○○○○○○○○○○○○○

低秧○○○○○○○○○○○○○○○○○○○○○

姜○○○○○○○○○○○○○○○○○○○○○

妙秧○○○○○○○○○○○○○○○○○○○○○

桑○○○○○○○○○○○○○○○○○○○○○

郎○○○○○○○○○○○○○○○○○○○○○

康○○○○○○○○○○○○○○○○○○○○○

仓○○○○○○○○○○○○○○○○○○○○○

昂○○○○○○○○○○○○○○○○○○○○○

① 见鲁迅《中国小说史略》第二十五篇。

娘○○○○○○○○○○○○○○○○○○○○○○
滂○○○○○○○○○○○○○○○○○○○○○○
香○○○○○○○○○○○○○○○○○○○○○○
当○○○○○○○○○○○○○○○○○○○○○○
将○○○○○○○○○○○○○○○○○○○○○○
汤○○○○○○○○○○○○○○○○○○○○○○
汤○○○○○○○○○○○○○○○○○○○○○○
瓤○○○○○○○○○○○○○○○○○○○○○○
兵秧○○○○○○○○○○○○○○○○○○○○○○
帮○○○○○○○○○○○○○○○○○○○○○○
冈○○○○○○○○○○○○○○○○○○○○○○
臧○○○○○○○○○○○○○○○○○○○○○○
张 真中珠招斋知遮𬣙毡专张鸥张婀张鸦珠逶珠均张莺珠帆珠窝珠洼珠歪珠汪
厢○○○○○○○○○○○○○○○○○○○○○○

这个图看起来颇为神秘，其实与《音鉴》卷六“字母五声图”的语音系统完全相同。胡适在《〈镜花缘〉的引论》第二部分“李汝珍的音韵学”中早已指出了这一点。图中竖行三十三字是三十三声类，在《音鉴》中是以一首三十三个字的《行香子词》来代表的。下面是《音鉴》与《镜花缘》声类对照表：

| 《音鉴》 | 春 | 满 | 尧 | 天 | 溪 | 水 | 清 | 涟 | 嫩 | 红 | 飘 |
|---|---|---|---|---|---|---|---|---|---|---|---|
| 《镜花缘》 | 昌 | 茫 | 秧 | 梯秧 | 羌 | 商 | 枪 | 良 | 囊 | 杭 | 批秧 |

| 《音鉴》 | 粉 | 蝶 | 惊 | 眠 | 松 | 峦 | 空 | 翠 | 鸥 | 鸟 | 盘 |
|---|---|---|---|---|---|---|---|---|---|---|---|
| 《镜花缘》 | 方 | 低秧 | 姜 | 妙秧 | 桑 | 郎 | 康 | 仓 | 昂 | 娘 | 滂 |

| 《音鉴》 | 翾 | 对 | 酒 | 陶 | 然 | 便 | 博 | 个 | 醉 | 中 | 仙 |
|---|---|---|---|---|---|---|---|---|---|---|---|
| 《镜花缘》 | 香 | 当 | 将 | 汤 | 瓤 | 兵秧 | 帮 | 冈 | 臧 | 张 | 厢 |

图中横行二十二个字（包括反切）是二十二个韵部，《音鉴》也是二十二个韵部。“张真中珠”等处于声母第三十二行，下面将之与《音鉴》的《字母五声图》中同是

三十二图的阴平音节(包括反切)相对照,列表如下:①

| 《音鉴》 | 张<br>真秧切 | 真<br>张因切 | 中<br>珠翁切 | 珠<br>钟污切 | 招<br>张腰切 | 斋<br>真皆切 | 知<br>真诗切 |
|---|---|---|---|---|---|---|---|
| 《镜花缘》 | 张 | 真 | 中 | 珠 | 招 | 斋 | 知 |

| 《音鉴》 | 遮<br>真赊切 | 诂<br>真衫切 | 毡<br>真烟切 | 专<br>珠渊切 | 周<br>张鸥切 | ○<br>张歌切 | 渣<br>张鸦切 |
|---|---|---|---|---|---|---|---|
| 《镜花缘》 | 遮 | 诂 | 毡 | 专 | 张鸥 | 张婀 | 张鸦 |

| 《音鉴》 | 追<br>珠逶切 | 谆<br>珠均切 | 征<br>张莺切 | ○<br>珠帆切 | ○<br>钟窝切 | 挝<br>珠洼切 | ○<br>珠歪切 | 庄<br>珠汪切 |
|---|---|---|---|---|---|---|---|---|
| 《镜花缘》 | 珠逶 | 珠均 | 张莺 | 珠帆 | 珠窝 | 珠洼 | 珠歪 | 珠汪 |

从图中可以看出,《镜花缘》的韵部代表字前十一个是用汉字表示的,后十一个是用反切表示的,其语音系统则与《音鉴》完全相同。

许桂林虽说也是音韵学家,著有《许氏说音》,但《说音》的语音系统与《镜花缘》中的字母图完全不同。《说音》的声母系统是"十九音统一切音"。如下:②

昂、杭、冈、康、当、汤、郎、张(臧)、昌(仓)、商(桑)、若冈(瓤)、姜、羌、香、央、方、忙、旁、帮

其韵母系统是"十六音统一切音"。如下:③

昂、昂成、昂同、模(鼻音)、敖、埃、昂雷、昂时、安(阳平)、欧(阳平)、俄、昂拿、而(北音)、完(淮音)、昂神、菴(阳平)。

① 《音鉴》卷六《字母五声图》是一个音节表,供练音之用。整个音节表是以字母为纲,每一个字母列一个图表,三十三字母,共列三十三张图。每图之内横列该母的二十二韵之字,纵分阴阳上去入五种声调。这样每图得一百一十个音节。三十三张图共得三千六百三十个音节。其中有字者于字下注明反切和射字暗码,无字者以○表示,并在○下亦注明反切及射字暗码。入声只和阳声韵相配,居入声栏的阴声韵位置,则加双圈以示与一般的无字空声○相区别。

②③ 见《许氏说音》卷一"音谱"。

本来，根据上面这些材料，已经足以证明《镜花缘》的著作权了。但是，海属传说和许氏的某些后人都认为《李氏音鉴》原为"许氏音鉴"，《许氏说音》原为"李氏说音"，这样一来，《镜花缘》与《音鉴》的语言系统相同恰恰证明了《镜花缘》为许桂林所作。因此，胡适、赵荫棠和孙佳讯等人的考证，似乎都成了空中楼阁，变得颇为滑稽，《镜花缘》的作者问题也就更加扑朔迷离了。而"许作"或"许凑"说者一再坚持自己的观点，并且多方论证，在潜意识中恐怕与此条传说不无关系。正因为如此，我们在本文第一部分结尾才说《镜花缘》作者问题的复杂化在很大程度上是由于书中的音韵学内容造成的。

要想解决《镜花缘》作者问题，首先要解决《音鉴》与《说音》的作者问题。而要解决作者问题，仅靠序跋或个别文字的证明还不够，因为既是交换署名，作些文字调整也是理所当然，因此唯一的途径就是考查这两部著作的音系基础。可以说孙佳讯先生在其《〈镜花缘〉公案辨疑》一书中也认识到这一点了，他特地引用了王力先生《汉语音韵学》中"《李氏音鉴》只是以清代的大兴语音为根据而作的书；兼采了吴音，适足以减少这书的价值"这一段话，来证明《音鉴》的作者不是许桂林。但因王先生没有展开论述，又说《音鉴》中兼采了"吴音"，与李氏生平不合，故说服力不大。近年来，随着音韵学研究事业的蓬勃发展，发表或出版了一批有关《音鉴》与《说音》的研究论著，①为彻底解决《镜花缘》的作者问题打下了坚实的基础。

首先来看《说音》的音系。上举的《说音》的声母系统"十九音统一切音"，有两个明显的特点。第一，没有泥母，泥来均并入"郎"母，是为[n]、[l]不分；第二，"臧、仓、桑"附于"张、昌、商"之下，照组与精组合流，即[ʈʂ ʈʂ‘ ʂ]与[ʦ ʦ‘s]不分。这两点正是下江官话特别是板浦音在声母系统上的特点。而在韵母系统的"十

① 近年来在其论著中对《音鉴》作过研究和介绍的有大陆学者李新魁《谈几种兼表南北方音的等韵图》(《中山大学学报》1980 年第 3 期)、《汉语等韵学》(中华书局 1983 年版)，史存直《汉语音韵学纲要》(安徽教育出版社 1985 年版)，何九盈《中国古代语言学史》(河南人民出版社 1985 年版)，耿振生《明清等韵学通论》(语文出版社 1992 年版)，还有台湾学者应裕康《清代韵图之研究》(台湾政治大学中研所博士论文，1972 年)。对《音鉴》作专题研究的大陆学者有俞敏《李汝珍〈音鉴〉里的入声字》(《北京师范大学学报》1983 年第 4 期)，杨自翔《〈李氏音鉴〉所反映的北京语音系统》(《语言研究论丛》，南开大学出版社 1987 年版)，台湾学者有许金枝《李汝珍音韵学述评》(台湾宏泰出版社 1988 年版)、罗润基《〈李氏音鉴〉研究》(台湾师范大学国研所硕士论文，1991 年)、陈盈如《〈李氏音鉴〉中"三十三问"研究》(台湾中正大学中研所硕士论文，1992 年)。笔者自 1983 年起也致力于《音鉴》的研究，1986 年完成硕士论文《李氏音鉴音系研究》，其后发表了若干单篇的论文，1992 年硕士论文的修订本《李氏音鉴音系研究》由陕西人民教育出版社出版，此外还有未刊稿《许氏说音研究》。

六音统一切音”中,“昂成”[əŋ]与“昂神”[ən]分列,“安”[ɛ̃]与“完”[õ]分列,此为兼备南北而设。实际上在《说音》作者的方音中[əŋ]、[ən]无别,而在北音中“安”、“完”无别。且看《说音》自己的说明:“横字今读若魂,古本与衡同,则正音。而燕人仍读为衡,此类之古今不同而迭为变通者多矣。”①又曰:“寒删亦必宜分,故古之韵部本分,今北人读如一音,丸如顽,官如关,酸如删,潘如攀,而淮阳人读二十五寒二十六桓二韵无一字同者。”②此外中古果摄字,在《说音》中皆列为“正粗音”(即开口呼),如“俄”为昂母正粗音,“多”为当母正粗音。而《说音》中每个正粗音都有相应的“正细”(齐齿呼),“散粗”(合口呼)、“散细”(撮口呼),“俄”和“多”的散粗却只用反切表示,有音无字,说明在《说音》中开口(俄)与合口(多)无别。归纳起来,可以看出《说音》的韵母系统有以下特点:第一,臻摄、深摄与梗摄、曾摄相混;第二,山摄合口一等桓韵与一二等寒山删有别,山摄、咸摄三四等与一二等有别;第三,果摄开合口不分。这三个特点都不是十八世纪北京音所具有的,而与板浦音的韵母特点相合。由此可证,《说音》的音系基础是板浦音,③其作者不会是北平李氏,而只能是板浦的许氏,《说音》名为《许氏说音》是名副其实的。

下面来看《音鉴》的音系。《音鉴》卷四第二十五问“北音入声论”列出了七百多个古入声字在当时(乾嘉年间)北京话中的读音,这已说明《音鉴》的作者应该是懂得北音的,白涤洲、陆志韦、俞敏等著名音韵学家曾利用这个材料考证过北京语音,开拓了明清韵书研究的新领域。但对《音鉴》整个音系的情况,由于李氏自称“南北兼列”,故前人多以为《音鉴》音系是南北杂糅,近年来不同线路的研究都证明《音鉴》“字母五声图”所反映的音系是以当时北京音为基础的,④我们还考证出了其兼列的“南音”是以当时板浦音为代表的海州语音。⑤ 根据我们的考证,《音鉴》三十三字母与二十二韵拟音如下:⑥

(一) 三十三字母

春 ʈʂ‘(ʦ‘南音) 满 m 尧 Ø 天 t‘ 溪 tɕ‘(k 南音) 水 ʂ(s 南



①② 见《许氏说音》卷二“音谱丛说”。

③ 关于《许氏说音》音系的研究,详见拙著《李氏音鉴音系研究》和《许氏说音研究》。

④ 详见 a. 杨自翔:《〈李氏音鉴〉所反映的北京语音系统》,b. 拙文:《〈李氏音鉴〉音系的性质》(《语言研究》1989 年 2 期),以及拙著《李氏音鉴音系研究》。

⑤ 详见拙文《李氏音鉴音系的性质》及拙著《李氏音鉴音系研究》。

⑥ 拟音的根据详见拙著《李氏音鉴音系研究》及拙文《〈李氏音鉴〉的声、韵、调系统》(《徐州师范学院学报》1991 年第 3 期,又中国人民大学《语言文字学》1992 年第 1 期)。

音） 清 tɕʻ（ʦʻ南音） 涟 l 嫩 n（l 南音） 红 x 飘 pʻ 粉 f 蝶 t 惊 tɕ（k 南音） 眠 m 松 s 峦 l 空 kʻ 翠 ʦʻ 鸥 Ø 鸟 n（l 南音） 盘 pʻ 翻 ɕ（x 南音） 对 t 酒 tɕ（ʦ 南音） 陶 tʻ 然 ʐ 便 p 博 p 个 k 醉 ʦ 中 ʈʂ（ʦ 南音） 仙 ɕ（s 南音）

（二）二十二韵

第一韵 an，iaŋ 第二韵 ən，in（əŋ，iŋ 南音） 第三韵 uŋ，yŋ，əŋ 第四韵 u，y 第五韵 au，iau 第六韵 ai，iai 第七韵 ɿ，ʅ，i 第八韵 ə，ie 第九韵 an，ian（æ̃，iæ̃南音） 第十韵 an，ian（iẽ南音） 第十一韵 uan，yan，an（õ，yõ南音） 第十二韵 ou，iou 第十三韵 o 第十四韵 a，ia 第十五韵 ei，uei 第十六韵 un，yn（oŋ，ioŋ，əŋ 南音） 第十七韵 əŋ，iŋ 第十八韵 uan，yan，an（uæ̃，æ̃南音） 第十九韵 uo，yo（o，iɤɯ 南音） 第二十韵 ua 第二十一韵 uai 第二十二韵 uaŋ

以上的声韵系统就是《音鉴》南北兼列的全貌。如果我们把南音的成分分离出去，再把《音鉴》凡例与前五卷所述的有关北京音现象补进来，就可以得到二百多年前的北京话语音系统。这个系统的声母表和韵母表见下：

（一）声母表

| | | | |
|---|---|---|---|
| p | pʻ | m | f |
| t | tʻ | n | l |
| k | kʻ | x | |
| tɕ | tɕʻ | ɕ | |
| ʈʂ | ʈʂʻ | ʂ | ʐ |
| ʦ | ʦʻ | s | |
| Ø | | | |

（二）韵母表

| | | | | | |
|---|---|---|---|---|---|
| ɿ | ʅ | ɚ | i | u | y |
| a | | | ia | ua | |
| o | | | | uo | yo |
| ə | | | ie* | | ye* |
| ai | | | iai | uai | |

| | | | |
|---|---|---|---|
| ei | | uei | |
| au | iau | | |
| ou | iou | | |
| an | ian | uan | yan |
| ən | in | un | yn |
| aŋ | iaŋ | uaŋ | |
| əŋ | iŋ | uŋ | yŋ |

* ie、ye 的实际读音应该是[iɛ]、[yɛ]。

从表中可以看出当时的北京话声母系统与现代北京话的声母系统已经完全一致，韵母系统也已经与现在的北京音十分接近，其中只有[o]的喉牙音字尚为完全变为[ye]，[iai]尚未变为[ie]。[①]《音鉴》由于完整的记录了北京语音系统，现已成为研究北京语音史的一项重要文献。而这样一部著作的作者当然应是"北平李氏"，而不可能是板浦的"许桂林公"，《音鉴》实为《李氏音鉴》。

当我们从音系上确证了《音鉴》的著作权之后，我们再来平心静气的读《许氏说音》和《李氏音鉴》中的一些文字，如许桂林的《说音》自序中说："往岁为北平李松石作《音鉴》后序，山阴俞杏林素未相知，题诗激赏……"再如《音鉴》卷五第三十三问："或曰：'……子，北人也，而于南音辨之详，殆亦切磋之益乎？'对曰：'是也。即如同母十一韵亦由数年同人切磋而成，非珍一人所为耳。……月南为珍内弟，撰《说音》一编，珍于南音之辨得月南之益多矣。"我们就可以看到一切原是那么清楚、和谐，所谓交换署名的说法，纯属无事生非，节外生枝。

当然这一传说的成因是多方面因素造成的。《镜花缘》的第一篇序文，不少坊刻和石印本末署"海州许乔林石华撰"，一般读者不看序文，即使看也不甚懂，以为"撰"的就是《镜花缘》。可能由此以讹传讹，遂有许乔林作《镜花缘》之说。这个传说在海属地区流传甚久，据孙佳讯先生回忆，民国初年，板浦、中正等海属地区的老百姓就只知《镜花缘》是许二太爷（许乔林行二）作的，根本不知道李汝珍其人，就是海州地区的知识分子对他也很生疏了。[②] 但是《镜花缘》的"张真中珠"字母与《音鉴》相同，而许乔林没有写过音学著作，许桂林则是大家都知道的音韵学家，于是在



① 有关《音鉴》所载的北京音系详细情况见拙著《李氏音鉴音系研究》及拙文《〈李氏音鉴〉与十八世纪末的北京音系》（《汉语言学国际学术研讨会论文集》1991 年 11 月[武汉]，又《汉语研究论集》第一辑，语文出版社 1992 年版）。

② 见孙佳讯《〈镜花缘〉公案辨疑》，第 86 页。

海属又有李汝珍和许桂林各有二书，互换署名出版的传说。吴鲁星、许绍蘧的文章本意是想为桑梓文化多添光辉的一页，为族中祖上多争得一份著作权，这本是无可非议，但是由于先入为主的印象，因而不加考虑地赞成海属的传说，并且曲为证明，造成了这场几近一个世纪的《镜花缘》作者之争。

现在我们既然已经搞清楚了《许氏说音》与《李氏音鉴》并非是交换署名，《镜花缘》的著作权当归之于李汝珍，也就不容置疑了。实际上，也只有把《镜花缘》的著作权归之于李汝珍，《镜花缘》中的一些音韵学内容才能得到正确的理解。比如《镜花缘》中第十七回讲到唐敖、多九公等在黑齿国因不懂反切，被紫衣女子讥为："若以本题而论，岂非吴郡大老倚闾满盈么？"紫衣女子的讥讽其实为切语，正如十九回多九公所言，"按反切而论：'吴郡'是个'问'字，'大老'是个'道'字，'倚闾'是个'于'字，'满盈'是个'盲'字。"至于"大老（上声）"为何切出去声的"道"，多九公解释为"音随世转、轻重不同"（实为浊上变去）；而"盲"字一般读为"忙"，为何切音为"萌"，多九公解释为"'盲'字本归八庚，其音同'萌'；若读'忙'字，是林兄自己读错了。"李汝珍这里借多九公之口掉书袋子，但细心的读者会发现，即使按多九公的解释，依反切规律，"满盈"应拼为[miŋ]，而不能拼出[məŋ]，这是怎么回事呢？原来李氏反切的最大特点是"切异粗细"。[①] 所谓"切异粗细"，《音鉴》的解释是：

> 敢问："切异粗细何谓也？"对曰："即如踟蹰二音，皆与长字同母。如切长则踟昂切；若以踟昂为蹰昂，以粗细辨之，其音近于床矣。又如一元两音，皆与银字同母。如切银则一臣切；若以一臣而为元臣，则音近于匀矣……故凡切字必使母韵相等，粗细相同，苟失其当，则声因之而讹。"（卷二・第十三问）

这里的"粗细相同"，指的是被切字与反切上字相同。下面把这四个反切字与被切字介音标出：



① 关于李氏的粗细理论及反切特点。详见拙著《李氏音鉴音系研究》及拙文《〈李氏音鉴〉的粗细理论及反切特点》（《徐州师范学院学报》1990 年第 1 期，又中国人民大学《语言文字学》1990 年第 7 期）。

踟∅ ＋昂∅—— 长 ∅

蹰[u]＋昂∅—— 床[u]

一[i]＋臣∅—— 银[i]

元[y]＋臣∅—— 匀[y]

可见,“切异粗细”的实质是介音问题,即如何确定开齐合撮四呼的问题。李氏的被切字的介音是由反切上字决定的,与反切下字无直接关系,下字只取韵腹、韵尾。这样,“盲(萌)”的反切上字“满”为开口呼,所切出的字音当然就是开口呼,而不能按一般的规律拼成齐齿呼。为了清晰的看出《镜花缘》与《音鉴》相同的反切特点,下面把“问道于盲”四个字和其反切用字的介音一一标出:

吴[u]＋郡[y] —— 问 [u]

大∅ ＋老∅ —— 道 ∅

倚[i] ＋闾∅ —— 于 [i]①

满∅ ＋盈[i] —— 盲(萌)∅

除了反切特点之外,《镜花缘》中的许多音韵学观点也与《音鉴》的阐述一致。比如在小学的文字、音韵、训诂这三者的关系上,《镜花缘》借紫衣女子之口道出了作者特别看重音韵的观点:

> 读书莫难于识字,识字莫难于辨音。若音不辨,则义不明。(第十六回)
>
> 要读书必先识字,要识字必先知音。若不先将其音辨明,一概似是而非,其义何能分别?可见字音一道,乃读书人不可忽略的。……要知音必先明反切;要明反切,必先辨字母。若不辨字母,无以知切;不知切,无以知音;不知音,无以识字。以此而论:切音一道,又是读书人不可少的。(第十七回)

比较《音鉴》卷三:

> 欲读书必先识字,欲识字必先知音,欲知音必行翻切,欲明翻切则非

① 李氏这里将“于”看成是由[i]与[y]相拼得出的音。

字母不可也。苟不明切无以知其音，不知音无以识其字，故读书者必以是为主焉。（第二十四问）

显然，《镜花缘》与《音鉴》的观点完全相同。明眼人一看即知，李汝珍的关于文字训诂音韵之间关系的看法深得江、戴、段等乾嘉学派之真传，这是因为其业师凌廷堪乃乾嘉学派中坚之一，乾隆四十六年，凌氏曾游学于扬州，“慕其乡江慎修、戴东原两先生之学”。① 而许桂林对于治小学以字音为主还是以字形为主的问题，却与李汝珍的观点迥异。他认为：

夫字失古音，所损于经义者小，而顾亭林、江慎修辈斤斤论之；不明古字之形，因失古字之义，其所损于经也大矣，而或不察也。（《易确·余论》）

《易确》作者为许桂林，这是没有任何争议的，而许氏公开点名批评“顾亭林、江慎修辈”，可见《镜花缘》不可能出自许桂林之手。

总之，不论是从语音系统来看，还是从反切特点、音学观点来看，《镜花缘》著作权都应归属于李汝珍，而一旦从音韵角度确证《镜花缘》的作者为李汝珍，其他方面的考证就不再是空中楼阁，而同样是确凿的证据了。

这里要说明的是，我们证明《镜花缘》不是许氏所作，并不是要否定许李之间的亲朋关系。许桂林在《音鉴后序》中曾说：“松石姊夫博学多能，方在朐时，与余契好尤笃，尝纵谈音理，上下其说，座客目瞪舌挢，而两人相视而笑，莫逆于心。”这是实情，许、李二人在音韵学上互相切磋，有上述语音系统、音学观点之异，但也有相同。比如他们都反对叶音说，但同中又有异，许桂林在《说音》卷三“说叶音”中主要是从理论上阐述其反对叶音说的观点，而李汝珍在《音鉴》中则举了大量的例证来说明之。② 在著述上二人相互鼓励，相互提出修改意见，甚至在对方的原稿上做些增删润色，也都是有可能的，但在著作权方面，许、李二人却是认真的，他们既不掠人之美，也不轻易以作品予人。在《音鉴》中，李汝珍多次提到他对“南音”的分析得益于许桂林，并在卷五第三十三问中明确说明：“至同母十一韵，香坨、月南各增二，藕船

① 语见《海州文献录·人物·凌廷堪》。

② 《镜花缘》第十七回，紫衣女子驳多九公叶音说所举的例字、出处都见于《音鉴》卷一。此外，《镜花缘》第十六回言“敦”字读音有十几种，第八十二回言“蒙话”即“梦话”等等，均出自《音鉴》所述，不胜枚举。

一，余五韵则珍所补耳。”在卷一第五问中谈到古人分韵有以字之偏旁相类者分之时，说“许氏月南著《音鹄》一卷，辨之详矣”。但当他阅读许桂林撰《七嬉·冰天谜虎第二》原稿时，看到其中采用《镜花缘》中若干谜语时，则在文后写一小记，说：“松石道人曰：予与冰天主人有旧，曾以谜虎贴其窗。世有与吴君同癖者，当于《镜花缘》内请教。”同样，许桂林的《七嬉·洗炭桥第二》因使用了《镜花缘》中的一些内容，特在正文前作一小引，说：“顷见松石道人作《镜花缘演义》，初稿已成，将付剞劂。其中有西水、巴刀、才贝、无火四关，寓警世之旨；因取其意，润色为甲乙至庚辛八鬼事……”而在《说音》卷四“说切音”中，许桂林也指出《音鉴》中“一字自反”的例证为他与李氏共同发现，而不是李氏个人的发现。他说：“余与李松石得自反之字数十，如亥力为劾、土答为塔之类，载《李氏音鉴》中。”可见许、李之交是君子之交，在讨论《镜花缘》著作权时，我们首先应向许、李二公学习，尊重事实。有了这种实事求是的精神，我想《镜花缘》作者究竟是谁这桩老公案，到此可以真正结束了吧。

**主要参考文献**

李汝珍：《镜花缘》，道光元年刻本；道光二十二年广东英德堂增图刊本。

李汝珍：《李氏音鉴》，清嘉庆十五年刻本；清同治丙寅刻本；清同治戊辰刻本等。

许桂林：《许氏说音》，《声韵学要刊》，北平松筠阁排印本。

孙佳讯：《〈镜花缘〉公案辨疑》，齐鲁书社 1984 年版。

杨亦鸣：《李氏音鉴音系研究》，陕西人民教育出版社 1992 年版。

杨亦鸣：《〈许氏说音〉研究》，未刊。

（原载《语言研究》1994 年增刊）

# 《圆音正考》与《音韵逢源》所记尖团音分合之比较研究[①]

本文分析《圆音正考》和《音韵逢源》所记尖团音的满语译音，认为《音韵逢源》所记的尖团音的分合现象与《圆音正考》所记一致。《圆音正考》与《音韵逢源》用精组细音[tɕ]、[tɕ‘]、[ɕ]和见晓组细音[k]、[k‘]、[x]的对立模式人为区分尖团音是为了解决满汉译音中的国名、地名、人名的还原问题。《圆音正考》时代汉语北京音系中尖团音已经合流为舌面音[tɕ]、[tɕ‘]、[ɕ]了。

尖团音是尖音和团音的合称，这个术语首次出现在《圆音正考》一书中，由于该书用来对译汉语精组细音字的满文的第一个字母都是尖头的，而用来对译汉语见组细音字的满文的第一个字母都是圆头的，[②]所以就称精组细音字为尖音字，称见晓组细音字为团音字。由此我们可以说，精组细音为尖音，见晓组细音为团音。这一点《圆音正考·存之堂序》已说得很清楚："试取三十六字母审之，隶见溪郡晓匣五母者属团，隶精清从心邪五母者属尖。"

## 一、《圆音正考》所记之尖团音

《圆音正考》，无名氏撰，成书于1743年（或以前），其创作目的

① 本文曾在庆祝《中国语文》创刊50周年国际学术研讨会（中国南昌，2002.6）和国际中国语言学会第11届年会（日本名古屋，2002.8）等会议上宣读，修改中得到鲁国尧教授的指教，张振兴、张惠英教授等提供资料线索，在此一并致谢。本文蒙国家哲学社会科学基金（96BYY014）的资助，特表谢忱！

② 尖头字母和圆头字母参看附录《圆音正考》十五页书影。

是方便翻译。《圆音正考·乌扎拉文通序》对此有一个说明：

> 夫尖团之音，汉文无所用，故操觚家所置而不讲。虽博雅名儒，词林硕士，往往一出而失其音。惟度曲者尚讲之，惜曲韵诸书，只别南北阴阳，亦未专晰尖团。而尖团之音，翻译家绝不可废。盖清文中既有尖团之字，凡遇国名、地名、人名当还音处，必须详辨。存之堂集此一册，盖为翻译而作，非为韵学而作也，明矣。

乌序告诉我们，《圆音正考》时代汉音中没有所谓尖团的区别，作者是用满文中的尖团的区别来解决满汉翻译中的国名、地名、人名的“还音”问题。比如，按照当时的实际读音，“星”和“兴”翻译成满文都是“sing”，但如果要把满文的“sing”这个音节还原为汉文就会出现无所适从的情形，是翻译成“星”(来源于精组细音)，还是“兴”(来源于见晓组细音)呢？造成这种情形的原因是所要对译的汉语的精组细音和见组细音已经合流，失去了对立，即所谓“尖团不分”。为了解决这一难题，只好人为地将精组细音和见晓组细音区分开来。一般说来，汉语方言中区分尖团的模式有三种：

a. 精组细音为[ts]、[ts‘]、[s]；见晓组细音为[tɕ]、[tɕ‘]、[ɕ]。比如河南郑州方言、河北邯郸永年方言等。

b. 精组细音为[ʦ]、[ʦ‘]、[s]；见晓组细音为[k]、[k‘]、[x]。比如粤方言、闽方言和江苏赣榆方言等。

c. 精组细音为[tɕ]、[tɕ‘]、[ɕ]；见晓组细音为[k]、[k‘]、[x]。比较接近的有山西的阳城方言、山东的烟台方言等。

《圆音正考》用哪一种模式来区分尖团音最为合适呢？在回答这个问题之前，我们必须了解满文的音变规则。满文经过达海天聪六年(1632)改造之后，已经具备了汉音的全部。但是满文中不能出现[ʦ]、[ʦ‘]、[s]这样的音节，因为满文有这样几条音变规则：



(1) i ⟶ ɿ/ʦ、ʦ‘___　　(2) s ⟶ ɕ/___ j

为了翻译汉语[sɿ]这样的音节，达海又增加了特定的满文新字ᠰᡟ，ᠰᡟ是音节形式，罗马字标作 sy，但这里的辅音[s]与元音[i]相结合时，发生条件变音，[i]变成舌尖前高元音[ɿ]，整个音节 sy 读作[sɿ]，专用来音译汉语词之用。满语中原有的[s]，满文字母写作ᠰ，与元音[i]相拼时写作ᠰᡳ，其罗马字标为 si，但要按照满文原来的音变规则变，即与[i]相拼时，s 由[s]变为[ɕ]。这样新增特定字ᠰᡟ，与原有的ᠰᡳ，在读音上是不同的，前者读[sɿ]，后者读[ɕi]。那么满文有没有[tɕ]、 [tɕʻ]这样的音节呢？有，因为满文还有下面的音变规则：

(3) ʈʂ ⟶ tɕ/___ i　　(4) ʈʂʻ ⟶ tɕʻ___ i

可见由于满文自身条件的限制，即精组细音没有[ʦ-]、[ʦʻ-]、[s-]，只有[tɕ]、[tɕʻ]、[ɕ]，要把汉音中已经合流的尖团音区分开来，只有采用精组细音为[tɕ tɕʻ ɕ]，见晓组细音为[k kʻ x]，这个模式是惟一的选择了。恰巧满文中没有下面的音变：

*(5) k ⟶ tɕ/___ i　　*(6) kʻ ⟶ tɕʻ/___ i　　*(7) x ⟶ ɕ/___ i

因此，满文可以出现[ki]、[kʻi]、[xi]这样的音节。以上规则(1)、(2)说明满文没有[ʦ]、[ʦʻ]、[s]，规则(2)、(3)、(4)说明满文有[tɕ]、[tɕʻ]、[ɕ]，规则(5)、(6)、(7)说明满文有[k]、[kʻ]、[x]，所以《圆音正考》只能采取[tɕ]、[k]的对立模式，事实上《圆音正考》中所记尖团音的满语译文也正是这样的，请看表1：

**表1　《圆音正考》所记之尖团音**

| 团　音 | 国际音标 | 满文译音 | 满文译音 | 国际音标 | 尖　音 |
|---|---|---|---|---|---|
| 江 | kiaŋ | giyang | jiyang | tɕiaŋ | 将 |
| 腔 | kʻiaŋ | kiyang | ciyang | tɕʻiaŋ | 枪 |
| 香 | xiaŋ | hiang | siyang | ɕiaŋ | 襄 |
| 基 | ki | gi | ji | tɕi | 脊 |
| 欺 | kʻi | ki | ci | tɕʻi | 妻 |
| 希 | xi | hi | si | ɕi | 西 |
| 居 | ky | gioi | jioi | tɕy | 聚 |
| 区 | kʻy | kioi | cioi | tɕʻy | 趣 |
| 虚 | xy | hioi | sioi | ɕy | 须 |
| 经 | kiŋ | ging | jing | tɕiŋ | 静 |
| 檠 | kʻiŋ | king | cing | tɕʻiŋ | 清 |
| 兴 | xiŋ | hing | sing | ɕiŋ | 星 |

由此，我们知道《圆音正考》中所谓的尖音是[tɕ]、[tɕʻ]、[ɕ]，团音是[k]、[kʻ]、[x]，与我们传统上的理解是不同的，但更重要的是我们必须清楚这所谓尖团音的区分是为方便满汉翻译而人为设置的。《圆音正考》时代汉语北京音系中已经尖团不分了。

关于《圆音正考》的尖团音问题我们还有必要再多说几句。王力(1958)认为《圆音正考》时代北京音系中的尖团音已经合流。冯蒸(1984)也持相同观点。但是冯蒸(1990)又认为《正音切韵指掌》还没有出现舌面音[tɕ]、[tɕ‘]、[ɕ]。《正音切韵指掌》是清代满族人莎彝尊所撰,成书于咸丰庚申年(1860)。根据我们的考察,该书在处理尖团音问题的方法和满文的标音上与《圆音正考》完全一致。《圆音正考》时代北京音系中尖团音已经合流了,到一百多年后的《正音切韵指掌》时代北京音系中尖团音怎么又分开了呢?论者可能没有搞清楚《正音切韵指掌》中与精组细音对应的满文是j[tʂ]、c[tʂ‘]和s[s],而不是dz[ʦ]、ʦ[ʦ‘]和s[s],后者是天聪六年达海所创制的特定字母。j[tʂ]、c[tʂ‘]和s[s]后接元音[i]时,要分别变为[tɕ]、[tɕ‘]和[ɕ],因为满文有(2)、(3)、(4)三条音变规则,dz[ʦ]、ʦ[ʦ‘]和s[s]后接元音[i]时,元音[i]要变为[ɿ]。这是达海为音译汉语而特别定制的"新字"。照此说来,《正音切韵指掌》中尖团音的对立是[tɕ]、[tɕ‘]、[ɕ]和[k]、[k‘]、[x]的对立,属于c模式,这也是为了方便满汉翻译而人为设置的,实际上《正音切韵指掌》时代北京音系中的尖团音早已经合流了。冯蒸先生的误解导致了他在两篇文章中的结论自相矛盾,冯先生没有将《圆音正考》和《正音切韵指掌》看作一个系列来比较两书的满文标音。另外,日本学者藤堂明保(1966)通过考察《圆音正考》,认为《圆音正考》时代北京音系中见系细音已经腭化,而精系细音仍然是舌尖音。导致这种看法的根源是藤堂先生误认为《圆音正考》的作者是乌扎拉文通,这一点冯蒸(1984)已经指出。此外麦耘(2000)也提出一个假设:"十八世纪中叶的北京音仍有尖音(舌尖前音)与团音(舌面前音)的对立,而《圆音正考》是写给分不清舌尖前音和舌面前音的满族人看的汉语辨音字汇。"这实际上也是不了解满文音变规则所致,把《圆音正考》的尖团对立误认为是北京话仍有尖团对立。

## 二、《音韵逢源》所记之尖团音

《音韵逢源》是一本同音字谱式的等韵图,成书于清道光庚子年(1840)。作者裕恩,满清正蓝旗人,清和硕睿恭亲王淳颖第五子,[①]生年不详,卒于道光廿六年。《音韵逢源》是以当时京师音系为基础而编成的,因而它基本上可以代表清



① 《清史列传》称裕恩为禧恩之弟、纯颖第六子,我们认为此说不确。因为在禧恩写的《音韵逢源序》中有"己亥孟冬五弟容斋以手订《音韵逢源》一书见贻"这样一句话。禧恩称裕恩为五弟,那么裕恩就当为纯颖的第五子。

中后期的北京音系。① 下面我们主要考察《音韵逢源》的作者裕恩是怎样处理汉音中所谓的尖音和团音的。

同《圆音正考》相同的是,《音韵逢源》也给所谓的尖音字和团音字注有相应的满文译音。由于满文是一种拼音文字,因此满文译音就成了这些尖音字和团音字的注音工具。我们正可以根据这些满文译音来探讨《音韵逢源》所记尖团音的分合情况。为了能和《圆音正考》作比较,我们选择表 1 中的字作为比较的对象,请看表 2:

**表 2 《音韵逢源》所记之尖团音**

| 团　音 | 国际音标 | 满文译音 | 满文译音 | 国际音标 | 尖　音 |
|---|---|---|---|---|---|
| 江 | kiaŋ | giyang | jiyang | tɕiaŋ | 将 |
| 腔 | k'iaŋ | kiyang | ciyang | tɕ'iaŋ | 枪 |
| 香 | xiaŋ | hiang | siyang | ɕiaŋ | 襄 |
| 基 | ki | gi | ji | tɕi | 脊 |
| 欺 | k'i | ki | ci | tɕ'i | 妻 |
| 希 | xi | hi | si | ɕi | 西 |
| 居 | ky | gioi | jioi | tɕy | 聚 |
| 区 | k'y | kioi | cioi | tɕ'y | 趣 |
| 虚 | xy | hioi | sioi | ɕy | 须 |
| 经 | kiŋ | ging | jing | tɕiŋ | 静 |
| 檠 | k'iŋ | king | cing | tɕ'iŋ | 清 |
| 兴 | xiŋ | hing | sing | ɕiŋ | 星 |

面对《音韵逢源》所记录的尖团音,学者们提出了不同的意见。耿振生(1992)认为"本书声母系统没有严格从北京实际语音归纳……并且也不反映已经出现的'尖团不分'现象。这是兼顾满文的结果。"耿先生只说《音韵逢源》尖团不分,但没有明确指明该书中的尖团音的区别属于哪种模式,然而,如果不了解[tɕ]、[k]对立模式,将直接影响精组细音和见晓组细音的正确拟音。其后林焘、

① 我们认为《音韵逢源》的基础音系是北京音系。《音韵逢源序》说:"惜其不列入声,未免缺然。问之则曰:'五方之音,清浊高下,各有不同,当以京师为正。其入声之字,或有作平声读音,或有作上去二声读者,皆分隶于三声之内,周德清之《中原音韵》、李汝珍之《音鉴》皆详论之矣。'"

耿振生(1997)也没有给《音韵逢源》拟出舌面音，且认为《音韵逢源》的声母系统与当时的北京音系相差较大，这显然表明论者误认为《音韵逢源》中所体现的尖团音区别是[ʦ]、[ʦ‘]、[s]和[k]、[k‘]、[x]的对立。李新魁(1983)对《音韵逢源》的精组细音没有论述，但也认为见晓组细音仍然没有舌面化。这三位学者都没有注意到《音韵逢源》中体现出的尖团对立是精组细音[tɕ]、[tɕ‘]、[ɕ]和见晓组细音[k]、[k‘]、[x]的对立，也没有注意到这种对立是为了方便满汉翻译而人为设置的。日本学者岩田宪幸(1988)指出，他不否定舌面音的存在，认为如果有舌面音的话，舌面音与舌根音在齐撮呼和开合呼形成互补分布，并认为从音韵论上讲，将这些声母处理成[k]、[k‘]、[x]和[ʦ]、[ʦ‘]、[s]也没有问题。岩田宪幸的观点虽是从结构主义音位学来考虑的，但却忽略了音位归纳的"听觉感知"的原则。舌面音与舌根音在齐撮呼前在听觉上是相差很大的。如果按照这种观点，直到现在，北京音系中也没有设立舌面音的必要，这是很难接受的。

## 三、《圆音正考》与《音韵逢源》所记尖团音之比较

比较表1和表2，我们发现《音韵逢源》中精组细音和见晓组细音的满文译音与《圆音正考》中精组细音和见晓组细音的满文译音如出一辙，可见它们出于同一个满汉对音系统，这个系统在清代应是官方认可的，因为满文是清王朝的国书。相同的满汉对音系统所表现的尖团音的对立应当表现相同的语音现象。也就是说，《圆音正考》与《音韵逢源》所表现的尖团音现象及所反映的语言事实应当是相同的。然而我们知道，许多学者对《音韵逢源》所记尖团音的认识与对《圆音正考》所记尖团音的认识是截然相反的。他们认为《圆音正考》时代汉语的尖团音已经合流为[tɕ]、[tɕ‘]、[ɕ]了，然而研究过《音韵逢源》的学者，却认为《音韵逢源》没有表现出汉语尖团音不分的现象，因而在给《音韵逢源》的声母拟音时没有拟出[tɕ]、[tɕ‘]、[ɕ]。造成这一后果的原因在于研究《音韵逢源》的学者只注意到韵图表面上尖团是对立的，从而认为当时的精组细音和见组细音还没有腭化，但都没有注意满文译音。此外，我们要搞清楚的是，为什么《圆音正考》和《音韵逢源》所记的满文译音会如此一致。出现这种情况可能的原因不外乎以下三点：第一，汉语的尖团音在当时汉语"京师"音系中本来就是呈现出[tɕ]、[tɕ‘]、[ɕ]与[k]、[k‘]、[x]的对立，但这是不能成立的，我们在文章的第一部分已经阐明了；第二，满语不能如实地反映[k]、[k‘]、[x]腭化后的[tɕ]、[tɕ‘]、[ɕ]音，根据规则(2)、(3)、(4)，这显然也是不能成立的；第三，《音韵逢源》的作者裕恩是满族人，满族人面临汉语京师音系中已经合流的尖团音，在翻译国名、地名、人名时

也必然会遇到《圆音正考·乌扎拉文通序》所说的困难，为了解决这个困难，《圆音正考》在满文字母框架内只好采用了[tɕ]、[k]对立的 c 模式来区分尖团，裕恩也仿效了《圆音正考》的做法，将那些已经合流的尖团音区分开来。显然第三个原因是真正的原因。根据我们的考察，莎彝尊在《正音切韵指掌》中也是这样区分尖团音的。莎彝尊也是满族人，由此看来，满人这样做是为了同一个目的，即解决满汉翻译时的困难。

至此，我们已经揭开了《音韵逢源》所记尖团音表层上的面纱，它将精组细音和见晓组细音分开是人为区分的结果，是一种假象。但我们必须搞清，即使《音韵逢源》所记是实际情况，它的尖团对立也只是精组细音[tɕ]、[tɕ‘]、[ɕ]和见晓组细音[k]、[k‘]、[x]的区别。事实上当时北京音系中的精组细音和见晓组细音都是[tɕ]、[tɕ‘]、[ɕ]。应该说早在《音韵逢源》时代之前，北京音系中的尖团音就已经舌面化了。

## 四、结　语

尖团音问题是汉语语音史上的一个重要的现象，它主要体现在《圆音正考》、《音韵逢源》和《正音切韵指掌》等一系列有满文标音的韵书之中。学术界一般认为，《圆音正考》是反映“尖团音”合流的最早文献。然而，诸多学者对《音韵逢源》所反映的“尖团音”分合现象却持不同的看法。多数学者认为《音韵逢源》不反映“尖团音”合流现象。我们认为，这是从汉语单一角度封闭性研究《音韵逢源》内部音系结构，而未能将满文的音系纳入研究之中所造成的。另外这种研究也未考虑《音韵逢源》和《圆音正考》等有满文标音韵书的创作目的、表现形式及两者之间的关系。这是《音韵逢源》的音系性质、地位和价值不得彰显的根本原因所在。只有将《圆音正考》和《音韵逢源》等有满文标音的韵书看作一个整体，从它们的创作目的和处理满汉翻译难题的角度关照这类韵书的表现形式，并将满文的音变规则引入我们的研究视野，才能真正搞清楚这一系列韵书的音系性质、地位和价值。也只有从这个角度去研究，才能真正搞清楚尖团音的问题。

附录：

# 《圆音正考》十五页书影

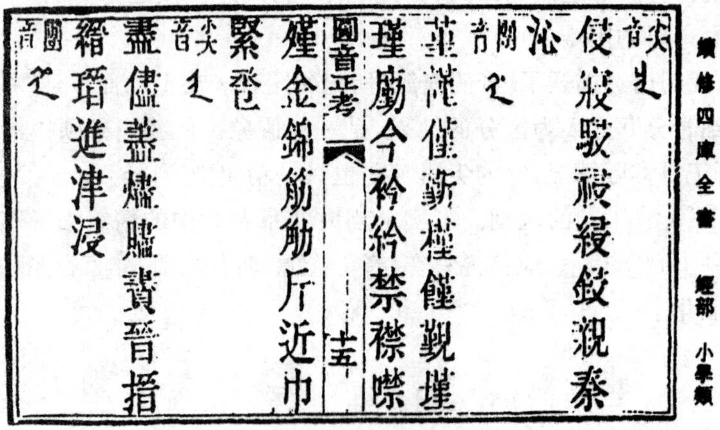

侵寖駸祲綅鋟親秦
沁
團音之
菫漌僅蘄槿饉覲墐
瑾廑今矜紟禁襟噤
圓音正考 十五
殣金錦筋觔斤近巾
緊卺
尖音之
盡儘藎燼贐賮晉搢
縉瑨進津浸
團音之
續修四庫全書 經部 小學類


参考文献

存之堂:《圆音正考》,清道光十五年京都三槐堂刻本。

冯蒸:《尖团字与满汉对音——论〈圆音正考〉及其相关诸问题》,《汉语史研究论集》,中国社会科学院语言研究所古代汉语研究室编,1984 年版。

冯蒸:《关于〈正音切韵指掌〉的几个问题》,《汉字文化》1990 年第 1 期。

耿振生:《明清等韵学通论》,语文出版社 1992 年版。

季永海等:《满语语法》,民族出版社 1986 年版。

李新魁:《汉语等韵学》,中华书局 1983 年版。

林焘,耿振生:《声韵学》,三民书局 1997 年版。

林尹,高明主编:《中文大辞典》,中国文化研究所 1968 年版。

罗莘田:《旧剧中的几个音韵学问题》,《东方杂志》1936 年第 33 卷第 1 号。

莎彝尊:《正音切韵指掌》,清咸丰十五年尘谈轩刻本。

麦耘:《〈正音撮要〉中尖团音的分合》,《古汉语研究》2000 年第 1 期。

藤堂明保:《北方话音系の演变》,《中国语学》1966 年第 7 期。

藤堂明保:《藤堂明保中国语学论集》,汲古书院 1987 年版。

王力:《汉语史稿》,科学出版社 1958 年版。

岩田宪幸:《音韵逢源の音系》,近畿大学教养部研究纪要,1998 年。

裕恩:《音韵逢源》,清道光聚珍堂刻本。


（原载《中国语文》2003 年第 2 期）

# 《音韵逢源》氏毕胃三母的性质[①]

本文从满汉对译的角度来考察《音韵逢源》“氏、胃、毕”三母的性质及其关系，从而证明《音韵逢源》设立“氏、胃、毕”三母是为了解决满汉翻译中的困难而实施的一项人为举措。

现代北京音系中的零声母字来源于中古音的影、云、以、疑、微诸母字。云、以二母在宋人三十六字母中已经合为喻母。影、喻二母合并为零声母至迟在14世纪前叶已完成，《中原音韵》有确切的记载。另外，据王力(1985)、薛凤生(1983)、孙建元(1990)等的研究，在《四声通解》成书之前，疑、微二母已与中古的影母和喻母合流为 ø，这在稍后的《合并字学集韵》中也有明确记载。[②] 因此，在16世纪末，现代北京音系中零声母字的格局已基本奠定。《音韵逢源》，裕恩撰，成书于1840年，是一本同音字谱式的韵图。该书反映了清代后期北京音系的基本面貌，是研究北京语音史的重要材



① 本文写作得到国家哲学社会科学基金(项目批准号：96BYY014)的资助，特此致谢！

② 《合并字学集韵》，顺天布衣徐孝著，成书于明万历三十年(1602)，初刊于万历三十四年(1606)。徐孝在《合并篇韵字学便览引证》中说：“其吴无、椀晚、玩万、悟勿之类，母虽居二三音，实为一味，不当分别而分别也。或曰：‘唇、牙、喉三音，安得而为一乎？’不然，此乃器异金同之象，今并于影母领率。”这说明在《合并字学集韵》成书之前，北京音系中的影、喻、疑、微诸母字已经合并为零声母字了。

料之一。[1] 其最大特点是每一个音类都有满文标音，这为《音韵逢源》音系的研究提供了重要的参考资料。由于《音韵逢源》的内容和体制与传统韵书迥异，因此它在北京语音史中的地位和价值一直未得彰显。许多学者认为《音韵逢源》的声母系统不合北京音系的地方较多，主要表现在《音韵逢源》中有当时北京话中实际上不存在的微母 v 和疑母 ŋ，也没有反映北京话已经出现的尖团不分的现象。这些学者只是从汉语角度研究《音韵逢源》的内部音系结构，而没有将满文音系纳入研究之中，即他们忽略了《音韵逢源》的满文标音，没有考虑到《音韵逢源》等有满文标音的韵书的创作目的和表现形式之间关系。本文从满汉对译的角度来考察《音韵逢源》“氐、胃、毕”三母的性质及其关系。实际上《音韵逢源》时期的北京话中的微母和疑母的对立已经消失。

## 一、氐、毕、胃三母之谜

据《音韵逢源目录》所示，《音韵逢源》有声母 21 个（见表 1）。

**表 1 《音韵逢源》的声母**

| 字母名称 | 音写汉字 | 满文标音 | 字母名称 | 音写汉字 | 满文标音 |
|---|---|---|---|---|---|
| 角一 | 噶 | ga g‘a | 危十二 | 萨 | sa |
| 亢二 | 佉 | ka k‘a | 室十三 | 渣 | ca |
| 氐三 | 啊 | a | 壁十四 | 叉 | c‘a |
| 房四 | 搭 | da | 奎十五 | 沙 | ša |
| 心五 | 他 | ta | 娄十六 | 哈 | ha h‘a |
| 尾六 | 那 | na | 胃十七 | 阿 | a |
| 箕七 | 巴 | ba | 昂十八 | 发 | fa |
| 斗八 | 葩 | pa | 毕十九 | 斡 | va |
| 牛九 | 妈 | ma | 觜二十 | 拉 | la |
| 女十 | 咂 | dza | 参廿一 |  | ža |
| 虚十一 | 擦 | ʦ‘a |  |  |  |



① 裕恩，生年不详，卒于道光廿六年(1846)，号容斋，满洲正蓝旗人，清太祖努尔哈赤第十五子多尔衮裔孙，和硕睿恭亲王淳颖第五子。《音韵逢源序》说：“惜其不列入声，未免缺然。问之则曰：‘五方之音，清浊高下，各有不同，当以京师为正。其入声之字，或有作平声读者，或有作上去二声读者，皆分隶于三声之内，周德清之《中原音韵》、李汝珍之《音鉴》皆详论之矣。’”由此可见，《音韵逢源》的音系基础当为“京师”音系。

裕恩用廿八宿中的廿一宿来代表这廿一个声母，声母都有满文标音。这无疑为弄清每一个音类的音值及其演变过程提供了方便。

从表1中我们可以看出，氐、胃、毕代表三个特殊的声母，这三个声类的字在现代汉语普通话中都是零声母。"氐"和"胃"的满文标音虽然相同，但音写汉字不同。如果这两个声母代表相同的声类，裕恩为什么将它们分开；如果它们代表两个不同的声类，那么它们分别代表什么样的声类，而它们的满文标音又为什么相同。"毕"母的音写汉字为"斡"，斡为影母字，而其满文标音却是[va]，从满汉音系的对应关系来看这显然是矛盾的。那么斡到底代表什么样的声类，而其音写汉字和满文标音之间的矛盾又该如何解释呢？

## 二、氐、毕、胃三母的中古音来源

要想解决上述问题，首先要搞清楚氐、毕、胃三母的中古音来源。《音韵逢源》字谱按韵摄编排，共分子、丑、寅、卯、辰、巳、午、未、申、酉、戌、亥十二摄；每一摄内部又分为乾（合口呼）、坎（开口呼）、艮（齐齿呼）、震（撮口呼）四部；每一部为一张字谱，每张字谱横列廿一声母，纵列巽（阴平）、离（上声）、坤（去声）、兑（阳平）四声。下面请先看表2：①

**表2　氐、毕、胃三母的中古音来源统计表**

| 声类代表字 | 韵类代表字 | | 列　字 | 满文标音 |
|---|---|---|---|---|
| 氐 | 子部 | 乾 | 0 | ong |
| 胃 | | 乾 | 影6云6 | ong |
| 毕 | | 乾 | 0 | wang |
| 氐 | | 坎 | 疑5 | ang |
| 胃 | | 坎 | 影8 | ang |
| 毕 | | 坎 | 微18 | wang |
| 氐 | | 艮 | 疑1 | yang |
| 胃 | | 艮 | 余26影9邪1 | yang |
| 毕 | | 艮 | 0 | wei+yang② |

① 表2是对氐、毕、胃三母列字的中古音来源的统计。

② "wei+yang"为反切形式的标音，下同。

续表

| 声类代表字 | 韵类代表字 | | 列字 | 满文标音 |
|---|---|---|---|---|
| 氐 | 丑部 | 震 | 0 | |
| 胃 | | 震 | 0 | |
| 毕 | | 震 | 0 | |
| 氐 | | 乾 | 疑 11 | on |
| 胃 | | 乾 | 影 16 匣 4 云 1 | on |
| 毕 | | 乾 | 微 10 | wan/uwan |
| 氐 | | 坎 | 疑 3 | an |
| 胃 | | 坎 | 影 27 | an |
| 毕 | | 坎 | 0 | wan |
| 氐 | | 艮 | 疑 31 | yan |
| 胃 | | 艮 | 余 24 云 2 影 64 | yan |
| 毕 | | 艮 | 0 | wei+yan |
| 氐 | | 震 | 疑 20 | yuwan |
| 胃 | | 震 | 余 8 云 19 影 24 | yon |
| 毕 | | 震 | 0 | wei+yon |
| 氐 | 寅部 | 乾 | 0 | ung |
| 胃 | | 乾 | 影 13 | ung |
| 毕 | | 乾 | 0 | weng |
| 氐 | | 坎 | 0 | eng |
| 胃 | | 坎 | 影 1 | eng |
| 毕 | | 坎 | 0 | weng |
| 氐 | | 艮 | 疑 4 | ing |
| 胃 | | 艮 | 余 18 匣 2 云 1 影 30 | yeng |
| 毕 | | 艮 | 0 | wei+yeng |
| 氐 | | 震 | 疑 1 | iong |
| 胃 | | 震 | 余 38 云 7 匣 2 影 18 | yūng |
| 毕 | | 震 | 0 | wei+yūng |

续表

| 声类代表字 | 韵类代表字 | | 列　字 | 满文标音 |
|---|---|---|---|---|
| 氏 | 卯部 | 乾 | 疑 1 | un |
| 胃 | | 乾 | 影 7 | un |
| 毕 | | 乾 | 微 24 | wen |
| 氏 | | 坎 | 0 | en |
| 胃 | | 坎 | 影 1 | en |
| 毕 | | 坎 | 0 | wen |
| 氏 | | 艮 | 疑 13 | yen |
| 胃 | | 艮 | 余 13 影 36 澄 1 | yen |
| 毕 | | 艮 | 0 | wei＋yen |
| 氏 | | 震 | 0 | yūn |
| 胃 | | 震 | 余 7 影 14 云 29 | yūn |
| 毕 | | 震 | 0 | wei＋yūn |
| 氏 | 辰部 | 乾 | 0 | oo |
| 胃 | | 乾 | 0 | oo |
| 毕 | | 乾 | 0 | wao |
| 氏 | | 坎 | 疑 21 | ao |
| 胃 | | 坎 | 影 10 疑 1 | ao |
| 毕 | | 坎 | 0 | wao |
| 氏 | | 艮 | 疑 11 余 2 | yao |
| 胃 | | 艮 | 余 34 影 30 | yao |
| 毕 | | 艮 | 0 | wei＋yao |
| 氏 | | 震 | 0 | yoo |
| 胃 | | 震 | 0 | yoo |
| 毕 | | 震 | 0 | wei＋yoo |

续表

| 声类代表字 | 韵类代表字 | | 列　字 | 满文标音 |
| --- | --- | --- | --- | --- |
| 氐 | 巳部 | 乾 | 疑 1 | oi |
| 胃 | | 乾 | 影 2 | oi |
| 毕 | | 乾 | 0 | wai |
| 氐 | | 坎 | 影 3 疑 9 | ai |
| 胃 | | 坎 | 影 16 | ai |
| 毕 | | 坎 | 0 | wai |
| 氐 | | 艮 | 疑 7 | yai |
| 胃 | | 艮 | 影 8 余 1 | yai |
| 毕 | | 艮 | 0 | wei＋yai |
| 氐 | | 震 | 0 | |
| 胃 | | 震 | 0 | |
| 毕 | | 震 | 0 | |
| 氐 | 午部 | 乾 | 0 | uo |
| 胃 | | 乾 | 0 | uo |
| 毕 | | 乾 | 0 | weo |
| 氐 | | 坎 | 疑 3 | uo |
| 胃 | | 坎 | 影 12 | uo |
| 毕 | | 坎 | 0 | weo |
| 氐 | | 艮 | 0 | io |
| 胃 | | 艮 | 云 15 影 13 余 34 | yeo |
| 毕 | | 艮 | 0 | wei＋yeo |
| 氐 | | 震 | 0 | |
| 胃 | | 震 | 0 | |
| 毕 | | 震 | 0 | |

续表

| 声类代表字 | 韵类代表字 | | 列　　字 | 满文标音 |
|---|---|---|---|---|
| 氐 | 未部 | 乾 | 疑 15 匣 1 | ui |
| 胃 | | 乾 | 云 31 影 36 余 17 | ui |
| 毕 | | 乾 | 0 | wei |
| 氐 | | 坎 | 日 27① | ei |
| 胃 | | 坎 | 0 | ei |
| 毕 | | 坎 | 微 10 | wei |
| 氐 | | 艮 | 0 | ii |
| 胃 | | 艮 | 0 | yei |
| 毕 | | 艮 | 0 | ii/wei |
| 氐 | | 震 | 0 | |
| 胃 | | 震 | 0 | |
| 毕 | | 震 | 0 | |
| 氐 | 申部 | 乾 | 疑 15 | o |
| 胃 | | 乾 | 影 20 | o |
| 毕 | | 乾 | 0 | we |
| 氐 | | 坎 | 疑 19 | e |
| 胃 | | 坎 | 影 20 | e |
| 毕 | | 坎 | 0 | we |
| 氐 | | 艮 | 0 | |
| 胃 | | 艮 | 0 | |
| 毕 | | 艮 | 0 | |
| 氐 | | 震 | 疑 4 | yo |
| 胃 | | 震 | 余 13 影 3 云 1 | yo |
| 毕 | | 震 | 0 | wei+yo |

① 寄放在这里的日母字，应该是单列的，这些字在《合并字学集韵》中就转入到影母中了，其读音应该是[ɚ]，我们暂时不讨论这个问题。

续表

| 声类代表字 | 韵类代表字 | | 列　字 | 满文标音 |
|---|---|---|---|---|
| 氐 | 酉部 | 乾 | 0 | |
| 胃 | | 乾 | 0 | |
| 毕 | | 乾 | 0 | |
| 氐 | | 坎 | 0 | |
| 胃 | | 坎 | 0 | |
| 毕 | | 坎 | 0 | |
| 氐 | | 艮 | 疑 3 | ye |
| 胃 | | 艮 | 影 11 云 5 余 16 | ye |
| 毕 | | 艮 | 0 | wei＋ye |
| 氐 | | 震 | 疑 5 | yuye |
| 胃 | | 震 | 影 2 云 6 余 9 | yuye |
| 毕 | | 震 | 0 | wei＋ye |
| 氐 | 戌部 | 乾 | 疑 39 | u |
| 胃 | | 乾 | 影 29 | u |
| 毕 | | 乾 | 微 33 | u |
| 氐 | | 坎 | 0 | i |
| 胃 | | 坎 | 0 | i |
| 毕 | | 坎 | 0 | wei |
| 氐 | | 艮 | 匣 1 余 1 影 26 疑 37 | i |
| 胃 | | 艮 | 影 50 云 2 疑 2 彻 1 余 70 溪 1 | i |
| 毕 | | 艮 | 0 | wei |
| 氐 | | 震 | 影 18 疑 29 | ioi |
| 胃 | | 震 | 影 8 云 31 余 91 邪 1 | yu |
| 毕 | | 震 | 0 | wei＋yu |

续表

| 声类代表字 | 韵类代表字 | | 列　字 | 满文标音 |
|---|---|---|---|---|
| 氐 | 亥部 | 乾 | 疑 3 | wa |
| 胃 | | 乾 | 影 18 | wa |
| 毕 | | 乾 | 0 | wa |
| 氐 | | 坎 | 0 | a |
| 胃 | | 坎 | 影 3 | a |
| 毕 | | 坎 | 影 2 微 3 | wa |
| 氐 | | 艮 | 疑 17 | Ya |
| 胃 | | 艮 | 影 23 疑 1 | Ya |
| 毕 | | 艮 | 0 | wei＋ya |
| 氐 | | 震 | 0 | |
| 胃 | | 震 | 0 | |
| 毕 | | 震 | 0 | |

由表 2 的统计可知，除了戊部之外，氐母基本上来自中古的疑母，胃母基本上来自中古的影母、云母和余母。毕母的列字都是来源于中古的微母。从《音韵逢源》的表现来看，中古的疑母、微母在《音韵逢源》音系中还是两个独立的声母。

## 三、氐、毕、胃三母性质的分析

耿振生(1992)和林焘、耿振生(1997)只是简单的说《音韵逢源》中微母和疑母还是两个独立的声母，没有提供任何证据。岩田宪幸(1988)认为毕母的音写汉字是“斡”，而“斡”是个影母字，且丑乾一中“万晚”等字的满文标音是“wan 和 uwan”，戊乾一中“五吾午”、“污乌屋”、“武务巫”的满文标音是“u”，他论证说，在[u]这个音节上，微母已经完全消失，在[an]这个音节前，微母字既可以读 v，也可以读 u，这呈现出过渡状态。于是他认为《音韵逢源》中微母已经消失了。另外，该文说，氐母和胃母的满文标音都是[a]，[a]在满文中可以是零声母的标志，这就表明中古的疑母字已经合并到影母中去了。我们认为岩田宪幸的论证是难以成立的。毕母的音写汉字为“斡”，而斡为影母字，岩田宪幸先生依此为据，论证微母在《音韵逢源》中已经消失，我们认为这不足为据。因为这个“斡”是“华梵”翻译时的用字，《钦定同文韵统》之《天竺字母谱》说此字为“无阿切，轻唇音”，在《华梵字母合璧谱》中此字对应于“华言三十六字母”的微母。因此，“斡”字在《音韵逢源》中是个特殊音系字。岩田宪幸的另外两个证据也是不能成立的，因为满文中没有 wu 和 ua 的拼法，并且满文音节规则不允许出现复辅音，所以出现用 uwan 对译汉语的 vuan 的情况。用 u 对译汉语的 vu，纯粹是变通的作法，并不能说明什么音值上的问题。比如，子乾一中毕十九下“无汪切”的满文标音为 wang，按照反切原理，“无汪切”的汉文音节应是 wuaŋ，满文是用 w 来对译汉文的 wu，这起码说明，在 vaŋ 这个音节上，中古的微母仍然保留在《音韵逢源》中。类似的情况在《音韵逢源》中还有多处。由此看来岩田宪幸论据并不能证明《音韵逢源》中微母已经消失。再者，《音韵逢源》中氐母和胃母的满文标音的确相同，但两者的音写汉字是不同的，氐母的音写汉字是“啊”，胃母的音写汉字是“阿”，而且在《音韵逢源》字谱中，这两个声母的字确有不同的中古音来源，氐母来源于中古疑母，胃母来源于中古的影、余、云三母。这种种迹象又表明《音韵逢源》中疑母还是独立的，与影母有严格的区分。从裕恩严格区分这两个声母的角度来说，它们的满文标音相同，是不合乎情理的。我们必须对这个问题作出解释。

我们知道满语中有相当于氐母的 ng[ŋ]，裕恩为什么不用 ng 表示氐母呢？那样，氐母和胃母就自然区别了，它们的满文标音也就不同了。

满文源于蒙古文，是一种拼音文字。完善的满文字母系统（新满文）最终形成于天聪六年(1632)。根据季永海等(1986)的研究，老满文有 22 个辅音音位，经达海改进后的新满文增加了 3 个辅音音位。有些辅音音位变体的罗马字转写不同，有些则相同。与本文有关的辅音音位有 ng[ŋ]、y[j]、w[v]。在满文中，这些辅音音位的出现有以下几个规则：1. ng[ŋ]可以和所有的元音相结合，但是 ng[ŋ]不能出现在音首位置；2. y[j]只能和元音 a[ɑ]、e[ə]、o[o]、u[u]、ū[ɔ]相拼。当 y[j]和 e[ə]相拼时，e 被前化为[e]。当 y[j]和 u[u]相拼时，u 被前化为[y]。在词中的书写形式不变；3. w[v]只能和元音 a[ɑ]和 e[ə]结合。

由于规则 1 的限制，ng 不能出现在音首位置，因此 ng 也就没有相应的词头形式。这就注定满文不能表示像汉文[ŋa]等这样的音节形式。迫不得已，裕恩只能选择读音相近的形式来对译。同时我们必须了解，满文体系中没有相当于零声母的字母。“阿”是从华严字母中引进的，由于其读音与满文的 a 相似，于是就用满文乙来表示了。至于裕恩为什么选择乙，则是值得讨论的问题。有可能是当时疑母已经清化并入影母。但从区别的角度讲，裕恩可以选择“尾母”[n]来代替，因此我们怀疑这里有个刻印的错误。我们知道，裕恩给定的 21 母名称是参合华严字母的，实际上是根据梵文字母作了一些改动而最终形成。在梵文字母中有与汉文疑母对应的字母“ང”，它的汉文名称是“迎阿”，其满文标音是ᡢᠠ。ᡢᠠ是个比较新的满文字母。说到这个新字母，我们还必须了解一件事情。梵文语音比较复杂，原有满文字母不能满足将梵文经咒翻译成满文时的需要，乾隆十三年允禄等人在原有满文字母的基础上，又创制了十多个新满文字母，用来拼写梵文，于乾隆十四年底完成。此事在乾隆十五年刊刻的《钦定同文韵统》中有详细介绍，《钦定同文韵统》之《华梵字母合璧谱》表现犹为清楚。从裕恩将氏和胃两母分立的形式上考虑，裕恩选择“迎阿”更为合适。况且，裕恩不可能不知道“迎阿”等一系列字母的存在。[①] 再者，这个“迎阿”的满文标音与《音韵逢源》中的“啊”的满文标音非常接近，只是多了一个小圈“○”。可能“啊”是改造“迎阿”而来，但由于刻印的错误造成我们看到的本子上“啊”与“阿”的满文标音都是ᠠ。

虽然“啊”与“阿”的满文标音在《音韵逢源目录》中相同，但在《音韵逢源》字谱中，我们可以发现几处不同。如表3所示：

**表 3**

| | | | |
|---|---|---|---|
| 氐 | 寅艮 | 疑英切 | ing |
| 胃 | 寅艮 | 英 | yeng |
| 氐 | 寅震 | 鱼雍切 | iong |
| 胃 | 寅震 | 雍 | yūng |
| 氐 | 午艮 | 疑幽切 | io |
| 胃 | 午艮 | 幽 | yeo |
| 氐 | 戌震 | 莪伊切 | ioi |
| 胃 | 戌震 | 伊 | yu |

这不同主要体现为氐母都没有辅音，胃母都有半元音的 y[j]。虽然在满汉对译的体系中，y 也可以对应汉文的 i，但两者放在一起对比恐怕是有目的的区别。比如寅艮一条，氐母平声无字，反切下字为“英”，相应的胃母平声代表字为“英”，如果两者的音首相同，那么它们的满文标音应该相同，何况是同一个“英”字。这是人为区别的疏忽，还是语音实际的流露值得我们去注意。

氐母基本上来自中古的疑母，胃母基本是来自中古的影、云、余三母。但是在戌部氐母的列字中却出现了太多的例外，它将影母字列在了氐母之下。如表4所示：

① 裕恩做过“玉牒馆副总裁，国史馆清文总校”。

**表 4**

| | | | | | |
|---|---|---|---|---|---|
| 氐 | 戌部 | 艮 | 匣 1 余 1 影 26 疑 37 | 莪伊切 | i |
| 胃 | | 艮 | 影 50 云 2 疑 2 彻 1 余 70 溪 1 | 伊 | i |
| 氐 | | 震 | 影 18 疑 29 | 鱼淤切 | ioi |
| 胃 | | 震 | 影 8 云 31 余 91 邪 1 | 纡 | yu |

戌部艮三氐母共有列字 66 个，其中影母字 26 个，约占 39.40%。戌部震四氐母共有列字 47 个，其中影母 18 个，约占 28.30%。如果裕恩没有犯错的话，这些例外至少表明来自曾三、止三、蟹四、遇三、通三的影母字读音与那些疑母字的读音相同。这种混同现象表明了什么样的情况呢？这应该有两种可能。第一，从裕恩基本上区别氐母和胃母角度来看，这是裕恩的疏忽。第二，这些来自曾三、止三、蟹四、遇三、通三的影母字在裕恩时代读音与疑母字同。这第二种情况又有两种可能，一是疑母与影母已经合流，读为零声母；二是只有这些来自曾三、止三、蟹四、遇三、通三的影母字与疑母字合流了。站在裕恩的角度上看，形式上的证据偏向于后者。但这种现象实在是太特别了，我们没有找到别的证据能证明这一点，但别的方言中也存在这种现象。[①]

上面的分析表明，从汉语单一角度考察《音韵逢源》的内部音系结构只能说明“氐、毕、胃”是三个独立的声母。也就是说，《音韵逢源》中还存在着微母 v 和疑母 ŋ。如果是这样的话，不仅太多的“例外”无法解释，而且这和语音史也是相悖的。我们知道，早在《合并字学集韵》之前，北京话中微母 v 和疑母 ŋ 就已经与影母合流读同零声母了。裕恩为什么会在《音韵逢源》重新设立微母和疑母，以形成“氐、毕、胃”三母的三项对立呢？

我们必须从《音韵逢源》自身的特点出发来解释这个问题。《音韵逢源》是有满文标音的韵书。有满文标音的韵书始自《圆音正考》，这些韵书有它们自己的写作目的和相应的表现形式，因为它们都是兼顾满汉两种音系而编写的。

《圆音正考》，存之堂辑，成书于 1743 年（或以前），是目前所能见到的最早的有满文标音的音韵学著作，其创作目的是方便翻译。正如《圆音正考·文通序》所讲：



① 虽然在有些方言中，影母字也有读作疑母的实例，但情况与此迥异，不可比较。比如在河北永年方言中，果、宕、蟹、效、流、山摄的开口一等影母字今读[ŋ]。

夫尖团之音，汉文无所用，故操觚家所置而不讲。虽博雅名儒，词林硕士，往往一出而失其音。惟度曲者尚讲之，惜曲韵诸书，只别南北阴阳，亦未专晰尖团。而尖团之音，翻译家绝不可废。盖清文中既有尖团之字，凡遇国名、地名、人名当还音处，必须详辨。存之堂集此一册，盖为翻译而作，非为韵学而作也，明矣。

乌扎拉文通序告诉我们，《圆音正考》时代汉音中没有所谓尖团的区别，作者是用满文中的尖团的区别来解决满汉翻译中的国名、地名、人名的“还音”问题。比如，按照实际读音，“星”和“兴”翻译成满文都是“sing”，但如果要把满文的“sing”还原为汉文时就会出现无所适从的情形：是翻译成“星”，还是“兴”呢？造成这种情形的原因是所要对译的汉语的精组细音和见组细音已经合流，失去了对立，即无所谓“尖团”对立。只好人为地将精组细音和见组细音区分开来。[1]

“尖团不分”会带来困难，疑、影、微三母的合流同样会造成这样的“难题”，因此，有必要采用相似的办法来解决这个问题。比如，“务”和“误”在汉语中本来是有区别的，这区别表现在声母上，可是浊音清化之后，它们都读为零声母了，不再有区别了。把这两个字翻译成满文当中的零声母字当然没有问题，可是再把这没有区别的满文还原为汉文时势必会导致无法辨别的困难。尤其是在“国名、地名、人名”的还原问题上表现更为突出，因为这些翻译需要直接音译。在汉语语音史上，这两个字的汉语声母本来是有区别的，而且在满语中也恰巧有对应的形式，即 Ø 和 ŋ。如果把“误”的声母翻译成能与“务”的声母 Ø 相区别的 ŋ，“还原”时的困难就迎刃而解了。裕恩发现了这个问题，于是他就将已经合流的疑、影、微三母做了严格的区分。不过他在具体的操作过程中存在一些疏忽，留下了一些痕迹。这些痕迹是裕恩所不能解决的，因为那是满文音系规则所不允许的。就拿这两个字来讲，在满文中 ng[ŋ]可以和所有的元音相结合，但是 ng[ŋ]不能出现在音首位置，可是汉语音系没有这种限制，所以这时裕恩必须采取变通的做法。这些变通的做法就是上述所谓的“例外”或“痕迹”。但我们应该知道这些所谓的“例外”和“痕迹”毕竟是少数，裕恩的这种做法在整体上还是解决了这类问题。在这个意义上，我们可以说这是裕恩的创造。总之，裕恩继承了《圆音正考》的思想，并把这一思想的运用推进一步。根据我们的研究，不单单裕恩是这样做的，莎彝尊在《正音切韵指掌》中也是这样做的，他们都是满族人。恐怕只有这样解释，才能理上述的种种“例外”，这种种“例外”都是真实情况的流露。有人不禁

① 关于《圆音正考》及《音韵逢源》的尖团音情况详见杨亦鸣、王为民(2003)。

会问，那为什么不把像“非敷奉”、“知章庄”等已经合流声母也按照这种方式区分开来呢？原因很简单，因为满文的音韵体系也没有办法将“非敷奉”、“知章庄”区别开来。

由于实际上“毕”母已经与影母合流，为了区别这两个声母，裕恩利用了满语音系的特点，直接将“毕”母翻译成 v。这样，“毕”母不但与“氐”母区别开来，也与“胃”母区别开来，从而形成了三项对立的形式。这种形式正是裕恩想要的形式，因为这种形式能解决满汉翻译中“国名、地名、人名”的“还原”问题。搞清楚裕恩在《音韵逢源》中设立“氐、毕、胃”三母的三项对立的目的之后，“氐、毕、胃”三母性质的问题就迎刃而解了。在《音韵逢源》的实际音系中，只有“胃”母是实际存在的，“氐”母和“毕”母是两个虚设的声母。裕恩这样做的目的是想利用“v—ŋ—Ø”之间的三项对立来解决满汉翻译中“国名、地名、人名”的“还原”问题。

以上我们主要是从内部结构和外部理据来证明裕恩在《音韵逢源》中将“氐、毕、胃”做严格区分的目的是为了解决满汉对译中的难题，实际上这三个声母在当时的北京话中已经合流为 Ø 了。以往学者都把《音韵逢源》看作是一个单个的体系，只从其自身的结构来考察它的音系，这是不可取的。不同的写作目的，会有不同的写作方式，也会有不同的表现形式。只有从满汉翻译这一大的背景下去考察《音韵逢源》，才能真正认识《音韵逢源》的音系。只有揭开蒙在《音韵逢源》上的这层面纱，它的地位和价值才能彰显，否则《音韵逢源》在北京语音史上将一直是个另类。[①] 实际上《音韵逢源》的声母系统是完全合乎北京话语音系统的。[②] 正如有的学者所说，清代中期以后的音系应以裕恩的《音韵逢源》为代表。[③]

**参考文献**

存之堂：《圆音正考》，道光十年京都三槐堂刻本。

方环海：《透视分离法与近代音研究》，《古汉语研究》2002 年第 1 期。

冯蒸：《尖团字与满汉对音——论〈圆音正考〉及其相关诸问题》，《古汉语研究论集》，中国



① 林焘、耿振生(1997)说《音韵逢源》“以当时的北京音为基础，而又折中传统韵书。具体而言，它的声母系统不合北京音的地方较多……比《等韵图经》多出了实际上不存在的微母、疑母，也没有反映北京话已经出现了尖团不分等现象”。

② 本文在方法论上采用透视分离法的研究方法。关于透视分离法详见杨亦鸣(1992)、方环海(2002)。

③ 何立主编《语言文字词典》：“有的学者认为清代音系应分为两期……清代中期以后可以清裕恩撰的《音韵逢源》为代表，但此书在国内尚未有人做全面深入的研究。”

社会科学院语言研究所古代汉语研究室 1984 年版。
耿振生:《明清等韵学通论》,语文出版社 1992 年版。
何立主编:《语言文字词典》,学苑出版社 1999 年版。
季永海等:《满语语法》,民族出版社 1986 年版。
李新魁:《汉语等韵学》,中华书局 1983 年版。
林焘、耿振生:《声韵学》,三民书局 1997 年版。
莎彝尊:《正音切韵指掌》,咸丰十年尘谈轩刻本。
王力:《汉语史稿》,科学出版社 1958 年版。
王为民:《永年方言音系的特点》1997 年未刊稿。
徐孝:《合并字学集韵》,国家图书馆藏明万历三十四年刻本。
岩田宪幸:《音韵逢源の音系》,近畿大学教养部研究纪要 1988 年版。
杨亦鸣、王为民:《〈圆音正考〉和〈音韵逢源〉所记尖团音分合之比较研究》,《中国语文》2003 年第 2 期。
杨亦鸣:《李氏音鉴音系研究》,陕西人民教育出版社 1992 年版。
裕恩:《音韵逢源》,清道光聚珍堂刻本。
章嘉胡土克图:《钦定同文韵统》,据《文渊阁四库全书》影印。

(原载《民族语文》2004 年第 4 期)

# 说“韵”和“韵部”[①]

“韵”和“韵部”是音韵学中的基本概念，但对其外延和内涵各家众说纷纭，为初学者带来困难。本文通过对各家观点的分析以及对韵书发展的历史和韵书之间的比较，对“韵”、“韵部”的内涵作了厘定，指出“韵”都是区别韵腹和韵尾的，一般而言，“以调统韵”的韵书，韵都区别声调，“以韵统调”的韵书，韵不区别声调；同时指出韵和韵部没有大小之分，韵部又称韵，如果韵书中的韵区别声调，那么相应的韵部区别声调，如果韵书中的韵不区别声调，那么相应的韵部也就不区别声调；在上古音领域内，韵部都不区别声调。

韵和韵部是传统音韵学中最基本的概念，但目前所能见到的讲音韵学的各种书籍对这两个概念的解释常有抵牾，因而有必要把这两个概念的内涵和外延搞清楚，为古代汉语、乃至于现代汉语的教学扫清障碍。

先看看各家对韵的解释。A. “韵母相同的字叫做同韵；韵头不同，主要元音和韵尾相同也算同韵。……古代有四声，不同声调的字不算同韵。”[②]B. “‘韵’是从韵腹（主要元音）算起的，不管韵腹（主要元音）之前有没有 i 或 u 作韵头（介音），或韵腹（主要元音）之前的这些韵头（介音）是否相同。……‘光、霜’和‘乡’只是韵腹（主



① 本文初稿承蒙中国社会科学院语言研究所杨耐思先生审阅；2000 年 5 月 21 日在台湾辅仁大学举办的第 18 届台湾中国声韵学学术研讨会上演讲时，又承蒙台湾师范大学国文系李鍌教授、陈新雄教授等提出宝贵意见，一并致谢。发表时有所精简、修改。

② 王力：《音韵学初步》，商务印书馆 1980 年版，第 18 页。

要元音)、韵尾相同,韵头(介音)并不一样。在韵书里,把这一类性质的字归并在一起,叫做韵。……韵书里的'韵'还有声调的区别。声调不同就分为几个不同的韵,如'东、董、送、屋'之所以为四个韵就是这个道理。"[①]C. "古代韵书中所说的'韵'是就韵腹、韵尾这两个方面来区分的。韵腹或韵尾不同,就是不同的韵……韵腹和韵尾相同,便归为同一个韵。……另外,古代韵书中的韵又是按照声调的不同来区分的,韵母虽然相同但声调不同的字也分属为不同的韵部。"[②]D. "古人所说的'韵',一般是从韵腹算起的,不包括韵头,只要韵腹、韵尾相同的字一般就算是同韵字。"[③]E. "'韵'和'韵母'不同,'韵'(又叫'韵部')指韵腹和韵尾都相同的字。"[④]F. "古代韵书里由韵腹相同或基本相同,韵尾一致的字组成的类别。……另外韵书又把同韵母中不同声调的字分成不同的韵,例如,同是 ong 韵母的字《广韵》分成了东、董、送三韵。声调也是它的分韵标准之一。"[⑤]G. "指韵书中把元音和收尾音相同的字归在一起的单位。如《广韵》有 206 韵,平水韵有 106 韵。"[⑥]H. "古代韵书中的韵是不考虑韵头的,换句话说是不算介音的,它是只就韵腹、韵尾进行区分的。……很多古代韵书,不同的声调就算不同的韵,如'麻、马、祃'韵腹相同,只是由于声调不同,古分作三个韵。"[⑦]I. "韵只要求韵腹和韵尾相同,而韵母还要区别韵头,因此韵的概念比韵母的概念要大。……但是韵和韵母的区别除了不计韵头介音之外,还有一点不同,那就是,韵还要区别声调,而韵母则不要求区别声调。"[⑧]上述各家意见,D,E,G 对韵是否区别声调没有明确表态,其他各家则认为韵书里的韵区别声调。

那么韵究竟是否区别声调呢?我们认为不能一概而论。韵与韵书有密切的关系,要搞清楚韵与声调的关系,就有必要通过韵书发展的历史和韵书之间的比较去发现韵的内涵的变化及韵与声调的关系。

首先,韵书出现的时代背景和文化背景与韵的内涵有关。隋陆法言《切韵》客观上为诗文押韵作出了统一的标准。它的分韵标准十分严格,韵区别声调。

① 陈复华:《汉语音韵学基础》,中国人民大学出版社 1983 年版,第 19—20 页。严格地讲,此例不妥,"东"、"董"、"送"之间是声调上的区别,而"东董送"与"屋"之间不仅声调有别,它们的韵尾也是不同的。

② 李新魁:《汉语音韵学》,北京出版社 1986 年版,第 2—3 页。

③ 陈振寰:《音韵学》,湖南人民出版社 1986 年版,第 70 页。

④ 张世禄、杨剑桥:《音韵学入门》,复旦大学出版社 1987 年版,第 36 页。

⑤ 罗邦柱主编:《古汉语知识词典》,武汉大学出版社 1988 年版,第 77 页。

⑥ 曹述敬主编:《音韵学辞典》,湖南出版社 1991 年版,第 277 页。

⑦ 汪寿明、潘文国:《汉语音韵学引论》,华东师范大学出版社 1992 年版,第 33 页。

⑧ 唐作藩:《音韵学教程》,北京大学出版社 1994 年版,第 44 页。

结果《切韵》一出，“时俗并重，视为典规”，并且，其后出现的《唐韵》、《广韵》、《集韵》、《礼部韵略》等都以《切韵》为典范，韵都区别声调。不过受时音的影响，由《平水韵》(《新刊韵略》)改并重编而成的《蒙古字韵》与《切韵》系韵书不同，在这部韵书中，平上去入四声之字同归一韵之下，表明它的韵不区别声调，这是现在能见到的第一部不按声调分韵的韵书。全书分十五韵，韵不区别声调是其韵数比《切韵》系韵书少得多的重要原因之一。那么《蒙古字韵》中的舒声韵和促声韵韵尾是否相同呢？据对八思巴字对音的研究，《蒙古字韵》入声的韵值与平上去声字相同，只是调类有别而已。这就是说，这部韵书中的同一韵的平上去入各字，其韵腹和韵尾是相同的，把它们归在同一韵之下，表明作者对韵的认识是，韵不区别声调。

其次，韵书编纂目的的不同与韵的内涵有关。“古代韵书中对‘韵’的划分标准，是由它所服务的制作韵文时运用的格律决定的。”[①]这主要涉及到诗韵系韵书、词韵系韵书和曲韵系韵书。诗是一种正统的、在历代占有重要地位的文学形式。自有韵书出现，作诗也就有了它押韵的书面标准，《切韵》系韵书在这方面占有重要的地位。诗在唐宋是科举考试的主要内容，所以，这些韵书当然也就成了作诗的标准。后来专门为写诗做的韵书，如《平水韵》、《诗韵辑要》、《诗韵辑略》、《佩文诗韵》等，它们的韵都区别声调。词和曲都是俗文学，在押韵上比诗宽。词可以平上去三声通押，曲更自由。北曲可以四声通押，南曲可以平上去三声通押；南曲入声韵和舒声韵在韵尾上有区别，声调成了羡余的区别特征。词韵和曲韵可以认为是不区别声调的。如《词韵》、《词林正韵》、《中原音韵》、《中州全韵》、《韵学骊珠》等。

由于上述原因，历代韵书在编排体例上明显呈现出两种倾向，一种是“以调统韵”，即先按声调分类，每一声调下再分韵部。这主要是指《切韵》系韵书和诗韵系韵书，这一类韵书，韵一般都区别声调。另一种是“以韵统调”，即先分韵部，每一韵部下再按声调或声母分开，主要包括词韵系、曲韵系韵书和近代一些反映时音的韵书，如《词韵》、《词林正韵》、《中原音韵》、《琼林雅韵》、《韵略易通》、《韵略汇通》、《五方元音》、《交泰韵》、《李氏音鉴》等。这一类韵书，韵一般都不区别声调。《韵学骊珠》比较特殊。首先，它是曲韵系韵书；再者，虽然它也是“以调统韵”，但与一般的“以调统韵”的韵书不同。它先分出“平上去”与“入”声，再在“平上去”声下分 21 韵，在入声下分 8 韵。而入声韵是独立的，在韵尾上已与其他韵有别。



---

① 李新魁:《汉语音韵学》，北京出版社 1986 年版，第 2 页。

通过以上的分析，我们可以得出这样的结论：韵肯定要区别韵腹和韵尾，但是是否区别声调不能一概而论，必须具体对象具体对待。除《韵学骊珠》外，所有的"以调统韵"的韵书，它们的韵都区别声调；所有的"以韵统调"的韵书，它们的韵都不区别声调。

下面再来谈谈韵部。各家对韵部的看法也是有分歧的，主要表现在韵部是否区别声调及韵部在概念上是否比韵大这两个问题上。先看各家的观点。A. "把同韵的字排在一起，就是韵部。"①B. "'韵部'比'韵'和'韵母'的含义要广，它只要求韵腹和韵尾相同，不管韵头（介音）和声调是否相同。"②C. "古代韵书对'韵'的划分标准，是由它所服务的制作韵文时运用的格律决定的。古代作诗讲究押韵。一个字音只要韵腹和韵尾相同，便可以在一起押韵，韵头的不同可以不计。所以韵书的编纂也服从于制作韵文的这种特点，把可以在一起押韵的字归为同一个'部'。"③D. "'韵'和'韵母'不同，'韵'（又叫'韵部'）指韵腹和韵尾都相同的字。"④E. "韵腹和韵尾相同的字组成的音韵单位，又叫韵。……韵书汇集同韵字而成韵部。如《广韵》分206个韵部，声调不同的字不在同一韵部；《中原音韵》分19个韵部，一个韵部包括不同的声调。"⑤F. "韵部：将汉字按韵分若干组，其实也就是将汉语音节中的韵分为若干部，从这点上说，韵即韵部。《广韵》分二百零六韵，也即二百零六个韵部。但韵部还有个意思，那就是将同音的韵按平上去排列在一起（入声除外），由于只是声调上的区别，为简便起见，也常举平声韵以包括上声韵和去声韵，此即'举平以赅上去'。这样，一个韵部通常就包括三个韵了。例如将同音而不同调的'东、董、送'三韵排列在一起，可以统名之曰'东部'。"⑥G. "把同韵的字汇集起来成为一组，称为韵部。"⑦H. "和韵类相反，如果不区别声调也不区别介音，只要韵腹（主要元音）和韵尾相同，这就是韵部。韵部是比韵母和韵更大的概念。"⑧

现在我们对以上各家的观点进行分类评说。E认为"韵部"又称"韵"，二者没有大小之分，并举例说明有的韵书的韵部区别声调，有的韵书的韵部不区别声



① 王力：《音韵学初步》，商务印书馆1980年版，第18页。

② 陈复华：《汉语音韵学基础》，中国人民大学出版社1983年版，第19—20页。

③ 李新魁：《汉语音韵学》，北京出版社1986年版，第2—3页。

④ 张世禄、杨剑桥：《音韵学入门》，复旦大学出版社1987年版，第36页。

⑤ 曹述敬主编：《音韵学辞典》，湖南出版社1991年版，第279页。

⑥ 沈祥源、杨子仪：《实用汉语音韵学》，山西教育出版社1992年版，第71页。

⑦ 汪寿明、潘文国：《汉语音韵学引论》，华东师范大学出版社1992年版，第33页。

⑧ 唐作藩：《音韵学教程》，北京大学出版社1994年版，第45页。

调。我们认为这一看法是符合客观实际的。B、H认为韵部不区别声调，韵部是比韵大的单位，我们认为这一观点无法解释“《广韵》二百六韵”和“《广韵》二百六部”两种说法共存的现象。A、C、D、G没有明确说明韵部区别不区别声调，也没有说明韵和韵部孰大孰小的问题。F认为韵部有两个意思，一是说韵和韵部是基本相同的概念，一是说韵部有时可以包括平上去三个声调不同的韵。这后一种看法我们认为不妥。古人确有“举平以赅上去”或“举平以赅上去入”的说法，那只是为了称说韵部的方便起见，并不是说平声韵可以包括上声韵和去声韵。

综上所述，关于韵和韵部在概念上的大小问题，我们同意曹述敬先生主编的《音韵学辞典》的看法。韵和韵部没有大小之分，韵部又称韵。这样一来，韵部是否区别声调的问题也就迎刃而解了：如果韵书中的韵区别声调，那么相应的韵部就区别声调；如果韵书中的韵不区别声调，那么相应的韵部也就不区别声调。也就是说，韵是否区别声调的结论也适合韵部。当然，在上古音领域内，韵部都不区别声调。上古韵部的研究多从音质角度考虑，少从音高角度考虑，上古韵部是以韵腹、韵尾为区分标准的，而不是以声调为区分标准。因此，上古韵部包括不同的声调，从郑庠的六部到考古派顾炎武的十部、段玉裁的十七部、孔广森的十八部、王念孙的二十一部、江有诰的二十一部、章太炎的二十三部，到审音派戴震的二十五部、黄侃的二十八部都不区别声调。

虽然如此，韵和韵部不是完全等同的，二者在使用习惯上不同。如“押韵”不说“押韵部”，“叠韵”不说“叠韵部”。此外中古以后的韵书，“韵部”可简称为“韵”，也可简称为“部”，而在上古韵部的研究中，“韵部”往往简称为“部”。韵和韵部的概念是随着时代的发展变化而发展变化的。[①]

（原载《中国语文》2002年第3期）



① 陈新雄先生在对本文讨论时认为，一般先分声调再分韵的韵书，称韵的更多一些；先分韵后分声调的韵书，称韵部的更多一些。

# 词义变化的分类

本文认为以往关于词义变化分类的扩大、缩小、转移说至为狭隘，提出将词义变化分为词义范围的差异、词义数量的差异、词义色彩的差异和词义内涵的差异四类，避免了教学上的混淆局面。同时指出这四类变化更多情况下是互为渗透、互为联系的。

国内有关的著作、教材，在对词义变化的结果进行分类时，一般都分为词义的扩大、缩小和转移三类，有的又加上“其他”一类，主要是指意义上的贬降和扬升。最先将词义变化的结果作这种分类的是新语法学派的德国语言学家赫尔曼·保罗(Hermann Paul, 1846—1921)在《语言史原理》中提出来的。后由于社会心理学派的法国著名语言学家约瑟夫·房德里耶斯(Joseph Vendryes, 1875—1960)《语言》的介绍而得到广泛的传播。[①] 这种分类是根据逻辑原则制定的，即依据词义所表示的概念的外延的伸缩和转移来进行分类的。不过“其他”一类是谈词的感情色彩的变化的，和前三类作同一层次划分，是划分不当，犯了“混淆根据”的错误。[②]

我们认为词义的扩大、缩小、转移只是词义的发展在范围上的差异，而词义的贬降和扬升则属于词义色彩的差异。实际上，一个词在词义的发展过程中，词义的数量(词的义项的数量)也会产生差异，这也是词义系统发生了变化。较早注意到这个问题的是何

① 见房德里耶斯:《语言》，岑麒祥、叶蜚声译，商务印书馆 1992 年版，第 224—229 页。

② 见张永言:《词汇学简论》，华中工学院出版社 1982 年版，第 60—63 页。

九盈、蒋绍愚的《古汉语词汇讲话》。[①] 有时候，词义的范围、数量、色彩都未发生变化，但随着时代的发展，人们对该词义的理解却更充实、深化了，这也是词义发展演变的一种表现。武占坤、王勤的《现代汉语词汇概要》和许威汉的《汉语词汇学引论》都谈到该现象。[②] 现在把各方面研究成果综合起来看，词义由本义经过各种途径和方法的引申所发生的古今词义系统的变化，可以分为四个大类。下面举一些教学中常见的例子略加叙述。

## 一、词义范围的差异

词义范围的差异，是就一个词的某一个意义的演变情况而言的，也即赫尔曼·保罗所说的词义的扩大、缩小和转移。

（一）词义范围的扩大。其特点是今义所指的范围大于古义，[③]古义的外延包括在今义之中。例如：

（1）菜。《说文》："菜，草之可食者。"这是"菜"的古义。古代的"菜"专指蔬菜，不包括肉类、蛋类等在内，直到宋代还是如此。宋代罗大经《鹤林玉露》记载了仇泰然对一幕僚所说的一段话："某为太守，居常不敢食肉，只是吃菜；公为小官，乃敢食肉，定非廉士。"这里肉和菜的区分是很清楚的。"菜"的今义则包括蔬菜和肉类等各种副食品。

（2）徐。《说文》："徐，安行也。"本义为"慢慢走"。《战国策·赵策》："入而徐趋，至而自谢。"用的就是本义，后引申为抽象的"慢"，可以指多种事物，如苏轼的《赤壁赋》："清风徐来，水波不兴。"

（3）脸。"脸"是在中古时被广泛使用的，当时所说的"脸"的范围要比现在小得多。《韵会》："脸，目下颊上也。"可见"脸"仅指颧骨部分。温庭筠《菩萨蛮》："明镜照新妆，鬓轻双脸长。"由于人的面部有左右两个颧骨，故有"双脸"之说。后来"脸"的词义范围扩大，指整个面部。

以上所举的例子，(1)是由个别到一般，(2)是由具体到抽象，(3)是由部分到全

① 见何九盈、蒋绍愚：《古汉语词汇讲话》，北京出版社 1980 年版，第 62 页。

② 见武占坤、王勤：《现代汉语词汇概要》，内蒙古人民出版社 1983 年版，第 378 页；许威汉：《汉语词汇学引论》，商务印书馆 1992 年版，第 111—112 页。

③ 这里的古今都是相对而言，今不一定专指现代汉语。先秦为古，则秦汉可为今；秦汉为古，则唐宋可为今。

体。此外，像“江”、“河”，先秦专指长江、黄河，后可用来泛指一切河流，这类专名变通名的词义变化，也属于词义范围的扩大。

（二）词义范围的缩小。特点是今义所指的范围小于古义。即古义引申为今义后，今义的外延可以包含在古义中。例如：

（4）禽。《说文》：“禽，走兽总名也。”《白虎通·田猎》：“禽，鸟兽之总名。”根据上古的文献，《白虎通》的说法是正确的，“禽”在上古主要是用作飞禽与走兽的总称。直到三国、两晋时还有这种说法。《后汉书·华佗传》：“吾有一术，名五禽之戏，一曰虎，二曰鹿，三曰熊，四曰猨，五曰鸟。”“五禽”包括鸟与兽。后来“禽”的词义缩小到专指鸟类。

（5）朕。先秦不论贵贱，皆可自称“朕”，是第一人称代词。如《离骚》：“朕皇考曰伯庸。”“朕”即屈原自称。自秦始皇规定为其专用的自称以后，历代除皇帝外，他人不能再自称“朕”了。“朕”在今天已成为古词。

上举的例子，(4)是一般到个别，(5)则是通用变专用。

（三）词义范围的转移。即词义由指甲范围转移到指乙范围。它的主要特点是新义产生后，旧义就不存在了。而新旧意义之间又有一定的联系。例如：

（6）寺。原指官署，即后来所说的“衙门”。《说文》：“寺，廷也，有法度者。”引申为官府名，汉代九卿主管的机构都叫“寺”，如太常寺，鸿胪寺。鸿胪寺职掌之一是接待四方宾客。东汉明帝时，摄摩腾、竺法兰以白马驮经来中国弘播佛教，先就住在鸿胪寺，第二年在洛阳东郊造白马寺为其住处，是佛教传入中国后兴建的第一座寺院。以后“寺”就渐渐有了佛寺的意义，词义发生了转移，官署的意义则逐渐消失了。

（7）行李。本义是使者。如《左传·僖公三十年》：“行李之往来，共其乏困。”后引申为行装——“行李”所携带的物品。由指人变为指物，而本义已消失，词义实现了转移。



## 二、词义数量的差异

词义数量的差异是就某一个词的全部意义而言的，有的词在古代有多个意义，后来只保留其中的一个或几个意义；有的词在古代只有一个或两个意义，后来却发展为多个意义，这些都属于一个词在词义数量上的增减，我们称之为词义数量的差异。

（一）词义数量的增加。指一个词的义项后代比前代有所增加。其特点是新的意义产生之后，原有的意义并不消失（如果新义产生之后，旧义消失了，那是词义的转移）。例如：

（8）完。上古是"完整"、"完全"、"完善"的意思。[①] 如《史记·廉颇蔺相如列传》："城不入，臣请完璧归赵。"现在除了以上的意义外，又增加了"完毕"、"完了"的意思。

（9）快。上古是"高兴"、"愉快"、"痛快"的意思。如《孟子·梁惠王上》："抑王兴甲兵，危士臣，构怨于诸侯，然后快于心与？"宋玉《风赋》："快哉此风。"晋以后，"快"又产生了"迅速"这个义项，如《晋书·王湛传》："此马虽快，然力薄，不堪苦行。"唐代又有了"锋利"这个义项。如杜甫《戏题王宰画山水图歌》："焉得并州快剪刀，剪取吴松半江水。"词义的数量不断增加。

（二）词义数量的减少。指一个词的义项后代比前代有所减少。例如：

（10）池。上古主要用来指护城河。如《左传·僖公四年》："楚国方城以为城，汉水以为池。"因池里有水，也用来指"池塘"。如《孟子·梁惠王上》："数罟不入洿池，鱼鳖不可胜食也。"现在"护城河"的意义已经不用了。

（11）百姓。上古有"百官"和"老百姓"两个意义。前者如《尚书·尧典》："百姓昭明，协合万邦，黎民于变时雍。"后者如《孟子·梁惠王上》："百姓之不保，为不用恩焉。"今只有后义，前义消失了。



词义数量的减少，还有一些特殊的类型。下面举两类来谈。

A. 古代是美恶同辞，今只保留一义。例如：

---

① "完"在上古用如动词时表示使之完整，由此还引申出修缮、修葺的意义来，如《孟子·万章上》："父母使舜完廪。"本文意在列举若干义项，说明观点即可，故不做全面的论述。

(12) 乱。古代有“安定”之意，如《尔雅·释诂》：“乱，治也。”《尚书·泰誓》：“予有乱臣十人，同心同德。”又有“动荡不定”的意义，与“治”相反。如《韩非子·难势》：“抱法处势则治，背法去势则乱。”今只保留后义。

(13) 勾当。元明时代，好事、坏事都叫“勾当”。如关汉卿《包待制智斩鲁斋郎》二折：“东庄里姑娘家有喜庆勾当。”文康《儿女英雄传》：“今日庄上有什么勾当，这等热闹。”此“勾当”指好事、喜事。《金瓶梅》四十一回：“吹杀灯挤眼儿，后来的事，看不见的勾当。”此“勾当”指坏事、见不得人的事。现在“勾当”专指后者，成为贬义词。

B. 古代是施受同辞，今只保留一义。例如：

(14) 乞。可以表示“乞求”义，如《左传·隐公四年》：“宋公使来乞师。”也可以表示“给予”义，如李白《少年行》：“好鞍好马乞于人。”今只保留“乞求”义。

此外，还有古今同辞、置废同辞、虚实同辞等，今天都只保留其中一种意义。这些现象在传统训诂学中被称为“反训”。①

## 三、词义色彩的差异

词义色彩的差异指词的古义和今义在感情色彩上的差别，主要是褒贬意义的不同。

(一) 古代是中性的，无所谓褒贬，后来变成了褒义或贬义。例如：

(15) 侵。上古指一种进攻方式。《左传·庄公二十九年》：“凡师，有钟鼓曰伐，无曰侵，轻曰袭。”可见，古代军队有三种进攻的方式，“侵”是其中的一种。因此，该词在先秦并无贬斥的意思。后来“侵”指非法

① “反训”指用反义词相互训释的释词方式，此说其实不妥。比如以“治”释“乱”，并非是用“治”训释反义词“乱”。实情似应是在古代某一阶段，“治”与“乱”有相同的意义，故可用“治”来解释“乱”，此实为“同训”，即用同义词来释义。后来词义发生了变化，两个词的意义相反，后人遂误把这种现象看作是以反义词来训释，称为“反训”。关于反训还有其他一些看法，有待于深入研究。此处暂从俗。

的、非正义的武力行为，感情色彩发生了变化，成了贬义词。

(16) 圣。《说文》说："圣，通也。"段玉裁《说文解字注》认为"圣(聖)"之所以从耳，是因为其最初的意义是"闻声知情"，他还认为凡精一事也叫"圣"，可见"圣"最初只不过是指对事理精通，后来才有褒义色彩，仅次于神。如"圣人"、"圣地"等。①

(二) 古代是褒义，后来变为贬义。例如：

(17) 爪牙。古代喻指勇士、武将。《资治通鉴·魏黄初三年》："此诸将或任腹心，或堪爪牙，或是功臣。"这里的"爪牙"是得力帮手的意思，属于褒义。今义的"爪牙"仍是得力帮手的意思，但为贬义，跟"走狗"差不多("走狗"本指善跑的猎狗，也不是贬义词，后来才喻指受人豢养的爪牙)。

(三) 古代是贬义，后来变为褒义。例如：

(18) 锻炼。本义是"冶炼"，由此产生了一个带有贬义色彩的引申义"罗织罪名"。《后汉书·韦彪传》："忠孝之人，持心近厚；锻炼之人，持心近薄。"注曰："燃烧犹成熟也。言深文之吏，入人之罪，犹工冶陶铸锻炼，使之成熟也。"在现代汉语中，"锻炼"完全是一个褒义词。《现代汉语词典》(2002 年增补本)"锻炼"条的释文是："① 指锻炼或冶炼。② 通过体育运动使身体强壮，培养勇敢、机警和维护集体利益等品德；体育～｜～身体，保卫祖国。③ 通过生产劳动、社会斗争和工作实践，使觉悟、工作能力等提高。"



## 四、词义内涵的差异

词义内涵的差异，是指在词义发展过程中，词义所表示的概念在外延方面没有什么变化，但人们对概念的本质属性的认识则有新的发展，使古今词义在内涵方面发生了变化。例如：

① 参见赵克勤：《古汉语词汇概要》，浙江教育出版社 1987 年版，第 127—128 页。

（19）人。《说文》："人，天地之性最贵者也。"中国古代还有"圆颅方趾皆人类（人）"的说法。今天，人们已经认识到"人是有语言、能思维、会制造和使用生产工具的社会动物。"①显然，"人"在古代和今天的所指都是相同的，但是人们对"人"的本质属性的认识则是逐步深入的。

此外，像"电"、"石油"、"书"、"国家"等，人们对其内涵的认识也都是随着社会的发展而逐步深化的。这些都体现了古今词义的变化。

对于词义变化的分类，抛弃狭隘的扩大、缩小、转移说，而将之归纳为上述四大类，符合语言发展的实际，可以清晰地看出古今词义变化的大要，避免教学上的一些失误。比如有的参考书将"池"的词义变化归入词义缩小类，按照四分法，就可以知道"池"的词义并未缩小，而是词义数量减少了，需要指出的是，上述四类变化不是孤立的，更多的情况是互为渗透、互有联系的。如"宰"，《说文》释为"罪人在屋下执事者"，其本义是屋内奴隶，因贴近奴隶主，有可能得到奴隶主的信用，逐渐具有职权，乃至扩大职权；到了后代，直至成为官僚，执掌国政。这样"宰"在实现词义转移的同时，由贬义演为褒义。例（18）"锻炼"也与此相类。

（原载《学语文》1993年第6期）

① 参见许威汉：《汉语词汇学引论》，商务印书馆1992年版，第112页、117页。

# 《诗》"伐檀"、"伐辐"、"伐轮"正义

本文通过对传世文献特别是传笺训释条例的比勘、甲金古文字的考证、词义演变的溯源及语法结构的分析，对《诗·魏风·伐檀》中"伐檀"、"伐辐"、"伐轮"的训释，提出了新的观点，并深化了诗义重章互足理论。

《诗·魏风·伐檀》首章首句言"坎坎伐檀兮"，次章首句言"坎坎伐辐兮"，卒章首句言"坎坎伐轮兮"。其中对"伐檀"、"伐辐"、"伐轮"的解释，当代各家多有不同。如：

王力主编《古代汉语》上册第二分册：

> 坎坎，用斧砍木的声音。伐，砍。檀，树名，木材可以造车。辐，车轮上的辐条。伐辐，砍取制辐的木材。下章"伐轮"仿此。

朱东润主编《中国古代文学作品选》上编第一册：

> 坎坎，斫木声。檀，青檀树，木坚致，可作车料。辐，车轮中的直木。此指伐檀木为车辐。轮，车轮。此指伐檀木为轮。

余冠英《诗经选》：

"辐"，车轮中的直木。"伐辐"是说伐取制辐的木材，承上伐檀而言。下章"伐轮"仿此。

北京大学《先秦文学史参考资料》：

辐，车轮中的直木。此言伐檀以为车辐，下文"伐轮"与此相类。

林庚、冯沅君《中国历代诗歌选》上编（一）：

辐，车轮中的直木。"伐辐"与上章"伐檀"互文见义，指伐檀木做车辐。下章"伐轮"义同。

前四家皆言"伐辐"、"伐轮"为砍伐檀树。林庚和冯沅君两先生言一章与二章、一章与三章各为互文见义，其实质与前四家所言相同。其他各家注本、译本或持此说（如季镇淮等《历代诗歌选》、袁梅《诗经今译》、蒋立甫《诗经选译》及中学《语文》课本等），或避而不谈（如高亨《诗经今注》等）。黄焯先生则从理论上把这种说法归入诗义"重章互足"的范畴，他说："魏风伐檀首章言伐檀而不显其用，次章三章独言伐辐伐轮，骤视之，似嫌于不词，是知必合章为言，盖谓伐檀以为辐以为轮，非斫伐其辐与轮也。"[①]只有金启华与蓝菊生两先生之译诗有不同的说法。

金启华《国风今译》三章首句各为：

坎坎的砍那檀树呀；
坎坎的砍那车辐呀；
坎坎的砍那车轮呀。

蓝菊生《诗经国风今译》三章首句各为：

辛勤地将檀树砍得叮叮当当；
辛勤地将车骨子砍得叮叮当当；
辛勤地将车轮子砍得叮叮当当。

① 《诗义重章互足说》，《武汉大学人文科学学报》，1959年第6期。

然而两位先生在“伐辐”、“伐轮”下均未作注予以说解，不知其所本者何，故不为学人重视，况且此说亦有扞格之处。今先论王、朱等说，后及金、蓝译文。

笔者以为，把“伐辐”、“伐轮”释为砍伐檀树，是很不妥当的。经文明言“伐辐”、“伐轮”，怎么能够成为“伐檀”了呢？若云“伐檀”为“伐檀以为车辐”等，亦不免有增字解经之嫌。而用改字、增字的方法来解释经典，皆为训诂之大忌。

考是说之源，盖发自宋代朱熹《诗集传》。朱传于《伐檀》首章下云：“坎坎，用力之声。檀，木可为车者。”于次章下云：“轮，车轮也，伐木以为轮也。”后清季陈奂作《诗毛氏传疏》亦承其说，且更为明显，曰：“传云：‘辐，檀辐也者。’冢上章伐檀而言。伐辐犹伐檀也。”又曰：“传云‘檀可以为轮者’，亦冢上章伐檀而言。”

今按，朱熹作《诗集传》虽杂取传、序、笺、疏，然而也曾受到《诗传辨妄》之惑，不宗毛郑，多出臆说，有伤宋初笃实之风。有清以来，说经皆主汉儒旧说，不轻出己意。然而清人去古甚远，毛传又极为简略，所以，虽然极力想恢复毛、郑本来面目，可是亦不乏不明之处，乃至像陈奂这样的硕儒亦有不明毛传的地方，“伐辐”、“伐轮”之说即为一例。

毛传于《伐檀》次章下云：“辐，檀辐也。”于卒章下云：“檀可以为轮。”都是为了说明这里的辐、轮，其质地为檀木而不是别的什么木料。《周礼·冬官考工记·轮人》曰：“轮人为轮，斩三材必以其时。”郑玄注云：“三材所以为毂、辐、牙也。（牙即轮。《轮人》‘望而眡其轮’下注云：‘轮谓牙也。’）斩之以时，材在阳则中冬斩之，在阴则中夏斩之。今世毂用杂榆，辐为檀，牙以橿也。”贾公彦疏云：“郑举今世所用木为此三者，未知周用何木也。”今按，周代所用木亦可谓榆、檀、橿。毛传谓“辐，为檀辐也”，又谓“檀可以为轮”，言外之意即为当其时，制辐、制轮亦可用他木，而《伐檀》中之辐、轮则专以檀为之。《诗·唐风·山有枢》中有“隰有榆”、“隰有杻”的句子，“杻”即“橿”。（《尔雅》“杻、檍”下，郭璞注云：“材中车辋，关西呼杻子，一名土橿。”）可见檀和榆、橿皆周时常见之木。明确这一点，则知毛传的用心是为了明确其辐、轮之质地，而不是说“伐辐”、“伐轮”也是砍伐檀树。



另，把“伐辐”、“伐轮”解释为“伐檀”，亦不合此诗毛传之体例。毛传一章下曰：“干，厓也。”二章下曰：“侧，犹厓也。”三章下曰：“漘，厓也。”可证若义同则须以同语释之。而传、笺于“辐”、“轮”下均未作注，可见“伐辐”、“伐轮”应作如字解，同时也说明这在当时并非难断之义，众皆如是理解，故不复下注。

以上所述，说明“伐辐”、“伐轮”既非“伐檀”，亦非一般所理解的“互文见义”、“重章互足”。浅见以为，“伐辐”即砍制车辐，“伐轮”即砍制车轮。此训文通语顺，不必增字解之。

然而诸家为什么认为“伐檀”可以说，而“伐辐”、“伐轮”则不成话了呢？今曹文安、沈祥源两同志《说〈诗经〉"重章互足"法》[1]申黄焯先生之说，谓"如果拘泥于各章孤立解释，'伐辐'和'伐轮'就讲不通。一般只能砍伐树木，怎么能去砍伐车辐和车轮呢?"由此可知，问题的关键在于搞清"伐"字之本义及其历史演变。

考甲骨文，可知"伐"本义为砍人头（参见高明《古文字类编》十二页），此为卜辞中最为常见之用牲方法之一。"伐"字的早期金文正象以斧钺斩首之形。[2]"伐"之词义后来扩大，《诗经》时代泛指一般的砍、击之动作。《说文解字》："伐，击也。从人持戈。"段玉裁注曰："《诗》'勿翦勿伐'传，'钲人伐鼓'传，皆曰：'伐，击也'。《礼记・郊特牲》：'二曰伐鼓何居?'郑曰：'一击一刺曰伐。'《诗》'是伐是肆'，笺云：'伐谓击刺之。'按，此伐之本义也。引申之乃为征伐。"段说基本正确，唯以未见契文，故误以其泛指义为本义，这是可以谅解的。又徐锴《说文系传》"伐"下有"亦斫也"三字，王筠《说文句读》曰："小徐本有'亦斫也'三字，案'击也'足以包之。"这说明王筠是明了"击"为泛指的。"伐"之词义至后代又渐次缩小。"伐薪烧炭南山中"（白居易《卖炭翁》），"伐"仅指砍伐木柴。"伐"字后终固定于"伐木"、"伐树"等组合中。由此可见，"伐"的词义经历了两头小中间大的演变过程，即由专指砍头发展到一般的砍击动作，再发展为专指砍伐树木。

明确了这一点，就可以知道《诗经》时代凡"击"之义皆可用"伐"。故《诗・小雅・伐木》有"伐木丁丁"，此"伐木"即砍伐树木。又"伐木许许"，此"伐木"即砍削树皮。[3]《诗・小雅・采芑》有"伐鼓渊渊"，此"伐鼓"即击鼓、敲鼓。《礼记・大学》有"伐冰之家"此伐冰"即凿冰、敲击冰块（孔颖达正义曰：'从固阴处伐击其冰，以供丧祭，故云伐冰也'）"。而《伐檀》之"伐檀"、"伐辐"、"伐轮"亦与此相类，其意分别为砍伐檀树、砍制车辐、砍制车轮。桂馥《说文义证》云："《老子》：三十辐共一毂。《考工记・车人》为'车辐长一柯有半，其博三寸，厚三之一'。"另《考工记・车人》："柯长三尺。"由此可知，车辐非小件，亦须用斧坎坎斫之。又《说文》："轮，有辐曰轮，无辐曰辁。"是知《诗》先言辐后言轮是有理据的。砍制车辐是为制造车轮所用，所制之车轮须有辐，否则不为轮而为辁。故先言伐辐后言伐轮。而"伐檀"、"伐辐"、"伐轮"三者诗义重章互足，则为制造车子的整个过程。

这里还要明确一个问题，就是"伐辐"、"伐轮"并非一般的动宾关系，"辐"与"轮"都是"伐"的目的宾语，而非对象宾语。这与"伐檀"的内部结构不同。金启华、蓝菊生两先生未察及此，以"伐檀"与"伐车辐"、"伐轮"为同类，然而砍檀树可

① 载《西南师范学院学报（哲学社会科学版）》1983 年第 2 期。

② 参见姚孝遂《商代的俘虏》，载《古文字研究・第一辑》。

③ 其说详陈奂《诗毛氏传疏》卷十六《伐木》二章下疏。

以，怎么可以砍车辐与车轮呢？诚如是，则成车欤？坏车欤？此为金、蓝两先生扞格之处。宾语为目的宾语的动宾关系，在《诗经》中并非鲜见。如《诗·小雅·鹤鸣》："他山之石，可以为错。"此"错"即"为"之结果，而非"为"之对象，"为"之对象为"石"，已有言在先。《诗·豳风·七月》："十月获稻，为此春酒。""春酒"也是"为"的目的宾语。然最足以为证者，莫过于《诗·豳风·伐柯》。《伐柯》首章首句言："伐柯如何，匪斧不克。"传云："柯，斧柄也，礼义亦治国之柄。"笺云："克，能也，伐柯之道，唯斧乃能之，此以类求其类也，以喻迎周公，当使贤者前往。"今按，传明谓"柯，斧柄也"，是此伐木不为伐木，而为砍制斧柄，意思是很明显的。如果认为"伐柯"即是指"伐木"，则毛传、郑笺所云皆失其所本，亦与次章言"伐柯伐柯，其则不远"相悖。郑笺："则，法也。"此言执柯伐柯，可比而视之，完全仿照旧柯的式样来制造，不必远取诸他法。那么这里"伐柯"的"柯"，无疑亦为"伐"之目的宾语。

最后，"坎坎"，毛传释为"伐檀声"，那么为什么"伐辐"、"伐轮"也用"坎坎"来形容呢？其实"坎坎"也并不专指砍伐檀树的声音。《诗·陈风·宛丘》二章有"坎其击鼓"，毛传云："坎坎，击鼓声。"又三章有"坎其击缶。"陈奂疏曰："坎之为言考也。《山有枢》传：'考亦击也。'坎与考一语之转，击鼓谓之考，击鼓声谓之坎，坎亦击缶声，谓之坎坎皆击之义也。"甚是，"坎坎"是专门用来形容敲击、斫击所发出的闷响声。又段玉裁《说文解字注》于"檀"下曰："《郑风》传曰：'檀，彊刃之木。'刃今韧字。"而前又述毛传言"辐，檀辐也"，"轮，檀可以为轮"。此二条可证《伐檀》中车辐、车轮之材都是质地强韧的檀木，故"伐辐"、"伐轮"与砍伐檀树声相同，均可以用"坎坎"来摹其声。是以知朱熹《诗集传》云"坎坎，用力之声"为大谬矣。余冠英、蓝菊生诸先生译"坎坎伐檀兮"为"丁丁冬冬来把檀树砍"、"辛勤地将檀树砍得叮叮当当"等，浅见亦觉未安。"丁丁冬冬"或"叮叮当当"似金属相撞之声，非斧击强韧之木的声音。且"叮叮当当"之类有欢快活泼之感，亦与此诗章旨不符。"坎坎"声闷浊，既予人以砍伐强韧之木的用力之感，亦渲染出被迫劳动的奴隶对世事不平之慨叹。故金启华先生照搬"坎坎"，反而更好些。

综上，《诗·魏风·伐檀》三章首句似各应语译为：

坎坎地砍伐檀树呀；<br>
坎坎地砍制车辐呀；<br>
坎坎地砍制车轮呀。

以上所言，或有不当，欢迎批评指正。

（原载《徐州师范学院学报》[哲学社会科学版]1984年第3期）

[补记]

拙文发表后，读到汪维辉同志的商榷文章《"伐辐""伐轮"及其他》（载《徐州师范学院学报》（哲学社会科学版）1986年第2期），对维辉同志的批评，笔者非常感谢，现借此机会申述笔者对维辉同志批评的看法。根据维辉同志的批评，拙文有些说法需要修正，但我认为基本观点仍可成立。汪文的要点有二。一是指出"《诗经》中凡是重章复叠的诗篇，各章的句式和意思往往相同，只不过是换几个同义词罢了"，所以《伐檀》三章相应位置的"檀"、"辐"、"轮"三者应是一物。笔者认为"诗义重章互足"不是原地踏步，而是反映出诗意的层进关系，也就是说这些相应位置的词有些是由于音律要求单纯地换用同义词，但更多地是选用能在意义上显示层进关系的词，以重章互足诗意。《伐檀》也不例外，它多维地描写了奴隶们在河边（河边就是劳动的工场）劳动的过程。"干"、"侧"、"漘"是空间场所的变换，"涟"、"直"、"沦"（一天之内，因风力大小的变化，水波也有不同）和"餐"、"食"、"飧"则反映了时间的推移，而"伐檀"、"伐辐"、"伐轮"正与空间（不同工序的劳动场所）、时间的变化相吻合，体现了工作的进程。此外，"貆"、"特"、"鹑"也是不同的猎物，"廛"、"亿"、"囷"也并非都指禾把（王力先生说解释为禾把是俞樾滥用通假所致，详见《龙虫并雕斋文集》第三卷第431页）。总起来看，这首民歌就像是不同工种的奴隶们彼此唱和的劳动号子。汪文指出的第二点是"辐"、"轮"不是"伐"的目的宾语，而是借代，仍是指伐木。其主要论据是郑玄注以"持柯以伐木，将以为柯"解释"伐柯"，即"伐柯"是伐木，而不是砍制斧柄，与此相类，"伐辐"、"伐轮"也是伐木之意。其实郑注并不能否定"伐柯"之柯为目的宾语，恰恰相反，郑注是怕后人不理解其中的语义关系才做出解释的：所谓砍制斧柄，就是拿斧头砍木头，以制成"柯"。"伐辐"、"伐轮"正与此相类，"伐"的目的是"辐"、"轮"，但对象仍为木头，并不矛盾。今天住在林场附近的人仍会说"我去林子中砍条扁担"之类，砍的目的是"扁担"，对象当然仍是树木。当然维辉同志的"借代"说也是卓然一家，究竟如何，尚可进一步研究。（1993年8月记，2010年1月改）

# 关于《左传》“贰于×”及其他

本文通过对《左传》“贰”的词义的辨析、“贰于×”句式的分析，认为“贰于×”的“贰”是内动词，“贰于×”的意义并不是一般的“对×贰”，而是“对×与原来不一致”。由于“贰”的“与原来相比”的义场是固定在“贰于×”结构之内的，所以在不同的语境中可以分别用来表达对×改变做法、态度、关系等文意。语境信息表明“贰”的主语原来与×无某种关系时，“贰于×”则表示改为对×有某种关系；相反，当语境提供的信息表明“贰”的主语与×有某种关系时，“贰于×”则改为对×无某种关系。这就是“贰于×”在不同上下文中呈两种相反语义的原因所在。而“贰于×”结构本身在任何语境下其意义都是单一的。本文在方法论上强调在训释词语时要注意把随文释义与综合释义区别开来，要把语言结构本身固有的意义与该句在具体语境中所表达的文意区别开来。

《左传》中的“贰于×”是一种较为特殊的格式，[①]近年来论及此格式的著作和文章很多。影响较大的有杨伯峻先生的《句型同而意义异例证》[②]、黄金贵先生的《〈左传〉“贰于×”解诂》[③]等。这些文章都提出了一些很好的见解，但有些观点也还不无商兑之处，下面把我们的看法写出来，请大家指教。

① “贰于×”，杨伯峻先生称之为“句型”，黄金贵先生称之为“短语”。本文称作格式或结构，使用“贰于×”的句子可称为“贰于×”句式。

② 《中国语文》1985年第1期。

③ 《语言研究》1986年第1期。

# 一

“贰”作为动词有外动、内动两种用法，作为外动词时，其后可以带宾语，形成“贰×”格式，但这时的“贰”是“助”、“佐”义。《左传》全书共出现“贰”字103次，只有一例“贰×”格式，即昭公三十一年的“天生季氏以贰鲁侯”，其中的“贰”即作“助”、“佐”解。其他文献中构成“贰×”格式的“贰”也都是作“助”、“佐”解的外动词，如《汉书・仲长统传》中的“冢宰贰王而理天下”和同传中“秦兼天下，则置丞相，而贰之以御史大夫”。①

“贰”后如果加“于”字，构成“贰于×”格式，就不再是外动词，而是内动词，其意义也就不再是“助”、“佐”了。②

据统计，《左传》103个“贰”字用例，除用于构成专名6例外，有7例是作“助”、“佐”解的，这是“贰”字的本义，③其中名词用法6例，动词(外动)用法1例；另有9例做数字“二”解，这是“贰”字的假借义，④其中基数词用法6例，序数词用法3例；其余81例可解为“不壹”，就是“不专一”、“不一致”的意思，其中动词用法(内动)73例，名词用法8例。“贰于×”之“贰”就属于“不壹”的动词用法。全部用例请看附注。⑤

---

① 此两例均见秦礼军《〈左传〉“贰于×”解》(《中国语文》1984年第5期)。

② 这类现象，马建忠早有论述，他说：“内动之行，虽不径达乎外，至其行之效有所于归者，则为转词。其转词概以‘于’字为介焉。”(《马氏文通》，商务印书馆1983年9月新一版，第171页)又说：“然同一动词，后有‘于’字与无‘于’字，其意有因以不同者。”(同上)马氏先举《论语・为政》“攻乎异端，斯害也已”为例来说明。他说：“攻乎异端”，“其实应解‘致力于异端’也”。故以‘乎’字为介。‘乎’，同‘于’。有以‘攻’字解为‘攻击’之意，则‘乎’字费解矣。盖‘攻人’、‘攻城’诸语，‘人’、‘城’，‘攻’之止词，而无‘乎’、‘于’介字以间也。”(同上)这段话之后，马氏一连举了三十多个内动词后接介词“于”的例子，其中就有《左传》中“贰于×”格式。(隐公三年：“王贰于虢，郑伯怨王。”)

③ 《说文解字》六下：贰，副益也。

④ 《说文通训定声》履部第十二：贰，假借为二。

⑤ “贰”字全部用例列举如下(只摘录与“贰”字有关的片断)。为便于印刷，例中“贰”字用～代替：

一、构成专名(6例)

[～宗]大夫有～宗(桓二)/大夫有～宗(襄十四)[～车]使华寅乘～车(昭二十)/使～车反祐于西圃(哀十六)[～广]～广，上之登御(襄二十三)[国名]屈瑕将盟～、轸(桓十一)。

二、辅佐、协助(名词用法6例，动词用法1例)：

[名词用法]有君而为之～(襄十四)/国卿君之～也(襄二十二)/物生有两，有三，有五，有陪～(昭三十二)/王有公，诸侯有卿，皆有～也(同上)/且鲁赋八百乘，君之～也(哀七)/以私奉～(同上)。

[动词用法]天生季氏以～鲁侯(昭三十二)。

三、同“二”(基数词6例、序数词3例)： (转下页)

先看例句：

(1) 既而大叔命西鄙、北鄙贰于己……国不堪贰，君将若之何？……大叔又收贰以为己邑，至于廪延。杜注：贰，两属。（隐元年）

---

（接上页） [基数用法]未有～心（宣十二）/诸侯皆有～志（又十七）/无有～心（成八）/绛无～志（襄三）/敢有～心乎（又二十六）/皆有～心（昭十三）。

[序数用法]其卜～圉也（僖十五）/子身之～也（文十六）/今吾子无～。（昭三十）。

四、不专一、不一致（动词用法 73 例，名词用法 8 例）：

[动词用法]既而大叔命西鄙北鄙～于己（隐元年）/郑武公、庄公为平王卿士，王～于虢（又三）/傅瑕～（庄十四）/其何～如之（同上）/若皆以官爵行赂劝～而可以济事（同上）/间携～（闵元年）/不可以～（僖九）/我欲无～（同上）/～而执之（又十五）/～者畏刑（同上）/楚成得臣帅师伐陈，讨其～于宋也（又二十三）/～乃辟也（同上）/教之～也（同上）/父教子～（同上）/子盍蚤自～焉（同上）/国人闻此盟也而后不～（又二十八）/晋侯秦伯围郑，以其无礼于晋且～于楚也（又三十）/晋陈郑伐许讨其～于楚也（又三十三）/叛楚即秦，又～于楚，夏，秦师入（文五）/谁敢携～（又七）/晋侯不见郑伯，以为～于楚也（又十七）/不敢～焉（同上）/楚军讨郑，怒其～而哀其卑（宣十二）/诸侯听焉，未可以～（成四）/士～其行（又八）/君命无～（同上）/为归汶阳之田故，诸侯～于晋（成九）/郑伯如晋，晋人讨其～于楚也（同上）/秦人白狄伐晋，诸侯～故也（同上）/晋人以公为～于楚（又十一）/鲁不～（又十六）/谋国家不～（同上）/不敢～矣（又十八）/否则携贰（襄四）/士鲂如京师，言王叔之～于戎也（又五）/且辞缓报，非～也（又七）/能无～乎（又十一）/至于今不～（又十四）/范宣子假羽毛于齐而弗归，齐人始～（同上）/齐侯围成，～于晋故也（又十五）/是以不敢携～于楚（又二十二）/～于楚者子侯石盂（同上）/得主何～之有（又二十三）/夫诸侯之贿，聚于公室，则诸侯～（又二十四）/则鲁国～（同上）/诸侯～（同上）/晋国～（同上）/上帝临女，无～尔心（同上）/卒而不～（同上）/不可以～（又二十六）/臣不能～（同上）/大叔仪不～（又二十七）/思而不～（又二十九）/敌以逆之，犹惧其～（昭三）/徐子吴出也，以为～焉（又四）/楚子以屈伸为～于吴，乃杀之（又五）/燕有君矣，民不～（又六）/故诸侯～（又七）/诸侯之～（又九）/好学而不～（又十三）/未敢携～（同上）/诸侯不～（同上）/晋政多门，～（同上）/晋国亦未可以～（又十六）/遂灭陆浑，数之以其～于楚也（又十七）/臣不佞，不能苟～（又二十）/臣不敢～（同上）不～其命（二十六）/臣共而不～（同上）/诸侯方～（定四）/其有不～乎（哀十五）。

[名词用法]国不堪～（隐元年）/大叔又收～以为己邑（同上）/徼会讨～（僖二十八）/恤病讨～（宣十二）/柔服而伐～（成九）/蔑有～矣（又十六）/楚人讨～（襄五）/诸侯讨～（昭十三）。

几点说明：

a. 哀七："且鲁赋八百乘，君之贰也。"杜注："贰，敌也。"杨伯峻先生《春秋左传注》："贰即陪贰、副贰之贰。吴军力大于八百乘，故鲁地仅足以为吴之佐助，为佐助者未必忠。"今暂从杨说。

b. 僖十五："其卜贰圉。"杜注："贰，代也。"此为文意训诂，非词义解释。此"贰"为序数词"二"的引申用法。即《文十六》"子身之贰也"之"贰"，意思是自己的儿子是第二个自己，故有"代"意。又洪亮吉《左传诂》曰："郑司农《周礼注》，贰，副也。按杜训贰为代，非。"可参考。当然此类例子的随文释义可以有多种，并形成新的义项，但序数词"二"的这一引申用法是其内在理据。

c. "携贰"是同义复词，与"贰"的意思大体相同。襄二十九："远而不携。"杜注："携，贰。"《左传》中"携贰"共有四例，其中襄二十二有一例带介词"于"："携贰于楚。"

(2) 郑武公、庄公为平王卿士,王贰于虢,郑伯怨王。杜注:王欲分政于虢,不复专任郑伯。(又三)

(3) 厉公入,遂杀傅瑕,使谓原繁曰:"傅瑕贰……"杜注:言有二心于己。(庄十四)

(4) 僖负羁之妻曰:"吾观夫子必反其国,反其国必得志于诸侯,得志于诸侯而诛无礼,曹其首也。子盍蚤自贰焉?"杜注:自贰,自别异于曹。(僖二十三)

(5) 王使王叔陈生愬戎于晋,晋人执之。士鲂如京师,言王叔之贰于戎也。杜注:王叔反,有二心于戎,失奉使之义,故晋执之。(襄五)

(6) 夫诸侯之贿,聚于公室,则诸侯贰。若吾子赖之,则晋国贰,诸侯贰则晋国坏,晋国贰则子之家坏。杜注:贰,离也。(又二十四)

(7) 好学而不贰。杜注:言笃志。(昭十五)

(8) 晋政多门,贰,偷之不暇,何暇讨?① 杜注:贰,不壹。(同上)

(9) 臣不敢贰。杜注:贰,违命也。(又二十)

例(1)中的三个"贰"是一脉相承的,都是"不一致"、"不专一"的意思。西鄙、北鄙原属庄公,与"己"无关,"贰于己"就是让这两块地方也属于自己,所以杜注为"两属"。至于下文的两处"贰"是"不壹"的名词用法。"国不堪贰"意即"国家不能忍受自己的领土有'两属'的情况(发生)";"收贰以为己邑"意即"收原两属之地完全为自己的领邑"。例(2)是说周平王欲使西虢公也参与政事。原来是郑武公父子掌握王室实权,西虢公无权,现在则打算让西虢公也参与执政,故云"贰于虢"。例(3)、例(5)的"贰"字,杜注为"有二心"云云,都是"不专一"、"不一致"的灵活译法。例(3)是说傅瑕本来是事奉郑子仪的,在一次战役中,傅瑕被厉公捉住,当时傅瑕曾答应帮助厉公回国为国君,后来傅瑕果然杀死郑子仪及其两个儿子,把厉公接回国,厉公回国后反倒杀了傅瑕,为什么呢?就是因为他"贰",即"不壹"。事奉国君不可以不专一,傅瑕能对郑子仪下手,难免将来不对自己下手,故杀之。例(5)"贰于戎",是说王叔本是来愬戎的,实际却与原来相反,暗中与戎有勾结。因传文里没有叙说王叔有什么具体行动,故杜注为"有二心于戎",即"内心对戎与原来不一样",意思是他心里向着楚国。例(4)这段话是僖负羁之妻说的,当时晋公子重耳流亡到曹国时,因重耳骈胁,曹共公偷看其浴,曹大夫僖

① 此句一般都断为:"晋政多门,贰偷之不暇,何暇讨?"根据文意,似应在"贰"下点断。说见下文。

负羁之妻认为重耳将来定能得志于诸侯而惩罚不讲礼貌的曹国，所以劝僖负羁在对待重耳这件事上不要同曹共公一样，“子盍蚤自贰焉”，意思是：“您何不早些自己做出（与曹共公）不同的举动（免得将来遭到不幸）？”这里的“贰”可以用“不一致”的意思来解释。例(6)的“贰”，杜注为“离”，亦是“不壹”的一种灵活译法。沈玉成《左传译文》把这一段译为：“诸侯的财货聚集在国君家里，内部就不一致。如果您把这个作为利益，晋国的内部就不一致。诸侯的内部不一致，晋国就受到损害；晋国的内部不一致，您的家就受到损害。”更合原意。例(8)，是子产分析晋国情况时说的一番话，意思是：“晋国的政令出于好多家族，不能一致，苟且偷安尚且来不及，哪里有空闲来讨伐别人？”这里的“贰”也是“不专一”、“不一致”的意思。余两例也都作“不专一”、“不一致”解，一望即知，例(7)的“不‘不专一’”即“笃志”；例(9)的“贰”，杜注释为“违命”，也是“不壹”的随文释义。

以上的分析说明隶属关系“不壹”则可释为“两属”，权力分配“不壹”则可释为“分政”，内心倾向“不壹”则可释为“有二心”，动作行为“不壹”则可释为“别异”，若内心倾向“不壹”发乎外，则又可释为“离”，如此等等，而单用时如例(8)，则只能用其基本义：“不壹”。“贰于×”自然也只有用“不壹”的解释才能全部贯通。从语言学的角度去看，词义在本质上是一般的、概括的，词的每一个义项都应该是从许多用例中概括出来，并且能够解释这些用例，而不是只依赖于特定的语言环境，如果把那种离开特定的语言环境就无法解释的意义也立为一个义项，就会造成词义系统的凌乱；而从文章注释的角度来看，在解释词的基本意义之外，当然可以介绍该词在这个特定环境中的灵活用法，以串通文意，黄侃所说的“小学之训诂贵圆，经学之训诂贵专”[①]就是阐述这个道理的。显然，“不壹”是“贰”的一个基本义项，是“圆”的训诂；“两属”、“分政”、“有二心”、“别异”、“离”等则是“专”的训诂，是“不壹”这一义项在不同语境中的随文释义，有助于读者疏通文意，读懂文章。

“贰”字产生“不壹”的义项，从词义系统的发展来看，很可能属于词义渗透的结果。“壹”的本义是“专一”。《说文》：“壹，嫥壹也。”又：“嫥，壹也。”《正字通》：“壹本作壹。”《段注》：“凡嫥壹字古如此作，今则专行而嫥废矣。”可见“嫥壹”就是今天的“专一”。古注亦有证明。如《左传》昭公二十六年：“壹行不若。”杜注：“壹，专也。”由于“壹”与“一”通、“贰”与“二”通，[②]“一”往往和“二”相对，故“壹”



① 《文字声韵训诂笔记》“说字之训诂与解文之训诂不同”条，又“经学训诂与小学训诂有异”条。上海古籍出版社 1983 年版。

② 《说文通训定声》履部第十二：壹，假借为一。又：贰，假借为二。

也往往和“贰”相对，“贰”则有了“不壹”的意思。

现在来看“贰于×”。从上文对“贰”字用例的分析中，我们看到“贰”字的“不壹”义项往往有一个使用的义场，[①]就是“与原来相比”，所谓某某“贰”，往往是比较而言的，意思是由“壹”而“贰”。通过对所有“贰于×”句式的分析，我们发现“与原来相比”这个义场是固定在“贰于×”结构里的，任何一例“贰于×”的语义都不是简单地“对×不专一”或“与×不一致”，而是“对×（与原来相比）不一致/不专一”。《左传》十八例“贰于×”格式都可用此来解释。但是，《左传》使用“贰于×”结构的句子在不同的上下文中明显呈两种相反的语义，则是客观存在的。怎么解释这一现象呢？我们的看法是，“贰于×”结构本身在任何语境中其意义都是单一的，在不同的上下文中所呈现出的两种相反语义，是语境（包括上下文、信息交流情景和其他相应的知识）提供的，由于“贰于×”表示“对×与原来不一致”，当语境提供的信息表明“贰”的主语原来与×无某种关系时，“贰于×”则表示改为对×有某种关系。比如隐公元年：“大叔命西鄙、北鄙贰于己。”语境意义表明作为兼语的“西鄙、北鄙”原属郑庄公，与“己”无关，“贰于己”即“对己与原来不一致”，自然是使西鄙、北鄙属自己。相反，当语境提供的信息表明“贰”的主语原来与×有某种关系时，“贰于×”则改为对×无某种关系。如成公九年：“为归汶阳之田故，诸侯贰于晋。”语境意义表明主语“诸侯”与晋国是盟国，原来与晋一心，“贰于晋”则是改变原来的情况，对晋不一心。

其实，这个“与原来（包括原来的意思、看法、举动等）相比”的义场，古人早就看出来了，只是当时还没有这个名称，无法明说罢了。例(3)的“傅瑕贰”与例(5)的“王叔贰于戎”呈相反的语义。前例是说傅对自己（厉公）可能会与以前不一样，即改变遵从自己的做法，而杀掉自己，所以干脆先把傅给杀了。后例是说王叔本应与戎有仇恨，他的任务就是去懟戎的，但却与原意相反，暗中与戎勾结，故晋执之。而这相反的语义，杜预却用同样的格式来作注：“有二心于×”。意思是对×改变原来一心（遵从或仇恨）的情况，这说明杜预对“贰”字与“原来相比”的义场还是体会出来了，否则他也会对这两个用例提出疑问或者改换句式来作注。

① 词的特定使用范围，存在场合，有人叫做“义场”，参见孙良明：《词义和释义》，湖北教育出版社1985年版，第17页和第136页。该概念与语义学的术语“语义场”不完全相同，近似于西方语言学的“选择限制”(selection restriction)。

## 二

杨伯峻先生在《句型同而意义异》一文中列举了十六例“贰于×”句式，并作了诠释，认为前十三例可译为“分心于×”，后三例可译为“对×怀有二心”，但“贰”总的意思都是“有二心”。这种分析首次揭示了《左传》“贰于×”句式在不同上下文中呈两种相反语义这一事实，为进一步研究“贰于×”结构奠定了基础，其开创之功不可没。但杨先生的分析有两点值得商榷。第一，认为这种相反的语意是由“贰于×”结构本身造成的，是句型同而意义异；第二，就是对“贰”的词义的具体解释和对“贰于×”格式的两种对译形式。关于第一点，上文已谈了我们的看法。关于第二点，黄金贵先生《〈左传〉“贰于×”解诂》已有分析，尽管有些说法我们难以接受，但认为“贰”的词义不是“有二心”这一基本观点是可以成立的。清人洪亮吉《左传诂》在隐公元年的“既而命西鄙、北鄙贰于己”之下注曰：“按《国语》：‘百姓携贰。’韦昭注：‘贰，二心也。’此‘贰于己’义亦当然。杜注云‘两属’，盖望文生训，非本义。”杨先生认为“若从训诂角度看，洪说较杜为强”。其实，杜预自己也有注作“有二心”的，如前举的例(3)、例(5)，所以“两属”也好，“有二心”也好，都只是“贰”字在某种特定语境中的随文释义，不能贯通“贰于×”的所有用例。比较起来，“不一致”(“不专一”)的解释更为圆通一些。至于“贰于×”结构本身的意义，只是单一的“对×(与原来)不一致”的意思，不能说“贰于×”本身有“分心于×”和“对×怀有二心”两种含义。

此外，杨文用来证明“贰于×”的“归于×”似乎不能简单地拿来作为句型同而意义异的例证，杨文说妇女“归于×”句型有三种具体的含义：一是指妇女嫁于某国；二是指女子出嫁后，回娘家向父母问安，又回到婆家；三是指夫家发生政变，不得不永远返回娘家。(例略)其实“归”字有一个引申系列，“归”字本义为女子出嫁，《说文》：“归，女嫁也。”甲文“归”从止从妇，亦“女嫁也”。[①]“归”的这个意义可标作“归$_1$”。女子出嫁即从养育之所回到自己的家，故由“女嫁”又引申为“还家、还国”。段玉裁《说文解字注》“归”字下曰：“凡还家者假妇嫁之名也。”“归”的这个意义可标作“归$_2$”。该义还可以进一步引申成一般的“归还”，此义可标作“归$_3$”。另外还有别的引申义，因与此文讨论无关，不赘。这样由于“归”的意义不一样，每个“归于×”的意思当然不一样。杨文所说的第一种含义，即“归$_1$于×”，意为(女子)出嫁到×地去。杨文的第二、第三种含义，即“归$_2$于×”，意为

① 见李孝定：《甲骨文字集释》，历史语言研究所专刊之五十，第457页。

“返回到×地去”，至于究竟是妇女回娘家向父母问安后又回到婆家，还是指夫家发生政变，不得不永远返回婆家，这些信息并不是“归于×”所负载的，而是由语境提供的。如果不看上下文，不理解当时社会礼俗和事件背景，仅凭“归于×”结构是分析不出这两种意义的。如杨文所举的例(27)“夫人姜氏归于齐”(文十八年经)，此“归于齐”就是“返回齐国”之意。但从当时史实来看，姜氏夫死，两子被杀，势不能再留居婆家，因而此次回齐也就是永远返回娘家了，故《左传》用“大归”解释，曰：“夫人姜氏归于齐，大归也。”从这里也可以看出“归于齐”之“归”本没有“大归”之意。又杨文所说的“诸侯归国”，如桓公十一年经“突归于郑”亦属此类，即“突返回郑国”。杨文在对自己所举的“归于×”的例子作了分析之后，也说：“由此可见：‘归于×’句型相同，而所谓‘归’只是回返之义，不必如《公羊传》(见上引)、《谷梁传》(成五年传)所谓出嫁回归，或如《左传》庄公二十七年‘出曰归于某’，随上下文而异义。”至于杨文所说的“土地归国”，如隐公十年传说：“郑师入郜，辛未，归于我。郑师入防，辛巳，归于我。”此“归于我”即“$归_3$于×”，“归”为一般的“归还”意。

总之，由于“归”是多义词，因而“归于×”的格式可有多种意义。但是严格地说，在“归”字不同意义基础上构成的“归于×”是否还能算成“句型同”尚可讨论。而由同一个意义(义项)的“归”字构成的“归于×”，虽然可以在不同语境中作出不同的随文释义，但那已不是“归于×”格式本身所具有的意义了。

黄金贵先生对“贰于×”的解释则另辟蹊径，他认为“贰于×”之“贰”的词义是“背离”、“背叛”，“贰于×”句之所以有两种语义，主要是由于“于”字作用的不同。“贰于×”产生“亲从×”的语义是因为“贰”单用或后附宾语成“贰×”时只是一般的背离、背叛义，但若后附“于”字结构，则“贰”后可能省略宾语($某_1$)，而“于”可以表示原因、目的，引出介宾($某_2$)，于是$某_1$和$某_2$构成敌对、抗衡、对举的两方，构成了对立面，即“贰($某_1$)为$某_2$”，遂有了亲向、亲从于$某_2$的意思。如隐公元年的“既而大叔命西鄙、北鄙贰于己”，即令其“贰(庄公)为自己”，亦即要他们亲向自己，余例类此。而成公九年的“为归汶阳之田故，诸侯贰于晋”，此诸侯指晋之外的各国，“贰”的对象只能是“晋”，故这个“于”字就是一般表对象的用法，“贰”字后也就不省略宾语，遂是指诸侯对晋背离之意。而这一例唯是表对象用法，“于”字可省，故“贰于晋”等于“贰晋”，“晋”也可承上省。

联系我们对“贰于×”的分析可以看出，黄文的论证虽然新颖可喜，但细究起来，仍有未妥。首先“贰于×”之“贰”是内动词，既是内动词就不可能带受事宾语，因此就不可能出现内动词的“贰×”格式。事实上，《左传》全文除一例“助、佐”义的外动词构成的“贰×”之外，其他绝无“贰×”格式。我们查阅了一些先秦其他文献，也没有发现在内动词性上使用“贰×”格式的。这样，黄文所说“若一般单用或后附宾语成‘贰×’，则只出现其一方、一面……都是明白的携贰义，但后附‘于’字结构，则‘贰’后可能省略宾语（$某_1$）”云云就缺少事实根据了。内动用法的“贰”既然不能构成“贰×”格式，那么得出“贰于×”即“贰（$某_1$）为$某_2$”之省略式的结论，自然难以令人相信，认为“为归汶阳之田故，诸侯贰于晋”之“贰于晋”等于“贰晋”，自然也难以令人信从。同是“贰于×”结构，有的凭空添加一个宾语（$某_1$）来解释，有的随意删去介词“于”来解释，这种做法割裂了“贰于×”结构和意义的完整性。

那么黄文为何会把“贰于×”的“贰”看作外动词呢？这取决于他对“贰”字词义的训释。把“贰”释为“背离”、“背叛”，自然可以有外动用法，故可以把“贰于×”释为“贰（$某_1$）为$某_2$”（即背叛（$某_1$）为$某_2$）或“贰某”（即“背叛×”）。但是，事实上“背离”、“背叛”义并不能贯通“贰于×”所有的用例。比如上文例（1）中的三个“贰”是一脉相承的，如果把“贰于己”解为“背叛庄公为自己”，则下文的“国不堪贰”与“收贰”之“贰”就难以解释了。例（2）的“贰于虢”之“贰”也不宜解成“背离”、“背叛”，“贰于虢”意即“对虢的作法（与原来）不一致”，杜注为“欲分政于虢，不复专任郑伯”，还是把握了原意的。从语言风格来说，也谈不上周天子对诸侯“背离”、“背叛”。其他例子也大都不能用“背离”、“背叛”义来解释，上文已有分析，这里不再重复了。

黄文为了支持自己的论点，还引用《左传》“叛于×”两例作为佐证，认为“叛”与“贰”义近，也可以反映对立面。《左传》中除了昭公二十二年的“（鼓）又叛于鲜虞”和哀公十五年的“成叛于齐”两例外，其余120处“叛”都是单用或带宾语，只出现一方、一面，故都是明显的背叛义。但这两例带上“于”字结构补语，情况不同，晋鲜虞相敌，鼓国本属鲜虞，为晋所取，后鼓国“又叛于鲜虞”，即指其叛晋而亲向鲜虞。齐鲁敌对，成（本为鲁附庸）为二国所争，“成叛于齐”，也指成“叛（鲁）为齐”，即亲从于齐。我们认为黄文对“叛于×”的分析是言之有理的，因为“叛”字本是个外动词，《左传》中“叛×”格式有四十多例，如隐公元年的“京叛大叔段”，襄公三十一年的“不吾叛也”，昭公二十一年的“鼓叛晋”等。既然“叛×”为动宾关系，“叛于×”则必然不再是一般的动宾关系，[①]特别是哀公十五年，经文曰“成叛”，即指成背叛鲁这件事，而传曰“成叛于齐”，则“成为齐而叛（鲁）”之意甚

① 古汉语中的确也有“动＋于＋宾”式，见贾则复：《古汉语中有关“于”字的两个问题》（《中国语言学报》第二期，商务印书馆1985年版）。这个问题较复杂，笔者拟另文讨论《左传》“于”字的使用。

明。可以说黄文对《左传》“叛于×”结构的语义关系的分析是发前人之所未发的。不过“叛于×”的解释虽然可通，却不宜用来证明“贰于×”。首先，“贰”与“叛”的词义并不相同，“贰”的词义是“不壹”，并非是“背叛”。其次两个词的词性也并非同类，“叛于×”之“叛”是外动词，“贰于×”之“贰”是内动词，“叛于×”有相应的“叛×”与之对立，因此可以把“叛于×”解释为“叛（某$_1$）为某$_2$”，“贰于×”并没有相应的“贰×”，所以不可能有“贰（某$_1$）为某$_2$”的形式。故这两个结构实质上并非同构，所以拿“叛于×”证“贰于×”就有了缘木求鱼之感。

最后我们来看一个有争议的例句，即襄公十五年的“夏，齐侯围成，贰于晋故也”。杨文说：“成是鲁邑……鲁本晋之同盟国，亦即服从晋国之中等国家。齐因为晋大臣范宣子借了鸟羽和旄牛尾而不归还，因此对晋国有二心，便无缘无故包围鲁国成邑，藉以出气。”黄文则说：该句“谓齐因鲁（贰于晋）而伐其附庸郕国。观《传》所载这几年鲁国的行事，主要是亲晋而不亲齐。如襄十二年受晋士鲂来聘拜谢，冬襄公到鲁国回拜。十四年鲁大夫又朝晋。鲁亲晋等于疏齐，故从二年起，齐连续三年伐鲁，子产曾评过这一时期的鲁国是‘偪于齐而亲于晋’（《昭四》）。则‘贰于晋，即‘（鲁）亲于晋’之意”。杨、黄两位先生对“贰于晋”的解释各不相同，但分歧的焦点都不在“贰于×”结构本身，而是各引史实来证明当时齐鲁晋各国的关系，这正说明了“贰于晋”就是“对晋国（的做法或看法等）与原来不一致”的意思。至于黄文认为是“亲从”意（即杨文所谓“分心于×”），杨文认为是“对×怀有二心”意（即黄文所谓“背离×”），那是由于二人对语境（上、下文）所提供的信息的不同分析而造成的，与“贰于×”结构无关。不过就该句的文意解释而言，杨先生的说法似乎与事实更为相符。黄文所要证明的是当其时鲁亲晋，这一点与杨文观点相同，不同的是黄文认为“贰于晋”即“（鲁）亲于晋”意。此误在于对“偪于齐而亲于晋”的理解。这句是说鲁国和卫国“为（wéi）齐国所逼而为（wéi）晋国所亲”，句中的“于”表被动而不是一般的表对象。黄文的“（鲁）亲于晋”则是“鲁国对晋国亲近”之意。虽然意思相差不大，但主动与被动的关系却被颠倒了。“亲”的主语如果是主动者，《左传》则作“亲×”而不作“亲于×”。如桓公二年的“召庄公于郑而立之，以亲郑”，再如文公十八年“齐侯新立而欲亲鲁”等等。所以《左传》的“亲于晋”非黄文的“亲于晋”。再者昭公四年的这段话是子产为楚王解释鲁国、卫国可能不来楚国的原因，它可以证明鲁亲晋，但如以昭公四年的“亲于晋”证襄公十五年的“贰于晋”，那就远不如襄公十四年的例证更为有力。实际上襄公十四年说得很明白：“范宣子假羽毛于齐而弗归，齐人始贰。”可见由于襄公十四年晋大臣借物不还，齐人对晋国的看法或政策等已开始与前不一样了。而鲁为晋之盟国，所以第二年即襄公十五年齐围鲁成，的确是为了向晋国“出气”。因此“贰于晋故也”之“贰”当然亦即襄公十四年的“始贰”之“贰”，“不壹”的词义是一贯的，“贰”的主语为齐也是一贯的。

## 三

下面对本文的内容作一个小结，并对有关问题略加申述。

（一）“贰于×”之“贰”是内动词，词义为“不壹”，即“不专一”、“不一致”。在训释词语的时候要注意把随文释义与综合释义区别开来。既不能无视古注，也不能迷信古注。古注既然多是随文释义，故对理清上下文意思是有用的，但语言学研究不能只停留在文意解释上，因为语文学意义上的文意解释和语言研究中的词义分析不是一回事。“贰于×”的意思用现代汉语来表示，并不是一般的“对×贰”，而是“对×（与原来相比）不一致”。由于“贰”的“与原来相比”的义场是固定在“贰于×”结构之内的，所以可用来表达对×改变作法、态度、关系等意义，这反映了与《左传》作者处在同一时代和地域的人们的思维方式和语言表达习惯。对此，我们不能以今人的思维习惯来分解它的语意内涵。如果不能认识到汉族人民的思维方式和语言表达习惯是不断发展的，就不能揭示出汉语在某个特定历史平面上的语言特色。

（二）杨文把“贰于×”看作“句型同而意义异”，黄文虽然对杨文提出尖锐的批评，并对“贰”的词义作了新的解释，但从总体上说还是把“贰于×”分解为两种意义。我们的结论完全相反，“贰于×”格式的结构和意义都是统一的，不是“贰于×”有几个意义，而是上下文情理提供和赋于“贰于×”句各种其他意思。这就如同使用工具，工具有适用性，同一个工具在不同的场合可以有不同的作用，我们可以说作用不同是因为场合不同，但似乎不宜说工具本身变了。

（三）与其说我们的结论与黄、杨两位先生不同，不如说在研究方法上有差异。在语言研究中，应当把语言结构本身所表达的意义与该句的文意区别开来，我们从交际过程中的语言符号里所得到的思想（即文意）除了语言符号本身所提供的信息外，还包括语境（广义的）中各因素所提供的信息。注意这种区别，对于古代汉语的研究尤其重要，因为古代汉语的语感很难掌握，稍一疏忽，就会误把文意当成语言符号本身的意义，从而对语言事实作出歪曲的描写。为了能够正确地认识和解释语言内部结构，训诂学的研究应当借助语法学的成果，而古汉语语法的研究又应当尽量拓宽自己的研究领域，更新研究方法，不能只局限于句法平面。如果把文意解释当成语言结构本身所具有的意义，从而误认为“贰于×”结构有几种含义，并且强为证明，这实际上是试图在句法平面内来分析由超句法的各种因素共同形成的文意，当然是不可能的。我们从处在交流过程中的某个语言符号那里所获得的思想或文意，除句法平面内容外，还包括语义平面和语用平面的内容。只有将语义分析、语用分析引入古汉语语法研究中去，才能从相同的结构中看出语义的不同，才能分清哪些是语言符号本身的意义，哪些是语境所产生的伴随信息，从而对汉语的各个历史平面的语言结构作出准确的分析。

（原载《语言研究》1988 年第 2 期）

# 再谈《左传》"贰于×"

本文针对论者在《左传》"贰于×"研究中出现的问题，重申《左传》"贰于×"格式本身意义的单一性及其由于不同语境而导致呈现出的两种相反语义，即与"×"有某种关系和与"×"无某种关系。强调了随文释义与语言结构本身研究之不同，提倡在描写基础上的统一而简洁的解释。本文还梳理了30年来"贰于×"研究的进展情况，并首次披露了宋代"贰于×"用例。

## 一

《中国语文》2000年第3期刊载了富金壁同志的《读史札记两则》，其中第一则为"关于《左传》'贰于×'句"。该文不同意秦礼军释"贰"为"助"，[①]认为"贰"的古代常用义是"携贰，有二心"，并在注中引伪古文《尚书·五子之歌》"太康尸位以逸豫，灭厥德，黎民咸贰"之伪孔传"君丧其德，则众民皆二心矣"等证之。富文又认为《左传》"贰于×"有A、B两类句子，"有二心"释义适合A类句，即表达"对某人或某方怀有二心"（例如《左传·襄公十五年》"夏，齐侯围成，贰于晋故也"和《左传·成公九年》"为归汶阳之田故，诸侯贰于晋"），但B类句似乎相反，不是对某人"有二心"，而是"投靠他人或另一方"（例如《左传·僖公三十年》："晋侯、秦伯围郑，以其无礼于晋，且贰于楚也"等），所以富文又说

① 见秦礼军《〈左传〉"贰于×"解》，载《中国语文》1984年第5期。

“这样，‘贰’就从‘携贰，有二心’引申出‘携贰而依附（他人），有二心而归依（另一方）’的意思来”。于是，富文总结说：“A类句中之‘贰’重在强调其‘离心、不专一’，B类句中之‘贰’重在强调其‘移情别恋，转而投靠’；从与补语的关系上说，A类句中的‘贰’偏向于动作行为的起点，而B类句中的‘贰’偏向于动作行为的方向、目的……”

我们认为富文的解释割裂了词义的同一性，对“贰”的释义没有一个确诂。黄侃说过：“小学之训诂贵圆，经学之训诂贵专。”[①]小学之训诂贵圆，意即从语言学的角度去看，词义在本质上是一般的、概括的，所以词的每一个义项都应该是从许多用例中概括出来，并且能够解释这些用例，而不是只依赖于特定的语言环境。如果把那种离开特定的语境就无法解释的意义也定为一个义项，就会造成词义系统的凌乱。比如富文对“贰于×”之“贰”的解释，一会儿说是“携贰，有二心”，一会儿说是引申为“携贰而依附（他人），有二心而归依（另一方）”。因为说不清楚，又补充说前者“重在强调其‘离心、不专一’”，后者“重在强调其‘移情别恋，转而投靠’”。这实际上是从文章注释的角度在串通文意，是所谓“经学之训诂”。

“贰”的本义是“副益”，作“助”、“佐”解（详见《说文·六下》“贰”字条），假借为数词“二”，又通过词义渗透，产生了“不壹”的义项。“壹”的本义是“专一”，《说文》、《正字通》、《说文段注》均有说解，古注亦有证明，如《左传·昭公二十六年》：“壹行不若。”杜注：“壹，专也。”由于“壹”与“一”通（《说文通训定声》履部第十二：“壹，假借为一”），“贰”与“二”通，“一”往往和“二”相对，故“壹”也往往和“贰”相对，“贰”则有了“不壹”的意思。《左传》103个“贰”字用例，除用于专名6例外，有7例是作“助”、“佐”解的，其中名词用法6例，动词用法（及物动词）1例；另有9例做数词“二”解，其中基数词用法6例，序数词用法3例；其余81例均解为“不壹”，即“不专一”、“不一致”的意思，其中动词用法（不及物动词）73例，名词用法8例。《左传》全部“贰于×”之“贰”就属于“不壹”的动词用法。但“贰”字“不壹”义项往往有自己的“选择限制”，也可以称为“义场”，就是要使用在“与原来相比”的场合。所谓某某“贰”，往往是比较而言的，意思是由“壹”而“贰”。通过对所有“贰于×”句式的分析，我们发现“与原来相比”这个义场是固定在“贰于×”结构里的，任何一例“贰于×”的语义都不是简单地“对×不壹”，而是“对×与原来相比不壹”。《左传》18例“贰于×”格式都可用此来解释。但是，《左传》使用“贰于×”结构的句子在不同的上下文中明显呈两种相反的语义，则是客观存在的。怎

① 《文字声韵训诂笔记》，上海古籍出版社，1983年版。

么解释这一现象呢？我们的看法是，“贰于×”结构本身在任何语境中其意义都是单一的，其在不同的上下文中所呈现出的两种相反语义，是语境（包括上下文、信息交流情景和其他相应的知识）提供的，由于“贰于×”表示“对×与原来不一致”，当语境提供的信息表明“贰”的主语原来与×无某种关系时，“贰于×”则表示改为对×有某种关系。比如《左传·隐公元年》：“大叔命西鄙、北鄙贰于己。”语境意义表明作为兼语的“西鄙、北鄙”原属郑庄公，与“己”无关，“贰于己”即“对己与原来不一致”，自然是使西鄙、北鄙属自己。相反，当语境提供的信息表明“贰”的主语原来与×有某种关系时，“贰于×”则改为对×无某种关系了。如《左传·成公九年》：“为归汶阳之田故，诸侯贰于晋。”语境意义表明主语“诸侯”与晋国是盟国，原来与晋一心，“贰于晋”则是改变原来的情况，对晋不一心。其实，这个“与原来（包括原来的意思、看法、举动等）相比”的义场，古人早就看出来了，只是当时还没有这个名称，无法说明罢了。如《左传·庄公十四年》：“厉公入，遂杀傅瑕，使谓原繁曰：傅瑕贰……”杜注：“言有二心于己。”而《左传·襄公五年》：“王使王叔陈生愬戎于晋，晋人执之。士鲂如京师，言王叔之贰于戎也。”杜注：“王叔反，有二心于戎，失秦使之义，故晋执之。”前例中的“傅瑕贰”与后例中的“王叔之贰于戎”呈相反的语义。前例是说傅对自己（厉公）可能会与以前不一样，即改变遵从自己的做法，而杀掉自己，所以干脆先把傅给杀了。后例是说王叔本应与戎有仇恨，他的任务就是去愬戎的，但却与原意相反，暗中与戎勾结，故晋执之。而这相反的语义，杜预却用同样的格式来作注：“有二心于×。”意思是对×改变原来一心（遵从或仇恨）的情况，这说明杜预对“贰”字与“原来相比”的义场还是体会出来了，否则他也会对这两个用例提出疑问或者改换句式来作注。①

## 二



富文所引的文献只有秦文，实际上在秦文之前，王力主编的《古代汉语》、朱东润主编的《中国历代文学作品选》、刘盼遂等主编的《中国历代散文选》和北京大学编的《先秦文学史参考资料》等已多处涉及对《左传》“贰于×”的解释，1983年以后又有多位学者就“贰于×”发表了自己的看法，如宋玉珂在《语文教学与研究》1983年第6期发表了《“贰”字解》，寇宗基、马乃骝在《语文研究》1983年第4期发表了《〈烛之武退秦师〉札记三则》等。秦礼军在《中国语文》1984年第5期

① 参看拙文《关于〈左传〉“贰于×”及其他》，《语言研究》1988年第2期。

上发表《〈左传〉“贰于×”解》之后，杨伯峻随即在《中国语文》1985 年第 1 期上发表了《句型同而意义异例证》，何乐士也在《字词天地》1985 年第 7 期发表了《谈〈左传〉的“贰于×”句式》，紧接着黄金贵又在《语言研究》1986 年第 1 期上发表了《〈左传〉“贰于×”解诂》，随后笔者在《语言研究》1988 年第 2 期上发表了《关于〈左传〉“贰于×”及其他》，此后还有些文章涉及到《左传》“贰于×”。这一系列论文的发表深化了对《左传》“贰于×”的研究。

秦文的篇幅不到一面，举了《左传》两个“贰于×”的例子。主要讲《左传・僖公三十年》“晋侯、秦伯围郑，以其无礼于晋，且贰于楚也”之“贰”不能像各种选本那样解为“二心”，因为如果作“二心”解，“那么‘贰’与后面表对象的补语‘于楚’合起来就得解释为‘对楚国怀有二心’，同原意恰恰相反”。秦文着力论证了这里的“贰”应解为“助”，但也承认《左传》中“贰于×”的“贰”也有表示“二心”的用法，并举了《左传・襄公十五年》“夏，齐侯围成，贰于晋故也”为例。杨文的篇幅有 3 页，其中两面是论述“贰于×”的，另有一面是论述“归于×”的。杨文开门见山，说：“《中国语文》1984 年第 5 期有秦礼军同志《〈左传〉“贰于×”解》一文，读后引起我心中久已存在的一个问题，或者说是一种想法，因此写出来，以求教于大家。”“《左传》‘贰于×’的句型，一共十多次，却有两种不同的解释。”杨文把《左传》所有“贰于×”的例子一一检出，共得 15 例，外加一例“携贰于×”，实际上共 16 例。并认为“贰”为“有二心”的训诂并不错，“不必对某一词加以不同解释”，但“贰于×”结构的意义则可根据上下文的情理推定，分别译为“分心于×”和“对×怀有二心”两种，这就是所谓“句型同而意义异”。黄文共 8 页，列出了 18 例“贰于×”例句，即杨文的 15 例加《左传・僖公二十八年》、《左传・文公十七年》和《左传・昭公四年》3 例“贰焉”，黄文也同意“贰于×”句会出现两种相反的语意，但不同意前此对“贰”的各种解说，一一批判了“两属”说、“反训”说、“伪装”说和秦礼军的“助义”说、杨伯俊的“有二心”说，他认为“贰于×”句的特殊，不在动词“贰”，而在介词“于”，但黄文在用 1 页多的篇幅分析“于”字之后，又说：“但是，这样还不能完全导致‘亲从×’的语意。——这就关系到‘贰’字。”认为“贰”的词义是“背离”、“背叛”，“贰于×”结构之“贰”后“可能省略宾语（某$_1$），而‘于’可以表示原因、目的，引出介宾（某$_2$）。于是某$_1$ 与某$_2$ 构成敌对、抗衡、对举的两方，构成了对立面，即‘贰（某$_1$）为某$_2$’，遂有了亲向、亲从于某$_2$ 的语意。”如《左传・隐公元年》的“既而大叔命西鄙、北鄙贰于己”，即令其“贰（庄公）为自己”，亦即要他们亲向自己，而《左传・成公九年》的“为归汶阳之田故，诸侯贰于晋”，此诸侯指晋之外的各国，“贰”的对象只能是晋，故这个“于”字就是一般表对象的用法，“贰”之后也就不省略宾语，遂是指诸侯对晋背离之意。发表在《语言研究》上的拙文也是 8 面，对《左传》103 个“贰”字用例做了穷尽式的分析，考证了“贰”的词义发展线索，指出“贰”的本义是“助”、“佐”义，为及物动词，假借为数词“二”，又通过词义渗透的方式产生了“不壹”的义项，为不及物动词；拙文不同意杨文‘贰于×’之“贰”为“有二心”，认为这里的“贰”从词义上说是“不壹”，从词性上说是不及物动词，“贰于×”格式的语义是统一的，只是单一的“对×（与原来）不一致”，由于“贰”的与“原来相比”的义场是固定在“贰于×”结构之内的，所以可以根据上下文情理来表达对×改变作法、态度、关系等意义，但不能说“贰于×”本身有“分心于×”和“对×怀有二心”两种含义。拙文也不同意黄文把“贰”释为“背离”、“背叛”，这种解释不过是一种随文释义，事实上“背离”、“背叛”义并不能贯通“贰于×”所有用例；此外，拙文还证明了“贰于×”之“贰”是不及物动词，不能构成“贰×”的格式，既如此，那么黄文得出“贰于×”为“贰（某$_1$）为某$_2$”之省略式的结论自然也就不能成立。而且黄文对同一个“贰于×”结构，有的凭空添加一个宾语（某$_1$）来解释，有的随意删去介词“于”来解释，同样割裂了“贰于×”结构和意义的完整性。

通过上述对“贰于×”结构研究的回顾，可以看出对“贰于×”的研究是逐步深入的。秦文看到了“贰于×”之“贰”有不能解释为“二心”的；杨文已考虑到词义解释的同一性，认为“不必对某一词加以不同解释”，但还认为“贰于×”有不同意义；黄文也是立足于词义系统和语法特点来分析“贰于×”，但是对“贰”的词义和“贰于×”语法结构的分析都难以成立；拙文认为“贰于×”之“贰”的词义是一贯的，“贰于×”的意义也是统一的，强调语言学中词义研究与传统文献学中随文释义的不同，语言结构本身意义的研究与篇章文意的解释不同。

富文基本观点与杨伯峻文也接近，认为“贰”不当训为“助”，也认为“《左传》中‘贰于×’句确应分为两类”。所举的例句也与杨文完全相同，即 15 个“贰于×”例句，外加一个“携贰于×”的例句，但在行文与注释中都没有提及杨文和其他的论文。如富文说：“至于‘携贰’，笔者只发现一例与‘贰于×’A 类句类似的用法，如《左传·襄公二十二年》……”其实杨文的“携贰于×”的例子也是该句，而且《左传》中也只有这一例“携贰于×”的句子。富文不同于杨文的地方在于，杨文认为“贰”的词义是统一的，富文认为“贰”的古代常用义是“携贰，有二心”，又引申为“携贰而依附（他人），有二心而归依（另一方）”，没有考虑词义的同一性。



## 三

拙文《关于〈左传〉“贰于×”及其他》中说“贰于×”格式的使用“反映了与《左

传》作者处在同一时代和地域的人们的思维方式和语言表达习惯"，实际上隐含着一个观点，即认为"贰于×"格式是《左传》时代特有的；这一观点应予更正。事实上"贰于×"的这种用法直到宋代的书面文献中仍有使用，尽管这种用法可能不是宋代真实语言面貌的反映，而是书面语仿古特点造成的，但无论如何，这种用法仍有使用却是事实，现举两例如下：

(1) 魏侍中斛斯椿闻乔宁、张之期之死，内不自安，与南阳王宝炬、武卫将军元毗、王思政密劝魏主图丞相欢。毗，遵之玄孙也。舍人元士弼又言欢受诏不敬。帝由是不悦……帝既贰于欢，冀乾为己用，尝于华林园宴罢，独留乾……(《资治通鉴》卷一百五十六，梁纪十二，武帝中大通五年)

(2) 庚辰，李渊命军中曝铠仗行装。辛巳旦，东南由山足细道趣霍邑。渊恐宋老生不出，李建成、李世民曰："老生勇而无谋，以轻骑挑之，理无不出；脱其固守，则诬以贰于我。彼恐为左右所奏，安敢不出？"(《资治通鉴》卷一百八十四，隋纪八，恭帝义宁元年)

例(1)是说魏主原是信任丞相高欢的，因受别人挑拨，"由是不悦"，所以"贰于欢"。即对欢与原来不一样了，随文释义为"不信任欢"了。例(2)是说宋老生与"我"(李渊等人)原是敌对双方，如果老生固守，不出来应战，则可诬以"贰于我"，即对我与原来不一样，可随文释义为"(暗中)修好与我"。同是一个"贰于×"，同样表示"对×与原来不一样"，但由于语境不同却呈现出两种完全相反的语义，与《左传》的用例完全一致。

这再一次证明了"说有易，说无难"这句名言。

(原载《中国语文》2005 年第 4 期)



[补记]

近日读到富金壁同志的《〈左传〉"贰于×"句续论》(载《北方论丛》2008 年第 3 期)，对拙文提出批评，其中所言《左传》"贰"字用例应为 103 例，拙文夺襄公四年"否则携贰"句；又指出哀公七年"且鲁赋八百乘，君之贰也；邾赋六百乘，君之私也。以私奉贰，唯君图之"中的两处"贰"应为同义。所言甚是。笔者检早年所录卡片，诚如是也，唯成文时因脱乙而误，现已据改，特致谢忱。至于富文批评的主体部分，即拙文的基本观点，包括"贰"的词义系统和"贰于×"格式义与其在不同语境中呈现两种相反意义之分析，笔者则仍认为是成立的，是对此前论者观点与方法的突破，特别是在方法论上提出要把随文释义与词义系统的研究区别开来，把语言结构本身的意义与使用该结构句子在具体语境中表达的文意区别开来，训诂学的研究应当借助于语法学的成果，古汉语语法的研究应拓宽自己的研究领域，引入现代语言学语义分析和语用分析的手段，现在看来仍有现实意义。“贰”的词义系统主要有两条线，一条是由与其字形构造有关的本义系统，一条是与数词“二”通假而形成的通假义系统。关于“贰”的本义，《说文》言“副益也”并无不妥，段注言“当云副也益也”则说明“副、益”是并列的。但这里的“副”不是“居次要地位的”“副职”、“副本”的“副”（《广韵》的敷救切），而是“判也”（见《说文》四下刀部“副”字条，《广韵》的芳逼切），段注言“副之则一物成二。……因之凡分而合者皆谓之副。”“益”，《说文》言“饶也”，段注云“凡有余曰饶”。可见从“贝”的“贰”的字义与财物的增益有关，《左传》中的“助”、“佐”义是直接由此而生的，属本义系统；居第二位的、副职义的“副”可能是由“助”、“佐”义进一步发展来的，也可能是有其他来源（或许来源于“贰”的通假义的数词“二”之序数词用法），尚须进一步研究。从语音史的角度看，副手、副职之副（敷救切）显然是后起的。通假义的“贰”以数词“二”为基础产生“不壹”的核心义项，“贰于×”之“贰”当属此类。《左传》杜注对此类“贰”的随文释义甚多，对疏通文义多有助益，但从词义系统来看，“不壹”的义项可贯通此类“贰”的所有用例，体现了词义的同一性。应该说，注家释词虽然也可能涉及词的本意，但主要目的还在于疏通文意，优秀的注家如杜预能尽量注意某词各释义之间的联系，特别是单用时的解释能透露出对其基本意的把握，但终究还不是研究归纳某词的核心义项，所以杜注才会对同一性质的“贰”（同质的“贰”，不同质的“贰”当然应有不同的解释）给出各种解释。但从语言学的角度看，简洁的、统一的解释相对来说最为科学，乾嘉学派特别是之后的黄侃等人开辟的新训诂学道路强调“小学之训诂贵圆”的精神与现代语言学精神完全契合，应予以坚持和完善。当然这里的“贰”是不及物动词，构成“贰于×”格式。《左传》“贰×”格式中的“贰”是“助”、“佐”义，是真正的动宾关系，至于富文所举的“贰×”都是《左传》之外的例子，而且仍都是不及物动词义“不壹”构成的，仍是“与原来相比”对×贰的意思，内动词的性质没有改变，因此与“助”、“佐”义“贰”构成的“贰×”有本质的不同。所以笔者仍然认为富文对于“贰于×”的解释割裂了词义的同一性。顺带说明，拙作《再谈〈左传〉“贰于×”》写作目的有三，一是再次阐述笔者的观点，二是披露笔者新发现的宋代的“贰于×”用例，三是强调学术论文写作其检索、研究和交代学术史的重要性，后者对避免重复，真正推进学术研究的进步是至关重要的。富文此篇与富文（2000）相比，对此前相关文章作了梳理和思考，所以虽然主要观点笔者并不赞同，但对推进“贰于×”研究仍是有贡献的，特别是上文提到的两点，还有其他辩难对完善拙作的论证和行文也是大有裨益的，有些笔者已经做了相应的改动，力求使表达更为准确。个人对待批评文字，无论是语多讥贬还是言之淳厚，在坚持学术原则的前提下，皆持见善则迁有过则改的态度，所以笔者要对富文再次表示感谢。同时也希望各位方家同道能继续不吝赐教，推动“贰于×”研究的进一步深入。（2010 年 1 月）

# 论副词的语用分类[①]

本文从语用的角度并结合语料统计的方法对汉语副词进行考察,发现在话语中,语用前提的不同会导致焦点的不同,焦点的不同导致副词语义指向的不同。并且从认知的角度指出,有人认为在话语中,是焦点的不同而引发前提的不同,这样的结论是片面的。本文还根据副词在句中是否会产生语用歧义把副词分为动态副词和静态副词,在此基础上,对动态副词和静态副词内部成员的特征、分布、功能等进行了探讨和描述,并在语用因素的形式化描写方面作了初步的尝试。

## 引　言

吕叔湘先生(1979:42)曾经说过:“副词内部需要分类,可是不容易分得干净利索,因为副词本来就是个大杂烩。”Aitchison(1994:105)也指出,副词这个词类就像一个“万能的垃圾袋”(rag-bag),它的许多内部成员的构成是异质的(heterogeneous),很难归入一定的类别。

关于这个比较麻烦的词类,有很多方面值得探讨,比如它的虚

① 本文初稿曾在赵元任诞辰110周年学术讨论会(中国常州,2002年8月)和第二届肯特岗国际汉语语言学圆桌会议(新加坡国立大学2002年11月)上宣读过,承蒙陆俭明教授、俞士汶教授是正多处,深表谢意。本文的研究得到国家社会科学基金重点项目(01AYY004)、教育部人文社会科学研究“十五”规划项目(01JA740001)和江苏省“333二期工程”科研项目经费的资助,又本文的研究和写作,研究生徐以中做了很多工作,一并致谢。

实归类问题、内部分类问题以及单个副词的描写和解释等。本文主要探讨副词的内部分类。

## 一、副词研究所存在的问题及可能的解决途径

**1.1** 传统对副词次类的划分，或是按意义的标准，或是按意义结合分布的标准。这样分出来的结果无非是“时间副词”、“程度副词”、“语气副词”等。如：黎锦熙(1924)分6类，王力(1943)分8类，胡裕树(1962)分6类，吕叔湘(1980)分8类，张静(1987)分5类，赵元任(1979)分9类，朱德熙(1982)分4类，黄伯荣、廖序东(1991)分6类，杨荣祥(1999、2000)分11类等。对此，邵敬敏早在《八十年代副词研究的新突破》(1987)中就作过这样的评论：“虽说有不少人根据副词表示的语法意义给副词分了类，但迄今为止还没有一种分类方法和结果得到大家的公认。各家的分类有多有少，但实质都相近。”更为严重的问题是，副词这个词类的确立，本身是从语法角度得来的，划分的根据是其作状语的语法功能。但传统对副词的下位分类实际上是按照意义标准的分类(如范围、频率等)，这显然陷入一种怪圈，词类划分本来应以语法功能为准的，经过这么多年的争论，这一点已基本得到学界大都数人的认可，但副词的分类却依然企图走“此路不通”的老路，[①]显然不会取得令人满意的结果。

**1.2** 也有人企图突破传统的束缚，较多从句法的角度来对副词次范畴进行探讨。比如，傅雨贤(1983)根据副词在句中的位置分布及其与谓词的附、离关系把副词分为“附谓副词”和“离谓副词”；赵彦春(2001)把副词分为“句饰副词”和“动饰副词”，[②]其思路与傅文有相似之处，同时受Radford(1988:74)的启发；黄国营(1992)认为副词首先应分为“语气副词”和“非语气副词”；张谊生(2000c)认为副词应该分为“描摹性副词”、“限制性副词”和“评注性副词”。这些研究相对传统而言都取得了一定的进步，特别是张谊生对副词的研究用力甚勤，并结合汉语语法化问题进行探讨，揭示了一些新现象。但张谊生的研究仍存在许多可商之处。比如关于副词分类标准问题，张文(2000a:11,13)有两处明确谈到分类标准问题，一处认为“可以根据其虚化程度的区别，将它们先分为三个大类”；另一处又认为应“根据副词的虚化程度和句法功能来为它分类”；张文(2000c:58)又



---

① 郭锐(2002:18)认为“根据词义划分词类有两个致命问题：1. 词义与词的语法性质并不完全对应，根据词义划出的词类与句法的关系不大；2. 词义本身不可明确观察，因而难以操作”。

② 这种分类存在诸多可商之处，请参看杨亦鸣、徐以中(2003)的相关分析。

明确指出"副词的分类标准应该以句法功能为主要标准，以相关意义为辅助标准，以共现顺序为参考标准"。显然，关于分类标准问题，三个地方的说法并不一致。如果承认三个标准不同则会产生自相矛盾，如果承认三个标准可统一为一个标准，那么它们是如何统一的，作者并未明确说明。再比如关于副词功能的具体描写问题，在张文(2000c)的"附录三：现代汉语副词分类层级系统表"中，可以发现否定副词可分为两类：a. 否定命题(不、没)；b. 否定预设(白、空)。其实副词"不"也可表示对预设的否定(沈家煊 1993)。此外，张文将副词分为"描摹性副词"、"限制性副词"和"评注性副词"三类，似较为新颖，不过七十年代吕叔湘先生就已谈到过类似于这一分类的设想。吕叔湘(1979：35)说，"副词呢，从句法功能看，也应当归入实词，可是它们的意义有比较实的，也有比较虚的，少数是虚而又虚，(正好也是三类——笔者注)如：就，才，还，也，又"。吕叔湘(1979：78)在谈到"状语"时，也指出状语有三类：修饰状语，评注状语，关联状语。并且说，"修饰状语是动词的连带成分，关联状语和评注状语则属于全句，是划分主谓之前就得先划出去的成分"。从这里可以看出，张文的分析虽有新的探讨，但仍是在传统的研究框架中操作的。

**1.3** 近年来，随着认知语言学的兴起，副词研究形成了新的热点，即副词的语法化研究。我们知道，就其本质而言，语法化是解释其成因的，属于历时的研究，而对于共时研究来说，还是要以发现新的规律、特点为目的，以分析、解释共时现象为主。王力先生 40 年代已对副词的虚化过程(近似于"语法化")作了研究，但他并没有以副词虚化的研究代替副词共时现象与规律的研究(王力 1944、1945)。那些有意无意以对历时的研究来代替共时研究的学者，可能忽视了这样一种事实，当我们说和听一句话的时候，并不需要考虑每个词的来源。正如索绪尔(1980：120)所言："我们研究语言事实的时候，第一件引人注目的事是，对说话者来说，它们在时间上的连续是不存在的。摆在他面前的是一种状态。所以语言学家要了解这种状态，必须把产生这种状态的一切置之度外，不管历时态。"客观地讲，语法化研究对揭示共时规律也不是一点作用都没有，有些副词的特点(与别的副词相比较的差异)可能从语法化过程中看出，但总体来说，语法化的研究离真正全面解释副词的用法的目标仍相去甚远。其实，索绪尔(1980：127，130，138)早就指出："语言是一个系统，它的任何部分都可以而且应该从它们共时的连带关系方面去加以考虑"；"对语言学家说来也是这样：如果他置身于历时的展望，那么他所看到的就不再是语言，而是一系列改变语言的事件"；"能加以泛时解释的具体事实不是属于语言的"。尽管索绪尔的这一观点曾被人诟病，但在大量现代汉语语法的研究者热衷于历时的语法化研究的今天，不能不让人体会到索绪尔的睿智与深刻。

**1.4** 实际上目前对副词分类的研究陷入一种徘徊不前的境地。主要原因有二：一是对副词个体的研究不够（吕叔湘 1984：271，272），对每一个副词的用法、特点等尚未摸透，如何能总结出整个副词的特点，进而给它们分类呢？所以自二十世纪八十年代以来，大量单个副词的全面描写和解释以及副词之间的比较研究的出现是历史发展的必然，是一种进步，也是本文得以写作的前提。二是方法论上有问题。既然在句法、语义的范围内对副词的探讨都没有取得令人满意的结果，为什么不作这样的考虑：副词的功能虽然在语法、语义上有一些特点，但它的主要特点是在语用上，这可能是副词与其它词类不同的地方。事实上我们不应该企望在句法范围内解决汉语所有的词的词类、用法问题。吕叔湘（1979：53）早就指出，比如指代词，一般需放到篇章的范围内考察其用法。因此，有关副词的研究应该跳出传统句法、语义框架的束缚，才能从根本上推动副词研究的进展。

**1.5** 我们认为，副词的用法主要与语用因素有关。比如，有一类副词用在句中，如果离开一定的语用背景，句子不能自立，通常会产生不同的理解。先看例句（杨亦鸣 1988、2000）：

(1) 王老师也教数学。

这是一个歧义句，至少有三个意义：

a. [李老师教数学，]王老师也教数学。
b. [王老师不仅学数学，]王老师也教数学。
c. [王老师不仅教物理，]王老师也教数学。



显然，具有 a 义时，“也”追加或指向的对象是“王老师”；具有 b 义时，“也”追加或指向的对象是“教”；具有 c 义时，“也”追加或指向的对象是“数学”。这里，“也”的位置虽然固定在主语和谓语之间，但在语义上，“也”不仅可指向后面谓语的“教”，也可指向前边主语的“王老师”和后边宾语的“数学”。可见，“也”的语义具有指向性或流动性。据此，我们把类似于“也”字这样的副词叫“动态副词”，它在句中的语义指向是不固定的，具有流动性，因而会产生歧义。

而另一类副词在句中通常不依赖于一定的语用背景，句子能够自立，一般不产生歧义。我们把它叫作“静态副词”，它的语义指向一般是固定的，不具有流动性。如：

(2) 在广场的人群中，身着鲜艳服装的2000对新婚夫妇**格外**耀眼。(RMRB－2000－1)[①]

(3) 慢慢地，大家**互相**影响，市场里缺斤短两的少了，守法经营的多了起来。(RMRB－2000－6)

因此，副词首先应该分为以下两类：动态副词和静态副词(详见下文)。从副词与其所指向的对象的数量来看，动态副词是"一对多"的关系，静态副词是"一对一"的关系。

可见在句法分析的框架内，无论采取怎样的方式，都难以对例(1)这个句子作出有新意的解释，但从语用角度去分析，就能获得较为满意的结果。即使是静态副词，它的语法功能也不仅仅是修饰谓语，例如，(2)中"格外"指向的是其后面的成分——"耀眼"，(3)中的"互相"指向的是其前面的主语——"大家"。这些在句法范围内同样不能作出令人信服的解释。因而，副词的用法主要与语用因素有关，动态副词和静态副词都说明这个问题。所以对副词功能上的分析，应该主要从语用的角度进行。换句话说，传统对副词分类的探讨，一般是基于语义或句法的研究。

本文对副词分类的研究是基于语用的。实际上，从语用角度来给词进行分类，早在《马氏文通》(马建忠1898)中已初见端倪，其卷一说"字无定义，故无定类，而欲知其类，当先知上下之文义何如耳"。时过多年，吕叔湘(1953)在引用该段话时再次指出，"马氏只说上下文义，没有说句子成分，可以包括较广"。

## 二、与副词语用分类相关的术语及其相互关系

**2.1** 杨亦鸣(1988)以及杨亦鸣(2000)等文中已经指出，副词的研究，比如"也"字必须结合一定的语用背景来探讨，前提不同，"也"字句的意义也会有所不同，"'也'字句的歧义就其本质而言是语用平面上的歧义，与语法范畴关涉不大"。

八十年代以来，一些学者使用语义指向的方法开展对副词的研究，在一定程

① 此处例句来源：《人民日报》语料库(光盘版)，在"RMRB－2000－2"中，"RMRB"代表《人民日报》，"2000—2"表示"年—月"，下同。

度上深化了人们对副词的认识，但多数学者对语义指向的探讨大都以语法分析为基础，仅仅局限于句法的框架，而不是以语用分析为基础，所以不能抓住问题的实质。如沈开木(1983)讨论“也”字句的歧义问题时，得出这样的结论：“把上文所说的全部综合起来，便成了：‘也’字‘指向前面而生的在先，指向后面而生的在后；前面紧邻最亲，后面宾先于动’的次序了。”显然，沈文在这里强调了句法位置的不同对“也”字“潜在义”的制约。后来，陆俭明(1997)在谈到语义指向分析背景时，仍称引这一结论，并且把语义指向的分析定性为“描写语法学里所运用的一种方法”，并指出“这是中国大陆在八十年代开始出现的新的句法分析方法”。可见，当时的研究还是着眼于在更大范围内对副词用法进行语法描写，对为什么会出现不同的语义指向的深层原因则挖掘不够。当然也有学者明确提出，副词的研究必须结合语境和语用进行，但或者其研究未受到足够的重视，或者其研究并未有深入的探讨，而流于笼统。更有甚者，在分析语义指向时，混淆了有关焦点、话语中心、前提、蕴涵、预设、语用预设、语义预设等相关概念，有时甚至从某个角度颠倒了它们之间的因果关系。

**2.2** 因此作为研究的基础，我们首先需对一些术语作简要界定。

2.2.1 在语义学或语用学中，前提(presupposition)又叫预设，这一概念是由德国哲学家、现代逻辑学奠基人 Frege 于 1892 年首次提出来的，因此语言学界公认，预设这一概念最早来源于哲学界，二十世纪六七十年代，它才成为语言学家广为关注的概念(参看石安石 1994)。利奇(Leech 1983)认为，前提可分为语义前提(semantic presupposition)和语用前提(pragmatic presupposition)，并指出前者易于用真实性关系理论来描述，后者需须用语用理论来描述。本文语用预设的概念类似于利奇(Leech 1983)对语用前提的看法，我们把话语中说话人想强调的成分叫信息中心，杨亦鸣(1988、2000)称作“话语中心”，与信息中心相对应的成分叫语用前提，杨亦鸣(2000)曾称之为“现实前提”或“话语前提”，它在话语中没有出现时又叫“意念前提”或“认知前提”，如为方便起见，可统称为语用前提或前提。



简言之，此处所说的语用前提，主要侧重从说话人或言语生成的角度来理解，也就是说，在话语交际中，说话人每说一句话，在他心里都会有一个语用前提。这时候听话人如不能准确推知说话人的语用前提，就可能导致理解上的偏差，造成歧义。例如，有一个笑话是这样的：

某人有一次准备请客，总共请了四个人：张三、李四、王五、赵六。前面的三位都按时来了，惟有第四位还迟迟未到。眼看时间不早了，主人等得着急，便说："唉，该来的还没来。"张三平时脾气暴躁，一听这话，心里便不高兴了："怎么这样，难道我不该来吗？"于是起身就走了。主人一看不对，怎么走了一位，于是又说了一句："不该走的却走了。"李四平时就和张三很要好，一听这话，心想："这是什么话，难道我该走吗？"于是李四也走了。剩下王五一个人，王五这人脾气不错，和主人又比较要好，于是对主人说："你这样说话不对，把他们都气跑了。"主人对王五又来了一句："我又不是说他们。"王五一听，心想："这不明明说我吗？"于是王五也走了。

这个笑话中，某主人三句话气走三个人。其实，他说每一句话时，语用前提可能都是针对赵六而言的，可是，张三、李四、王五三个人都认为是说自己的，这就造成了理解上的偏差，从而导致了不愉快的结果。

可见，在实际的话语中，语用前提具有下面的特性：

A. 不确定性（vagueness），即在没有确定是针对说话人还是针对听话人的时候，前提是不确定的；同一前提，既可理解为是针对说话人而言的，又可理解为是针对听话人而言的。

此外，语用前提还具有另外两种特性：

B. 可移动性（movability），即在话语交际中，正常情况下前提应该在说话人所要表达的重点的前面，但有时候也可以放到后面，例如：

（4）**幸亏**当初没上，如果上了的话，现在可就背包袱了。（RMRB－2000－6）

这样的句子，我们仍然认为，句中的"如果上了的话，现在可就背包袱了"是"幸亏当初没上"的语用前提。因为这个句子也可以把前提放在说话人所要强调的重点的前面，同样可以接受（只不过是强调的重点稍微不同而已），比较（4）'：

（4）'如果上了的话，现在可就背包袱了，**幸亏**当初没上。

前提的可移动性表现在实际话语中，当说话人意识到听话人还没有正确理解自己的意思时，通常会补充说明一些情况或另外增加一些内容，这些补充或增加的部分其实也可以是本来应该先说的语用前提。

C. 可撤消性（defeasibility），语用学理论认为，由于上下文和其它语境的原因,一句话的语用前提有时可以表面上不必存在,称之为语用前提的可撤消性(defeasibility)(Saeed,J. I. 2000)。[1] 请看这样一个例句:

(5) 很多的消费者在购买时不太关注出厂日期,认为彩电反正不会过期,最多只是款式老一点而已。(RMRB－2000－2)

由于上下文和人们的普遍常识的原因,上文"认为彩电反正不会过期"这一小句的语用前提被省略了,如果将其语用前提补足,意思仍然符合原文的需要,从某种程度上讲,表达可能更加明白、通顺:

(5)'很多的消费者在购买时不太关注出厂日期,认为(虽然其它东西可能过期)彩电反正不会过期,最多只是款式老一点而已。

2.2.2 与前提相对应的是焦点(focus),本文这一定义采用人们一般意义上的说法,认为焦点是说话人在传递中最关注的信息,这一意义上的"焦点"与预设相对,[2]而且本文所述的焦点,是指与句中的副词有关的说话人想强调的信息中心,为了与"语用前提"相对应,有时称之为"语用焦点",也就是前面所说的"信息中心",在杨亦鸣(1988、2000)中也曾称之为"话语中心"。

2.2.3 所谓"语义指向"就是指句子中某一个成分跟句中或句外的一个或几个成分在语义上有直接联系,其中包括了一般所认为的语义辖域。[3] 在杨亦鸣(1988、2000)中曾把语义指向称为"指向"或"追加对象"。语义指向是个比较宽泛的概念,介词、形容词、副词等都有语义指向,本文所述的语义指向,除非另有说明,一般都指副词的语义指向。[4] 关于语义指向与焦点的关系,一般认为,语义指向的对象,实际上就是焦点(沈开木 1999:174)。



---

① 另请参看袁毓林(2000a)。

② 参见《现代语言学词典》([英]戴维・克里斯特尔)。语言学界对焦点的争论非常激烈,以徐烈炯、刘丹青为代表的一派认为,焦点有自然焦点、对比焦点、话题焦点;以徐杰、李英哲为代表的另一派认为,焦点在性质上只有一类。本文对焦点的理解类似徐杰的观点,即承认一个句子中有且只有一类焦点。(徐杰 2001)另外,一个句子无论有没有副词,都存在焦点、前提和语义指向等范畴,本文所述的焦点、语用前提及语义指向是指与副词有关的概念。

③ 请参看周刚(1998)。

④ 沈开木(1996)甚至认为副词是一种能够充当前提触发语的词语,徐烈炯(2002)也认为可以把有些副词看成是焦点敏感算子(focus-sensitive operator)。

**2.3** 关于"语用前提"、"焦点"和"语义指向"之间的关系，主要有两种看法。一种观点认为，语用前提的不同会导致焦点和语义指向的不同。如沈开木(1984)认为："要从'不'字前面的话语里找出'不'字的否定范围，往往要依靠背景知识。"[①]陆俭明(1997)认为："'只'的语义指向会受语境的影响而有所不同。"周刚(1998)也认为："语境不同，其语义指向也会随之而不同。"而另一种观点又认为，利用语义指向对象(焦点)可以引出前提(沈开木 1983、1984、1996)。如此互为因果的论述和解释，显然产生了矛盾，于是到底是语用前提决定语义指向还是语义指向决定语用前提，这便是接下来所要探讨的问题。

2.3.1 通过结合语用前提等因素对大量副词考察后可以发现，副词的语义指向的成分往往就是该话语的焦点，而焦点的不同是由于语用前提的不同所致。换句话说，语用前提的不同导致焦点的不同，焦点的不同导致副词语义指向的不同。绝不是"焦点"导致"语用前提"的不同，因为前提如果不确定，有时一句话中哪一个成分成为焦点是不确定的，这才是语义指向不同的深层次的原因。为了加深理解，请先看下面的例句：

(6) 李老师教数学，王老师也教数学。

依照上文的分析和对相关术语的界定，在这句话中，前提句"李老师教数学"中的"语用前提"是"李老师"，"也"字句"王老师也教数学"中的"焦点"是"王老师"，副词"也"的"语义指向"为"王老师"。

从认知的角度看，说话人只有先知道前提句"李老师教数学"中的"李老师"为语用前提，才可能把"王老师"当作想强调的信息中心，即语用焦点，因而才有"也"指向"王老师"这样一种分析。听话人也只有顺着上述"语用前提——焦点"这一思路，才能获得正确的理解。不然至少会产生三种歧义(见上文1.5)。这种类型的歧义是在语用平面上造成的，与句法和语义的关系不大，称之为"语用歧义"(杨亦鸣 1988、2000)。

总之，依照上文的分析，所谓语用前提，如果侧重于从言语生成的角度来理解，针对说话人而言，应该是"语用前提的不同，会导致焦点的不同，焦点不同导致副词语义指向的不同"。

认为是"不同的焦点导致不同的语用前提"的学者，一方面，可能是从听话人



---

① 语用学理论认为，语用前提也属于一种语境/背景/上下文/情境，因而这里的意思也可以说是，语义指向取决于一定的语用前提，下同。

的角度来理解这句话的，此时听话人的脑中已经假定句中焦点的存在，而焦点一旦存在，在一定的上下文中，则很大的可能只蕴涵一种语用前提，于是，此时听话人便可以从焦点推导出说话人的语用前提；另一方面，也可能是由于把语用前提看成语义前提或逻辑前提中句子成立的真值条件所致。当然学术界对这些术语(包括前提和蕴涵的关系等)的含义还存在大量争议。

2.3.2　因此，有必要从“言语生成”和“言语理解”两种不同的角度来理解这些相关概念。Saeed, J. I. (2000:94)也认为，在言语交际中，我们可以从说话人的角度来看预设这一概念，并把预设看作是说话人对所要表达的信息的一些准备；或者，也可以从听话人的角度来看，把预设看作是建立在说话人表达信息的基础上听话人对说话人意图所作出的一种推论。例如上文例(6)，从言语生成角度看只有一个语用前提(当然在实际话语交际中，为适合不同的语用条件，说话人的语用前提有可能是上文例(1)所说的三个前提中的任何一个，但无论如何，正常情况下，前提只有一个)，从言语理解的角度看，若排除语用背景，[①]听话人则至少会有三个语用前提。

而分析一个句子时，通常是站在听话人(言语理解)的角度进行的，这时候，在书面语中，根据一定的上下文，读者往往首先会感觉句子当中的副词有确定的语义指向成分(焦点)，然后推测出有一定的语用前提。在口语中，听话人也可以通过一定的话语的节奏或重音来判断一句话的语用前提(意图)。在这种情况下，可以说，副词语义指向不同会导致焦点的不同，焦点的不同导致语用前提的不同。有时也可能直接说，不同的话语中心或不同的焦点“蕴涵”不同的前提(杨亦鸣 1988、2000)。这些都没有问题，关键要分清是从言语生成还是从言语理解的角度来看的，因为二者的过程正好是相反的、可以逆向的。关于这一点，沈开木(1999:327)也说过，在交际中，“人们常常利用前提去编码表达意思，因此，解码就得注意获取人家话里的前提”。



综上所述，两种过程的简图如下：

言语生成：语用前提──→焦点──→语义指向
言语理解：语义指向──→焦点──→语用前提[②]

---

① 有人认为这种无任何语用背景的情况，在实际话语中可能不存在。但有时也会有，比如有时你会对另外一个人突然说出的一句话感到莫名其妙，此时就是这样。另外电脑识别自然语言时，也近似于这种情况。

② 此顺序仅限于语用前提不出现时的情况，当前提句和本句一起出现时，理解顺序则有所不同，实际上知道了语用前提，一定程度上则预知了下文话语的内容。

所以就整个交际过程而言，只能说是语用前提的不同导致焦点的不同，而非焦点的不同导致语用前提的不同。因为从话语交际的发生来看，应该是先有言语生成，然后才有言语理解。

可见，只有这样一步步分析，才能发现副词的不同语义指向的深层次原因，从而推动副词研究的进展。

**2.4** 此外，为了进一步了解动态副词和静态副词内部的特点和分类，我们还需明确有关副词的“项”和副词的“指”两个概念。

2.4.1 副词的项。杨亦鸣(1988)曾提出“单项性和联项性”的概念，指出“‘也’字每次可以只追加一个单项，也可以追加几个项的联合体”。邵敬敏(1990)也提出类似的概念。副词的“项”，是指该副词在语义上能够追加或指向的成分的数量。只能追加一个成分的副词叫“单项副词”，能追加或指向两个或两个以上成分的副词叫“多项副词”。

2.4.2 副词的指。杨亦鸣(1988)还曾提出“一面性和两面性”的概念，指出“‘也’字句中‘也’每次可以只追加‘也’之前或之后的项(单项的或联项的)的性质称为一面性……可以同时追加前项和后项的性质称为两面性”。邵敬敏(1990)也提出类似的概念，并明确称之为“指”，这里参考邵文的说法，选用“指”来表示“一面性和两面性”这个概念。副词的“指”，是指副词语义联系或追加的方向。按照句法结构的线性排列，只能追加副词之前或之后的项(单项的或联项的)的副词叫“单指副词”；既可以追加前项也可以追加后项的副词叫“双指副词”。“单指副词”实际上还可分为“前指副词”和“后指副词”。

2.4.3 需要说明的是，杨亦鸣(1988)还提出了“自然性与非自然性”、“前提与所指的不统一性”等概念，因与本文主旨关涉不大，这里暂不论及。此外，邵敬敏(1990)还谈到“联”的概念(即副词在语义上同时联系的对象)，并由此引申出副词有时可能指向句外的成分这种特殊情况。后来也有其他学者表达了类似的思想，即副词可以指向句外的成分。但出于同样的考虑，本文不拟使用这一概念。①



① 实际上，“联”的概念有问题。其一，我们在考察时，发觉有的所谓副词指向句外成分，实际上有时仍是指向句内，只是那个句内成分实际上被省略掉了。我们仍然来看邵文举的例子：

(1) 我把这个问题**一起**解决了。

邵文认为，“一起”在语义上除了跟句中“这个问题”联系外，还同句外潜在项“那个问题”发生联系。我们认为，“那个问题”在句中是被省略了，我们可以把它补出来，而且补出后意思更加明确通顺，比较(1)'：

(接下页)

## 三、副词的语用分类及其考察步骤

**3.1** 我们的考察分两个阶段进行。第一阶段着重考察动态副词与静态副词的分野(3.2、3.3),第二阶段着重考察动态副词和静态副词的内部分类(3.4、3.5)。

**3.2** 第一阶段,动态副词、静态副词划分的考察步骤,主要分两步进行。

首先,看句子是否符合语感,即句子是否依赖于明显的语用前提。具体考察时,可以单独拿出一个带有副词的句子(句子的语法结构没有问题),首先从心理上看它能否自立,即在不需要语用前提的情况下,在心理上可否被接受,是不是觉得别扭或感觉似乎缺少什么,例如,单说,“他反而打她”,我们会觉得很别扭,如果对这句话不加解释,心理上便难以接受,这就是由于这个带有副词的句子缺少明显的认知前提的缘故。因为这类副词的使用依赖于语用因素,我们称之为动态副词——归入A类。但单说“他非常爱她”,我们就不觉得别扭,心理上也可以接受,这种情况下我们认为这个句子不需要明显的语用前提。即便如此,我们还是难以确定在一定的语用背景中,这类副词句是否还有歧义?于是转入下一步分析。

其次,看句子是否有“语用歧义”。表面上看既符合语感,又符合语法的句子,如果要辨别其是否有“语用歧义”的话,则需作深入考察,我们首先在大量的语料中考察其是否有不同的语义指向,然后一步步分析造成不同语义指向的深层次原因。最后确定是否是因为语用前提的不同导致副词有不同的语义指向,从而产生语用歧义。有时候,这类副词的语义指向表面上好像比较容易确定,但仔细考察后,在不同的语用背景下,由于前提的不同,句子仍然有歧义。总之,通过更深入的考察,如果句子有语用歧义,我们就把句子中的副词同样归为A类。如:

---

(接上页) (1)’我把这个问题和那个问题**一起**解决了。

其二,我们认为不仅动态副词可以指向句外,静态副词也可以指向句外。这样,“联”的概念对于副词次类的划分并无帮助,有时还会引起不必要的混乱。比如邵文(1990)认为,副词可以分“单指副词”、“双指副词”,“前指副词”、“后指副词”,“单项副词”、“多项副词”以及“多联副词”等。这样像“也”字,既可以是“双指副词”、“多项副词”又可以是“多联副词”,那么到底把它归入哪一类仍不确定。实际上,如果说邵文(1990)对副词次类划分存在混乱的话,那么其症结正在于此。请看下面的两个例子:

(2) 剩下的肉**胡乱地**炒了盘木须肉。(“胡乱”,副词,见侯学超《现代汉语虚词词典》,它属于静态副词,见正文5.3;在语义上指向“炒”的施事,而这个施事在句中并未出现。)

(3) 剩下的肉**也**炒了盘木须肉。(“也”,动态副词,杨亦鸣(1988、2000)认为它具有“任意地类同追加性”,因而,它同样可以指向句外成分——“炒”的施事。)

(7) 她也许出差了。

例(7)就是有语用歧义的句子,至少有以下两种解释:

a. [别人有没有出差我不知道,]她也许出差了。
b. [她去哪儿了我不敢肯定,]她也许出差了。

又如:

(8) 幸亏你来了。

该句也有语用歧义:

a. 幸亏你来了[,我们才不至于被骗]。
b. 幸亏你来了[,我们才能开始开会]。

再如:

(9) 老赵就学过法语。

该句也是个歧义句,在语用平面上,至少有两种理解:

a. [别说没有人学过法语,]老赵就学过法语。
b. [老赵没学过其它语言,]老赵就学过法语。(此为陆丙甫 1984 用例)

类似于这样单独用在句中有语用歧义的一类副词,我们仍叫它动态副词,归为 A 类。

下面我们再来看另一类副词,它们用在句中既符合语感,又没有语用歧义,我们把它叫做静态副词,归为 B 类:

(10) 工地上**处处**可见近百名职工繁忙的身影。(RMRB—2000—1)
(11) 节日的北京,**处处**欢声笑语。(RMRB—2000—2)

(12) 天渐渐亮了,雨终于停了,……(RMRB－2000－4)

(13) 经历艰难的阵痛,绝大多数同志都渐渐接受了下岗分流的现实。(RMRB－2000－4)

上述考察步骤可用如下简图来表示:

第一步:是否符合语感

否……………………A类

是……………………转入下一步

第二步:是否有语用歧义

是……………………A类

否……………………B类

(A类:动态副词,B类:静态副词)

需要说明的是,以上两个步骤是统一的。根据步骤一,如果一个句子单独看既不符合语感,但语法上又没有问题,那么问题就可能出在语用上,即可能由于不同的语用前提导致副词有不同的语义指向,从而产生歧义,我们把这样的副词归为A类。根据步骤二,如果这个句子符合语感,还可能分两种情况,看它是否有不同的语用前提,从而导致副词有不同的焦点,以致产生语用歧义,如果有语用歧义,同样把相应的副词归为A类,否则归为B类。

**3.3** 因而,结合上文(1.5)的分析可以发现,A类与B类的特征恰好是对立的。动态副词的特征为:[＋指向流动性]、[－前提强可撤消性]、[＋语用歧义];静态副词的特征为:[－指向流动性]、[＋前提强可撤消性]、[－语用歧义]。可用下表表示:

| | 指向流动性 | 前提强可撤消性 | 语用歧义 |
|---|---|---|---|
| 动态副词 | ＋ | － | ＋ |
| 静态副词 | － | ＋ | － |

另外,需要说明的是,我们对副词的选取和定性基本上依据吕叔湘的《现代汉语八百词》,即考察"八百词"中标注的词性是副词的那些词,原则上我们考察只能充当状语的副词,同时对于"八百词"中标注的兼具两种词性的词,例如"一律"有时为形容词有时为副词,"一起"有时为名词有时为副词,对于这些词我们只考察其作为副词的用法。此外,几乎每一个副词都有基本义和派生义,本文在对副词进行归类时,主要是根据副词的基本义进行的。

**3.4** 在第一阶段的基础上，我们进入考察的第二阶段：着重考察动态副词和静态副词的内部分类问题。

我们认为对动态副词以及静态副词内部分类的考察宜从语义指向的角度进行。同时需要明确的是，通过前文的分析可以发现，语义指向变化只是表面的，语用前提的制约才是深层次的，但传统对语义指向的分析大都局限于句法(2.1)。一种可能的原因是，以往谈到语义指向的时候主要着眼于分析语法关系与语义关系的异同、它们的不一致性以及语义指向的跨层次性等，如张国宪(1991)、卢英顺(1995)、詹人凤(2000)等。由于没能从深层挖掘语用因素对语义指向制约，因而相应的探讨也就显得不够系统、深入。本文尽管也谈语义指向，但更着眼于语用前提对语义指向的制约而导致语义指向的变化。

**3.5** 可以依照以下三个步骤来具体考察确定副词的语义指向。

3.5.1 第一步，从语义特征上看副词与句中其它成分是否能够搭配。

依照上文对语义指向的定义，副词的语义指向是指副词与句中某一成分有直接联系。我们认为，它们是否有“直接联系”的前提是他们是否能够“直接联系”，也就是说，他们是否具有修饰与被修饰、限制与被限制等组合关系。简言之，如果他们能够形成组合关系，则可能有语义指向关系，如果不能，则不会有语义指向关系。比如：

(14) 他**满满**斟了一杯酒给老王。(“满满”，副词，见朱德熙 1982：194)

这个句子中的主要成分有“他”、“满满”、“斟了”、“一杯酒”、“给”、“老王”等，但是，副词“满满”表物体的一种状态，不可能与它们都会有语义指向关系，只能与其中的“一杯酒”有语义指向的关系。因而，“满满”只能与“一杯酒”搭配，不能与其它成分搭配。换句话说，“满满”在句中是个单指副词。

(15) 他**同情地**笑了笑。(“同情”，副词，见朱德熙 1982：153)

在这句话中，“同情地”表示人的一种心理状态，只能指向句中的“他”。

(16) 人们可以以车代步，**怡然**沿路探胜。(“怡然”，副词，见张谊生 2000c。例句来自 RMRB—2000—9)

在这句话中，相对其它成分而言，“怡然”一般只能与“人们”搭配。

其实这是一种利用语义特征来确定语义指向的方法(邵敬敏 1992:105)。经考察,一个副词能否与其它成分搭配的基本要求就是该副词的语义特征与另外一个成分必须具有相重合或类似的地方。如例(15)中"同情地"具有[+有生]、[+心理状态],句中只有"他"具有[+有生]这一语义特征,因而它们能够搭配。又如,副词"也"之所以能够有不同的语义指向,就在于它具有[+任意的类同追加性]这个语义特征作为基础(杨亦鸣 1988、2000)。

3.5.2 第二步,增加相应的语用前提看句子是否通顺。

通过上一步骤,我们可以判断出原则上副词到底可以和多少个成分能够搭配,如果只能和一个成分搭配,那么副词在句中往往只有一个语义指向,句子一般不会有语用歧义。如果该副词可以与句中的两个或两个以上成分搭配,那么我们判定该副词是否有不同的语义指向就比较困难。这时候,可能有不同的语义指向,也可能由于句式、句法等因素的影响和制约,从而导致其只有一个语义指向。我们通常依靠增加语用前提的办法来解决这个问题,[①]例如:

(17) 她尤其喜欢玫瑰。

这句话中,"尤其"可以与"她"构成线性组合,可以说"尤其她/尤其是她";"尤其"也可以与"喜欢"构成线性组合,可以说"尤其喜欢";"尤其"还能与"玫瑰"构成线性组合,可以说"尤其玫瑰好看"等。因此,这句话中"尤其"可以有三个语义指向成分。增加相应的前提后,句子显然通顺:

a. [那群人中,]她尤其喜欢玫瑰。
b. [她不是一般喜欢,]她尤其喜欢玫瑰。
c. [她不喜欢别的花,]她尤其喜欢玫瑰。

但在"她非常喜欢玫瑰"这句话中,"非常"只能与"喜欢"搭配,可以说"非常喜欢"。一般不说,"非常她/非常是她","非常玫瑰好看"(但可以说"尤其玫瑰好看")等。因此,这句话中"非常"只有一个语义指向成分,句子一般没有歧义。

3.5.3 第三步,运用"替换法(substitution)"确定相关的副词是否都有类似的语义指向关系。

如果把所有的程度副词都代入"她____喜欢玫瑰"中,就会发现像"顶、更、更

① 关于如何增加语用前提,另请参看沈开木(1984),杨亦鸣(1988、2000)等。

加、越发、较、比较、极其、尤其、尤”等相对程度副词都会产生类似于“尤其”那样的歧义，因而它们属于同一类。需要注意的是，在替换时，必须尽量选取同一类的副词（此处指传统意义上副词的类别）去替换。而且，为保证结果的可靠性，替换后还应该重复第一、二步骤来验证。实际上上述三个考察步骤应该重复使用，循环进行。总之，通过上述分析可以发现，副词语义指向的确定需要从语义、句法，特别是语用等多个方面进行研究。

3.5.4 具体考察确定语义指向的流程如下：

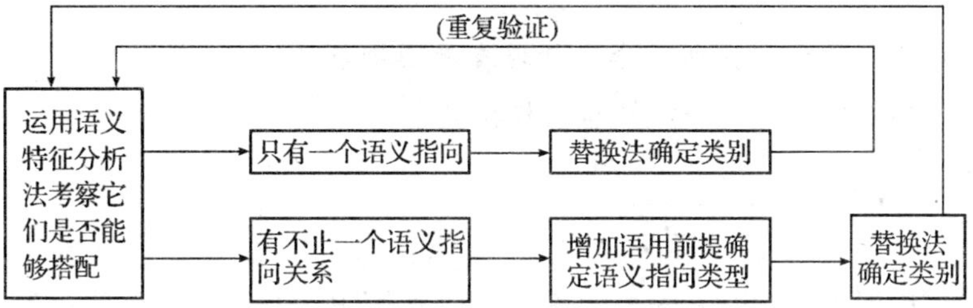


**3.6** 综上，从语义指向的角度来看，所谓动态副词，就是指一个副词可以指向不同的项，从而产生语用歧义的副词；所谓静态副词，就是指一个副词只能指向句中一个特定的项，一般不会产生语用歧义的副词。通过对动态副词考察后还发现，不同的动态副词的语义指向往往呈现不同的特点，也就是说，动态副词内部还可以根据语义指向的特点分为以下几个类别：多项双指副词（包括多项可谓副词和多项非谓副词）、多项前指副词、多项后指副词；另外，静态副词还可分为单项前指副词、单项后指副词和单项定指副词。

接下来，我们将按照上面所确立的步骤和原则对传统意义上的副词进行考察，并报告考察结果。①

## 四、动态副词的再考察

**4.1** 动态副词内部还可以根据语义指向的特点分为以下几种类别：多项双指副词（包括多项可谓副词和多项非谓副词）、多项前指副词、多项后指副词。

**4.2** 多项双指副词。这类副词在句中能够指向不止一个成分，同时这类副词既可以指向其前面的成分也可以指向其后面的成分。邵敬敏（1990）认为这类副词在一定条件下往往会产生歧义。实际上，多项双指副词还可以细分。

如果把一个句子的谓语部分叫 P，谓语前的成分包括主语部分叫 S，谓语后

① 本文基本上依据《八百词》所列的副词做了穷尽式的考察，下文只报告考察结果，并举例分析。

面的成分叫 C。仔细考察后,便发觉多项可谓副词可以根据副词是否指向谓语 P,分为既能够指向 P 又能指向 S 和 C 的多项任指副词(或叫多项可谓副词)和不能指向 P,只能指向 S 和 C 的多项非谓副词。

4.2.1　多项可谓副词。这类副词在句中的语义指向不受任何限制,即它几乎可以指向句中的任何一个语法成分(包括谓语部分),或同时指向其中两个/多个成分。如“也”字,根据我们以前做过的分析,它在句中有任意的类同追加性,并且它还可以一次追加几个项的联合体(杨亦鸣 2000)。例如:

(18) [你们研究所的李老师现在教模糊数学,]

我们 学校的 王老师 过去 **也**教模糊数学。

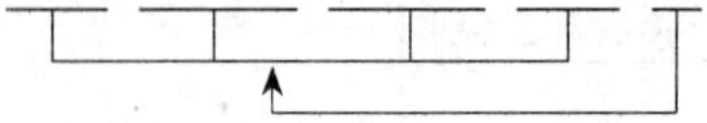

“也”同时时指向“我们、学校的、王老师、过去”几个项。我们认为一般情况下,可以指向多个语义成分的动态副词,也具有像“也”字这样的特点,即可以一次追加几个项的联合体,下同。这类副词有:也、亦、又、最、[①]顶、更、更加、越、越发、较、比较、极其、尤其、尤、不、[②]没有、没、别、未、莫、勿、还、特别、也许、大概$_1$(表推测义)、就$_1$(表推测义)、必须、必定、的确、确实、无须、是否、不用(甭)、必、不必、不妨、居然、竟然、反倒、反而、偏偏、只好、不妨、反、并等。例如:

(19) 他不赞扬新选出的局领导。

这句话至少可能有如下歧义(沈开木 1984):

a. [别人赞扬新选出的局领导,]他不赞扬新选出的局领导。
b. [他批评新选出的局领导,]他不赞扬新选出的局领导。
c. [他赞扬上次选出的局领导,]他不赞扬新选出的局领导。
d. [他赞扬新任命的局领导,]他不赞扬新选出的局领导。



① 邵敬敏(2000)认为,这样的一类传统意义上的相对程度副词,由于可能涉及到另外一个比较对象,可能是歧义的。关于“相对程度副词”和“绝对程度副词”的区分请参看王力(1985:189);周小兵(1995)。

② 沈家煊(1993)认为,“否定虽然没有语义上的歧义,但有语用上的歧义”;钱敏汝(1990)也认为,如“我今天不看书”这样的句子中,除了“不”以外的其余成分都属“不”的否定范围。

e. [他赞扬新选出的处领导,]他不赞扬新选出的局领导。

f. [他赞扬新选出的局职工代表,]他不赞扬新选出的局领导。

(20) 她最喜欢梅花。

该句有三种意思:

a. [那群人中,]她最喜欢梅花。

b. [她不是一般喜欢,]她最喜欢梅花。

c. [她不喜欢别的花,]她最喜欢梅花。

如果用 $p$ 表示这类句子语用前提的取值范围,$F$ 表示在一定的句子中特定副词不可以指向的成分的数量。那么多项可谓副词歧义的取值范围是:

$p \leqslant 2^{n-F}-1$。(具体构建过程请参看杨亦鸣(2000))[①]

4.2.2 多项非谓副词。这类副词在句中除了一般不指向谓语部分外,其语义指向比较自由,既可前指又可后指。这类副词歧义的取值范围是:

$p \leqslant 2^{(n-1)-F}-1$。

---

① 杨亦鸣(2000)认为表示语用前提的 P 还不能是句子的取值范围,因为前提与所指是不统一的,前提内部还有类与各分子的区别(详见杨亦鸣 1988),以"王老师也教数学"为例,与"王老师"相对应的前提既可以是"其他人"这个类,也可以是其中的分子,即"其他人"中任意的一位,如"李老师"、"张老师"等,所以即使知道"王老师"为"也"字所追加的成分,但由于前提所指的不同,其话语交际的针对性就会有所不同,该"也"字句所蕴涵的语义仍有多种可能,如:

其他老师教数学,王老师 也教数学。

李老师教数学,王老师 也教数学。

张老师教数学,王老师 也教数学。

……

究竟是类还是分子要在具体语境中才能确定。所以确定了前提还不等于确定了意义。如果用 $q$ 表示歧义的取值范围,那么 $q>p$,所以 $q$ 可用下式表示:

$q>p \leqslant 2^{n-F}-1$

但是俞士汶教授指出这个公式从数学上看有问题,因此这里不用 $q$ 表示歧义的取值范围,只用 $p$ 表示语用前提的取值范围,但这并不妨碍我们的基本观点,因为在具体语境中,前提与所指一般是确定的,因此确定了前提也就确定了意义。这里要特别向俞士汶教授表示感谢。

这类副词[①]有：分别、大都、大概$_2$（表范围）、都$_2$（表范围）、全、皆、多半儿、一概$_2$（表范围）、一律$_2$（表范围）、明明、分明、恰恰、反正、果然、果真、就$_2$（表范围）等。例如：

(21) 他和老李分别向会长和秘书长作了汇报。

这句话中由于“分别”的指向不同，从而可能产生歧义，至少有两种歧义。一种理解，可以是“他和老李”同时都向“会长和秘书长”汇报，另一种理解，也可以是“他”向“会长”汇报，“老李”向“秘书长”汇报。

(22) 她们多半儿是一年级的大学生。

这句话也有歧义，至少有三种理解（邵敬敏 1990）：

a. 她们多半儿是一年级的大学生[，而不是别的年级的大学生]。
b. 她们多半儿是一年级的大学生[，而不是一年级的中学生]。
c. 她们多半儿是一年级的大学生[，而不是别的年级的中学生]。

**4.3** 多项后指副词。这类副词在句中一般只能指向其后面的成分或项，同时它可以指向不同的项。主要有：再、才、[②]只、惟（唯）、仅、仅仅、单、单单、光、光光、幸而、幸好、幸亏、不过、顶多、独、独独、起码、至多、至少、尽、净、毕竟、总归、终归、难怪、终究等。

这类副词的句法分布一般位于主语后谓语前。也有少数位于主语前的，如“幸而、幸好、幸亏”等。其歧义的取值范围应该是：

$p \leqslant 2^{n-m-F}-1$。（$m$、$F$ 都是指不可指向的成分的数量，具体构建过程请参见徐以中（2003））。



如“再”字句式就是一个多义结构（吴中伟 1997）。

(23) 再来两瓶啤酒。

---

① 史锡尧（1990）认为，像“分别、陆续、都”这类词一般不指向谓语，另外，有人认为像“就”等表范围的副词一般不指向修饰对象本身（林曙 1993）。

② 邵敬敏（2000：276）认为，“才”应该描写为后指多项副词。

可以有以下两种理解：

a. [炒几个菜，]再来两瓶啤酒。

b. [还有啤酒吗？]再来两瓶啤酒。

(24) 只吃了一个面包。

也可能有不同的意思(陆俭明 1997)：

a. [我没吃什么，]只吃了一个面包。

b. [面包我吃得不多，]只吃了一个面包。

再看“幸亏”：

(25) 幸亏你提醒他。

这句话可以有三种意思(杨亦鸣、徐以中 2004)：

a. 幸亏你提醒他[，不然他早就忘了]。

b. 幸亏你提醒他[，你提醒别人是没有用的]。

c. 幸亏你提醒他[，别人提醒他，他是不会理睬的]。

**4.4** 多项前指副词。这类副词在句中一般只指向其前面的成分或项，同时它也可以指向不同的项。主要有：一起、一同、一道、一块儿、一齐等。例如：

(26) 这几道题我们一起解决。

这句话中的“一起”既可以指向“这几道题”又可以指向“我们”，还可以同时指向“这几道题”和“我们”，因而有歧义。具体见下：

a. [别的题我们单独去做，]这几道题 我们 一起解决。

b. [这几道题一个人做比较难，]这几道题 我们 一起解决。

c. [那几道题他们每人做一题,]这几道题 我们 一起解决。

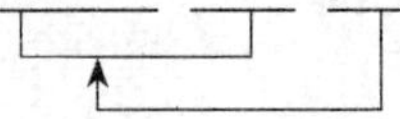

其歧义的取值范围也应该是:

$p \leqslant 2^{n-m-F}-1$。

**4.5** 另外,需要说明的是,有些歧义是由于副词本身语义的问题造成的,而不是语义指向不同造成的歧义,这种情况不在我们讨论之列。沈家煊(1991)认为这类歧义甚至不是真正的歧义句,沈文同时举了这样一个例句:

(27) 火星上可能有生命。

该句可以有两种意思,一种意思是火星上可能有生命,但不一定有,一种意思是对火星上肯定没有生命的反驳,是说火星上不一定没有生命。这两种理解完全由“可能”这个“级差词语”造成的(沈家煊 1991)。

还需要说明的是,上文以及下文在对副词的语义指向的探讨时,一般只考虑句子的常规句式(简称“常式”),而不考虑其“变式”的情况,[①]例如,“这几道题我们一起解决”这样的句子,也可以变换成“a. 我们把这几道题一起解决”或“b. 我们一起把这几道题解决掉”等,我们把变换前的句式看成是“常式”,把“a”、“b”看成是“变式”或“特殊句式”。少数句子,像“沙发并排放在屋角”和“屋角并排放着沙发”这样的句子,很难说哪一个是“常式”,哪一个是“变式”的情况,我们把它们看作例外。

总体上,A 类动态副词,指有可能产生语用歧义的副词,注意这里只是说有可能产生歧义,不是说这类副词在所有句子中都会产生歧义。在实际运用中,由于一定的上下文或交际双方的背景知识等因素的影响,往往没有歧义,这才是正常现象。而下文 B 类静态副词则不同,此类副词一般不会产生歧义,特别是语用歧义。当然也应该注意到 A 类 B 类副词的划分有时也并非是绝对的。



## 五、静态副词的再考察

**5.1** 考察的对象和范围限于上文所说的没有语用歧义的副词,即此类副词在句子中的运用不依赖于明显的语用前提,换句话说,它们用在句中既符合语感,又

① 关于汉语中“常式”和“变式”的区分和理解,请参看胡明扬(2000)、邵敬敏(1986)。

没有语用歧义，如上文(3.2)中的“处处”、“渐渐”等。此外还有几点需要说明。

首先，学界近年来讨论的“副词可否修饰名词”的问题，目前还存在争议，有兴趣的读者可参阅杨亦鸣、徐以中(2003)等。在这里，我们可以把它看成是副词用法的一种特例，就像极少数表程度的副词可以充当补语一样，我们不能就据此认为有必要设立补语副词这一次类。对此，我们将另文以详，本文暂不考虑这种特殊情况。

其次，还有副词修饰数量词的现象(注意副词修饰数量成分与副词修饰谓语指向数量成分是不同的现象)，这里的副词可以看作动态副词，因为这样的副词用来修饰数量词的时候，往往是用以表明说话人对某数量的看法和态度的(马真1981)。例如：

(28) 刚好六十分。

该句是个歧义句，在语用平面上，至少有两种理解：

a. 刚好六十分，[差点儿不及格]。(庆幸、得意的结果)
b. 刚好六十分，[没有什么好高兴的]。(一种无须得意的结果)

再次，我们排除考查副词连用的情况，包括“不”、“没有”等与其它副词连用的情况。因为一方面副词单用是连用的基础，另一方面，副词连用现象比较复杂，其中可能还涉及到更多的因素，比如认知因素，像“不”与其他副词的连用就是这样的(沈家煊1993)。

参照上述原则通过对静态副词的考察后发现，这类副词在句中通常只有一个确定的语义指向，属于单指单项副词，其使用一般也不涉及上下文等其它语用因素，因而一般没有歧义。它们可以分为以下三类：单项后指副词、单项前指副词和单项定指副词。

**5.2** 单项后指副词。这类副词的语义指向的数量比较单一，且只能指向其后面的成分。它们按所指对象的类型和性质还可概括为以下两类。

5.2.1 指向谓语部分。这些副词为单指副词，因而一般不会产生语用歧义，即使谓语部分是由两个动词组成的连动结构也是这样。如徐复岭(1986)认为，在不同的句式中，连动短语前的副词语义指向基本上存在三种类型：指向整个连动短语，指向连动短语的头一部分，指向连动短语的后一部分。可见它们的语义指向仍然只有一个，而且一般指向谓语部分。这一类副词有：很、挺、十分、非常、怪、好、真、太、大力、倍加、大肆、肆意、大举、大为、深表、深为、热切、不胜、成倍、尽快、横加、一口、一头、一拳、节节、劈面、劈头、一举、连、大大、早早、不胜、从重、远远、紧紧、匆匆等。例如：

(29) 1982年6月，以色列**大举**进犯黎巴嫩南部，向驻黎的巴解组织和叙利亚军队发动猛烈进攻，第五次中东战争爆发。(RMRB—2000—3)

(30) 春兰集团日前宣布将**大举**进军电子商务网上交易。(RMRB—2000—3)

(31) 我觉得北京**挺**神秘的，钱多的人很多。看北京人收入不高，可花起钱来特别慷慨。(RMRB—2000—1)

(32) 过两天同事生日，就送这个，**挺**特别的。(RMRB—2000—12)

需要说明的是，这中间，有一部分副词一般只修饰动词，如“连”(后接单音节动词)、“大大”、“早早”、“远远”、“紧紧”等，袁毓林(2000b)认为，由形容词重叠造成的副词表示状态，它只能用在动词性成分前面作状语，加上副词后缀“地”仍然只能作状语。如“好好地说、慢慢地吃、远远地看、早早地起床”等。

5.2.2 指向数量成分(NumP)。如：总共、统共、总$_2$(表范围)、共、凡、足、足足、大约、几、几乎$_2$(表范围)、将近$_2$(表范围)、约、约莫等。杨荣祥(1999)把这些副词称为统计副词，并且指出“统计副词的语义指向只有一种，即句法结构中位于其后的NumP，无论是直接修饰NumP还是间接修饰VP。凡使用统计副词的句法结构，其中必须包含一个NumP”。例如：

(33) 1999年全国**共**出口摩托车25.28万辆，仅占总产量的2.5%，占世界贸易量的10%。(RMRB—2000—5)

(34) 预计所有这些撤军准备工作将**总共**耗资约2.5亿美元。(RMRB—2000—5)



**5.3** 单项前指副词。这类副词在句中的语义指向的数量也比较单一，且只能指向其前面的成分。主要有：互相、相互、互、相、统统、通通、一概$_2$(表范围)、一律$_2$(表范围)、亲自、亲口、肆意、特意、猛然、公然、巍然、欣然、爽然、连忙、赶紧、赶忙、悄悄、暗暗、尽情、暗自、擅自、处处、独自、急急、猛地、胡乱、陆续等。例如：

(35) 对院长、庭长**亲自**办案，中国政法大学博士生朱庆育觉得这是

个好现象。(RMRB—2000—1)

(36) 人们都想在这阳光明媚、鸟语花香的节日里**尽情**地欢乐一番。(RMRB—2000—2)

(37) 他一手拿着铁锹,一手拉着少先队员**健步**来到一棵白皮松前,挥锹培土。(RMRB—2000—4)

**5.4** 单项定指副词。这类副词一般指向整个句子或事件,所以其指向既比较单一也比较固定。它们中的一部分类似于传统意义上的时间副词,[①]一部分类似于张谊生(2000b)的"评注性副词",它们的分布比较自由,其功能也就是针对整个命题进行评注。主要有:业已、早已、早就、曾经、业经、已经、正在、终将、必将、即将、将要、就要、行将、将近$_1$(表时间)、向来、总$_1$(表时间)、往往、常常、未免、都$_1$(表语气)、索性、何尝、何其、何妨、何必、忽然、几乎$_1$(表语气)、难道、岂、究竟、到底等。例如:

(38) 经过多年的开发建设,江苏开发区**已经**进入成熟期和产出期。(RMRB—2000—2)

(39) 我知道,这十有九是空事,便**索性**丢开了念头。(RMRB—2000—6)

(40) "沙尘暴"又**何尝**可以低估?(RMRB—2000—5)

(41) 她像阴霾密布的天空**忽然**射出的一道阳光,照亮了我苍白的人生。(RMRB—2000—5)

其中"难道、岂、究竟、到底"等几个副词用于疑问句时其语义指向比较特殊,一般总是指向一有形的疑问成分(陆俭明 1997)。王健慈等(1999)通过考察后也发现,副词"难道"的位置从句首向句间移动时,焦点逐渐突现。这再一次佐证了其语义指向是单一的观点。王文还举了这样的几个例句:

---

① 按照陆俭明、马真(1999)的说法,一般所说的时间副词,如,刚、已经、马上、正在、终于、常常等,"大多不表示'时',而表示'态'"。我们知道,一个句子的时态应该是针对整个句子或者说是针对整个事件而言的,所以从本质上讲,时间副词一般的作用范围或语义指向是整个句子或事件,而不仅仅是谓语。退一步讲,虽然有些时间副词在形式上与谓语的联系较紧密(李敬国 1998),但我们不能据此就认为它们是指向谓语或谓语中心语的,因为语法关系与语义关系本身是不同层面上的概念。

**难道**这句话我说得不对

这句话**难道**我说得不对

这句话我**难道**说得不对

这句话我说得**难道**不对

另外，有人认为“难道”可表示反问和推测两种意义（刘钦荣、黄芬香 1999），因而有时是歧义的，我们认为这属于概念歧义而非语用歧义，因此并不影响本文分析结果。

## 六、余　论

**6.1**　按照语用来分类，现代汉语副词的下位分类可总结如下图：

- 副词
  - A类：动态副词
    - A1：多项双指副词
      - 多项可谓副词：不、也、更加、尤其（歧义取值范围：$P \leqslant 2^{n-F}-1$）
      - 多项非谓副词：分别、多半儿、统统（歧义取值范围：$P \leqslant 2^{(n-1)-F}-1$）
    - A2：多项后指副词：才、只、幸亏、恰恰、究竟、反而、何妨（歧义取值范围：$P \leqslant 2^{n-m-F}-1$）
    - A3：多项前指副词：一起、一同、一道、一齐、一块儿（歧义取值范围：$P \leqslant 2^{n-m-F}-1$）
  - B类：静态副词
    - B1：单项后指副词
      - 指向谓语部分：很、挺、非常、紧紧
      - 指向数量成分：约、共、总共、统共
    - B2：单项前指副词：互、相、亲自、尽情、处处、陆续、特意
    - B3：单项定指副词：早已、将、已、常常、未免、何必、索性

**现代汉语副词语用分类层级系统表**



**6.2**　根据考察结果可以发现，静态副词的意义是比较实的，动态副词的意义是比较虚的，静态副词的数量远远多于动态副词的数量。这似乎也可以说明，汉语语法学界为什么对于副词的虚实归类问题存在长期争论。认为副词应归于实词的学者，可能根据的是大多数的副词是静态副词，数量多，意义又比较实在，所以认为副词应该归于实词；而认为副词应归于虚词的学者，可能只注意到动态副词比较活跃，但意义比较虚，用法比较空灵，虽然数量较少但由于它们在日常生活中使用频率很高，人们从心理上感觉到似乎整个副词的意义和用法都是非常虚的，因而从整

体上认为副词应该归属于虚词，其实这是一种词频效应（word frequency effect）导致的结果。

**6.3** 本文的研究思路和结果对中文信息处理（理解和生成）也有一定的借鉴作用。在中文信息处理中，歧义问题一直是制约其研究进展的一个重要瓶颈。特别是如何消解语用歧义问题，因为它涉及到一定的上下文、前提等背景因素，使得问题更加复杂，目前在计算语言学界还没有一个妥善的解决办法（王建波等 1995，侯敏 2001）。杨亦鸣（2000）也曾指出，在自然语言的理解中，“由于机器不懂语感，必须把歧义句式分化为单义句式或给机器以形式化的指令，它才能排除歧义”。本文根据语用前提的不同，考察并制定了各类动态副词歧义取值范围的计算公式，这种形式化的描写有益于计算语言学专家对排除歧义算法的研究，并有助于编制成机器语言，从而消解相应的语用歧义。此外，在机器翻译中，提高语法规则的首选率，减少回溯次数，设计快速、高效的语法分析器是实现一个机译系统必须考虑的问题（宗成庆等 1997）。本文对副词在句法中语义指向的分析（“指前”、“指后”还是“指向一个整体”等），对提高语法分析的效率有直接的借鉴作用。在自然语言信息处理中还涉及“文—语转换（text-to-speech）”问题，这个技术的难点是如何让计算机像人一样根据需要读出抑扬顿挫的句子来，这就需要处理语音合成中的停顿、重音、语调等韵律特征，而本文焦点成分（一般是需要重读的部分）的分析对此类问题的解决也具有直接的启发作用。因此，本文的分析对于自然语言的理解和生成、机器翻译等中文信息处理的研究具有一定的参考价值。柯淑津（2002）在其最近的一篇论文中报告了语言信息处理的一个应用模型，该模型依据歧义程度将词汇分为单一语意和语意歧义两部分进行处理，取得了良好的实验效果。这与我们总体上把副词的类别分为动态副词（有语用歧义）和静态副词（无语用歧义）的思路恰好不谋而合。

**6.4** 最后要说明的是，副词包括其它任一词类的确立和划分都将依赖于单个词的用法的全面描写。应该说，在还没有弄清具体词的语法和语用特点的时候，对它们进行分类总显得有些主观且不够严密。但实际上，我们又不可能等到把所有的副词都全面描写完了的时候再进行分类，因此我们在对副词进行考察时根据需要首先确立一些标准和原则，然后再按照这些标准和原则着手进行研究。正是在这个意义上，本文对副词的探讨旨在激发人们对理论与方法问题的思考，因而文中副词的分类只是尝试性的，我们并不反对其他学者为适应不同需要从不同角度对副词进行其它方式的探讨和分类。

**参考文献**

傅雨贤:《副词在句中的位置分布》,《汉语学习》1983年第3期。

黄伯荣,廖序东:《现代汉语》(增订版),高等教育出版社1991年版。

侯学超:《现代汉语虚词词典》,北京大学出版社1998年版。

侯敏:《汉语自动分析中的若干问题与对策》,见黄昌宁、张普主编《自然语言理解与机器翻译》,清华大学出版社2001年版。

胡裕树:《现代汉语》,上海教育出版社1962年版。

胡明扬:《基本句式和变式》,《汉语学习》2000年第1期。

黄国营:《语气副词在"陈述—疑问"转换中的限制作用及其句法性质》,《语言研究》1992年第1期。

柯淑津:《以词汇知识驱动的词网自动对映》,《中文信息学报》2002年第4期。

利奇(Leech):《语义学》(Semantics),李瑞华等译,上海外语教育出版社1987年版。

黎锦熙:《新著国语文法》,商务印书馆1924年版。

李敬国:《句主前时间副词特点分析》,《社科纵横》1998年第5期。

林曙:《确定范围副词的原则》,《上海师范大学学报》(哲社版)1993年第1期。

刘宁生:《"大约"的语义、语法分析》,《语文研究》1985年第3期。

刘钦荣,黄芬香:《"难道"问句辨析》,《学术研究》1999年第2期。

卢英顺:《语义指向研究漫谈》,《世界汉语教学》1995年第3期。

陆俭明:《关于语义指向分析》,收入黄正德主编《中国语言学论丛》第一辑,北京语言文化大学出版社1997年版。

陆俭明,马真:《现代汉语虚词散论》,语文出版社1999年版。

陆丙甫:《副词"就"的义项分合问题》,《汉语学习》1984年第1期。

吕叔湘:《关于汉语词类的一些原则性问题》,《中国语文》1953年10月号。

吕叔湘:《汉语语法分析问题》,商务印书馆1979年版。

吕叔湘:《现代汉语八百词》,商务印书馆1980年版。

吕叔湘:《汉语语法论文集》,商务印书馆1984年版。

马建忠:《马氏文通》,商务印书馆1898年版(1983年新1版)。

马真:《修饰数量词的副词》,《语言教学与研究》1981年第1期。

钱敏汝:《否定载体"不"的语义—语法考察》,《中国语文》1990年第1期。

邵敬敏:《从语序的三个平面看定语的移位》(1986年首届青年语法学术讨论会论文:武汉),收入袁晖、戴耀晶编《三个平面:汉语语法研究的多维视野》,语文出版社1998年版。

邵敬敏:《八十年代副词研究的新突破》,《语文导报》1987年第2期、第3期。

邵敬敏:《副词在句法结构中的语义指向初探》,《汉语论丛》(一),华东师范大学出版社1990年版。

邵敬敏:《80年代汉语语法研究的回顾与今后的任务》,收入《世界汉语教学》、《语言教学与研究》杂志编辑部编《80年代与90年代中国现代汉语语法研究》,北京语言学院出版社1992年版。

邵敬敏:《汉语语法的立体研究》,商务印书馆2000年版。

史锡尧:《副词“都”语义语用综合考察》,《汉语学习》1990 年第 4 期。

沈家煊:《“语义的不确定性”和无法分化的多义句》,《中国语文》1991 年第 4 期。

沈家煊:《“语用否定”考察》,《中国语文》1993 年第 5 期。

沈开木:《表示“异中有同”的“也”字独用探索》,《中国语文》1983 年第 1 期。

沈开木:《“不”字的否定范围和否定中心的探索》,《中国语文》1984 年第 6 期。

沈开木:《现代汉语话语语言学》,商务印书馆 1996 年版。

沈开木:《语法·理论·话语》,广东人民出版社 1999 年版。

石安石:《语义研究》,语文出版社 1994 年版。

索绪尔:《普通语言学教程》,高名凯译,商务印书馆 1980 年版。

王力:《中国现代语法》,商务印书馆 1943 年版。

王力:《中国语法理论》,商务印书馆 1944、1945 年版。

王力:《王力文集》,山东教育出版社 1985 年版。

王健慈,王健昆:《主语前后的副词位移》,收入陆俭明主编《面向新世纪挑战的现代汉语语法研究》,山东教育出版社 1999 年版。

王建波,杜春玲,王开涛:《基于篇章理解的自动文摘研究》,《中文信息学报》1995 年第 3 期。

吴中伟:《论副词“再”的“推延”义》,《世界汉语教学》1997 年第 3 期。

徐杰:《普遍语法原则与汉语语法现象》,北京大学出版社 2001 年版。

徐烈炯:《多重焦点》,《中国语文研究》2002 年第 1 期。

徐烈炯,刘丹青:《话题的结构与功能》,上海教育出版社 1998 年版。

徐复岭:《连动短语前状语的语义指向》,《汉语学习》1986 年第 3 期。

徐以中:《副词“只”的语义指向及语用歧义探讨》,《语文研究》2003 年第 2 期。

杨亦鸣:《“也”字语义初探》,《语文研究》1988 年第 4 期。

杨亦鸣:《试论“也”字句的歧义》,《中国语文》2000 年第 2 期。

杨亦鸣,徐以中:《“副+名”现象研究之研究》,《语言文字应用》2003 年第 2 期。

杨亦鸣,徐以中:《副词“幸亏”的语义、语用分析》,《语言研究》2004 年第 1 期。

杨荣祥:《现代汉语副词次类及其特征描写》,《湛江师范学院学报》(哲社版)1999 年第 1 期。

杨荣祥:《“范围副词”中的功能差异》,《湖北大学学报》(哲社版)2000 年第 4 期。

袁毓林:《论否定句的焦点、预设和辖域歧义》,《中国语文》2000 年第 2 期。(a)

袁毓林:《否定式偏正结构的跨纬度考察》,《语法研究与探索》(十),商务印书馆 2000 年版。(b)

张静:《汉语语法问题》,中国社会科学出版社 1987 年版。

詹人凤:《语义指向与语法关系》,《语法研究和探索》(九),商务印书馆 2000 年版。

赵彦春:《副词位置的变化与相关的句法一语义问题》,《汉语学习》2001 年第 6 期。

张国宪:《谓词状语语义指向浅说》,《汉语学习》1991 年第 2 期。

张谊生:《论与汉语副词相关的虚化机制》,《中国语文》2000 年第 1 期。(a)

张谊生:《评注性副词功能琐议》,《语法研究与探索》(十),商务印书馆 2000 年版。(b)

张谊生:《现代汉语副词的性质、范围与分类》,《语言研究》2000 年第 2 期。(c)

宗成庆,陈肇雄,黄河燕:《规则动态选择与路标记忆算法》,《中文信息学报》1997年第1期。

周小兵:《论现代汉语的程度副词》,《中国语文》1995年第2期。

周刚:《语义指向分析刍议》,《语文研究》1998年第3期。

赵元任:《汉语口语语法》(吕叔湘译),商务印书馆1979年版。

朱德熙:《语法讲义》,商务印书馆1982年版。

A. Radford, *Syntax: Transformational Grammar: A First Course*. Beijing: Foreign Language Teaching and Research Press & London: Cambridge University Press, 1988, pp74。

J. Aitchison, *Words in the Mind: An Introduction to the Mental Lexicon*. Cambridge, Massachusetts: Blasil Blackwell Inc,1994, pp105。

J. I. Saeed, *Semantics*, Beijing: Foreign Language Teaching and Research Press & Cambridge, Massachusetts: Blackwell Publishers Ltd, 2000, pp94—99。

(原载 Journal of Chinese Language and Computing 2003年第1期)

# 试论“也”字句的歧义①

由于“也”具有任意的类同追加性，因此同一个“也”字句的话语中心可以各不相同，蕴涵的前提也就不同，因而每一个“也”字句都有产生多种意义的可能，“也”字句歧义的取值范围可以用下式表示：$q>p\leqslant 2^{n-F}-1$。“也”字句的歧义就其本质而言是语用平面上的歧义，与语法范畴关涉不大。有人曾试图用语法平面的分析代替这种由语用造成的、由语音规则解释的歧义现象的分析，其结论必然是不可靠的。由于“也”字句歧义是语用平面上的歧义，因此消除歧义也只能使用语用手段。在口语交际中，可以通过语调中心来确定话语中心，从而排除歧义；在书面语中可以通过现实前提和意念前提来确定相对应的话语中心，从而排除歧义。“也”字句歧义在分析性语言里是普遍存在的，但在粘着语中，比如日语，由于“也”（も）的类同追加语义与语法的结构形式相统一，因而排除了产生歧义的可能。



① 本文系笔者1982年所写的《论“也”的语义和“也”字句的歧义》一文后半部分的修改稿，前半部分以《“也”字语义初探》为题发表于《语文研究》1988年第4期。笔者在美国访问期间，曾同麻省理工学院语言学系李智强先生就文中的语调中心确定话语中心（即语调分化歧义）的问题作过有益的讨论，本文有关语调分化歧义的语音实验系李智强先生在MIT语音实验室所作，谨致谢忱！本文的修改得到江苏省教委“青蓝工程”基金资助、江苏省“333”工程科研项目经费资助、江苏省哲学社会科学研究基金资助，特此致谢！《论“也”的语义和“也”字句的歧义》一文的初稿，当年曾承恩师廖序东教授详加批阅，值此恩师85华诞之际，仅以此文为先生寿。

# 〇、引 言

**0.1** "也"是一个很特殊的副词，过去一般都认为"也"表示"相同"、"同样"、"类同"意义。吕叔湘(1944)有"类同"一节，专讲"也"的"异中见同"的用法，他说："类同关系是异中见同，类同之感建立在相同的部分之上。"崔永华(1997)进一步认为"也"的本意只是表示"并存"，"也"字句所包含的同样的意思，是来自前提句和"也"字句中的相同或相似成分，而不是来自"也"。我们认为"也"字句的"类同之感"与相同部分有关，但类同的真正原因是"也"的语义造成的，仅靠相同部分不能构成类同的感觉。比较下面两句：

(1) 昨天热，今天更热。

(2) 昨天热，今天也热。

(1)只有相异之感，(2)由于用了"也"便有了"类同之感"。即使两个小句中没有相同或相似的成分，用了"也"字，也会产生类同之感。如：

(3)那年冬天，祖母死了，父亲的差事也交卸了。(朱自清《背影》)

单说"父亲的差事交卸了"，不一定是不幸的事，因为差使交卸了，可能更自由，可以去干自己想干的事情，或去干赚钱多的事情，所以该句可能表示一种趋向于好的情况，但与前提句"祖母死了"对照，并用了"也"字，"父亲的差事交卸了"就只能表示趋向于一种坏的情况了。(3)本是沈开木(1983)中的例子，崔永华(1997)引用它来作为"也"表示"同样"之意的反证。但恰恰相反，该句更加显豁地证明了本来不同的事物，由于"也"的使用使之类化而同，不相干的事物就有了共同点。所以我们仍然认为"也"的基本语义是任意的类同追加，且有指向性或曰流动性，这一点，杨亦鸣(1988)曾专文讨论过。



**0.2** 至于"也"的其他用法，比如表示条件、转折、周遍、列举等，大部分都源于"也"的基本用法，也有个别的用法可能另有来源。这里略举几例，以作说明。

(4) 要有人请他教书，不管是什么孩子，他也能对付上一年多。(引自崔永华1997)

(5) 虽然已经下起大雨来了，我们也要按时到达目的地。(引自吕

叔湘 1980)

(6) 夜行军时谁也不说话,只听见沙沙的脚步声。(同上)

(7) 大人也好,孩子也好,没有不夸他的。(同上)

(8) 情况也不一定会像你说的那样吧!(同上)

(9) 音量也就是这样了,不能再大了。(同上)

(4)中的"也"与"不管"是表示条件的一对关联词语,但表示类同追加的痕迹很明显,有"好孩子他能能对付上一年多,差孩子他也能对付上一年多"之类的意思。(5)中的"也"与"虽然"是表示转折的一对关联词语,但表示类同追加的痕迹也很明显,有"不下大雨我们要按时到达目的地,下了大雨我们也要按时到达目的地"之意。(6)相当于崔永华(1997)中的周遍句,也有类同追加的痕迹,吕叔湘(1980)说:"'谁也不说话',等于'老张也不说话,老李也不说话……'"①(7)是列举,类同追加之意也很明显。凡是有类同追加之意的"也"字都是承袭上古汉语"亦"字的用法,比较:

(10) 我能往,寇亦能往。(《左传·文公十六年》)

(11) 事有不可知者三,亦有不可奈何者三。(《史记·范雎蔡泽列传》)

(8)(9)中的"也"表示语气,看不出类同追加的痕迹,与上面的例子似乎不是一个系统,也许来源于上古汉语的句中语气词"也",比较:

(12) 夫也不良,国人知之。(《诗经·陈风·墓门》)

(13) 是岁也,秦始皇帝立九年矣。(《史记·春申君列传》)

**0.3** 本文讨论"也"字句的歧义,只指使用"也"字基本用法的"也"字句,即只表示类同追加义的"也"字句,而不涉及 0.2 节所谈到的"也"字的其他用法。



① 这里的两个句子都有"也",凡是两个句子都用"也"的,这两个句子互为前提句。关于前提句,详下。

## 一、“也”字句的歧义现象

**1.1** 先看例句：

(14)
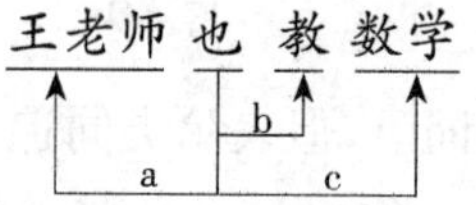


这是一个歧义句，至少有三个意义：(14a)［李老师教数学，］王老师也教数学；(14b)［王老师不仅学数学，］王老师也教数学；(14c)［王老师不仅教物理，］王老师也教数学。当(14)具有 a 义时，“也”的类同追加语义指向“王老师”，即在教数学的许多人里追加一个同类[①]“王老师”。显然“教数学”是已知信息；“王老师”是新信息，是这个“也”字句着重要表达的内容，我们称之为“话语中心”。[②] 当(14)具有 b 义时，“也”的语义指向“教”，即在王老师的诸行为(比如“学”等)里追加一个同类“教”，显然“王老师”与“数学”是已知信息，“教”则作为新信息形成了话语中心。当(14)具有 c 义时，“也”的语义指向“数学”，即在王老师教的内容(比如物理、化学等)里追加一个同类“数学”，显然“王老师”与“教”是已知信息，“数学”作为新信息形成了话语中心。可见由于“也”字的语义指向不同，就造成了“也”字句的不同的意义。

**1.2** 上句“也”的追加情况可用下式表示：[③]

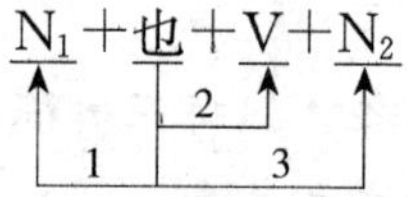




① “同类”即与话语中心(见下)有聚合关系的聚合群中的分子，也可以是整体。它们在语法、语义上必须有共同的特征。这里的“其他人”和“王老师”从语法上讲，都是名词、主语、施事等；从语义上讲，都是生物、人、教师、教数学的教师等等。

② 作为与已知信息(given)相对的新信息(new)，在语用分析中可以用焦点(focus)来表示，但本文不用这一术语，原因有二：一是焦点的所指学术界还有争议，参看刘丹青、徐烈炯(1998)；二是焦点往往与预设(presupposition)相对，而预设与蕴涵(entailment)在语义学中又有瓜葛。本文不打算厘定术语，为避免术语理解的混乱，本文将“也”字句话语中的新信息称为话语中心，与话语中心相对应的成分称为前提或前提成分。

③ 这里的阿拉伯数字是表示有多少个追加，不表示序列。下同。

由于绝大多数成分都能受“也”的追加，因此上式可改写为：

$$X_1+X_2+X_3+也$$

**1.3** “也”字句不仅每次可以只追加一个单项，也可以追加几个项的联合体，例如：

(15) [你们研究所的李老师现在教模糊数学，]

我们 学校的 王老师 过去 也 教模糊数学。

可用下式表示：

$$X_1+X_2+X_3+X_4+X_5+X_6+X_7+也$$

**1.4** 在例(14)、(15)中，“也”每次追加“也”之前或之后的项(单项的或联项的)；此外“也”还可以每次同时追加“也”之前和之后的项，可以称为两面的追加(两面的追加都是联项的)。例如：

(16) [唐小姐摇头只是笑]，鸿渐 也 摇头 不说。(钱钟书《围城》)

可用下式表示：

$$X_1+X_2+X_3+也$$

单看“鸿渐也摇头不说”，往往会理解为“别人摇头不说，鸿渐也摇头不说”，或其他意思。可见“也”字句歧义是一种很复杂的现象。

## 二、“也”字句歧义的构成

**2.1** 观察上文对例(14)、(15)、(16)的分析，不难发现，每一个意义确定的(现实的)"也"字句(用 S 表示),其实都蕴涵着本句(用 $S_1$ 表示)和前提句(用 $S_2$ 表示),借用集合代数式可表示为:$S=S_1 \cup S_2$。

**2.2** 下面以(14a)为例来说明。

若意义确定的(14a)王老师 也教数学⟶$X_1+X_2+X_3+$也为 S,

则

$S_1$=王老师也教数学⟶$X_1+X_2+X_3+$也

$S_2$=李老师(或其他人)教数学⟶$Y_1+X_2+X_3$

比较 $S_1$ 和 $S_2$ 可看出,除"也"字外,S 里位于话语中心位置的成分在 $S_1$ 和 $S_2$ 里各不相同,而非中心的各成分是相同的,如果按照对应的位置合并 $S_1$ 和 $S_2$,就得到下式:

$$X_1(Y_1)+X_2+X_3+\text{也}$$

它与

$$X_1+X_2+X_3+\text{也}$$

是等值的。

观察以上各式,可以看出 $S_2$ 中的 $Y_1$ 与 $S_1$ 中的 $X_1$ 在 S 中是重合的。虽然从表面上看不出来,但实际上在 S 中,"也"所追加的 $X_1$ 是潜存着一个 $Y_1$ 的。

联项的追加与此相类。例如:

若意义确定的(14d)王老师也 教 数学⟶$X_1+X_2+X_3+$也为 S,

则

$S_1$=王老师也教数学⟶$X_1+X_2+X_3+$也

$S_2$=王老师学物理(或干别的什么)⟶$X_1+Y_2+Y_3$

比较 $S_1$ 与 $S_2$,S 的话语中心部分即第二项和第三项在 $S_1$ 与 $S_2$ 中不同,非中心部分即第一项是相同的,合并 $S_1$ 与 $S_2$ 则有下式:

$$X_1+X_2(Y_2)+X_3(Y_3)+\text{也}$$

它与

$$X_1+X_2+X_3+\text{也}$$

是等值的。

“也”所追加的 $X_2$ 与 $X_3$ 也都潜存着相应的成分 $Y_2$ 与 $Y_3$。

**2.3** 现在可以说明“也”字句歧义是怎么构成的了。由于“也”具有类同追加性，“也”每次追加一个项(单项或联项)时，该项就被突出为话语中心了。而话语中心总是潜存着相应的成分 Y，它是“也”字句所蕴涵的与话语中心相对应的前提或称之为前提成分。这个前提成分在现实语言中可以还原(构成)为一个前提句，前提句与本句只有中心部分各不相同，其余部分是共用的。每一个前提句与本句合成“也”字句的一个确定的意义。而“也”的追加是任意的，因此同一个“也”字句的话语中心可以各不相同，蕴涵的前提也就不同，因而每一个“也”字句都有产生多种意义的可能。

## 三、“也”字句歧义的取值范围

**3.1** 一个“也”字句究竟可以有多少项追加，能产生多少个前提呢？下面用代数式分析一个三项的句子的追加情况：

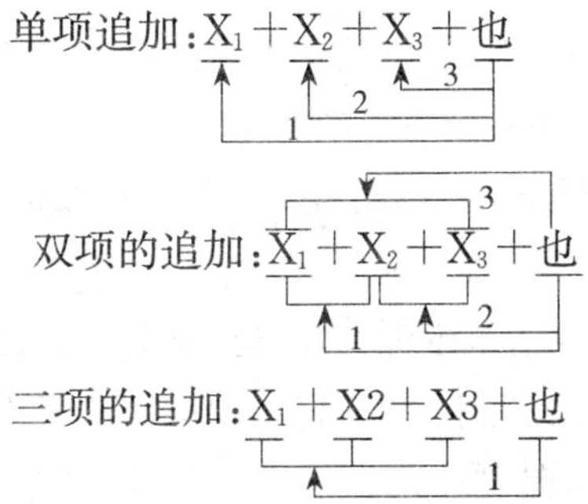


可见在一个三项的“也”字句中，一共可以产生七个前提。用数学中组合公式可以表示为：$2^3-1=7$。如果一个“也”字句中所有的项(X)为 n 个，即“$X_1+X_2+X_3+X_4+\cdots\cdots X_n+$也”，则有公式 $2^n-1$。

**3.2** 当然，这只是从理论上来说的。就具体的句子而言，由于语义和语法诸方面的限制，前提的取值范围将大大减少。除了虚词由于没有实在意义(词汇意义)，一般不受“也”字追加外，实词也可能不受“也”字追加。看下例：

(17) 王老师 也 让 我们 教 数学。
　　　1　　　　2　 3　 4　 5

按照上面的公式，这个五项的“也”字句可以有 31 个前提，但事实上，“让”字很难受

“也”的追加，这是由该句的语法关系决定的。该句是一个表示使令义的兼语式，使令义动词聚合群中有“使、让、叫”等，语义相同，因此无追加意义。如果“让”与其他类动词，如“站”、“看”等归为一个聚合群，那么产生的句子要么不合语法，要么是非使令义的。这样前提句和本句的句式不相同，没有类同点，也就不能使用“也”字了。假定把不受“也”字追加的项用 $F$ 表示，那么前提的取值范围则为：$2^{n-F}-1$。

**3.3** 由于“也”的追加性有“自然性和非自然性”的特点，[①]即“也”字每次追加的联项越多，其自然性就越小，呈现出非负递减函数的关系。[②] 比如：

(14a)［李老师教数学］，王老师 也 教数学。

(14e)［李老师教物理］，王老师 也 教 数学。

(14a)在语感上是很自然的，但我们却很难承认有(14e)这种追加形式。当然也不是说绝对不能出现，在一定的上下文中还是可以理解的。如“动乱结束之后，李老师教物理，王老师也教数学，他们终于又都走上了讲台”。但从总的趋势来看，追加的项数越多，实际使用的可能性就越少，有些甚至可以忽略不计。

根据以上分析，如果我们以 $p$ 表示前提的取值范围，则“也”字句前提取值公式可以归纳为：$p \leqslant 2^{n-F}-1$。

**3.4** 这个公式能否表示“也”字句歧义的取值范围呢？在“也”字句中，前提与其所指是不统一的，前提内部还有类与各分子的区别。[③]以(14a)为例，与“王老师”相对应的前提既可以是“其他人”这个类也可以是类中的分子，即“其他人”中任意的一位(如李老师、张老师等)，所以即使知道“王老师”为“也”字所追加的成分，但由于前提所指的不同，其话语交际的针对性就会有所不同，该“也”字句所蕴涵的语义仍有多种可能：



其他老师教数学，王老师 也 教数学。

张老师教数学，王老师 也 教数学。

---

①③ 参看杨亦鸣(1988)。

② 如果把“也”每次追加的项数比做自变量 X，把自然性比做因变量 Y，则 X 与 Y 的关系呈非负递减函数的关系，即 X 的值越大，Y 的值越小，渐趋于 0 而又大于 0。

李老师教数学，王老师 也 教数学。

……

究竟是类还是分子要在具体语境中才能确定。所以从理论上说，确定了前提还不等于确定了意义。如果用 $q$ 表示歧义的取值范围，那么 $q$ 可用下式表示：

$$q > p \leqslant 2^{n-F} - 1$$

**3.5** 当然，这并非是说前提的确定对“也”字句意义的确定毫无关系。在具体语境中，前提所指一般是确定的，因此确定了前提也即确定了意义。

## 四、“也”字句歧义的特点

**4.1** “也”字句这种歧义句式与通常所说的歧义句式很不相同，大致说来有以下两个特点。

4.1.1 不决定于深层结构。朱德熙(1980)提出能用来分化多义句式的依据不外以下四端：“1. 组成部分的词类；2. 层次构造；3. 显性语法关系；4. 隐性语法关系。”分化多义句式的依据反过来说也就是产生歧义的原因。这四种方法其实都是由同一个表层结构找出不同的深层结构的办法，也就是说这些歧义句的产生都是由它们的句法或语义上的深层结构不同造成的。可是上述四种方法并不能分化“也”字句的歧义。“也”不论追加哪一个部分，其本身的层次构造、显性语法关系、隐性语法关系都未发生变化，它的深层结构与表层结构是相同的。因此可以说“也”字句歧义的产生决定于表层结构本身。但请注意下面的例句：

(18) 这种动物人也不怕。

这类句子可以根据隐性语法关系在深层平面上分化为两个“也”字句：

(18a) 人也不怕这种动物。
(18b) 这种动物也不怕人。

这两个“也”字句各自又可产生“也”字句的歧义，这是一种复杂的交叉歧义的现象，不属于本文讨论的范围。因为深层结构所产生的歧义并非是“也”的语义所造成的，去掉“也”，其隐性语法关系仍然存在：

(19) 这种动物人不怕。　　　$N_1+N_2+V$

如果$N_1$为施事，$N_2$为受事，则意思为：

(19a) 这种动物不怕人。　　　$N_1+V+N_2$

如果$N_1$为受事，$N_2$为施事。则意思为：

(19b) 人不怕这种动物。　　　$N_2+V+N_1$

4.1.2　没有模(type)与例(token)的区别。一般的歧义句往往有模与例的区别。范继淹(1979)举了两类例子说明这个问题。一、同形异构的。排列式A+B+C有两种不同的结构层次：A+(B+C)或(A+B)+C。但这仅仅是两种可能的模式，并非所有同类的实例都有这两种模式。“想一下就懂了”有歧义，“等一下就懂了”没有歧义。二、同形同构的。如“动+宾”可以有多种不同的结构信息，就是说可以分为若干小的模式。“穿洞”有歧义，“挖洞”则没有歧义。可是在“也”字句中，不管什么成分，“也”都可以追加(虚词没有实在意义，无追加可说，除外。参看本文3.2节)，从而形成歧义。甚至像下面的句子也不例外：

(20) 鸡也喔喔地叫。

按理，“喔喔叫”的只能是“鸡”，只有“鸡”才“喔喔地叫”，可是它们既然进了“也”字句，“也”的特性是任意的类同追加，这样就可以产生不同的意义：

(20a) [地主喔喔地叫，]鸡也喔喔地叫[，一会儿就把长工吵醒了]。

(20b) [这只]鸡也喔喔地叫[，也咯咯地叫，不知是什么毛病]。

当然，如果是上文所说的那种交叉歧义的“也”字句，就可能产生模与例的区别，但那是深层结构影响所至，本文暂不讨论，理由同上。

**4.2**　“也”字句歧义的分化是由话语中心决定的，而“话语中心”是在话语交际过程中产生的，是表层结构的东西，所以“也”字句歧义不能像其他歧义形式一样可以从深层结构去分化。因此，它同一般意义上的歧义还不是一回事。换言之，“也”字句歧义不是句法平面上的歧义，而是语用平面上的歧义。近年来汉语语法学界对歧义的研究较为重视，发表了不少的文章，但却较少问津“也”字句这种歧义形式。就看到的来说，只有沈开木(1983)讨论过“也”字句歧义的问题。沈先生开创之功不可没，文章中也有许多精彩的论述，但文章的分析和结论均有可商之处。他说：“把上文所说的全部综合起来，便成了：‘也’字‘指向前面而生的在先，指向后面而生的在后；前面紧邻最亲，后面宾先于动’的次序了。”这是沈文的中心所在。最近，陆俭明(1997)在谈到语义指向分析产生的背景时，仍称引这一结论，但从本文上面的分析可以看出，这个次序并不可靠，而且也不可能分析出一个可靠的次序来，因为“也”字句的确定的意义是话语中心决定的，而由于“也”的任意类同追加性，话语中心在同一个“也”字句中可以随时改变，而这种改变与主语、谓语、动词、宾语等语法范畴并无关涉，语义指向哪里，全是在语言运用中确定的。沈文的症结所在，一方面是没有真切地认识到“也”字语义特性——任意的类同追加性；另一方面说到底还是受当时研究水平的限制，企图用语法结构的分析代替这种由语用造成的、由语音规则解释的歧义现象的分析。我们认为，歧义的研究不必囿于传统的句法结构歧义，对类似“也”字句这样在语用平面上造成的歧义现象也应给以足够的重视。这对于开拓汉语歧义研究的范围，进一步认识汉语的结构规律和运用规律是必要的。

## 五、“也”字句歧义的消除

所谓歧义的消除，也就是多义句式意义的确定。

**5.1** “也”字句意义的确定，关键在于确定“也”字句里的话语中心，这主要是由语音规则在表层中决定的。话语中心在全句的语调上十分突出，从语音的角度来考虑，它就成了全句的语调中心。在口语交际中，我们可以通过语调中心来确定话语中心，从而排除歧义，确定一个唯一合适的意义。

5.1.1 “也”字句语调中心的语音特征或规则大致有以下两点：一、语调中心各音节的发音速度相对减慢，音时增长，音节间的幅距扩大；二、语调中心各音节音强增加，音高加宽。但其内部各成分之间又有重与次重之分，并非等同。以(14)为例：[1]

(14a)王老师 也 教数学。　ˈ¯Wáng̱ lǎoˌ̱ shī也教数学。

(14c)王老师 也 教 数学。　王老师也教ˈ¯shùˌ̱ xué。

① ˈ——重音，ˌ——次重音，¯——音时增长，̱——次长；符号均在音节前。

(14e) 王老师 也 教 数学　　ˈ‐Wáng‐ lǎo‐ shī 也教ˈ‐shù‐ xué。

5.1.2　语音实验也证明了以上的分析。这三个句子的图谱如下：①

(14a)

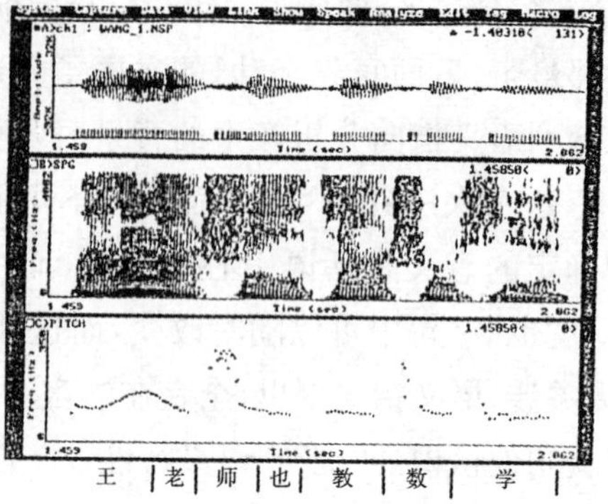


(14c)

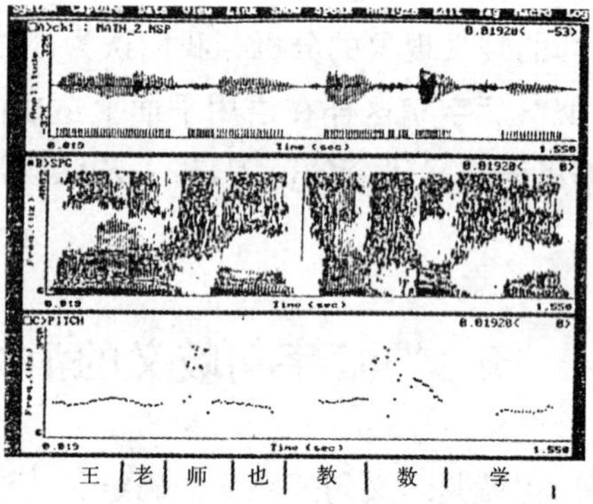


(14e)

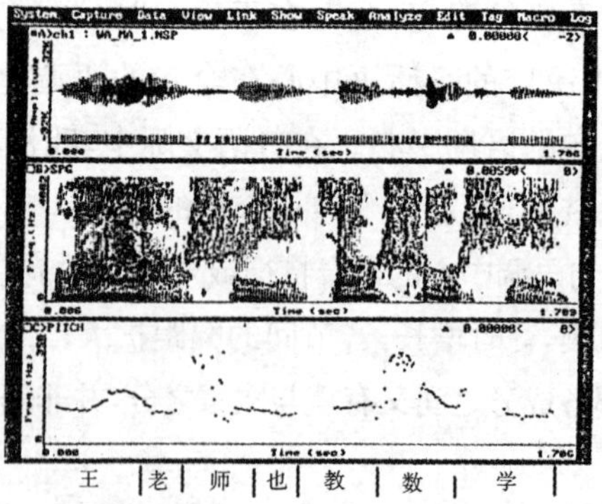


（发音人：男，29 岁，MIT 语言学专业博士生，普通话；采样率：10K；

分析工具：Kay CSL4300；以正常速度朗读。MIT 语言学系语音实验室）

---

① (14a)前提句“李老师教数学”、(14c)前提句“王老师教物理”和(14e)前提句“李老师教物理”的图谱切去，只留本句“王老师也教数学”的图谱。

从图中可以看出，(14a)中的“王老师”、(14c)中的“数学”，(14e)中的“王老师”和“数学”都明显地呈现出语调中心所具有的语音特征。下面列出的是“王”、“数”这两个音节在三个句子中的基频、音节时长、元音时长这三项指标的具体数据。

(14a)

| 指标 / 例字 | 基频 F0(Hz) | 音节时长 Syl dur(ms) | 元音时长 Vowel dur(ms) |
|---|---|---|---|
| WANG 王 | 106—161 | 215 | 150 |
| Shu 数 | 109(121—97) | 182 | 86 |

(14c)

| 指标 / 例字 | 基频 F0(Hz) | 音节时长 Syl dur(ms) | 元音时长 Vowel dur(ms) |
|---|---|---|---|
| Wang 王 | 103—126 | 216 | 151 |
| SHU 数 | 188(196)—123 | 255 | 115 |

(14e)

| 指标 / 例字 | 基频 F0(Hz) | 音节时长 Syl dur(ms) | 元音时长 Vowel dur(ms) |
|---|---|---|---|
| WANG 王 | 106—169 | 268 | 171 |
| SHU 数 | 178(192)—120 | 260 | 137 |

5.1.3　这里要说明的是，“也”字句的语调中心与通常所说的逻辑重音是有区别的。句子的某些词需要突出或强调的时候，临时改变原来的正常语调而加以重读，叫逻辑重音。而“也”字句的正常语调就包含上述的语调中心的语音特征，它比逻辑重音的重读程度要轻，所以不为人们所注意。有时为了使“也”字句的意义更加显豁(即使传递的信息更加清晰)，作为语调中心的成分也可在原有的程度上再加重，这就是“也”字句的逻辑重音了。“也”字句逻辑重音的位置与语调中心的位置应是统一的，否则会造成语调不自然，引起语义理解混乱。

5.1.4　语调中心决定话语中心是有其心理根据的。话语中心作为传递中的新信息，是说话人讲这句话的主要目的，自然在语调上成为全句的中心。上文说过“也”字句每次同时追加的项数的多寡与语义理解的自然性呈非负递减函数关系，也与语调中心有关。追加的项数过多，语调中心所包含的成分就过多。这样一来，中心不突出，中心就不成其为中心，在语义理解上自然会产生一种不自然性。

**5.2** 在书面语中，无法根据语调中心来确定话语中心。但我们发现话语中心所潜存的前提在具体语言环境中有两种表现方式，我们可以由此来确定书面语中“也”字句的话语中心。

5.2.1 现实前提，[①]即“也”字句话语中心所蕴涵的前提成分(y)“外化”，和本句的非中心部分一起构成一个前提句，形成

前提句 $Y_1+X_2+X_3+\cdots\cdots$

本句 $X_1+X_2+X_3+\cdots\cdots$ 也

的句式。这样我们就可以根据前提确定相对应的话语中心，明了“也”所追加的成分，排除歧义。如：

(21) 我特别把伯夷提出来，希望你，也 希望 我 自己。(郭沫若《屈原》)

(22) 有人欣赏，它们并不叫苦，没有 人 欣赏，它们 也 不叫苦。(同上)

(23) 风停了，雨 也 住了。(吕叔湘 1980)

(24) 眉毛不镊，口红 也 没有 擦。(钱钟书《围城》)

(25) 苏小姐告诉他，她父亲已随政府入蜀，她哥哥 也 到 香港 做 事，上海家里只剩她母亲、嫂子和她，她自己 也 想 到 内地 去。(同上)

(26) ……他们不惊诧。……他们也不惊诧。(鲁迅《“友邦惊诧”论》)

(27) 我问过许多那个时候到过无锡的人，我也 派 人 到 无锡 打听 过。(曹禺《雷雨》)

---

① “现实前提”也可称为“话语前提”，它和本句的非中心部分一起构成一个现实的话语中的前提句。

5.2.2　意念前提。[1] 有时候出于修辞上的考虑或语境上的限制，除了本句之外，没有出现相应的前提句。这时我们可以从语境中找出意念上的前提成分，并由此确定话语中心，分化“也”字句的歧义。例如：

(28a) 你也曾睡梦中叫我。

孤立地看，这个句子可以有多种意思：

甲　你 也 曾睡梦中叫我。

乙　你 也 曾睡梦中叫我。

丙　你 也 曾睡梦中 叫 我。

……

但我们连同该句出现的语言环境一起考察，自然得到了意念上的前提成分，从而确定话语中心，排除歧义：

(28b) 袭人倒了茶来，宝玉乃叹道：“我近来叫惯了他，却忘了你。”袭人笑道：“他乍来，你也 曾睡梦中叫 我，以后才改了的。”(曹雪芹《红楼梦》)

显然，意念前提是“他”，意思是“你曾睡梦中叫他，你也曾睡梦中叫我”。

(29) 袭人道：“……如今老爷发狠叫你念书，如有丫鬟们再敢和你玩笑，都要照晴雯、司棋的例办。我想伏侍你一场，赚了这些言语，也没有什么趣儿！”……袭人道：“你要 真 肯 念 书，我们伏侍你也 是 欢喜的。”(同上)

意念前提是“不(念书)”与“没什么趣儿”，意思是“你不念书，我们伏侍你也没什么

[1] “意念前提”也可称为“认知前提”，它虽然在现实话语中未出现，但存在于一定语境中的说者和听者的意念中，是交际双方共享的知识。

趣儿,你要真肯念书,我们伏侍你也是欢喜的”。

(30) 宝玉……恨不得一走就走到潇湘馆才好。刚进门口,便拍着手笑道:“我依旧回来了。”……黛玉道:“你上头去过了没有?”宝玉道:“都去过了。”黛玉道:“别处呢?”宝玉道:“没有。”黛玉道:“你也该瞧瞧他们去。”(同上)

意念前提是“我”,意思是:“你该来看我,你也该瞧瞧他们去。”

(31) 辛楣道:“……我是怕冷的,今天还生着炭盆。她一进来,满屋子是她的脂粉香,我简直受不了……”鸿渐笑道:“我 也 怕 晕倒,我不去了。”(钱钟书《围城》)

意念前提是“你”、“受不了”,意思是:“你受不了,我也怕晕倒。”

(32) 金梅(迟疑地):根柱! 咱们 结了婚我也不可能住到你们村。(胡可《槐树庄》)

由剧情我们知道金梅与根柱这一对恋人分住在两个村子,因此意念前提是“未结婚时”,意思是:“未结婚时不住你们村,咱们结了婚,我也不可能住到你们村。”

**5.3** 需要说明的是,在实际的话语交际中,确定话语中心,排除“也”字句歧义,完全是凭语感进行的,是语言能力的运用。我们读或听完一个“也”字句,根据上下文的联系,“也”所追加的成分即话语中心也就完全确定了,并且在语音上自然而然地按照语调中心的规则加以处理。正如邢公畹(1981)所说:“可以设想,某一语言的本地说者们如果没有对这一语言的共同的感性认识,那么他们就不可能进行交际,也就是说,不可能有语言实践(言语行为)。”



**5.4** 从语感上说,“也”字句中“也”追加的成分在位置上一般偏向于句子的前部。因为被追加的成分是全句的话语中心,也是信息传递的中心和重点。为了突出重点,在可能的情况下,话语中心一般尽量在句子中优先出现。但不尽然,在实际的话语交际中,话语中心的确定最根本的原则还是要依前提的位置而定。如果不立足于这个观点，只凭对语法结构的分析来确定话语中心，就可能得出与语言事实不相符合的结论。本节所引的 12 个例句，话语中心在“也”字前面和后面的各有 4 例；单项追加的有 2 例，双项和三项以上的各有 5 例。

## 六、余　论

6.1.1　表示类同追加语义的语言手段在各语言中都普遍存在，但受各种语言本身内部系统的制约，在有些语言中会造成歧义，在有些语言中不会造成歧义。像汉语、英语等分析性语言表示类同追加的语义与语法结构关系（语法形式）是矛盾的，因此这些语言的“也”字句就会产生歧义。英语例子如：①

（33）——John also phoned Mary today.

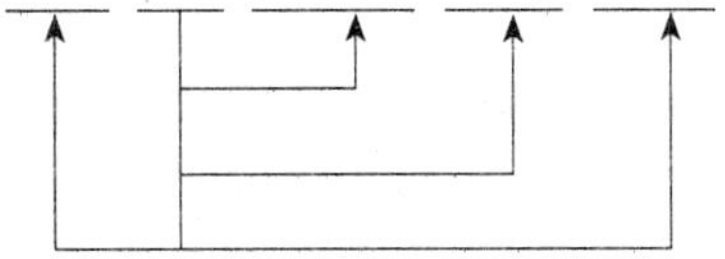

——约翰 今天 也 打 电话 给 玛丽。

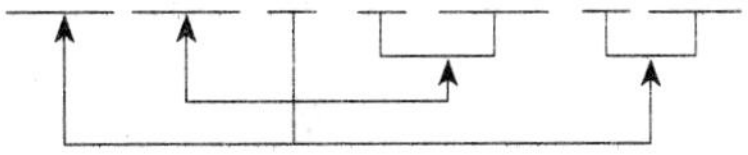

日语表示类同追加的语义是用提示助词も表示的，它也具有指向性。但由于日语是一种粘着语，提示助词も指向哪一个成分，就接在哪一个成分之后，成了类同追加的形式标志，因此排除了产生歧义的可能。例如：

（34）けれど胸が张り切って，知った 人 にあって も，物を言うの

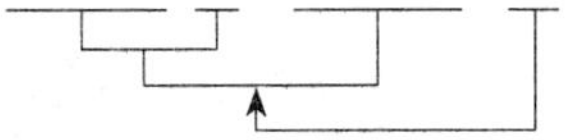

がいやであった。——但是由于心情紧张，碰到 熟人，他也不想讲话。

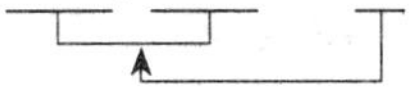

（小川未明《越後の冬》）

① 英语中的 also，too 等词相当于汉语中的“也”。特别是 also，与汉语“也”的用法比较接近，其位置一般在主语之后，谓语之前。当不出现前提句时与汉语一样有歧义，亦可有语音规则来确定话语中心，排除歧义。Quirk 等人（1973）A Grammar of Contemporary English 对该句由于语调重音不同而表达不同的信息作了详尽的说明。

(35) 妻 も迎えた。三人の子の父ともなった——我也娶了妻子,成了三个孩子的父亲。(有岛武郎《生れ出づる悩み》)

6.1.2 当然英语的 also 这一类的词与汉语"也"的用法并不完全对应,而是同中有异;日语的も与汉语的"也"也并非完全相异,而是异中有同。因此深入探讨汉语"也"字句,对汉—外、外—汉的教学及语言类型比较也是有用的。初学日语的中国人,往往对以下两类句子迷惑不解,搞不清有什么意义上的区别,因为这两句译成汉语都是"我也有书"。

(36) 私わ本もある——我也有书。

(37) 私にも本がある——我也有书。

许多日语教科书也都把这个问题当成一个重点、难点来讲,但由于不了解汉语"也"字句的特点,讲解就不能切中要害。其实前一句相当于汉语的"我也有书"(我不仅有别的东西,也有书)的意思。后一句译成汉语是"我 也有书"(你有书,我也有书)的意思。反过来,初学汉语的日本朋友在用汉语表示(36)的意思时,却可能造出"我有书也"这样的句子。这是把汉语的"也"当成日语的も来用而造成的错误。汉语"也"的语义表达与语法形式是不统一的,"也"即使追加宾语,也只能放在谓语前,而不像日语那样,追加哪一个成分就放在哪一个成分之后。

**6.2** 机器翻译要扩大实验范围,就要细致地研究和处理语法、语义和语用上的许多问题,因此,"也"字句本质的揭示,对于机器翻译、人工智能的研究也是必要的。机器不懂语感,必须把歧义句式分化为单义句式或给机器以形式化的指令,它才能排除歧义。如果我们不了解"也"字句歧义的实质,机器也就无法理解"王老师也教数学"这类句子的确切意义。因此,话语中心总是蕴涵着前提(X(Y))这一理性分析,就有利于机器程序的编制。而本文提出的在口语交际中,话语中心为全句的语调中心这一事实,对于机器的语音识别、语音合成,即在人机的口头交际中,确保"也"字句意义的正确理解也是有所裨益的。



**主要参考文献**

崔永华:《不带前提句的"也"字句》,《中国语文》1997 年第 1 期。

范继淹:《语言的信息》,《中国语文》1979 年第 2 期。

吕叔湘:《中国文法要略》,商务印书馆 1944 年版。

吕叔湘主编:《现代汉语八百词》,商务印书馆 1980 年版。

刘丹青,徐烈炯:《焦点与背景、话题及汉语连字句》,《中国语文》1998 年第 4 期。

陆俭明:《关于语义指向分析》,中国语言学论丛(第一辑),北京语言文化大学出版社 1997 年版。

马真:《说“也”》,《中国语文》1982 年第 4 期。

沈开木:《表示“异中有同”的“也”字独用的探索》,《中国语文》1983 年第 1 期。

邢公畹:《论“语感”》,《语言研究》1981 年第 1 期。

杨亦鸣:《“也”字语义初探》,《语文研究》1988 年第 4 期。

朱德熙:《汉语句法里的歧义现象》,《中国语文》1980 年第 2 期。

N. Chomsky 1972 Deep structure, surface structure and semantic interpretation. 载 N. Chomsky, 1972, *Studies on Semantics in Generative Grammar*. 中译文为《深层结构,表层结构和语义解释》,赵世开译,1980,载《语言学译丛》第二辑。

Randolph Quirk 1973 *A Grammar of Contemporary English*. Longman Group Limited London.

(原载《中国语文》2000 年第 2 期)

# 副词“都”的主观性、客观性及语用歧义①

副词“都”有“元语”和“非元语”两种用法，即“都”的语义既有“客观性”又有“主观性”。“都”字句的歧义分析则需考虑到语用前提以及主观、客观等不同的层面。

## 一、引　言

现代汉语副词“都”的研究近年来呈现两种走向：一种是沿着《现代汉语八百词》（以下简称《八百词》[1]p177—178）的解释，认为“都”的用法大致可分化为三种：a. 范围副词，表总括；b. 语气副词，相当于“甚至”；c. 时间副词，相当于“已经”[2,3]。为简化起见，下文依次把它们称之为$都_1$、$都_2$、$都_3$。另一种观点认为“都”的基本义只有一个：“表总括”，其它意义都是其派生义[4,5]。

总的来说，前者的探讨或者着眼于“都”的三个义项的区别、或者着眼于其中一个义项更具体的分化，②后者的探讨则主要着眼于“都”的义项的联系。然而，问题是它们有区别也好，没区别也好；三个意义也好，一个意义也好：这些都不是问题的关键。因为，即使说副词“都”只有一个基本义，也得研究并试图阐明它有三种不

① 本文的写作得到国家社会科学基金重点项目（01AYY004）、教育部人文社会科学研究“十五”规划项目（01J740001）、江苏省“333二期工程”科研项目的支持，谨致谢忱。

② 如张谊生对范围副词“$都_2$”的语义和用法进行了深入细致的探讨[3]，相关的研究还有董为光提出，副词“都”在“总括”事物“共性”之前，隐含着一个“逐一看待”该事物的动态过程[6]。

同的用法。因此问题的关键是，能否从一个新的角度，运用新的方法把“都”的意义和用法说清楚，尤其是“都”字句在具体语境中的歧义问题说清楚。

基于这样的考虑，本文着重从篇章、语用的角度来对副词“都”进行一次系统的考察。

本文的研究是沿着“分析——综合——再分析——再综合”的思路进行的，即先分别阐述副词“都”三种用法特点及其可能产生的歧义，然后在此基础上归纳出它们的共性，最后再综合分析“都”的意义和用法。

## 二、副词“都”的用法比较及其歧义探讨

### 2.1 范围副词“都”的用法及歧义

《八百词》指出副词“都”的第一种用法就是表“总括全部”。并认为“除问话以外，所总括的对象必须放在‘都’前”。此后有不少文章大都针对范围副词的这一用法进行深化或补充。兰宾汉指出，“都”前面被总括的事物一般情况下总是复数事物。如果是单数事物，这个单数事物则要受后面动词的语义的限制。并且，即使不在问句中，“都”所总括的对象也可以在后面[7]。例如：

(1) 你都干些出力不讨好的事。(兰宾汉用例)

(2) 我都认识他们。(兰宾汉用例)

马真、程美珍、史锡尧、谭敬训、陈子骄、董秀芳等指出，“都”的总括/指向对象可以在前面也可以在后面，①并具体讨论了“都”总括/指向对象的一些特征[8—13]，这些研究成果进一步深化了对范围副词“都”的认识。

以往的研究还发现，范围副词“都”表总括时还可能产生歧义。例如：

(3) 这几天，我们都忙着筹备会计人员培训班。(《八百词》用例)

按照《八百词》的解释，“重音如果在‘这几天’就表示主要总括‘这几天’，重

① 尽管蒋严对此提出异议[5]，但学界大多数人还是同意这种说法的。此外，严格地讲，“都”表“总括”和表“范围”含义是不能等同的，从集合的角度来分析前者侧重说明整个集合的内容，后者侧重说明集合中的部分元素的性质。但因其并不影响本文的结论故本文暂不作过细的区分。这里要感谢王维贤先生对笔者的提醒。

音如果在'我们'就表示总括'我们'"。也就是说,"都"的总括对象"有时不止一个,在一定的场合,也可以偏指其中之一,说话时用重音来区别"。兰宾汉也认为"都"在句中由于语义指向的不同可产生歧义,而且"在言语表达中都究竟指向哪个成分,只有用逻辑重音加以强调"[7]。我们认为,在口语中,通过重音的办法来确定"都"字句的意义不失为一个好办法,但是在书面语由于重音并没有相应的形式标记,想要确定"都"字句的意义就显得比较困难了。以往的研究在碰到这个问题的时候一般很少对此进行深入探讨。① 其实,在这种情况下,如果通过增加语用前提②的办法来确定"都"的总括对象,则可以使问题得以简化。参照杨亦鸣、徐以中[14—16]的相关研究,上文例(3)在一定的语用背景下,可有三种意义:③

a. [前几天,我们都忙着学习,]这几天,我们都忙着筹备会计人员培训班。

b. 这几天,[他们都忙着学习,](这几天,)我们 都忙着筹备会计人员培训班。

c. [前几天,他们都忙着学习,]这几天,我们 都忙着筹备会计人员培训班。

可见,如果扩大研究的视野,通过增加语用前提的办法,在篇章、语用的范围内探讨副词所带来的语用歧义,④而不仅仅是囿于传统的句法、语义的框架,那么往

① 值得一提的是董秀芳对此根据语感提出个两条原则[13],但我们觉得语感的依据这个说法太笼统,可操作性不强,很难彻底分化歧义。

② 本文所说的语用前提采用一般意义上的概念,它不同于一般所说的语义前提/预设。廖秋忠认为:"许多语言学家,特别是篇章学家,一般把预设定义为:说话人/作者假定听话人读者会认为是真的或者大概是真的那些信仰与知识。这个定义涉及了交际双方及背景知识等语用因素,比较符合语言运用的实际。"[17]本文所说的语用前提即类似于廖文的关于"预设"的定义。

③ 这一点徐颂列也曾注意到过[2],不过当时作者并未从语用前提的角度来考虑的,而是把不同的意义笼统地归结为语境突出重点的不同。另外,《八百词》指出这句话可以有两种意义的说法其实是不全面的,准确地说应该是可以出现三种意义。萧国政认为这个句子中的"都"还存在后指的情形,本文认为"后指"确实可能,不过,这时候的"都"则从表"范围"转变为表"语气"了,这在下文3.2中将有具体论述。

④ 杨亦鸣认为,类似于这样的歧义与语法范畴关涉不大,属于语用平面上的歧义,称之为语用歧义[14]。

往会使问题迎刃而解，而且语用的观察视角也会使我们对语言事实的观察更为周全[18]，如上文例(3)按《八百词》的分析有两种歧义，其实根据上文的分析可有 a、b、c 三种歧义。

**2.2　语气副词“都”的用法**

王力(1943)认为，“都”可表达一种“重说语气”[19]。《八百词》在谈到“都”的第二种用法时指出“都”表“甚至”义(轻读)。陈小荷也指出“都”可以表示一种含有主观评价意义的量(简称“主观量”)[20]。可见，“都”还可表示一种强调的语气。但以往的研究在谈到“都”的这一意义时，大都局限于对其用法的列举，而没有深入研究“都”字句的语用歧义情况。其实“都”表示语气时，由于其语义指向的对象非常活跃，因而产生语用歧义的现象也比较明显。例如：

(4) 我都不知道你会来。(《八百词》)

这句话“都”虽然表语气，但由于语义指向的不同就会产生歧义，在不同的语用前提下可有两种理解：

a. 我 都不知道你会来[，别人哪里会知道]。

b. 我都 不知道你会来[，你居然来了]。

可见“都”表示语气时由于语义指向的不同也可产生歧义，而且都既可指前也可指后。“都”作为语气副词时也可产生歧义，这一点《八百词》并没有注意到，以往的研究也很少涉及。①

**2.3　时间副词“都”的用法**

《八百词》在阐述“都”第三种用法时，认为它相当于“已经”，“句末常用‘了’”。此后有些学者据此归纳出这个“都”不同于前面两个表范围或语气的“都”，是“时间副词”，其实这并不一定符合《八百词》的原意，《八百词》只是用“已经”来解释这个“都”，并没有明确说这个“都”就是时间副词。

从语用的角度来考察可以发现这里“都”的用法有两个特点：一方面它的语义

① 由于“都”与“把”、“连”等连用时会形成一种固定格式，意义比较复杂，本文暂不涉及。出于同样的考虑，“都”和其他副词连用的情况本文亦暂不涉及。

指向比较单一，即它总是指向其后的VP，①因而这个“都”一般不会产生语用歧义。例如：

(5) 都 十二点了，还不睡！(《八百词》)

(6) 饭都 凉了，快吃吧！(《八百词》)

(7) 我都 快六十了，该退休了。(《八百词》)

另一方面，“都”表示“已经”义时，必须包含在一个复合命题中，如果单独出现在一个简单命题中(如“都三点了”)，则该句在语义上不能自足，单说该句时人们还有一种心理期待。而这些期待的信息则需要另外一个命题来补充。② 在这一点上“都$_3$”与“都$_1$”、“都$_2$”的用法有很大差别。

## 三、副词“都”三种用法的异同分析

### 3.1 不同点分析

根据上文的分析，可以发现“都$_1$”与“都$_2$”的语义既可指向前面也可指向后面，并且在同一个句子中当有不同的语义指向对象时都会产生语用歧义。而“都$_3$”的语义只能指向后面，一般没有语用歧义。它们的区别可用下表表示：

**表1**

| | 指向前面 | 指向后面 | 语用歧义 |
|---|---|---|---|
| 都$_1$ | + | + | + |
| 都$_2$ | + | + | + |
| 都$_3$ | − | + | − |

(注：此处的“+”、“−”表“是”、“否”)



① 高育花指出：“由于时间副词的语义特征就是表示动作行为或情况发生的时间，所以决定了它的语义指向只能是它所修饰的谓语部分。”[21] 杨亦鸣通过考察指出，时间副词在句中是没有歧义的，属于单项定指副词[15]。

② 有人可能认为，这样的句子在一定的语境中也可以说，比如，A问“现在几点了”，B答“都十二点了”。其实这是一种“问答句”的语境，语言研究中“问答句”的语境以及“对举的格式或语境”是一种特殊的语境，可以不作考虑。

可见，从语义指向和语用歧义的角度看，“$都_1$”与“$都_3$”有很大差别，“$都_2$”与“$都_3$”也有很大差别，而“$都_1$”与“$都_2$”之间并没有差别，这是否意味着“$都_1$”与“$都_2$”之间就没有区别了呢？如果有区别的话，区别又在哪里呢？接下来将就这些问题进行讨论。

语言中主观性（subjective）表达和客观性（objective）表达这两个术语较早由Lyons（1977）引进，但它们的区别则可追溯到 Halliday（1970）对语言的人际功能（interpersonal function）和概念功能（ideational function）的区分[22]。Nuyts 指出英语中的情态副词既可以表客观性也可以表主观性，它具体表示什么意义主要取决于一定的语境[23]。沈家煊在考察汉语副词“不”、副词“好”和副词“还”时发现，这些副词都有“元语”和“非元语”两种用法[24—26]。所谓“元语”（metalanguage）是指用来指称或描述语言的语言。如果一个词语传递的信息是关于语言本身传递信息的情况的，那么这个词语的这种用法就是它的元语用法[26]。“元语用法”往往体现了说话人在说出一段话的同时表明自己对这段话的立场、态度和感情，从而在话语中留下自我的印记。这就是语言的主观性的体现。所以“元语用法”又可以叫“主观用法”。“非元语”是与“元语”相对而言的，假定说话者说一段话时客观公正地描述事实，并不涉及自己对这段话的立场、态度和感情，那么这个词语的用法就是它的“非元语用法”。“非元语用法”又可叫“客观用法”或“一般用法”。为简便起见，下文分别把“元语”和“非元语”两种用法称为语言的“主观性”和“客观性”用法。

运用是否具有主观性这个视角来考察“$都_1$”和“$都_2$”的用法，便会发觉它们的区别是很明显的，“$都_1$”主要用于“客观”，“$都_2$”主要用于“主观”。如：

(8) 在生活中，绝大部分人都不可能轰轰烈烈，只会在自己普通的岗位上、平凡的人生中，耕耘属于自己的土地。（RMRB－2000－2）①

(9) 国内上级领导、新闻界朋友、旅游团一批一批来，忙得我姓什么都忘了。（RMRB－2000－2）

可以看出例(8)中的“都”表总括范围，相当于“$都_1$”，侧重对客观事实的描述；而例(9)中的“都”表语气，相当于“$都_2$”，侧重描写说话者的主观感受。可见“$都_1$”主要传递信息的客观性，“$都_2$”主要侧重传递信息的主观性。通过考察，我们还

① 此处例句来源：《人民日报》语料库（光盘版），在“RMRB－2000－2”中，“RMRB”代表《人民日报》，“2000－2”表“年－月”，下同。

发现"都"在表"主观义"时一般轻读，这与《八百词》的看法一致。而且"都"在表"主观义"时，其所在小句一般不单独出现，总是与一定的语用背景相伴。或者换句话说，单独出现时，与表"客观义"的"都"字句比较起来，自立性要差些。试比较下列两个小句：

(10) 华夏子孙都是龙的传人。(RMRB－2000－2)

(11) 一句暖心窝子的慰问话都没有。(RMRB－2000－2)

它们都是语料库中抽出的两个小句，本来都是在一定的上下文中出现的。但如果抽出来单独看，相比较而言例(11)的自足性就比例(10)要差些。这也就意味着"都"表"主观义"时，其所在小句需要一定的语用前提才能成立。

因此，我们可以把"$都_1$"与"$都_2$"的用法归纳如下：

**表 2**

| | 主观性 | 重读 | 语用前提 |
|---|---|---|---|
| $都_1$ | － | ＋ | － |
| $都_2$ | ＋ | － | ＋ |

(注：此处的"＋"、"－"表"强"、"弱")

**3.2 共同点分析**

以上主要分析了三个"都"的语义指向、语用歧义及其主客观义等情况。从讨论的结果来看，似乎存在三个不同的"都"是很合理的了。其实不然。接下来我们将着力考察并证明并不存在三个不同的"都"，换句话说它们的内部联系造成它们有时是不可分的。

3.2.1 "$都_1$"与"$都_2$"之间的联系

"$都_1$"与"$都_2$"的意义有时是不可分的，这一点从《八百词》可窥一斑，《八百词》在谈到"$都_1$"的用法时，第一条便列举出"都"的意义是"表示总括全部"，然后分四点来讲这个意义。其中第四点是："与'是'字合用，说明原因，有责备的意思"。这里"责备"之意，便是表明了说话人的一种态度、一种语气。而"$都_2$"的主要用法便是表明一种强调语气。可见，"都"的"表范围"义和表"语气"义有时是不可以截然分开的。陈子骄指出："语气副词'都'的前面可以是名词、代词、名词性短语等。这些名词、代词或名词性短语等大部分都不是集合名词。一旦出现集合名词的话，'都'是总括副词还是语气副词就难以判定了，有时会产生歧义。如'他两只眼睛都红了'如果仅从文字上来看，是无法判断这个句子中的'都'是语气副词还是总括副词，只有通过重音来区分。”[27]王灿龙也指出，“他都一天没吃饭了”和“他都十年没回家了”中的“都”除总括范围外，也可表语气[28]。可见，“都”在句中究竟表示范围还是语气有时的确很难分辨。这也可以从“都”的主观义、客观义中看出，实际上“都”表范围的“客观义”是表语气的“主观义”的基础，这一点与“还”的主观义比较相似，张宝胜通过考察指出表“元语用法”的“还”跟表示“一般用法”的“还”其实是一脉相承的[29]。本文中如果“都$_2$”所指称的对象是复数或表示复数的意义，那么这时候“都”的主客观双重性的现象就比较明显了。如：

(12) 一举一动，一投足一举手，都那么有讲究有说词，情、趣、美俱收其中。(RMRB－2000－2)

(13) 为了掌握计算机知识，她虚心请教，不耻下问，把科里的每位同志都当成老师，在较短的时间内，她就成了计算机操作能手。(RMRB－2000－2)

3.2.2 “都$_1$”与“都$_3$”之间的联系

《八百词》指出“都$_1$”的用法是表总括，实际上，“都$_3$”的“已经”义表明事件的发展总要经历一个过程，否则不能用“已经”，这个过程从时间上看也是一种范围，可以成为“都”的总括对象。可见，从实质上看，“都$_1$”与“都$_3$”具有很大的统一性[4]。再来看一下前文的例(5)和例(7)，如果把这两个句子中时间稍微改变一下，变成例(5)’和例(7)’，则可以觉得它们的可接受性要差些。

(5)’ 都晚上八点了，还不睡！

(7)’ 我都快二十了，该退休了。

为什么变换之后句子的可接受性不如原句了呢？这里面就涉及到认知上的时间范围问题。可见“都$_1$”与“都$_3$”之间具有一定的内在联系。

3.2.3 “都$_2$”与“都$_3$”之间的联系

史锡尧指出，表“已经”的“都”后面无论接“时点”还是“时段”，它均含有一定的主观色彩[10]。郭春贵也认为“表示‘已经’的‘都’是兼有表示时间和语气这两种语法意义的副词[30]。”可见，从实质上看，“都$_2$”与“都$_3$”也具有很大的统一性。如：

(14) 这种计划经济年代因商品短缺造成的特殊现象今天已经完全看不到了。(RMRB—2000—9)

如果把其中的"已经"换成"都",如例(15),这个"都"不仅表时间上"已经"义,同时它也包含一定的语气。

(15) 这种计划经济年代因商品短缺造成的特殊现象今天都完全看不到了。

需要说明的是,由3.2.2和3.2.3的分析可以看出,"$都_3$"兼具表范围和语气的两种特性,所以说它的主观性和客观性是交织在一起的。

**3.3 副词"都"的语用歧义综合分析**

以往的研究,在谈到范围副词"都"的用法时,一般都认为下文(16)不能说。

(16) 这本书我都买了。(张谊生用例[3])

其实在一定的语境中,增加相应的语用前提后,这句话也能成立。比如:

(17) 这本书我都买了,[那本书还能不买?]

表面上看这里的"都"已经从表范围的"$都_1$"转变为表语气的"$都_2$"了。实质上,它仍然表示对一个范围的限定,是对"这和那"两本书的范围的限定,尽管"那本书"有时在句子中并不出现,可是它在说话者的心里是存在的。最近,史金生把"甚至"("都"的其中一个意义相当于"甚至"——笔者按)归为表"关系"的语气副词[19]。我们认为,从逻辑推理上讲,表示"关系"则显示还有另外一个客体没有出现。或者也可以这样理解,说"都"可表示"重说"或"强调"语气时,一定是有了相对于它物的比较之后才有强调,可见本质上讲,"都"即使表语气,也暗含了主体所要讨论的范围,这才是"都"的基本意义和核心用法。而我们的语言研究就是要善于发现语言中看不见的东西,并使之显现化、条理化、系统化。如果用同样的观点来关照以往的研究,则可以发现,有些包含"都"的句子,即使在表示范围时不能说,但实际上如果增加一定的语用前提则是可以成立的(如例(17)),只不过这时候"都"的客观义减少,主观义在增加而已。例如下列例(18)、(19)、(20)都是张谊生归纳出"都"在表范围时不能说的句子[3],实际上在一定的语用前提下,当"都"转变为主要表主观语气时，则可以成立。

(18) 这份营销计划经理都审查了[，那份营销计划经理一定也审查了。]

(19) 他们都对我有用[，你们就更有用了]。

(20) 这本书我都看了看[，那本书我肯定没有放过]。

可见“都”字的语义非常复杂，由此带来的歧义情况也往往难以辨别。这就要求我们在考察“都”的歧义时，首先应注意到“都”的语用歧义究竟是表客观义范围内的歧义，还是表主观义范围内的歧义，或者是主客观范围之间的歧义。

## 四、结　语

综上，就其本质而言，只存在一个“都”：表总括。这个“都”的语义在句中可解释为：存在一个集合S，S包括N个元素，它们是[$X_1$，$X_2$，$X_3$……Xn]，全部参与了谓语所表示的事件或处于谓语所表示的状态[13]；就其用法而言，实际上存在两个“都”，一个为表示对客观事物范围描述的“都”，另一个是表示主观态度(语气)的“都”。在现实的句子中，“都”往往同时具有两种作用，即“都”既有主观性亦有客观性。只不过，“都”在表范围时，其客观性最强，在表语气时其主观性最强，在表时间时，兼具主观性和客观性。可用下式表示：

“都”的语义 $\begin{cases}\text{客观性：都}_1 > \text{都}_3 > \text{都}_2\\ \text{主观性：都}_2 > \text{都}_3 > \text{都}_1\end{cases}$

可见，“$都_1$、$都_2$、$都_3$”之间存在既“可分”又“不可分”的关系，说其“可分”意指其具有统一性，“不可分”是因为“都”的主客观性往往是交织在一起的，语言中同时具有两种作用的成份很多，不能只看其一面。因而研究的目的其实在于弄清客体之意义和用法的共同点和不同点，而不在于争论到底是一个词还是几个词。

本文通过对副词“都”的考察还得到如下启示：

首先，副词“都”既有主观性又有客观性。一方面，我们在讨论“都”的用法及其指向不同所带来的语用歧义时，应该分层次区别对待不同的“都”；另一方面，在谈到“都”的区别时，又要看到其不同用法之间的联系。这才符合语言的客观事实。“都”字语义往往是主观和客观的辩证统一。当然“都”的语义在什么情况下是可分的，在什么情况下又不可分，究竟有哪些因素在起制约作用？这些问题都值得作进一步研究。

其次，以往对副词的研究往往局限于语义或句法，如果我们扩大研究的视野，通过增加语用前提的办法，在篇章、语用的范围内探讨副词的所带来的歧义，那么有些表面复杂的问题往往可以迎刃而解[14,15,18][31]p328。

第三，中文信息处理的一个重要目标就是企图让机器也能理解/生成带有主观色彩的"人性化"言语，而不仅仅是"刻板呆滞"的言语，本文对"都"的主观义和客观义及其语用歧义的形式化描写恰好可为其提供参考。可见本文的研究对自然语言信息处理亦有一定的借鉴价值。

**参考文献**


［1］ 吕叔湘：《现代汉语八百词》，商务印书馆 1980，1999 年版。

［2］ 徐颂列：《表总括的"都"的语义分析》，《语言教学与研究》1993 年第 4 期。

［3］ 张谊生：《范围副词"都"的选择限制》，《中国语文》2003 年第 5 期。

［4］ 林曙：《确定范围副词的原则》，《上海师范大学学报》1993 年第 1 期。

［5］ 蒋严：《语用推理与"都"的句法/语义特征》，《现代外语》1998 年第 1 期。

［6］ 董为光：《副词"都"的"逐一看待"特性》，《语言研究》2003 年第 3 期。

［7］ 兰宾汉：《副词"都"的语义及其对后面动词的限制作用》，《语言教学与研究》1988 年第 2 期。

［8］ 马真：《关于"都/全"所总括对象的位置》，《汉语学习》1983 年第 1 期。

［9］ 程美珍：《关于表示总括全部的"都"》，《语言教学与研究》1987 年第 2 期。

［10］ 史锡尧：《副词"才"与"都"、"就"语义的对立和配合》，《世界汉语教学》1991 年第 1 期。

［11］ 谭敬训：《"都"字前后相关成分的语义特征》，《世界汉语教学》1991 年第 2 期。

［12］ 陈子骄：《"都"的语义指向》，《汉语学习》1996 年第 6 期。

［13］ 董秀芳：《"都"的指向目标及相关问题》，《中国语文》2002 年第 6 期。

［14］ 杨亦鸣：《试论"也"字句的歧义》，《中国语文》2000 年第 2 期。

［15］ 杨亦鸣：《论副词的语用分类》，Journal of Chinese Language and Computing，2003 年第 1 期。

［16］ 徐以中：《副词"只"的语义指向及语用歧义探讨》，《语文研究》2003 年第 2 期。

［17］ 廖秋忠：《篇章与语用和句法研究》，《语言教学与研究》1991 年第 4 期。

［18］ 蔡维天：《谈"只"与"连"的形式语义》，《中国语文》2004 年第 2 期。

［19］ 史金生：《语气副词的范围、类别和共现顺序》，《中国语文》2003 年第 1 期。

［20］ 陈小荷：《主观量问题初探——兼谈副词"就"、"才"、"都"》，《世界汉语教学》1994 年第 4 期。

［21］ 高育花：《中古汉语副词语义指向分析》，《古汉语研究》2001 年第 2 期。

［22］ Verstraete, Jean-Christophe,. Subjective and objective modality: Interpersonal and ideational functions in the English modal auxiliary system[J]. 2001, Journal of Pragmatics 33: 1505—1528.

[23] Nuyts, Jan,. Subjectivity as an evidential dimension in epistemic modal expressions [J]. 2001, Journal of Pragmatics 33:383—400.

[24] 沈家煊:《"语用否定"考察》,《中国语文》1993 年第 5 期。

[25] 沈家煊:《"好不"不对称用法的语义和语用解释》,《中国语文》1994 年第 4 期。

[26] 沈家煊:《跟副词"还"有关的两个句式》,《中国语文》2001 年第 6 期。

[27] 陈子骄:《总括副词"都"的语义指向》,《蒲峪学刊》1995 年第 3 期。

[28] 王灿龙:《为什么不能说"都以前……"》,《世界汉语教学》2001 年第 3 期。

[29] 张宝胜:《副词"还"的主观性》,《语言科学》2003 年第 5 期。

[30] 郭春贵:《时间副词"已经"和"都"的异同》,《世界汉语教学》1997 年第 2 期。

[31] 李樱:《汉语研究中的语用面向》,《汉学研究》1990 年第 18 卷特刊。

(原载《语言研究》2005 年第 3 期)

# “就”与“才”的歧义及相关语音问题研究①

本文基于语用视角结合实验语音学手段对副词“就”和“才”作了分析，认为副词“才”和“就”既可以前指也可以后指，并且都有语用歧义。本文对副词“就”和“才”的歧义及其韵律特征（重读）规律的实验研究对提高语音合成的自然度和语音识别的准确度亦有一定的参考价值。

## 一、引　言

现代汉语中“就”和“才”的使用频繁，用法较多，本文仅讨论副词“就”和“才”单用情况，不讨论“一……就”、“才……就”等连用情况。

根据《现代汉语词典》（以下简称《词典》）[1]733—734，“就”兼具四种词性和多种用法。在《现代汉语八百词》里（以下简称《八百词》）[2]315—319，“就”作为副词有七种用法，可表时间、范围、语气等。相比较而言，“才”的用法比较简单，《词典》和《八百词》中“才”只作副词使用，分别有五种和六种用法。

《词典》在描写副词“就”的一个用法时，称它“表示对比起来数

① 本文得到国家哲学社会科学基金（09CYY038）、中国博士后基金（20070421213）、国家哲学社会科学创新基地“语言与认知研究”项目专项基金（985 二期）资助，还得到国家自然科学基金（30740040）、教育部人文社会科学研究“十一五”规划项目（07JA740027）、江苏省“青蓝工程”（科技创新团队）资助项目、江苏省哲学社会科学“十一五”规划基金项目（06JSBYY006）的资助，一并致谢。

**目大，次数多，能力强**等：你们两个小组一共才十个人，我们一个小组就十个人｜他们三天才来一次，你一天就来三次｜这块大石头两个人抬都没抬起来，他一个人就把它背走了”。实际上，根据考察《词典》把“就”的意义描写为表示对比起来只表示一种倾向“数目大，次数多，能力强”，这有点绝对化了。《八百词》在描写“就”用法时就注意到有两种倾向，表“强调数量多寡”。如：

a. 就＋动＋数量。‘就’重读，指说话人认为数量少。动词有时可省。

他'就要了三张票，没多要｜老周'就讲了半小时，下边就讨论了｜去的人不多，我们'就[去了]两个｜我'就[有]一本，你别拿走。

b. 就＋动＋数量。‘就’轻读，前面的词语重读，指说话人认为数量多。动词有时可省。

'他就要了三张票，没剩几张了｜老'周就讲了两小时，别人都没时间谈了｜去的人不少，'我们班就[去了]七、八个｜一'天就[跑]两趟车站，够累的｜咱俩才抬一百斤，人家'一个人就[挑]一百二十斤。

可见，在“就”的用法上，《八百词》的描写比《词典》要周全些，它考虑到了两种不同的倾向。但是，通过本文的考察可以发现，上述两部词典对副词“就”的用法描写尽管细致，但仍不够全面，缺乏从语用视角的统一考察。而根据上下文的分析还可以看出，它们对副词“才”用法的描写不仅不够全面，而且还存在一些争议。

《词典》[1]122—123在描写副词“才”的一个用法时，称“对比起来表示**数量小，次数少，能力差，程度低**等等：这个工厂开办时才五百工人，现在已有几千工人了”。副词“才”的意义只表示“数量少，程度低”一种倾向，这似乎没有异义，《八百词》[2]107—108里也这样描写。但事实并非如此。在王还[3]主编的《新编汉英虚词词典》（以下简称《虚词词典》）里，就谈到了两种情况。“才”用在数量短语之后表示数量大，用在数量短语之前表示数量小。分别见例(1)、(2)和(3)、(4)。

(1) 出了上关，再上去十五里，才是八达岭。（表数量大，例句来自《虚词词典》）

(2) 得几百块钱才能买这么一套词典。（表数量大，例句来自《虚词词典》）

(3) 他沿着长堤才走了十分钟，已经觉得有点累了。（表数量小，例

句来自《虚词词典》）

(4) 哼，他出去半年，才挣这么点钱。（表数量小，例句来自《虚词词典》）

除以上提及的工具书外，有一系列文章都详细探讨了副词“才”和“就”的用法问题。如陈小荷[4]、张谊生[5]等系统论述过“才”表量大和量小两种倾向的意义。该思路其实和《虚词词典》具有一致性。许多学者的研究业已发现，副词“就”和“才”的意义具有相对性。白梅丽[6]从标记性（markness）角度论证了“就”是无标记项，“才”为有标记项。沈家煊[7]168称它们是一对反向副词。

通过考察，以往对副词“就”和“才”的研究基于以下三个视角：一是在句法、语义或语用范围内意义和用法的刻画，如王还[8]、白梅丽[6]、陆俭明和马真[9]、张谊生[5,10]、田原[11]等；二是运用语义指向理论的研究，如邵敬敏[12]、卢英顺[13]等；三是从语言表达主观性的角度的研究，如 Biq[14]、Lai[15]、陈小荷[4]、张宝胜[16]、周守晋[17]等。研究也出现两种思路，一种是倾向于“分”的研究，侧重于对副词各种用法的细致描写，如张谊生[5]等；另一种是倾向于“合”的研究，侧重于论述“才”、“就”各种用法之间的联系（有的甚至归纳出其核心义），如王群[18]、陈立民[19]等。

以往的研究已具一定的广度和深度，但由于缺乏自觉运用语用分析的视角和现代语音学的手段，仍有一些具体问题没有专门系统探讨：(a)“才”、“就”的歧义问题没有得到彻底系统的分化研究；(b) 实验语音学证据问题，特别是副词及其指向对象的语音声学特征问题鲜见系统研究。

基于此，本文在语用视角下结合现代语音学手段对副词“就”和“才”的用法作一深入系统考察，并指出在一定的语用背景下“就”和“才”不同语义指向可导致不同的语用歧义。



## 二、“就”和“才”的语义指向及语用歧义

### 2.1 语义指向和语用歧义

语义指向（semantic orientation）是指句子中某一成分跟句中或句外的其他成分语义上的直接联系。通过分析句法成分的语义指向情况来解释、说明一些语法现象就称为语义指向分析。自八十年代以来，语义指向分析法已成为汉语研究中的一种重要的分析方法[20]。

就“才”和“就”的语义指向而言，邵敬敏[12]曾指出“就”的语义不仅可以前

指，也可以后指，因而下面句子是有歧义的，并指出“就”应描写为“双指多项多联”副词。

(5) 他外语就考了八十分。

(6) 三个人就抬起了五百斤。

卢英顺[13]也认为“就”既可前指也可后指，并指出，像在例(6)中，“当‘就’的语义前指时，蕴含着‘人少’；当‘就’的语义后指时，蕴含着‘所抬起的重量小’的意思”。

关于“才”，邵文[12]指出，“才”应描写为“后指多项副词”。卢文[13]也认为，“才”的语用蕴含义与“就”相同，但“才”在语义上不能前指。因而，把例(6)中的“就”替换成“才”后，就没有歧义了，如例(7)。

(7) 三个人才抬起了五百斤。

总之，利用语义指向分析法给副词研究带来了新的思路，但单纯在句法语义框架范围内的语义指向分析仍不能彻底分化歧义。语义指向分析还需要和语用视角相结合。

语言的结构规则（语法）有的是句法决定的，有的是语用决定的。但无论受哪种因素制约，由于受线性组合和句法规则的限制，它们都选择了某种句法形式。这种句法形式有时实际上是一个空壳形式，如果不考虑语用原则的制约，只在句法语义框架内分析并不能发现问题的实质。像“就”和“才”字句的歧义实质是语用歧义，这种类型的歧义是由语用因素造成的，话语的语用前提不同，句子的意义就不同[21,22]。通过增加语用前提确定语义指向的方法可以发现上文例(7)也存在两种意义，具有语用歧义（关于添加语用前提的方法，请参看杨亦鸣[21,22]）。它们分别是：

(7a) 别的组**两个人**能抬五百斤，（这个组）三个人 才抬五百斤。

（“才”前指，突出“人多”）

(7b) 别的组三个人能抬**八百斤**，（这个组）三个人才 抬五百斤。

（“才”后指，突出“量少”）

学术界较早对副词的认识是,其语法功能是充当谓语的修饰成分,修饰动词或形容词。过去许多对副词的研究也都是在语义或句法的框架下进行的,但随着研究的进展,越来越多的研究者认识到,事实上许多副词的主要特点是在语用上[21,22]。副词语用歧义的系统化研究亟待加强。

总之,副词的意义和用法需要从语用的角度来解释,在这方面已经形成共识,但把语义指向和语用分析的视角结合起来的研究却并不多见。

**2.2 语用背景下"就"和"才"的语义指向研究**

2.2.1 "就"和"才"语义指向的两面性

2.2.1.1 以往"就"和"才"研究中的两种倾向

考察过去对副词"才"和"就"的研究,可以发现存在两种明显倾向。一种倾向是,虽然从语用的角度注意到了副词的意义问题,但由于缺乏结合语义指向分析手段,论述仍然不够系统。

比如针对"才"而言,陈小荷[4]、李宇明[24]、张谊生[10]从主观量的角度考察后指出,"才"既可指前也可指后。王群[18]、贾冬梅[23]则把信息焦点与"才"的前指后指联系起来考察其用法。这些研究比以往的研究已经深入细致了很多,但尚未自觉运用语义指向分析中"单项性和联项性、一面性和两面性、自然性和非自然性、前提和所指的不统一性"[21]以及"指、项、联"[12]等分析手段,导致未能彻底分化句子歧义。下面仅举例(8)一个例子来说明这个问题。

(8) 两个人就喝了五瓶汽水。(陈小荷[4]用例)

陈文[4]指出"就"在例(8)中是前指的,"前指的'就'的作用只是表示其前边的数量词是主观小量"。前指的"就"诚如陈文所言,但若结合语义指向分析法,就可发现"就"的指向具有"两面性"[21],即在一定语用前提制约下,"就"既可指向其前面的成分也可指向后面的成分,因而会产生语用歧义。如:

(8a) 别的组五个人喝了五瓶汽水,(这个组)两个人 就喝了五瓶汽水。("就"前指)

(8b) 别的组两个人喝了五瓶汽水还吃了两个面包,(这个组)两个人就 喝了五瓶汽水。("就"后指)

因此若运用语义指向分析手段,论述就会更加系统、全面。

另一种倾向是，虽然基于语义指向的视角发现“才”与“就”具有不同的指向，但这样的研究通常又由于缺乏结合语用视角而显得不够深入。比如邵敬敏[12]利用语义指向中“指、项、联”等方法分析后提出“才”为“后指多项副词”。如例(9)：

(9) 他才买了三本书。

根据邵文分析，这句话有两个意思：一表示刚买还来不及看，“才”语义指向“买”；二表示买的书少，“才”语义指向“三本书”。邵文的分析尽管比以往更进一步，但总的来看其语义指向分析仍然是在句法语义的框架内进行的。这样的分析仍不能解释导致(如例(9))句子产生歧义的语用动因。采用语用前提制约语义指向原则，则可以很好解决这个问题。产生不同语义指向歧义的根本原因主要是由于受不同语用前提的制约，线性的句法结构不是根本的原因。(如例(9))在一定的语用前提制约下，该句还会产生更多语用歧义(其中 a 和 b 义是根据邵文[12]分析结果，c 和 d 义是本文分析结果)。例如：

(9a) 别人三本书都看完了，他才 买了三本书。(表示“刚买还来不及看”，根据邵文[12]的分析)

(9b) 别人都买了六本书，他才买了三本书。(表示“买的书少”，根据邵文[12]的分析)

(9c) 别人都买了三本书和笔记本，他才买了三本书。(表示“他还没买或不打算买笔记本”)

(9d) 别人都买了六本书并且都看完了，他才 买了 三本书。(表示“买的书少”并且“刚买还来不及看”)

因此，我们认为，副词的语义指向若能结合语用进行分析，会更系统深入。邵敬敏[25]在以后的研究中也注意到语用视角，指出，当有关时间、数量等短语在“才”前和“才”后时分别表相反的意思。如：

(10) 八点钟才起床(时间晚)～起床才八点钟(时间早)(邵敬敏[25]用例)

(11) 六十分才录取(数量多)～录取才六十分(数量少)(邵敬敏[25]用例)

邵文的这种分析虽然还没有自觉运用语用歧义的概念,但实际上已注意到“才”指前时表“时间晚、数量多”,指后时表“时间早、数量少”,这种结合语用因素的分析确实比以往要深入细致。

2.2.1.2 “就”和“才”既可前指也可后指

以往研究发现,“就”既可前指也可后指(见前文例(6)及其分析)。但关于“才”的语义指向则存在诸多争议。邵敬敏[12]、张宝胜[16]认为“才”只能后指。陈小荷[4]、李宇明[24]、张谊生[10]等认为“才”既可前指也可后指。接下来我们换个角度,根据“就”与“才”之间存在相反语义关系的特点(白梅丽[6]、沈家煊[7])来论证“才”既可后指也可前指。

先来看“十八岁就上大学”这个表达,该句中“就”前指时表示的语用义是“大学上得早”。如:

(12) 十八岁 就上大学。(意为“大学上得早”,“就”前指)

基于语用视角下语义指向的考察,我们可以发现,既然例(12)表达的意思是“大学上得早”(“就”前指),与此类似,如果表达“大学上得晚”的意思,可以用“八十岁才上大学”这样的表达。很明显,此句信息焦点为“八十岁”,此时“才”指向位于其前面的这个信息焦点。如:

(13) 八十岁 才上大学。(意为“大学上得晚”,“才”前指)



因此,“才”与“就”一样既可前指也可后指。可见,语义指向分析若能结合语用的视角则会使得研究更加系统、深入。

2.2.2 “就”和“才”后指时会产生不同语用歧义

通过以上讨论,“就”和“才”不仅可以前指也可后指,这已形成共识,在此起点上我们要进一步指出,“就”和“才”后指指向不同成分时还会产生不同的语用歧义,这样歧义的范围就扩大了，发现了新的语用歧义形式。① 请看下列例句：

(14) 他就喝了一杯酒。

(15) 他才喝了一杯酒。

王群[18]指出例(14)存在两种意义，"一是'就'语义指向'一杯'，表示量少；一是语义指向'酒'，'着重限制范围，排斥其他'，'意味着他只喝了一杯酒，没有吃其他任何东西'"。但王文并未指出例(15)存在两种意义。其实根据前文的分析，一方面例(14)不止有两种意义："就"还可前指，也可同时指向句中其它成分，见下文例(14c)和(14d)。另一方面例(15)中"才"后指时也存在(15a)、(15b)、(15c)不同意义。

(14a) 别人都喝了**三杯**酒，他就喝了一杯酒。("就"后指，根据王群[18]的分析)

(14b) 别人都喝了**酒**吃了**饭**，他就喝了一杯酒。("就"后指，根据王群[18]的分析)

(14c) **别人**都还没喝(酒)，他 就 喝了一杯酒。("就"前指)

(14d) **别人**都还**没开始**，他 就 喝了一杯酒。("就"指向句中所有其它成分)

(15a) 别人都喝**好几杯**(酒)，他才 喝了 一杯酒。("才"后指)

(15b) 别人都喝了**一杯酒和一杯醋**，他才 喝了一杯 酒。("才"后指)

(15c) **别人都结束要回去了**，他 才 喝了一杯酒。("才"指向句中所有其他成分)

可见，通过结合语用前提对"才"的语义指向分析可以发现，它在后指指向不同

① 需要说明的是，邵敬敏[12]也曾指出过"才"后指时也会产生歧义，但总的来看其语义指向分析由于缺乏结合语用视角，仍存在一定的局限，详见前文2.2.1.1例(9)的分析。

成分时也会产生不同歧义。①

2.2.3 “就”和“才”语用歧义综合分析

根据前文可以得出这样的结论，把语义指向和语用前提结合起来进行考察，“就”和“才”这两个副词既可前指也可后指，而且前指和后指时都会产生语用歧义。实际上，根据这个研究思路，在一个句子中就可以体现上述分析的各种类型的歧义。这样的分析，通常能够发现以往一些著述没有发现的歧义现象，从而彻底分化句子歧义。先请看下面的例(16)。

(16) 两个人才喝一瓶酒。

邵敬敏[25]笼统指出该句表示“人数多而瓶数少”意义，如若把语义指向和语用前提结合起来考察，可以发现该句具有多种意义。

(16a) 人家两个人喝光**好几瓶**(酒)，(这里)两个人才喝光一瓶酒。(“才”后指一个成分)

(16b) 人家两个人喝光一瓶**酒和**一瓶**可乐**，(这里)两个人才喝光一瓶酒。(“才”后指一个成分)

(16c) 人家两个人喝光**两瓶酒和一瓶可乐**，(这里)两个人才喝光一瓶酒。(“才”同时后指两个成分)

(16d) 人家**一个人**就喝光一瓶酒，(这里)两个人 才喝光一瓶酒。(“才”前指一个成分)

(16e) 人家**一个人**就喝光**两瓶酒**，(这里)两个人 才喝光一瓶酒。(“才”同时前指和后指多个成分)

① 王楠[26]也曾指出“才”后指时存在歧义。例如：“电视我看的时间不长，才看了半个小时的电视”，“才”指向时间；“我没干什么，才看了半个小时的电视”，“才”指向动作“看”。有人指出，这里有两个“才”，分别是表时间的“才”和表范围的“才”。事实上根据我们的考察，“才”指向动词时一般都表时间意义，就是说它们并非完全对立的。不过本文暂不系统讨论不同意义的“才”和语义指向的对应关系，而是专门探讨“才”字句的系统的歧义问题。

在这些歧义中，其中(16a)、(16b)、(16d)三种意义比较容易发现，前人的研究也有所涉及，但是(16c)中“才”同时后指两个成分以及16e)中“才”同时指向前面和后面的多个成分却不容易被发现。可见，“就”与“才”的语义指向问题远非“指前”、“指后”那样简单，需要通过把语义指向和语用前提结合起来综合分析。

按照本文的研究思路，可以发现，《八百词》中有些例句其实可以有不同的理解。例如，

(17) 书架上就[有]那么几本书。(《八百词》)

这句话其实也有两种理解：

(17a) 书架上就[有]那么几本书，你就别拿了。(表示说话人认为数量少，“就”重读)

(17b) 书架上就[有]那么几本书，床上还有。(表示说话人认为数量多，“就”前词语重读)

此外，《八百词》中“我才看了一遍”，这个句子假如用在不同语境中也是有歧义的。分别见例(18)、(19)。

(18) 我 才看了一遍，还要再看两遍。(相当于《八百词》里表“数量少、程度低”的用法)

(19) 我 才看了一遍，你就别指望看了(相当于《八百词》里“强调确定语气”的用法)

总之，通过比较可以发现本文的分析与以往研究的不同之处：以往的研究要么只注意到“就”可指前和指后，而看不到“才”也可指前和指后；要么只注意到“就”和“才”由于前指和后指而产生的歧义，而看不到它们同时指向不同成分时会产生不同的语用歧义。而本文的分析是动态的，随着语用前提的不同，副词“就”和“才”都既可前指也可后指，从而产生歧义，并且它们同时指向不同成分时也会产生语用歧义。可见，采用语用视角下的语义指向分析可以对副词的意义和用法作出统一解释，进而能够发现并分化其不同语用背景下的歧义。

## 三、与“就”和“才”相关的语音问题

### 3.1 以往对副词轻重音问题的探索

把副词的用法和语音问题联系起来研究，前人很早就在这方面作出了许多有价值的探索。较早将语言韵律与句法结构联系起来进行研究的是林焘先生[27]，林文(1962)曾提出“就”轻读还是重读，的确能够起到区别意义的作用。《八百词》中更是把“就”的轻重读与说话人所要表达的主观量大小联系起来，指出在“就＋动＋数量”格式中，“‘就’重读，指说话人认为数量少”，“‘就’轻读，前面的词语重读，指说话人认为数量多”。如例(20)、(21)。

(20) 他'就要了三张票，没多要。(《八百词》)

(21) '他就要了三张票，没剩几张了。(《八百词》)

陆俭明、马真[9]提出，事实上，虚词不同的语法意义往往是通过轻重音来表示的，副词尤为如此。

叶军[28]则用专文讨论了“副词的轻重音现象”，指出，汉语中副词的多个义项往往体现为轻重音的区别。我们需要了解，在句子中，哪些副词倾向于轻读，哪些倾向于重读，以及轻读和重读需要怎样的语境来确定。

可见，副词轻重音研究是必要的，但以往的研究存在着分析视野的限制和方法论上的不足。首先，在分析视野上，过去的研究一般只重视副词本身的轻重读问题，对副词指向成分的轻重音问题则重视不够。这一点，《八百词》当初的分析其实已经注意到了。不过后来的学者在分析副词时往往忽略了。

请看这样一个例句：

(22) 我就去他那儿。

根据陈雅[29]的分析，该句可以有三种意义：“A. 我只去他那儿。B. 我马上去他那儿。C. 我偏要去他那儿。”陈文采用细分“主重音、次重音、弱重音和轻音”的办法区分不同意义，取得了一定的效果。我们认为，重音不仅有等级的区别，而且和副词指向的成分(焦点)的重音有关，因此这样的分析仍然有待完善。

其次，在研究方法上，以往对副词轻重音的研究大都根据语感。语感的知识需要实验的支持，需要量化，这样才能不断满足计算机处理自然语言向纵深发展的需求。

杨亦鸣[22]不仅考虑了语义指向分析涉及的语用问题，而且较早地运用实验语音

学手段考察了“也”字句不同歧义时相关成分的语音声学特征。因此我们进一步认为，对副词“就”和“才”句重音的分析需要扩大视野，不仅考察副词本身的轻重音问题，而且要考察与副词相关成分的轻重音问题；在考察手段上，采用实验语音学的手段进行定量分析，可以测量和比较它们的音强、音高、音节时长、元音时长等。

### 3.2 “就”字句的实验语音学分析

还看上面例(22)“我就去他那儿”。[①] 根据分析该句可有三种意义：“A. 我只去他那儿。B. 我马上去他那儿。C. 我偏要去他那儿。”分别应读为：

A’“我/就(次重读)去他(重读)/那儿。”

B’“我就(弱重读)去/他那儿。”

C’“我就(重读)去//他那儿。”

我们采用现代语音学的手段进行定量研究，可以测量和比较副词及相关成分的音强、音高、音节时长、元音时长，得出各自的图谱及相关统计数据如下(软件 Praat)：

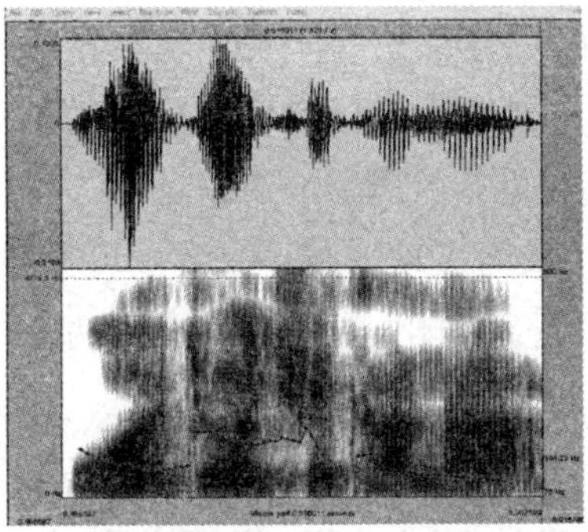

**(22a) 我 | 就 | 去 | 他 | 那儿**

(22a)

| 指标<br>例字 | 基频<br>F0<br>(Hz) | 音节时长<br>Syl dur<br>(ms) | 元音时长<br>Vowel dur<br>(ms) | 音强<br>intensity<br>(db) |
|---|---|---|---|---|
| Jiu 就 | 134—197 | 143 | 85 | 68 |
| Ta 他 | 117—153 | 110 | 82 | 58 |

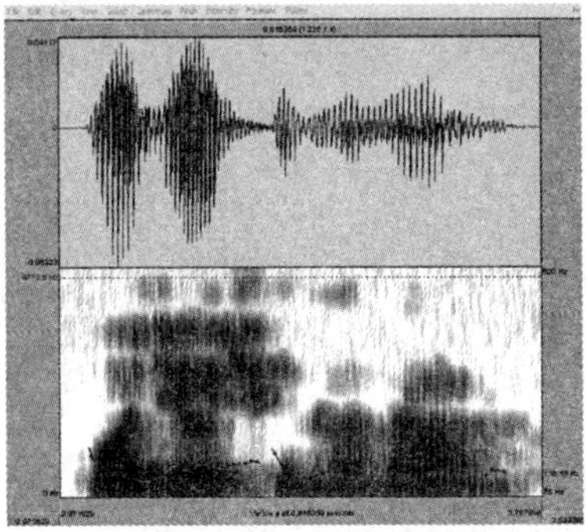

**(22b) 我 | 就 | 去 | 他 | 那儿**

(22b)

| 指标<br>例字 | 基频<br>F0<br>(Hz) | 音节时长<br>Syl dur<br>(ms) | 元音时长<br>Vowel dur<br>(ms) | 音强<br>intensity<br>(db) |
|---|---|---|---|---|
| Jiu 就 | 112—141 | 177 | 105 | 58 |
| Ta 他 | 104—121 | 92 | 48 | 49 |

① 这里的“就”就其意义可分为就$_1$(表范围)、就$_2$(表时间)、就$_3$(表语气)，这里不研究分类，只是借此分析不同意义的声学特征及其相互关系。

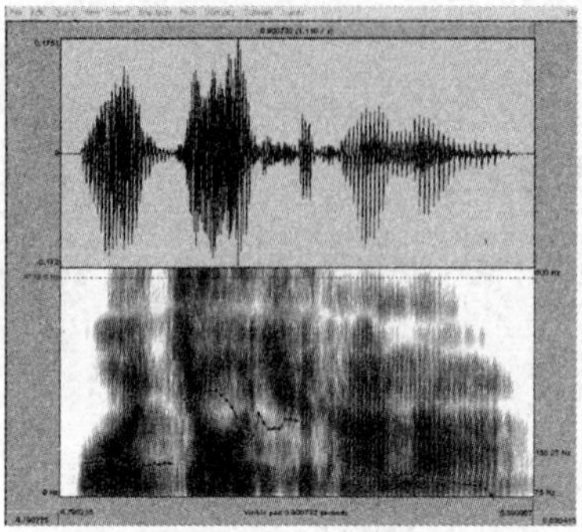

(22c)我 |就 |去|他|那儿

(22c)

| 指标<br>例字 | 基频<br>F0<br>(Hz) | 音节时长<br>Syl dur<br>(ms) | 元音时长<br>Vowel dur<br>(ms) | 音强<br>intensity<br>(db) |
|---|---|---|---|---|
| Jiu 就 | 182—271 | 146 | 110 | 70 |
| Ta 他 | 116—151 | 101 | 75 | 62 |

(发音人:男,27 岁,普通话,数值均为四舍五入所得)

先来看副词“就”。按照语感的分析,应该是 C(重读)>A(次重读)>B(弱重读)。“就”的声学参数测量结果为音强:C>A>B;元音时长:C>B>A;音节时长:B>C>A。

以往的研究认为,汉语普通话轻重音的主要声学特征是时长,同时也会伴随音强和音高等变化[30]238—239。赵元任[31]也曾指出“汉语重音首先是扩大音域和持续时间,其次才是增加强度”。但此结论可能仅适用基于孤立的汉语实词考察时的结果,在语流中副词轻重读时的声学特征究竟怎样,还有待新的研究成果来证明。本文对“就”的分析表明,“就”的轻重音变化在音强和时长的表现上并不一致。可见,以往根据语感的描写方式需要利用实验语音学成果进行细化,音强和时长这两个音素在描写汉语轻重读时并不存在主次区别。

再看句中的其它成分“他”。按照语感,A 中“他”重读,应为 A>B/C。根据本文对“他”声学参数的测量结果,音强,C>A>B;元音时长,A>C>B;音节时长:A>C>B。可以看出“他”的轻重音变化在音强和时长的表现上也不一致。

以上是同一成分在不同句子中的比较。接下来考察在同一个句子中不同成分的重音是如何确定的。按照已有的标识,在同一个句子中(A 句),“就”(次重读)<“他”(重读)。

然而测量结果显示,在 A 句中,“就”无论在音强、元音时长、音节时长上都大于“他”。这与已有的标识“‘就’(次重读)<‘他’(重读)”似乎形成矛盾。那么“‘他’(重读)”究竟是如何得出的呢?

是我们的语感出问题了吗?当然不是。那又该如何解释?

根据本文的分析数据我们就可以明确,“他”的重音的确定不是根据不同句中的“他”的对比得来的,也不是针对“就”的轻重对比得来的,而是针对句中除副词以外的其他成分而得到的。

### 3.3 “才”字句的实验语音学分析

再来看前文“才”字句的例(18)和(19)。采用类似的方法可以测量两个句子中的“我”、“才”、“一”、“遍”的音强、音高、音节时长、元音时长,得出各自的图谱及相关统计数据如下(软件 Praat):

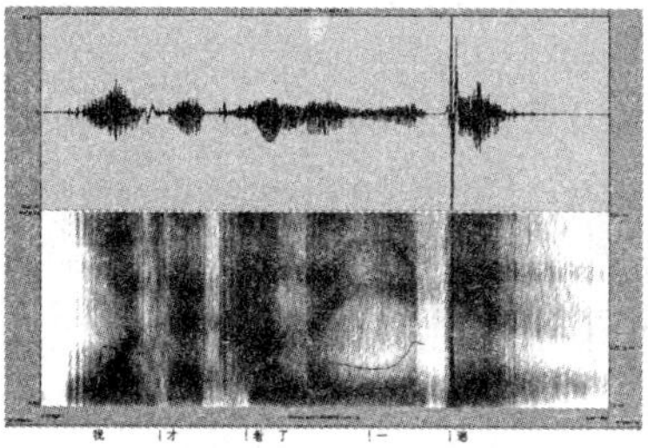

(18) 我才看了一遍,还要再看两遍。

(18)

| 指标 / 例字 | 基频 F0 (Hz) | 音节时长 Syl dur (ms) | 元音时长 Vowel dur (ms) | 音强 intensity (db) |
|---|---|---|---|---|
| Wo 我 | 102—191 | 223 | 166 | 70 |
| Cai 才 | 134—197 | 166 | 108 | 68 |
| Yi 一 | 158—214 | 213 | 213 | 67 |
| Bian 遍 | 165—276 | 216 | 141 | 79 |

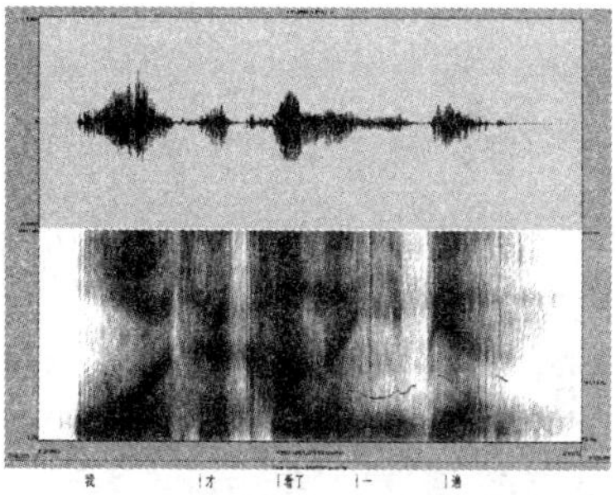

(19) 我才看了一遍,你就别指望看了。

(19)

| 指标 / 例字 | 基频 F0 (Hz) | 音节时长 Syl dur (ms) | 元音时长 Vowel dur (ms) | 音强 intensity (db) |
|---|---|---|---|---|
| Wo 我 | 78—212 | 330 | 307 | 75 |
| Cai 才 | 179—221 | 145 | 109 | 67 |
| Yi 一 | 161—189 | 162 | 162 | 64 |
| Bian 遍 | 157—208 | 262 | 232 | 68 |

(发音人:女,30 岁,普通话,数值均为四舍五入所得)

从上面的图表中可以看出,(19)中的“我”比(18)中的“我”在基频变化范围、音节时长、元音时长、音强上都要大,显示“我”在(19)中是要强调的中心。(18)中的“一”在各个声学特征指标上都大于(19)中“一”,显示“一”在(18)中是要强调的中心。通过数据也可看出,无论是“我”还是“一”,它们的音频和时长的变化最显著,而音强并非最显著要素。这进一步显示,副词及其相关成分的轻重读需要关注时长、音强、基频等各个要素,而且,轻读和重读在不同条件下具有不同的突出表现形式。

## 四、结　语

近年来,无论是在国内还是国际,副词的语用研究受到越来越多的重视[32,33]。利用语义指向分析副词句的歧义也是近来副词研究的进步之一。但是以往利用语义指向分析副词时大都仍局限于句法、语义的框架，未能从语用前提制约语义指向对象的角度来探讨副词在句中的意义和用法问题。通过本文的分析，可以初步得出以下主要观点。

(1) 通过语用视角结合现代语音学手段进行副词分析，得出副词“才”和“就”既可前指也可以后指，并且都有语用歧义。

(2) 副词的语音分析是必要的，不仅要考察副词本身的语音问题，更要考察与副词相关成分的语音问题。利用实验语音学的手段可以弥补听感研究的不足，可以使副词的语音分析更加精细化、科学化。

(3) 目前语音合成的自然度还不理想，具体地说，就是节奏感较差，缺少轻重缓急和抑扬顿挫。语音合成的一个重点是对语句韵律特征的研究[34]219。本文对副词“就”与“才”的歧义及其韵律特征(重读)规律的刻画对提高语音合成的自然度和语音识别的准确度亦具有一定的参考价值。

(4) 将意义和用法相近的副词放在一起进行对比分析，指出其用法的异同，这对汉语教学特别是对外汉语教学亦具有切实的帮助。

**参考文献**

[1] 中国社会科学院语言研究所词典编辑室编:《现代汉语词典》(第5版)，商务印书馆2005年版。

[2] 吕叔湘主编:《现代汉语八百词》(增订版)，商务印书馆1999年版。

[3] 王还主编:《新编汉英虚词词典》，华语教学出版社1999年版，第54—58，第223—235页。

[4] 陈小荷:《主观量问题初探——兼谈副词“就”、“才”、“都”》，《世界汉语教学》1994年第4期，第18—24页。

[5] 张谊生:《现代汉语副词“才”的句式与搭配》，《汉语学习》1996年第3期，第10—15页。

[6] 白梅丽:《现代汉语中“就”和“才”的语义分析》，《中国语文》1987年第5期，第390—398页。

[7] 沈家煊:《不对称和标记论》，江西教育出版社1999年版。

[8] 王还:《就和才》，《语文学习》1956年第12期。

[9] 陆俭明，马真:《现代汉语虚词散论》，语文出版社1999年版。

[10] 张谊生:《现代汉语副词研究》，学林出版社2000年版，第75—131页。

[11] 田原:《评定副词“就”的歧义现象》，北京大学出版社2006年版。

[12] 邵敬敏:《语义指向研究》，《汉语论丛》(一)，华东师范大学出版社1990年版，又见《汉语语法的立体研究》(邵敬敏著)，商务印书馆2000年版。

[13] 卢英顺:《语义指向研究漫谈》，《世界汉语教学》1995年第3期，第22—26页。

[14] Biq, Y.-Q., The semantics and pragmatics of"cai"and"jiu"in Mandarin Chinese[D]. Doctoral dissertation, Cornell University, 1984.

[15] Lai, H-L. Rejected expectations: The scalar particles CAI and JIU in Mandarin Chinese[D]. Doctoral dissertation, University of Texas at Austin, 1995.

[16] 张宝胜:《副词“才”的主观性》,《语法研究与探索》(十二),商务印书馆 2003 年版,第 429—442 页。

[17] 周守晋:《“主观量”的语义信息特征与“就”、“才”的语义》,《北京大学学报》(哲学社会科学板)2004 年第 3 期,第 121—131 页。

[18] 王群:《试论“才”和“就”语义变化的双向性和不平衡性》,《语言科学》,2005 年第 6 期,第 18—26 页。

[19] 陈立民:《也说“就”和“才”》,《当代语言学》,2005 年第 1 期,第 16—34 页。

[20] 陆俭明:《关于语义指向分析》,收入黄正德主编《中国语言学论丛》第一辑,北京语言文化大学出版社 1997 年版。

[21] 杨亦鸣:《“也”字语义初探》,《语文研究》,1988 年第 4 期,又见《语言的神经机制与语言理论研究》(杨亦鸣著),学林出版社 2002 年版,第 140—145 页。

[22] 杨亦鸣:《试论“也”字句的歧义》,《中国语文》,2000 年第 2 期,又见《语言的神经机制与语言理论研究》(杨亦鸣著),学林出版社 2002 年版,第 146—161 页。

[23] 贾冬梅:《“才 X 就 Y”句式浅析》,《广西社会科学》,2005 年第 5 期,第 158—160 页。

[24] 李宇明:《汉语量范畴研究》,华中师范大学出版社 2000 年版。

[25] 邵敬敏:《从“才”看语义与句法的相互制约关系》,《汉语学习》,1997 年第 3 期,第 3—7 页。

[26] 王楠:《“才”字句的句法语义分析》,《中文信息学报》,2002 年第 1 期,第 38—45 页。

[27] 林焘:《现代汉语轻音和句法结构的关系》,《中国语文》,1962 年第 7 期。

[28] 叶军:《副词的轻重音现象》,《语文论丛(6)》,上海教育出版社 2000 年版,第 61—68 页。

[29] 陈雅:《试论副词“就”的语音形式及语义指向》,《南京社会科学》,2003 年第 12 期,第 92—96 页。

[30] 吴宗济,林茂灿(主编):《实验语音学》,高等教育出版社 1989 年版。

[31] 赵元任:《汉语口语语法》,商务印书馆 2001 年,第 23 页。

[32] 杨亦鸣:《论副词的语用分类》,*Journal of Chinese Language and Computing*, 2003 年第 1 期,又见《语言的神经机制与语言理论研究》(杨亦鸣著),学林出版社 2003 年版,第 174—199 页。

[33] Hinkel, E. Adverbial markers and tone in L1 and L2 students' writing. *Journal of Pragmatics* 35(2003), pp. 1049—1068.

[34] 曹剑芬:《现代语音研究与探索》,商务印书馆 2007 年版。

(原载《语言研究》2010 年第 1 期)

# “副＋名”现象研究之研究[①]

副词能否修饰名词涉及到区分名词和谓词的一项重要鉴别标准问题。有关这一问题，自二十世纪六十年代以来就存在争论，目前尚没有一致意见。本文对四十年来的“副名现象”的研究进行全面综述，探讨了“副名现象”中的三个典型派别的主要论点及其进展。在此基础上，对“副名结构”的理论价值作进一步分析，并就其研究趋势和发展方向提出了自己的看法。

“副＋名”现象与“副词修饰名词”并非同一概念，“副＋名”是指在句子或短语中实际存在的副词与名词的线性排列的现象，有时称“副名组合”或“副名结构”等。但组合关系并不等于修饰与被修饰关系，也可能是主谓关系等，如“草绿”。所以大体上讲，组合关系是个涵盖面较广的概念，它包括修饰关系。

不过，在有关“副名组合”的研究中，副词能否修饰名词实际上是所要探讨的中心问题。这个问题自 20 世纪 60 年代以来在汉语语法学界就一直存在很大争议，可谓众说纷纭，莫衷一是。总体上可分以下三种观点：[②](1) 副词不能修饰名词，如朱德熙(1961)、吕叔湘(1984)、胡裕树(1981)等；(2) 副词可以修饰名词，如张静(1961)、张谊生(1990、1996、1997)等；(3) 对副词能否修饰名词不



① 本文的研究得到国家社会科学基金重点项目(01AYY004)、教育部人文社会科学研究“十五”规划项目(01J740001)和江苏省“333 二期工程”科研项目经费的资助，特此致谢。

② 这种分法受到马真教授(2002 年 4 月 16 日)访问徐州师范大学语言研究所期间演讲的启发。另请参看王素梅(1996)。

置可否，认为它是一种特殊现象，如邢福义（1962）、黄伯荣、廖序东（1991）、[1]胡明扬（1992）、于根元（1992）、储泽祥、刘街生（1997）、施春宏（2001）等。

## 一、“副名现象”的研究对象或范围

在对上述三种观点进行评述之前，首先需要了解“副＋名”现象的研究对象。因为根据观察，有些争论其实有时是由于研究对象不明确或不一致而造成的，换句话说，我们讨论问题时，必须在同一层面或框架内针对同一对象进行，否则会导致不必要的混乱，从而出现“公说公有理，婆说婆有理”谁也不服谁的局面。

为了便于分析，经考察，可以把学者们提出的所谓“副＋名”结构概括为以下主要类型，这样使讨论的对象更加明确。[2]

A. 突然事件/偶然现象/经常任务/必然结果/一定程度/非常周末/非常男女

B. 很淑女/最唯物主义/非常新派[3]/非常家庭/挺沧桑/特知音/太贵族化

C. 副词＋XX气：太娇气/最书生气/更神气/挺孩子气/很运气/挺牛气

D. “不”＋名词：男不男/女不女/不文不白/人不人/鬼不鬼/什么亲戚不亲戚

E. 副词＋数量结构或数量名结构：只一个人/就一本书/大概一百元/的确二斤梨/仅仅三天/恰好五个人/都三十岁了还没结婚/才半小时就写完了

F. 副词＋方位词或具有方位意义的名词：最前方/尽西头/顶南面/最中间/最下边/尽后头/最低层/大后方/大南边

G. 副词＋名词或名词性短语（通常做主语）：就场长没走/也许老王去/幸亏荐头面子大/恐怕事情不好办/惟独革命家，无论生或死，都能给大家以幸福

H. 副词＋名词（通常做谓语）：这个人也太混蛋了，怎么能打自己的老子呢？/红卫兵们全都红袖章、黄军装/他大概韩国人/男孩子一律草绿色军服，女孩子一律蓝色衣裤，银线镶嵌/已经苏州了，离上海不远了/才高中生，就谈起恋



---

① 请参看黄伯荣、廖序东（主编）《现代汉语》（下）（1991：12），“名词前能加表示物量的数量短语，一般不能加副词”，言外之意还有特殊的现象存在。

② 本文的例句大都来自前人讨论副名现象的文章中已用过的例子，限于篇幅，恕不一一注明出处。另外，本文的A组、B组等分类也都是列举性的，实际上目前大多数讨论副名结构的文章也多采用此法，我们目的只是为了论述的方便，因而类别的划分及例句的选取不一定十分系统。甚至我们也不去涉及例句中的个别副词究竟是不是副词的争论，因为它不是本文讨论的重点。

③ 此处的“非常”表程度，而A组中的“非常”表“不同寻常”的意思，它们是有区别的。

爱来了

I. 处所词＋净/光＋事物名词：炕上净人/山上净树/岸边净杂草/屋子里光书/那儿净矿石/山头上净岗哨

J.（时间词）＋已经/才/又＋时间词（表迟早/频率的副词）：今天已经星期六/后天又八月中秋了/今天已经初九了/今天才初八呢/马上年底了，生意要开始清淡了/刚刚立春，小河就开始解冻了

K. 比＋名词＋还（更）＋名词/越来越＋名词：比词典还词典/走正步，比军队还军队/越来越诗意/越来越绅士

## 二、"副＋名"研究中三个典型派别的主要观点及其研究状况

前文谈到"副＋名"现象基本上可概括为三种观点：一种观点否认副词可以修饰名词；另一种承认副词可以修饰名词；还有一种观点对副词能否修饰名词，不明确表态，只是描写和解释一些"副＋名"现象。但总的看来持反对副词可以修饰名词意见的人较少，持明确肯定副词可以修饰名词的学者也不多，大多数学者对副词能否修饰名词的问题则不置可否，而是具体描述或企图解释各种"副＋名"现象。

（一）否认副词可以修饰名词

持这种观点的人通常会采用以下几种论证方法：(1) 词性转化说。有两种情况，一方面"副名结构"中的副词并非副词，另一方面"副名结构"中的名词并非名词，而是形容词或数量结构或谓词性结构等。(2) 省略说。即副词和名词之间省略动词"是"、"有"等。(3) 认为副词修饰的不是名词而是整个句子或主谓结构。

吕叔湘(1984)在谈到副词"只"的用法时指出，"只"可以"直接放在名词前面，限制事物的数量。可以说是中间隐含一个动词（'有、是、要'等）"，从中可以看出，吕先生基本上认为E、G组中副名结构并非副词修饰名词。另外需说明的是，虽然吕先生总体上认为副词不可以修饰名词。但他(1989)在《未晚斋语文漫谈》一文中又指出汉语中有时会出现"非形容词作形容词用"的事实，如"前边有表程度的副词，把别的词类当形容词用"。该文的例句是（涉及B组、K组）："真的，小颜，有时候你太感情了/走正步，比军队还军队/什么全齐了，比香港人还'港'哪"等，不过作者认为这是"现代汉语口语里常常会遇到一种词类活用的情形"。

朱德熙(1961)对副词能否修饰名词基本上持反对意见。该文指出，在副词

修饰“数量名”结构中(E组),由于数量结构和数量名结构都能做谓语,具有谓词的性质,这两种结构的功能跟名词有区别,那么,可以说副词不能修饰名词,同时又说副词能修饰数量结构和数量名结构,这两种说法并没有什么矛盾。如“恰好五个人”中“恰好”修饰的不是名词,而是数量名结构。关于C组,朱先生认为“‘娇气’可以变成‘娇里娇气’,名词不能这样变;可以说‘这个人娇气’、‘娇气着呢’、‘娇气得’,名词不能占据这几种位置。不能说‘娇气’是名词”。因此C组“副名结构”中的名词并非真正意义上的名词。关于A组,朱先生认为像“偶然”等本身就不是副词,因为它与副词的定义不符,他指出“我们不能先主观地假定‘偶然’是副词,然后再举出‘偶然现象’之类的格式来证明副词能修饰名词”。关于G组,朱先生认为像“‘也许’修饰的不是老王,而是‘老王去’这个主谓性结构”。此外,朱德熙(1982:196)认为如G组中“‘光、就、单、凡’一类副词直接在名词前面的句子应该看成是省略了‘是’的紧缩形式”。需要说明的是,以上朱先生对“副名结构”的分析是比较经典的,后来的学者,不论他持怎样的观点,基本上承认《说“的”》一文中相关的分析的科学性,但同时我们也注意到朱先生的分析没有包括以上列举的所有“副＋名”现象,如B组、D组、H组、J组、K组等,因而也就无法从根本上证明所有的“副名结构”都非“副词修饰名词”。

方华(1986)也从“词性转化说”和“省略说”等角度,提出所谓的“副＋名现象”不外乎下列几种情况:a. 例句中的副词已经不是副词了,它们已转化为其它词类了;b. 例句中被修饰的体词已不是体词了,而是转化为形容词或准形容词了(如C组)。c. 还有另外的一些情况,如词序的倒置及有所省略。此外,徐洁(1992)、刁晏斌(1994)指出“副词＋名词”的排列不等于副词修饰名词,文章的论证方法依然采用比较传统的“词性转移说”或“省略说”,即或者证明副词修饰的是句子或短语而不是名词(G组),或者证明副词和方位词组成的结构,相当于一个整体,并不存在修饰关系(F组)等。总之,“副词是不能修饰名词的”。陈一民(1999)则主要运用词性转化的观点进一步论证了副词不能修饰名词。另外,邢福义(1997)对副词能否修饰名词基本上持否定态度(详2.4节)。谭景春(1998)也基本上否认副词可以修饰名词,该文把A组、B组、C组中例子看成是名词转类或活用的结果。并进一步指出:“‘名转形’近年来虽然有扩大趋势,但不一定是一种新的语言现象,而是对古汉语的继承和发展,是符合汉语演变规律的。”另外,提到副词不能修饰名词的还有袁毓林(2000)等。

(二) 承认副词可以修饰名词

承认副词可以修饰名词的学者,大都反对“省略说”和“词性转化说”,但同时似乎也承认用“省略说”和“词性转化说”来解释有些副名现象(如A组、C组、D

组、G组等)的合理性。

张静(1961)通过举例的方式指出副词能够修饰名词,文章的例句涉及A组、C组、E组、F组、G组、I组,没有涉及B组、D组、J组、K组。

张谊生(1990、1996、1997)赞成副词可以修饰名词。张文《副名结构新探》(1990)首先指出像A组、D组、E组、F组、G组等根本不属于严格意义上的"副名结构",接着该文分析,像G组——副词+名词(通常做主语)、H组——副词+名词(通常做谓语)等可以认为是副词修饰名词的情况,同时作者也指出它们的出现会受到上下文等因素的制约。张谊生在其另外一篇文章《名词的语义基础及功能转化与副词修饰名词》(1996、1997)中明确指出"副词修饰名词的现象,在现代汉语中是客观存在的",该文认为副词之所以能够修饰名词,其深层的原因和制约因素其实并不仅仅在于副词,而主要在于那些被修饰的名词。接着该文重点从名词具有特定语义基础或功能转化的角度,分析并解释了各种副词修饰名词的现象,涉及到名词的顺序义、类别义、量度义、动核化、性状化等五个不同的方面。该文认为如B组、G组、H组等属于副词修饰名词的现象。这篇文章是分析"副+名"现象的文章中较为细致、也较为精彩的一篇。

陆俭明(1981)指出,有一部分副词可以修饰数量词或"数量名"结构(E组)。王素梅(1996)指出,"副词除了修饰动词、形容词之外,还能修饰数量名结构,修饰名词性谓语和方位名词"。但文章同时也指出,像D组不能视为副词修饰名词,因为它们有固定的格式,离开了这种格式就不能使用了,例如不能说"不文"、"不女"、"不人"、"不年"等。关于H组的情况,王文认为不宜看作是省略动词的情况,根据是:一、省略是一种变式,变式是对常式而言的,既然不存在常式,变式又从何而来呢?二、如果承认了这类句子是省略了动词,也就从根本上否定了汉语中有名词谓语句的存在。这不仅违背了语言事实,而且也同现行大多数语法体系不相符。这种观点张谊生(1990)也曾有所论述。唐善生(2000)通过考察发现并非所有的"程度副词+名词"都可以变换成"程度副词+有+名词"的形式,该文进一步肯定了副词可以修饰名词的客观现象。



此外,雷杰珍(1999)指出以下几种情况应该算是副词修饰名词的现象:副词位于名词谓语前(H组)、副词位于名词主语前(G组)、副词与方位词组合(F组)等。李珠(1980)也承认副词可以修饰名词。李一平(1983)、张彦彬(2001)则具体讨论了副词修饰名词时的语境和制约条件。夏齐富(1996)认为副词特别是程度副词可以修饰名词,所举例句涉及B组、E组和F组。尹琪(2002)认为B组、C组、K组属于副词修饰名词的语言现象。史锡尧(1993、1994)认为如果在句子中考察,副词(E组、G组、I组)可以修饰名词。史金生(1994)也持类似观点。

（三）对副词能否修饰名词没有明确表态

具体而言，持这种观点的学者，大都承认副词是可以修饰名词的，但受到其它条件的制约，如一定的上下文等，所以他们大都不去简单地说“可否”，而是尽量去描写和解释各类不同的现象及其制约条件。还有的学者认为副词修饰名词有时是由于词类的“活用”或“临时修辞用法”造成的，口语中比较常见，如胡明扬(1992)、于根元(1992)等。较多的学者干脆避开副词能否修饰名词的说法，直接说“副名组合”、“副＋名”或“副名结构”等，如桂诗春(1995)、储泽祥、刘街生(1997)、施春宏(2001)等。

邢福义(1962)认为A组、B组、C组、G组并非副词修饰名词的现象，因为在这些结构中，要么副词已非副词、要么名词已非名词了。可见他仍是从词性转化说的角度排除这些似是而非的情况的，这一点与朱德熙(1961)的观点基本相似。但邢文同时指出，副词修饰名词的现象是存在的，只是它们的出现通常需要一定的条件，“总要受到或大或小的限制，不像副词修饰动词或形容词那样自由”。邢文认为副词修饰名词主要有以下四类：E组、F组、I组、J组。文章的结论是：“说名词绝对不能同副词结合，这是不对的；在肯定‘副词一般不能修饰名词’之后，仅仅三言两语地指出只有些特殊的例外，这也是不够的。”可见作者的目的不是为了简单的说明副词到底是否能够修饰，而是企图对它们进行合理解释。值得注意的是，邢福义(1997)在另一篇文章中又指出，“尽管存在‘很淑女’之类说法，但在通常情况下副词不能修饰名词，这仍然是现代汉语里的一般规律”。可见该文对副词能否修饰名词基本上持否定态度。该文是运用“词类活用说”和“词类转化说”分析论证“很X”并非“副修名”现象的较为精彩的一篇，不过，作者仍承认有特殊现象难以解释，如“最前线、最底层、最高峰等(F组)”。

孙也平(1982)指出，“副词和名词不能构成一个独立的词组，非入句之后是不能搭配在一起的”。该文分析了“副名组合”的特殊性，认为它与“形名组合”可以单说并不一样。另一方面，孙文又认为，尽管副词与名词不能独立地构成一个词组，但从整个组合的关系上看，副词对名词却有一种明显的限定性质。如“最下边/尽后头(F组)，只一个人(E组)”。同时孙文指出，在副词修饰“数量名”结构中，由于“数量名”结构是向心结构，因而可以看作是副词修饰体词的现象。而且孙文反对把“就、光”(G组、I组)等副词看成兼属“副动”两类。该文的结论：“既不能过分夸大副词限定名词的功能，也不宜武断肯定‘就是不能跟名词结合’。较为严谨的结论应该是：副词可以有条件地结合名词。”

胡明扬(1992)基本上承认汉语中有副词修饰名词的现象，如“很青春/很激情”等(B组)，并认为这是由于“汉语没有西方语言那样的形式变化，没法在名词后面加个改变词性为形容词的词缀，所以只能把有关的名词‘硬’用在出现形容词的典型环境中并且前面再加个‘很’，强制改变名词的功能和意义，使其具有形容词的功能和意义”，因而“这种用法只能算是临时的‘活用’”。于根元(1992)并不明确说副词到底能否修饰名词，而是重点指出，关于副词与名词之间是否省略动词“有、是”等，情况比较复杂，主要是因为这些动词有时在口语里常常不露面，有时又露面。同时该文又指出，有时出现“副＋名”现象可以认为主要是临时修辞用法造成的。原新梅(1996)则专门对“程度副词＋名词”的语义特点、语法功能、修辞功效及选用条件进行了分析和归纳。岳东升(1995)、夏中华(1995)分别从文学语言和广告语言的角度把“副＋名”看作是语言的一种变异现象。

以下几位学者的观点有一定的相似之处，即他们都企图从名词语义的角度对“副＋名”现象作出解释。邹韶华(1990、1995)把“最福气(C组)”、“太奥地利了、很感情(B组)”等看作是处于合格和不合格的中间状态的语言现象，该文也称“临界现象”。并认为这是“名词性状特征外化”的用法。张伯江、方梅(1996：211—215)从词类的基本功能和游移功能的角度，把程度副词(“很、太、特”等)加名词的现象(B组)看成是名词基本用法的功能游移，但同时又认为名词的性质并没有改变。可见，他们对“副＋名”现象持承认态度。储泽祥、刘街生(1997)则从名词细节义(相对概括义而言的)显现的角度论证“副＋名”的合理性。施春宏(2001)，首先排除讨论H组、I组、J组的情况，认为它们“不是真正意义上的副名组合”。接着该文花很大篇幅考察了“属于真正意义上的副名组合”情况(其实主要是B组、C组、K组)。该文主要从名词的语义特征角度探讨副词与名词组合的可能性，并试图对“副名组合”的依据作出一种解释。

## 三、副名结构研究的理论价值及前瞻

### (一)“副名结构”研究的成就



四十年来，汉语“副名结构”的研究取得了重大进展，主要体现在以下两个方面：

首先，从单纯争论副词到底能否修饰名词走向对复杂的“副名现象”的描写和解释。张谊生(1997)指出，“迄今为止的讨论，几乎都集中在究竟承认不承认副词可以修饰名词这一表层现象上”，而对于一系列基本而又重要的问题缺乏深入探讨。实际上，张文(1996、1997)着重就“副＋名”中名词的特定语义基础或功能转化等方面来解释“副修名”的动因。比如该文通过对H组的例句考察后发现，它们大致有以下特点：1. 名词大都表顺序义，2. 绝大多数名词都必须先带上动态助词"了"，才能接受副词的修饰，3. 由时间副词和顺序义名词所组成的副名结构，一旦进入动态，其后面一般总有一个相应的后述分句。施春宏(2001)则首先把名词语义特征分为"关涉性语义特征"和"描述性语义特征"，然后经考察指出，"副词与名词的组合实际是副词的语义特征与名词的语义特征的组合"，由此可以得出这样的结论："凡是具有描述性语义特征的名词都能在一定条件下进入副名组合中。"孙也平(1982)则指出，在"非常事件、非常时期、非常时局、非常状态(A组)"等这样的组合中，"非常"应该可以看作形容词或者是一个词组而非表程度的副词。因为在古代汉语里，"非常"是一个动宾结构，表示"不同寻常"的意思。它既可限定谓词，表示性状的程度，也可以限定体词，表示事物的情况。随着语言的发展，后来逐渐凝固在一起，才专门用作副词。

我们认为，类似于孙文(1982)、张文(1996、1997)和施文(2001)的研究，着重从微观的角度去论证并解释哪些"副名结构"是副词修饰名词，或哪些结构不属于副词修饰名词，这样的研究值得提倡也需要加强。总之，对"副＋名"现象的解释不宜简单化，应该从句法、语义、语用等各个方面来进行研究(于根元 1992；张谊生 1996、1997)。

其次，解释时注意分清不同的结构层次，自觉运用动态的观点来考察各种复杂的语言现象。这可以说是"副＋名"研究的一个重要突破。朱德熙(1961)早就指出有些副名组合(如"也许老王去")其实不是真正的"副修名"，而是副词修饰一个主谓结构，并认为"说'也许'修饰'老王'，是因为没有弄清楚结构的层次"。赵元任(1979)也认为副词修饰的其实是句子成分，而非词或短语。① 受此启发，杨亦鸣、李大勤(1994)在考察"NP 的 VP"(如"这本书的出版")结构时发现："一个单位一旦进入结构，它就不再是以单位的身份与其他成分发生关系，而是以它所充任的成分与相关的句法成分产生语法上的联系。因而名词性的单位尽管不能与副词组合，但一当它充任了谓语，那它就可以以谓语的身份接受由副词充任的状语的修饰、限定。如'他简直骗子'。"同时杨文指出，在研究中一定要分清单位的功能和成分的功能，它们属于不同的层次。史金生(1994)、史锡尧(1994)、张国安(1995)等也持类似观点。这样，在G组中副词所修饰的名词性成分大都充当句子的主题，而汉语的主题具有陈述性(史金生 1994)，所以在句子中副词作为状语可以修饰它。而H组中相关的名词本身处于谓语的位置，它在句子中也应该可以接受副词的修饰。基于此，我们建议在考察"副＋名"现象时应该分

① 吕冀平(1979)也指出"必须把词组的结构('重型坦克')和句子的结构('仅仅坦克')区别开来，前者是词与词之间的关系，后者是成分与成分之间的关系"。

清不同的层次。在语用层面，例如有这样一个对话，

> “嗨，小刚！”他神情亢奋地迎上前。
> 冯刚推推鼻梁上的眼镜：“就你一人？”
> “你要几人？”（张国安 1995 用例）

像其中的“就你一人”这种情况不能算副词修饰名词；在句法层面，像G组、H组的情况也不能认为副词可以修饰名词；只有在词组层面成立的“副名组合”如“最上边、最前线、太书呆子”等，才可以认为是真正的副词修饰名词。因为本质上讲当我们说一个成分可否修饰另外一个成分时，一般是指它们处于静态词组的层面，并不限定它们是否在特定的句法或语用中可以成立。所以，归根到底，关于“副修名”的争论有时并非在同一层面上进行的。换句话说，从动态的角度来看，有些句法、语用层面上的“副修名”现象其实并非副词本身所固有的特性，它的这个特性是由句法位置所赋予的（杨亦鸣、李大勤 1994；朱景松 1997）。因此，也可以这样认为，在句子语用的平面可以说副词能够修饰名词，在词组平面副词能否修饰名词还有争议（史金生 1994；张国安 1995）。总之，在讨论“副＋名”结构时应该首先分清层次。否则对“副修名”无论是赞成还是反对，都很容易被对方找出漏洞。

经过前贤们的努力，目前学界基本上承认A、C、D、G四组中副名现象不是真正意义上的副词修饰名词。这样就从范围上更加明确了讨论的对象，并缩小了关于“副修名”争论的范围。至于B、E、F、G、H、I、J、K中的“副名结构”到底是否属于副词修饰名词，这个问题，目前学界并未取得一致的意见。因而今后的研究重点宜针对这些对象进行。

（二）“副名结构”研究的理论价值

“副＋名”的研究可以给我们这样的启示，一方面，我们应当明确分清讨论的对象或范围；另一方面也应注意在语法研究中不仅需要争论，更需要尊重事实并力图作出解释；另外在解释时还应注意分清不同的结构层次，自觉运用动态的观点考察各种复杂的语言现象。这也是研究“副名组合”的理论价值所在。

从宏观上看，可以发现，20世纪90年代以后的文章大都承认至少存在副词修饰名词的事实，尽管有些学者对副词总体上到底能否修饰名词的问题并未明确表态。根据所见的资料，20世纪90年代以来明确提出副词不可以修饰名词的文章只有8篇，而赞成副词可以修饰名词的文章，包括承认有副词修饰名词的事实，而没有明确提出副词可以修饰名词的观点，这些文章共有23篇。这样，似

乎承认副词可以修饰名词的观点略占上风。并且，他们从语言学理论上也很容易找到相应的证据。如王小莘、张舸（1998）引用索绪尔的有关理论证明，从语言的动态演化的角度看，我们至少不应该否认副词修饰名词的可能性与现实性。鲜丽霞（2001）、邱凌（2002）则运用“显性语言与潜性语言”的理论指出“程度副词＋名词”是语言显性化的结果。在此，笔者另外补充一条理由证明副词可以修饰名词。从语义指向的角度来看，有些副词在句中的语义指向比较自由，它既可以指向谓词性成分也可以指向体词性成分。副词在语义上可以指向名词，如“一天工夫把这些事 都办完了（吕叔湘 1984 用例）/那些地全种上了稻子（李珠 1980 用例）/王老师不仅教物理，王老师也教数学（杨亦鸣 1988 用例）”等。虽然在这些句子中副词的位置靠近谓语，但它们在语义上指向名词，意即它们意义上有所关联(association)，具有修饰关系，实际上，在这里这些副词修饰的就是名词，只不过这时候的副词距离其所修饰的对象位置较远或不在一起而已。如果把副词直接放在名词的前面，且副词的语义是指向紧随其后的名词的，那么副词修饰名词的关系就非常明显，如“只玉米就收了二十万斤（吕叔湘 1984 用例）/就张老师去过美国（卢英顺 1995 用例）/几乎人人都喜欢看电影（李珠 1980 用例）”等。所以，从副词在语义上可以指向名词的角度来看，副词可以修饰名词，而且具有一定的语义指向关系是副词修饰名词的基础。实际上，从副词研究进展来看，起初人们一般认为副词的专职就是作状语，修饰动词或形容词，随着研究的进展，人们发现有不少副词实际上可以放在主语前，修饰整个小句（引自李珠 1980），有的学者甚至把它看作是副词充当高层谓语的功能。再到后来，人们认为副词也可以当作定语，修饰名词。副词的功能就是这样逐步被发现的。副词之所以有如此多的用法和功能，这与汉语的特点是分不开的，由于汉语的词缺乏形态变化，名词可以作定语、主语、状语，动词也是，为什么副词非得有一种功能，只能作状语呢，实际上极少数副词还可以作补语，这也是客观存在的现象。

此外，认为副词不可以修饰名词的观点，也有自己的理由。根据副词的定义，它只能作状语。而且，一个词能否作定语有时是判别该词到底是形容词还是副词的标志。[①] 因此如果承认副词可以修饰名词，势必在某种程度上混淆了副词与部分形容词的界限，从而打乱现行的词类体系。这种观点似乎比较合理，却未必符合事实，因为言语是“活的”、动态发展的，而所有的定义或规定则是相对静止的。我们不应该仅仅为了维护“副词不能修饰名词”的传统观念，而不顾客观存在的言语事实，比较科学的态度是，前者应适应后者的变化，并作相应改变，而非后者应适应

① 请参看朱德熙（1982：192），另请参看黄伯荣、廖序东（主编）《现代汉语》（下）（1991：27）。

前者的发展变化并作相应改变。

（三）“副名结构”研究前瞻

综观“副＋名”现象的研究，成果很多，但也存在一些不足。建议今后的研究应更加注意以下几个方面：(1) 明确所要讨论的对象，缩小讨论的范围，进行有针对性的研究；(2) 自觉运用普通语言学理论成果来指导“副名现象”研究的具体实践；(3) 历时的研究往往可以解释许多共时现象，今后应注重共时研究与历时研究的结合，比如现代汉语中形成的有些“副名组合”是否和“语法化”有关？(4) 进行跨语言的比较研究，关注整个人类语言的共性，这样使副名现象的研究能对普通语言学的研究、类型学的研究作出贡献。比如英语中也有“副＋名”结构，像“People there are all surprised at the news/It was rather a mess”等句子中就存在这样的情况。[1] 值得一提的是，上述最后两点，就目前所见的资料来看，尚未有专文进行过较为细致的探讨。

**参考文献**


陈一民：《关于名词前的副词》，《湘潭师范学院学报》1999 年第 1 期。

储泽祥，刘街生：《“细节显现”与“副＋名”》，《语文建设》1997 年第 6 期。

方华：《副词能否修饰体词刍议》，《南京大学学报》（哲社版），1986 年第 2 期。

桂诗春：《从“这个地方很郊区”谈起》，《语言文字应用》1995 年第 3 期。

黄伯荣，廖序东：《现代汉语》（增订版），高等教育出版社 1991 年版。

胡明扬：《“很激情”“很青春”等》，《语文建设》1992 年第 4 期。

胡裕树：《现代汉语》（增订本），上海教育出版社 1981 年版。

李珠：《现代汉语中副词用法的三性问题》，《语言教学与研究》1980 年第 3 期。

李一平：《副词修饰名词或名词性成分的功能》，《语言教学与研究》1983 年第 3 期。

陆俭明：《修饰数量词的副词》，《语言教学与研究》1981 年第 1 期。

吕叔湘，朱德熙：《语法修辞讲话》，中国青年出版社 1979 年版。

吕叔湘：《现代汉语八百词》，商务印书馆 1984 年版。

吕叔湘：《未晚斋语文漫谈》，《中国语文》1989 年第 4、5 期。

吕冀平：《两个平面，两种性质——词组和句子的分析》，《学习与探索》1979 年第 4 期。

雷杰珍：《现代汉语副名结构浅析》，《广东教育学院学报》1999 年第 4 期。

卢福波：《汉语名词功能转换的可能性及语义特点》，《逻辑与语言学习》1992 年第 6 期。

卢英顺：《语义指向研究漫谈》，《世界汉语教学》1995 年第 3 期。

史锡尧：《副词与哪些单位组合》，《云梦学刊》1993 年第 2 期。




① 邹韶华（1990）甚至直接说它们就是副词修饰名词，并认为俄语中也有类似现象。

史锡尧:《在句子中研究词的组合功能》,《汉语学习》1994年第3期。

史金生:《试论汉语主题的陈述性》,《解放军外语学院学报》1994年第2期。

施春宏:《名词的描述性语义特征与副名组合的可能性》,《中国语文》2001年第3期。

孙也平:《关于副名结构》,载《语文论坛》(一),知识出版社1982年版。

索绪尔:《普通语言学教程》,高名凯译,商务印书馆1980年版。

谭景春:《名形词类转变的语义基础及相关问题》,《中国语文》1998年第3期。

唐善生:《"程度副词+名词"与"程度副词+有+名词"结构》,《华中师范大学学报》2000年第5期。

滕安利:《副词与名词的修饰关系试探》,《天津师范学院学报》1982年第3期。

王素梅:《副词能否修饰体词》,《沈阳师范学院学报》(社科版),1996年第4期。

王小莘,张舸:《"程度副词+名词"是当前汉语运用中值得注意的一种现象》,《语言文字应用》1998年第2期。

夏中华:《广告语言的变异作用》,《修辞学习》1995年第2期。

夏齐富:《程度副词再分类试探》,《安庆师范学院学报》(社科版),1996年第3期。

鲜丽霞:《试论"程度副词+名词"结构》,《喀什师范学院学报》2001年第3期。

邢福义:《关于副词修饰名词》,《中国语文》1962年第5期。

邢福义:《"很淑女"之类说法语言文化背景的思考》,《语言研究》1997年第2期。

徐洁:《"副词+名词"的排列不等于副词修饰名词》,《陕西师大学报》1992年第2期。

杨亦鸣:《"也"字语义初探》,《语文研究》1998年第4期。

杨亦鸣,李大勤:《试析主语槽中的"NP的VP"结构》,载邵敬敏主编《语法研究与语法应用》,北京语言学院出版社1994年版。

尹琪:《程度副词修饰名词是一种非常合理的语言现象》,《益阳师专学报》2002年第2期。

于根元:《副+名》,载《中国语文》杂志社编《语法研究和探索》(六),语文出版社1992年版。

袁毓林:《一个汉语词类的准公理系统》,《语言研究》2000年第4期。

原新梅:《试论"程度副词+N"》,《河南师范大学学报》1996年第2期。

岳东升:《文学语言的语法变异》,《修辞学习》1995年第2期。

张静:《论汉语副词的范围》,《中国语文》1961年第8期。

张伯江,方梅:《汉语功能语法研究》,江西教育出版社1996年版。

张彦彬:《副词修饰名词现象摭谈》,《语文学刊》2001年第5期。

张谊生:《副名结构新探》,《徐州师范学院学报》(哲社版),1990年第3期。

张谊生:《名词的语义基础及功能转化与副词修饰名词》,《语言教学与研究》1996年第4期。

张谊生:《名词的语义基础及功能转化与副词修饰名词》,《语言教学与研究》1997年第1期。

张国安:《关于副词修饰名词问题》,《汉语学习》1995年第6期。

赵元任:《汉语口语语法》,吕叔湘译,商务印书馆1979年版。

朱德熙:《说"的"》,《中国语文》1961年第12期。

朱德熙:《现代汉语语法研究》,商务印书馆1980年版。

朱德熙:《语法讲义》,商务印书馆 1982 年版。

朱景松:《陈述、指称与汉语词类理论》,载《中国语文》杂志社编《语法研究和探索》(八),商务印书馆 1997 年版。

邹韶华:《名词性状特征的外化问题》,《语文建设》1990 年第 2 期。

邹韶华:《试说语法里的临界现象》,载《中国语文》杂志社编《语法研究和探索》(七),商务印书馆 1995 年版。

(原载《语言文字应用》2003 年第 2 期)

# 试析主语槽中的“NP的VP”结构[①]

“NP的VP”特别是“VP”的性质，长期以来一直是汉语语法学争论的焦点之一。本文从语用的角度讨论了主语槽中的“NP的VP”问题，从“NP的VP”的功能及来源、类型及“VP”前加成分的性质、主语槽中“NP的VP”与向心结构的关系等三个方面进行了分析，文章认为“VP”的功能已经转化为指称性主语，该结构并非是自足的短语，而是以“VP”为核心的向心结构。

“NP的VP”是指“他的到来”、“这本书的出版”这一类短语。它可以分布在主语、宾语、定语等槽(slot)中。本文讨论主语槽中的“NP的VP”

## 一、“NP的VP”的功能及来源

### 1.1 “NP的VP”指称功能的语用特征

主语槽内的“NP的VP”具有指称性。比如：

(1) 就在这一刻，吉姆出现了。他的到来是突然的。(吴亮《吉姆四号》)

(2) 你们的研究进展如何？

(3) 人类的交流主要依赖于语言的运用。

① 本文为“NP的VP及相关问题研究”(江苏省教委社会科学研究资助项目)的系列成果之一。

例(1)、(2)划曲线部分是定指性的“NP的VP”。例(3)中划曲线部分是通指性的。

指称性成分必然在语境中相应地存在着自己的所指。就“NP的VP”而言，定指性“NP的VP”是与上下文语境(主要是上文语境)及微观语境相联系的，其所指存在于与它前后相毗连的语句或含有它的整段话的主题、目的、当时当地的情景及对话双方的关系之中；通指性“NP的VP”是与宏观语境相联系的，其所指存在于说写者和听读者所共知的、范围更为广泛的社会文化背景中。①

在上文所举(1)中，“他的到来”的所指是上文语境中“吉姆出现了”。(2)是两句对话，“你们的研究”虽然没有上文语境提供所指，但对话双方是了解它具体指称什么的，其所指取决于微观语境。(3)中的“人类的交流”是与宏观语境相联系的，其所指是“凡人类必然需要交流”这一人类共知的文化背景知识。因而无需上文语境预先提供或微观语境给予保障。

指向上文语境的指称是回指，指向其他语境的是外指。外指的实现是有条件的，即其所指必须预先为交际双方所共知，否则应以上文语境的方式预先提供。相比之下，回指是“NP的VP”指称的主要功能。以下我们将侧重于回指性的“NP的VP”。

“NP的VP”所指可抽象为如下命题形式：

$$NP' + VP' \quad (一)$$

从语用的角度观察，主语槽中的“NP的VP”体现出以下三个特征：

A. “NP的VP”负载旧信息。②

B. “NP的VP”是话题性主语。③

C. “NP的VP”是预设部分。④

先看A特征。在无标记的句子中，⑤一个体词性成分若是陈述性的，则负载新信息；若是指称性的，则负载旧信息。反之亦然。比如：

(4) 今天星期三。

(5) 星期三是好日子。



① 这里的语境分类依据陈平(1987)。

② 这里排除对比、强调等有标记的情况。

③ 参见曹逢甫(1979)，陆俭明(1986)对话题的论述。

④ 参见望月圭子(1988)。

⑤ 这里排除对比、强调等有标记的情况。

"星期三"是体词性成分。在(4)中是陈述性的,负载新信息;在(5)中是指称性的,负载旧信息。[1]

"NP 的 VP"是体词性的,处在主语槽中用于指称,因而所负载的是旧信息。

再看 B 特征。Tsao Fengfu(1979)认为汉语的话题总是定指或通指的,Charles. Li 和 S. A. Thompson(1976)认为,话题定指的原因在于它的功能通常是用以确立容纳谓语表述的框架。换言之,只有定指(或通指),话题才能为述题(comment)表述新的信息提供基点。"NP 的 VP"是话题,因此它只能是定指或通指的。否则"NP 的 VP"主语句的陈述部分将因缺乏背景信息失去交际功能。比如:

(6) 小马的呼喊 使李杰猛地打了一个激凌。(何中《仕途》)

(6)中划直线部分是述题部分。若话题"小马的呼喊"不定指,则述题部分将失去所述对象,真假无从判断,从而失去交际价值。

最后来看 C 特征。作为预设部分的"NP 的 VP"实质上蕴含了"NP'+VP'"。而"NP 的 VP"话题恰恰是以"NP'+VP'"为预设。[2] 换言之,"NP 的 VP"话题句的恰当性取决于"NP'+VP'"的真假值。比如:

(7) 他们的惊异不啻于宇航局的科学家们看见从月球上取回的岩石标本。(龙鸣《此岸彼岸》)

"他们的惊异"蕴含"他们惊异(了)"(NP'+VP')。而(7)句则以"他们惊异"为预设。即只有"NP'+VP'"真,(7)才恰当,否则将失去恰当性。[3]

这种预设特征说明,"NP'+VP'"必须成为交际双方展开交流的共同立场、态度乃至共知的事实信息。[4] 比如:

(8) 他的出访,不过是旧情人设的一场相思骗局。(张笑天《相会在西半球》)

---

① 指称、陈述的对立参见朱德熙(1982)。

② Leech(1983)。

③ Levirson(1983,1986)。

④ Stalnaker(1974)。

若“他”没有出访，也没有这种打算。那么(8)句是以虚假的信息为基础，违背交际的质准则；若“他”已出访或决定出访，而听读者并不了解这些，同时说写者又没有在语境中适当地提供或暗示这些信息，(8)句就违背了交际的量准则。[1] 违背质量准则，(8)句则不恰当。

### 1.2 “NP的VP”的语用前提句

上文语境提供“NP的VP”的所指的基本方式是以一个句子对“NP’+VP’”直接作出陈述。如：

(9) 老父亲劝他好好休息一下……老人的劝告不起作用。(报)

(10) 丰克礼下午来的这儿……丰克礼的到来使崔杰显出少有的高兴。(陈冲《不自然的黑色》)

以上两例中划曲线部分回指划直线部分。划直线部分是一个陈述句，它为“NP的VP”提供所指“NP’+VP’”。我们把这种陈述“NP’+VP’”的句子称为“NP的VP”的语用前提句(简称前提句)，记作：

NPa+VPa　(二)

“NP的VP”与(一)、(二)间关系可表示如下：

$$\text{NPa+VPa} \xrightarrow{\text{陈述}} \text{NP'+VP'} \xleftarrow{\text{指称}} \text{NP的VP}$$

回指（NP的VP → NPa+VPa）

话篇中除了以前提句提供“NP’+VP’”外，还存在其他方式，比如让“NP’+VP’”隐含在上文语境之中。但各种其他方式在原则上都可以还原为“NPa+VPa”陈述句(包括外指的情况)。因而以下讨论以具备前提的情况为准。

### 1.3 由前提句向“NP的VP”的转化

以上讨论都是将语料视作一种静态的成品(static product)加以分析的。若着眼于话篇语用的动态构成过程(dynamic process)，我们会发现，“NP的VP”实际上是由前提句转化而来的。即：

$$\text{NPa+VPa} \xrightarrow{\text{转化}} \text{NP的VP}\quad(\text{三})$$

以(9)为例：

老父亲劝他好好休息──→老人的劝告



① Grace(1975)。

转化的基础是“NPa+VPa”与“NP 的 VP”负载同一信息“NP’+VP’”。因而转化前后信息量等值。设 M 为信息量，则：

M(NPa+VPa)⟹M(NP 的 VP)　(四)

比如：

(11) 那时她便在每句话的前面都加个“破”字填充她的不足。……杨秋伏的填充是有效的。(铁凝《远城不陌生》)

(11)中划直线部分转化为划曲线部分后，信息量仍然保持不变。换言之，“杨秋伏的填充”不仅负载了“她”、“填充”所传达的信息，而且要负载整个前提句所负载的信息。

转化所导致的显著变化是由前提句对“NP’+VP’”的陈述(assertion)转化为“NP 的 VP”对它的指称(designation)。即：

A(NPa+VPa)⟶D(NP 的 VP)　(五)

作为前提句，“NPa+VPa”在话篇中是一个独立的信息单位，它所陈述的“NP’+VP’”是新信息。由“NPa+VPa”转化而来的“NP 的 VP”则是另一个信息单位——“NP 的 VP”话题句中的旧信息成分。它所负载的“NP’+VP’”是旧信息。如：

(12) 她劝她应该“丢掉包袱，轻装前进”。……尤端阳的劝告就象她那参差的牙齿一样多余。(铁凝《村路带我回家》)

(12)中前后两句都是独立的信息单位。但前句所陈述的信息在后句中转化为旧信息成分(划线部分)。

综合(四)、(五)两式，得到如下情况：

M[A(NPa+VPa)]⟹M[D(NP 的 VP)]　(六)

## 二、“NP 的 VP”的类型及“VP”前加成分的性质

### 2.1 “NP 的 VP”的类型

依据“NP”与“VP”间的隐性语法关系（朱德熙 1979），“NP 的 VP”短语大致可以分为六类：①

1. $NP_A$的 VP（A：施事）　　总理的出访
2. $NP_G$的 VP（G：受事）　　文章的修改
3. $NP_L$的 VP（L：处所）　　南京的屠戮
4. $NP_T$的 VP（T：时间）　　去年的落选
5. $NP_I$的 VP（I：工具）　　皮鞭的抽打
6. $NP_O$的 VP（O：客体）　　文明的诞生

上文讨论的例子都是“$NP_A$的 VP”类，但结论同样也适用于其他五类。看例句：

(13) 两个词也可以互换顺序……顺序的互换无损于语义的表达。

(14) 他们在办公室嘈嚷个不停……办公室的嘈嚷使得她感情上的疑惧似假还真。（廖辉英《两岸》）

(15) 昨天晚上他们吵了一架。……昨晚的吵架已成为遥远的过去。（池莉《太阳出世》）

(16) 他们以最残酷的刑具折磨他……刑具的折磨对他毫无效果。

(17) 春天来得很迟很迟。……春天的迟迟到来压得她有些喘不过气来。

(13)—(17)各例中划线部分分别是“$NP_G$的 VP”、“$NP_L$的 VP”、“$NP_T$的 VP”、“$NP_I$的 VP”、“$NP_O$的 VP”。每一“NP 的 VP”各自回指前提句并指称前提句所陈述的事件信息“NP'＋VP'”。

“$NP_A$的 VP”与其他各类“NP 的 VP”的语用前提句的基本格式是相同的。“$NP_A$的 VP”选择了前提句中的施事成分，而其他各类“NP 的 VP”则分别选择了前提句中的受事、处所、时间、工具以及客体等成分。有时还可以选择两种以上



① “P(patient)”与“NP 的 VP”中“NP”的“P”易混，以“G”标记受事(Goal)。“客体”指与“VP”间不隐含其他潜语法关系的“NP”。

的“NP”。[1] 比如：

(18) 盈菊如今的希望($NP_A NP_T$的 VP)全在女儿华子身上。(田珍颖《三原色》)

(19) 那时的月下徜徉($NP_T$的 $NP_L$ VP)有着无尽的浪漫。

(20) 老李的良种培育($NP_A$的 $NP_G$的 VP)有了新收获。

例中划线部分各成分间的关系如下：

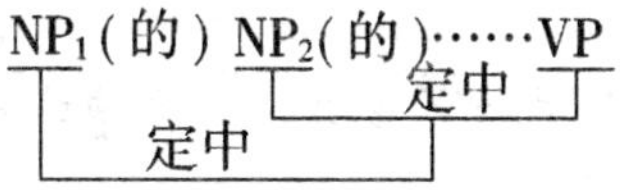


“NP 的 VP”中“NP”的多样性说明同一个前提句可以转化为多种类型的“NP 的 VP”。

以上文(14)为例，前提句转化为“$NP_L$的 VP”；其实还可以转化为“$NP_A$的 VP”、“$NP_T$的 VP”、“$NP_A$的 $NP_T$的 VP”等。比如：

(14)’a. 他们在办公室嘈嚷个不停。……他们的嘈嚷使得她的感情上的疑惧似假还真。

(14)’b. 他们在办公室嘈嚷个不停。……不停的嘈嚷使得她感情上的疑惧似假还真。

(14)’c. 他们在办公室嘈嚷个不停。……他们的不停的嘈嚷使得她感情上的疑惧似假还真。

产生这种现象的原因在于“NP’＋VP’”作为事件不仅有其主体($NP_A$)，而且可能包含时间、处所、工具等多重因素的限制。“NP 的 VP”中“NP”就是依据不同的表达需要转化而来的。

**2.2 “VP”前加成分的性质分析**

从(13)—(17)例中可以看出，“NP’＋VP’”中“VP”的前加成分是很复杂的。从质的方面看，“NP”与“VP”的关系是多种多样的，如 2.1 所述的有六种情况之多。从量的方面来看，“VP”前的“NP”可以是单项的，也可以是多项的。这些“NP”在“NP 的 VP”中都是定语性质的修饰语或限定语，但它们在各前提句中

① 但“$NP_A$”与“$NP_O$”不能同现在的“NP 的 VP”中。

所担任的成分并不一样。有的是主语或宾语，如 2.1 中(14)'a、(13)；有的是状语，如(14)、(15)、(11)；有的是补语，如(14)'b；[1]也有的兼而有之，如(18)—(20)及(14)'c。不管原来是什么词性作什么成分，转化为"NP 的 VP"之后，它们都变成定语了。所以我们统以"NP"来表示。

其中由原为"VPa"前的状语转化而来的"NP"尤其值得注意。这种"NP"有时是名词性成分，如(14)、(15)，有时也可以是形容词性成分。比如：

(21) 领导严肃地批评了他们的做法。……领导的严肃的批评没有给他们带来多大的影响。

(22) 他偶尔也去看望一下老上级。他的这种偶尔的造访多少给老人家带去了点安慰。

转化后不能在形容词性成分后加"地"，只能加"的"。试比较：

领导的严肃的批评/*领导的严肃地批评

他的偶尔的造访/*他的偶尔地造访

(22)例中的"偶尔"是形副兼类词。若是纯副词性成分在"VPa"前作状语，则不能转化为定语，只能与"V"一起构成"VP"。比如：

(23) 他既不批评也没表扬这种做法……他的不批评让职员心里更没了底(《古今传奇》)。

(24) 处长亲自监督这事的调查研究……处长的亲自监督使大家感到如临大敌。



除纯副词成分外，其他类型的原状语成分则全部转化为"VP"的定语。这是为什么呢？

赵元任(1979)在说明副词修饰名词的现象时曾指出："副词修饰的是句子成分，而不是把词作为词、短语作为短语加以修饰。"[2]赵先生的论述实际上揭示出了一种带有普遍性价值的语法现象：一个单位一旦进入结构，它就不再是以单位

① 例句中"不停"不是名词性的，从功能角度考虑也标为"NP"。

② 赵元任(1979)，中译本第 340 页。

的身份与其他成分发生关系，而是以它所充任的成分与相关的句法成分产生语法上的联系。因而名词性单位尽管不能与副词组合，但一当它充任了谓语，那它就可以以谓语的身份接受由副词充当的状语的修饰、限定。如“他简直骗子”。

“NP 的 VP”中“VP”与其前加成分的关系也是如此。“VP”在这里不是一个静态的动词性单位，它的前加成分当然不是修饰或限定动词性单位本身，而是修饰或限定它所充任的成分。因此尽管“VP”作为单位仍然是动词性的，但由于其功能已转化为指称性主语了，当然拒斥状语的修饰。所以除了纯副词因不能作定语而无法转化外，前提句中的其他状语乃至补语成分，只要语义上表达需要都能转化为“VP”的定语。

## 三、主语槽中“NP 的 VP”与向心结构的关系

### 3.1 “NP 的 VP”不是自足的短语

“NP 的 VP”特别是“VP”的性质，长期以来成了汉语语法学界争论的焦点之一。自从《新著国语文法》问世以来，占上风的观点可以用“名物化”来概括。“名物化”的说法确实具有较强的解释力。但后来朱德熙等先生(1962)以严密的分析和论证，指出这里的“VP”就性质而言仍是谓词性的。显然这种观点的科学性较强，也极有说服力，因而渐渐为多数人所接受。但这种说法与中国语法学者所理解的布龙菲尔德的“向心结构”理论相悖。这个问题自施关淦(1981)首次论及以来，又引起了不少的争论。为了维护布氏的向心结构，施关淦认为“NP 的 VP”是以名物化了的“VP”为核心。朱德熙先生(1984)为了维护自己的谓词说，则是修补布氏向心结构的定义，提出了以“NP”、“VP”为双核心的观点。[①] 陆丙甫(1985)则以“规定性标准”取代布氏的定义，提出“内向”、“外向”两类结构，并把“NP 的 VP”划入“外向结构”。这样，“NP 的 VP”就没有核心了。

所有这些讨论都是把“NP 的 VP”当作一般短语来对待的。但上文两部分的分析使我们对“NP 的 VP”短语的存在状态有了一个水到渠成的结论，就是“NP 的 VP”不是自足的短语。[②] 它与一般的作为备用的静态单位的偏正短语不是同一层面的东西，比如“这本书的出版”一定要在上下文中才能出现。从话篇分析

① 朱先生的修改是增加了语义标准。其实布氏的形类功能已含有这一因素，比如运用“类义”加以说明，另朱先生的标准前后不统一，参见施关淦(1988)的论述。

② 本文曾提交第三届现代汉语语法研讨会(1992，南京)，在会议讨论中，陆俭明先生称之为“粘着短语”。

角度看,它是对前提句的回指。因而这个问题表面上看是语法问题,实际上是由语用造成的。而布氏的向心结构是分析短语与其构成成分间的形类关系的,属于句法内部的问题。换言之,布氏的分析是一种静态的分析。因此我们可以大胆地说,布氏的向心结构本来就没有打算解决汉语中"NP 的 VP"这类临时短语的性质问题。拒此,我们来看有关的讨论,就会发现"向心结构"定义本身并无问题。施关淦(1988)在这一点上是正确的。尽管如此,也不能说这里的"VP"就是名物化。因为"VP"仍是动词性的,只是在功能上由前提句中表陈述转化为这里的表指称而已,因此在"VP"仍是动词这点上,朱先生又是正确的。但朱先生为了用向心结构解释"NP 的 VP"等结构,对向心结构定义作了修改,这就违背了布氏的初衷。

总之,如果把"NP 的 VP"看作一般的短语,并采取静态的分析,依据目前对向心结构定义的理解,那么只有两条路可走,要么恢复"名物化",要么修改向心结构的定义。有没有比这两条路更好的路子呢?下文我们将从区分单位功能与成分功能的角度来看"NP 的 VP"结构的核心问题。

**3.2 单位的功能和成分的功能**

上文我们谈到"NP 的 VP"是由语用造成的话篇中的临时性短语,似乎在语法范围内无从分析了。但是,既然它出现在句子中了并作为句子的一个成分,那么完备的语法理论就必须从结构上作出解释。为此我们首先要区分不同层次上的语法功能。

我们认为,不仅语言单位(词、短语等)有自己的语法功能,同样句法成分也有自己的语法功能。语言单位的功能主要体现在能否充当句子成分以及充当什么样的句子成分上,它是建立在单位的类别与成分类别的具体关系之上的。句法成分的功能是指成分在结构中的功能,比如谓语可以表陈述,主语用以表指称等,它是建立在结构内部成分与成分间关系的基础之上的,与单位的类别已经没有直接的关系。



一个语言单位可以有多种功能,或充任主语、谓语或其它成分。不过一旦这个单位实现了某项功能后并进入特定的结构中,就不再是语言单位,而是句法成分了。[①] 作为句法成分,它将在另一层面上获得特定的功能。这种功能就是成分的功能。比如"大个子"作为单位,它有作主语、宾语、谓语、定语等多种功能。一旦它实现了作主语的功能,比如"大个子笑了。"那么它就获得了主语这个成分所具有的功能:指称;若实现了作谓语的功能,比如"他大个子",那么它就获得了谓

① 犹如材料不同于成品,功能也各不相同。

语这个成分所具有的功能：陈述。表陈述或表指称显然不会是“大个子”作为单位所能具备的功能，而是特定结构中它所充任的成分的功能。两种功能间关系如下：

语言单位——→单位功能
　　　　　　　↓
　　　　　句法成分——→成分功能

语言中的单位以单位功能聚合在一起形成不同的类别（词类）。词的分类或归类当然应以单位功能为标准。句法成分以成分功能为前提组合起来形成各种句法结构，不同类型的结构关系及结构内成分的性质也应依据成分功能加以解释。

**3.3　布氏“向心结构”定义的实质**

布氏“向心结构”理论是建立在对短语结构层层切分基础之上的。所依据的标准恰恰也是短语与其直接成分间在形类上的异同。即一个短语如果和它的一个（或多个）成分同属于一个形类，那么这个短语是一个向心（endocentric）结构。

布氏对“形类（from-class）”有着相当严格的界定。他在谈到句法结构时说：“一个形式能出现的一些位置就是它的多种功能”，“所有能占据某一特定位置的形式因而就构成一个形类”。[①] 这里所说的“特定位置的形式”其实就是句法成分。因而布氏所说的形类从严格意义上说就是成分的类。一个抽象的形式或单位往往是多功能的，而特定位置的形式或成分的功能则总是确定的。唯其因为功能是固定的，特定位置上的形式才能作为确定整个结构形类功能的依据。从这个意义上说，特定的位置也就意味着特定的功能。[②]

但是，由特定位置决定着的功能绝不会是单位的功能，而是句法成分的功能。比如主语位置决定着指称功能，谓语位置决定着陈述功能等。[③] 当然布氏没有明确提出这种功能类别，他是从“类义”的角度来说明特定结构内各成分间关系的。比如把“poor man”称为“特性—实体（character—substance）”结构；把“John ran”称为“施事·动作”结构等。虽然语义上的把握往往缺乏概括性，但从中我们可以看到布氏区分或确定结构的功能类型时所依据的标准不会是单位的功能。因为任何抽象的静态单位都不可能自我显示出“施事”的语义特征，同时

---

① Leonard Bloomfield（1955）中译本第227页。

② 李宇明（1986）从“语法位”角度作过论述。

③ 一般认为主宾语兼具指称和陈述两种功能。我们认为所谓陈述性主宾语都是有其他标记的，严格地说不应视作主宾语。容另文讨论。

也不是所有的名词都可以依赖语句而去指称某种“实体”。所以说，布氏的功能标准是成分功能，尽管这种标准没有被布氏明确地从成分分析中加以分离。

### 3.4 导致误解的诸因素

我国语法学界在谈及“向心结构”时往往把布氏的功能误解为单位功能。这受到两方面因素的影响。一是忽视东西方语言背景的差异，二是布氏某些论断的影响。

印欧语言的一大特点是单位功能和成分功能间存在着一致性。如图所示：

名词──→主宾语──→指称
动词──→谓　语──→陈述

换言之，两个层次上的功能在具体操作中是相互蕴含的。比如在分析(25)例时，说它是以“refusal of the offer”这一名词性单位为中心词的体词性短语也就是意味着它是以指称性成分“refusal of the offer”为中心成分的偏正结构。反之亦然。

(25) John's refusal the offer(made me disappointed)

也恰恰因为这种一致性，布氏在论述向心结构时一再强调“句法的形类最容易根据形类来描写”。[①] 比如说一个向心结构短语的形类“通常是跟包含在短语中的某个词的形类(Word-class)相同”。[②]

但若考虑到汉语的情形，布氏的这种论断就显然不太合适。因为汉语在两种功能上不对应。如图：

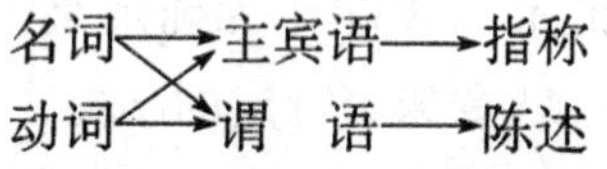


因而在分析“NP的VP”等短语时，只能以成分功能为标准。

### 3.5 “NP的VP”的结构核心

孤立地从单位功能着眼，主语槽中的“NP的VP”与“VP”的性质是矛盾的：整体是体词性的，核心则是谓词性的。若从成分功能着眼，这种矛盾自然就消解了，因为整体与核心在成分功能上是完全一致的，都是指称性的。这就不难理解为什么“NP的VP”是以“VP”为核心的向心结构了。



---

① Leonard Bloomfield(1955)中译本第234、241、242页。

② Leonard Bloomfield(1955)中译本第241页。

**参考文献**

陈平:《话语分析说略》,《语言教学与研究》1987 年第 3 期。

李宇明:《所谓的"名物化"现象新解》,《华中师大学报》1986 年第 3 期。

陆丙甫:《关于语言结构的内向、外向分类和核心的定义》,《语法研究和探索》(三),北京大学出版社 1985 年版。

陆俭明:《周遍性主语及其他》,《中国语文》1986 年第 3 期。

施关淦:《"这本书的出版"中"出版"的词性——从"向心结构"理论说起》,《中国语文通讯》1981 年第 4 期。

施关淦:《现代汉语里的向心结构和离心结构》,《中国语文》1988 年第 4 期。

望月圭子:《汉语的主题结构》,《生成语法论丛》,黑龙江大学现代语言研究所 1988 年。

项梦冰:《"向心结构"定义与"VP 的 VP"、"F · NP"》,《语言学通讯》(武汉)1988 年第 4 期。

朱德熙,卢甲文,马真:《关于动词、形容词"名物化"的问题》,《北京大学学报 · 人文科学》1961 年第 4 期。

朱德熙:《汉语句法中的歧义现象》,《中国语文》1979 年第 2 期。

朱德熙:《语法讲义》,商务印书馆 1982 年版。

赵元任:*A Grammar of Spoken Chinese*. 吕叔湘译:《汉语口语语法》,商务印书馆 1979 年版。

Charles Li & S. A. Thompson: 1976 *Subject and Topic*, New York: Acadmic Press.

Grace, H. P.: 1975 Logic and Conversation in D · Dvadson & G · , Harmandes. *The logic Grammar*, *Dickenson*, Enciwo.

Leech, G. N.: 1983 *Principles of pragmatics*. Cambridge: Cambridge University Press. London: Longman. Allen & Unwin Ltd. London.

Leonard Bloomfield: 1955, *Language*. George. 袁家骅等译:《语言论》,商务印书馆 1980 年版。

Levinhson, S: 1983 *Pragmatics*. Cambridge: Cambridge University Press.

Levinhson, S: 1986 *Pragmatics and the grammar of anaphora*. University of Cambridge. ms.

Stalnaker. K: 1974 pragmatics Presupposition, In. M. Munitz & Punger (eds.) *Semantics and Philosophy*. New York. NYU Press.

Tsao Fengfu(曹逢甫): 1979 *A Functional Study of Topic in Chinese*: *The first step towards Discourse Analysis*. Taipei: Student Book. Co. Ltd.

(原载《语法研究与语法应用》,北京语言学院出版社 1994 年版)

# 关于鲁迅作品中结构助词叠用的问题

鲁迅作品包括译文中，出现了许多结构助词叠用的现象，学界多认为是欧化语法的结果，本文比较了英语、德语、日语等相关的语法现象，并结合史实分析，认为这一结构助词叠用现象源自日语，并从语言学角度探讨了这种叠用的结构助词的用法和意义。

在鲁迅的作品(包括译文)中，有一种结构助词叠用的现象。例如：

(1) 不过这几句话已经可以说是常识；就是说内容和形式不能机械的地分开，也已经是常识；还有知道作品和大众不能机械的地分开，也当然是常识。(《鲁迅全集》第六卷，人民文学出版社 1973 年版，第 29 页。以下只注卷数和页数)

(2) 有产阶级的电影宣传，一到阶级间的对立逐渐鲜明地决定底地尖锐起来，也就陷在无可避免的绝望地里了。(第四卷，第 406 页)

(3) 当决定底的阶级战的时候，蒲力汗诺夫不是在防线那面么？(第十七卷，第 13 页)

为了行文的方便，我们把这种叠用的结构助词称作复合助词。本文打算对这种复合助词产生的原因、用法及使用的意义作一初步的探讨。必须指出的是，和鲁迅同时代的精通日文的其他作者，也有使用这种复合助词的，但用例比较少，所用的也只有“的地”一式，本短文专门讨论鲁迅作品中的这一现象，故以下一般不涉及其他人的作品,举鲁迅可以赅其他。

就看到的来说,谈到这种结构助词叠用现象的著作,都对这种现象产生的原因作了一些说明,但可商之处甚多。北京师范学院中文系汉语教研组编著的《五四以来汉语书面语言的变迁和发展》(商务印书馆1959年12月出版),把这种现象看作是翻译日语的结果,并列举鲁迅、茅盾译文中带有复合助词的若干例句来证明。该书认为在印欧语中,名词的副词化是要通过形化才能实现的,如:history(历史),historical(历史的),historically(历史地)。“日本语翻译印欧语照着办,后来我们翻译日语也有这样办的。”①此种观点把复合助词使用与翻译日语联系起来,是有一定道理的。可惜作者没有深入研究,致使忽略了一个重要事实,这就是助词的叠用不仅出现在鲁迅、茅盾的译文中,也出现在他们自己所写的作品中,鲁迅的例子看前举的例(1),现在再看茅盾的用例:

(4) 冷静地谛视人生,客观的地,写实的地,描写着灰色的卑琐人生的,是叶绍钧。(茅盾《中国新文学大系小说一集导言》,《中国新文学大系小说一集》第2页。上海良友图书印刷公司,1935年版)

可见,这本书对助词叠用的论述是不全面的。黎锦熙、刘世儒的《汉语语法教材·第二编》(商务印书馆1959年12月初版)和徐州师范学院中文系汉语教研组编箸的《语法基础知识》(江苏人民出版社1979年7月第一版)则把这种现象看作是欧化语法,认为副词往往由形容词变来,所以鲁迅的“的”、“底”表明原是形容词,再用“地”表明是副词。② 我们认为这种看法也不妥当。在鲁迅作品中,除了“的地”、“底地”连用表示前面的成分做状语外,也有“底的”连用表示前面的成分作定语的,如上举的例(3),这就不能说是通过形容词转化为副词了。再者,鲁迅先生本人也是不同意“欧化说”的。当年林语堂说:“……今人一味仿效西洋,自称摩登,甚至不问中国文法,必欲仿效英文,分‘历史地’为形容词‘历史地的’为状词,以模仿英文之 historic-al-ly……”③鲁迅先生反驳说:“其实是‘地’字之类的采用,并非一定从高等华人所擅长的英文而来的。”④另据茅盾先生的回忆录,也证明鲁迅不懂英文。回忆录的原文是这样的:“鲁迅的卧室在二楼,

① 参看《五四以来汉语书面语言的变迁和发展》,第149—159页。
② 分别参看《汉语语法教材》第二编,第396—397页;《语法基础知识》,第25页。
③ 引自《鲁迅全集》第六卷,人民文学出版社1973年版,第349页。
④ 引自《鲁迅全集》第六卷,人民文学出版社1973年版,第351页。

上楼以前，D医生用英语问史沫特莱：病人懂哪种外国语？史答：日语很好，德语不能说，但听得懂。医生又问：英语呢？史答：不懂。医生说：那么我们用英语交谈罢。”①由此可知鲁迅不懂英文，而德文中的形容词可以直接修饰动词，不需要词尾变化。显而易见，鲁迅作品中这种结构助词叠用的现象并非来自英语等西方语言，这是可以肯定的了。

我们认为这种复合词的产生，最直接的影响应该说是来自日语。其实就连二十年代初开始出现“底”、“的”、“地”三分的情形也并非像一般人所认为的那样完全是受西方语言的影响。当时，在讨论“底”、“的”、“地”的用法时，钱玄同、陈独秀、沈兼士就有过日语词进入汉语后，“的”字仍然写成“的”的建议。② 这种带“的”的日语词就是“X＋的＋だ式的‘的型形容动词’”，③其中的“だ”是词尾，“X＋的”是词干。“X”往往是抽象名词或动词，也有少部分是具体名词和一般的形容词。但并不是说什么词后都能加“的”，除辞书现有的以外，不能自己创造，它不是一种语法现象，不能类推，而与汉语的“～化”相似，是一个构词的语素。我们知道，日语是粘着语，“的型形容动词”在句中使用的时候，词干不变，词尾要有各种形态变化以表示各种接续关系。如果作状语就变成“X＋的＋に”的形式，这里的“に”就是日语中状语的标志；如果作定语，就要变成“X＋的＋な”的形式，这里的“な”就是日语中定语的标志。例如：

机械的にわかれろ（＝机械地分开）

决定的に尖锐してきろ（＝决定性地尖锐起来/彻底地尖锐起来）

决定的な阶级（＝有决定力量的阶级/决定的阶级）

由于受日语的影响，鲁迅先生有时候就把“机械地分开”写作“机械的地分开”，如例(1)；有时把“彻底地尖锐起来”按照日文写成“决定底地尖锐起来”，把“决定的阶级”写成“决定底的阶级”，如例(2)和例(3)。

其中“地”与日文的“に”相对应，“的”与日文的“な”相对应，并按照汉语的习惯将日文中的构词素“的”看成是表示修饰关系的助词，把它改为当时重新流行

① 引自《新文学史料》1983年第2期，第11页。

② 参看陈望道：《“的”字底新用法》，《陈望道语文论集》，上海教育出版社1980年8月版，第23页。

③ 日语的形容动词是指在词义上类似形容词，在用法上近似动词的一类词。关于“的型形容动词”的详细情况请参看冷铁铮先生的两篇文章：《两个特殊接尾词“的”和“化”》，《日语学习与研究》1980年第2期；《谈汉语造语的形容动词》，《日语学习与研究》1984年第1期。

使用的形尾“底”，以避免“的的”的重复。这样，鲁迅作品中就出现了“的地”、“底地”、“底的”等结构助词叠用的现象。这种复合助词在鲁迅译文中使用比较多，因为在翻译时尤其容易受原文的影响。

笔者曾从鲁迅作品中搜集了上百条使用复合助词的例句，并摘出带有复合助词的单词，逐一查对《新明解国语辞典》(三省堂，昭和四十九年十一月十日，第二版)，发现带有“底地”、“底的”复合助词的单词有两种情况。一种是在日语中有相应的“的型形容动词”(下面归为 $B_1$ 和 $C_1$ 类)；另有少部分在日语中并没有相应的“的型形容动词”，但在鲁迅作品中却取得了与 $B_1$ 和 $C_1$ 相同的语法形式和语法意义(下面归为 $B_2$ 和 $C_2$ 类)，这是语言的一种类化现象。请看例句：

(5) 这在直接地是视觉底的这一种意义上，是天上的通俗底的而同时也是感铭底的活字，在原则底地没有言语这一种意义上，则是国际底活字。(第四卷，第 383—384 页)

(6) 一时代的纪念碑底的文章，文坛上不常有。(第七卷，第 484 页)

上面两例中，加着重号的是日语中有相应的“的型形容动词”的，加小三角的是由一般的词类化而成的。

下面我们列出部分带有复合助词的单词，加以归纳和说明：

| | | | |
|---|---|---|---|
| A | 机械的地 | 直觉的地 | |
| $B_1$ | 意识底地 | 决定底地 | 积极底地 |
| | 原始底地 | 必然底地 | 个人底地 |
| | 实质底地 | 合理底地 | 病底地 |
| | 本质底地 | 具体底地 | 普遍底地 |
| $B_2$ | 原则底地 | 有产者底地 | 几何学底地 |
| $C_1$ | 意识底的 | 决定底的 | 积极底的 |
| | 原始底的 | 必然底地 | 个人底的 |
| | 绝对底的 | 感铭底的 | 煽形底的 |
| | 现实底的 | 世界底的 | 通俗底的 |
| $C_2$ | 革命底的 | 变化底的 | 唯心史观底的 |

A、$B_1$、$B_2$、$C_1$、$C_2$ 各类所用的复合结构助词分别是“的地”、“底地”、“底的”。其中

A、$B_1$、$B_2$ 可以归为一个大类，在句中一律作状语，其复合助词的后一个都是“地”，可以看作是状语的标志；$C_1$、$C_2$ 自成一类，在句中一律作定语，其复合助词的后一个都是“的”，可以看作是定语的标志。由此可看出复合助词虽是两个助词叠用，实际上只是一个语法形式，表示一个语法意义，即通过后一个助词来表示其修饰关系。这就是复合助词的用法。下面看例句：

(7) 美术上的“小摆设”的要求，这幻梦是已经破掉了，那是报上的文章的作者，就直觉的地知道。（第五卷，第 171 页。A 类，作状语）

(8) 如果艺术家所发卖自己的商品（呜呼！）的市场，实质底地变化了，则这在艺术家，是剧烈的大打击。（第十七卷，第 335 页。$B_1$ 类，作状语）

(9) 在这里，却被有产者底地应用了。（第四卷，第 406 页。$B_2$ 类，“有产者”与介词“被”组成介宾短语作状语）

(10) 毫无什么绝对底的东西。（第十七卷，第 40 页。$C_1$ 类，作定语）

(11) 竟看不见农民的种种革命底的努力了。（第十七卷，第 15 页。$C_2$ 类作定语）

不过要注意有时两个结构助词相连，并非是上文所谈的那种复合助词。例如：

(12) 自然，和不多时以前……时而孤桐先生、孤桐先生叫得热剌剌地的时候一比较，目下诚不免有落寞之感。（第三卷，第 282 页）

“热剌剌地”可以看为早期白话中的现成话（“地”读“de”，也可写作“的”），不管做什么成分，总是带个“de”音，另外再加助词表示语法关系。换言之，前一个“地”是“热剌剌地”这个词中凑足音节的语素，后一个“的”才是专起语法作用的结构助词。“地”与后边的“的”各有各的用处，分属不同的层次，而不是一个语法形式，这种场合，在口语中是两个“de”合为一个，书面上写作“的”或“地”。①



鲁迅先生在他的作品中试用的复合助词比当时混乱的“底”、“的”、“地”三分的

① 这种现象可以看作是同字同音省略。赵元任《中国话的文法》英文版，第 298 页有这样一个例子：“打猎的的枪。”虽然这里两个“的”字与例(12)类似，的确都有存在的价值，而且也分属两个层次，但一般总说成“打猎的枪”，所以赵元任先生说：“即使书上明明印的是两个“的”字连在一起，生长在中国的人是不肯这样说的。”参看刘汉民《同字同音省略》(《语言研究》1982 年第 2 期)。

用法的确要“精密”得多了。当然，这种结构助词的叠用，是说不上口的，与汉语口语习惯不相符。更重要的是前一个助词在汉语表达中纯属剩余信息，不符合语言的经济原则，因此并没有使用开来。瞿秋白同志很理解鲁迅的用心，他说：“翻译，的确可以帮助我们造出许多新的字眼，新的句法，丰富的字汇和细腻的精密的正确的表现。”[①]但又恳切地指出：“普罗文学的中文书籍之中，的确有许多翻译是不‘顺’的”，[②]“应当用中国人口头上可以讲得出来的白话来写”。[③]（着重号为原文所有——引者）瞿秋白同志这番话虽然是单就鲁迅所译的《毁灭》来说的，但也适合这种助词叠用的现象。看来，对瞿秋白同志的这番话，鲁迅先生是有所考虑的——在其后的作品中，这种复合助词的确很少见了。但是，不论怎么说，这种把日语语法引入汉语而欲使之精密化而做出的一种努力，如果把复合助词中前一个不起任何作用的助词去掉，那么剩下的助词“的”和“地”及其用法与今天的“的”、“地”两分及其用法完全相同。看来现在这种“的”、“地”两分及其用法也许就是鲁迅先生所理想的结构助词的用法吧。

（原载《语言教学与研究》1985年第3期）



① 引自《鲁迅全集》第四卷，人民文学出版社1973年版，第362页。
② 引自《鲁迅全集》第四卷，人民文学出版社1973年版，第364页。
③ 引自《鲁迅全集》第四卷，人民文学出版社1973年版，第367页。

# 试论汉语歇后语的英译

汉语歇后语的英译问题，学术界较少论及。本文论证了汉语歇后语英译的可能性和必要性，从翻译的角度给汉语歇后语作了新的分类，并根据歇后语的类型和翻译实践，总结出了直译法、意译法、混合译法、加注释法等四种英译法，最后根据我们拟定的原则对若干条歇后语的英译进行了讨论。

在成语、谚语、惯用语和歇后语等汉语熟语中，最富有民族特色的要算歇后语了。歇后语是一种采用巧妙的手法来表达思想的艺术语言，运用歇后语能够使抽象概念化的事理通俗、生动、形象化，使文章锦上添花，收到妙不可言的艺术效果。歇后语不仅有着丰富的表现力，而且使用面极广，文艺作品、政论文等各类文体都经常使用，因此如何把这种生动的语言翻译成英语的问题，本应在翻译界引起高度重视，并加以理论上的总结和研究。但据笔者所见，目前国内外有关汉译英的教材、专著、论文都很少涉及这一领域，歇后语是否可译？怎样去译？有无规律可寻？这些就是本文要探讨的内容。



## 一、歇后语英译的可能性和必要性

自从十八世纪翻译家泰勒提出有的习语是不能翻译的观点以来，历来都有人认为习语是无法翻译的。但是经过历代翻译家的努力，翻译实践证明习语也是可译的。汉语的成语、谚语、惯用语都找到了各自的翻译方法，唯独歇后语的英译成了翻译家们最感头痛的事，许多人甚至认为有些歇后语是不可译的，因而在汉译英时采取了回避的政策。例如《敌后武工队》第193页中的“上鞋不用锥子——针好，狗赶鸭子——呱呱叫”在英译本中就未译；《欧阳海之歌》第176页中的“卤水点豆腐——一物降一物”，英译本中也未译；《新儿女英雄传》第211页的歇后语“小葱拌豆腐——一清二白”在英译本中也被删除了。

但是我们知道语言是思维的直接现实，而思维是全人类所共有的，所以语言虽然具有民族性，往往会产生为一种语言所特有而为另一种语言所不具备的表达手段和表达形式，但就所表达的意义来看却是全人类的，因此是完全可译的，这就是意义上的绝对可译性。当然要保持形式上的忠实的确是困难的，这就是形式上的相对可译性。我们知道在一句话或一种表达式中，意义和形式所占的比重往往是不同的。通常情况下，一句话的重心旨在表达意义，这时形式不是重点，因而形式上的忠实无关紧要，人们主要关心的是绝对可译成分的忠实。如汉语的问候语“你好!”是感叹句，可英译为“How do you do?”是问句，且用词不同。这里虽然形式完全不同，但却是完全忠实的翻译，因为这种情况下形式不是重点。然而当一句话所表达的意义和所用的形式各占交际目的一半比例时，则会在翻译上造成困难。如双关、汉语歇后语、英语押头韵等，这些形式本身也饶有趣味可以造成或幽默或生动或语音美等效果。这时绝对可译成分仍可译，而相对可译部分则会造成困难。如果形式上的比重超过意义上的比重，即说话者目的不在传意而在表现形式上，而这种形式又为某一语言所特有时，则可能完全不可译，因为这时绝对可译成分为零，如汉语的拆字游戏：“人言为信”“人曾为僧”等。我们认为汉语歇后语的主要目的是传意，不是形式游戏，其形式上的特点是为表意服务的，所以汉语歇后语属于第二类情况，原则上是可译的。

从翻译的目的来看，歇后语的英译不仅是可能的，而且是必要的。因为翻译不仅是翻译作品本身，而且要通过翻译介绍一个民族所特有的表现形式，借此使各国的语言互相影响和吸收，使彼此的语汇更加丰富，表达形式更为多样和具有表现力，推动各国文化互相交流和渗透，前辈翻译家已为我们作出了榜样。如梁宗岱先生对莎翁诗歌的翻译就是严格忠实原诗的格律，从而把莎士比亚体介绍到中国来了。再例如汉语中“如果说……那么……”的表达形式就是从印欧语中吸收过来的。另外汉语词汇中也有很多词语是通过英语的直译吸收进来的。例如“智囊团 brain trust”、“象牙之塔 tower of ivory”等等。既然如此，我们的翻译工作者为什么不能把歇后语这一汉语所特有的生动活泼、风趣优美的艺术语言尽自己的努力介绍给外国读者呢？使他们为之而赞叹呢？因此我们认为汉语歇后语的英译不仅可能而且必要。

## 二、歇后语的分类

要找出歇后语英译的方法和规律，首先要对歇后语本身进行深入的分析和研究。歇后语由前、后两个部分组成，前一部分是一个形象的比喻，后一部分是对前一部分的解释和说明，也就是对比喻的意义的揭晓。但比喻和说明两部分却有种种不同的表达方式。我们在有关汉语词汇学著作对歇后语分类的基础上，从翻译角度着眼，分出以下几种类型：

1. 喻意歇后语

A. 比喻的部分是一般的事物和情理。

a. 说明部分是各民族人民都能理解的一般表达法。

飞蛾扑火——自取灭亡

老鼠替猫刮胡子——拼命巴结

b. 说明部分是汉语特有的习惯用法。

萝卜上扎刀——不是出血筒子

丈二和尚——摸不着头脑

B. 比喻部分是中国特有的历史典故或神话、迷信传说。

诸葛亮皱眉头——计上心来

灶王爷上西天——有啥说啥

孙猴子变山神庙——露了尾巴

周瑜打黄盖——一个愿打，一个愿挨

2. 谐音歇后语

打破砂锅——纹(问)到底

下雨天出太阳——假晴(情)

一二三五六——没四(事)

秃头打伞——无发(法)无天

这里需要解释的是 1Aa 类和 1Ab 类之间的区别。1Aa 类说明部分的语义理解没有民族限制，比如“自取灭亡”，各民族人民都可以理解，而 1Ab 类的说明部分却是汉语所特有的习惯用法，其字面意思与其实际意义差距较大，这种实际意义只有汉族人才能理解，如“不是出血筒子”，实际意思是“小气”；“摸不着头脑”，实际意思是“搞不清楚”。显然，从翻译的角度看，1Aa 和 1Ab 类之间有本质上的区别，应该用不同的方法来处理，所以分为两类。

## 三、歇后语的英译法

前面我们讨论了歇后语的英译不仅可能而且必要，就是说不仅要把歇后语的意思表达出来，而且也要尽量把这种形式介绍给国外的读者。由此我们可以确定歇后语英译的原则，这就是尽可能做到形意两全，既传神又达意，实在不可两全者，则应达意。根据这个原则和上面对歇后语的分类，以及对大量英译作品的研究，我们可以采取以下几种方法翻译汉语歇后语。

1. 直译法。直译包括：一、既保留歇后语的比喻和说明两个部分的形式，又保留原文的语汇；二、仅保留原文的语汇特征。直译法适合喻意类中 1Aa 类，因为这类歇后语的比喻部分是一般的表达法，为各民族人民所共同理解，其真实意义可通过直接对译反映出来。例如：

他的腿跑肿了，心费烂了，还是闹了个瞎子点灯——白费蜡。(《敌后武工队》，第 194 页)

He was, as the saying goes, like a blind man using a candle only wasting wax. (外文出版社译本，P. 136)

“仓老鼠问老鸦去借粮——守着的没有，飞着的倒有。”(《红楼梦》，第 61 回)

This is like the rat in the barn who asked a crow for grain, as if a bird on the wing had some while the rat living in the barn had none. (杨宪益、戴乃迭译本，P. 334)

黄柏木做了鼓锤，外头体面，里头苦。(《红楼梦》，第 53 回)

Wormwood carved into a drumstick may look imposing, but it's a bitter inside. (杨宪益、戴乃迭译本，P. 200)

两人相隔千万里，可两人的命运就象一条藤上的两个瓜——一样

苦来一样甜。(《欧阳海之歌》,第235—236页)

Though we were separated by hundreds of li, our lives were two melons on the same vine, equally bitter, equally sweet. (外文出版社译本,P. 240)

我就怕你是一个没骨头的伞,支撑不开。(《新儿女英雄传》,第236页)

I am afraid you're a ribless umbrella—you don't be able to stand up in the storm. (沙博理译本,P. 252)

那不是癞蛤蟆要吃天鹅肉,心高妄想。(《敌后武工队》,第76页)

That's an idle dream, like the one the toad had when he dreamed of dinning on swan meat. (外文出版社译本,P. 76)

直译法既传神又达意,应该说是较佳的译法,缺点是使用范围有限。

2. 意译法。只译后半截真实含义,即揭晓全句含义的部分。该法适用于以下三种情况。

(1) 1Ab类。这类歇后语的说明部分,汉民族有其特殊的理解,所以如果按字面的意思直译过去,对英美人来说不易理解,因此以意译为妥。例如:

这样看来,你好像"老鼠尾巴害疖子——出脓也不多"。(《儒林外史》,第14回)

You bookworms are hard to deal with; one might just as well try to squeeze water out of a stone. (译文出版社译本,P. 157)

何团长,我这个人你知道,说话向来是"袖筒里入棒槌——直入直出"。(《新儿女英雄传》,第60页)

Command Ho, you know me—I speak frankly and to the point. (沙博理译本,P. 165)

这下敌人丈二和尚,摸不着头脑了。(《敌后武工队》,第18页)

The enemy was quite puzzled. (外文出版社译本,P. 20)

意译这种方法在这里虽然失去了原文的韵味,但却具有简洁达意的特点。必须注意的是这种意译,一定要依赖于上下文,不可孤立拿出来对译。

(2) 1B类。这类歇后语由于比喻部分是中国特有的典故、神话等,直译过去外国人很难理解,所以可以意译(当然也可以有别的译法,下面还要谈到)。

例如：

我们今天是灶王爷上西天——有啥说啥。(《暴风骤雨》，第44页)

We can say whatever we like. (Hsu Meng-hzing 译本，P. 38)

你别狗咬吕洞宾，不识好人心。

Don't snap and snarl at me when I'm trying to do my best for you. (《翻译漫谈》)

今天我们是大水冲了龙王庙，自家人不认自家人啦。(《敌后武工队》，第228页)

We're all one family. (外文出版社译本，P. 233)

(3) 2类。这类歇后语是谐音双关性的。各种语言在谐音方面对应的可能性微乎其微，所以直译是不可能的，只能意译。例如：

那知，这是四扇屏里卷灶王——画(话)里有画(话)。(《敌后武工队》，第337页)

But this time there is something more to what he said. (外文出版社译本，P. 275)

你们几个狐朋狗友，耗子爬秤钩，自己称(称赞)自己。(《暴风骤雨》，第261页)

Your friends and pals? you scratch my back and I scratch yours, eh? (Hsu Meng-hzing 译本，P. 277)

"……对老百姓是外甥打灯笼——照舅(旧)。"(《敌后武工队》，第107页)

Our treatment of civilians will not change one bit! (外文出版社译本，P. 177)

瞎子听了半天。听他两人说的都是"堂屋里挂草荐——不是画(话)"，也就不扯劝，慢慢的摸着回去了。(《儒林外史》，第613页)

After hearing all the nonsense they were talking, the blind man gave up trying to reason with them and groped his way back to his room. (译文出版社译本，P. 586)

不是不是，我一开头，就随队长，还能半道妥协吗？我是想：咱们是孔夫子搬家，净是书(输)，心里有点那个。(《暴风骤雨》，第107页)

It isn't that I don't want to some any more. You know I've been with you since you came home. I've put my hand to the plough and don't want to turn back. Only I feel bad when we lose every time we fight. (Hsu Meng-hzing 译本,P. 107)

谐音歇后语只能意译,这实在是没有办法的办法。为了达意,只好牺牲传神。我们参阅了一些中文小说的英译本,发现译文对谐音歇后语的处理不外两种,一种避开,一种传意。其实谐音歇后语也是表达意义的。因此我们认为后者是可取的。

3. 混合译法。该法适合于1A中的a、b两类,是直译、意译的活用和补充。方法是把歇后语前半部分的词句原封不动地直译过去,后半部分则采用英语中固有的具有类似意义的表达法或提示语来译。因为在英语中通常可以找到一个固定的表达法或通过一个简洁的表达式正好把歇后语的内容揭示出来,可以对译歇后语的后半截,而前半的比喻部分虽然不一定为英美人所熟悉,但由于不涉及民族文化所特有的典故、神话等内容,还是容易理解的。所以许多译者也喜欢采用这种方法。例如:

我说二三百两银子,你却说二三十两。戴着斗笠亲嘴——差着一帽子。(《儒林外史》,第14回)

It's like kissing in straw helmets—the lips are far apart. (译文出版社译本,P. 157)

哈巴狗觉得手下虽有二十几个警察,但个个都是鹰嘴鸭爪子。能吃不能拿的手。(《敌后武工队》,第155页)

though he had more than 20 police under him, all of them were good-for-nothing—like ducks with long beaks made for gobbling, but also with webbed feet unable to pick up anything. (外文出版社,P. 158)

小梅怪他说:"你看,隔着门缝瞧人,把人看扁啦。"(《新儿女英雄传》,第171页)

Hump! If you peer at a person through a crack, he looks flat, Don't be so prejudiced. (沙博理译本,P. 179)

一个男人的声音打断她的话说:"老头卖瓜,自报自夸。"(《暴风骤雨》,第365页)

"A melon-seller blowing her own trumpet!"(Hsu Meng-hzing 译

本，P. 316）

在第一例中，后半部分是意译，第二、第三例后半部分分别是加了 good-for-nothing 和 Don't be so prejudiced 两部分，点出了直译部分所要说明的意义，可以认为是意译的一种。最后一例后半部分直接采用英语中的一个谚语 blow one's own trumpet（自捧自），真是维妙维肖。

4. 加注译法。即先把原文照字面译过去，然后再加注释，进行解释，该法适合于 1B 类，由于这一类歇后语还可以意译。所以加注法是意译法的补充和活用。借助于它，译者可以把具有中国民族特色的表达法介绍到国外去，久而久之，当外国读者对这些注脚（即典故或习惯用法）比较熟悉之后，注脚也就可以取消，甚至可以借用为他们语汇中的习语。例如：

"我吗？庙门口的旗杆，光棍一条。"（《红日》，第 47 页）

"Me? Like a flagpole at the gate of a temple—a bare stick!"Note："a bare stick" means"a bachelor".（英译本，P. 50）

"他们一东一伙，都是看透《三国志》的人，要我说说那一耳刮子，也是周瑜打黄盖，一个愿打，一个愿挨的。"（《暴风骤雨》，第 120 页）

The two of them are hand in glove, and they've both read the Romance of the Three Kingdoms. * I should say that box on the ear was skillfully given by a Chou Yu and gladly taken by a Huang Kai.

* A fourteenth-century novel based on events which took place in the third century A. D. Chou Yu of the Kingdom of Wu had Huang Kai, another Wu general, cruelly beaten and then sent him to the enemy camp in order to deceive the enemy.（Hsu Meng-hzing 译本，P. 105）

以上两句当然可以采取意译办法，但会失去汉语原有形式的韵味。用加注法，既保留了汉语的特色，又传达了意义。当然，加注法也有缺点，就是占篇幅较大，并且不太可能引起读者的注意。

## 四、对若干条歇后语英译的讨论

歇后语英译既然不仅要传意还要传神，那么翻译时就要在达意的前提下，尽量保存其形式，本着这个原则，我们认为翻译时应以直译法为主，意译法为辅，而补充以混合译法和加注译法。前面说过，加注法是对意译法的补充，实际把它变成了直译，混合译法则是对直译和意译两种译法的补充。当既可意译又可混译时，应以后者为佳，因为它保留了前半的比喻部分，只是后一半的说明部分被转译了。所以它既保留了歇后语的生动形式，又易于外国读者的理解和接受。因此除直译外，一般应尽量选用加注法和混合译法。相反，在既可意译又可加注译或混合译时而选择了意译，那么尽管译得文通意达，也不能认为是最佳的。下面我们举几个例子加以讨论。

《暴风骤雨》，第 88 页上的歇后语："狗追耗子，你多管闲事呢。"英译本将其译成了：

Mind your own business!

意义固然贴切，然仍觉未妥。这是一个 1A 类的句子，比喻部分和说明部分的关系是直接的，而且所比之事又是常见的，各民族的人都能理解，所以采取直译或混译的方法似乎好些。笔者试译如下：

You're like a dog catching a mouse—busy with other's affairs(while overlooking your own).

或：

You're like a dog catching a mouse—poke your nose into another's affairs.

再如《敌后武工队》，第 44 页上的歇后语"那是聋子的耳朵——摆设，实际上，里边都是抗日的村干部和抗日的群众"。英译本译成：

They were there for window-dressing.

这也是意译。该歇后语是 1Aa 类，以直译或混译为好，可译为：

They were there like the ears of a deaf man—only for appearance.

再如，《暴风骤雨》，第 80 页上的歇后语"两口子真是针尖对麦芒。"这个歇后语省去了后半部分"尖对尖"，即互不相让的意思，属 1Ab 类，英译本译作：

There was an unending conflict between them.



且不管其意义是否正确，就译法而言，这一句属于既可意译又可混译之例，应当尽量采用混译，因为"针尖"与"麦芒"是各族人民都明白的。采取混译，既能保留原文形式上的特色，又可忠实地转达原意，现试译如下：

They are like a needle and a wheat awn standing against each other—neither admits one is less sharp(and willingly gives way to the other).

再如《敌后武工队》，第 170 页上的歇后语："干咱这行的是钻到风箱里的老鼠，得两头受气。"英译本将其译成：

People like us are like a mouse in the bellows—gets it coming and going.

这是混译，前半部分是直译，后半部分使用了英语中的一个习语，但意思却译错了，该习语的意思是“无路可逃”，与“两头受气”大相径庭。“受气”在这里是多义的，表面看来指在风箱中两边都有气流来，实际上指两边不讨好，两边都受责备。因此，“受气”类似于谐音类，应该用意译来处理，现试译如下：

People like us can come into nobody's favour.

总之，汉语歇后语不可不译，译就要尽量保持原有形式和用词特点。直译法、加注译法和混译法都能全部或部分地保持中文歇后语的特点，是英译时应首先考虑使用的。意译法只有在不能保证形义两全时，才作为不得已的办法来使用。

以上是我们不成熟的看法，写出来意在抛砖引玉，希望得到同志们的指教。

（原载《外语与外语教学》1987年第6期）

# 语言的理论假设与神经基础[①]

## ——以当前汉语的若干神经语言学研究为例

语言学理论是有关语言的某种理论假设，这些理论与人类大脑中的语言运作的实际情况是否相符，是需要神经科学和脑科学来验证的。神经语言学就是探讨脑与语言的关系的一门新兴交叉学科。本文以近年有关汉语的神经语言学研究成果来观照语言学理论，讨论和分析其神经基础，旨在说明神经语言学的研究工作不仅可以使人们在一定程度上了解语言的神经机制，而且可以初步窥看到有关语言的理论假设有无神经基础，对修正这些假设，促使这些假设升华为真正的理论是大有裨益的。这也将是21世纪学术背景下语言学理论研究的必由之路。

## 1 引言：语言研究目的的变迁与语言神经机制的探索

语言研究的目的经历了一个发展过程。在早期语文学的漫长阶段里，语言研究的目的总体上说是为研读经典文献服务的，传统语法虽然肇自哲学的思辨并归结于学校的教学，但就其本质来说没有脱离那个时代总体的研究目的；到了19世纪的历史比较语言学，语言研究的目的聚焦到了语言的亲属关系、谱系分类和演变规则上，但历史比较语言学兴起的内在驱动力显然是中世纪之后的



① 本文摘要曾在2006年6月北京语言大学召开的“当代语言学理论与汉语研究”国际学术报告会上宣读过，在写作过程中还得到徐州师范大学语言研究所、语言科学与神经认知工程江苏省重点实验室创新团队同仁的支持，特别是刘涛、张珊珊两位协助做了许多工作，研究得到国家社会科学基金重点项目(01AYY004)、江苏省“青蓝工程”(科技创新团队)资助项目和江苏省哲学社会科学十一五规划项目(06JSBYY006)资助，在此一并致谢。

文艺复兴和民族独立两大运动所带来的人文关怀和民族平等的精神，前者必然诉求人类语言从哪里来到哪里去的问题，后者必然要论证人类语言没有野蛮与文明之分，因此历史比较语言学应运而生，但其研究目的虽然接近了语言本体的研究，却仍然不是研究语言本身；索绪尔从历史比较语言学阵营中向前迈出了关键的历史性的一步，创立了结构主义语言学，从此人们为语言而研究语言，对语言本身的结构与系统的了解成了语言研究的内在驱动力，对语言本体的了解成为语言研究的目的，语言学进入了现代阶段；生成语言学是现代语言学的继续，从根本上说生成语言学仍然是为语言而研究语言的，不过乔姆斯基敏锐地发现，人类的语言行为是描写不尽的，他的研究兴趣在于研究人为什么能说话，怎样说话，即语言能力，也就是存在于人脑中的语言知识系统——普遍语法。显然，从描写语言行为到解释语言能力是现代语言学的一大进步。

当语言学研究的目的发展到要解释人类语言能力的时候，语言学就不可逆转地走上了认知科学的道路，跨学科交叉研究是其唯一的路径。神经语言学是现代语言学的一门新兴交叉学科，集语言学、神经科学、心理学和认知科学为一体，专门研究语言习得、生成和理解的生理机制和心理机制，研究大脑如何产生、接收、存储和提取信息，从而探讨脑与语言的关系，充分体现了当代科学各学科门类交叉综合的发展态势，与当代主流语言学理论的研究旨趣完全吻合。生成语法学的创始人乔姆斯基就将语言学归入心理学，将心理学归入脑科学，认为脑与语言关系的研究才真正涉及语言能力。他始终关注这样一个问题：为语言系统及语言系统的使用提供物质基础的生理机制是什么？（Chomsky1988：3）因此当神经语言学成为显学，走进当代学术前沿时，乔姆斯基对神经语言学给予了极大的期望，甚至认为没有任何原则性的方法可以将语言学与神经语言学区别开来，这正如没有原则性的方法能将化学与物理化学区别开来一样，有关语言研究的部分是人类生物学的一部分，可以称为“生物语言学”。（斯特梅尔，乔姆斯基2003）他甚至直言“‘生物语言学’的方法是现代语言研究的核心方法，至少我看是如此。”（乔姆斯基 2006：535）乔姆斯基的上述看法既是对神经语言学性质的精彩论述，也说明了当代形态的理论语言学与神经语言学的研究目的已合二为一了。

语言的生物基础最直观的表现是语言器官。而说到语言器官，一般人会想到声道系统，人类是靠肺部提供动力致使喉头和声带发声，并由咽腔、口腔、鼻腔调节和共鸣而说话的，但索绪尔特别强调说和听的统一，其中的一个要有另外的一个才能有它的价值，如果我们发出一个音，耳朵听不到，就不能形成音响印象，（索绪尔 2003：29）这样听觉系统也进入了语言器官的范围。但这些都不是当代语言学理论中的语言器官。乔姆斯基所谓的“语言器官”(language organ)就是“普遍语法”,就是语言能力物化的语言装置(faculty of language,FL),是人类生物天赋的一部分。FL的初始状态(initial state)是基因的表达,在经验的触发和成形作用下,逐渐发展为某种特定的语言如汉语、英语等(L)。在生成语法学的晚近表述中,把某种特定语言看作FL的一种特定状态L,无论L的面貌如何,语言其实都是“有限手段的无限运用”,而这种递归程序在大脑中是通过神经元构成的回路实现的。(乔姆斯基2002)其实不仅是形式学派,功能和认知学派的语言学理论实际上也不可避免地要打上时代的印迹,走向语言神经机制的研究。比如兰姆在20世纪最后十年致力于大脑神经科学的学习,将其认知语言学的研究“升格”为神经认知语言学(neurocognitive linguistics)。(兰姆1999)Lakoff和Feldman在上世纪末也开始研究语言的神经理论(Neural theory of language),他们通过构建概念和语言结构的详细的计算神经模式,试图解决如何从神经元中计算出思维和语言,并且预言下一个突破将是语法的神经理论。(Lakoff & Johnson 1999)至于语言规则的神经机制究竟是怎样的,这正是当代形态的理论语言学与神经语言学共同的研究目的。

神经语言学的形成也有一个发展过程。1861年,法国神经学家Broca通过解剖病人Leborgne的尸体,发现人脑左半球第三额回与言语生成有关,该区域受损会导致失语症。1865年Broca发表《口语能力的定位》(*On the seat of the faculty of articulate language*)一文,第一次引起神经学界注意到这样的事实:失语症是由大脑左半球的损伤造成的。1874年,Wernicke发表开创性文章《失语症症状的复杂性:关于神经基础的心理学研究》(*The symptom complex of aphasia: a psychological study on a neurological basis*),标志着失语症学“联系主义”学派的建立。此后,语言与脑神经机制之间关系的研究特别是失语症的研究逐渐走上了科学发展的道路。不过初创时期的工作主要由神经医学家和心理学家来承担的,还鲜有语言学家关注这个极有前途的研究领域,这也是该学科一直未能取得突破性进展的一个重要原因。不过也有例外,索绪尔(2003:31、32)介绍了Broca的研究,并由此提出一个新的命题:言语活动的机能可能有天赋的性质。联系到今天语言学和神经科学的发展,我们不能不为索绪尔的睿智而感叹。20世纪中叶以后,神经学家、心理学家与语言学家之间的有效沟通开始建立,其中美国著名语言学家雅柯布逊和苏联著名神经心理学家卢利亚是能够相互倾听并理解对方的绝好例子。雅柯布逊是第一位真正地运用语言理论来观照神经科学的学者,他的著作作为可信的有关失语症的语言学研究成果被广泛引用,他认为语言音位系统的层级关系与语言的获得和缺损有密切联系,先获得的具有普遍性，后获得的具有稀少性；儿童获得音素的顺序也是严格按照先基本后复杂的顺序来进行的，失语症病人语言能力的丧失正好与此相反。（Jakobson 1941）而第一个影响最大的神经语言学处理过程模式（通过定位来联系语言的次成分和脑，每一个次成分都由脑中特定的区域运行）是由卢利亚提出的，作为对雅柯布逊观点的回应，他认为神经语言学的诞生是依赖结构主义语言学（其第一个突破是音位特征的描写）而产生的。（Luria 1973）他在 1974 年所著的《神经语言学的基本问题》中，完全根据索绪尔的组合和聚合的理论框架来做神经语言学的研究。（卢利亚 1987）神经学家和语言学家间的对话由此建立，促使神经语言学进入了蓬勃发展的时期。其后，随着生成语言学的诞生和新的无创伤神经科学技术的诞生，神经语言学进入了成熟发展时期。生成语言学的诞生使得理论语言学的研究旨趣首次明确指向语言的脑机制，而无创伤神经科学技术的诞生使得对语言脑机制的研究走出了仅仅依靠失语症病人这种以"非正常人"为对象的研究，特别是事件相关电位技术（event-related potentials，ERPs）可以观察到正常人毫秒级的脑区电位的变化，功能性磁共振成像技术（functional magnetic resonance imaging，fMRI）可以观察到正常人毫米级的脑区激活情况，避开了对正常人直接进行实验的伦理障碍和技术障碍，为研究正常人语言的脑机制提供了技术支撑。

但神经语言学毕竟是一门新兴的年轻学科，不仅距离其多角度探索人类语言能力的神经机制、揭示人类语言能力的内在奥秘的高远目标还相差甚远，即便对当前许多基本问题的研究也尚无一致的意见。然而无论如何，围绕脑如何组织起来用于语言这样一个神经语言学的基本问题所开展的研究，已经取得了许多激动人心的进展。本文的目的不是介绍这些研究的本身，而是以近年来我们所从事的汉语的神经语言学研究成果来观照语言学理论，讨论和分析其神经基础。

这一工作有何意义呢？毋庸置疑，当代语言学理论包括形式语法、功能语法、认知语法等，都是既吸收了前人理论的合理内核，又有自身的价值取向，但从实证科学的观点来看，所有的语言理论都只是有关语言的某种理论假设，尽管各派语言学家们多多少少都宣称他们的最终目标与揭示语言的神经机制密切相关，但这些理论与人类大脑中的语言的实际情况是否相符，换言之这些理论有无人脑的生物基础是需要神经科学和脑科学来验证的。如果长期以来语言学界孜孜以求所建立的一套语言理论不能得到神经科学的实验证明，那么从某种程度上说，这些理论就只能是理论语言学家们的自说自话，用休谟的话说"我们给事物的标签仅仅是杜撰"（Hume 1978：Section27）那么这样的理论在 21 世纪的科学体系中还有多少存在的价值是大可值得怀疑的，比如乔姆斯基最简方案提出语言的装置包括词库和演算系统，乔姆斯基虽然倡导对语言神经机制的探索，但他本人的研究方法多半还是理论上的演绎，尽管好的理论应该是科学的、有预见性的，但人们仍不免为乔姆斯基捏了一把汗，因为如果人脑中没有词库系统，所谓名词、动词在人脑中根本就是不可分的，那么乔姆斯基理论的科学性将大打折扣，这是不言而喻的。然而在神经语言学得到充分发展之前，人们想去证明也不得门径，但是目前神经语言学的研究工作已经开启了一扇希望之门，人们可以在一定程度上了解语言的神经机制，从而可以初步窥看到有关语言的理论假设有无神经基础，这对于修正这些假设，促使这些假设升华为真正的理论是大有裨益的。这也将是21世纪学术背景下语言学理论研究的必由之路。

## 2 关于词库中的基本语言单位的神经基础

语言运行的基本单位是什么，或者说词库中能够自由运用的基本语言单位是什么，经过多年的研究，语言学界的观点渐趋一致，即认为是词。但是在大脑中真的有这样一级语言单位吗，我们能否发现其神经基础，毫无疑问，这是语言学家和一般读者都想知道的问题。但一波未平一波又起，也有人不同意词是基本单位，比如中国近来有学者提出“字本位”的观点。（徐通锵 1997）应该说各种观点都是经过深入思考和研究提出的，但是在人的大脑中究竟是以什么单位什么方式存储和提取，神经语言学的研究成果可以对这一问题提出间接证明。我们曾经用失语症病人和正常人分别做过失语症调查的实验和ERP实验，结论都支持大脑是以词为提取单位的。

### 2.1 失语症的实验研究

我们曾经用8位失语症病人（分别为命名性失语症患者2例，传导性失语症患者2例，经皮质运动性失语症患者1例，Broca失语症患者2例，Wernicke失语症患者1例）做实验，整个测查方案从自发谈话、复述、听理解、命名、阅读等五个方面进行考察。从各项测试中都可以看出，当患者无法从大脑词库中提取所需的语言单位时，患者或是用其他的词语替代，或是以让人完全无法理解的错语替代，却很少见患者只以其中一个语素来替代词语的现象出现。（杨亦鸣 2003：23—39）



比如在自发谈话实验中，命名性失语病人和Wernicke失语病人都表现为流利型失语。命名性失语病人说话并不费力，但所说的话多没有实质的意义，由于找词困难在自发谈话中不仅存在很多的停顿，而且病人经常用一些毫无意义的词来代替实质性的词语，病人多是说一些空话，并不能表达真正的信息。如当问被试是怎样得的病，病人回答："我呢……这个……这个……英语，两个……两个……初三……这个接着……，我……一二节……第三四节……四五两节……"病人说的话中没有一个意义表达完整、清楚的句子，无法将发病的具体情况详细表达出来，显示出找词困难。从病人的间断叙述中可以看出，尽管病人存在找词的困难，无法将想说的话说出，很显然他所用来表达意义并能够让人理解的语言单位是一个一个的词。Wernicke 失语病人在自发谈话时，语量很多，但由于存在着听理解的严重障碍在回答问题时经常是答非所问，所说的话不能表达意思，存在着大量的错语，如问他："您是干什么工作的?"病人回答："嗯……吃饭……我不知道(错语)。"

Broca 失语和经皮质运动性失语患者口语表达都是非流利型失语。Broca 失语患者在自发谈话时口语表达障碍甚为突出，说话较慢且停顿的时间长，语量少，常为名词、动词、形容词等实质性的词语，明显缺乏语法词。如一名 Broca 失语患者在叙述自己发病时的情形时说："早晨……脸……脸……手……不动，去……去(错语略)……医院……"由于在病人的叙述中多用实词，从病人断断续续的话语中可以明白他所要表达的基本意义。经皮质运动性失语病人突出的特点是自发性扩展言语发生明显障碍，只能简单叙述事情，无法进行详细的扩展性描述，且在开始说话时发音困难，说话时停顿也很多。这两种失语在自发谈话时，语量较少，但从测试中我们仍可以看出，尽管被试口语表达有障碍，但在进行叙述的时候，被试依旧是一个词一个词的进行描述，而很难见到单独的语素。

传导性失语的自发谈话为流利型，找词困难为此类失语的突出表现，在谈话时有中断的现象出现，如问患者今年多大岁数时说"我……我……今年……今年……"。病人也有错语，多为语音错语，病人自知有发音的错误，欲纠正时会出现停顿。

我们对 8 例失语症病人的自发谈话进行了统计，发现不管是流利型还是非流利型失语患者在叙述时运用的或多或少的语言单位都是词(或可说是一些成词语素，因为已经运用在语句中，一般不将它与词区别)，在病人的话语中除了无法听懂的错语外，很难找到不成词语素。现列表如下：

**表 1　8 例失语症病人自发谈话中语言单位的使用情况**

| 病人代号 | WLY | ZSM | ZP | WM | NJ | SHX | STM | LM |
|---|---|---|---|---|---|---|---|---|
| 词(含成词语素) | 74% | 67% | 65% | 56% | 33% | 41% | 74% | 43% |
| 不成词语素 | 0.3% | 0.6% | 1.2% | 0.6% | 0.3% | 0.3% | 1% | 0.4% |
| 其他(含错语) | 15.7% | 32.4% | 33.8% | 43.4% | 66.7% | 58.7% | 25% | 56.6% |

同样在复述实验中失语症病人的语言使用情况也证明了这一点，患者可以

较好地复述词语层级的语言单位，如双字词、成语、常用短语等，但却很难复述一些毫无意义的语素组合。在测查中我们同时发现，病人对成语的提取明显要好于几个字组成的无意义组合，患者可以复述出四字的成语，却不能复述出仅有三个字的无意义组合（如“索几全”）。在理解实验中失语症病人可以理解“鼻子”、“作者”一些词，但却不能理解“鼻”、“作”等一些语素。如依据“字本位”观点，合成词是“字组”，可以表达两个或更多的概念，病人在复述时，应该理解其中的一个概念，在复述时表现为单字的复述，而事实情况恰恰相反。可见我们在分析汉语的时候并不能将“字本位”所说的“字”作为基本的结构单位。总之，失语症病人的实验说明在中文大脑词库中是以词为单位存储的，不存在词汇分解存储的现象，在提取时也是以整词的形式提取的。

**2.2 ERP 的实验研究**

我们曾设计了两个实验，实验 1 研究单音节的字、语素和词三级单位，通过语义判断任务对无意义的字、非自由语素和词的加工情况进行对比。实验 2 考察双音节词（单纯词和合成词）和双音节短语提取时的不同加工机制。两个实验都为人脑中存储的基本语言单位是词提供了电生理学证据。（张珊珊等 2006；杨亦鸣等 2007）

2.2.1 实验 1

实验 1 选取 15 名（8 男，7 女）在校理工科大学生志愿者作为被试。实验材料依据《现代汉语频率词典》（北京：北京语言学院出版社，1986 年版）对汉字构词能力的统计和分析选择出无意义的字、非自由语素和词 3 类语料，其中排除姓氏和地名。对初选出来的 3 类语料各 100 个进行 35 人的熟悉度问卷调查，熟悉度层次分为熟悉和不熟悉。选择熟悉度高于 90％的语料各 50 个再进行类型的单因素方差分析，结果 3 类语料不存在熟悉度上的差异。对语料笔画数的单因素方差分析显示，没有类型的因素效应，也没有类型之间的两两差异（p 值均大于 0.05），说明 3 类语料不存在笔画数上的差异。另外选择 150 个单音节动词作为填充词。实验在隔音电磁屏蔽室进行。刺激分为 2 个刺激序列随机排列，每个刺激呈现时间为 200ms，刺激间隔（SOA）为 1800ms。两个序列之间有短暂休息。实验采用语义判断任务。参加实验的 15 名被试，其中有 1 名的脑电数据达不到要求，在离线分析中被剔除掉，实验最后对 14 名被试（7 男，7 女）的数据进行叠加处理。分类叠加这 14 名被试的脑电数据，得到了无意义的字、非自由语素、词 3 种单音节语言单位的 ERPs 曲线。

实验 1 结果显示，语言单位的类型主效应和类型的两两差异主要出现在

N400 成分①和 LPC 成分②上。N400 的类型主效应分布在中央顶区和顶区，无意义的字分别和词以及非自由语素之间都存在着差异，而词和非自由语素之间在 N400 这一成分上没有差异。(见图 1)

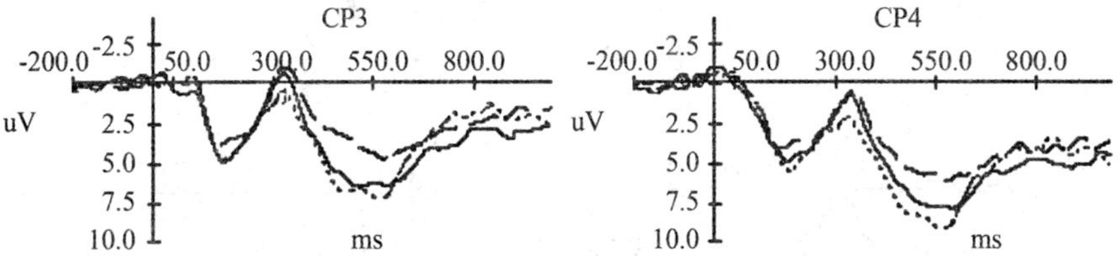


词—— 非自由语素— — — 无意义的字-----------

**图 1 3 类语言单位 ERPs 总平均图(CP3、CP4)**

实验中无意义的字分别与词以及非自由语素所诱发的 N400 在波幅上都有差异，而词和非自由语素之间没有显著性差异。之所以出现这样的结果，主要是因为这里的字没有意义，而其他两类语言单位有意义，因此这种差异是语义因素导致的。语义的缺乏使被试在对无意义的字进行语义判断时，很容易就可以做出拒绝的判断，行为数据的结果也证实了这一点，无意义的字在语义判断任务中不需要复杂的加工，耗费的心理资源最少，加工难度也最小，因而波幅也小。而语素和词的差别只在于能否独立运用，没有意义有无上的差异，它们在 N400 的波幅上没有表现出显著差异。

---

① N400 是根据波形的极性和峰值潜伏期命名的，它首先由 Kutas et al.(1980)报道，他们在实验中发现句尾歧义词在呈现后 400 毫秒左右诱发出一个新的负成分，以此命名为 N400。后来很多研究者实验验证，N400 是与语义加工密切相关的一个 ERPs 成分。N400 的发现不仅在于使 ERPs 增加了一个具有特定意义的成分，更重要的是将 ERPs 方法成功地运用到语言研究中。(魏景汉 2002:168)

② LPC(late positive complex)成分即后正复合体，是刺激出现后的第三个正波，是个包含很多子成分的家族。LPC 也是与语言加工密切相关的成分，尤其是句法加工。一般认为，LPC 成分的波幅和心理资源的投入量正相关，也即 LPC 波幅越大，加工难度也越大，但 Kutas et al.(1977)、Palmer et al.(1994)、Hagen et al.(2006)等多项研究表明，LPC 成分的波幅和任务难度成反比，如词汇判断任务中，任务难度越大、加工强度越大，LPC 成分的波幅越小；任务难度小、加工强度小，LPC 成分的波幅反而增大。

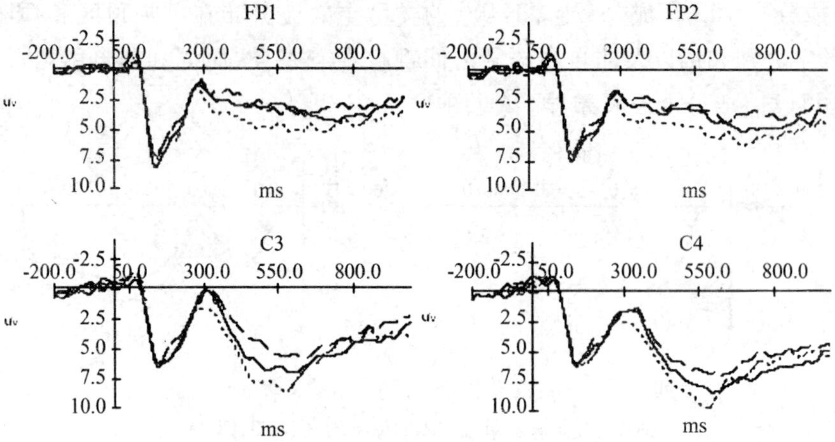


词—— 非自由语素— — — 无意义的字-----------

**图 2 3 类语言单位 ERPs 总平均图(FP1、FP2、C3、C4)**

LPC 成分的类型主效应显著，脑区分布较广，包括额中央区、中央区和中央顶区，前额和颞区也接近显著。类型之间的两两相比，非自由语素和无意义的字之间有显著差异，脑区分布很广，包括前额、额区、额中央区、中央区、颞区和中央顶区，在这些脑区，无意义的字的平均波幅明显大于非自由语素，词和非自由语素只在中央顶区存在差异，词的波幅大于非自由语素，词和无意义的字的差异分布在前额区，无意义的字的波幅更大。(见图 1、图 2)

从实验 1 的行为数据和 N400 成分的波幅来看，无意义的字的加工难度要小于非自由语素和词，根据 Kutas et al. (1977)等的研究结果，LPC 成分的波幅和加工难度成反比，实验中无意义的字的 LPC 波幅最大，因此，行为数据和 ERP 成分的波幅都说明，无意义的字的加工难度最小，这很可能是因为实验任务的关系，对于缺乏意义的字大脑可能并不把它当成一个单位来加工，在实验中很容易被拒绝；非自由语素的 N400 和 LPC 两个成分的波幅都显示，它的加工比词难，这可能是由于它不能独立运用，很少单独呈现，因而在语义加工上的难度就比词大；而词介于两者之间，大脑既对其进行了充分加工，而加工的难度又小于非自由语素，这说明词更有可能是大脑中的基本语言单位。



2.2.2 实验 2

实验 2 选取 14 名(7 男，7 女)没有脑外伤和神经系统疾病史的在校理工科大学生志愿者作为被试。依据《现代汉语词典》(北京：商务印书馆，2005 年第 5 版)分别选择出 100 个单纯词、合成词和短语作为实验刺激材料，其中不包括地名和人名，也没有同音词和同形词。3 类语料的熟悉度和笔画数经单因素方差统计，结果表明都无显著性差异。另外选择 150 个表示动物名称的双音节词作为填充词。实验任务为语义判断任务，刺激材料分为三个刺激序列随机排列，每个刺激呈现时间为 100ms，刺激间隔（SOA）为 1800ms。离线处理脑电数据，分类叠加后得到单纯词、合成词、短语这 3 类双音节语言单位的 ERPs 曲线。

实验 2 结果显示，语言单位（单纯词、合成词、短语）的类型之间的波幅差异主要集中在 P2 和 N2[①] 成分。两因素重复测量方差统计结果表明，短语分别和单纯词、合成词之间的差异都达到了显著，主要分布脑区在前额、额区、额中央区和颞叶，单纯词 P2 成分的波幅最大，合成词次之，短语最小。（见图 3）

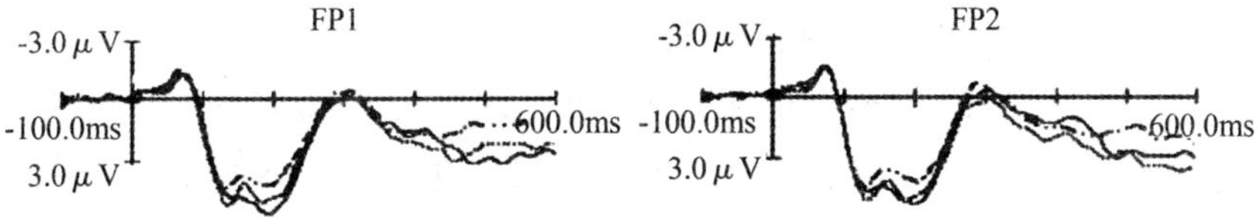


单纯词—— 合成词…… 短 语—…—…

**图 3 3 种类型语言单位的 ERPs(FP1、FP2)**

实验 2 中出现在 200ms 左右的这个正波（P2）与刺激能否被大脑能识别有关，Rudell（1991、1992）称之为识别波，真词相对于其他的字母残片等刺激，它的识别波最大，另外，这一成分在语义强相关时波幅最大，而在语义无关时波幅最小，也就是对目标词的语义加工难度变小时 P2 成分波幅会增大。（Martin-Loeches et al. 1999，吕勇等 2005）我们实验中观察到单纯词和合成词 P2 成分的波幅比短语的要大。单纯词和合成词同属于词，而短语是词和词的组合，因此 P2 成分上的差异和它们语言单位性质的不同是有关的。单纯词和合成词 P2 成分的波幅最大，体现出大脑在识别这两类语言单位时加工比短语要容易，这可能是因为词的语义提取不需要重新整合加工，而短语是词与词的组合，在加工时肯定需要语义整合的过程才可以正确表征和提取。但是另外一方面，词的下位类单纯词和合成词的区分在 P2 上没有反映。从词的构成来说，单纯词是由一个语素构成的，而合成词是由两个语素构成的，这二者在提取加工的 P2 成分上没有体现出差异，说明语素的多少对于双音节词的提取在 P2 成分上没有造成任何的影响。

N2 成分峰值测量的统计结果显示，合成词与短语的差异非常显著（p<

① P2 和 N2 成分是根据 ERPs 波形的极性和出现时间顺序来命名的。P2 是指刺激出现后所诱发的第二个正成分，潜伏期约在 200 毫秒左右。N2 是指刺激出现后所诱发的第二个负成分，文中实验 2 所诱发出的 N2 成分即 N400。

0.01)，主要分布在额区、中央区和颞叶，N2 成分波幅最大的是短语，其次是单纯词和合成词。(见图 4)N2 成分是对语义加工很敏感的一个 ERPs 成分。3 类双

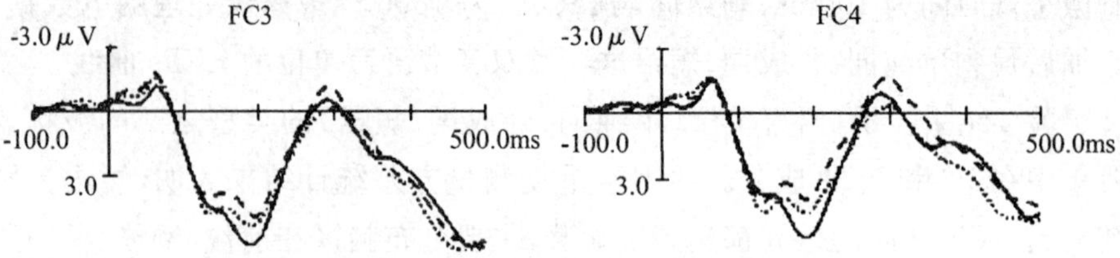


单纯词—— 合成词…… 短 语— — —

**图 4 3 种类型语言单位的 ERPs(FC3、FC4)**

音节语言单位的峰值既有类型的主效应，也有两两比较的差异，短语的波幅最大，明显大于合成词，差异脑区主要分布在额区和中央区。N2 成分同样提供了词区别于短语的证据，N2 的峰值和语义加工的难度负相关，因此实验中语义加工难度最大的是短语，而合成词和单纯词相对要小。汉语语言理论之所以区分短语和词，最大的差别就在于词是最小的能够独立运用的音义结合体，但短语不是，它是词和词的组合，是大于词的组合，它的语义是各组成成分语义的组合。

根据实验的结果，P2 和 N2 两个成分都说明短语的加工要明显比词(单纯词和合成词)难，由两个词组成的短语可能不是直接提取的，需要经过整合，因此短语不太可能是大脑中的基本语言单位；单纯词和合成词的 ERPs 成分(P2、N2 和 LPC 成分)的波幅和潜伏期都没有显著性差异，说明不仅二者的加工难度没有差异，而且二者的加工机制是很相似的，这同时也可以说明在加工过程中，一个语素和两个语素加工的难度并没有什么不同，也就是说，语素数量的多少对提取加工过程没有造成直接影响，单纯词和合成词可能都是直接从大脑词库中提取出来的。

### 2.3 ERP 实验的结论

结合实验 1 和实验 2 的结果进行综合分析，我们认为，相对于字、语素和短语来说，词更应该是大脑词库中的基本语言单位；非自由语素可能以不稳定的后备信息的概念存储或附着在大脑词库中；单纯词和合成词的加工机制类似，由一个语素构成的单纯词和由两个语素构成的合成词可能都是直接提取的，不需要经过语素的整合加工，语素数量的多少对提取加工过程没有影响，单纯词和合成词在中文大脑词库中可能都是直接存储的；词与短语的提取加工机制是不同的，词可能是直接提取的，而短语则不是，可能需要经过整合加工后再提取。

## 3 关于词类划分的神经基础——以名动分类为例

关于名动分类，语言学界长期存在语义标准和语法标准的争论，经过长期艰苦细致的研究，近年来渐趋一致，认为是语法分类。但国际神经科学界通过神经心理学测查和 ERP、PET 等电生理和脑成像技术的研究，认为名动在脑区中的确是分离的，但分离的原因主要是语义特征不同造成的(Preissl et al. 1995; Pulvermüller et al. 1996,1999a,1999b;Bates et al. 1991;Chen et al. 1998)，并且给出了控制分离的脑区，大脑左半球下额叶区受损的病人动词提取困难，而名词提取相对完好，前颞叶区受损的病人名词提取困难，而动词提取相对完好。如果名词和动词真的是依据语义来划分的话，语言学界对词类划分的研究甚至整个语法的研究岂不成了空中楼阁？我们分析了前人实验设计中存在的问题，并以当代语言理论为基础，重新设计研究方案，通过 ERP 和 fMRI 两种实验手段证明了语法确实可以作为汉语名动分类的依据，指出语法研究中的词类，包括名动分类是语法的类，这不但是语法理论的要求，也有其神经机制的生理基础。

### 3.1 ERP 研究

在 ERP 实验中，我们选取了 14 名(男女比例为 1∶1)以汉语为母语的健康大学生作为被试。实验材料包括 4 组正确搭配的短语："一 Q"＋动名兼类词、"不 M"＋动名兼类词、"一 Q"＋名词、"不 M"＋动词；以及两组错误搭配的短语："一 Q"＋动词、"不 M"＋名词。(Q 为名量词，如"个"、"张"、"条"等；M 为能愿动词，如"能"、"愿"、"可"等)其中"一 Q"和"不 M"为启动刺激，目标刺激为双音节名词、动词和动名兼类词。实验任务为词语搭配判断任务，要求被试判断启动词和目标词之间的搭配是否正确。选用"一 Q"和"不 M"做为启动词，分别与名词和动词相搭配，可以反映出名词和动词对立的两条基本的语法特征：名量词只能修饰名词，不能修饰动词；能愿动词后只能接动词，不能与名词搭配。动名兼类词兼有这两种语法特征。因此，实验通过启动词提供了名动对立的两种语法语境，可以从语法角度考察名词和动词的神经机制。刺激材料随机编排并通过计算机屏幕呈现，先呈现"一 Q"或"不 M"，后呈现名词或动词。启动词和目标词的呈现时间均为 200ms，启动词和目标词之间的时间间隔(SOA)为 800ms，相邻两个 trail 间的 SOA 为 2500ms。离线处理脑电数据，对目标词的脑电数据进行分类叠加平均，得到 6 类刺激的 ERP："一 Q"语境下的名词、动词和动名兼类词，"不 M"语境下的名词、动词和动名兼类词。

ERP 实验结果显示，名词和动词的差异不仅反映在与词汇识别相关的 P200

成分，以及与语义加工相关的 N400 成分上，还反映在与句法加工相关的 P600 成分[1]上。当名词和动词出现在各自适合的语境中时，相对于动词，名词诱发出增大的 P600 效应。（见图 5）实验中正确语境下名词和动词 P600 的差异实际反

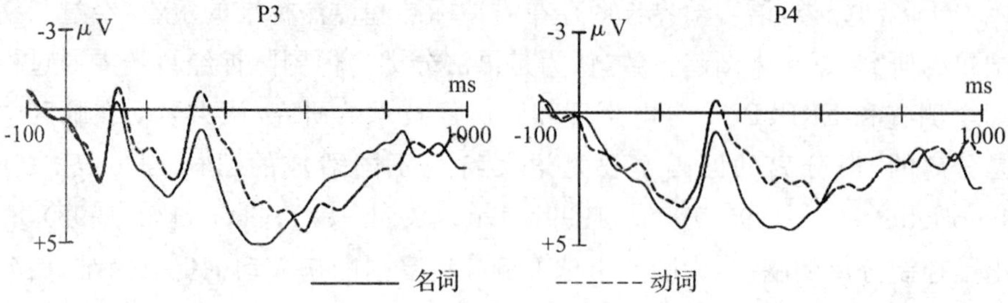


**图 5　正确语境中名词和动词的 ERP 波形图**

映了二者句法加工的不同，大脑对于动词的加工更为困难。因为一方面，动词的语法信息比名词要更丰富、更复杂，因此与启动词的整合要更费力。另一方面，从论元结构来看，至少要有一个内部论元成分和一个外部论元成分在结构中与动词同现，才能达到句法上的自足。实验中动词和启动词合并后，并没有论元成分出现，句法上仍不自足，所以需要投入更多的心理资源支持动词继续寻找论元；而名词和启动词合并后，整个短语在句法上达到了自足，名词不需要再寻找论元。同时名词比动词诱发的 P600 波幅更大的实验结果，支持了 P600 波幅与心理资源投入量成反比的结论。（Hagen et al. 2006，张珊珊等 2006）

实验结果还显示，同名词和动词的比较相似，与动词语境中的动名兼类词相比，作名词使用的动名兼类词也诱发出一个增大的 P600，而且分布的脑区更加广泛。但二者的 N400 并没有差异。（见图 6）实验中我们所选取的动名兼类词主要是根据语法标准划分出来的词，指同音同形兼有动词和名词两种词性，同时分别作两类词使用时意义上有密切的联系的词，所以在实验结果中对语义敏感的 N400 成分并没有表现出显著差异，名词性词语和动词性词语的差异只反映在与句法加工相关的 P600 成分上。这也表明，从语法角度来看，名词性词语和动词性词语的加工是不同的。



① P600 是指在刺激呈现后 600 毫秒左右出现的一个正波。许多研究认为，P600 成分是一个与句法加工相关的 ERP 成分，主要反映了大脑对句法的分析、修补以及晚期的整合过程。（Osterhout and Holcomb 1992，Friederici and Kotz 2003）

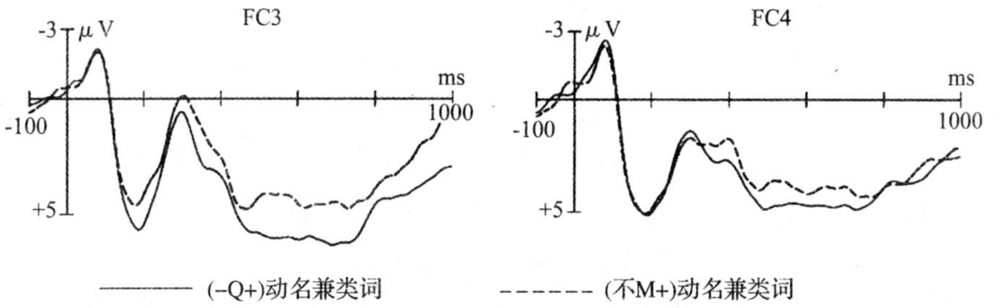


**图 6　名词语境和动词语境中的动名兼类词的 ERP 波形图**

实验中的语境效应同样也能够反映出名词和动词语法加工上的差异。相对于正确语境中的名词和动词，错误语境中的名词和动词都诱发出一个增大的 N400 和一个减小的 P600。(见图 7)我们认为，这反映了名词和动词的语义、句法信息违反语境信息时的大脑加工情况。实验中的启动词“一 Q”和“不 M”实际提供了两种不同的语境：前者要求具有名词性质的词语与其搭配，后者则要求动词性质的词语与其搭配。因此，当名词和动词出现在彼此相反的语境中时，名词和动词的词类信息与语境信息发生冲突，致使对名词和动词的语义、句法分析更加困难。

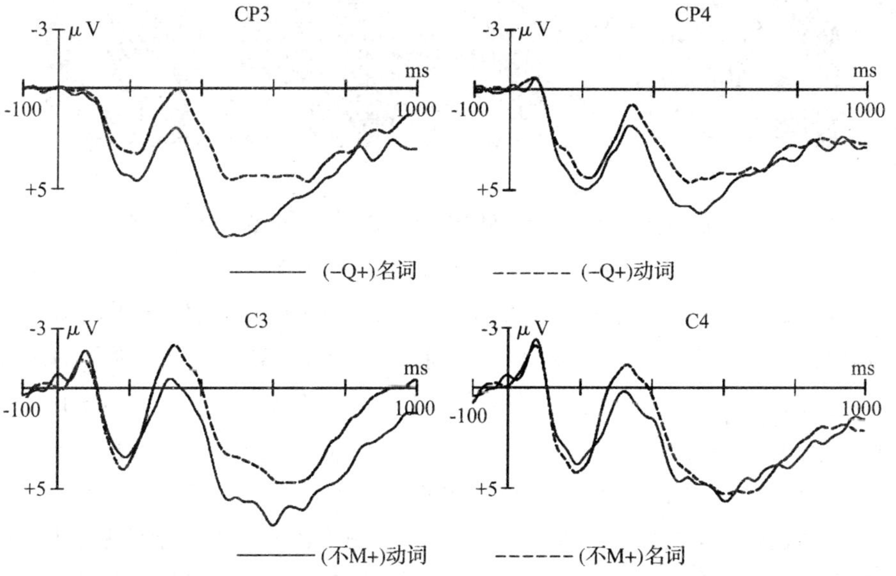


**图 7　正确语境中和错误语境中名词和动词比较的 ERP 波形图**

## 3.2　fMRI 研究

在 fMRI 实验中，选取 6 名(3 男，3 女)健康大学毕业生作为被试。刺激材料包括名词、动词和形容词，并将这三类词构成 9 种搭配方式：名词重叠（如“仓库仓库”）、动词重叠（如“打扫打扫”）、形容词重叠（如“崇高崇高”）、名动组合（如“数据整理”）、动名组合（如“提高能力”）、名形组合（如“眼光保守“）、形名组合（如“杰出人才”）、动形组合（如“挑选精细”）、形动组合（如“经常参加”）。实验采用组块设计(Block Design)，包含两个刺激序列，其中第二个序列使用的刺激语料与前一序列的是相同的，只是经过了重新随机排序。每个刺激序列都有上述 9 种搭配，每个组块内包含相同的词汇搭配 10 个，刺激呈现时间为 1 秒，间隔 1 秒之后呈现“＋”，时间也是 1 秒，所以每个组块的时长为 20 秒。相邻两个组块之间呈现“＋”，以此作为实验的控制任务，在此条件下，被试可以休息以达到初始状态。被试的任务是默念上述刺激序列中呈现的、以各种方式搭配的词汇。

fMRI 实验结果显示，在词汇重叠实验中，从激活脑区的分布来看，名词重叠的脑区比动词重叠的要广泛。名词重叠的脑区有双侧纹外区、颞叶、双侧基底节、扣带回前部、额中回、左侧后顶叶、左侧额上回，但动词重叠未见扣带回、基底节区的激活。另外，在左侧额叶动词重叠比名词重叠的激活范围小。（见图 8）从激活脑区体积来看，名词重叠的脑区体积也要大于动词重叠的脑区体积。

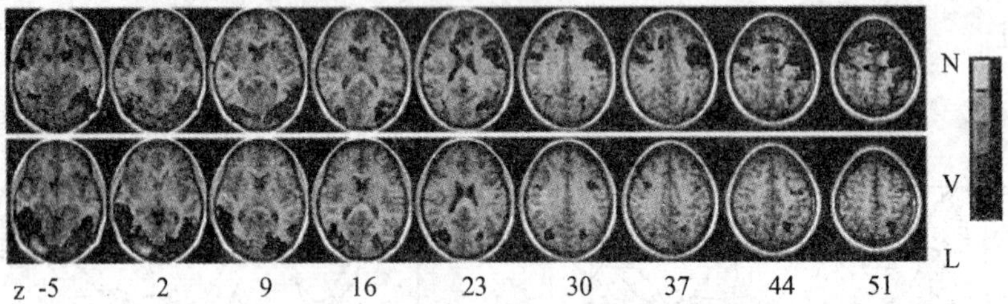


**图 8　N 显示名词重叠的脑区激活情况，V 显示动词重叠的脑区激活情况**

**（$p=8.4\times10^{-5}$，L 表示大脑左半球）**

我们认为之所以出现这一结果，是因为词汇重叠加工是倾向于语法的。双音节名词不具备“ABAB”重叠的形态变化能力，而双音节动词是具备的。被试默念重叠的名词时，会感到这种重叠方式在大脑词库(mental lexicon)中是不存在的，这与名词的特征参数是矛盾的。然而，人脑对语言的加工是一种自主过程，被试有一种心理驱动，仍然要搞懂名词“ABAB”式重叠的含义，所以就要消耗更多的能量。相比之下，在实验结果上就体现为名词重叠的激活脑区体积、范围都比动词重叠的大。与语义相比，语法在语言中体现为一种更深层的范畴。双音节名动在“ABAB”重叠能力上的差异就属于语言中的深层范畴，或者说是语法范畴。从词汇重叠实验的结论来看，可以说语法是名动分类的深层根据，至少可以说是根据之一，或主要根据。

### 3.3 ERP 研究和 fMRI 研究的结论

我们的 ERP 实验和 fMRI 实验都是从语法角度来考察汉语名动分类问题的。在前人的实验中，实验任务大多使用基于语义的词汇判断任务，就任务本身而言，不可能触及到被试的语法知识，因此自然也就不能从语法层面去揭示名词和动词的差别。另一方面，他们简单的把语法等同于形态变化，而汉语是一种缺乏形态变化的语言，因此当在汉语中也发现名动分离现象时，研究者只能用语义原因来解释。但实际上，形态不过是功能的标志，对于汉语来讲，从组合特征的角度可以反映出词的语法性质。

在我们的 ERP 实验中，与基于语义的词汇判断任务不同，词语搭配判断任务能够凸显出名词和动词的语法特征。启动词“不 M”和“一 Q”提供了名词、动词相互对立的语法环境，分别要求具有动词语法特征和名词语法特征的词与之相搭配，目标词和启动词能否搭配主要是取决于二者的语法特征是否匹配，所以被试不可避免地要对启动词和目标词进行语法加工。从实验结果来看，名词和动词在 P600 成分上表现出差异，而学术界一般把 P600 成分看作是句法加工的指标，(Osterhout and Holcomb 1992，Friederici and Kotz 2003)因此，二者 P600 的差异也反映了它们句法加工上的不同，而这种句法加工上的不同本质上是由名词和动词语法性质的不同决定的。而且，对于动名兼类词的考察也反映出大脑对于动词性词语和名词性词语加工上的不同，主要是句法加工上的差异。

在 fMRI 实验的词汇重叠实验中，重叠方式为“ABAB”。按相关说法，通过这种方式重叠出来的动词组合是汉语动词的一种形态变化，而名词则没有这种形态变化。由此可知，动词重叠与名词重叠的脑区激活情况不同的原因与汉语名词和动词的形态特征不同有很大关系。从广义视角来看，形态范畴隶属于语法范畴的。因此，fMRI 实验结论也支持语法可以作为名动划界的依据。

因此，ERP 实验和 fMRI 实验都支持语法可以作为名动划类的依据，名动分类是语法的类，这不但是语法理论的要求，也是有其神经机制的生理基础的。



## 4 有关句法理论的神经基础——以动词的限定性研究为例

### 4.1 动词限定性的理论解释

按照西方通行的语言学辞典中给出的解释，限定性是对动词的一种语法描述。根据动词在表达时制、体貌、情态和一致等语法范畴时形态标记的有无，可将动词区分为限定动词(finite verbs)和非限定动词(non-finite verbs)，例如在英语中，限定动词在上述几个方面都体现出形式上的区分，而非限定动词则没有形式上的区分。由于汉语词类没有"严格意义的形态变化"(吕叔湘 1979),因此,在对待汉语动词是否存在限定性的问题上,传统的观点向来是否定的。在这一认识的影响下,汉语中的"兼语式"、"连动式"和"NP 的 VP"等结构,都被视为汉语"独有"的"特殊结构"。生成语法学者一般认为,动词限定性在各种语言中都存在,所不同的只是区分的方式,为此他们提出了许多判断标准,以使汉语中的限定和非限定区分明确起来。当然也有生成语法学派的学者对汉语动词存在限定性的观点持怀疑或否定的态度。

我们认为汉语动词存在抽象的限定性。根据"混合型动词形态理论"(mixed verbal morphology)和"I 域功能投射普遍等级假设"(a universal hierarchy of functional projections in the I-domain),屈折语素在动词进入句法推导时就已成为其不可或缺的组成部分。INFL 应是一组抽象的特征集。动词从词库中提取时就已经带上了所有的屈折特征,但仍然要与适当的功能性中心语发生句法上的联系,不过目的已不是为了获取语缀,而是为了与功能性中心语形成一种核查关系,使得自身所带的屈折特征能够通过功能性中心语所带的抽象特征的核查,从而得到允准。我们可以通过考察汉语中的否定结构来进行测试。

一般认为,否定投射 NEGP 也属于普遍语法的范畴,位于 AGRP 和 TP(IP)的下方、VP 的上方,处在中心语位置上的否定词 NEG 是一个"堵塞语类"(a blocking category),可以有效地显示动词的提升状况和功能语类特征的位置,因此是句法测试的一种常用手段(Lasnik 2003)。汉语中的否定词主要是"不"和"没有",如:

(1) 我姊夫不喜欢我(《金庸作品集》,金庸著,三联书店,1994 年第 1 版)

其推导过程如下:

(2)

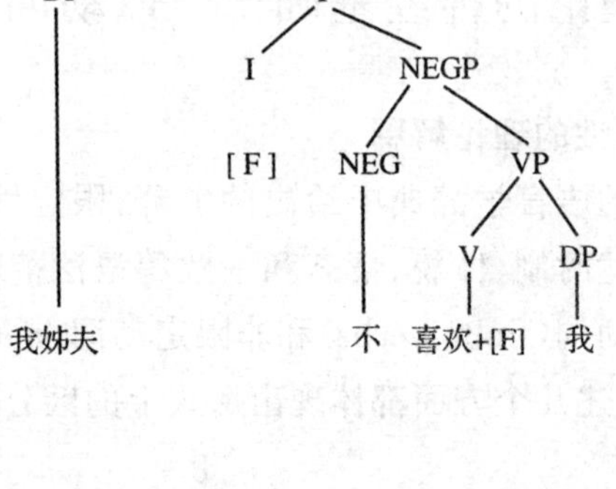

动词“喜欢”从词库中提取时就已带上了所有的屈折特征，即“喜欢”进入句法结构时应为[+F]的形式，带有[+F]的动词“喜欢”需要通过带有抽象[+F]的功能性中心语I的核查才能得到允准。至于核查的方式，则与形态特征的强度(feature strength)有关。我们认为汉语中的I所包含的特征$F_I$为弱特征，那么，$F_I$首先要做的还是寻找到可与之匹配的$F_{喜欢}$。由于$F_{喜欢}$是弱特征，能为语音式所辨认，所以按照“拖延原则”，$F_I$和$F_{喜欢}$可以不必赶在显性句法阶段被删除，而是可以等到拼读之后，在隐性句法阶段通过逻辑式移动进行删除。逻辑式的移动可以只移动弱特征$F_{喜欢}$本身，而不必裹挟着“喜欢”一起移动，所以，(2)最终的表达式应为(1)，在汉语中是合法的。“否定结构测试”的结果表明，汉语中的I应是一个带有弱特征的功能语类，因此，这一屈折机制适合于汉语动词。

既然如此，我们可以认为限定性特征应该在更深层的抽象层次上存在于所有语言的动词中，这一抽象特征在语言中可以有语音上的实现，即形成“有形态变化的限定性”(morphological finiteness)，如英语；也可以没有语音上的实现，而只是隐性地存在于动词中，如汉语。我们将这种普遍存在于语言抽象层次上的限定性，称为“抽象限定性”(abstract finiteness)。下面我们用一组汉语的例子来说明：

(3) a. 吴应熊已经撒了谎
b. 陈近南等正在饮酒
c. 吴三桂将要造反(金庸《鹿鼎记》，三联书店，1994年)

如果去掉例(3)各句中的时间副词，即成为例(4)：

(4) a. ?? 吴应熊撒谎
b. ?? 陈近南等饮酒
c. ?? 吴三桂造反

例(4)中的各句无法独立起作用，即通常所说的不能完句。陆俭明(1986)根据Tang和Lee(2000)提出的“一般定位原则”(Generalized Anchoring Principle)，每一个句子在LF界面上都必须得到时制或焦点解读，否则不能成为起独立作用的句子。就时间定位而言，一个事件须参照说话时间或参照性事件来定位。如例(5)：

(5) a. * Tom be quiet.

b. Tom is quiet.

c. Please let Tom be quiet.

例(5)a 是个非限定小句，没有得到时制解读，因而不能成为独立的句子；例(5)b 和例(5)c 均得到了时间上的定位，因此可以完句。

英语的时制范畴可以体现于动词的形态变化，而汉语的时制范畴则是隐性地存在于动词中。然而，语法范畴必须外显于 I 域中的某个结构位置，否则，我们将无法观察到这些范畴的存在(Cinque，1999)。因此，既然汉语中表示时制的功能语类 T 无法显现于动词，那么它必须在其他结构位置上有形可见。我们认为汉语的时制范畴外显于处在 TP 指示语位置上的时间副词。

据此我们推测，例(4)的合法性之所以会受到怀疑，就在于去掉时间副词后，各句缺失了时制范畴的表达。这与例(5)a 的情形非常相似，因此，例(4)a—c 应视为非限定小句。也就是说，例(4)a—c 中的时制语素 T 的 φ-特征应为［－Tense，－Finite］。根据 Iatridou(1993)，某种语言的 φ-特征里如果没有［＋Finite］，则无法指派主格，因此，(4)a—c 是没有句法主语的句子，在句法中不能独立存在，但可以在更大的句法结构中出现，即可以由参照性事件来定位时间。如例(6)：

(6) a. 韦小宝逼迫吴应熊撒谎。

b. 韦小宝请陈近南等饮酒。

c. 韦小宝劝说吴三桂造反。

例(6)各句均合法，这表明我们的假设是正确的，即例(4)各句均为非限定子句，而例(3)各句则为限定子句。如果将例(3)各句放入“逼迫”类句型，则形成例(7)：

(7) a. * 韦小宝逼迫吴应熊已经撒了谎。

b. * 韦小宝请陈近南等正在饮酒。

c. * 韦小宝劝说吴三桂将要造反。

例(7)各句均不合法。例(6)的合法和例(7)的不合法都表明，汉语句子的确存在限定与非限定的区分。

### 4.2 动词限定性的神经基础

但以上的推论说到底还是理论上的假设，有无办法证明汉语动词的限定性有其存在的神经基础呢？来自神经语言学有关成果为这一假设提供了试验的证据。

我们曾采用核磁共振的事件相关设计，将目标词置于词组结构内，即置于一定的句法环境中，检验了汉语名词、动词和形容词充当同一名词中心语的修饰语时的脑反应机制。设计刺激的词组格式为：______ ＋N。“______”处为名词、动词、形容词等目标词出现的位置。SOA 时间为 12 秒，在无实验任务时用“＋”作为基线任务，每个用作刺激材料的词组，呈现时间为 2 秒。三种实验材料中，每种可接受的 10 个，不可接受的 6 个。被试共接受随机呈现的刺激共 48 个。任务开始前有 24 秒的控制时间，控制时间数据在实验处理时删去，以消除机器在开始时的不稳定对实验的影响，因此整个序列时间为 10 分钟，实验任务是对呈现的词组进行默读并对可接受性进行判断。我们使用 AFNI 软件对数据进行分析处理，依照实验设计对被试进行叠加和平均，分别获得名、动、形充当修饰语的平均脑激活图。下面的图 9 为轴位图，图 10 为矢位图，表 2 为名、动、形充当修饰语时最大激活部位在 Talairacb 坐标上的位置。

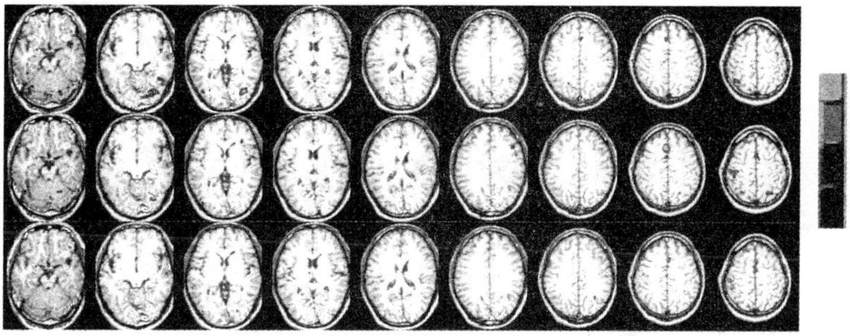


**图 9 名词、动词、形容词充当修饰语时平均脑激活图（轴位）（p＜0.001）**

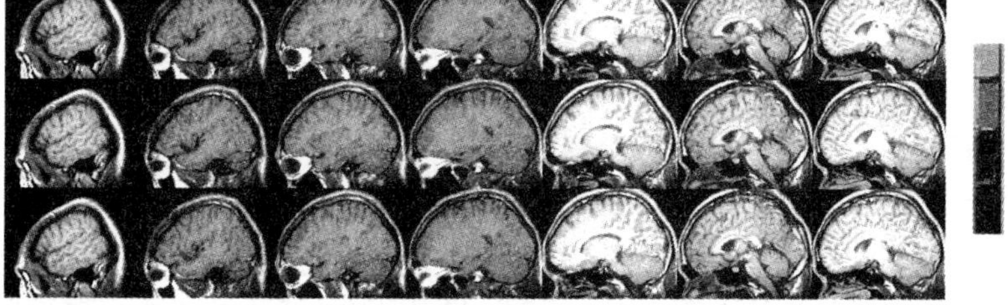


**图 10 名词、动词、形容词充当修饰语时平均脑激活图（矢状位）（p＜0.001）**

实验结果发现,左额叶中回只在动词充当修饰语时被激活,名词、形容词充当修饰语时均未被激活(见表2)。既然左额叶中回主要是负责句法分析加工(Luke et al. 2002),那么名、形充当修饰语未激活该脑区,动词充当修饰语却激活了该脑区,说明动词充当修饰语需要复杂的句法操作,耗费了大量能量,即左额叶中回的激活可能说明汉语动词并不能直接出现在修饰语位置,而需经过句法操作改变其句法性质才能实现这一功能,这一操作过程有其神经加工机制的基础,但是没有在语音层面得到体现。这样一来,汉语动词就与西语中的动词一样,如果要充当修饰语,必须借助相应的句法程序加工才能完成语法功能的转变。差别仅在于语音表达式:英语动词不但经过了句法程序加工,而且这种加工最终在语音形态上也得到了体现,产生了词形与原形不同的屈折变化式;汉语同样经过了句法程序加工,即拥有与英语同样的屈折演算,但没有最终在动词本身体现出语音形态的变化,没有产生与原形不同的屈折变化形式。

**表2　名、动、形充当修饰语时最大激活部位在 Talairacb 坐标上的位置($p<0.001$)**

| 具体脑区 \ 各任务坐标 | | 形容词 | | | 名词 | | | 动词 | | |
|---|---|---|---|---|---|---|---|---|---|---|
| | | x | y | z | x | y | z | x | y | z |
| 左侧 | 枕叶 | 25 | 72 | −7 | 27 | 74 | −6 | 26 | 75 | −1 |
| | 后顶叶 | / | / | / | 21 | 58 | 50 | / | / | / |
| | 顶叶下部 | / | / | / | / | / | / | 28 | 53 | 31 |
| | 中央前回 | / | / | / | / | / | / | 28 | 9 | 56 |
| | 额叶下回 | 44 | −36 | 14 | 31 | −29 | 0 | / | / | / |
| | 额叶中回 | / | / | / | 47 | −13 | 26 | / | / | / |
| | 丘脑 | 7 | 14 | 13 | / | / | / | / | / | / |
| | 基底节 | 31 | 22 | 11 | / | / | / | / | / | / |
| 右侧 | 枕叶 | −28 | 90 | −12 | −34 | 69 | −11 | −39 | 75 | 2 |
| | 后顶叶 | −37 | 52 | 53 | 21 | 58 | 50 | / | / | / |
| | 中央前回 | −32 | 22 | 63 | −45 | 20 | 53 | −42 | 32 | 49 |
| | 丘脑 | −7 | 10 | 12 | / | / | / | −6 | 11 | 7 |
| 其它脑区 | 辅助运动区 | −1 | −4 | 63 | 5 | −3 | 53 | 0 | −16 | 41 |
| | 前扣带回 | 7 | −45 | 6 | / | / | / | 2 | −21 | 2 |

# 5 关于语用的神经基础——以副词的语用分类研究为例

在理论语言学界，人们一直以为主流语言学派是排斥语用的，McGilvray(2001)认为乔姆斯基和他之前的理性主义者一样，抛弃了对建立语言使用科学的努力，只在和内部语言相关的部分才去考虑它。但语用学的主将 Levinson(1983:34)探讨了语用学在语言学理论中的作用，他认为普通语言学理论必须融入语用学，以作为完整理论的一个成分或层次："为了构建语言能力的完整理论，重要的是发现成分或层次的逻辑顺序。例如，乔姆斯基认为在逻辑上句法优于音系学，因为音系描写需要涉及句法范畴，但反之则不然；这样，相对于音系学来说，句法学是自主的，而音系学(相对于句法学来说是非自主的)则被看作是得到了句法输入，并在此基础上构建音系的表达。问题是接受了这种主张，是否有可能认为相对于语用学来说某一可接受的语法成分是非自主的(也就是说，某一语法成分需要语用输入)？如果是这样，在逻辑上语用学必定优于那个成分，因而必定为完整的语言能力理论所包括。"时隔 16 年之后，Stemmer(1999)拿这一段话问乔姆斯基，请他谈对 Levinson 主张的看法，乔姆斯基与时俱进的思想令人大吃一惊，他说"我个人的观点比您引用的 Levinson 的观点更强硬：'普通语言学理论必须融入语用学'"。他还说"语用学必定是任何旨在完整的语言学理论的核心部分"。甚至说，"如果语用学研究语言的使用，那么他在人类生物体中，比如脑部就有某些基础(语用学也包括其他很多方面，比如姿势等)。如果那得到承认，我们就假设语用学涉及脑机制……"

不管怎么解读乔姆斯基的这段访谈(语用能力是语言能力的一部分还是一个独立的模块)，总之语用学在理论语言学中的地位提升了，它不是外围的学科，而应看作是核心的部分，甚至探讨语用神经机制的神经语用学(Neuropragmatics)已成了一个专门的研究领域，也是不争的事实。因此在心理语言学和神经语言学界，人脑中是否存在语用模块或相应的神经机制问题，成了近年来国际学术界关注的热点问题。但国内这方面的研究还寥若晨星，关键是从何入手去研究语用的神经机制。我们曾以副词的语用分类为抓手，并运用神经心理学的手段通过失语症的测查对副词语用分类的神经机制做了实验研究。我们的思路是，如果在理论上对副词从语用上所做的分类得到了神经语言学方法的证明，那么我们就间接证明了人脑中存在专门掌管语用的神经心理机制。

## 5.1 副词的语用分类：理论探讨

在词类划分的标准问题上，多年来的研究几乎已经达成共识，即划分词类的标准是语法功能。但是大量的言语事实显示，我们不应该企望在句法范围内解决汉语所有的词的词类、用法问题。吕叔湘(1979)早就指出，比如指代词，一般需放到篇章的范围内考察其用法。实际上副词的研究也需突破句法、语义的窠臼，从语用的角度来进行。因为副词的用法主要与语用因素有关。比如，有这样一类副词，它们用在句中的时候，如果离开一定的语用背景，句子不能自立，通常会产生不同的理解。如例(8)是一个歧义句，至少有三种意义(引自杨亦鸣 1988、2000)：

(8) 王老师也教数学。

a.［李老师教数学，］王老师也教数学。

b.［王老师不仅学数学，］王老师也教数学。

c.［王老师不仅教物理，］王老师也教数学。

显然，具有 a 义时，“也”追加或指向的对象是“王老师”；具有 b 义时，“也”追加或指向的对象是“教”；具有 c 义时，“也”追加或指向的对象是“数学”。这里，“也”的位置虽然固定在主语和谓语之间，但在语义上，“也”不仅可指向后面谓语的“教”，也可指向前边主语的“王老师”和后边宾语的“数学”。可见，“也”的语义具有指向性或流动性。我们把类似于“也”字这样的副词叫“动态副词”(A 类)，它在句中由于语用前提的不同可以有不同的语义指向，从而产生了语用歧义。这种语用平面上的歧义与主语、谓语、动词、宾语等语法范畴关涉不大。

而另一类副词在句中的使用通常不依赖于一定的语用前提，句子能够自立，一般不产生语用歧义，我们把它们叫静态副词(B 类)，它的语义指向通常是固定的，不具有流动性。如：



(9) 在广场的人群中，身着鲜艳服装的 2000 对新婚夫妇格外耀眼。

(10) 慢慢地，大家互相影响，市场里缺斤短两的少了，守法经营的多了起来。

综上，从语义指向的角度来看，所谓动态副词，就是指一个副词可以指向不同的项，从而产生语用歧义的副词；所谓静态副词，就是指一个副词只能指向句中一个特定的项，一般不会产生语用歧义的副词。通过对动态副词考察后还发现，不同的动态副词的语义指向往往呈现不同的特点，也就是说，动态副词内部还可以根据语义指向的特点分为以下几个类别：多项双指副词、多项前指副词、多项后指副词；另外，静态副词还可以分为单项前指副词、单项后指副词和单项定指副词等。详见图 11（杨亦鸣 2003）：

- 副词
  - A 类：动态副词
    - A1：多项双指副词
      - 多项可谓副词：不、也、更加、尤其（歧义取值范围：$P \leqslant 2^{n-F}-1$）
      - 多项非谓副词：分别、多半儿、统统（歧义取值范围：$P \leqslant 2^{(n-1)-F}-1$）
    - A2：多项后指副词：才、只、幸亏、恰恰、究竟、反而、何妨（歧义取值范围：$P \leqslant 2^{n-m-F}-1$）
    - A3：多项前指副词：一起、一同、一道、一齐、一块儿（歧义取值范围：$P \leqslant 2^{n-m-F}-1$）
  - B 类：静态副词
    - B1：单项后指副词
      - 指向谓语部分：很、挺、非常、紧紧
      - 指向数量成分：约、共、总共、统共
    - B2：单项前指副词：互、相、亲自、尽情、处处、陆续、特意
    - B3：单项定指副词：早已、将、已、常常、未免、何必、索性

**图 11　现代汉语副词语用分类层级系统表**

### 5.2　副词的语用分类：实验研究

上文从语用的角度将副词分为两大类，但这只是理论上探讨的结果，究竟这种分类是否合理，特别是他们在大脑中是否具有心理现实性，需要试验证明。

我们采用对 24 例失语症患者和 24 名正常人作为被试进行对照的研究方法进行研究。本实验采用心理学实验中常用的假设（hypothesis）检验方法，也叫显著性检验（卫海英 2001）。在实验中，我们首先假设 A 类（动态副词）和 B 类（静态副词）是有差别的（备择假设）。然后运用反证法来证明，即检验其反面：A 类和 B 类副词没有差别。这种反面的、无差别的假设叫做零假设（null hypothesis）。零假设又可称为无效假设。无效假设认为两个变量之间并没有真正差异，即使有一些细微差异，也可能是偶然的机会造成的，不能算是真正的差异。如果经过实验发现两个变量之间的差异很大，不可能是偶然机会造成的，我们就拒绝无效假设，而接受其相反的备择假设（桂诗春、宁春岩 1997：257；舒华 1994：11）。具体实验方案包括以下七个测查项目：一、自发谈话；二、短语复述；三、句子判断；四、选择填空；五、整句、整段复述；六、图—话匹配实验（sentence-picture matching tasks）；七、书写。

先来看一下两个典型个案的测查结果：

表 3　被试 XGY 和 ZQ 的测查结果(表中“——”表示因故未查的项目)

| 测查项目＼错误率＼病变部位＼患者＼测查结果 | | XGY | | ZQ | |
|---|---|---|---|---|---|
| | | 左侧基底节区、额叶多发性脑梗塞 | | 左侧颞叶、顶叶前后部梗塞以及右顶叶梗塞 | |
| | | 动态副词错误率 | 静态副词错误率 | 动态副词错误率 | 静态副词错误率 |
| 第一次 | 句子判断 | 0.6 | 0.4 | —— | —— |
| | 选择填空 | —— | —— | —— | —— |
| | 图话匹配 | —— | —— | 0.29 | 0.71 |
| 第二次 | 句子判断 | 0.5 | 0.3 | 0.3 | 0.3 |
| | 选择填空 | 0.4 | 0.3 | —— | —— |
| | 图话匹配 | —— | —— | 0.14 | 0.29 |
| 失语患者病变部位 | | 左侧基底节区、额叶多发性脑梗塞 | | 左侧颞叶、顶叶前后部梗塞以及右顶叶梗塞 | |

我们知道失语症调查最大的优点就是能够在比较自然的条件下，在失语患者的言语异常表现和其脑损伤部位之间建立起比较可信的联系。从表 3 可以看出，患者“XGY”的左侧基底节和额叶都有损伤，造成 A 类副词的运用困难，错误较多；而患者“ZQ”的左颞叶、顶叶前后部等损伤，造成 B 类副词的运用困难，错误较多。对比两个被试的言语表现测试结果，可以发现：A、B 类副词的划分具有一定心理现实性。而且，由于 A、B 类副词的划分是基于语用的分类，因而还可进一步推论，人脑中确实存在掌管语用因素的神经心理机制。

再来看两类副词神经心理机制的组案(group cases)证明。为了能够发现相应的脑区损伤是否能够造成 A、B 类副词使用的特异性缺损，下面以实验中的自变量(independent variables)——大脑的不同损伤部位为基础，来统计因变量(dependent variables)——被试的不同错误率的变化情况(舒华 1994:31)。它们分别是，“表 4”的病变部位涉及额叶，“表 5”的病变部位涉及颞叶，“表 6”的病变部位涉及基底节区，“表 7”的病变部位涉及顶叶，“表 8”的病变部位涉及枕叶，“表 9”的病变部位涉及右脑。

**表 4　病变部位涉及额叶的测查结果统计**

| 测查项目 | 编　号 | 代　号 | 动态副词错误率 | 静态副词错误率 | 病变部位 |
|---|---|---|---|---|---|
| 句子判断 | 1 | LYX | 0.6 | 0.6 | 左侧额顶区梗塞 |
| | 2 | WJL | 0.4 | 0.4 | 左侧额叶脑梗塞 |
| | 3 | XGY | 0.6 | 0.4 | 左基底节、额叶脑梗塞 |
| | 4 | LWF | 0.4 | 0.2 | 两侧基底节、左额叶脑梗塞、左枕叶软化灶 |
| 选择填空 | 1 | LYX | 0.6 | 0.6 | 左侧额顶区梗塞 |
| | 2 | LWF | 0.4 | 0.2 | 两侧基底节、左额叶脑梗塞、左枕叶软化灶 |
| | 3 | XGY | 0.4 | 0.3 | 左基底节、额叶脑梗塞 |
| 图话匹配 | | LDM | 0.29 | 0.14 | 左额叶、顶叶梗塞 |
| 结果 | Σ | | 3.69 | 2.84 | 损伤部位涉及额叶的比较 |
| | 平均 | | 0.46 | 0.36 | |

**表 5　病变部位涉及颞叶的测查结果统计**

| 测查项目 | 编　号 | 代　号 | 动态副词错误率 | 静态副词错误率 | 病变部位 |
|---|---|---|---|---|---|
| 句子判断 | 1 | ZZH | 0.4 | 0.4 | 左侧颞叶、外囊旁出血 |
| | 2 | LSM | 0.2 | 0.2 | 左颞顶枕区大面积梗塞 |
| | 3 | CXC | 0.4 | 0.7 | 右颞顶叶脑出血(左利) |
| | 4 | XZL | 0.3 | 0.6 | 左侧内囊出血、压迫颞叶 |
| 选择填空 | 1 | ZZH | 0.4 | 0.4 | 左侧颞叶、外囊旁出血 |
| | 2 | XZL | 0.4 | 0.4 | 左侧内囊出血、压迫颞叶 |
| | 3 | CXC | 0.4 | 0.4 | 右颞顶叶脑出血(左利) |
| | 4 | ZWH | 0.1 | 0.2 | 左侧颞叶、顶叶、枕叶、右枕叶大片脑梗塞 |
| 图话匹配 | 1 | ZQ | 0.29 | 0.71 | 左颞顶叶前后部、右顶叶梗塞 |
| | 2 | LZP | 0.29 | 0.29 | 左侧颞顶叶区梗塞 |
| | 3 | CXC | 0.14 | 0.14 | 右颞顶叶脑出血 |
| | 4 | LSM | 0 | 0 | 左颞顶枕区大面积梗塞 |

续表

| 测查项目 | 编　号 | 代　号 | 动态副词错误率 | 静态副词错误率 | 病变部位 |
|---|---|---|---|---|---|
| 结果 | Σ | | 3.32 | 4.44 | 损伤部位涉及颞叶的结果比较 |
| | 平均 | | 0.28 | 0.37 | |

**表6　病变部位涉及基底节区的测查结果统计**

| 测查项目 | 编　号 | 代　号 | 动态副词错误率 | 静态副词错误率 | 病变部位 |
|---|---|---|---|---|---|
| 句子判断 | 1 | WYL | 0.3 | 0.3 | 双侧基底节区多发性腔梗，左侧为主 |
| | 2 | MCQ | 0.1 | 0.1 | 双侧基底节区多发性梗塞 |
| | 3 | CME | 0.6 | 0.2 | 左侧基底节急性脑出血 |
| | 4 | YXY | 0.4 | 0 | 左侧基底节区大片梗塞 |
| | 5 | YJ | 0.5 | 0.6 | 左基底节、丘脑梗塞 |
| | 6 | RZH | 0.2 | 0.5 | 左侧基底节区脑出血 |
| | 7 | ZJP | 0.2 | 0.4 | 左基底节区脑梗塞 |
| | 8 | LWF | 0.4 | 0.2 | 两侧基底节、额叶脑梗塞、左枕叶软化灶 |
| | 9 | XGY | 0.6 | 0.4 | 左基底节、额叶脑梗塞 |
| | 10 | LFX | 0.1 | 0 | 左侧基底节区梗塞 |
| 选择填空 | 1 | YXY | 0.2 | 0.2 | 左侧基底节区大片梗塞 |
| | 2 | RZH | 0.5 | 0.5 | 左侧基底节区脑出血 |
| | 3 | MCQ | 0.2 | 0.3 | 双侧基底节梗塞 |
| | 4 | LWF | 0.4 | 0.2 | 两侧基底节、额叶脑梗塞、左枕叶软化灶 |
| | 5 | XGY | 0.4 | 0.3 | 左基底节、额叶脑梗塞 |
| 图话匹配 | | RZH | 0.14 | 0.29 | 左侧基底节区脑出血 |
| 结果 | Σ | | 5.24 | 4.49 | 损伤部位涉及基底节区的结果比较 |
| | 平均 | | 0.33 | 0.28 | |

**表7 病变部位涉及顶叶的测查结果统计**

| 测查项目 | 编号 | 代号 | 动态副词错误率 | 静态副词错误率 | 病变部位 |
|---|---|---|---|---|---|
| 句子判断 | 1 | LSM | 0.2 | 0.2 | 左颞顶枕区大面积梗塞 |
| | 2 | CXC | 0.4 | 0.7 | 右颞顶叶脑出血(左利) |
| | 3 | XYL | 0.1 | 0.4 | 左顶叶脑梗塞 |
| | 4 | LYX | 0.6 | 0.6 | 左侧额顶区梗塞 |
| 选择填空 | 1 | CXC | 0.4 | 0.4 | 右颞顶叶脑出血(左利) |
| | 2 | ZWH | 0.1 | 0.2 | 左侧颞叶、顶叶、枕叶、右枕叶大片脑梗塞 |
| | 3 | XYL | 0 | 0.1 | 左顶叶脑梗塞 |
| | 4 | LYX | 0.6 | 0.6 | 左侧额顶区梗塞 |
| 图话匹配 | 1 | ZQ | 0.29 | 0.71 | 左颞顶叶前后部、右顶叶梗塞 |
| | 2 | LZP | 0.29 | 0.29 | 左侧颞顶叶区梗塞 |
| | 3 | CXC | 0.14 | 0.14 | 右颞顶叶脑出血(左利) |
| | 4 | LSM | 0 | 0 | 左颞顶枕区大面积梗塞 |
| | 5 | LDM | 0.29 | 0.14 | 左额叶、顶叶梗塞 |
| 结果 | Σ | | 3.41 | 4.48 | 损伤部位涉及顶叶的结果比较 |
| | 平均 | | 0.26 | 0.35 | |

**表8 病变部位涉及枕叶的测查结果统计**

| 测查项目 | 编号 | 代号 | 动态副词错误率 | 静态副词错误率 | 病变部位 |
|---|---|---|---|---|---|
| 句子判断 | 1 | LSM | 0.2 | 0.2 | 左颞顶枕区大面积梗塞 |
| | 2 | LWF | 0.4 | 0.2 | 两侧基底节、额叶脑梗塞、左枕叶软化灶 |
| 选择填空 | 1 | LWF | 0.4 | 0.2 | 两侧基底节、额叶脑梗塞、左枕叶软化灶 |
| | 2 | ZWH | 0.1 | 0.2 | 左侧颞叶、顶叶、枕叶、右枕叶大片脑梗塞 |
| 图话匹配 | | LSM | 0 | 0 | 左颞顶枕区大面积梗塞 |
| 结果 | 0.8 | | Σ | 1.1 | 损伤部位涉及枕叶的结果比较 |
| | 平均 | | 0.22 | 0.16 | |

**表9　病变部位涉及右脑的测查结果统计**

| 测查项目 | 编　号 | 代　号 | 动态副词错误率 | 静态副词错误率 | 病变部位 |
|---|---|---|---|---|---|
| 句子判断 | 1 | ZXR | 0.4 | 0.5 | 右侧颞叶、部分额叶梗塞 |
| | 2 | WFR | 0.3 | 0.1 | 右顶叶、枕叶软化灶 |
| | 3 | WX | 0.1 | 0.2 | 右侧颞叶梗塞、部分顶叶 |
| | 4 | ZWH | 0.1 | 0.2 | 左侧颞顶枕叶、右枕叶梗塞 |
| 选择填空 | | WX | 0.1 | 0.2 | 右侧颞叶梗塞、部分顶叶 |
| 图话匹配 | 1 | WFR | 0.43 | 0.29 | 右顶叶、枕叶软化灶 |
| | 2 | WX | 0 | 0.29 | 右侧颞叶梗塞、部分顶叶 |
| | 3 | ZQ | 0.29 | 0.71 | 左颞顶叶前后部、右顶叶梗塞 |

为了方便比较和检验，我们把上面统计的平均值以不同脑区为基础列表如下：

**表10　损伤涉及不同脑区时两类副词错误率平均值统计**

| | 额叶 | 颞叶 | 基底节 | 顶叶 | 枕叶 |
|---|---|---|---|---|---|
| 动态副词 | 0.46 | 0.28 | 0.33 | 0.26 | 0.22 |
| 静态副词 | 0.36 | 0.37 | 0.28 | 0.35 | 0.16 |
| 差异 | 10% | 9% | 5% | 9% | 6% |

从表10可以看出，当被试损伤部位涉及额叶、颞叶和顶叶时，A、B类副词的错误率平均值的差别相对较大，都达到9%以上；而损伤涉及基底节、枕叶时，A、B类副词的错误率平均值的差别相对较小，都在6%以下。为了更直观地观察其结果，我们把表10的统计结果转化为以下柱形图（图12）。根据表10（或图12），我们可作如下初步假设，当病变部位涉及额叶、颞叶和顶叶时，A、B类副词的差异是显著的；而病变部位涉及基底节、枕叶时，A、B类副词的差异是不显著的。根据统计结果并结合正常对照组的研究，可以发现，当患者损伤部位涉及额叶、颞叶和顶叶时，A、B类副词错误率均值差异具有显著性。而且当额叶损伤时A类副词错误程度比B类严重，当颞叶和顶叶损伤时B类副词错误程度比A类严重。换句话说，额叶损伤与A类副词错误率正相关，颞叶和顶叶损伤与B类副词错误率正相关，即大脑不同部位病变对两类副词产生了选择性损害。因此，可以认为两类副词与其相应的脑区之间呈现双重分离现象（double dissociation）。由于本文动态副词（A类）和静态副词（B类）的划分是基于语用的分类，理论上

动态副词的意义和用法主要与语用有关，实验结果又表明，动态副词的运用主要与额叶的功能有关。因而可进一步推论，人脑优势半球额叶的功能与前提、上下文等语用因素有关，人脑中存在掌管语用的神经机制。

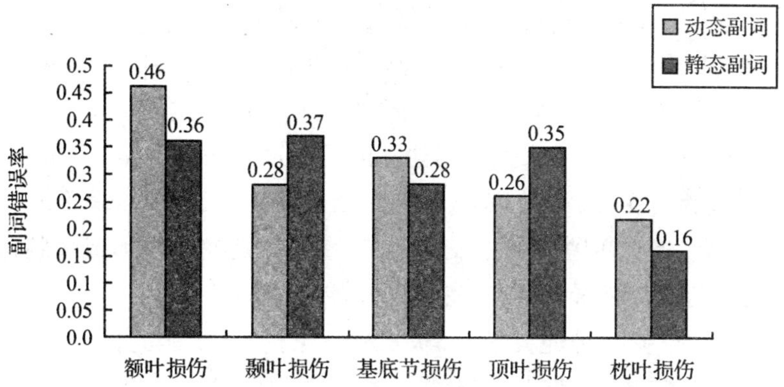


**图 12　损伤涉及不同脑区时两类副词错误率均值统计**

## 6　结语：语言理论的神经基础研究展望

从实验科学的角度来看，围绕语言的研究所形成的各种理论，都还是一种假说。语言是独特的心理和神经能力，语言有与生俱来的结构，结构中包含丰富的知识基础和加工装置。问题是语言理论是否符合语言本身的生物特性或其神经基础，甚至我们说语言能力有与生俱来的神经基础这一命题本身也是一种假说，也需要证明。因此，语言科学的探索之路还刚刚开始，但是无论如何，有关语言特别是语言能力的语言学理论与语言赖以生存的生物基础特别是神经基础相吻合，是我们向往的理想的理论，因为这样的语言学理论无论是在构建语言的规律从而反映语言的本质方面，还是在帮助提高第二语言习得的效果，指导失语症的诊断、治疗和康复，对信息处理、人工智能等研究提供大脑神经网络的生物学模型等应用方面，才都更加科学而有效。本文以当前汉语的若干神经语言学研究为基础，对语言理论的一些基本问题从神经机制方面进行了讨论，在脑损伤失语症和神经电生理学、磁共振脑成像技术等一系列实验的基础上观察到了语言的理论假设有许多是有其脑神经基础的，这对构建理想的语言学理论无疑是一个好消息。

但是我们目前所观察到的都还只是沧海一粟，与真正的语言神经机制和心理机制的运作还相差很远，但不论怎样，坚冰已经打破，航道已经开通。我们下一步要做的不仅是要在大脑皮层组织这样的网络系统深入探讨，还要开展细胞水平、分子水平上语言的神经机制的研究。我们迄今还不知道语言处理过程中单个细胞是如何活动的，也不知道脑中进行语言处理时信息是如何传递的，不知道环绕在细胞及其周围的化学环境是如何对语言处理起作用的。在分子层面我们了解得更少，但也有曙光初现，最新科研成果揭示：语言与基因之间的确存在着千丝万缕的联系，很多语言障碍都是基因遗传的结果。英国科学家研究证实，"FOXP2"基因属于一组基因当中的一个，该组基因可通过制造出一种可以粘贴到DNA其他区域的蛋白质来控制其他基因的活动。而"CS儿童"和"KE家族"的"FOXP2"基因突变，破坏了DNA的蛋白质粘合区。具体说，是构成"FOXP2"基因的2500个DNA单位中的一个产生了变异，致使它无法形成大脑发育早期所需的正常基因顺序而导致语言障碍。(Lai et al. 2001)

因此当语言学家与神经科学家、认知科学家携手，将研究目的共同指向"脑如何组织起来以用于语言"这一当代脑科学核心问题时，首先受益的就是语言学理论的研究，因为语言的理论假设将会得到越来越多的来自生物基础特别是神经机制方面的验证和修正，语言学理论也就会日臻完善与科学。

**参考文献**

桂诗春，宁春岩：《语言学方法论》，外语教学与研究出版社1997年版。

兰姆：《兰姆教授谈神经认知语言学》，程琪龙采访、翻译，《外语教学与研究》1999年第2期，第61—64页。

刘涛，杨亦鸣，张辉，张珊珊，梁丹丹，顾介鑫，胡伟：《语法语境下汉语名动分离的ERP研究》，《心理学报》2008年第6期，第671—680页。

卢利亚：《神经语言学》，赵吉生、卫志强译，北京大学出版社1987年版。

陆俭明：《现代汉语里动词作谓语问题浅议》，载《语文论集》第2辑，外语教学与研究出版社1986年版。

吕叔湘：《汉语语法分析问题》，商务印书馆1979年版。

吕勇，沈德立：《P240的语义距离效应》，《应用心理学》2005年第3期，第202—207页。

乔姆斯基：《语言与脑》，《语言科学》创刊号，2002年版，第11—30页。

乔姆斯基：《乔姆斯基语言学文集》，湖南教育出版社2006年版。

斯特尔梅，乔姆斯基：《乔姆斯基在线访谈：语用学的性质和相关问题》，沈兴安等译，《语言科学》2003年第1期，第104—110页。

舒华：《心理与教育研究中的多因素实验设计》，北京师范大学出版社1994年版。

索绪尔：《普通语言学教程》，高名凯译，商务印书馆2003年版。

卫海英：《对正确建立零假设的思考》，《统计与预测》2001年第3期，第30—31页。

魏景汉，罗跃嘉：《认知事件相关脑电位教程》，经济日报出版社2002年版。

徐通锵:《语言论》,长春:东北师范大学出版社 1997 年版。

杨亦鸣:《"也"字语义初探》,《语文研究》1988 年第 4 期,第 56—59 页。

杨亦鸣:《试论"也"字句的歧义》,《中国语文》2000 年第 2 期,第 114—125 页。

杨亦鸣:《语言的神经机制与语言理论研究》,学林出版社 2003 年版。

杨亦鸣:《论副词的语用分类》,*Journal of Chinese Language and Computing*,13(1),2003 年,第 63—88 页。

杨亦鸣,张珊珊,刘涛,赵仑,顾介鑫:《大脑中的基本语言单位——汉语双音节语言单位加工的神经电生理学证据》,《中国语言学报》,2008 年第 13 期,第 1—18 页。

张珊珊,赵仑,刘涛,顾介鑫,杨亦鸣:《大脑中的基本语言单位:来自汉语单音节语言单位加工的 ERPs 证据》,《语言科学》2006 年第 3 期,第 3—13 页。

Bates, E., Chen, S., Tzeng, O., Li, P., Opie, M. 1991 The noun—verb problem in Chinese aphasia. *Brain and Language*, 41, 203—233.

Chen, S., and Bates, E. 1998 The dissociation between nouns and verbs in Broca's and Wernicke's aphasia: findings from Chinese. *Aphasiology*, 12, 5—36.

Chomsky, N. 1988 *Language and Problems of Knowledge: The Managua Lectures*. Cambridge, Mass: The MIT Press.

Cinque, G. 1999 *Adverbs and Functional Heads*. Oxford: Oxford University Press.

Friederici, A. D., Kotz, S. A., 2003 The brain basis of syntactic processes: functional imaging and lesion studies. *NeuroImage*, 20, 8—17.

Hagen, G. F., Gatherwright, J. R., Lopez, B. A., Polich J. 2006 P3a from visual stimuli: Task difficulty effects. *International Journal of Psychophysiology*, 59, 8—14.

Hume, D. 1978 *Treatise of Human Nature*. Oxford: Oxford University Press.

Iatridou, S. 1993 On Nominative Case Assignment and a few related things. *MIT Working Papers in Linguistics*, 19, 175—198.

Jakobson, R. 1941 *Child language aphasia and phonological universals* (*Allan R. Keiler trans.*). The Hague: Mouton.

Kutas, M., Donchin E. 1977 Augmenting mental chrometry: the P300 as measure of stimulus evalution time. *Science*, 197, 792—795.

Kutas, M., Hillyard, S. A. 1980 Reading Senseless Sentences: Brain Potentials Reflect Semantic Incongruity. *Science*, 207, 203—205.

Lai, C. S. L., Fisher, S. E., Hurst, J. A., Vargha-Khadem, E. and Monaco, A. P. 2001 A forkhead—domain gene is mutated in a severe speech and language disorder. *Nature* 413, 519—523.

Lakoff, G., Johnson, M. 1999 *Philosophy in the flesh*. New York: Basic Books.

Lasnik H. 2003 *Minimalist Investigationgs in Lingusitic Theory*. London: Routledge.

Levinson, S. C. 1983 *Pragmatics*. Cambridge: Cambridge University Press.

Luke, K. K., Liu, H-L., Wai, Y-Y., Wan, Y-L. &Tan, L. H. 2002 Functional anatomy of syntactic and semantic processing in language comprehension. *Human Brain Mapping* 16, 133—145.

Luria, S. E. 1973 *Life-The Unfinished Experiment*. Charles Schribner's Sons, New York.

Martin-Loeches, M., Hinojosa, J. A., Gomez-Jarabo, G., Rubia, F. J., 1999 The recognition potential: an ERP index of lexical access. *Brain and Language*. 70, 364—384.

McGilvray, J. 2001 Chomsky on the creative aspect of language use and its Implication for lexical semantic studies. In Pierrette Bouillon & Federica Busa (eds.), *The Language of Word Meaning*, 5—27.

Osterhout L., Holcomb P. J. 1992 Event-related potentials elicited by syntactic anomaly. *Journal Memory and Language*, 31, 785—806.

Palmer, B., Nasman, V. T. and Wilson, G. F. 1994 Task decisiondifficulty: effectson ERPs in a same-different letter classification task. *Biological Psychology*, Volume 38, Issues 2—3, 199—214.

Preissl, H., Pulvermüller, F., Lutzenberger, W., Birbarmer, N. 1995 Evoked potentials distinguish between nouns and verbs. *Neuroscience Letters*, 197, 81—83.

Pulvermüller, F., Lutzenberger, W., Preissl, H., 1999a Noun and verbs in the intact Brain: evidence from Event-related potentials and high-frequency cortical responses. *Cerebral Cortex*, 9, 497—506.

Pulvermüller, F., Mohr, B., Schleichert, H. 1999b Semantic or lexico-syntactic factors: what determines word-class specific activity in the human brain? *Neuroscience Letters*, 275, 81—84.

Pulvermüller, F., Preissl, H., Lutzenberger, W., Birbaumer, N. 1996 Brain rhythms of language: nouns versus verbs. *European Journal of Neuroscience*, 8, 937—941.

Rudell, A. P. 1991 The recognition potential contrasted with the P300. International Journal of *Neuroscience*, 60, 85—111.

Rudell, A. P. 1992 Rapid stream stimulation and the recognition potential. *Electroencephalography and Clinical Neurophysiology*, 83, 225—240.

Stemmer B. 1999 An On-Line Interview with Noam Chomsky: On the Nature of Pragmatics and Related Issures. *Brain and Language*, 68(Special issue).

Tang, Sze-Wing and Thomas Hun-Tak Lee 2000 Focus as anchoring condition. Paper Presented at the International Symposium on Topic And Focus in Chinese, The Hong Kong Polytechnic University.

（原载《语言科学》2007 年第 2 期）

# 中文大脑词库形、音、义码关系的神经语言学分析[①]

本文通过对12例汉语失读症患者的临床观察和测评研究，对中文大脑词库形、音、义码之间的关系作神经语言学的分析，得出以下主要结论：1. 中文大脑词库同样存在着相互联系而又彼此独立的形、音、义等下位库。形音性、形义性、形音义性失读反映了失读症患者形、音、义码损伤的三种状况。2. 形义性失读状况的大量存在否定了仅由形音性失读现象而得出的在大脑中汉语形和义结合较牢固而形和音结合较脆弱的片面结论。3. 阅读过程的完成是大脑各区协同作用的结果，仅笼统地说颞顶枕或颞顶枕的交联区域参与了形、音、义的整合是片面的。

人类关于词汇信息的存储、提取的研究即大脑词库(mental lexicon)的研究，是人类认知研究的重要内容。大脑词库，对于具有阅读能力的人来说，一般被认为至少具有形、音、义等下位库，许多心理语言学的模型都指出词语包括相互独立而又彼此联系的形码、音码、义码等下位成分。[②] 现有的词库模型大都是以拼音文字为基础加以构建的。中文大脑词库形、音、义码之间的关系究竟如何，他们在阅读过程中体现出怎样的运作过程，这是研究中文大脑词库不可回避的问题。目前已有的结论认为在大脑中汉语的形和义结合的比较牢固有力，而形和音的结合则比较脆弱，并将之归结

① 本文蒙江苏省“333工程”科研项目经费资助、江苏省哲学社会科学研究基金资助、江苏省教委“青蓝工程”基金资助特此致谢。

② 参看 Forster(1976)，Morton(1979)，Allport & Funnell(1981)，Formkin(1987)。

为与汉字特点相关联。[①] 本文根据大量病例，对不同类型失语所伴生的有关失读障碍的患者做专项调查研究，对中文大脑词库形、音、义码间的关系做神经语言学的分析，并对已有的结论加以讨论，提出了新的看法。

## 一、测试方法和分类

在测试方法上，我们以 the Boston Diagnostic Aphasia Examination，the Western Aphasia Battery，the Bilingual Aphasia Test 等国外失语检查法和北京医科大学神经科神经心理组设计的《汉语失语检查法》等为基础，根据我们的研究目的设计了一套检查方法。本测试共包括力图较为全面评测口头言语和书面言语的听说读写各语言功能层级状态的 28 项分测试。

根据我们对患者听说读写各个层级的言语能力的检查结果，参考 CT 扫描诊断，参照 Benson 失语症分类法和失读症分类原则，附录的 12 例患者分属于以下的失语和失读类型，见表 1。

**表 1**

| 患 者 | 失 语 类 型 | 失 读 类 型 |
|---|---|---|
| WKJ | 经皮质运动性失语 | 前部失读症 |
| ZJX | Broca 失语症 | 前部失读症 |
| SQH | Broca 失语症 | 前部失读症 |
| LY | 传导性失语症 | 中央部失读症 |
| WSQ | Wernick 失语症 | 中央部失读症 |
| ZLZ | 经皮质感觉性失语症 | 中央部失读症 |
| ZCL | 经皮质感觉性失语症 | 中央部失读症 |
| XZJ | 命名性失语症 | 中央部失读症 |
| WFY | 皮质下失语症 | 皮质下失读症 |
| YRH | 经皮质感觉性失语症 | 中央部失读症 |
| MCJ | Broca 失语症 | 前部失读症 |
| WZL | 完全性失语症 | 完全性失读症 |

从以上患者的失语状况可以看出，我们所调查的病例涉及到了绝大部分失语种类和失读种类。

---

① 见胡超群(1989)，胡超群等(1992)。

下面就全面测试中对本文研究具有密切关系的测试方法做进一步的说明：

（一）字词层级的测试

1. 测试字词读阅能力的项目。

字形匹配。从一组字形中选择出与所呈现字形相同的字形，以此测试对汉字书写符号的视觉感知辨识能力。

字词朗读。逐次朗读所呈现的字（词），以此测试患者对字形和字音的联系等能力。

字（词）配图。根据所呈现的字（词），在一组画中指出与字（词）相对应的画片。以此测试患者字形和字义的联系等能力。

听字辨认。根据主试所念的字，从呈现的几个字中正确指出目标字，以此测试患者从字音到字义的联系等能力。

2. 测试与字（词）阅读相对应的字（词）口语能力的项目。

实物或图片命名。说出所呈现的实物或图片所画物品的名称通过患者的口语表达测试患者对口语声音与意义的联系等能力，是由义到音的过程。

听名指物。根据主试说出的名称在一组实物或一组画中指出与其相对应的实物或画片。通过患者对口语的接收状况测试患者对口语声音和意义的联系等方面的能力，是由音到义过程。

词复述。对主试所说的词语加以复述，以此测试对汉语语音符号的听觉感知辨识等方面的能力。

列名。让患者就某一类属的事物说出具体的名称。如让患者列出具体的蔬菜、水果等的名称，以此测试患者语义联系等能力。

词语口语填空。让患者就语句中划线空白处填上适当的词语。如对语句“你用______切菜”的划线空白处填空，以测试患者从义到音的联系能力。

3. 测试字词书写能力的项目。

听写。根据主试所念的字（词）加以听写，以此测试患者从字音到字形的联系等方面的能力。

看图写字。将主试所呈现的物品或图片的名称书写下来，以此测试患者从字义到字形的联系等方面的能力。

词语书写填空。让患者在语句划线空白处写上适当的词，以此测试患者从义到形的联系能力。

（二）语句层级的测试

1. 自发扩展言语的项目。

问答。让患者在就主试所询问的问题进行问答。如让患者回答：“谈谈您所做工作的情况(或退休前的工作情况)”、“说说您的病是怎样得起来的(或怎么不好)”等问题。

看图说话。就主试所呈现的一副图或几副相关的图的内容作出解说。

2. 复述的项目。

句子复述。就主试所说的句子进行复述。

语篇复述。对主试所讲的一篇俄国寓言故事《寒鸦和鸽子》进行复述。

患者在自发言语扩展和复述中所产生的问题,如形、音、义方面的替代性错误,是大脑词库研究的重要内容。

3. 语句理解项目。

是非问句理解。让患者就是非问句作出判断。如让患者对“你是医生吗?”等句子以及虚词在语句结构意义中承担重要作用的“马比狗大吗?”等句子作出判断。

朗读语句并理解执行。让患者朗读主试提供的语句,并对语句指令加以执行。如让患者阅读“指铅笔,再指火柴”,并照着句子的意思执行指令。

语句朗读并理解执行集中体现了对患者形、音、义联系能力的测试,是探讨大脑词库时语句层级测试中很重要的一环。

4. 语句书写能力的项目。

语句听写。让患者书写主试所读的语句。此项可测试患者从音到形的联系等能力。

自发扩展性书写。让患者把自己得病的过程和现在的情况书写出来。患者在自发扩展性书写中出现的形似、音似等替代性书写错误及其他一些问题可为研究大脑词库提供重要线索。

## 二、测试结果及其说明

(一) 对字词层级的几项重要测试结果的总结[①](见表 2)。



对于测试结果的总结表有几点说明:

1. 12 例患者的字形匹配测试都获通过,这说明患者对汉字书面符号的视觉

---

① 该测试所关涉到的字词最好具有同一性,但为了防止几项测试反复使用同一测试材料所带来的干扰,以保证测试结果的精确性,并兼顾到患者对各项测试脑力和体力消耗承受程度的不同,故各项测试关涉的字词不尽相同,其中:a. 关涉到形音义码关系分析的最重要的字(词)朗读和字(词)配画两项测试有 20 例是对应的。b. 听名指物 40 例中有 20 例与字词朗读、字词—画片匹配测试例相对应。c. 实物或图片命名 20 例中有 8 例与字词朗读、字词—画片匹配测试例相对应。

辨识能力基本正常。

2. 字(词)朗读与字(词)配图测试结果比较显示:(1) 有的患者字(词)配图测试成绩优于字(词)朗读测试成绩。患者字(词)配图错误的相应的字(词)朗读一般也不正确。(2) 有的患者则相反,测试结果是字(词)朗读成绩优于字(词)配图成绩。患者字(词)朗读错误的相应的字(词)配图一般也不正确。

3. 听名指物与字(词)配图测试结果比较显示:两项测试出现的错误所涉及的字(词)是不相一致的,存在着听名指物测试未通过而相应的字(词)配图测试通过,同时有听名指物测试通过而相应的字(词)配图测试未通过的现象。譬如一患者,对"三角"一词的听名指物不正确而相应的字(词)配图则正确,而对"火柴"一词则是听名指物正确而字(词)配图不正确。这 12 例患者从总体上说是听名指物测试成绩优于字(词)配图测试成绩。

**表 2**

| 结果 项目<br>病例 | 口语能力测试项目 | | 阅读能力测试项目 | | | 几项测试相关性 |
|---|---|---|---|---|---|---|
| | 听名指物 | 实物或图片命名 | 字形匹配 | 字词朗读 | 字词—画片匹配 | |
| WKJ | 通过 33/40<br>未通过<br>7/40 | 通过 9/20<br>未通过<br>11/20 | 全通过 | 通过 18/20<br>未通过<br>2/20 | 通过 7/20<br>未通过<br>13/20 | 1. 字词朗读未通过的 2 例,相对应的字词—画片匹配也未通过<br>2. 字词—画片匹配未通过的 13 例中相对应的听名指物通过 10 例,字词—画片匹配通过而相应的听名指物未通过者 2 例 |
| ZJX | 通过 26/40<br>未通过<br>14/40 | 通过 5/20<br>未通过<br>15/20 | | 通过 14/20<br>未通过<br>6/20 | 通过 5/20<br>未通过<br>15/20 | 1. 字词朗读未通过的 6 例,相对应的字词—画片匹配也未通过<br>2. 字词—画片匹配未通过的 15 例中相对应的听名指物通过 10 例 |
| SQH | 通过 18/40<br>未通过<br>22/40 | 全未通过 | | 全未通过 | 通过 6/20<br>未通过<br>14/20 | 1. 字词—画片匹配未通过而相对应的听名指物通过者 3 例<br>2. 字词—画片匹配通过而相对应的听名指物未通过者 2 例 |

续表

| 结果 项目 病例 | 口语能力测试项目 | | 阅读能力测试项目 | | | 几项测试相关性 |
|---|---|---|---|---|---|---|
| | 听名指物 | 实物或图片命名 | 字形匹配 | 字词朗读 | 字词—画片匹配 | |
| LY | 通过 32/40 未通过 8/40 | 通过 14/20 未通过 6/20 | 全通过 | 通过 16/20 未通过 4/20 | 通过 8/20 未通过 12/20 | 1. 字词朗读未通过的相对应字词—画片匹配也未通过<br>2. 字词—画片匹配通过者而相对应的听名指物通过者 9 例；字词—画片匹配通过而相对应的听名指物未通过者 1 例 |
| WSQ | 通过 30/40 未通过 10/40 | 通过 15/20 未通过 5/20 | | 全通过 | 全通过 | 字词—画片匹配未通过者而相对应的听名指物未通过者 4 例 |
| ZLZ | 通过 21/40 未通过 19/40 | 通过 9/20 未通过 11/20 | | 通过 4/20 未通过 16/20 | 通过 13/20 未通过 7/20 | 1. 字词—画片匹配未通过的字词朗读也未通过<br>2. 字词—画片匹配未通过者而相对应的听名指物通过者 3 例，相反者也 3 例<br>3. 实物或图片命名通过而相对应的字词朗读未通过者 4 例 |
| ZCL | 通过 37/40 未通过 3/40 | 通过 8/20 未通过 12/20 | | 通过 13/20 未通过 7/20 | 通过 18/20 未通过 2/20 | 1. 字词—画片匹配未通过的相对应的字词朗读也未通过<br>2. 字词—画片匹配未通过的相对应的听名指物都通过<br>3. 字词朗读未通过而实物或图片命名通过者 4 例 |
| XZJ | 通过 39/40 未通过 1/40 | 通过 9/20 未通过 11/20 | | 通过 18/20 未通过 2/20 | 全通过 | 字词朗读未通过而实物或图片命名通过者 1 例 |
| WFY | 通过 17/40 未通过 23/40 | 全未通过 | | 通过 15/20 未通过 5/20 | 通过 11/20 未通过 9/20 | 1. 字词朗读未通过的相对应的字词—画片匹配也未通过<br>2. 字词—画片匹配未通过而相对应的听名指物通过者 4 例<br>3. 字词—画片匹配通过而相对应的听名指物未通过者 2 例 |

续表

| 项目/结果/病例 | 口语能力测试项目 | | 阅读能力测试项目 | | | 几项测试相关性 |
|---|---|---|---|---|---|---|
| | 听名指物 | 实物或图片命名 | 字形匹配 | 字词朗读 | 字词—画片匹配 | |
| YRH | 通过 24/40<br>未通过 16/40 | 通过 11/20<br>未通过 9/20 | 全通过 | 通过 6/20<br>未通过 14/20 | 通过 15/20<br>未通过 9/20 | 字词—画片匹配未通过的相对应的字词朗读也未通过 |
| MCJ | 通过 28/40<br>未通过 12/40 | 通过 7/20<br>未通过 13/20 | | 通过 15/20<br>未通过 5/20 | 通过 11/20<br>未通过 9/20 | 1. 字词朗读未通过的相对应的字词—画片匹配也未通过<br>2. 字词—画片匹配未通过而相对应的听名指物通过者 7 例 |
| WZL | 通过 12/40<br>未通过 28/40 | 未通过 | | 未通过 | 通过 3/20<br>未通过 17/20 | 字词—画片匹配未通过的相对应的字词朗读也未通过 |

4. 实物或画片命名与字(词)朗读测试结果比较显示:两项测试出现的错误所涉及的字(词)是不一致的,存在着实物或图片命名未通过而相应的字(词)朗读测试通过,同时有实物或画片命名通过而相应的字(词)朗读测试未通过的现象。譬如一患者,对"火柴"一词朗读正确而相对应的命名则错误,但对"铅笔"则是朗读不正确而相对应的命名则是正确的。这也就排除了阅读障碍是由口语障碍导致的状况。

(二) 语句层次的测试最有意义的是朗读语句并理解执行。患者在语句朗读并执行指令测试中的状况显示:

1. 有的患者能正确朗读所提供的句子,但不能理解句子。

2. 有的患者则相反,能正确理解所提供的句子但不能正确朗读。

3. 同一例患者既出现能正确朗读句子而不能理解的状况,也出现能正确理解所提供的句子而不能朗读的状况。

各举一例如下:

患者 WFY,能正确朗读"先摸铅笔,后摸钥匙"一句,但不能按此句意思执行指令。

患者 ZCL,不能正确朗读"先摸铅笔,后摸钥匙"一句,但能按此句意思正确执行指令。

患者 XZJ,能正确朗读:"指门,再指窗户"一句,但不能按此句意思正确执行指令;不能正确朗读"摸右耳"一句,但能按此句意思正确执行指令。

# 三、分析与讨论

患者在测试中所出现的形、音、义损伤的不均衡状况显示出中文大脑词库同样存在着相互联系而又彼此独立的形、音、义等下位库。导致语言障碍的脑损伤损害了形、音、义库之间的内在联系并对各下位库产生了不同程度的损伤。

就字词阅读过程中中文大脑词库形、音、义下位库的形、音、义码间的具体运作联系而言，我们认为，首先字词认知始于对字词形体的视觉感知，然后特定的脑视觉机能区接收的视觉信息激活大脑词库中形库内相应的形码，进而激活音库中与义库中相应的音码与义码并加以整合，从而完成字词阅读的达到过程。此过程的简单模式见图 1。国外阅读模式一般认为字词阅读过程中还存在着字母—音素转换的阅读通道，这是基于拼音文字而言的，目前看来，汉字在其阅读过程中是不存在这种阅读通道的。

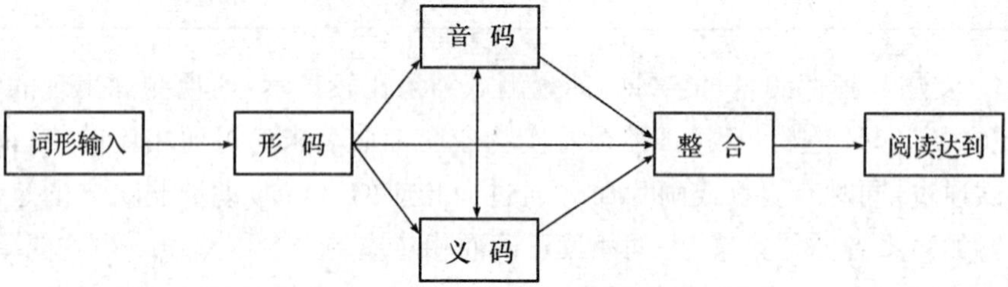


**图 1　字词阅读认识过程的简略模式**

对于失读症患者来说，形库与音库、义库之间的联系及各下位库本身产生了不同程度的损伤，从而出现激活相应音码或义码的障碍，而表现出失读。失读症患者形、音、义码间联系的损伤状况表现为以下三种：(见图 2)

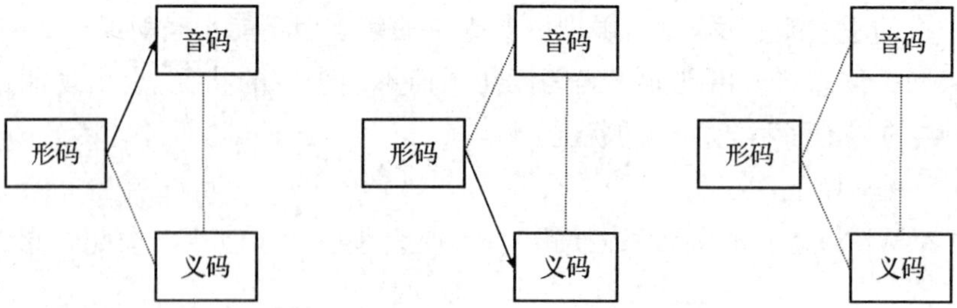


**图 2　——→　表示联系正常　……　表示联系损伤**

第一种状况表现为形码与音码间联系正常而形码与义码间联系损伤，此为形义性失读；

第二种状况表现为形码与义码间联系正常而形码与音码间联系损伤，此为形音性失读；

第三种状况显示出形码与音码、义码间的联系都受到损伤，此为形音义性失读。

语句篇章的阅读比之字词阅读涉及的过程更为复杂，它涉及到词序策略、词类策略、虚词策略等句法策略和语义策略以及复杂的知识背景等的运用，是一种更为复杂高级的心智过程。就对失读症患者进行的朗读语句并执行指令的测试所体现的形、音、义码之间的联系来说，语句层次的测试与字词层次的测试结论基本是一致的。

由此可见，我们的研究与目前已有的成果存在较大差异。论者在字词与语句两个层面上的研究，都认为操汉语的失读症患者在临床上常表现为朗读差而理解好的音、义分离现象，即在读音较易受到损害的情况下，对语义理解却仍保持着相对完整，因此在大脑中汉语的形和义结合比较牢固有力，而形和音的结合则比较脆弱。并且认为这与汉字的见其形而知其义的特点有关，进而认为这是汉语特点的反映。① 但是本文的研究表明，失读症患者不仅存在形音性失读，也存在形义性失读，②即虽不能理解语义，但仍能朗读其读音。这是否又能得出相反的结论，即在大脑词库中汉语的形和音结合比较牢固有力呢？显然上述的结论是片面的。

我们认为，音与义的结合是第一性的，语言首先是音义结合的符号系统，形的介入最早也必须是在完整地掌握语言之后的学龄期开始的，所以，从理论上说，形与音、义的关系是平行的，不应存在形与义联系紧密，而与音联系脆弱的现象，这是东西方语言大脑词库的共性。但在形—义通道内，由于汉字某些表意的特点，可能使用汉字的失读症患者由形激活义更容易些，使用拼音文字的人在这方面要困难一些。但不能说在整个大脑词库中汉语形与义结合紧密，形与音结合不紧密。近年来国外陆续出现了一些利用汉字为失读症患者培养阅读能力的报道，其实正是针对形码与音码间联系损伤而与义码间联系正常的形音性失读症患者采取的一种治疗康复手段。由于形音性失读症患者形码和义码的联系通道尚可保持，而拼音文字的字形与意义没有联系，故采用汉字作为形码的载体，对由形激活义可能更为有效一些。

持形义结合紧密观点的论者之所以得出片面性结论，可能存在着两个方面

① 见胡超群(1989)，胡超群等(1992)。

② 尹文刚(1990)也认为存在形义性失读。

的误区。首先，从实验调查来看，他们调查的基本上都是颞顶枕区病变的患者，[①]因而有着共同的失读症状，即形音性失读，事实上失读症患者病变部位复杂，失读类型也很复杂，既存在形音性失读，也存在形义性失读和形音义性失读。其次，从理论背景上来看，由于汉字与拼音文字存在巨大的差异，往往使人不自觉地误认为汉语与其他语言也存在巨大差异，从而忽略了语言普遍性的原则，在潜意识中总是希望在语言的本质上寻找出汉语与其他语言特别是印欧系语言的不同之处。实际上恰恰相反，语言在一般原则上应体现出共性，在具体问题上存在着个性。当然这个问题允许而且应该得到进一步探讨，但不宜先定框子来寻找证据。近来语言学其他领域的研究似乎也有这种倾向。

与音义结合紧密观相关的还有一个观点，即认为颞顶枕或颞顶枕的交联区域参与了对形、音、义的整合并在汉字认读过程中起主导作用。[②] 根据本文的研究，这一观点显然也是片面的。导致中文失读的大脑损伤所涉及的区域比较复杂，就我们所接触的病例与资料而言，有额叶损伤造成的前部失读症，颞顶部损伤造成的中央部失读症，枕部损伤所造成的后部失读症，以及皮质下结构损伤所造成的皮质下失读症等。应该说，中文形、音、义的整合是大脑各区协调作用的结果，任何一个区域的损伤都有可能导致汉字认读的障碍，当然它们的类型可能各不相同。

## 四、结　论

（一）中文大脑词库同样存在这相互联系但又彼此独立的形、音、义等下位库。形义性失读、形音性失读、形音义性失读体现了失读症患者形、音、义码间联系损伤的三种状况。

（二）形义性失读的大量存在否定了仅根据形音性失读现象而得出的认为大脑中汉语的形和义结合较牢固而形和音结合较脆弱的片面的结论。形音性失读状况的存在显示出语音转录并不是认读汉字所必需的环节。

（三）在阅读过程中，除颞顶枕区外，额叶和皮质下结构等区域也参与了中文形、音、义的整合，阅读达到是大脑各区协同作用的结果。



---

① 胡超群（1989）7 例病人都是颞枕区病变，胡超群等（1992）3 例病人都是左颞顶枕（或左颞顶）病变。

② 见胡超群（1989），胡超群等（1992），尹文刚（1990）。

## 附录:病例资料

我们选择了 12 例原先具有阅读能力而在脑损伤后出现失读障碍的患者作为研究对象。患者病例简述如下:

WKJ,女,66 岁。右利手。退休前职业为会计,中专文化程度。右鼻唇沟略浅,右上肢肌力Ⅱ级,右下肢肌力Ⅲ级,右上下肢腱反射活跃,CT 见左侧脑室旁及前脚处有低密度区。神志清楚。

ZJX,男,50 岁。右利手。助理工程师,中专文化程度。患脑梗塞,右上肢肌力 0 级,右下肢Ⅲ级,CT 显示左额顶部有低密度区。神志清楚。

SQH,男,74 岁。左利手。干部,大学文化程度。患脑梗塞,右中枢性面瘫,右上肢肌力Ⅰ级,右下肢肌力Ⅲ级,右上下肢肌张力稍高,右肢腱反射活跃,右 Babinskin 症。CT 显示左额叶有低密度区。神志清楚。

LY,男,74 岁。左利手。退休前为厨师,私塾三年。患脑出血,伸舌略右偏,腱反射双侧均活跃,双侧 Babinskin 症,CT 显示左颞叶脑出血。神志清楚。

WSQ,男,47 岁。左利手。经理,中学文化程度。患脑梗塞,右上肢肌力Ⅲ级,右下肢肌力Ⅳ级。CT 显示左颞叶区低密度区。神志清楚。

ZLZ,女,74 岁。右利手。退休前为小学教师,大专文化程度。患脑梗塞,右上、下肢肌力Ⅳ级,CT 显示左颞顶区有大片低密度区。神志清楚。

ZCL,女,53 岁。右利手。工人,中学文化程度。患脑梗塞,右鼻唇沟浅,四肢肌力正常,右上、下肢腱反射高于左侧,两侧 Babinskin 症,CT 显示左颞顶枕区有楔形密度减压区。神志清楚。

XZJ,男,37 岁。右利手。工人,中学文化程度。患脑梗塞,右上肢肌力Ⅳ级,下肢肌力Ⅴ级,CT 显示左枕颞叶有低密度区。神志清楚。

WFY,男,58 岁。右利手。干部,大学文化程度。患脑出血,右鼻唇沟浅,右上肢肌力Ⅳ级,右下肢肌力Ⅱ级,CT 显示左外囊出血。神志清楚。

YRH,男,62 岁。右利手。退休前为厂长,大学文化程度。患脑出血,右鼻唇沟浅,右侧腱反射活跃,CT 显示左颞顶区出血。神志清楚。

MCJ,男,52 岁。右利手。工人,中学文化程度。因摔跌导致颅骨损伤,右上肢肌力Ⅳ级,右下肢肌力Ⅱ级。CT 显示左额颅板部缺损,脑实质受损。神志清楚。

WZL,男,65 岁。右利手。退休前为工人,中学文化程度。患脑梗塞,右上肢肌力Ⅳ级,右下肢肌力Ⅲ级。CT 显示左额颞区有低密度区。神志清楚。

**参考文献**

高素荣:《失语症》,北京医科大学、中国协和医科大学联合出版社 1993 年版。

胡超群:《失读病人阅读过程中汉语的形、音、义三维关系的探讨》,《心理学报》1989 年第 1 期。

胡超群等:《失读病人语句、篇章阅读中形、音、义关系的探讨》,《中国语文》1992 年第 3 期。

王新德等:《汉语失读症的研究》,《中华神经精神科杂志》1992 年第 3 期。

尹文刚:《汉语失读的类型语意义》,《心理学报》1990 年第 3 期。

张必隐:《阅读心理学》,北京师范大学出版社 1992 年版。

Aitchison, J. 1987 *Words in the mind: an introduction to the mental lexicon*. Basil Blackwell.

Allport, D. A. and Funnell, E. 1981 *Components of the mental lexicon*. Philosophical Transactions of the Royal Society London B295: 183—96.

Benson, D. F. 1979 *Aphasia, alexia, and agraphia*. New York: Churchill Livingstone.

Emmorey, K. D. and Fromkin, V. A 1988 The mental lexicon. In E. E. J. Newmeyer (ed). *Linguistics: The Cambridge Survey III*. Cambridge.

Fay, D. and Cutler, A. 1977 Malapropisms and the structure of the mental lexicon. *Linguistics Inquiry*, 8, 505—520.

Fromkin, V. A. 1987 The lexicon: evidence from acquired dyslexia. *Language*, 63, 1—22.

Forster, K. 1976 Accessing the mental lexicon. *New Approaches to Language Mechanisms*. Amsterdam: North—Holland.

Morton, J. 1979 Facilitation in word recognition: experiments causing change in the Logogen Model. In P. A. Kolesrs, M. Wrolstad and H. Bouma (eds), *Processing of Visible Language*, Vol. 1. New York: Plenum.

(原载《中国语文》1998 年第 6 期)

# 基于神经语言学的中文大脑词库初探[①]

大脑词库的研究是人类认知研究的重要内容，本文拟通过对12例汉语失语症患者的实际观察和研究，从神经语言学角度对中文大脑词库的语义结构、语音表征、形体表征、存储和检索等作初步探讨。

## 1 引 言

大脑词库也称心理词典(mental lexicon)，是大脑中关于词汇信息的内存。目前，国外对大脑词库的研究既涉及到词汇的语义、语音、形体等组织结构在存储方面的问题，也涉及到词汇的提取和辨认等运作方式方面的问题。研究途径也是多样的，既可以用心理学方法来研究，也可以从语言学的角度来研究，最新的途径则是运用神经语言学的方法。神经语言学作为一门新兴边缘学科，它的研究直接指向语言和大脑的关系，特别是对失语症患者的研究，能提供给我们一种选择性损伤的现象，即能显示出大脑词库的部分受到损伤而其他部分仍能保持的状况，这为深入揭示大脑词库潜隐着的组织和结构提供了最为有效的证据，而这种证据又是其他方法所不可能提供的，因此通过神经语言学的途径，可以深入地解释和揭示大脑词库与神经机制的内在关系，从而彻底地了解、破

① 感谢《语言文字应用》匿名审阅者的宝贵意见。本文的部分内容曾在哈佛大学举办的NACCL—11上宣读过。本项研究蒙江苏省哲学社会科学研究基金资助、江苏省“333”工程科研项目经费资助、江苏省教委“青蓝工程”基金资助，一并致谢！

译大脑词库。本文力图通过对汉语失语症患者的实际观察和研究，结合国外大脑词库研究的理论、方法和成果，对中文大脑词库作一初步的探讨。

我们选择了12例原先具有阅读能力而在脑损伤后出现失读障碍的患者作为研究对象，患者失语和失读类型及具体的测试内容请参看杨亦鸣、曹明(1998)。[2]

## 2 分析和讨论

### 2.1 中文大脑词库的语义结构

大脑词库语义下位库的组织结构问题是一个繁复的问题。在国外大脑词库的语义结构研究中，先后出现了层次网络模式(Hierarchial Network Model)、[6]扩展激活模式(Spreading Activation Model)、[7]原型理论(Prototype Theory)[10]等众多假设。尽管它们各有特点，但有一点是共同的，这就是许多心理学家和语言学家都假设的大脑词库的词义是由某些基本特征组成的，这在命名性失语症(Anomia)研究中早已发现，患者虽说不出事物名称，但能说出事物的性质、用途等语义特征或语义成分。在对汉语失语症的调查中，同样也存在着这种现象。下列例子便是在对患者所作的命名测试中，患者所出现的不能正确命名，但能准确说出事物的性质或用途即所谓的选词性 AM(Word Selection Anomia)的情况：

火柴：冒火的，是做饭用的那个①/ 皮尺：量的、长的、量衣服的，算衣服的/玩具棰：这个小孩的，轻/橡皮：擦的那个/虾：吃的/鼠：(手比划跑来跑去)坏的，大坏蛋/牙刷：刷牙的东西/老虎：老大老大的家伙，好厉害呀/剪刀：剪衣服的/伞：下雨下雪打起来的

以上情况说明在大脑词库语义下位库中，词是与它的语义特性或语义成分相联系的，当词的名称的提取遇到障碍时，其相应的语义特性或语义成分却能保留并提取出来。

在大脑词库语义下位库中，词义间的相互关系和距离是需要探讨的中心问题，对词义间相互关系和距离的不同理解也是导致不同的语义组织结构模式产生的基本原因。失语症患者的词语替代性错误为说明词义间的相互关系提供了重要依据。在对汉语失语症患者的调查中，患者所出现的词语替代性错误，从语义特征联系的角度看，主要可分为以下几类：

---

① 冒号前为目标词，冒号后为患者的命名，下同。

(1) 上下位关系，以上位词替代处于下位的目标词，如：

自行车：车子/牙刷：刷子/铅笔：笔/发卡：卡子/菊花：花/裤子：衣服

(2) 同类并列关系，以与目标词处于同一语义场内同类并列关系的词替代目标词，如：

茶缸：茶杯/肚：肠/鸭：鸡/鸭：鹅/圆珠笔：铅笔/铅笔：毛笔/鼻：口/耳朵：头发/老虎：狮子/弟弟：妹子/象：马/牛：马

(3) 相对或相关关系，以与目标词具有相对或相关关系的词替代目标词，如：

鼠：猫/贫：富/牙刷：牙膏/牙刷：杯子/铅笔：纸/火柴：纸烟/信封：送信的/火柴：吸烟

(4) 同义关系，以与目标词具有同一意义的词替代目标词，如：

贫：穷/足：脚/眼：目/疼：痛

(5) 形体相似关系，以与目标词所表示的事物具有相似形体的事物名称替代目标词，如：

肥皂盒：收音机/钢笔：手电

关于中文大脑词库中各种语义关系的密切程度，崔刚(1994)认为，汉语词汇的上下义关系尤为强烈，而词与词之间的并列关系则相对较弱，并指出这是不同丁英语的汉语自己的特点，其例证便是要求患者列蔬菜等的名称，患者至多只能列出 4 种名称。[1] 在我们让患者进行列蔬菜、水果等名称的测试中，各种失语类型的患者的列名数一般也不超过三四种，如让 Broca 失语症患者 ZJX 列蔬菜名，他回答说："不知道。"列水果名，他回答说："苹果、梨、桔子，不知道。"列名反应差是失语症患者一种较为普遍的现象，但列名反应测试实际上应是对上下义关系和并列关系反应的同时测试，患者列名反应差的现象显然不能仅仅简单地归于对并列关系的反应，而是同时也体现了上义(如蔬菜)与下义(如各种蔬菜名)的关系。实际上在失语症患者的词语替代错误中，患者所产生的并列关系的错误大大高于上下义关系的替代错误，是所有替代性错误中最为显著、最容易、最经常出现的一种，而频繁的替代性错误说明其间关系的密切性。这种结果与 Aitchison(1989)对英语分析的结果相一致。[3]所以在中文大脑词库的语义结构中，词与词间的并列关系与英语一样，是语义联系中最为密切的一种，而上下位关系的语义联系也较为密切，但不及并列关系间的语义联系。Aitchison(1989)还认为在英语中，词语搭配关系在语义联系中也是极为密切的。[3]在汉语失语症患者的替代性错误中，我们也发现有这种搭配关系的错误，如一深层失读(Deep Dyslexia)患者，将"睛"读为"眼"，并补充说："眼睛的眼。"但这样一种搭配关系的替代性错误比之英语中的同类错误要少见得多，这表明，在中文大脑词库的语义结构中，搭配关系间的语义联系可能不如英语表现得强烈。

失语症患者出现的词语替代性错误基本上是发生于意义联系密切的词之间的，如上所列。这充分表明，在中文大脑词库中，意义相同或相近的词即处于同一语义场中的词是贮存在一起的，或者说是贮存得比较接近的，所以当失语症患者对目标词的提取遇到障碍，邻近的即语义关系比较密切的词则比其他的词更容易被激活，从而取代目标词而被提取。这与 Aitchison(1989)的研究相吻合。[3]此外，失语症患者中出现的对一定语义场的词语的处理能力的保留而对另外一些语义场的词语的处理能力丧失的现象，更是有力地显示了大脑词库中的语义场的存储是词的重要存储方式。如一例命名障碍患者对水果和蔬菜类物品命名困难，患者对画有苹果、梨子、香蕉等类物品的图片不能命名，但对画有自行车、羽毛球、脸盆等物品的画片，患者命名基本正常，这表明，处于同一语义场的汉语词汇，在大脑词库中的确是一个具有高度选择性的组织系统。

**2.2　中文大脑词库的语音表征**

对于大脑词库的语音结构，一般认为具有相似的语音的词在大脑词库中联系得更为紧密，贮存得也更为接近。但这只是比较笼统的说法，对大脑词库的语音结构还需要更深入地研究。



我们在临床调查中发现的一例失语症患者 WZL 的言语状况为进一步揭示大脑词库语音结构提供了重要的证据。患者 WZL，1995 年 10 月右侧肢体偏瘫，大脑 CT 扫描显示左侧额叶和颞叶区脑梗塞，患者言语不能，为完全性失语。一两个月后患者能说"俺不问""也不问""一个也不问"等极少量的简短词句。1996 年 5 月间，我们对患者进行了三次语言调查，总的印象是，患者的自发性扩展言语能力遭受严重损害。对"你叫什么名字""你家住什么地方""你以前做什么工作"等简单问题均不能用言语正确回答，其中对"你多大岁数了"这一问题不能用言语回答，但能用手比划 65 岁，对“这儿是旅馆吗”等是非问的理解正确率约为 45%，而按图片或实物命名能力却极差，没能说出任何一个我们呈现给他的图片或实物的名称。患者在回答问题时能自发说出的只有“俺不问”、“我不问”、“一个”、“一个不问”、“吃了一碗又一碗”等极少量语句，且并非对主试所问问题的正确回答，而且当我们用这些语句让患者复述时，患者不能正确复述。而在患者能够复述的语句中表现出一个显著的特点，即基本上是以双唇浊鼻音[m]打头的词语。如“面包”“慢慢吃”“煤气”“棉鞋”“馒头”“马”“猫”“帽子”“门”“没人”等。而对以非[m]声母打头的词语，患者只有“眼”这一词语能复述，而且复述并不稳定（患者复述为“眼……眼……鸭……鸭……眼”），间隔一段时间后让患者再复述时，患者已不能正确复述，而是复述成以[m]声母开头的音“[miɛn$^{2}$]①[mA$^{2}$][mɑu$^{1}$]”等。其他以非[m]声母打头的词语，患者均不能正确复述，主要表现为：

(1) 以“一个”等不相干词语代替对目标词的复述，或根本不能复述，如：

钟：一个/本子：一个，一个/杯子：一个，一个/钢笔：（不能复述）

甚至于患者原来能复述的包含以[m]开头的词语，如“面包”“慢慢吃”“煤气”“棉花”等中非[m]开头的词素，患者也不能加以正确复述，如：

包：俺不问/吃：没有/气：（不能复述）/鞋：棉鞋

(2) 将目标词复述为以[m]声母开头，韵母和声调与目标词相同的音。如：

碗[wan$^{3}$]：[man$^{3}$]/病[piŋ$^{4}$]：[miŋ$^{4}$]/被[pei$^{4}$]：[mei$^{4}$]/抱[pɑu$^{4}$]：[mɑu$^{4}$]/盐[iɛn$^{2}$]：[miɛn$^{2}$]

(3) 将目标词复述为以[m]声母开头，发音近似的音。如：

桃[t‘ɑu$^{2}$]：[mɑu$^{1}$]（韵母相同）/伟[wei$^{3}$]：[mei$^{4}$]（韵母相同）/脑[nɑu$^{3}$]：[mɑ$^{3}$]（声调相同）/表[piɑu$^{3}$]：[mɑ$^{3}$]（声调相同）/六[liu$^{4}$]：[mɑu$^{4}$]（声调相同）

从以上所述的患者言语状况可以看出，患者所能表达的多是以[m]开头的

① 国际音标右上方的 1、2、3、4 分别表示汉语的阴平、阳平、上声、去声四个调类。

词语，这一特点还可以从下面的事实进一步看出。患者共有 6 个孙子和孙女，分别叫“猛猛”、“伟伟”、“威威”、“星星”、“宁宁”、“曼曼”。当我们叫患者说出他的孙子、孙女的名字时，患者能正确地说出以[m]声母打头的“猛猛”、“曼曼”两个人的名字，而不能说出其他四个以非[m]声母打头的名字。当我们让患者复述这六个名字时，患者能正确地复述“猛猛”、“曼曼”两词语，但却将“伟伟”、“威威”复述成“妹妹”，将“宁宁”、“星星”说成“没哎”、“没呀”。

患者 WZL 所表现的对以[m]声母打头的词语的言语能力保留良好而对以非[m]声母打头的词语的言语能力基本损伤的状况，表明起首声母对大脑词库的安排起着重要的作用，起首声母一致的词语在大脑词库中贮存具有相对的密切性，他们之间形成一个高度组织的系统。

Aitchison(1989)指出，在大脑词库中，语音越相近的词之间的联系越为紧密，而由于联系密切，因而也特别容易搞混，从而发生替代性错误。[3] 在我们的调查中也有类似的情况，汉语失语症患者在复述、阅读等测试中所出现的错误(摒除语义和汉语形体的影响)，主要可以分为：

(1) 将目标词发为与目标词的韵母、声调相同，而声母不同的音。如：

他[t‘A$^{1}$]：[tʂ‘A$^{1}$]/鸭[iA$^{1}$]：[ɕiA$^{1}$]/窗[tʂ‘uɑŋ$^{1}$]：[kuɑŋ$^{1}$]/床[tʂ‘uɑŋ$^{2}$]：[xuɑŋ$^{2}$]/鲁[lu$^{3}$]：[nu$^{3}$]/八[pA$^{1}$]：[wA$^{1}$]/掉[tiɑu$^{4}$]：[t‘iɑu$^{4}$]/机[tɕi$^{1}$]：[ɕi$^{1}$]/皮[p‘i$^{2}$]：[tɕ‘i$^{2}$]

(2) 将目标词发为与目标词声母、声调相同而韵母不同的音。如：

五[u$^{3}$]：[uan$^{3}$]/活[xuo$^{2}$]：[xuai$^{2}$]/牙[iA$^{2}$]：[iɑu$^{2}$]/动[tuŋ$^{4}$]：[tɑŋ$^{4}$]/门[mən$^{2}$]：[mei$^{2}$]/明[miŋ$^{2}$]：[mɑŋ$^{2}$]/笔[pi$^{3}$]：[pɑŋ$^{3}$]/动[tuŋ$^{4}$]：[tu$^{4}$]



(3) 将目标词发为与目标词声母、韵母相同而声调不同的音。如：

马[mA$^{3}$]：[mA$^{4}$]/尺[tʂ‘ʅ$^{3}$]：[tʂ‘ʅ$^{1}$]/门[mən$^{2}$]：[mən$^{4}$]/鸭[iA$^{1}$]：[iA$^{4}$]/秀[ɕiu$^{4}$]：[ɕiu$^{1}$]

至于其他类型的替代性错误，在测试中也有发现，但相对较少。主要是将目标词发为与目标词声母相同而韵母、声调不同或与目标词的韵母相同而声母、声调不同或与目标词声调相同而声母、韵母不同，而与目标词的声、韵、调均不相同的错误则相对较少。这表明，在中文大脑词库中，声母、韵母或声调相同的词语联系得比较紧密，贮存也可能相对较近。声调在大脑词库的词语联系中起着比较重要的作用，这是汉语与英语的一个重要区别。

在有的轻症失语患者中，出现的语音错误多表现为有关联的音位的对立遭到破坏，如将“尺[tʂ‘ʅ$^3$]复述为[tʂʅ$^3$]是以舌尖后不送气清塞擦音[tʂ]代替了舌尖后送气清塞擦音[tʂ‘]，送气与否是它们声母之间唯一的区别性特征。又如将“奶[nai$^3$]读为[mai$^3$]，则是以双唇浊鼻音[m]替代了舌尖中鼻音[n]，发音部位双唇和舌尖中的不同是它们之间唯一的区别性特征。这表明具有相关联音位的词在大脑词库中的联系比较紧密，它们在大脑词库中的贮存比较接近，当对目标词的提取发生障碍时，与目标词具有相关联音位的词容易被激活从而替代目标词被提取出来。但对于损伤较为广泛的患者，即或是差别很大的音位对立也遭到破坏。

在英语失语症患者中，存在着“浴缸效应”（Bathtub Effect），即词语的起首片断和末尾片断在词语语音结构中比中间部分占据更为重要的地位。[4][8]汉语失语症患者是否也显示出这种特点呢？在我们对患者进行的命名测试中，患者对有的词的起首音节记忆较好，如将“中指”说成“中……中手胳膊……中手头”，“日光灯”说成“日……”，“别针”说成“别扣”等，还有一患者当被询问“你叫什么名字”时，回答说：“叫黄……叫黄什么……黄……黄……不知道。”也有对词语的末尾音节记忆较好的，如将“表带”称为“带……带胳膊……天天我都带的”，将“别针”说成“针”等。这两种现象在同一患者身上也时常出现。如患者ZCL将“中指”说成“中……中手胳膊……中手头”，而将“手腕”说成“腕…胳膊腕”。以上现象说明词首音节和词尾音节在中文大脑词库的语音结构中起着重要作用。以上是基于音节的角度而言的，如果从音素角度来考察，我们从患者对单音节词的语音替代性错误中也可以看出词首音素和词尾音素在大脑词库中也都处于相对突出的位置。如存在这大量的将“[tuŋ$^4$]”发成“[təŋ$^4$]”，将“[miŋ$^2$]”发成“[məŋ$^2$]”等现象，这表明“浴缸效应”对汉语词来说同样也是存在的。崔刚（1994）对此也有论述。[1]

### 2.3 中文大脑词库的形体表征

为了深入探寻中文大脑词库中词语形体表征的特点，在原先测试的基础上，我们又根据汉字特点对患者追补了更为深入的阅读测试项目。我们依据汉字象形、指事、会意和形声等四种造字法选出四种不同的类型的字对患者进行了阅读测试，其中象形字有“日”“月”“鹿”“井”“手”“龟”等，指事字有“上”“下”“本”“甘”“刃”“末”等，以上的象形字与指事字均为独体字；会意字有“休”“歪”“尖”

"森""众"等，形声字有"江""切""草""盒""园""闻"等左形右声、右形左声、上形下声、下形上声、外形内声、内形外声字，以上的会意字和形声字都是合体字。

患者在测试中由于形体方面的原因出现的问题主要可以分为以下几种：

(1) 以形体近似的词代替对目标词的认读，如：

本：木/末：未/勾：句/休：体/切：功/刃：刀

(2) 以一侧偏旁相同，一侧偏旁不同的词（包括形旁不同或声旁不同的词）代替对目标词的认读，如：

欢：吹/盼：粉/奴：如/祸：锅/奸：汗/睛：晴

(3) 以偏旁字代替对目标词的认读（包括以声旁字代替目标词），如：

休：木/独：虫/奸：干/盼：分/睛：青/江：工

此外，患者所出现的问题还包括能阅读字词的各个偏旁，但不能阅读此字词等现象。如对异体会意字"歪"，可以认读"不""正"，但不能对"歪"加以朗读，又如对同体会意字"森"，能认读"木"，但不能读出"森"的发音，以及对形声字如"转"能认读"车"、"专"但不能读出"转"的正确发音。

患者在阅读测试中发现的以形体近似的词替代目标词的状况表明在大脑词库中形体近似的词语之间的联系比较密切，它们在大脑词库中的贮存相对接近。此外，患者能阅读字词的各个偏旁（字），但不能阅读合体字，表明独体字在大脑词库中的存储可能比合体字更具有稳固性。

在失读症患者中，易将读音不规则的汉字形声字加以规则化发音，如上列的以对"青""工"等声旁字的朗读替代对"睛""江"等目标字的朗读等。而患者在对规则化形声字进行朗读时出现的错误则一般相对较少，这表明在中文大脑词库中，规则化的汉字的存储可能比非规则化汉字的存储更具稳固性。另外，患者出现的以声旁字的朗读替代目标字的现象，说明对汉字的认读虽然不可能存在对拼音文字进行朗读时所存在的字母—音素转换通道，但可能存在一种声符——音素转换通道。这样当其他阅读通道受阻时，患者便依靠声符——音素转换通道完成对目标字的阅读，而在这样一种状况下，对发音非规则化的汉字的认读则极易产生以声旁字的发音替代目标字发音的表层失读症（Surface Dyslexia）症状。

## 2.4 中文大脑词库的存储与检索

(1) 中文大脑词库中所储词语的结构形态。

对于英语词，一般认为在大脑词库中大多数是作为一个整体来贮存的，但也有部分词是以分解的形式被储存的，或虽然以整词的方式被存储，但大脑词库有回退存储(Back—up Store)装置，运用回退程序可以将词分解为词素，建构新的复合词语。[11][5][9][3]在中文大脑词库中，词语自身是以什么样的结构被存储的，这是一个需要深入研究的重要问题。

调查中，患者出现了两种截然相反的情况。一种便是上文所提到过的以对词语部分音节的记忆替代对目标词的提取即词的分解现象。其中又主要分为以对词首和词尾的记忆代替对目标词的提取两种状况。另一种便是组词现象，即将目标词加上其他词素形成另外的词，从而替代了对目标词的提取。如在复述测试中，有的患者将“鞋”复述为“棉鞋”，将“牙”复述为“牙齿”；又如在阅读测试中，有的患者将“杯”读为“茶杯”，将“睛”读为“眼睛”，将“美”读为“美丽”等。这一现象至少说明了中文大脑词库中的一些词可能是以相对整体的方式贮存在其中的。同时，中文大脑词库中也可能存在着一个回退存储装置，以便拆解语素，建构新词。关于词库存储形态，还需要神经语言学进一步的深入研究。

(2) 中文大脑词库词汇的检索。

大脑词库词汇的检索即词汇的提取和辨认，中文大脑词库词汇的检索不是以一种直接进达方式达到的，而是以扩展激活模式(Spreading Activation Model)[7]所体现的方式来达到的。先看对患者的调查情况：

(1) 钥匙(命名)——患者回答：“锁……钥匙。”

(2) 耳朵(命名)——患者回答：“头发……眼睛……耳朵。”

(3) 黄(颜色命名)——患者回答：“这是绿的，不是，黄的。”

(4) 铅笔(阅读)——患者朗读：“毛笔……铅笔。”

(5) 红(阅读)——患者朗读：“黄……红。”

(6) 当一传导性失语患者被问及年龄时，他回答说：“47……74。”(实为74)当他谈到得病时间时，他说：“下午……中午啊……早晨……上午。”他的自发性谈话中还出现有“十点多……两点多……四点多了”等。

(7) 发卡(命名)——患者回答：“[tɕʻiɑu$^{3}$]子……[tɕʻiA$^{3}$]子。”

(8) 螺旋(阅读)——患者朗读：“[luan$^{2}$]……[luo$^{2}$]旋。”

(9) 绿(阅读)——患者朗读：“[lu$^{1}$]……[ly$^{4}$]。”

(10) 村(阅读)——患者朗读：“[tsʻuo$^{4}$]……[tsʻɑu$^{2}$]……[tsʻun$^{1}$]。”

(11) 砂(阅读)——患者朗读:"吵,应该是砂。"

(12) 睛(朗读)——患者朗读:"青,不对,是睛。"

上述现象表明在词汇检索时有一群词同时被激活。(1)—(6)主要体现了语义之间相关的词被激活,(7)—(10)主要体现了语音之间相近的词的被激活,(11)—(12)主要体现了形体之间相近的词的被激活。这说明,在大脑词库中,由于语义、语音、形体之间相近的词间的联系比较紧密,贮存得相对接近,故在大脑词库进行词汇检索时,一群语义或语音或形体相近的词被引发激活,相关的词语的联系将变得越来越兴奋而不相关的则不断受到抑制,直至在众多被激活的词中最终有一个词被选定。

一般认为,词的使用频率是影响词汇检索和信息提取的重要因素,词的使用频率高,检索起来就比较容易,检索所需的时间就短。[12] 在我们所调查的患者中,总的说来,对使用频率高的词语的检索状况好于使用频率低的词语,如在命名和阅读等测试中,患者对"螺旋"命名和阅读测试的能力明显低于对"牙刷""头发""耳朵"等的测试,但也出现了对使用频率较低的词语的测试结果好于使用频率较高的词语的情况,如有的患者不能正确说出"耳朵""火柴"等常见事物的名称,但能对使用频率不如它们的"别针"等的名称加以正确称说。这些与使用频率观点相悖的现象说明"使用频率说"并不能完满解决大脑词库词汇检索的问题。这就使得人们注意到词汇检索的另一个变量即新近性(recency),即当我们遇到一个词后,再次激发这个词的阈限将暂时降低,这时认识这个词就比较容易,只需较少的信息。在对汉语失语症患者的调查中,新近性对汉语词的提取的影响同样也是极为明显的。下面是一患者的复述情况的表现:

(1) 慢慢走:慢慢走/慢慢吃:慢慢走/慢慢吃:慢慢吃/煤球:慢慢吃/煤球:慢慢吃



(2) 面包:面包/馒头:面包/馒头:馒头

(3) 麻木:麻木/面包:麻木/面包:麻木

患者在复述中所体现的这种惰性刻板现象显示了新近被提取的词对下面欲提取词的干扰。这种现象还体现在命名等测试中,如一患者在对"手表"进行正确命名后,便将"耳朵""打火机"等都命名为"手表"。惰性刻板现象是新近性对大脑词库词汇检索影响的一种表现,它显示出新近提取的词更容易被再次提取出来,并能对其它词语的提取产生抑制作用。

## 3 结 论

根据我们的调查，关于中文大脑词库，我们可以得出以下主要结论：

（一）中文大脑词库中的词语是与其语义特征或语义成分密切联系的，当词的名称的提取遇到障碍时，其相应的语义成分却能保留并提取出来。在中文大脑词库中，语义场的存储是词的重要存储方式。在中文大脑词库的语义联系中，词与词的并列关系是各种联系中最为密切的一种，上下位关系的词语间的联系也较为密切，但搭配关系的词语间的联系则不如英语词在大脑词库中显得强烈。

（二）在中文大脑词库的语音结构中，声母、韵母或声调相同的词语间的联系比较密切，其中起首声母对大脑词库中的词语起着尤为重要的作用，起首声母一致的词语在大脑词库中形成一个高度组织的系统。而声调在中文大脑词库的词语联系中也起着比较重要的作用，这是中文大脑词库的特点。具有相关联音位的词语在大脑词库中的联系也同样比较密切。此外，中文大脑词库也存在"浴缸效应"的倾向。

（三）在中文大脑词库中，形体相近的词语间的联系比较密切，贮存也相对接近。独体字在中文大脑词库中的存储可能比合体字更具稳固性。而不规则化汉字的规则化发音现象则可能表明中文大脑词库存在着声符——音素转换的阅读通道。

（四）失语症患者出现的词语分解现象和组词现象等为探索中文大脑词库所储词语的自身结构提供了重要线索，其中组词等现象至少说明了中文大脑词库中的一些词可能是以相对整体性的方式存储的。中文大脑词库词汇的检索并非一种直接进达方式，而是以扩展激活模式来达到的。在进行词汇检索时，一群语义、语音、形体相近的词将被激活，越为相关的词语间的联系将越来越兴奋而不相关的则不断受到抑制，直到在众多被激活的词中最终有一个被选定。此外，"使用频率"与"新近性"也是影响中文大脑词库检索的重要因素。

中文大脑词库是一个高度组织的繁复系统，而且研究起来难度很大，本文的探讨只是初步的，许多问题还有待于进一步深入细致的研究。

**参考文献**

［1］ 崔刚：《布洛卡氏失语症实例研究》，《外语教学与研究》1994 年第 1 期。

［2］ 杨亦鸣等：《中文大脑词库形、音、义码关系的神经语言学分析》，《中国语文》1998 年第 6 期。

[3] Aitchison, J. 1989. *Words in the mind: an introduction to the mental lexicon*. Basil Blackwell.

[4] Brown. R. and Mcneil, D. 1966. The 'tip of the tongue' phenomenon. *Journal of Verbal Learning and s Verbal Behavior*, 5, 325—37.

[5] Caramazza, A. Miceli, G. Silveri, c. and Landanna, A. 1985. Reading mechanisms and the organization of the lexicon: evidence from acquired dyslexia. *Cognitive Neuropsychology*, 2. 1: 81—114.

[6] Collins, A. M. and Quillian, M. R. 1969. Retrieval time for semanticmemory. *Journal of Verbal Learning and Verbal Behavior*, 8, 240—247.

[7] Collins, A. M. and Loftus, E. F. 1975. A spreading activation theory of semantic process. *Psychological Review*, 82, 407—428.

[8] Cutler, A., Hawkins, J. A. and Gillingan, G. 1985, The suffixing preference: a processing explanation. *Linguisitics*, 23, 723—758.

[9] Emmorey, K. D. and Fromkin, V. A. 1988. The mental Lexicon. In E. J. Newmeyer (ed). *Linguistics: the Cambridge Survey*, III. Cambridge.

[10] Hilary Putnam. 1970. Is Semantics Possible. In H. E. Kiefer and Milton Munitz (ed). *Language, Belief and Metaphysics*. New York Press.

[11] Taft, M. and Forster, K. I. 1975. Lexical storage and retrieval of prefixed words. *Journal of Verbal Learning and verbal Behavior*, 15, 607—620.

[12] Taft, M. 1979. Recognition of affixed words and the word frequency effect. *Memory and Cognition*, 7, 4, 263—272.

(原载《语言文字应用》2000 年第 3 期)

# 人脑中的基本语言单位[①]

## ——汉语双音节语言单位加工的神经电生理学证据

本文运用ERPs技术，通过语义判断任务，考察了双音节词(单纯词和合成词)和双音节短语提取时的不同加工机制，实验结果显示，单纯词、合成词、短语加工的差异主要集中在P2和N400成分，本文对这些成分的性质作了分析和讨论，并由此得出了大脑中的基本语言单位很有可能就是词，而不是语素或其他的语言单位的结论，并认为语素在词的加工中并不是一定起作用的，汉语的多语素词很可能是直接提取的，而多语素构成的短语在提取时则可能是既依赖存储，也需要运算。

## 1 引　言

语言的能产性和经济性必然要求语言能够被切分成不同的语言单位，以便对语言进行全面细致的分析和描写，因此无论是传统的语言学理论，还是现代的语言学理论，都想方设法确立语言分析



① 本文曾在中国语言学会第十三届学术年会(秦皇岛，2006.8)作大会报告，承同道赐教；又本研究得到国家社会科学基金重点项目(01AYY004)、国家自然科学基金项目(30740040)、教育部人文社会科学研究“十一五”规划项目(07JA740027)、江苏省“青蓝工程”(科技创新团队)资助项目、江苏省哲学社会科学“十一五”规划基金项目(06JSBYY006)、徐州师范大学哲学社会科学研究基金重点项目(06XWA22)的资助，特此致谢。

中的语言单位，并以基本语言单位为基础来建立语法的分析模型。① 同时，随着认知神经科学和语言学等多种学科的交融，人们在对大脑词库②的研究中也发现，人脑中存储的词的数量超过了150000个，而人在运用语言时却只需要200毫秒左右或者更少的时间就能够在大脑词库中找到合适的词。（Aitchison 2003）事实上，不管是语言分析的需要，还是人脑对语言实际加工的需要，庞大的大脑词库的运作都不可能是混乱无序的，而应该是井井有条的，因此，人们在运用语言时必然会以某一级语言单位为基本单位，按照一定的模式进行加工。

汉语研究的情况也不例外。我们一般将汉语的语言单位划分为语素、词、短语（词组）和句子，③究竟以哪一级语言单位为汉语研究的基本出发点，更能适应汉语研究的需要，对于这一问题，语言理论的研究一直都存在争议。本文拟从语言生物基础的视角来研究这一问题，为语言理论的研究提供建立在现代科技手段基础上的神经电生理学方面的证据。

我们曾运用事件相关电位（Event Related Potentials，ERPs）技术，通过语义判断任务，考察了汉语单音节语言单位（字、语素和词）④提取时的加工差异。⑤我们的实验预期是，由于大脑词库中的基本语言单位应该是直接存储在词库中的，在提取时只需要直接从词库中提取出来，不需要更多的额外加工，比如拆分

① 传统西方语法理论以词为基础建立了WP(Word and Paradigm)模式，结构主义语言学为了达到对语法的全面描写，打破了传统语法理论的WP模式，对于音义结合的单位一直分析到语素为止，但他们仍在一定程度上肯定了WP模式，承认语素、词、短语等单位是语法分析中不可或缺的重要语言单位。

② 大脑词库，即mental lexicon，Treisman(1960)最早提出了大脑词库的雏形，此后学术界对大脑词库的概念和结构的认识一直处在不断的发展和完善当中。本文对大脑词库概念的理解采用杨亦鸣等(2000,2001)的观点，大脑词库是人脑中关于词汇信息的内存，它既是研究者主观虚拟出来的，又是客观地存在于人脑中的一个系统。

③ 对于词和短语的概念的界定，本文采用一般教科书的看法，如根据黄伯荣等(1991)的观点，词是比语素高一级的语言单位，是最小的能够独立运用的语言单位。词分成单纯词和合成词，单纯词是指由一个语素构成的词，合成词是指由两个或两个以上的语素构成的词。短语是词和词的语法组合，表示一定的意义，也是造句成分，可以单说或单用，但它不是最小的能够独立运用的单位。

④ 汉语的单音节符号可以分为三种：一种是有意义且可以独立运用，这时它是一个字、一个语素，同时也是一个词；一种是有意义却不能独立运用，这时它是一个字、一个语素，却不是一个词；一种是没有意义，也不能独立运用，这时它是一个字，但却不是语素和词。在实验中为了切实地将字、语素、词三者区别开来，我们把研究进一步缩小在没有意义的字（无意义的字）、单音节不能独立运用的语素（非自由语素）和单音节词上。

⑤ 由于实验对刺激物理属性同一性的需要，我们将相同音节数目的语言单位放在一个实验中进行考察。

和组合等，因此在字、语素、词这三种汉语单音节符号中，能够作为大脑词库中基本语言单位的那一类符号，其行为数据①和ERPs成分②等指标都应该体现出在脑内加工时是比较容易的。实验结果显示，汉语中非自由语素的判断准确率明显低于词和无意义的字，无意义的字诱发的N400成分③的波幅明显小于词和非自由语素，非自由语素诱发的LPC成分④的波幅显著小于词和无意义的字，词诱发的LPC波幅也明显小于无意义的字。该结果说明，无意义的字、非自由语素和词具有不同的加工机制，由于缺乏意义，在语义判断任务中，无意义的字很容易被拒绝，因此无意义的字在实验中加工的难度最小，非自由语素的加工难度明显大于词。实验结果支持在单音节语言单位中，词的加工难度明显小于非自由语素，因此词更应该是大脑词库中的基本语言单位，词在大脑中的存储状态比较稳定，非自由语素可能以不稳定的后备信息的概念存储或附着在大脑词库中。(张珊珊等2006)

但是，上述对词、非自由语素和字的研究仅局限于单音节之内。众所周知，现代汉语有明显的双音化倾向，双音节语音段落的性质比较复杂，尽管音节的数量相同，但有的是词，有的是短语，⑤就是在词的内部，其构成成分也不完全相同，

① 行为数据是心理学中用来测定反应变量的指标，主要包括反应时间和准确率，反映了心理加工过程的复杂性程度，一般来说，反应时间越长，准确率越低，说明心理加工越复杂，反之则越简单。

② ERPs技术主要原理是，人们对大脑(或其他感觉系统)给予或撤消一定的刺激，在脑区(或其他感觉系统)会引起一定的电位变化，再通过分析ERPs波形特征来揭示大脑(或其他感觉系统)对刺激的加工强度和过程。波幅和潜伏期就是分析ERPs成分的两个重要测量指标，它们可以在一定程度上反映刺激的加工强度，波幅代表脑电位的强度，潜伏期反映刺激加工的时间进程。ERPs成分的命名方法主要有两种，一种是根据ERPs波形的极性和出现时间顺序来命名的，如P2成分是刺激出现后的第二个正成分，还有一种方法是根据波形的极性和峰值潜伏期命名的，如N400成分就是潜伏期在400ms左右出现的一个负成分。

③ N400成分最早由Kutas等(1980)报导，当句尾出现的词是歧义词时，就会比正常情况下诱发出更强的一个负波，潜伏期约在400ms左右，后来很多实验验证，N400是与语义加工密切相关的成分。

④ LPC(late positive complex)成分即后正复合体，是与语言加工密切相关的成分，尤其是句法加工。一般认为，LPC的波幅越大，加工难度也越大，但Kutas等(1977)、Palmer等(1994)、Hagen等(2006)等多项研究表明，LPC成分的波幅和任务难度成反比。张珊珊等(2006)的实验结果也支持LPC的波幅与任务难度成反比关系。

⑤ 汉语中，双音节语言单位除了词和短语，还有一类介于词和短语之间的单位，在结构上具有可合可离的特点，但在意义上具有单一性，如“鞠躬”、“洗澡”，有人称之为“离合词”。本实验暂没考虑这类单位，在选择语料时将其排除在外。我们将在另外的实验中单独考察这一类语言单位。

有的词是由单语素构成的，有的词是由双语素构成的。单语素和多语素的双音节语言单位在提取加工上是否存在差异？多语素语言单位（词和短语）在加工过程中，是分解为语素进行加工还是以整体为单位进行加工的？这些问题从上个世纪 70 年代提出以来一直都存在争议。学界对印欧语等语言的研究目前有多种观点，有的研究认为多语素的语言单位在加工过程中可能是以词为单位，（Rubin 等 1979；Collins 等 1975）有的研究认为可能是以语素为单位，（Taft 等 1975；Taft 等 1995）还有的研究认为可能是以两类单位混合的形式进行复杂加工。（Caramazza 等 1988；Gurel 1999）汉语和印欧语的情况有所不同，汉语的这些不同性质的语言单位其音节数一般情况下都是由两个汉字组成，它们是否会因为音节数量相同而呈现出类似的加工？汉语多语素的语言单位的加工过程是分解加工还是整体加工？① 这些亟待解决的问题就需要我们将这些音节数量相同但性质不同的语言单位放在同一个实验中来进行研究。因此，本文利用 ERPs 技术，主要就双音节词（单纯词和合成词）和双音节短语提取时的加工机制展开研究，同时结合单音节语言单位的实验结果，讨论词和短语两类语言单位加工机制的特点，探究人脑中运转的基本语言单位究竟应该是哪一层级的单位。

## 2　实验语料和实验方法

### 2.1　被试

16 名（8 男，8 女）在校理工科大学生志愿者参加本实验。年龄在 20—24 岁，平均年龄为 21.42 岁，母语为汉语，均为右利手，没有脑外伤和神经系统疾病史，视力和矫正视力均在 1.0 以上。数据离线处理后有 2 名被试的脑电数据未达到要求，在离线分析中剔除。

### 2.2　实验材料

依据《现代汉语词典》（第 5 版，中国社会科学院语言研究所词典编辑室编，北京：商务印书馆 2005 年版）选择出单纯词、合成词和短语这三种类型的双音节语言单位，单纯词如琵琶、犹豫等，合成词如富饶、资料等，短语如很迟、锯树等。② 每种类型分别选择 100 个，对这 300 个材料进行 35 人的熟悉度调查，熟悉



① 学界对于汉语双字词也有一些研究（彭聃龄等 1994），但由于在材料的选择上没能够严格分清一些概念，如字和词、词和短语等，实验结果也因此在一定程度上受到了影响。

② 考虑到要尽量排除干扰因素，在语料的选择上，我们尽量兼顾了每类语言单位的下位类，单纯词中包括联绵词、叠音词和音译的外来词，合成词中包括复合式、附加式和重叠式三种不同构词方式的合成词，短语中包括并列式、偏正式、动宾式、主谓式等几种不同结构类型的短语。

度层次分为熟悉和不熟悉。其中有8份问卷为无效问卷被排除。最后再选择27人均认为熟悉的三类材料各50个作为最终的实验材料。三类实验材料(单纯词、合成词和短语)的平均笔画分别为20.40±4.41画、19.92±3.89画和18.90±4.72画,单因素(因素为语言单位的类型)方差分析[①]显示,三类材料的平均笔画数没有语言单位类型(3水平:单纯词、合成词和短语)的因素效应[②],$F(2,147)=1.548$,$p=0.216$,语言单位类型之间两两比较也达不到统计上的显著性差异水平(单纯词与合成词、单纯词与短语以及合成词与短语之间比较的p值分别为0.582、0.087、0.243)。因此,三类语言材料之间既没有熟悉度上的差异,也没有笔画数上的差异。实验材料中排除了同音词和同形词。另外选择150个表示动物名称的双音节词作为填充词。

## 2.3 实验设计和程序

实验在隔音电磁屏蔽室进行。要求被试保持头部不动注视屏幕中央,视角约为1.5°×2.1°。刺激材料为72号宋体。实验中,刺激材料分为三个刺激序列,每个序列包括100个刺激,三类材料等概率随机呈现,填充词和目标词的数量也为等概率,每个刺激呈现时间为100ms,刺激间隔[③]为1800ms。三个序列之间有短暂休息。实验任务是要求被试判断呈现屏幕上的每一个刺激材料是否为动物的名称,并以左右手做出“是”或“不是”的按键反应,要求被试尽量快和准确地按键。在正式实验之前,要求被试完成相同任务的练习,熟悉按键和任务要求。反应手和刺激序列的呈现顺序在被试中进行交叉平衡。

## 2.4 脑电记录与获得

实验中,被试佩戴Quick-cap32导Ag/AgCl电极帽,采用美国Neuroscan Synamps2记录脑电。电极位置采用10—20国际电极系统。参考电极置于双侧乳突连线,接地点在Fpz和Fz的中点,同时记录水平眼电和垂直眼电。带宽为

① 方差分析,即analysis of variance,又称为变异分析,为纪念该方法的创始人R. A. Fisher,也被称为F检验。方差分析可分为单因素方差分析和多因素方差分析(包括两因素方差分析)。用统计软件包计算后可以得到的方差分析的F检验值和p值(概率),一般公认的判断标准是,当$p>0.05$时则差别无显著性,当$0.01<p<0.05$时差别有显著性,当$p<0.01$时差别有高度的显著性。本文对刺激材料的笔画数和实验的行为数据的统计因只涉及一个因素,即语言单位的类型,因此采用单因素方差分析法,而对ERPs成分的波幅和潜伏期测量涉及语言单位的类型和电极点共两个因素,因此采用多因素方差分析。

② 因素效应,即组间效应,是单因素方差分析中的重要指标,指由单因素影响的各因素水平的均值之间的差异是否有统计意义,如果有则表明有因素效应,反之则没有。

③ 刺激间隔,stimulus onset asynchrony,简称SOA,是从前一个刺激出现到后一个刺激出现之前的时间间隔。

0.05—100Hz，采样频率为1000Hz，电极与头皮接触电阻小于5KΩ。

### 2.5 数据处理和分析

使用Scan4.3软件对采集的脑电数据进行离线分析处理，排除眼动和肌肉活动对EEG（electroencephalography，脑电图）数据的影响，数据进行无相移数字滤波，滤波的带宽为0—20Hz，滤波衰减强度为24dB/oct，分析时程为1200ms，其中刺激前基线200ms，自动矫正眨眼等伪迹，波幅大于±100μV者被视为伪迹被自动剔除。离线分析剔除无效数据后，对14名被试（7男，7女）的脑电数据进行叠加处理。分类叠加这14名被试的脑电数据后得到单纯词、合成词、短语这三类双音节语言单位的ERPs曲线。

对记录到的行为数据用SPSS10.0统计软件包进行单因素方差分析，对三类语言单位的反应时和准确率的均数差别进行显著性检验。填充词不在统计之列。

观察ERPs总平均图的波形特征，主要诱发了P2、N400和LPC几个ERPs成分，对这些成分分别进行平均波幅、峰值和峰潜伏期①的测量和分析，P2成分测量分析了110—240ms时间段的平均振幅，在260—400ms时间段里对N400成分进行了峰值和峰潜伏期测量，测量了LPC成分450—650ms时间段的平均振幅。对测量到的数据用SPSS10.0统计软件包进行两因素（语言单位的类型和电极点）重复测量方差分析。统计结果进行了Greenhouse-Geisser校正。

## 3 实验结果

### 3.1 行为数据结果

实验的行为数据包括被试的反应时和准确率。实验中，每个被试的P(A)值②均大于0.70，因此被试的反应是可靠的。对14名被试的反应时和准确率（为排除极端数据的影响，剔除了超过三倍标准差的数据）进行单因素方差分析，三类双音节语言单位的反应时和准确率结果详见表1。



① 波幅测量一般有平均波幅测量和峰值测量两种方法，由于有些ERPs成分的峰值并不是很好确定，因此用测量平均波幅的方法测得的波幅值更有价值和更为稳定。峰潜伏期指的是一个ERPs成分波峰的潜伏期。我们在实验中根据成分的具体情况来确定测量方法。

② 根据信号检测理论，P(A)值为（击中数＋正确否定数）/刺激总数，P(A)值大于0.5，被试的反应才是可信的。

**表 1　三种类型语言单位的反应时和准确率**

| 类　型 | 反应时(ms) | | 准确率(%) | |
|---|---|---|---|---|
| | 均值 | 标准差 | 均值 | 标准差 |
| 单纯词 | 563.84 | 85.57 | 92.71 | 4.05 |
| 合成词 | 538.06 | 76.42 | 96.86 | 3.90 |
| 短　语 | 512.66 | 83.02 | 96.43 | 3.86 |

单因素(类型)方差统计的结果显示,单纯词、合成词和短语的反应时没有类型的因素效应,$F(2,39)=1.371$,$p=0.226$,就反应时的类型之间两两比较,单纯词与合成词、单纯词与短语以及合成词与短语之间均没有显著性差异(p 值分别为 0.429、0.106、0.416);单纯词、合成词和短语的准确率有语言单位类型的因素效应,$F(2,39)=6.236$,$p=0.017$,语言单位类型的准确率两两进行比较后发现,单纯词与合成词之间有显著性差异($p=0.008$),单纯词与短语之间有显著性差异($p=0.017$),合成词与短语之间没有显著性差异($p=0.775$)。

### 3.2　ERPs 数据结果

对单纯词、合成词和短语这三种语言单位 ERPs 曲线的 P2、N400 和 LPC 几种成分测量统计结果显示,语言单位类型之间的波形差异主要分布在 P2 成分和 N400 成分。

对 P2 成分进行语言单位类型(3 水平:单纯词、合成词和短语)×电极(12 水平:FP1、FP2、FZ、F3、F4、FCZ、FC3、FC4、FT7、FT8、T7、T8)的两因素重复测量方差统计,结果有语言单位类型的主效应,$F(2,26)=5.462$,$p=0.017$,ε[①]$=0.810$,没有语言单位类型×电极的交互作用,$F(22,286)=0.875$,$p=0.509$,$\varepsilon=0.245$。语言单位的类型之间比较,单纯词与合成词之间没有显著性差异,$p=0.722$,短语与单纯词、短语与合成词之间的差异都达到了显著水平,p 值分别为 0.028 和 0.011。从 ERPs 的总平均图来看,单纯词的 P2 波幅最大,合成词次之,短语最小,见图 1 和图 2。从图 3 的地形图也可以看出,短语与词(单纯词和合成词)的 P2 成分差异主要分布在前额和额区等脑区。

① 一般使用的重复测量的方差分析总是假定所有重复测量的成对水平是存在着球状的或是相等的协方差,而心理生理学的很多数据并不符合这一假定。为弥补这一情况,需要对统计结果进行 Greenhouse—Geisser 校正,ε 值就是对方差和协方差齐性的度量,一般在 0 和 1 之间。当非齐性时,ε 值就减小,在评估概率之前就应降低自由度,并据此校正 p 值。因此,Picton 等(2000)建议在 ERPs 数据统计分析时应该给出自由度,校正 p 值和 ε 值。

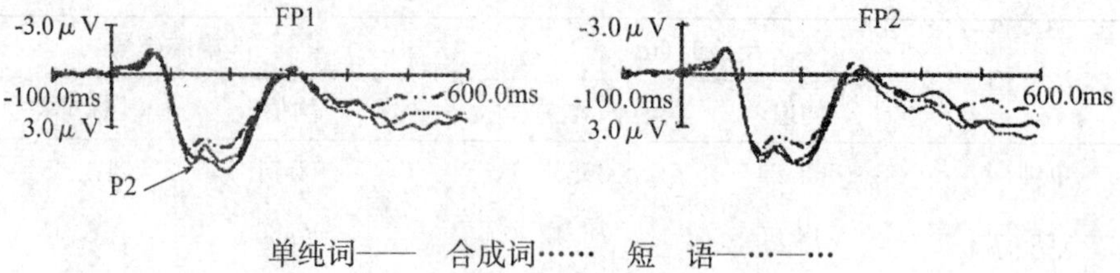


**图 1 三种类型语言单位的 ERPs(FP1、FP2)**

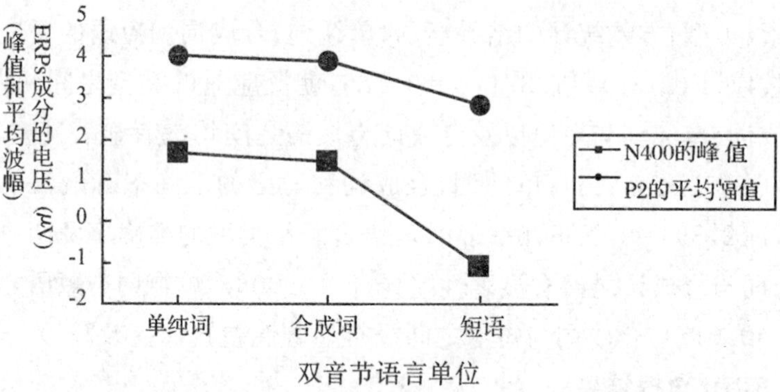


**图 2 三类语言单位的 P2 成分的平均幅值(110—240ms)(电极点为 FP1、FP2、FZ、F3、F4、FCZ、FC3、FC4、FT7、FT8、T7、T8)和 N400 成分的峰值(电极点为 FZ、F3、F4、FCZ、FC3、FC4)**

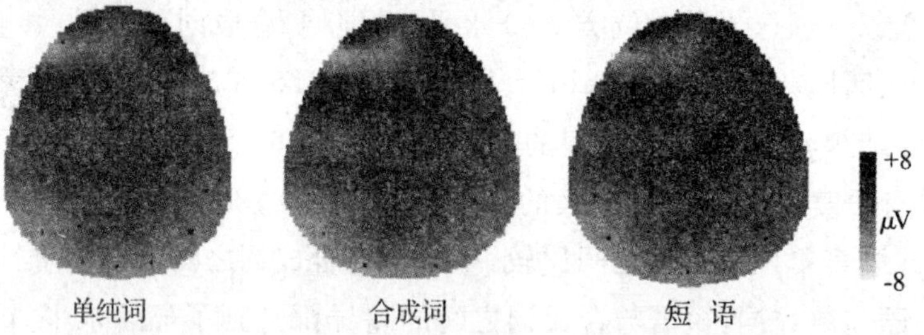


**图 3 三种类型语言单位 110—240ms 时段平均波幅的地形图**



对 N400 成分峰潜伏期的测量结果进行语言单位类型(3 水平:单纯词、合成词和短语)×电极(11 水平:FZ、F3、F4、FCZ、FC3、FC4、T7、T8、CZ、C3、C4)两因素重复测量方差统计后,我们发现,没有语言单位类型主效应,$F(2,26)=0.294$,$p=0.675$,$\varepsilon=0.713$,也没有语言单位类型×电极的交互作用,$F(20,260)=1.603$,$p=0.176$,$\varepsilon=0.236$。语言单位的类型之间进行两两比较,单纯词与合成词、单纯词与短语以及合成词与短语之间都没有显著性差异(p 值分别为 0.921、0.537 和 0.344)。

对 N400 成分的峰值测量结果进行语言单位类型(3 水平:单纯词、合成词和短语)×电极(6 水平:FZ、F3、F4、FCZ、FC3、FC4)两因素重复测量方差统计，结果显示，有语言单位类型主效应，F(2,26)=4.726，p=0.025，ε=0.822，没有类型×电极的交互作用，F(10,130)=1.449，p=0.234，ε=0.380，语言单位类型之间两两比较，单纯词与合成词之间没有统计学意义上的显著性差异(p=0.844)，单纯词与短语之间有显著性差异(p=0.041)，合成词与短语的差异达到非常显著(p=0.010)。从 ERPs 波形来看，N400 成分波幅最大的是短语，其次是单纯词与合成词，见图 2、图 4。从地形图(图 5)可以看出，短语与词(单纯词和合成词)的 N400 差异主要分布在额区和额中央区。

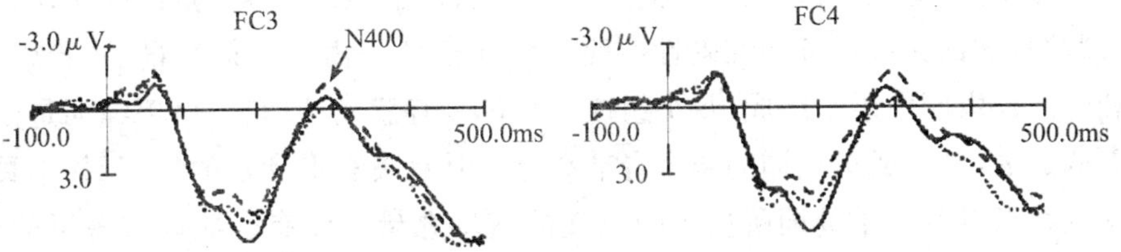


单纯词——— 合成词………… 短 语— — —

**图 4 三种类型语言单位的 ERPs(FC3、FC4)**

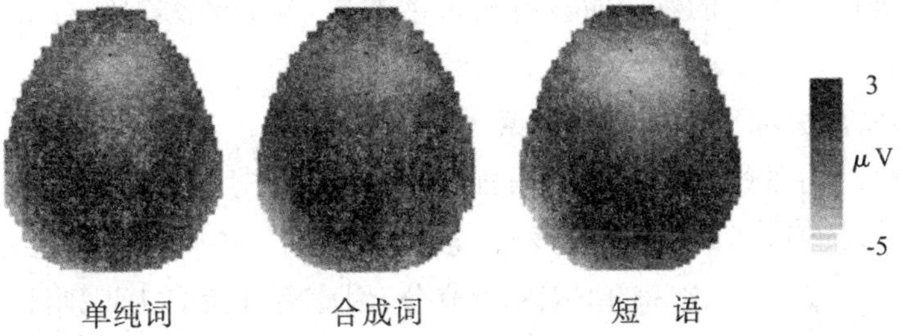


**图 5 三种类型语言单位 270—320ms 时段平均波幅的地形图**

LPC 成分的语言单位类型(3 水平:单纯词、合成词和短语)×电极(11 水平:FZ、F3、F4、T7、T8、CZ、C3、C4、PZ、P3、P4)两因素重复测量方差统计的结果表明，没有语言单位类型的主效应，F(2,260)=1.784，p=0.195，ε=0.835，没有语言单位类型×电极的交互作用，F(20,260)=2.046，p=0.069，ε=0.302。语言单位类型之间两两比较发现，单纯词与合成词、单纯词与短语以及合成词与短语之间都没有显著差异(p 值分别为 0.097、0.218、0.834)。

## 4 分析和讨论

### 4.1 行为数据结果分析

从行为数据的统计结果来看，单纯词、合成词和短语的反应时之间没有显著性的差异，但比较三类双音节语言单位的准确率后发现，单纯词的准确率明显低于合成词和短语。这一结果是和实验任务相关的。Bentin 等(1990)认为词意义的加工就是对词感知机制的默认行为，词在表征其不同方面时，它被刺激的程度要依赖于完成任务所需要的信息量。这就是为什么词和假词在语义判断任务中会有明显差异，但在韵律任务中却没有差异的原因。我们的实验任务同样也是语义判断，被试完成任务的准确性要完全依赖于任务需要的信息量，实验中，短语和合成词由两个语素组成，每个组成成分都具有意义的信息，而单纯词是由单语素构成的，且构成单纯词的两个音节在分开时只具有形和音的特征，并不具有意义的特征，因此，单纯词所提供的意义的信息总量就没有合成词和短语的多，被试在完成同样的实验任务时，从短语和合成词那里获得的语义信息量要比单纯词多，他们在对短语和合成词作出否定的判断时就要比单纯词更为准确。但是，由于三类语言单位的反应时没有显著性差异，我们还必须结合 ERPs 数据作进一步分析。

### 4.2 P2 成分和语言加工的关系

对于 P2 成分的性质及其在语言加工中所起的作用，学界有着不同的观点。Rudell(1990,1991,1992)的研究发现，被试能识别的单词或图像会诱发更大的潜伏期在 200—250ms 之间的 ERPs 正成分，因此将其命名为识别波(即 recognition potential，简称 RP)，他认为该成分可以帮助我们研究大脑对语言现象识别的心理加工，它对语言加工很敏感，RP 的最大位置在枕叶区域，其神经发生源位于舌回和梭状回的中间部分。但 RP 究竟是与正字法还是与语义分析有关呢？Martin-Loeches 等(1999,2002)发现不同的材料(字母残片刺激串、符合正字法的假词以及真词)所诱发的识别波有差异，真词的识别波波幅最大，因此他认为这个成分不仅与刺激的类型有关，与语义也有关联，RP 成分在 PO7 电极的位置达到最大值，而且 RP 成分对词汇加工的所有方面都非常敏感，所有类型的刺激的脑区分布也很接近，都在舌回附近。在对汉语的研究中，吕勇等(2005)通过启动实验研究了汉语的双字词，结果观察到了 P240 成分，这个成分在语义强相关时波幅最大，而在语义无关时波幅最小，脑区分布不同于 RP，有右侧优势效应，因而认为 P240 是个与汉语语义加工有关的 ERPs 成分。

我们在实验中观察到的P2成分，潜伏期在200ms左右时峰值达到最大，分布在前额、额叶、颞叶等前部脑区，没有发现半球的优势效应。从潜伏期来看，我们观察到的P2成分类似于RP、P190以及P240等成分，但它们分布的脑区不完全相同，这提示我们，这些成分可能并不是完全相同的成分。但从另外一个方面来看，无论是RP、P190还是P240，这些成分都在刺激更容易识别或是语义加工更容易时，其波幅更大，也就是说P2成分的波幅很可能是与其加工的难度成反比的。在这个成分中，单纯词和合成词的加工没有体现出差异（它们的P2成分平均幅值分别为4.014μV和3.899μV），这说明词这一级语言单位在这一阶段的加工是类似的，并没有受到构成语素多少的影响。而短语P2成分的波幅（其平均幅值为2.869μV）明显小于词（单纯词和合成词），体现出短语的加工比词难，它与词的加工过程是分离的。

行为学（Marslen-Wilson 1987；Ryner 1998；Sereno等 2003）和神经电生理学[①]的多项研究证明，词汇语义信息的提取发生在能够再认的书写词和口语词出现以后的200ms以内。根据这一观点，书写词的词汇提取应该是发生在刺激出现后不超过200ms，[②]在这个时段之前，词就可以提取了。如果这一研究适用于汉语的话，那么词的提取是在200ms之前，也就是我们观察到的P2成分很可能反映的就是词提取的过程。这样就可以解释为什么在这个过程中，单纯词和合成词没有差异，而二者却都和短语的加工不同。词和短语两类语言单位都要在P2成分的时间段里实现提取的过程，而在这过程中，短语是由两个词构成的，它的提取势必要比单个词耗费更多的资源，它们的加工强度和提取过程都是不同的，因此，词和短语在这个成分的加工上就出现了分离。

因此，我们认为，P2成分很可能是和词的提取密切相关的一个成分，这一成分也将词和短语这两级语言单位区分开，证明了二者加工的神经基础是不同的。

**4.3　N400成分与大脑对语言信息整合加工的关系**

本实验中，短语的N400成分的波幅最大（单纯词、合成词与短语N400成分的平均峰值分别为－2.328μV、－2.413μV、－3.883μV），其峰值与单纯词、合



① 词的早期词汇语义的提取的神经电生理学证据来自于对N100、N200和MMN等潜伏期较早的ERP成分的研究。（Hinojosa等，2000；Pulvermuller等，1995，2001；Shtyrov等 2004；Hauk等 2004，2006）

② Hauk等（2004）认为，最早的词频效应能够提供词汇提取的潜伏期的上限，而他们通过研究表明，在150—190ms的时间段，高频词诱发的ERP波幅要比低频词小，因此书写词的词汇提取就应该发生在这一时段。另外，Sereno等（1998）报告了词汇提取可能是在刺激出现后大约在132ms，Assadollahi等（2001a）的研究也发现相似的效应发生在刺激出现后120—160ms。

成词都有显著差异，这些差异主要分布在额区和中央区。很多研究（Kutas 等 1980，1984）都认为，N400 成分是在语义解释中出现的一个稳定的特异性 ERPs 成分，是对语义加工很敏感的成分，其波幅与语义加工的难度正相关。所以，实验中 N400 成分反映出语义加工难度最大的是短语，明显大于词（单纯词和合成词）。这一结果不仅与我们对 P2 成分的分析是一致的，而且也与语言学理论对二者的区分完全吻合。短语与词的差别就在于词是最小的能够独立运用的音义结合体，短语则是词和词的组合，大于词，因此短语的语义加工的难度显然要比词大。

不过，尽管学界普遍承认 N400 的波幅与语义加工的难度正相关，但是关于 N400 与脑内语言信息加工的具体关系，目前学术界还存在一些争议[①]。下面我们从语言单位提取的时间进程的角度进一步分析 N400 与语言信息加工之间的关系。

通过对 P2 成分的分析可知，P2 成分反映出词和短语在提取过程中的分离。根据统计结果，三类语言单位在 LPC 成分上没有显著性差异，结合行为数据来看，三类单位的反应时都在 510—570ms 之间，与 LPC 成分的潜伏期基本重合，所以 LPC 成分体现出被试进行判断并作出反应的过程，由于实验任务的要求，被试必须对这三类语言单位都作出否定的判断，显然它们在 LPC 成分上的加工是类似的，体现为三类语言单位的 LPC 成分的平均波幅没有显著性差异。这一点同时也说明三类语言单位的提取加工是在 LPC 成分之前就已经完成了。如果说 N400 反映了词汇水平的某些加工特点，那么在从大脑词库中搜索出词之后，作为词与词组合的短语，必然还要对两个词进行进一步的整合加工，这样短语在晚成分上就应该体现出与词（单纯词和合成词）的加工之间存在差异，而实验结果表明，词和短语的 LPC 成分并没有差异。因此，我们的实验结果并不支持 N400 反映了词汇水平的加工特点，相反，在一定程度上说明 N400 可能反映了后词汇的再加工，是对两个词信息的整合加工。作为词，单纯词和合成词的语义等信息是赋予整个词的，在提取过程中，并不需要对组成词的语素进行单独加工，然后再进行整合，所以单纯词和合成词在加工难度上就没有什么差异。但短语则不同，它的语义是由其组成成分的语义组合而成的，需要进一步的整合加工，体现在短语的 N400 波幅的增大。因此，N400 成分可能反映的是后词汇的



① 学界对于 N400 和脑内语言信息加工的争议主要有两种观点。一种观点认为，N400 可能反映词汇水平的某些加工特点。（Bentin 等 1985 等）另外一种观点则认为 N400 反映后词汇加工的整合过程的困难程度，如 Polich 等（1988）、Rugg（1990）、Assadollahi 等（2001b）。

信息整合加工。

### 4.4 人脑中的基本语言单位究竟是什么?

本实验考察了双音节的单纯词、合成词和短语的加工情况,其中包括语素(自由语素)、词和短语共三级语言单位,其中哪一级语言单位更有可能是大脑中的基本语言单位,下面根据实验的行为数据和ERPs结果,并结合语言理论进行讨论分析。

首先,来看语素是否可能是人脑中的基本语言单位。单音节语言单位的实验结果并不支持语素是人脑中的基本语言单位。(张珊珊等2006)再看本文的双音节语言单位的实验结果,实验中单纯词与合成词的神经加工机制很类似,无论是波幅,还是潜伏期,它们ERPs的任何一个成分(包括P2、N400和LPC成分)都没有显著性差异。单纯词是由单语素构成的,而合成词是由双语素构成的,这说明在加工过程中,词的构成成分——单个语素和两个语素加工的强度并没有什么不同,也就是说,语素数量的多少对词提取加工过程没有造成直接影响;但是,另外一方面,合成词和短语都是两个语素构成的,它们的加工机制却有很大不同。如果语素是大脑中的基本语言单位,那么这二者在加工过程中,都需要先从大脑词库中将语素提取出来,然后再进行整合加工,它们的加工强度应该是比较接近的,但事实上,短语与合成词在P2和N400成分上都有显著性差异,相同数量的语素构成的语言单位,它们的加工却是截然不同的。这样的结果说明,语素数量的多少并不必然对语言单位的提取加工过程有直接影响,语素的提取并非是语言单位提取过程中的必经阶段,显然,语言单位的提取并不是都以语素为基本单位的,语素似不应该是人脑中的基本语言单位。

再来看短语。从P2和N400成分可以看出,短语的加工难度要明显大于单纯词和合成词,如果短语是大脑中的基本语言单位,那么短语应该可以直接提取出来,它的加工也应该比较容易,但实验结果却是相反的情况,因此这足以说明短语不可能是人脑中的基本语言单位。

那么,词会是人脑中的基本语言单位吗?对于单纯词和合成词,我们得到的实验结果是,二者的加工机制非常相似。众所周知,单纯词和合成词的语言单位的性质是相同的,都是词,它们ERPs成分(P2、N400和LPC成分)的波幅和潜伏期都没有显著性差异,这说明相同性质的语言单位的加工机制是相似的,也就是说,根据构成词的语素多寡给词所作的下位分类——单纯词和合成词在提取加工的过程中并没有什么差异;而另外一方面,它们与短语的加工相比却有明显的分离,这种差异不仅体现在P2成分,还体现在N400成分,短语的加工难度明显大于词,其原因就在于短语是由两个词组成的,而单纯词和合成词却只是单个的词，单个词和两个词的加工具有不同的机制，词的数量的多少直接影响到了它们在加工过程中的难度。

以上分析说明，词是人脑中的基本语言单位，单纯词和合成词都能直接从大脑词库中提取出来，但短语却需要更复杂的加工，它要首先从词库中提取出其组成成分——词，之后再对这些词进行整合加工。因此在实验中，词（单纯词和合成词）提取的完成明显早于短语，可能在 P2 成分就已经完成，它们在 N400 成分的时间段里并不需要太多的加工，而短语整个的加工则是在 N400 成分之后才充分完成的。所以说，词的加工比短语容易证明了词很可能就是人脑中的基本语言单位。我们再结合单音节语言单位的研究来看，（张珊珊等 2006）在单音节语言单位中，词的加工也比非自由语素要容易，也支持词可能是大脑中的基本语言单位。两个实验的结果都支持词是人脑中的基本语言单位这一结论。我们可以这样设想，在运用语言时，人们可能首先提取出词库中最基本的语言单位——词，然后再根据一定的规则，通过分解或是整合的方式进行再加工，以满足各种语言运用的需要，同时也满足语言经济性和能产性的要求。

**4.5　语素在语言单位加工过程中的作用以及多语素语言单位的提取方式**

语素在词（尤其是多语素词）的加工和识别中是否有作用，这是学术界一直在讨论的话题。有人认为，在词通达过程中，语素是必经的阶段，（Taft 等 1975 等）有人认为语素在词的加工过程中并不起作用，词是直接存储的，（Butterworth 1983；Dell 等 1992 等）还有人认为在词加工过程中，语素有时起作用，有时也并不需要它。（Caramazza 等 1985 等）我们在实验中发现，汉语的单纯词和合成词，也即单语素词和双语素词在加工上并没有出现分离，如果说词必须通过语素才可以识别，即语素是词加工过程中必经阶段的话，那么语素数量少的词的加工显然和语素数量多的词的加工是不同的，可实验的结果却不能支持这一假设。这就证明词的加工并不完全依赖其构成语素，语素在词的加工中并不是一定起作用的。假设这一推论成立，那我们又要面对新的问题，那就是，汉语的多语素语言单位是以怎样的方式来提取加工的呢？是依赖词库的存储还是依赖规则的运算？

印欧语的研究非常关注形态复杂的词在加工过程中是分解加工的，还是以整词的形式加工的，为了寻求语言的普遍性，还从跨语言的角度展开了对这一问题的研究，（Correa 等 2004；Waksler 1999）但至今没有定论。如果多语素词是分解加工的，那显然加工过程中要更多依赖于运算，而如果不需要分解，则是直接从词库中提取这些多语素词，那么更多的则是依赖大脑中的存储来实现词的提取。通过研究规则和不规则的形态变化，研究者（Pinker 1991；Ullman 2001）发现，依赖存储和依赖运算的加工的神经机制是完全不同的，规则变化是根据规则进行的运算，而不规则的变化是直接存储在大脑词库中的，二者的产生机制完全不同。Ullman 等(2005)甚至发现从记忆中提取存储的单词主要和左颞和颞顶等脑区有关，而规则形态的运算主要是和左额有关。

在我们的实验中，实验任务是语义判断，对语言单位的提取过程是内隐的，实验结果显示，同为多语素的语言单位合成词和短语在提取时的加工机制是不同的。由于由一个语素构成的单纯词和由两个语素构成的合成词的提取机制是类似的，因此我们推测这二者可能都是直接从词库中提取的，不需要经过语素的整合和运算的加工过程，因此它们在中文大脑词库中有可能是直接存储的。双语素构成的短语则不同，在提取过程中，它的加工难度超过了同为双语素构成的合成词，从图 3 和图 5 的地形图也可以看出，短语的加工脑区与合成词相比存在很大不同，短语在 N400 成分时间段里，额中央区和中央区的加工强度和广度明显大于合成词。通过 4.3 和 4.4 的分析，我们知道词和短语的加工存在分离，这在一定程度上反映出词和短语不同的加工机制，而根据 Ullman 等(2005)的研究结果，左额是与规则形态的运算相关的，我们从本实验结果中也观察到，短语在这一脑区的加工强度明显要大于合成词，可见左额在短语的加工过程中比合成词耗费了更多资源，可见，短语的加工可能更多地依赖于运算，短语在提取过程中可能是先从词库中提取词，再经过整合和运算，而不是直接提取的，这同时也能间接说明短语可能不是以整体的形式存储在大脑词库中。因此，中文大脑词库中的多语素词可能是直接存储的，在提取时依赖的是存储，而多语素短语的提取情况则不同，既依赖存储，也可能需要运算。不过这一结果还需要进一步的实验来验证。

## 5 结　语

经过分析和讨论，我们得到了下面一些结论：

1) 实验中观察到的 P2 成分可能并不是 RP，而很可能是和汉语词的提取密切相关的一个成分；

2) N400 成分不仅是语义加工敏感的指标，还可能反映的是后词汇的语言信息整合加工的难度，而不仅仅是词汇水平的某些加工特点；

3) 实验结果支持人脑中的基本语言单位很有可能就是词，而不是语素或其他的语言单位；

4) 语素的提取并不是词或其他语言单位提取加工过程中的必经阶段，中文大脑词库中的多语素词可能是直接存储的，而多语素短语则不同，它在提取时可能是既要依赖存储，也需要运算。

但是，我们的工作仍存在一定的局限性。首先，研究对象局限于双音节以下的语言单位，缺乏对三音节以上语言单位的考察；其次，实验考察的都是语言单位的视觉加工，没有听觉加工的研究；再次，目前进行的都是基于语言单位单独呈现条件下的提取加工的实验研究，缺乏语境条件下和在线加工条件下的存储、记忆等更多层面的加工研究。因此，今后的研究应进一步从不同的角度展开。

**参考文献**


黄伯荣，廖序东：《现代汉语》（增订版），高等教育出版社 1991 年版。

吕勇，沈德立：《P240 的语义距离效应》，《应用心理学》2005 年第 11 卷第 3 期。

彭聃龄，李燕平，刘志忠：《重复启动条件下中文双字词的识别》，《心理学报》1994 年 26 卷第 4 期。

杨亦鸣，曹明：《基于神经语言学的中文大脑词库初探》，《语言文字应用》2000 年第 3 期。

杨亦鸣，曹明，沈兴安：《国外大脑词库研究概观》，《当代语言学》2001 年第 2 期。

张珊珊，赵仑，刘涛，顾介鑫，杨亦鸣：《大脑中的基本语言单位——来自汉语单音节语言单位加工的 ERPs 证据》，《语言科学》2006 年第 3 期。

Aitchison, J., 2003 *Words in the Mind－An Introduction to Mental Lexicon*, third edition, Blackwell Publishing.

Assadollahi, R., Pulvermuller, F., 2001a Neuromagnetic evidence for early access to cognitive representations. *Neuroreport*, 12 (2), 207—213.

Assadollahi, R., Pulvermuller, F., 2001b Word length and frequency in early lexical access: neuromagnetic evidence (Society for Psychophysiological Research, Abstracts of the 41st Annual Meeting). *Psychophysiology*, 38 (Suppl 1), S21.

Bentin, S., McCarthy, G., and Wood, C., 1985 Event-related potentials: lexical decision and semantic priming. *Electroencephalography and Clinical Neurophysiology*, 60, 343—355.

Bentin, S., Peled, B. S., 1990 The contribution of task-related factors to ERP repetition effects at short and long lags. *Memory and Cognition*, 18, 359—366.

Butterworth, B. 1983 Lexical Representations. In B. Butterworth (ed.). *Language production*, Vol., 2, 257－294. London: Academic Press.

Caramazza, A., Miceli, G., Silveri, C., Landanna, A. 1985 Reading mechanisms and the organization of the lexicon: Evidence from acquired dyslexia. *Cognitive neuropsychology*, 2, 81—114.

Caramazza, A., Laudanna, A., and Romani, C. 1988 Lexical access and inflectional morphology. *Cognition*, 28, 297—332.

Collins, A. M. and Lofus, E. F. 1975 A spreading activation theory of semantic process. *Psychological Review*, 82, 407—428.

Correa, L. M. S., Almeida, D. A. de A., and Porto R. S. 2004 On the representation of Portuguese gender-inflected words in the mental lexicon, *Brain and Language*, 90, 63—73.

Dell, G. S., and O'Seaghdha, P. G. 1992 Stages of lexical access in language production. *Cognition*, 42, 287—314.

Gurel. A. 1999 Decomposition: To what extent? The case of Turkish. *Brain and Language*, 68, 218—224.

Hagen, G. F., Gatherwright, J. R., Lopez, B. A., Polich, J. 2006 P3a from visual stimuli: Task difficulty effects. *International Journal of Psychophysiology*, 59, 8—14.

Hauk, O. and Pulvermvller, F. 2004 Effects of word length and frequency on the human event-related potential. *Clinical Neurophysiology*, 115, 1090—1130.

Hauk, O., Davis, M. H., Ford, M., Pulvermuller, F., Marslen-Wilson, W., 2006 The time course of visual word-recognition as revealed by linear regression analysis of ERP data. *Neuroimage*, 23, 811—821.

Hinojosa, J. A., Martin-Loeches, M., Gomez-Jarabo, G., Rubia, F. J., 2000. Common basal extrastriate areas for the semantic processing of words and pictures. *Clinical Neurophysiology*, 111, 552—560.

Kutas, M. and Donchin E. 1977 Augmenting mental chrometry: the P300 as measure of stimulus evalution time. *Science*, 197, 792—795.

Kutas, M., and Hillyard, S. A. 1980 Reading senseless sentences: Brain potentials reflect semantic incongruity. *Science*, 207, 203—205.

Kutas, M., and Hillyard, S. A. 1984 Brain potentials during reading reflect word expectancy and semantic association. *Nature*, 307, 161—163.

Marslen-Wilson, W. D., 1987. Functional parallelism in spoken word-recognition. *Cognition*, 25, 71—102.

Martin-Loeches, M., Hinojosa, J. A., Gomez-Jarabo, G., Rubia, F. J., 1999. The recognition potential: an ERP index of lexical access. *Brain and Language*, 70, 364—384.

Martin-Loeches, M., Hinojosa, J. A., Gomez-Jarabo, Casadoa, P., Munoz, F., Carretie, L., Fernandez-Frýas, C., Pozo, M. A. 2002 The recognition potential and repetition effects. *International Journal of Psychophysiology*, 43, 155—166.

Palmer, B., Nasman, V. T. and Wilson, G. F. 1994 Task decision difficulty: effects on ERPs in a same-different letter classification task. *Biological Psychology*, 38 (2—3), 199—214.

Picton T. W., Bentin, S. et. al 2000 Guidelines for using human event-related potentials to study cognition: Recording standards and publication criteria. *Psychophysiology*, 37, 127—152.

Pinker, S. 1991 Rules of language. *Science*, 253, 530—535.

Polich, J. , and Donchin, E. , 1988 P300 and the word frequency effect. *Electroencephalography and Clinical Neurophysiology*, 70: 33—45.

Pulvermuller, F. , Lutzenberger, W. , Birbaumer, N. , 1995 Electrocortical distinction of vocabulary types. *Electroencephalography and Clinical Neurophysiology*, 94, 357—370.

Pulvermuller, F. , Assadollahi, R. , Elbert, T. , 2001. Neuromagnetic evidence for early semantic access in word recognition. *European Journal of Neuroscience*, 13 (1), 201—205.

Rubin, G. S. , and Becker, G. A. , Freeman, R. H. 1979 Morphological structure and it effects on visual word recognition. *Journal of Verbal Learning and Verbal behavior*, 18, 757—767.

Rudell, A. P. 1990 The recognition potential: A visual response evoked by recognizable images. *Neuroscience Abstracts*, 16, 106.

Rudell, A. P. 1991 The recognition potential contrasted with the P300. *International Journal of Neuroscience*, 60, 85—111.

Rudell, A. P. 1992 Rapid stream stimulation and the recognition potential. *Electroencephalography and Clinical Neurophysiology*, 83, 225—240.

Rugg, M. D. , 1990 Event-related brain potentials dissociate repetition effects on high-and low-frequency words. *Memory and Cognition*, 18(4), 367—379.

Ryner, K. , 1998. Eye movements in reading and information processing: 20 years of research. *Psychological Bulletin* 124, 372—422.

Sereno, S. C. , Rayner, K. , 2003. Measuring word recognition in reading: eye movements and event-related potentials. *Trends in Cognitive Sciences*, 7, 489—493.

Sereno, S. C. , Rayner, K. , Posner, M. I. 1998 Establishing a time-line of word recognition: evidence from eye movement and event-related potentials. *Neuroreport*, 9, 2195—2200.

Shtyrov, Y. , Hauk, O. , Pulvermuller, F. , 2004. Distributed neuronal networks for encoding category-specific semantic information: the mismatch negativity to action words. *European Journal of Neuroscience*, 19, 1083—1092.



Taft, M. , Forster, K. 1975 Lexical storage and retrieval of prefixed words. *Journal of Verbal Learning and Verbal Behavior*, 14, 638—647.

Taft, M. and Zhu, X. 1995 The representation of bound morphological. *Aspects of Language Processing*. New Jersey: Erlbaum, 293—316.

Treisman, A. M. 2001 The neural basis of lexicon and grammar in first and second language: The declarative/procedural model. *Bilingualism: Language and Cognition*, 4(1), 105—122.

Ullman, M. T. 2001 The neural basis of lexicon and grammar in first and second language: The declarative/ procedural model. *Bilingualism: Language and Cognition*, 4(1), 105—122.

Ullman, M. T. , Pancheva, R. , Love, T. , Yee, E. , Swinney, D. , and Hickok, G. , 2005

Neural correlates of lexicon and grammar: Evidence from the production, reading, and judgement of inflection in aphasia. *Brain and language*, (93), 185—283.

Waksler, R. 1999 Cross-Linguistic evidence for morphological representation in the mental lexicon. *Brain and Language*, 68, 68—74.

（原载《中国语言学报》第 13 期）

# 名动分类：语法的还是语义的①

## ——汉语名动分类的神经语言学研究

大多数名动分类实验的结果支持名词和动词的语义特征不同是人们区分二者的依据，但这些实验只是从语义角度来设计研究方案的，大大制约了其结论的语言学价值。本文从语法角度来设计研究方案，通过ERP、fMRI两种实验手段证明了语法确实可以作为汉语名动分类的依据。

## 1 引 言

### 1.1 名动分类的理论研究

名词和动词是语言中的基本词类，没有哪一种语言可以没有名词和动词。但人们是依据什么把名词和动词区分开的呢？语言学界是在词类划分的框架下来讨论名动分类的。纵观语言学界的词类划分，经历了由语义标准向语法标准的推移。

古希腊和古罗马以来的语法学家认为根据“类义”可以划分词类，动词和名词依据各自的“类义”就可以相互区分。结构主义语言学提倡科学的发现程序，因此布龙菲尔德(1980:336)认为“类义如果作为我们分析语言结构的基础是一些不能明确规定的单位，而只是笼统含混的情境特征，这些特征单凭语言科学是不能规定的”。因此他用“形类”(form class)作为语法研究的基础，认为词类



① 本文工作研究得到国家社会科学基金重点项目(01AYY004)，教育部人文社会科学研究“十五”规划项目(01JA740001)，国家重点基础研究发展规划“973”项目(G1999054000)，江苏省社会科学研究“十五”规划重点项目(K2—003)的资助，特此致谢。

只是某一个层面上的“形类”。他说：“我们将会看到一个语言的大的形类最容易用词类（word classes 如传统的所谓‘parts of speech’）来描写。”（布龙菲尔德 1980：234）“形类”是按照句法位置来规定的，词类当然也是依据句法位置（包括分布与替换）来划分的。霍凯特（2002：239）进一步认为词类是“词干的形类”，“是根据屈折上和句法上表现的异同对全部词干作出的分类”。

汉语名动分类的研究当然不能离开理论语言学的背景，高名凯（1948：49—50）认为，“一切的语言都有名词和动词的分别，不管他有没有‘屈折’的区别”，“汉语的名词和动词的分别则是一目了然的。我国古代学人把语词分为活字和死字，的确是有见地的办法。死字就是名词，代表一个事物，活字就是动词，代表一个历程”。朱德熙（1985：10—11）认为汉语词类的划分不能根据语义，因为语义概念是模糊的、不确定的，所以“根据词的意义划分词类是行不通的”，“划分词类的根据只能是词的语法功能”。郭锐（2001）则认为原有的语法功能标准有片面性，主张词类划分应依据词的“语法意义”，这里的“语法意义”指的是词的“表义模式”（也称“表述功能”），即“陈述”、“指称（实体、位置、计量单位）”、“修饰”等，从其词类划分的结果来看，名词和动词也还是依据语法来划分的。

为什么中西方早期文献中都可以根据意义来给名动分类，而结构主义语言学却要另立语法标准，但所分出的名、动的类与早先分出的类在范围上并无什么差别呢？应该说这是语言研究科学化之后（就语言和为语言而研究语言）的必然现象。语法研究所用的终端范畴符号必须是语法的，而不应是语义的，否则语法研究的基础与合法性就成了问题。吕叔湘（1951）说划分词类的目的是“为的讲语法的方便”，一语中的，传统语法根据语义给名动分类，但语义的分类是不适宜作为语法研究的基础的。

随之而来的问题是，名、动的语法分类其实与传统的意义的分类一样，也是一种人为的工作，带有人为的性质。人真是根据语法来区分名词和动词的吗？换言之，这一人为的分类有无心理现实性，即在人脑中名词和动词是否真的可分，如果可分又是根据什么来分的呢？

最先接触这个问题的当然是转换生成语言学，Chomsky 把语言研究由言语行为的描写引向了人类大脑语言机制的解释。那么语言学家所研究的语言材料与各种规则的抽象本质都应是 FL（faculty of language），即是“语言器官”（language organ）所具备的语言能力，FL 是人类共有的，FL 的初始状态（initial state）是基因的表达。虽然在《最简方案》（Minimalist Program，MP）中，Chomsky 舍弃词类概念而选用语类（category）概念来描述句法操作过程。但这种语类仍是语法语类（grammatical category），其中包括单词语类（lexical category）和词组语类(phrasal category)。名词、动词、形容词、副词、介词、连词等在生成语法中都称为语类,每个语类本身又可能有次类(subcategories),如名词可分为可数名词、不可数名词、专有名词等;动词可分为及物动词、不及物动词、实义动词、助动词和情态动词等。所以 Andrew Radford(2000:29)认为语法语类划分的依据仍是形态和/或句法。在生成语法理论中,单词语类是贮存在词库(lexicon)中的,这是人脑中已经预备的原料,句法生成机制就是用这些原料(lexical resources)通过句法操作形成生成式(derivation),然后分别输入语音形式(phonetic form,PF)和逻辑形式(logic form,LF)的。

显然,Chomsky 认为人脑中名动是可分的,而且是根据语法来分的。然而 Chomsky 的研究方法是理论上的演绎,尽管好的理论应该是科学的、有预见性的,但人们仍不免为 Chomsky 捏了一把汗,因为如果人脑中没有词库系统,名词和动词在人脑中是不可分的,Chomsky 理论的科学性将大打折扣,这是不言而喻的。因此,当代语言学面临一个亟需解决的问题就是要证明是否存在人类大脑词库(mental lexicon),词库中的名词和动词是否可分,也就是说名动分类有无心理现实性,名动分类的神经机制是什么。如果这些不能得到神经科学、脑科学等实验科学的证明,那么长期以来语言学界孜孜以求所建立的语法分类标准,从某种程度上说,就只不过是语言学家们自说自话。正如杨振宁、李政道发现的宇称不守恒定律,如果得不到吴健雄的实验证明,那么他们的理论只能是一个假说,而霍金的宇宙理论没有获诺贝尔奖,有些学者打抱不平,其实道理很简单,霍氏理论还处在假说阶段。好在随着近年来神经语言学的迅速崛起,使心/脑成分的研究(包括语言能力的研究)取得了激动人心的进展,因此这一由理论语言学提出的课题历史地落在了神经语言学的肩上。

### 1.2 名动分类的神经语言学研究

Miceli 等(1984)首次发现了名动两重分离(double—dissociation)现象,即大脑左半球下额叶区(left inferior frontal regions)受损的病人动词的脑加工机制受损,表现出动词提取困难,而名词提取保持相对完好;而前颞叶区(anterior temporal regions)受损的病人则是名词的脑加工机制受损,表现出名词提取困难,而动词提取保持相对完好。名动分离现象似乎说明在大脑中名词和动词确乎有着不同的神经机制,这一发现极大地鼓舞了语言学家和脑科学家。但是临床失语症测查只是神经心理学[①]的研究方法,主要还是通过对脑器质性损伤的病



① 神经心理学调查是神经语言学一种研究方法,这里是指通过对有脑损伤的失语症病人进行语言调查,观察语言功能与损伤脑区之间的对应关系,以此来研究语言的神经基础。

人进行神经心理测验，属于静态的间接的取证。

科学发展到今天，人们已经能实时观察脑内的神经活动了，从某种程度上讲人脑已经由一个“黑匣子”变成了一个“灰匣子”。在空间分辨率很高(PET：5mm；fMRI：1mm)的脑功能成像技术[①]和时间分辨率很高(ERP：1ms)的神经电生理技术[②]的支持下，以正常人为对象进行实时动态观察来寻找名动两重分离的原因已经成为可能。Tyler LK et al.(2001)和 Elizabeth Warburton et al.(1996)以操英语者为实验对象，Daniela Perani et al.(1999)以操意大利语者为实验对象进行 PET 实验，证实名词和动词在激活脑区范围上没有差异；[③]Frank

---

① 脑功能成像技术主要有正电子发射断层扫描术(positron emission tomography, PET)、功能性磁共振成像(functional magnetic resonance imaging, fMRI)和脑磁图(megnetoencephalography, MEG)。本文关涉较多的是 PET 和 fMRI。PET 是“一种借助于扫描有放射性的示踪剂在人体内的运动，获取细胞活动或代谢的信息，并用以成像的核医学手段”，其图像能反映“人体内物质代谢、局部血流量、受体密度等生理生化改变”(韩济生 1999：132)。人脑在接受语言刺激时，脑神经细胞会行使语言功能，与正常状态(即指被试心情平静、不接受刺激时的脑区血流状况)相比，此时必然伴随着血流的变化。通过 PET 图像就能观察到各脑区的血流变化情况，从而推断语言刺激与脑区的相关程度。PET 的考察指标主要有脑区激活程度和脑区激活范围。如果 PET 图像显示某一脑区的血流量在接受语言刺激时比正常状态下的大，则说明该脑区是被激活的，根据血流量增大的幅度可以推断该脑区的激活程度。另外，被试在接受语言刺激时往往有多个脑区被激活，这些脑区的集合就代表刺激状态下的脑区激活范围。一般情况下，脑区激活程度代表语言加工的深度；脑区激活范围代表语言加工的广度。根据上述标准，选取一定的研究视角，自然可以实时观察脑区的激活情况，从而推断语言功能与脑区之间的关系。fMRI 是“以脑功能活动所致的血氧浓度改变为标示，在超快速磁共振图像上直接实时显示脑功能的变化”(韩济生 1999：132)的。如果某一脑区在单位时间内血氧消耗量比正常状态时的大，便称此脑区是被“激活”的，而且依据单位时间内血氧消耗量的大小可以分辨出不同的“激活”程度。通过设计语言刺激方案，观察语言刺激与激活脑区的范围、激活程度之间的关系，我们可以以此来研究语言功能与人脑之间的关系。

② 这里所说的神经电生理手段专指研究人脑高级认知功能的事件相关脑电位技术(event-related potentials, ERP)。ERP 指“凡是外加一种特定的刺激，作用于感觉系统或脑的某一部位，在给予刺激或撤消刺激时，在脑区所引起的电位变化”(魏景汉等 2002：8)。ERP 实验的研究指标分行为指标和 ERP 指标。行为指标为反应时(RT, Reaction Time)和正确率(Accuracy)；ERP 指标为潜伏期(Latency)和波幅值。一般情况下，反应时越长、正确率越低的实验结果反映出人脑对刺激的加工强度越大，反之则越小；潜伏期越长、波幅绝对值越大的实验结果反映出人脑对刺激的加工强度越大，反之则越小。就 ERP 成分而言，N(negativity)代表负波，P(positivity)代表正波。例如，N2 为第二个负波，LPC(late positivity component)为晚期正波。注意，当 ERP 为负波时，其波幅越大，其波峰值反而越小。

③ 就笔者所掌握的资料来说，关于用 fMRI 技术从事名动分类的研究到目前为止还没有发现。

Rösler et al. (2001)以德语的名词和动词为语料，Hilary Gomes et al. (1997)以英语的名词和动词为语料，进行 ERP 实验发现名词和动词在 ERP 地形图上也没有差异，这与神经心理学观察迥然不同。虽然 Preissl H et al. (1995)、Friedemann Pulvermüller et al. (1999a)、Koening T et al. (1996)以操德语者为被试，得出名词和动词和脑区之间有对应关系的结论，但 ERP 地形图的定位分析是建立在头皮记录电极的 ERP 的差异的基础上的，这只是一种表象，并不能说明皮层定位的情况。这便使语言学家们大为困惑，按照上述结论，名词和动词似乎没有什么不同的物质基础，也就是说在大脑中名词和动词并没有什么不同，语言学中的名动分类完全是语言学家们人为的把戏。

如此一来，语言学家和认知神经科学家可能会因为名动分离现象没有得到脑区定位的证实而对该问题的深入研究丧失信心。然而，进一步的研究表明这种担忧是没有必要的，因为上述实验无一例外地证实名词和动词的激活程度、波幅值和/或潜伏期、反应时是不同的，所以名动分离现象是否对应于脑区空间上的分离不应该成为对该问题进一步研究的“绊脚石”。多数实验都证明，动词的激活强度大于名词；动词的波幅的绝对值比名词的大，潜伏期和反应时也比名词的长。因此，可以肯定地说大脑词库中名词和动词的脑神经机制是不同的，而且这种不同是由名动本身语言方面的差异造成的。新的问题是这种语言上的不同如何解释，是语法因素造成的，还是语义因素使然？

McCarthy & Warrington(1985)和 Elizabeth Bates et al. (1991)进行临床失语症测查，Pulvermüller et al. (1999b)进行 ERP 实验，Tyler LK et al. (2001)进行 PET 实验，无一例外地都得出语义特征不同是造成名动分离的主要原因。只有 Claudio Luzzatti et al. (2002)和 Federmeier KD et al. (2000)等少数学者证明名动分离是由语法因素造成的。因此总体看来，似乎“语义决定论”占了上风。但仔细分析可以发现，这与他们的分析视角有关。从感性角度来看，人们容易选取语义作为观察分析的视角，语言学界对词类划分的标准最初也是语义的，后来才转向语法的标准。而选取语义作为分析视角，就决定了他们从设计调查方案到分析实验结果必然都是围绕名词和动词的语义特征来进行的，名词和动词在语法方面的差异根本就没有引起他们足够的重视，或由于知识结构的缺陷，难以深入到语法层面来操作。



Elizabeth Bates et al. (1991)通过对汉语失语症病人的图片命名和词画匹配的调查研究，认为汉语名动分类的依据是语义特征，也是同样的道理，通过他们的实验任务只能测查脑损伤病人的语言功能中关于语义加工的情况，根本不能测查到语法加工的情况。所以，他们得出的实验结论是有失偏颇的。

### 1.3 本文的研究目的

神经语言学研究的名动两重分离的原因相当于理论语言学界谈论的词类的划分中名动分类的标准问题。如若真像大多数 ERP 实验和 PET 实验所说那样，名词和动词是依据语义来划分的话，理论语言学界对词类划分甚至整个语法的研究岂不成了空中楼阁？本文承认语法研究是建立在词的语法分类基础上的，承认词类是从语法角度划分的类，是语法类，不是语义类这一假设，从语法角度来设计实验，通过事件相关电位（ERP）和脑功能成像（fMRI）等现代技术手段来考察现代汉语名动分类的性质及其神经生理基础，借此希望能为汉语语法研究提供帮助，也为普通语言学的研究做出一点贡献。

## 2 实验

### 2.1 ERP 实验

2.1.1 被试

本实验被试为 14 名健康大学生（男女比例为 1∶1），年龄范围 18—22 岁（平均年龄为 19.3 岁），均为右利手，视力正常或矫正后正常。

2.1.2 刺激与任务

本实验按实验任务可分为两个部分，词汇判断（lexical—decision）实验和搭配判断实验。所谓词汇判断，是就屏幕呈现的刺激词做出是真/假词（字）[①]的判断；所谓搭配判断，就是判断启动词和目标词之间搭配是否恰当。词汇判断实验与搭配判断中所用的名词和动词是相同的，词汇判断实验是对照实验。为了行文方便，下文称词汇判断实验为对照实验。本实验共有 6 个 BLOCK，其中 BLOCK1—2 属对照实验，BLOCK3—6 属搭配判断实验。

BLOCK1 中的刺激为单音节词，包含单音节名词、动词[②]以及假字，如“书”、“跑”、“* 垎”（此为假字）。BLOCK2 中的刺激为双音节词，包含双音节名词、动词以及假词，如“问题”、“告诉”、“* 车问”（此为假词）。BLOCK3—6 中分启动



① “真词”、“假词”是针对双音节词而言的，“真词（字）”指正确的词（字），“假词（字）”指不正确的、语言中不存在的词（字）。

② BLOCK1－6 中所选名词和动词的词频均按《现代汉语频率词典》（北京语言学院出版社 1986 年版）的标准。

词[①]和目标词，先呈现启动词，后呈现目标词，依次举例如下："不→买"、"*不→碗"；"不→喜欢"、"*不→姑娘"；"一间→屋"、"*一瓶→吃"；"一件→事情"、"*一朵→知道"。

刺激在视觉通道呈现，呈现时间为200ms。在对照实验中，也可以说在BLOCK1—2中，刺激是单个逐屏呈现的，刺激间隔(SOA)为2—2.5s之间随机，两组之间的时间间隔为2—3min。在搭配判断实验中，亦即在BLOCK3—6中，启动词与目标词之间的刺激间隔(SOA)为0.8—1s之间随机，相邻两个刺激组合之间的刺激间隔(Interval)为3—3.5s之间随机(见图1)。相邻BLOCK之间的时间间隔亦为2—3min。

BLOCK1—2：

S1　　SOA＝2—2.5s　　S2 ________________________ Sn

BLOCK3—6：

P1　　SOA＝0.8—1s　T1　Interval＝3—3.5s　P2 ____ T2 ________ Pn ____ Tn

**图1　示刺激间隔情况，刺激呈现时间(Duaration)为200ms，其中S代表刺激，P代表启动刺激，T代表目标刺激**

2.1.3　数据处理

用NeuroScan软件自动校正EOG，排除实验过程中产生的各种伪迹。对词汇判断实验中刺激为真词的且反应正确的EEG以及搭配判断实验中正确搭配的且反应正确的EEG分类叠加，可以得到八类刺激的ERP，即无启动单音节名词、无启动单音节动词、无启动双音节名词、无启动双音节动词、有启动单音节名词、有启动单音节动词、有启动双音节名词、有启动双音节动词，如图2所示。

用NeuroScan公司的自动波峰测量软件，分别测量N2、LPC[②]的波峰值与峰潜伏期(基线—波峰值)。N2的时间观察窗口为350—470ms，LPC的时间观察窗口为480—800ms。通过统计软件SPSS11.0，分别对无/有启动条件下的单音节词(名/动)、双音节词(名/动)进行单因素方差分析($\alpha=0.05$)，分析启动条件(也可以说是语法功能)对名词和动词的ERP、反应时和正确率的影响。



---

① 本实验中，启动词指"不"、"一Q"(Q指单音节物量词，如"把"、"条"、"间"、"个"等)；目标词指在"不"或"一Q"之后紧接呈现的动词或名词。在数据分析时，我们只考虑目标词，即名词和动词的ERP。

② N2、LPC分别指一个ERP成分，其具体的标示请见图2-(4)。

2.1.4 实验结果

2.1.4.1 行为数据

2.1.4.1.1 反应时(RT,Reaction Time)

在 BLOCK1 中,单音节名词的平均反应时为 526.7±60.9ms,单音节动词的平均反应时为 543.8±65.8ms,没有显著性差异;在 BLOCK2 中,双音节名词的平均反应时为 497.1±133.9ms,双音节动词的平均反应时为 548.8±60.8ms,也没有显著差异。

在 BLOCK3 中,单音节动词的平均反应时为 610.5±106.4ms,在 BLOCK5 中,单音节名词的平均反应时为 592.8±79.0ms,没有显著差异;在 BLOCK4 中,双音节动词的平均反应时为 615.6±81.8ms,在 BLOCK6 中,双音节名词的平均反应时为 617.4±85.0ms,也没有显著差异。

2.1.4.1.2 正确率(Accuracy)

在 BLOCK1 中,单音节名词的正确率为 96.3±3.8%,单音节动词的正确率为 93.7±6.8%,没有显著差异;在 BLOCK2 中,双音节名词的正确率为 92.4±6.6%,双音节动词的正确率为 91.6±7.3%,没有达到显著差异。

在 BLOCK3 中,单音节动词的正确率为 91.9±8.0%,在 BLOCK5 中,单音节名词的正确率为 78.0±5.9%,达到显著差异水平,F(1,28)=27.37091。在 BLOCK4 中,双音节动词的正确率为 96.0±3.0%,在 BLOCK6 中,双音节名词的正确率为 92.4±4.3%,也达到显著差异,F(1,28)=6.483158。

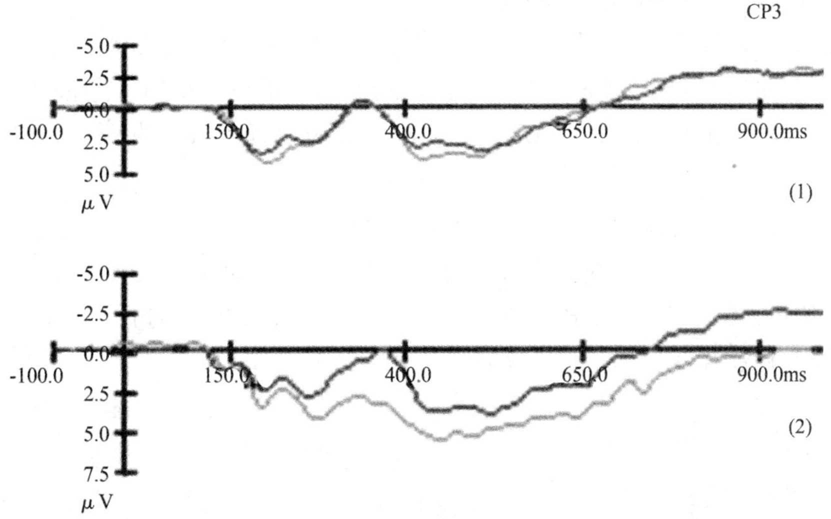

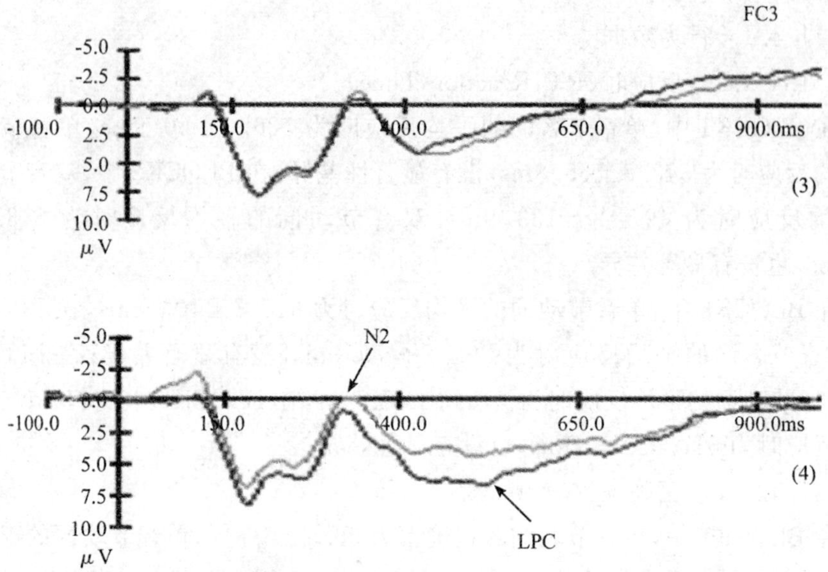


**图 2　示 N2 的名动的 ERP 比较，其中红线为动词的，蓝线为名词的，CP3、FC3 为记录电极位点。(1)、(2)分别显示无启动单音节词的 ERP 波形、有启动单音节词的 ERP，记录点均为 CP3；(3)、(4)分别显示无启动双音节词的 ERP 波形、有启动双音节词的 ERP，记录点均为 FC3。**

2.1.4.2　ERP 数据

2.1.4.2.1　潜伏期(Latency)

在 BLOCK1 和 BLOCK2 中，名词和动词的 N2 和 LPC 的潜伏期没有显著差异；在 BLOCK3 和 BLOCK5 中，单音节动词和名词的 N2 和 LPC 的潜伏期也没有显著差异。在 BLOCK4 和 BLOCK6 中，双音节动词和名词的 N2 的潜伏期有显著差异，为名词的大于动词的；名词的 LPC 的潜伏期也比动词的大。

2.1.4.2.2　波峰值

在 BLOCK1—2 中，N2 和 LPC 的波峰值名词的和动词的没有显著差异。在 BLOCK3—BLOCK5 以及 BLOCK4—BLOCK6 中，名词和动词的 N2 或/和 LPC 的波峰值都是有显著差异的。详细情况请见表 1。

表 1 示 BLOCK3—BLOCK5 以及 BLOCK4—BLOCK6 中的差异显著的记录点、名词和动词的 N2 和 LPC 的波峰值的比较情况。"—"表示没有显著差异。

| ERP 成分 / 比较范围 | N2 | | LPC | |
|---|---|---|---|---|
| | 差异显著的记录点 | 波峰值 | 差异显著的记录点 | 波峰值 |
| 单音节词 | CP3、CP5 | V<N | — | — |
| 双音节词 | AF3、FC3 | V>N | F5、FT7、FT8 | V>N |

## 2.2 fMRI 实验

2.2.1 被试

本实验中，男女被试各 3 名，均为大学毕业生，年龄在 24—30 岁之间，平均年龄为 26.3 岁。被试无精神或神经疾病史，且均为右利手。

2.2.2 实验材料

刺激词按照现行的分类系统可以分为名词、动词和形容词。这三类词的搭配方式有 9 种：名词重叠（如"仓库仓库"）、动词重叠（如"商量商量"）、形容词重叠（如"崇高崇高"）、名动组合（如"数据整理"）、动名组合（如"提高能力"）、名形组合（如"眼光保守"）、形名组合（如"杰出人才"）、动形组合（如"挑选精细"）、形动组合（如"经常参加"）。

2.2.3 实验设计与任务

本实验采用组块设计（Block Design），包含两个刺激序列，其中第二个序列使用的刺激语料与前一序列的是相同的，只是经过了重新随机排序。每个刺激序列都有上述 9 种搭配，每个组块内包含相同的词汇搭配 10 个，刺激呈现时间为 1 秒，之后紧接呈现"+"，时间也是 1 秒，所以每个组块的时长为 20 秒。相邻两个组块之间呈现"+"，以此作为实验的控制任务，在此条件下，被试可以休息以达到初始状态。

被试的任务是默念上述刺激序列中呈现的、以各种方式搭配的词汇。

2.2.4 实验数据的处理

实验处理软件采用由美国威斯康星医学院提供的基于 Linux 操作平台的 AFNI（Analysis of Functional NeuroImage）软件包。

首先对功能像进行预处理，包括校正头动伪影、Talairach 坐标空间标准化和各向同性高斯平滑（FWHM＝6）。然后进行统计分析。在这些预处理结束之后，确定合适的 $p$ 值（$p<0.001$）对数据进行相关分析并得出脑激活图用伪彩标示在三维脑图上，最后对数据进行平均分析并计算不同任务激活区的体积。

2.2.5 结果

2.2.5.1 名词重叠、动词重叠与控制任务（“+”）比较

以控制任务条件下被试的脑区激活情况为基线水平，得出名词重叠、动词重叠的脑区激活情况，两者的脑区激活情况有显著差异。

名词重叠的激活脑区为双侧纹外区、颞叶、双侧基底节、扣带回前部、额中回、左侧后顶叶、左侧额上回；但动词重叠未见扣带回、基底节区的激活。另外，在左侧额叶动词重叠比名词重叠的激活范围小。（见图 3）

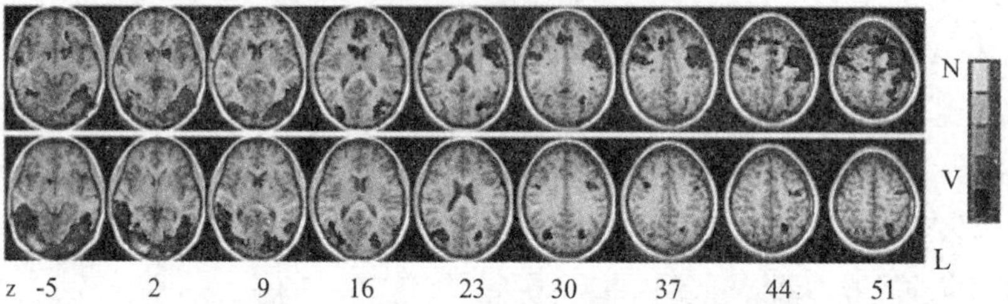


**图 3　N 显示名词重叠的脑区激活情况，V 显示动词重叠的脑区激活情况**

**（$p=8.4\times10^{-5}$，L 指示图像中大脑左侧半球的方向）**

2.2.5.2 形名组合、形动组合与控制任务（“+”）的对比

经 t 检验发现，在 $p=8.4\times10^{-5}$ 条件下，词汇组合中词类出现先后顺序这一变量不足以造成激活情况的显著差异。所以，在处理实验结果时，我们不再考虑词汇组合的内部构造是偏正、陈述结构，还是状中、动补结构的问题，而统称之为名形组合或动形组合。按上述数据处理方式，得出名形组合、动形组合的激活脑区都包含双侧纹外区、左额叶上回，但前者还有左侧后顶叶、左侧额叶中回、右侧额叶被激活，见图 4。

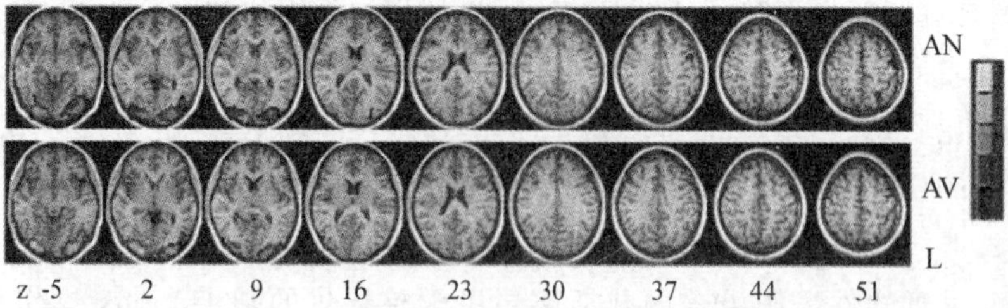


**图 4　AN 显示名形组合的脑区激活情况，AV 显示动形组合的脑区激活情况**

**（$p=8.4\times10^{-5}$，L 指示图像中大脑左侧半球的方向）**

2.2.5.3 激活体积比较

根据不同的刺激任务，可以计算出被试在不同的条件下的激活脑区的体积。

名形组合的激活脑区体积比动形组合的小，[①]名词重叠的激活脑区体积比动词重叠的大；词汇重叠的激活脑区体积比词汇组合的要大得多，详见图5。

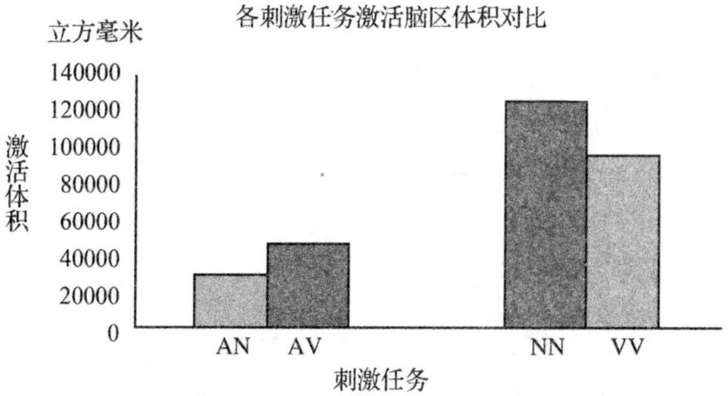


**图5 名形组合与动形组合的激活脑区体积比较和名词重叠与动词重叠的激活脑区体积比较**

## 3 分析与讨论

与以往偏重语义视角的实验不同，本论文的两个实验都是从语法角度来考察现代汉语名动分类的依据的。fMRI实验是从形态学和组合关系角度来考察的，ERP实验考察的角度则是汉语名动对立的语法特征：[不__]，[一Q__]。

### 3.1 fMRI实验结果分析

#### 3.1.1 名动特征参数比较

从激活脑区体积来看，名词重叠的要大于动词重叠的，但名形组合的要小于动形组合的（见图5）。从激活脑区的分布来看，名词重叠的也比动词重叠的要广泛（见图3），名形组合的比动形组合的也要广泛（见图4）。

激活脑区的体积、范围以及激活程度的大小往往反映了人脑对刺激加工强度的大小。上述实验结果可以说明人脑对名词重叠的加工强度比动词重叠的大，但能否就此说在词库中名词的特征参数比动词的复杂呢？显然不可以。因为实验结果显示的是名词重叠或动词重叠这一整体在人脑内的激活脑区情况，不是针对单个的名词或动词的。另外，名形组合的激活脑区体积比动形组合的小。所以，从动态加工的角度看，以形容词为参照，名词的特征参数不比动词的复杂。至于为什么名形组合的激活脑区的范围比动形组合的广泛，其中有上文

① 计算脑区激活的p值（$p=8.4\times10^{-5}$）远远小于计算激活脑区体积的p值（$p=0.05$），所以名形组合在脑区激活的范围上比动形组合的广，在激活脑区体积上却比动形组合的小是有可能的，也是可以解释的。

中提到的计算尺度的原因,也有另外的原因。我们将在 3.1.2 中加以分析。

3.1.2 组合不"排斥"语法

2.2.5.2 中提到,通过 t 检验,词汇组合实验中名形组合和动形组合的内部结构关系,如偏正、陈述、状中、动补等对脑区的激活情况无显著影响,说明在这一层面上语法因素不是决定性的,而词与词的组合加工既包含语法加工,也包含语义加工,既然语法因素未起作用,那么语义因素就是决定性的。

但是,能否就此说名形组合与动形组合的加工的差异与语法因素无关呢?由于成像原理的原因,fMRI 实验手段本身的精确度不可能是理想化的,并不是任何差异都可以在实验结果上反映出来的。所以,组合实验中组合的内部结构这一变量对脑区激活情况没有影响很有可能是一种假像,是因为实验仪器的精确程度不足以分辨这一变量的影响。换言之,名形组合与动形组合这一上位组合的加工的差异不能排除语法因素的影响。

3.1.3 重叠"亲和"语法

与词汇组合加工不同,词汇重叠加工是倾向于语法的。双音节名词不具备"ABAB"重叠的形态变化能力,而双音节动词是可以的。被试默念重叠的名词时,会感到这种重叠方式在大脑词库中是不存在的,这与名词的词项特征(lexical properties)是矛盾的。然而,人脑对语言的加工是一种自主过程,被试有一种心理驱动,仍然要搞懂名词"ABAB"式重叠的含义,所以就要消耗更多的能量。相比之下,在实验结果上就体现为名词重叠的激活脑区体积、范围都比动词重叠的大。

与语义相比,语法在语言中体现为一种更深层的范畴。双音节名动在"ABAB"重叠能力上的差异就属于语言中的深层范畴,或者说是语法范畴。从词汇重叠实验的结论来看,可以说语法因素是名动分类的深层根据,至少可以说是根据之一,或主要根据。

**3.2 ERP 实验结果分析**



在分析之前,我们要申明三点。其一,可以排除词频的影响,因为在选取的词例中名词和动词的词频是严格匹配的。其二,启动词音节长短的因素也可以不予考虑,因为启动词与目标词之间相隔 600—800ms 呈现,可以不考虑物理刺激变量(这里指视觉字符的多少)对实验结果的影响[①]。其三,因为刺激是在视觉通道呈现,而且启动词与目标词之间有间隔,在计算机屏幕上逐屏呈现,所以汉

---

① 一般认为,如果启动刺激与目标刺激之间相隔 500ms 以上呈现,就可认为启动刺激的物理变量对目标刺激的加工没有影响。

语韵律、节奏等方面的因素的影响不大，在分析中我们不讨论韵律或节奏问题。

3.2.1　搭配判断实验与对照实验的比较

搭配判断实验的刺激是成组呈现的；对照实验的刺激是“孤立”呈现的。（见图 1）在搭配判断实验中，名词和动词在行为指标和 ERP 指标上都有显著差异。在对照实验中，名词和动词在行为指标和 ERP 指标上都没有显著差异。

为什么在对照实验中名词和动词没有显著差异呢？名词和动词在词库中语义和句法范畴的特征都是不同的。但是对照实验中的刺激是“孤立”呈现的，其任务是词汇判断。根据 Chomsky(1995)的 MP 理论，此时单个的名词或动词没有其它词项与之合并(merge)，也就无法选出一个词项为中心(head)进行投射(projection)。所以，对照实验中的名词和动词的词项特征不能通过投射表达出来。同时，现行 ERP 仪器的精确程度也是有限的。据此可以解释为什么在对照实验中名动无显著差异。

在搭配判断实验中，否定副词“不”和数量词“一 Q”是启动词，动词和名词是目标词。以 MP 的观点来看，“不→V”和“一 Q→N”可以分别看成“不”的投射和“一 Q”的投射(DP)，见图 6a，b。

**图 6**

汉语中“不”和“一 Q”都有语类选择(c—selection)特性：“不”后只能跟动词或形容词，“一 Q”后只能跟名词。所以，在投射过程中动词和名词的句法特征和语义特征，尤其是句法特征得以充分表达。由此可以认为，汉语中名动分类为语法分类是有神经电生理基础的。

3.2.2　名动分离深层探因

在“不”的投射过程中，动词会成为中心生成 vp 壳(v—shell，Chomsky 1995)，但在生成 DP 的过程中，名词不会成为中心再进行投射，这是由词库中动词和名词各自的词项特征决定的。根据 VP 内主语假设(VP—internal subject hypothesis)，主语都是在 vp 壳内生成的。在句子中，主语是由承担论旨角色的论元充当的。Williams(1981)把论元分为域内论元(internal argument)和域外论元(external argument)。一般说来，域外论元会成为句子的主语(subject)，域内论元会成为句子的宾语(object)。因为实验中二元谓语动词占选取动词词例的大多数($V_{单}^{2}/V_{单}=0.86$，$V_{双}^{2}/V_{双}=0.63$)，因此以二元谓语动词为例来观察

vp 壳结构,见图 7。

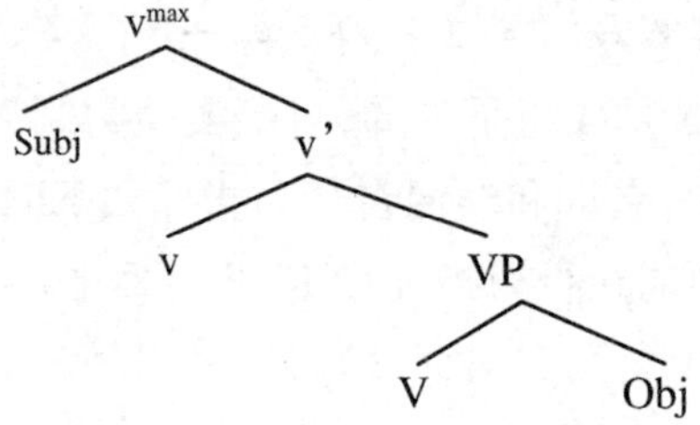


**图 7 以二元谓语动词为例示 vp—shell 结构(引自 Chomsky1995:352)**

3.2.2.1 单音节名词和动词的差异

从 ERP 指标来看,显著差异只表现在 N2 的波峰值上——动词的波峰值比名词的小,潜伏期没有显著差异。从行为指标来看,动词的正确率比名词的高,动词反应时与名词没有显著差异。

在实验中,目标词为单个单音节动词或名词,没有其他词项与之合并形成 X'。单音节名词与前面呈现的启动词"一 Q"合并可以形成 DP,在句法上是自足的;但单音节动词与启动词"不"合并,在句法上是不自足的,因为没有完整的 vp 壳。但语言能力是与生俱来的,语言加工也就具有自主性,即被试会自发"寻找"论元构造 vp 壳。无疑,这需要消耗更多的能量来支持这一活动,此时的加工强度动词的比名词的大。所以,在 N2 上单音节动词比名词具有更高的波幅(或动词波峰值更小)是很好解释的。

但是,判断"不"、"一 Q"与单音节动词、名词的合并是否可行与上述分析的情况不同。被试是在有意识地来完成这一判断任务,无意识的自主加工过程在行为指标上是反映不出来的。"不"和"一 Q"都具有语类选择特性,但后者还具有较为明显的语义选择(s—selection)特性。同时,动词的启动词"不"是同一的,名词的启动词"一 Q"则不是同一的。从搭配判断任务的难易程度来看,"不 V"比"一 QN"简单。所以,动词的正确率比名词的高是可以解释的。



3.2.2.2 双音节名词和动词的差异

从行为指标来看,动词的反应时与名词的反应时没有显著差异;动词的正确率仍然比名词的高。从 ERP 指标来看,动词的潜伏期比名词的短;动词的 N2 的波峰值比名词的大,LPC 的波峰值也比名词的大。

在所选双音节动词中,合成词占 96.15%,单纯词占 3.85%。其中,支配式、陈述式、补充式、附加式、联合式合成词在所选动词中所占的比例依次为 17.95%、5.13%、16.66%、8.97%、47.43%。双音节合成动词中的两个构词语素首先合并,形成一个 X'。此时,就句法自足而言,合成动词比单音节动词要好一些。在搭配判断任务的影响下，被试会暂时搁置“寻找”论元构造 vp 壳的活动。双音节动词的平均反应时为 615.6±81.8ms，双音节名词的平均反应时为 617.4±85.0ms；而它们的 N2 的潜伏期却不足 400ms（见图 2）。由此可见，N2 肯定会受到搭配判断任务的影响。与单音节动词和名词加工情况相比，此时动词的加工强度变小了，名词的加工强度没有变小。根据上述分析，动词的 N2 的波幅有可能比名词的低（或说比名词的波峰值大）。

虽然被试在 N2 阶段因实验任务影响暂时搁置构造 vp 壳的活动，但在搭配判断任务的影响消除之后，被试仍会继续“寻找”论元构造 vp 壳，ERP 波形出现 LPC。显然，名词也会出现 LPC，但与动词不同的是，以“一 Q”为中心的投射已经是一个最大投射 DP 了；以“不”为中心的投射此时不是最大投射，根据动词的词项特征，仍然需要继续投射。所以，动词的加工难度肯定比名词的大。因此，就 LPC 而言，双音节动词的波峰值比名词的大是很好解释的。

动词 N2 的潜伏期比名词的短，这说明此时动词的加工强度比名词的小，可以用动词的 N2 的波峰值比名词的大的原因来解释。随着加工过程的推进，出现 LPC。LPC 的潜伏期也是动词的比名词的短，但前文已经提到 LPC 的波峰值是动词的比名词的高。这与 ERP 实验数据分析的依据是否矛盾呢？我们认为是不矛盾的。因为语言加工不仅是一个自主过程，同时也是一个连续过程。从整个加工过程来看，双音节动词 N2 的潜伏期比双音节名词的短，这就导致了前者在加工进度上早于后者。当 ERP 波形出现 LPC 时，双音节动词仍然可能是先被加工的。所以，双音节动词的 LPC 的潜伏期比双音节名词的短是可以解释的，这与动词比名词的 LPC 的波峰值高也不矛盾。至于双音节动词的正确率比名词的高，原因与单音节动词的正确率高于名词的相同。

3.2.2.3　单音节动词和名词在 LPC 上没有差异的原因

当 ERP 波形出现 LPC 后，与搭配判断任务同时进行的为单音节动词“寻找”域内论元[①]构建 vp 壳的加工过程已接近尾声，但没有确定的目标作为域内论元，继续“寻找”域外论元构建 vp 壳的进程受阻，换言之，为单音节动词“寻找”域外论元已成为不可能的事，因此在加工强度上单音节动词与名词已经没有显著差异了。（见图 7）所以，就 LPC 而言，单音节动词与单音节名词没有显著差异。

我们要提醒注意：波峰值和潜伏期的比较结果是很多因素综合作用的结果，在解释实验结果的时候我们着重指出起主导作用的因素，并不否认其他因素的影响。但是这些因素与主导因素相比所起的作用不是决定性的，所以在分析过

① 在所选单音节动词中，二元谓语动词占 86.36%，所以此处可以主要考虑域内论元的情况。

程中就不再提出并加以论述了。

### 3.3 词类划分之语法依据的神经生理基础

文炼(1995)提出分类的依据和标准应该区分开来看待,标准不能是双重的,依据却可以是双重的。也就是说,依据是客观存在的,标准则是人为选定的。本文即通过实验来寻找汉语名动分类的客观存在的依据。实验结果表明,名动分类的依据之一是语法功能,即“词在句法结构里所能占据的语法位置”(朱德熙 1982:37)。

在 ERP 实验中,在词汇判断任务条件下,名词和动词没有显著差异;在搭配判断任务条件下,名词和动词则存在显著差异。在对照实验中,刺激词是孤立呈现的,正字法判断的任务使得被试至多只能通达刺激词的词汇意义,不能对刺激词进行语法加工;在搭配判断实验中,刺激词是成组呈现的,搭配适当与否的判断任务使得被试必须对前后呈现的刺激词进行语法加工。可以肯定地说,主要是这种语法加工过程的差异导致搭配判断实验中的名词和动词有显著差异。

毫无疑问,实验结果是刺激加工过程的反映,反过来看,这一加工过程反映了名词和动词的语法特征。这时,说依据名词和动词的语法功能可以把二者区分开来是没有问题的。

在 fMRI 实验中,词汇重叠实验的名词的激活情况与动词的不同(见图 3、图 5);词汇组合实验的名形组合与动形组合的激活情况亦不同(见图 4、图 5)。在词汇重叠实验中,重叠方式为“ABAB”。按相关说法,通过这种方式重叠出来的动词组合是汉语动词的一种形态变化,而名词则没有这种形态变化。由此可知,动词重叠与名词重叠的脑区激活情况不同的原因与汉语名词和动词的语法特征不同有很大关系。从广义视角来看,形态是隶属于语法范畴的。因此,fMRI 实验结论也支持语法可以作为名动划界的依据。

## 4 结 语



从 ERP 和 fMRI 实验的结论来看,语法可以作为名动划界的依据。但这并不等于说,语义不能作为名动划界的依据,如词汇组合的 fMRI 实验结论就支持语义也可能是名动划界的依据。前述国外学者的很多实验也都证明,语义也可以作为名动划界的依据。如何来看待这看似矛盾的“两可”现象呢?

从神经语言学的角度来分析,大脑词库中有不同的类聚。在大脑词库中,词是以多维特征储存的,词 A 可以按照语音特征相近与词 B 储存在一起,也可以按照语义特征相近与词 C 储存在一起,同样如果是文字形式的话,也可以按照正字法特征相近与词D储存在一起(参见杨亦鸣等1998,2000,2001)。也就是说,人们可以根据语音、语义、语法和正字法等不同的依据,以不同的标准来给词分类。换言之,在汉语中语法、语义、语音、正字法等都可以给词的划分提供依据。但是,从语言学角度来看,只有依据语法划分出的类才是语法的类,与依据语音、字形划分出来的类聚一样,依据语义划分出来的类并不是语法的类。

如果把名动分类的依据放在整个汉语词类划分标准的框架下来看,就更能说明问题了。汉语名动划分的依据可以是语法,也可以是语义。汉语词类划分的依据是否也可以是双重的呢?显然不行,依据语义只能给有意义的词分类,但不能给没有意义的词分类。按词的意义的虚实,汉语的词可分为实词和虚词。像名词、动词、形容词等实词类可以用语法、语义双重依据,但像介词、助词、连词等意义虚化的虚词依据语义来分类就不是很现实。① 语义可以作为实词、虚词划界的依据,也可以作为实词内部分类的依据,但作为虚词内部分类的依据就说不通了。因此,语义标准不能作为整个汉语词类划分的依据。

总之,词类是语法的类,词类划分要有一个统一的标准。现在的问题是,有人证明名动是语义分类,有人证明是语法分类,本文实验证明似乎两种都可以划分名动,但语法研究中的词类,特别是名动分类是语法的类,这不但是语法理论的要求,也是有其神经机制的生理基础的。

**参考文献**

北京语言学院语言教学研究所:《现代汉语频率词典》,北京语言学院出版社1986年版。

布龙菲尔德:《语言论》,袁家骅、赵世开、甘世副译,钱晋华校订,商务印书馆1980年版。

高名凯:《汉语语法论》,开明书店1948年版。

郭锐:《汉语词类划分的论证》,《中国语文》2001年第6期,第494—507页。

韩济生:《神经科学原理》,北京医科大学出版社1999年版。

霍凯特:《现代语言学教程》(第二版),索振羽,叶蜚声译,北京大学出版社2002年版。

吕叔湘,朱德熙:《语法修辞讲话》,开明书店1951年版。

魏景汉,罗跃嘉:《认知事件相关脑电位教程》,经济日报出版社2002年版。

文炼:《关于分类的依据和标准》,《中国语文》1995年第4期,第256—259页。

杨亦鸣,曹明:《中文大脑词库形、音、义关系的神经语言学分析》,《中国语文》1998年第6期,第417—424页。

杨亦鸣,曹明:《基于神经语言学的中文大脑词库初探》,《语言文字应用》2000年第3期,



① 关于虚词,郭锐把它表述为“辅助”,显然这是从语法功能的角度(或称标准)来看待词类划分这一问题的。此时的语义依据显然已经起不到“依据(basis)”的作用了。

第 91—98 页。

杨亦鸣，曹明，沈兴安：《国外大脑词库研究概观》，《当代语言学》2001 年第 2 期，第 90—108 页。

朱德熙：《语法讲义》，商务印书馆 1982 年版。

朱德熙：《语法答问》，商务印书馆 1985 年版。

Andrew Radford 2000 Syntax: *A Minimalist Introduction*.《句法学：最简方案导论》。外语教学与研究出版社 & Cambridge University Press.

Chomsky N. 1995 *The Minimalist Program*, Cambridge, MA: MIT press.

Claudio Luzzatti, Rossella Raggi, Giusy Zonca, Caterina Pistarini, Antonella Contardi, Gain-Domenico Pinna 2002 Verb-noun double dissociation in aphasic lexical impaiments: the role of word frequency and imageability. *Brain and Language* 81:432—444.

Daniela Perani, Stefano F. Cappa, Tatiana Schnur, Marco Tettamanti, Simona Collina, Màrio Miguel Rosa and Ferruccio Fazio 1999 The neural correlates of verb and noun processing A PET study. *Brain* 122:2337—2344.

Elizabeth Bates, Sylvia Chen, Ovid Tzeng, Ping Li and Meiti Opie 1991 The Noun-verb Problem in Chinese Aphasia. *Brain and Language* 41:203—233.

Elizabeth Warburton, Richard J. S. Wise, Cathy J. Price, Cornelius Weiller, Uri Hadar, Stuart Ramasay and Richard S. J. Frackowiak 1996 Noun and verb retrieval by normal subjects Studies with PET. *Brain* 119:159—179.

Federmeier KD, Segal JB, Lombrozo T, Kutas M. 2000 Brain response to nouns, verbs and class-ambiguous words in context. *Brain* 12:2552—2566.

Frank Rösler, Judith streb, and Humbertus Hann 2001 Event-related brain potentials evoked by verbs and nouns in a primed lexical decesion task. *Psychophysiology* 38:694—703.

Friedemann Pulvermüller, Bettina Mohr, Hans Schleichert 1999a Semantic or lexico-syntactic factors: what determines word-class specific activity in the human brain? *Neuroscience Letters* 275:81—84.

Friedemann Pulvermüller, Werner Lutzenberger and Hubert Preissl 1999b Nouns and Verbs in the Intact Brain: Evidence from Event-related Potentials and High-frequency Cortical Responses. *Cerebral Cortex* 9:497—506.

Hilary Gomes, Walter Ritter, Vivien C. Tartter, Herbert G. Vaughan Jr., Jeffrey J. Rosen 1997 Lexical processing of visually and auditorily presented nouns and verbs: evidence from reaction time and N400 priming data. *Cognitive Brain Research* 6:121—134.

Koening T, Lehamann D. 1996 Microstates in language-related brain potential maps show noun-verb differences. *Brain and Language* 53(2):169—182.

McCarthy, R. and Warrington, E. K. 1985 Category-specificity in an agrammatic patient: The relative impairment of verb retrieval and comprehension. *Neuropsychologia* 23: 709—727.

Miceli G, Silveri M, Villa G. and Caramazza A. 1984 On the basis for the agrammatic's difficulty in producing main verbs. *Cortex* 20:207—220.

Preissl H, Pulvermüller F, Lutzenberger W, Birbaumer N. 1995 Evoked potentials distinguish between nouns and verbs. *Neuroscience Letters* 197(1):81—83.

Tyler LK, Russell R, Fadili J, Moss HE. 2001 The neural representation of nouns and verbs: PET studies. *Brain* 124(Pt 8):1619—1634.

Williams E. 1981 Augument Structure and Morphology. *The Linguistic Review* 1: 81—114.

（原载《语言科学》2002 年创刊号）

# 语法语境下汉语名动分离的ERPs研究[①]

运用ERP技术，从语法角度，通过词语搭配判断任务，考察汉语名词和动词加工的脑神经机制。实验结果显示，在适合的语法语境中，名词、动词和动名兼类词所诱发出的ERP差异主要反应在P200、N400和P600三个ERP成分上。在正确的语境中，名词诱发出更大的P200，而动词则诱发出比名词更大的N400和减小的P600；当动名兼类词分别用作名词和动词时，虽然二者的N400没有显著差异，但前者诱发出一个增大的P600。根据实验结果认为：汉语名词和动词具有不同的神经表征和加工机制，名词和动词的语法功能在汉语名动分离中起了重要的作用。

## 1 引 言

关于词类范畴信息，尤其是名词和动词在大脑中是如何表征和组织的，一直以来都是认知神经科学和神经语言学研究中关注的问题。对失语症病人的大量测查结果表明，不同部位的大脑皮层区受损会对名词和动词造成不同程度的损害，例如，左半球额叶皮层损伤的失语症病人在储取动词信息时比较困难，而颞叶和/或大脑后部皮层受损的失语症病人，则会在储取名词信息时产生困



① 本文研究得到国家自然科学基金项目(30740040)、教育部人文社会科学研究“十一五”规划项目(07JA740027)、国家社会科学基金重点项目(06BYY019、06CYY004)、江苏省“六大人才高峰”资助项目(07—A—019)、江苏省哲学社会科学“十一五”规划资助项目(06JSBYY006)、江苏省“青蓝工程”(科技创新团队)资助项目和徐州师范大学人文社会科学研究基金重点项目(07XWA14)的资助，在此一并致谢。

难。因此，研究者们假设名词和动词具有相互分离的神经表征：名词的加工主要由颞叶和/或大脑后部皮层负责；而左侧额叶则在动词的加工中起主要作用[1-4]。

近年来，更多的研究者开始以正常人为被试研究名动分离问题，其实验结果大都支持了名动分离的假设。例如，Preissl 等人[5]、Pulvermüller 等人[6-8]和 Federmeier 等人[9]用 ERP 技术，Tyler 等人[10]使用 fMRI 技术，Shapiro 等人[11]使用 PET 技术进行实验研究，结果都显示名词和动词具有不同的神经表征和加工机制。

但到目前为止，造成名动分离的原因还不十分清楚。一些研究[5-8]指出，名动分离的神经表征是以二者不同的语义表征为基础的，名词和动词脑机制上的差异反映的是大脑对实体和行为神经表征的不同：名词具有更强的视觉感知特征，所以加工时会较强的激活大脑后部的视觉皮层区和颞区；而动词具有很强的运动联想，在加工时与运动相关的大脑前部额叶皮层区域自然就会有更强的激活。而另一些研究[2,9-11]则认为语法原因是导致名动分离的原因。例如 Federmeier 等人[9]把英语名词、动词放在语法语境下进行考察，结果显示，名词在大脑中央区诱发出一个更大的 N400 成分，而动词则在 200—400ms 间诱发了一个左侧额叶正波。他们认为，名词和动词在不同语境下体现的语法性质对它们的神经表征有重要影响。Tyler 等人[10]和 Shapiro 等人[11]则从形态加工机制上为名动分离提供语法解释。例如，Tyler 等人[12]选取名词和动词的词根作为语料进行实验时，没有发现名动分离现象，但 Tyler 等人[10]以发生过形态变化的名词和动词作为语料进行实验时，发现动词和名词的脑区激活强度存在差异，因此他们认为形态变化是造成名动神经表征不同的一个重要方面。

上述研究主要是以印欧语言为语料进行的，对于汉语名动分离的研究还不是很多。Bates 等人[13]和 Chen 等人[14]对汉语失语症病人进行测查，结果发现布洛卡失语症病人生成动词有困难，韦尼克失语症病人生成名词有困难。由于与印欧语言相比，汉语缺少丰富的形态标记和形态变化，因此 Bates 等人认为，汉语名词和动词分离的原因不能从词语的形态变化上去解释，名动分离的原因不是语法原因，而是语义原因。

张钦等人[15]使用词汇判断任务，考察具体名词和具体动词、抽象名词和抽象动词的 ERP 差异，结果显示，在 200—300ms 时窗和 N400 上，具体名词在两半球的额叶和颞叶诱发的 ERP 比具体动词更负，但抽象名词与抽象动词的 ERP 差异并不明显。张钦等人认为具体名词和具体动词之所以存在差异是因为它们具有不同的语义表征，而抽象名词和抽象动词则不太可能与具体的人、事、物或行为动作等非语言刺激共同出现，其心理表征会比较相似。

Ping等人[16]使用fMRI技术通过词汇判断任务考察汉语名动加工的脑机制，结果发现，动词和名词的激活区域广泛地分布于大脑两半球，无明显差别。Ping等对此的解释是，汉语是缺乏形态变化的语言，很难通过形态来辨识其语法功能，这种语言类型上的特异性会对语法范畴的神经表征产生影响，因而从语法的角度来看，汉语名词和动词的神经机制是没有区别的。

可以看出，这些研究都把汉语名动的差异归结为语义原因。但问题是，和许多印欧语言的研究相似，他们所使用的实验任务基本上都是基于语义的图片命名任务或词汇判断任务，就任务本身而言，不可能触及到被试的语法知识，因此自然也就不能从语法层面去揭示名词和动词的差别。另一方面，实验中刺激词单个、孤立呈现也不能充分体现出词语的语法性质，因为词的语法功能指的是词与词的组合能力以及词充当句子成分的能力，词的语法性质必须从词语组合特征的角度才能体现出来。

杨亦鸣等人[17]从词语组合能力的语法功能角度出发，设计实验来研究汉语名动分离问题，在ERP实验中把名词和动词分别置于能体现其语法性质的短语中，让被试执行词语搭配判断任务，初步发现名词和动词具有不同的脑神经加工机制，证明名动分离的神经表征可以是由其语法特征的不同造成的。本研究在此基础上继续使用ERP技术，从汉语名词、动词及兼类词与其他词语组合能力的语法角度来探讨汉语名动分离的问题。

在汉语中，能否受名量词修饰和能否受能愿动词修饰是划分名词和动词的重要语法标准。因此在实验设计上，我们以名量词和能愿动词作启动词，提供了两种能分别凸显名词和动词语法功能的语法语境，由于名词、动词与启动词能否搭配在一定程度上取决于它们与启动词的语法特征是否匹配，所以名词、动词在与启动词的整合过程中必然要进行语法加工。如果名词和动词在各自适合的语法语境中能诱发出与语法加工相关的P600成分，并且二者所诱发的P600成分存在差异，则说明名词和动词具有不同的语法加工机制，从而证明名词和动词的语法功能在名动分离中具有一定作用。另外，实验也扩大了所考察语料的范围，除了选取名词和动词外，还选取了动名兼类词，即兼有名词和动词两种词性的词，但当这类词只出现在名词语境或动词语境中时，仅体现出一种词性。目前判定兼类词的标准主要是语法标准，即一类词是否为动名兼类词，关键是看该类词在语法的组合能力上能否体现出动词或名词的性质。因此，考察名词语境和动词语境下动名兼类词的加工，也更有利于从语法角度揭示名词性词语和动词性词语的神经加工机制。

# 2 实验方法

## 2.1 被试

本实验共有以汉语为母语的健康大学生14人(男女比例为1∶1),年龄范围为19—22岁,根据Snyder&Harris的测试标准[18],所有被试均为右利手,视力正常或矫正后正常,均无任何精神和神经疾病史,自愿参与本实验,实验前签署知情同意书和实验协议,实验结束后适当付酬。

## 2.2 实验材料

如表1所示,实验材料包括6组不同搭配的短语:a)"一Q"+动名兼类词;b)"不M"+动名兼类词;c)"一Q"+名词;d)"不M"+动词;e)"一Q"+动词;f)"不M"+名词。(Q为名量词,如"个"、"张"、"条"等;M为能愿动词,如"能"、"愿"、"可"等)其中a、b、c、d组为正确搭配,每组短语各45个,e、f组为错误搭配,每组短语各90个,6组短语共360个。每个短语由启动刺激和目标刺激构成,启动刺激为"一Q"和"不M",目标刺激为名词、动词和动名兼类词,均为双音节词。

**表1 6组不同搭配类型短语示例**

| a. "一Q"+兼 | b. "不M"+兼 | c. "一Q"+N | d. "不M"+V | e. "一Q"+V | f. "不M"+N |
|---|---|---|---|---|---|
| 一项 研究 | 不许 研究 | 一个 学生 | 不愿 承担 | 一张 背叛 | 不应 耳朵 |
| 一项 工作 | 不肯 工作 | 一片 雪花 | 不许 回避 | 一位 排挤 | 不肯 雪花 |
| 一份 申请 | 不愿 申请 | 一把 钥匙 | 不能 制止 | 一条 撤消 | 不愿 学校 |

名词、动词和动名兼类词均选自《现代汉语规范词典》和《现代汉语词典》①,动名兼类词在词性上只兼有名词和动词两种词性,名词和动词在词性上分别只有名词和动词一种词性。由于具有名词和动词双重性质的词大多数为双音节词,因此,为了使所有类型的目标词在音节上匹配,都选用双音节词。根据《现代汉语常用词词频词典》②,所选取的名词、动词和兼类词都是相对高频词:名词的平均频率为68.76次/百万,动词为62.28次/百万,动名兼类词为109.48次/百万。对所选取的词进行熟悉度问卷调查,熟悉度层次分为熟悉和不熟悉,选择熟悉度高于90%的词进入最后正式实验。

① 李行健主编:《现代汉语规范词典》,外语教学与研究出版社、语文出版社2004年版。中国社会科学院语言研究所词典编辑室编:《现代汉语词典》(第5版),商务印书馆2006年版。

② 刘源等编,宇航出版社1990年版。

选用"一 Q"和"不 M"做为启动词，分别与名词和动词相搭配，可以反映出名词和动词对立的两条基本的语法特征：名量词只能修饰名词，不能修饰动词；能愿动词后只能接动词，不能与名词搭配。比如可以说"一张桌子"，"不愿争取"，但是不能说"一张争取"，"不愿桌子"。动名兼类词兼有这两种语法特征。因此，实验通过启动词提供了名动对立的两种语法语境，可以从语法角度考察名词和动词的神经机制。

**2.3　实验任务和步骤**

实验在隔音的电磁屏蔽室内进行，要求被试双手拿按键盒，双眼水平注视计算机屏幕中央，视距约 80cm，视角为 4.2°，实验中尽量放松、少动。刺激材料为 48 号宋体，在计算机屏幕中央呈现，屏幕的底色为深灰色，字体颜色为黑色。在正式实验开始前，对被试讲明实验任务，并进行简短练习，以熟悉实验任务。实验分为 3 个 Block，每个 Block 大约 6 分钟，各包含 180 个 trail，每个 trial 由一个启动刺激和一个目标刺激构成。两个 Block 之间有短暂休息。

实验任务为词语搭配判断任务，要求被试对启动刺激和目标刺激之间的搭配是否正确尽快进行准确地按键反应，反应手在被试中交叉平衡设计。刺激材料随机编排，先呈现"一 Q"或"不 M"，后呈现名词或动词。启动词和目标词的呈现时间均为 200ms，启动词和目标词之间的时间间隔（SOA）为 800ms，相邻两个 trail 间的 SOA 为 2500ms。

**2.4　脑电记录**

被试佩戴 Quick—Cap32 导联电极帽，采用 Neuroscan Synamps 2 记录 32 导脑电。电极按国际 10—20 系统放置。双侧耳后乳突连线为参考，接地点在 FPz 和 Fz 的中点，记录垂直眼电和水平眼电。电极与头皮接触电阻保持在 5kΩ 以下。采样率为 1000Hz，带宽为 0.05—100Hz。离线分析脑电数据。最后用于总平均分析的各类 ERP 的平均叠加次数不低于各类总刺激数的 85%。

**2.5　数据处理和分析**



使用 Neuroscan4.3 对采集的脑电进行离线分析处理。相关法排除眨眼对脑电的影响，分析时程（epoch）为目标词呈现前 100ms（作为基线校正）至目标词呈现后 1000ms，波幅大于 $\pm 100\mu V$ 的 epoch 被视为伪迹剔除。对每个 trail 中目标词的脑电数据进行分类叠加平均，记录分析所要考察的四类刺激的 ERP："一 Q"语境下的名词、动名兼类词，"不 M"语境下的动词和动名兼类词。为了消除参考电极对头皮电压分布的影响，将得到的 ERP 都转换为平均参考。对这四类刺激的 ERP 进行 20Hz（24dB/oct）的无相移低通数字滤波器滤波。

根据 ERP 总平均波形图特征，四类刺激的 ERP 差异主要集中在三个成分上：目标词呈现后波峰位于约200ms处的一个正波（P200），250—400ms时窗内的一个负波（N400），以及一个450ms左右开始的晚期正成分（P600）。采用平均幅值测量法对P200、N400和P600成分进行分析，分析时段分别为145—225ms、250—400ms和450—650ms。由于正确语境中的名词和动词P600的潜伏期也表现出差异，因此对其400—700ms间的潜伏期进行测量分析。最后的统计处理使用SPSS12.0软件进行，方法为重复测量的方差分析（repeated measures analysis of variance），统计结果使用Greenhouse—Geiss法进行校正。

## 3 实验结果

### 3.1 行为数据

对6种类型短语“一Q＋兼”、“不M＋兼”、“一Q＋N”、“不M＋V”、“一Q＋V”、“不M＋N”判断的平均反应时分别为734.43ms、727.75ms、684.71ms、732.75ms、694.82ms、702.32ms，错误率分别为10.95％、10.00％、6.51％、9.21％、6.67％、8.57％。单因素方差分析（One-way ANOVA）结果显示，各种类型短语的反应时、错误率均没有达到显著差异。

### 3.2 ERP数据

3.2.1 正确语境中名词和动词的比较

图1标明了正确语境中的名词（“一Q＋____”中的名词）与动词（“不M＋____”中的动词）之间的ERP比较结果，二者在P200、N400和P600成分上都存在差异。

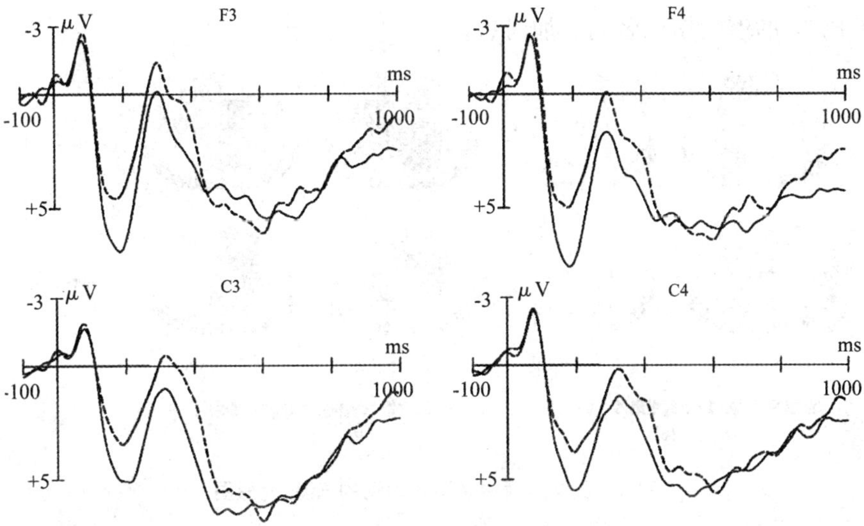

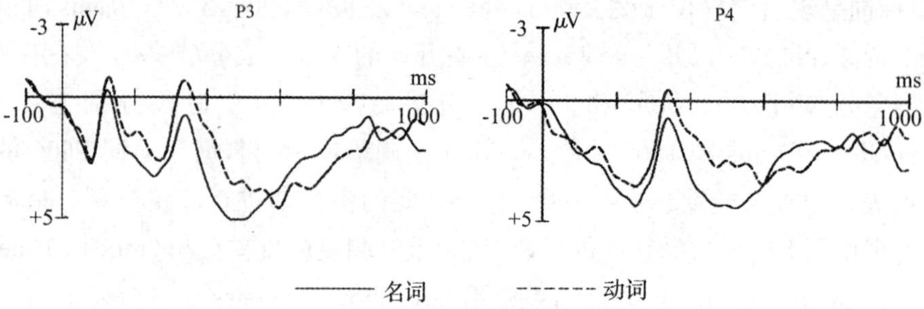


**图 1　正确语境中名词和动词的 ERP 波形图**

在 145—225ms 时窗内，词类（名、动）×电极（F3、FZ、F4、FC3、FCZ、FC4、C3、CZ、C4、CP3、CPZ、CP4）的重复测量的方差分析结果显示，词类主效应显著，F(1,13)＝31.95，p＝0.000。同动词相比，在大脑的广泛区域，名词诱发出一个更大的 P200 成分。

在 250—400ms 时窗内，对 N400 幅值所做的词类（名、动）×电极（FC3、FCZ、FC4、C3、CZ、C4、CP3、CPZ、CP4、P3、PZ、P4）的重复测量的方差分析结果表明，词类主效应显著：F(1,13)＝15.26，p＝0.002。名词和动词虽然在大脑的广泛区域都诱发出 N400，但是与名词相比，动词的 N400 更大。

在 450—650ms 时窗内，对 P600 幅值进行词类（名、动）×电极（CP3、CPZ、CP4、P3、PZ、P4）的重复测量的方差分析，结果显示，词类主效应显著，F(1,13)＝9.23，p＝0.010。如图 1 和图 2 所示，这一效应主要分布在中央顶区和顶区等后部脑区，名词诱发的 P600 比动词要大。同时，400—700ms 时窗内的潜伏期测量结果也显示出显著的词类主效应，F(1,13)＝9.17，p＝0.010。在后部脑区，动词 P600 的潜伏期比名词更加滞后。

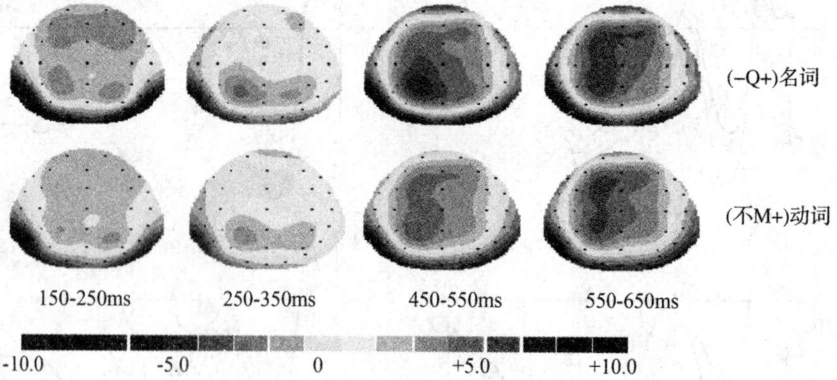


**图 2　正确语境中名词和动词的 ERP 地形图**

3.2.2 名词语境中的兼类词和动词语境中的兼类词的比较

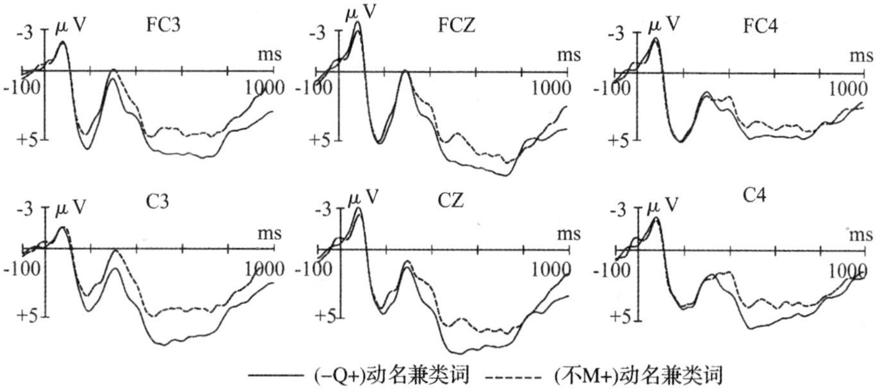


**图 3 名词语境和动词语境中的动名兼类词的 ERP 波形图**

图 3 标明了动名兼类词在名词语境（“一 Q+____”）中诱发的 ERP 与在动词语境（“不 M+____”）中诱发的 ERP 之间的比较，二者的差异主要反映在 P200 成分和 P600 成分上，N400 成分没有显著差异。

在 145—225ms 时窗内，选取大脑左侧部分电极点（F3、FC3、C3、CP3），进行词类×电极的重复测量的方差分析，结果显示词类主效应显著，$F(1,13)=6.08$，$p=0.028$，在大脑左侧区域，名词语境中的动名兼类词诱发出更大的 P200 成分。

在 450—650ms 时窗内，对 P600 的平均幅值所做的词类×电极（FC3、FCZ、FC4、C3、CZ、C4、CP3、CPZ、CP4、P3、PZ、P4）的重复测量的方差分析也揭示出显著的词类主效应，$F(1,13)=8.99$，$p=0.010$。在大脑的广泛区域，与动词语境中的动名兼类词相比，名词语境中的动名兼类词诱发出一个增大的 P600。

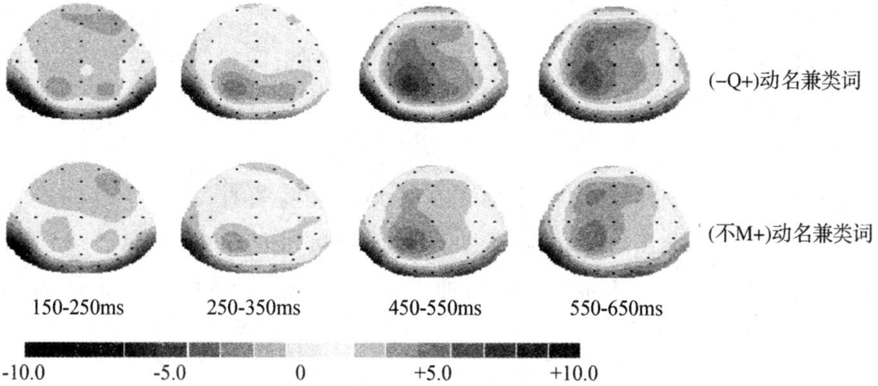


**图 4 名词语境和动词语境中的动名兼类词的 ERP 地形图**

图 4 的 ERP 头皮地形图也显示，名词语境中的动名兼类词在大脑的广泛区域，尤其是左侧中央区有着更正的电压。

## 4 分析与讨论

### 4.1 名动加工的 ERP 差异

本实验采用词语搭配判断任务，以“一 Q”和“不 M”作为语法启动词，考察目标词名词和动词的脑神经加工机制，启动词和目标词之间的 SOA 为 800ms，相邻两个 trail 间的 SOA 为 2500ms，虽然刺激间的时间间隔为固定间隔，但对于前一个刺激（启动词）来讲，其呈现后 800ms 就已经是慢波成分了，因此对于下一个刺激（目标词）的影响较小，因此我们认为，刺激之间的间隔可以说足够长，对实验的影响较小。在一些类似的有启动范式的实验中[19,20]，启动词和目标词的刺激间隔在 800ms 左右的也较为常见。

实验结果显示，当名词和动词出现在各自适合的语境中时，名词诱发出一个增大的 P200。虽然 P200 在语言加工中的作用还不十分明确，但有研究认为，P200 是一个与词汇语义信息识别相关的成分[21,22,23]。在一些研究名动加工的实验中也发现了 P200 成分，但主要集中在额区[5,9]，而我们实验中 P200 的分布要更广。由于名词和动词本身固有的词汇语义信息不同，名词主要是指称人和事物，而动词主要指称动作行为，因此我们认为，实验中的 P200 效应可能在一定程度上反映了早期在识别名词和动词词汇语义信息时加工上的差别。

许多研究证明，N400 和 P600 是两个与语言加工相关的 ERP 成分，N400 与语义加工相关，反映了大脑对语义信息加工整合的困难程度，语义信息越难整合，N400 波幅越大[24,25,26,27]。P600 则被认为是与语法加工相关的 ERP 成分，主要反映了大脑对语法的分析、修补以及晚期的整合过程[24]。但在 P600 波幅与加工难度的关系上还有不同的观点，一般认为，心理资源投入量越大，加工越难，P600 波幅越大[28,29]，但是也有研究[30,31]得出 P600 波幅与心理资源投入量成反比的结论。

在本实验中，当名词和动词都出现在正确的语境中时，相对于名词，动词在大脑的广泛区域诱发出一个增大的 N400 和较小的 P600。我们认为，实验结果反映了名词和动词在语义加工和语法加工上的不同。生成语法理论认为，大脑词库中的动词含有论元结构信息和题元结构信息[①]，前者与动词的语法特征相关，要求在以动词为中心的结构中出现的论元必须满足动词所要求的最少数量，以达到语法上的自足；后者反映了动词和论元的语义关系，即动词负责给论元结构中的每个论元位置分派合适的题元角色，如施事、受事、目标、来源等语义角色，使结构符合语义上的要求。从论元结构来看，本实验中的动词多为二元动词，因此至少要有一个内部论元成分和一个外部论元成分在结构中与动词同现，才能达到语法上的自足，但动词和启动词合并后，并没有论元成分出现，语法上仍不自足，所以需要投入更多的心理资源支持动词继续寻找论元，以构建完整的论元结构。另一方面，题元结构也要求动词寻找潜在的论元结构位置分派合适的题元角色，以建立起与论元的语义关系，达到语义上的自足，这种语义加工也需要耗费更多心理资源。而大脑词库中的名词不包含论元结构信息，也没有分派题元角色的能力，所以在实验中名词和启动词合并后，名词不需要再寻找论元和分派题元角色，整个短语在语义和语法上都达到了自足。因此，与名词相比，动词无论是在语义加工方面还是在语法加工方面，消耗的能量都要更多，加工的难度也更大。同时，本实验也支持了 P600 波幅与心理资源投入量成反比的结论。

实验对于动名兼类词的研究发现，同正确语境中名词和动词的比较相类似，与动词语境中作为动词使用的动名兼类词相比，名词语境中作名词使用的动名兼类词也诱发出一个增大的 P600，而且分布的脑区更加广泛。由于动名兼类词用在名词语境和动词语境中时，分别相当于名词性词语和动词性词语，同时 P600 是与语法加工相关的成分，所以实验结果表明，名词性词语和动词性词语在语法加工上并不相同。与正确语境中名词、动词比较结果不同的是，动名兼类词作名词使用和作动词使用时 N400 并没有表现出差异，我们认为，这可能同动名兼类词的性质有关。动名兼类词主要是根据词的语法功能标准划分出来的词类，兼有名词和动词的语法特征，因此当分别作名词和动词使用时，更能体现出类似于名词和动词的语法特征上的对立。但是两种语境中的动名兼类词在语义特征上是相同或十分相近的，所以实验显示在与语义加工相关的 N400 成分上并没有表现出显著差异。还有一些研究报道了与本实验不同的结果，例如，Fed-

① “论元结构”通常是指以动词为中心联系若干名词的结构形式。动词的论元结构规定了实现动词表达的动作或状态所需要的最少名词（论元）数量，即动词要求有几个论元，句中就必须有几个论元与动词同现。“题元结构”要求动词给论元结构中能够出现论元的结构位置分派合适的题元角色，如施事、受事、目标、来源、方位、感受者、受益者等语义角色，它体现了动词和论元之间的语义关系。

ermeier 等人[9]的实验结果显示，名词语境中的兼类词在额区和中央区诱发出一个更大的 N400；Brown 等人[32]也发现作为名词使用的词类歧义词相对于作为动词使用时，会在后部脑区诱发出一个增大的负成分。我们认为，实验结果上的不同可能是语料选取上的原因。在一些以印欧语为语料的研究中，一般把词性不同的同形同音词都看作是兼类词(class-ambiguous word)，因此在所选取的语料中，可能会包括许多意义相差很大的同音同形词，例如 Van Pettern and Kutas 使用的语料中有一半就是同形异义词[33]，Federmeier 等人[9]的实验语料中，兼类词的名词义和动词义也有很大差别，所以与语义加工相关的 N400 成分可能就会表现出差异。

**4.2　名动分离的原因**

我们是从语法角度入手，来设计实验研究汉语名动加工问题的，结果发现了汉语名词和动词的 ERP 成分存在差异，因此，认为语法可以是造成汉语名词和动词脑加工机制存在差异的原因。

从实验任务来看，与基于语义的词汇判断任务不同，本研究所使用的词语搭配判断任务能够凸显出名词和动词的语法特征。启动词“不 M”和“一 Q”提供了名词、动词相互对立的语法环境，分别要求具有动词语法特征和名词语法特征的词与之相搭配，目标词和启动词能否搭配主要是取决于二者的语法特征是否匹配，所以被试不可避免地要对启动词和目标词进行语法加工。

从实验结果来看，当名词和动词都处在正确语境中时，相对于动词，名词诱发出增大的 P600 成分，学术界一般把 P600 成分看作是语法加工的指标(如前述所证明，本实验结果支持了 P600 成分大小与加工难度呈负相关)，因此，我们认为，实验中名词和动词在 P600 上的差异也反映了名词和动词语法加工上的不同，根据 4.1 小节中的分析，这种语法加工上的不同本质上是由名词和动词语法性质的不同决定的。

实验还选择了动名兼类词作为语料进行考察，所谓动名兼类词是根据其语法功能划分出来的一类词，是指兼有名词和动词两种词类语法性质的词，当动名兼类词用在名词语境中时，体现出名词的语法性质，相当于名词性词语，用在动词语境中时，体现出动词的语法性质，相当于动词性词语。同时，当同一个动名兼类词分别用在名词和动词语境中时，语义并没有发生明显变化，二者语义相同或十分相近，在语义上与名词或动词语境也都十分匹配。因此，名词语境中的动名兼类词和动词语境中的动名兼类词的差异就主要体现在二者的语法性质的不同上，即名词语法性质和动词语法性质的不同。实验结果显示，名、动两种语境中的动名兼类词语法性质上的不同在神经加工机制上有所表现，二者在与语义加工相关的N400成分上并没有显著差异，这表明二者在语义加工上没有显著差别。但是与动词语境中的动名兼类词相比，名词语境中的动名兼类词诱发出了增大的P600成分，这个增大的P600效应也和名词、动词的比较结果一致，这表明二者在语法加工上存在差异。由于两种语境中的动名兼类词分别相当于名词性词语和动词性词语，所以实验结果表明大脑对动词性词语和名词性词语的加工是不同的，而没有显著差异的N400效应和增大P600效应则显示，大脑在加工名词性词语和动词性词语时产生的差异不是语义原因造成的，而是词语的语法功能起了主要作用。

需要指出的是，虽然也有一些国外的学者认为语法是导致名动分离的原因，但他们所讲的语法主要指的是词的形态变化功能，认为只有对发生形态变化的名词和动词进行研究才能发现二者神经机制上的差异[10,11]。按照这种观点，汉语是一种缺少形态变化的语言，从语法上必然看不到名动分离的现象，所以一些研究者只能把汉语名动分离的原因归结为语义原因[13,14]，而认为汉语名词和动词语法范畴的神经表征是不存在差异的[16]。但本实验中所选用的动词和名词在形态上也都没发生变化，可我们仍然发现了名动分离的现象。实际上，并不能把名动分离的语法原因简单的归结为词的形态变化，因为形态不过是功能的标志，即使在印欧语系中，形态也只是表达语法信息的载体，词的语法功能根本上还是由词与词的组合能力和相互关系决定的。我们的实验正是从词语语法上的组合搭配关系证明了名动分离的心理现实性，说明从语法角度来看，名词和动词是可分的。

然而，我们也并不能完全否认语义在名动分离中所起的作用。国外的许多研究表明，对于语义、语法信息的加工会涉及到不同的脑机制[34,35]。例如，Luke等人[35]运用fMRI技术对汉语的语法、语义加工进行研究，发现语法、语义加工各自激活了不同的脑区，其中大脑左侧额叶中回更多地参与了语法加工，而大脑前部左侧额叶下回和左侧颞叶中上回更多地参与了语义加工。由于每种词类本身都包含着丰富的语义、语法信息，所以我们推测，无论是从语义角度还是从语法角度，可能都能够发现名词和动词不同的神经加工机制，只不过实验任务的特异性可能决定了语法、语义在名词、动词的加工中所起的作用。认为语义决定名动分离的实验，其任务只涉及到语义，所以得到的结论只能是语义导致了名动分离。而当实验任务同时牵涉到了语法和语义信息的加工时，语法、语义就都有可能在名词、动词的表征和加工中产生影响。例如，Shapiro等人[11]使用PET实验研究名动分离时认为，实验结果所发现的激活区中并不是所有的都参与了语法加工，一些激活区可能反映了对语义信息的加工。本研究从语法角度出发设计实验，证明语法可以是造成汉语名动分离的原因，但是在反映语义加工的 N400 指标上，名词和动词也存在差异，说明语义在名动分离中也是起作用的。对于语义和语法在名动分离中的关系及其与实验任务的关系，我们尚需进一步探讨。

## 5 结 语

本研究运用 ERP 技术考察了汉语名动分离问题。与以往基于语义的实验任务不同，我们从语法角度出发设计实验，提供了两种名动相互区别的语法语境："一 Q＋____"、"不 M＋____"。同时在语料上，扩大了考察的范围，在考察名动的基础上，进一步考察了动名兼类词，能够更好的从语法角度揭示名词性词语和动词性词语的加工机制。实验结果显示，名词和动词在 P200、N400 和 P600 等 ERP 成分上存在差异。P200 成分可能与词汇信息加工相关，对早期的词汇识别起一定作用；N400 和 P600 反映了名词和动词的语义和语法加工过程，N400 成分与加工难度成正比，但实验支持 P600 与加工难度成反比的观点。根据分析讨论，我们认为，汉语名词和动词具有不同的神经加工机制，语法可以是造成名动分离的原因，不能因为汉语缺少形态变化，而把名动分离的原因简单的归结为语义。



**参考文献**

［1］ Miceli G, Silveri M C, Villa G, Caramazza A. On the basis for the agrammatic's difficulty in producing main verbs. *Cortex*, 1984, 20: 207—220.

［2］ Caramazza A, Hillis A E. Lexical organization of nouns and verbs in the brain. *Nature*, 1991, 28: 788—790.

［3］ Damasio A R, Tranel D. Nouns and verbs are retrieved with differently distributed neural systems. *Neurobiology*, 1993, 90: 4957—4960.

［4］ Shapiro K A, Caramazza A. Grammatical processing of nouns and verbs in left frontal cortex? *Neuropsychologia*, 2003, 41: 1189—1198.

［5］ Preissl H, Pulvermüller F, Lutzenberger W, Birbarmer N. Evoked potentials distinguish between nouns and verbs. *Neuroscience Letters*, 1995, 197: 81—83.

［6］ Pulvermuller F, Preissl H, Lutzenberger W, Birbaumer N. Brain rhythms of language: nouns versus verbs. *European Journal of Neuroscience*, 1996, 8: 937—941.

［7］ Pulvermüller F, Lutzenberger W, Preissl H. Noun and verbs in the intact Brain: evidence from Event-related potentials and high-frequency cortical responses. *Cerebral Cortex*, 1999, 9: 497—506.

[8] Pulvermüller F, Mohr B, Schleichert H. Semantic or lexico-syntactic factors: what determines word-class specific activity in the human brain? *Neuroscience Letters*, 1999, 275: 81—84.

[9] Federmeier K, Segal J, Lombrozo T, Kutas M. Brain response to nouns, verbs and class-ambiguous words in cortex. *Brain*, 2000, 123: 2552—2566.

[10] Tyler L K, Bright P, Fletcher P, Stamatakis E A. Neural processing of nouns and verbs: the role of inflectional morphology. *Neuropsychologia*, 2003, 42: 512—523.

[11] Shapiro K A, Mottaghy F M, Schiller N O, Poeppel T D, Flqg M O, Mqller H-W, Caramazza A, Krause BJ. Dissociating neural correlates for nouns and verbs. *NeuroImage*, 2005, 24: 1058—1067.

[12] Tyler L K, Russell R, Fadili J, Moss H. The neural representation of nouns and verbs: PET studies. *Brain*, 2001, 124: 1619—1634.

[13] Bates E, Chen S, Tzeng O, Li P, Opie M. The noun-verb problem in Chinese aphasia. *Brain and Language*, 1991, 41: 203—233.

[14] Chen S, Bates E. The dissociation between nouns and verbs in Broca's and Wernicke's aphasia: findings from Chinese. *Aphasiology*, 1998, 12: 5—36.

[15] Zhang Qin, Ding Jinhong, Guo Chunyan, Wang Zhengyan. ERP difference between processing of nouns and verbs (in Chinese). *Acta Psychologica Sinica*, 2003, 35(6): 753—760 (张钦，丁锦红，郭春彦，王争艳:《名词与动词加工的 ERP 差异》,《心理学报》, 2003, 35(6), 753—760).

[16] Ping Li, Zhen Jin, Li Hai Tan. Neural representations of nouns and verbs in Chinese: an fMRI study. *NeuroImage*, 2004, 21: 1533—1541.

[17] Yang Yiming, Liang Dandan, Gu Jiexin, Weng Xuchu, Feng Shiwen. A neurolinguistic study on the classification of nouns and verbs (in Chinese). *Lingustic Sciences*, 2002, 1: 31—46(杨亦鸣，梁丹丹，顾介鑫，翁旭初，封世文:《名动分类:语法的还是语义的——汉语名动分类的神经语言学研究》,《语言科学》, 2002, 1: 31—46).

[18] Snyder P J, Harris L J. Handedness, sex and familiar sinistrality effects on spatial tasks. *Cortex*, 1993, 29: 115—134.

[19] Gwen A. Frishkoff. Hemispheric differences in strong versus weak semantic priming: Evidence from event-related brain potentials. *Brain and Language*, 2007, 100: 23—43.

[20] Gomes H. Ritter W. Tartter V C. Herbert G. Vaughan Jr. Rosen J J. Lexical processing of visually and auditorily presented nouns and verbs: evidence from reaction time and N400 priming data. *Cognitive Brain Research*, 1997, 6: 121—134.

[21] Skrandies W. Evoked potential correlates of semantic meaning: A brain mapping study. *Cognitive Brain Research*, 1998, 6: 173—183.

[22] Martin-Loeches M, Hinojosa J A, Gomez-Jarabo G, Rubia F J. The recognition po-

tential: An ERP index of lexical access. *Brain and Language*, 1999, 470: 364—384.

[23] Martin F H, Kaine A, Kirby M. Event-related brain potentials elicited during word recognition by adult good and poor phonological decoders. *Brain and Language*, 2006, 96: 1—13.

[24] Kutas M, Hillyard S A. Reading senseless sentences: brain potentials reflect semantic incongruity. *Science*, 1980, 207: 203—205.

[25] Kutas M, Hillyard S A. Brain potentials during reading reflect word expectancy and semantic association. *Nature*, 1984, 307: 161—163.

[26] Friederici A D, Kotz S A. The brain basis of syntactic processes: functional imaging and lesion studies. *NeuroImage* 2003, 20: 8—17.

[27] Holcomb P J. Semantic priming and stimulus degradation: Implications for the role of the N400 in language processing. *Psychophysiology*, 1993, 30: 47—61.

[28] Osterhourt L, Holcomb P L. Event-related potentials elicited by syntactic anomaly. *Journal of Memory and Language*, 1992, 31: 785—806.

[29] Friederici A D, Meyer M. The brain knowns the difference: two type of grammatical violations. *Brain Research*, 2004, 1000: 72—77.

[30] Hagen G F, Gatherwright J R, Lopez B A, Polich J. P3a from visual stimuli: Task difficulty effects. *International Journal of Psychophysiology*, 2006, 59: 8—14.

[31] Zhang Shanshan, Zhao Lun, Liu Tao, Gu Jiexin, Yang Yiming. Basic language Unit in the Brain: Evidence from ERPs Study on Monosyllabic Units in Mandarine Chinese (in Chinese). *Lingustic Sciences*, 2006, 6: 3—13(张珊珊，赵仑，刘涛，顾介鑫，杨亦鸣:《大脑中的基本语言单位——来自汉语单音节语言单位加工的 ERPs 证据》,《语言科学》, 2006, 6: 3—13).

[32] Brown W S, Lehmann D, Marsh J T. Linguistic meaning related differences in evoked potential topography: English, Swiss-German, and imagined. *Brain and Language*, 1980, 11: 340—353.

[33] Van Petten C, Kutas M. Ambiguous word in context: an event-related potentials analysis of the time course of meaning activation. *Journal of Memory and Language*, 1987, 26: 188—208.

[34] Ainsworth-Darnell K, Shulman H G, Boland J E. Dissociating Brain Responses to Syntactic and Semantic Anomalies: Evidence from Event-Related Potentials. *Journal of Memory and Language*, 1998, 38: 112—130.

[35] Luke K K, Liu H-L, Wai Y-Y, Wan Y-L, Tan L H. Functional anatomy of syntactic and semantic processing in language comprehension. *Human Brain Mapping*, 2002, 16: 133—145.

（原载《心理学报》2008 年第 6 期）

# 汉语量词及其分类的神经机制与相关理论问题探讨[1]

本文通过对5例Broca失语症病人和4例混合性失语症病人有关量词使用的考察，探讨现代汉语量词系统及其下位分类名量词和动量词的神经生理机制和心理现实性问题，并以此作为基础，讨论了汉语量词及其分类的相关理论问题。本文的结论是：（一）现代汉语量词系统及其下位分类名量词和动量词具有一定的神经生理机制和心理现实性，大脑左半球的颞叶与/或连接额叶和颞叶的通路等脑区掌管名量词和动量词的理解和生成。（二）遵循共时原则在现代汉语量词系统中所划分出的名量词和动量词，能够实现充分描写现代汉语量词系统的本质特征和充分解释现代汉语量词系统的本质规律的理论要求。（三）在名量词和动量词内部划分出的专用量词和借用量词两类，既没有相应的神经生理机制和心理现实性，也不能实现描写充分性和解释充分性的当代语言理论的要求。

## 1 引 言

1.1　汉语存在大量的量词，这是汉语语法的主要特点之一。从甲骨文的记载看，殷代就有了表示度量衡、容器等的单位词。先秦时期，又出现了“匹、乘”等个体量词。到了汉魏六朝，动量词大

① 本文得到国家社会科学基金重点项目(01AYY004)，教育部人文社会科学研究“十五”规划项目(01JA740001)，国家重点基础研究发展规划项目即“973”项目(G1999054000)，江苏省哲学社会科学研究“十五”重点项目(K2—003)的资助，特此致谢。

量兴起。唐宋以后，量词在书面语中大量涌现，其用法与现代汉语的用法基本相仿。现代汉语中常用量词已发展到五、六百个。

尽管汉语的量词是一个客观存在，但学术界对量词的认识则是有一个过程的。马建忠的《马氏文通》已注意到量词的存在："故凡物之公名有别称以记数者，如车乘马匹之类，必先之。"黎锦熙的《新著国语文法》正式命名它们为"量词"，但认为量词是名词中的一种。其后，各家对量词这一词类的处理方法各有千秋，但都没有否认量词这一词类的存在。目前将量词处理为独立的词类已成为语法学界的共识。

1.2　汉语量词的下位分类，学术界也有不同的观点，有的从语法功能角度，有的从语义角度，有的从语法功能和语义相结合的角度，有的从杂糅的角度对汉语量词进行了分类，所分的类少则两类，多则九类。[①] 学术界目前的共识是词的语法分类还是应以语法功能为标准，如果从语法功能的角度来看，我们认为汉语量词可以分成两大类：一类是与名词搭配使用的量词，称为名量词；一类是与动词搭配使用的量词，称为动量词。很多著述又把名量词和动量词内部分成专用量词（专职量词）和借用量词（临时量词）两类。

1.3　汉语以其量词的独特性显示出与西方语言的差异，那么操汉语者脑区中究竟有无掌管量词的区域或功能就成了语言学界普遍关心的问题。但是量词及其下位分类究竟有无神经生理机制和心理现实性作为基础，不是单纯的理论研究本身能够解决的，因而本文拟采用神经语言学方法将量词作为一个独立的研究对象来进行考察，以检验量词及其下位分类名量词和动量词，以及它们各自的下位分类专用名量词和借用名量词、专用动量词和借用动量词是否具有一定的神经生理机制和心理现实性作为基础，并进而讨论与此相关的理论问题。



① 参见胡明扬(1996)。

## 2　实验测试对象与方法

2.1　被试。本文从所调查的37例失语症病人中选取9例[①]作为被试，病人的情况按失语症类型列如表一（所有被试经过医院神经心理测试后，均神智清楚，注意力正常）。

本课题组还选取了6位正常被试作为对照组，其中男性4名，女性2名；平均年龄65.5岁；文化程度高中2名，初中3名，小学1名；均为右利手。

表　一

| 编号 | 姓名 | 性别 | 年龄 | 文化程度 | 利手 | 失语症类型 | CT检查显示 |
|---|---|---|---|---|---|---|---|
| 1 | TGL | 女 | 72 | 高小 | 右 | Broca失语症 | 左侧额顶枕叶梗塞 |
| 2 | LYX | 女 | 72 | 中专 | 右 | Broca失语症 | 左侧额顶区梗塞 |
| 3 | WRL | 男 | 59 | 高中 | 右 | Broca失语症 | 左侧额叶梗塞 |
| 4 | XYD | 男 | 66 | 初中 | 右 | Broca失语症 | 左侧基底节区梗塞 |
| 5 | MXY | 男 | 62 | 大专 | 右 | Broca失语症 | 左侧基底节区出血 |
| 6 | ZXS | 男 | 64 | 初中 | 右 | 混合性失语症 | 左侧额颞区梗塞 |
| 7 | SGL | 女 | 66 | 小学 | 右 | 混合性失语症 | 左侧基底节区梗塞 |
| 8 | HMZ | 男 | 48 | 初中 | 右 | 混合性失语症 | 左侧基底节区梗塞 |
| 9 | TXQ | 男 | 66 | 本科 | 右 | 混合性失语症 | 左侧基底节区梗塞 |

2.2　材料与方法。我们参考了波士顿失语检查法，并根据我们的研究旨趣，自行设计了一套检查方案：第一部分为复述，随机考察失语症病人对单个量词（包括名量词和动量词以及专用/借用名量词和动量词，下同）和量词词组（包括名量词词组和动量词词组以及专用/借用名量词词组和动量词词组，下同）的

① 本文所使用的Broca失语症、Wernicke失语症、混合性失语症、完全性失语症的四分法，并不是从脑损伤部位出发所作的失语症分类，因为随着现代神经科学和神经语言学的发展，越来越多的研究资料表明单纯以脑损伤部位来确定失语症类型的方法既得不到临床研究的支持，也得不到实验研究的支持。因而本文根据失语症病人言语功能缺损和保留的情况划分失语症类型（同时根据CT显示，标明脑损伤部位）。Broca失语症指言语表达差，言语理解较好的病症；Wernicke失语症指言语表达较好，言语理解差的病症；混合性失语症指言语表达和言语理解都较差的病症；完全性失语症指言语表达和言语理解完全丧失的病症。由于Wernicke失语症病人的复述能力和理解能力都相当差；完全性失语症病人根本不具备任何语言能力，为此，本文没有选用这样两类病人作为实验对象。

复述能力。采用本课题组成员朗读，病人复述的方法进行。第二部分为听理解，随机考察失语症病人对正确/错误的量词词组的判断能力。采用由本课题组成员朗读，病人根据所听到的量词词组，作出语义正误判断的方法进行。第三部分为书面选择，随机考察失语症病人在量词词组中选择量词填空的能力。采用本课题组成员为病人提供量词语义选择的书面材料，病人作出量词语义选择的方法进行。

2.3 过程。本课题组依据该项调查方案对各种类型的失语症病人进行专项调查，每次用时 40 分钟左右，在调查过程中使用 SONY 专用采访机施行同步录音。

## 3 测试结果与分析（设定 100%＝1）

3.1 Broca 失语症病人与混合性失语症病人完成名量词与动量词复述、听理解、书面选择任务情况统计分析。

3.1.1 5 例 Broca 失语症病人和 4 例混合性失语症病人完成复述任务情况统计。①

表 二

| M / C / N | 量词 | | 量词词组 | |
|---|---|---|---|---|
| | 名量词 | 动量词 | 名量词词组 | 动量词词组 |
| 1 | 1 | 0.9 | 1 | 1 |
| 2 | 1 | 1 | 1 | 1 |
| 3 | 1 | 0.8 | 0.875 | 0.75 |
| 4 | 1 | 1 | 1 | 1 |
| 5 | 1 | 1 | 1 | 0.875 |
| Σ | 5 | 4.7 | 4.875 | 4.625 |
| 平 均 | 1 | 0.94 | 0.975 | 0.925 |

① 表中以 M 代表量词分类，以 C 代表正确率，以 N 代表编号，下同。

**表 三**

| N \ C \ M | 量 词 | | 量词词组 | |
|---|---|---|---|---|
| | 名量词 | 动量词 | 名量词词组 | 动量词词组 |
| 6 | 1 | 0.6 | 1 | 0.5 |
| 7 | 0.9 | 0.7 | 0.875 | 0.625 |
| 8 | 0.9 | 0.6 | 0.75 | 0.875 |
| 9 | 0.2 | 0.5 | 0 | 0 |
| Σ | 3 | 2.4 | 2.625 | 2 |
| 平 均 | 0.75 | 0.6 | 0.65625 | 0.5 |

由表二可知，5 例 Broca 失语症病人复述名量词和动量词的平均正确率分别为 100%和 94%，两者之差为 6%；复述名量词词组和动量词词组的平均正确率分别为 97.5%和 92.5%，两者之差为 5%。由表三可知 4 例混合性失语症病人复述名量词和动量词的平均正确率分别为 75%和 60%，两者之差为 15%，复述名量词词组和动量词词组的平均正确率分别为 65.625%和 50%，两者之差为 15.625%。

3.1.2　5 例 Broca 失语症病人和 4 例混合性失语症病人完成量词词组听理解之判断正误任务情况的统计。

**表 四**

| N \ C \ M | 量 词 | |
|---|---|---|
| | 名量词词组 | 动量词词组 |
| 1 | 0.9 | 0.7 |
| 2 | 0.4 | 0.5 |
| 3 | 0.8 | 1 |
| 4 | 1 | 0.8 |
| 5 | 0.9 | 0.7 |
| Σ | 4 | 3.7 |
| 平 均 | 0.8 | 0.74 |

表 五

| C N \ M | 量 词 | |
|---|---|---|
| | 名量词词组 | 动量词词组 |
| 6 | 0 | 0 |
| 7 | 0 | 0 |
| 8 | 0 | 0 |
| 9 | 0 | 0 |
| Σ | 0 | 0 |
| 平　均 | 0 | 0 |

由表四可知,5 例 Broca 失语症病人完成判断名量词词组和动量词词组正误的平均正确率分别为 80%和 74%,两者之差为 6%。由表五可知,4 例混合性失语症病人无一人能够完成听理解之判断正误的任务。

3.1.3　5 例 Broca 失语症病人和 4 例混合性失语症病人完成从备选量词中选择适合量词填空任务情况的统计。

表 六

| C N \ M | 量 词 | |
|---|---|---|
| | 名量词词组 | 动量词词组 |
| 1 | 0 | 0 |
| 2 | 0.7 | 0.65 |
| 3 | 1 | 1 |
| 4 | 0.85 | 0.65 |
| 5 | 0.875 | 1 |
| Σ | 3.425 | 3.3 |
| 平　均 | 0.685 | 0.66 |

表 七

| C / M / N | 量词 | |
| --- | --- | --- |
| | 名量词词组 | 动量词词组 |
| 6 | 0 | 0 |
| 7 | 0 | 0 |
| 8 | 0 | 0 |
| 9 | 0 | 0 |
| Σ | 0 | 0 |
| 平 均 | 0 | 0 |

由表六可知，5 例 Broca 失语症病人完成选择合适的名量词和动量词填空的平均正确率分别为 68.5%和 66%，两者之差为 2.5%。由表七可知，4 例混合性失语症病人无一人能够完成从备选量词中选择合适量词填空的任务。

3.2 Broca 失语症病人与混合性失语症病人完成专用名量词与借用名量词，专用动量词与借用动量词的复述、听理解、书面选择任务情况统计分析。

3.2.1 5 例 Broca 失语症病人和 4 例混合性失语症病人完成复述任务的情况统计。

3.2.1.1 5 例 Broca 失语症病人完成名量词、动量词和名量词词组、动量词词组的复述任务的情况统计。

表 八

| C / M / N | 名量词 | | 动量词 | |
| --- | --- | --- | --- | --- |
| | 专 用 | 借 用 | 专 用 | 借 用 |
| 1 | 1 | 1 | 1 | 0.8 |
| 2 | 1 | 1 | 1 | 1 |
| 3 | 1 | 1 | 0.8 | 0.8 |
| 4 | 1 | 1 | 1 | 1 |
| 5 | 1 | 1 | 1 | 1 |
| Σ | 5 | 5 | 4.6 | 4.8 |
| 平 均 | 1 | 1 | 0.92 | 0.96 |

表 九

| M / C / N | 名量词 | | 动量词 | |
|---|---|---|---|---|
| | 专 用 | 借 用 | 专 用 | 借 用 |
| 1 | 1 | 1 | 1 | 1 |
| 2 | 1 | 1 | 1 | 1 |
| 3 | 1 | 0.75 | 0.75 | 0.75 |
| 4 | 1 | 1 | 1 | 1 |
| 5 | 1 | 1 | 0.75 | 1 |
| Σ | 5 | 4.75 | 4.5 | 4.75 |
| 平 均 | 1 | 0.95 | 0.9 | 0.95 |

由表八可知：5 例 Broca 失语症病人复述专用名量词和借用名量词的平均正确率分别为 100％和 100％，两者数据完全相同；复述专用动量词和借用动量词的平均正确率分别为 92％和 96％，两者数据相差 4％。由表九可知，5 例 Broca 失语症病人复述专用名量词词组和借用名量词词组的平均正确率分别为 100％和 95％，两者数据相差 5％；复述专用动量词词组和借用动量词词组的平均正确率分别为 90％和 95％，两者数据相差 5％。

3.2.1.2　4 例混合性失语症病人完成名量词、动量词和名量词词组、动量词词组的复述任务的情况统计。

表 十

| M / C / N | 名量词 | | 动量词 | |
|---|---|---|---|---|
| | 专 用 | 借 用 | 专 用 | 借 用 |
| 6 | 1 | 1 | 0.5 | 0.5 |
| 7 | 1 | 0.75 | 0.65 | 0.6 |
| 8 | 0.7 | 0.8 | 0.875 | 0.875 |
| 9 | 0 | 0 | 0 | 0 |
| Σ | 2.7 | 2.55 | 2.025 | 1.975 |
| 平 均 | 0.675 | 0.6375 | 0.506 | 0.494 |

表 十一

| M / C / N | 名量词 | | 动量词 | |
|---|---|---|---|---|
| | 专 用 | 借 用 | 专 用 | 借 用 |
| 6 | 1 | 1 | 0.7 | 0.5 |
| 7 | 0.8 | 1 | 0.6 | 0.8 |
| 8 | 0.9 | 0.9 | 0.6 | 0.6 |
| 9 | 0.3 | 0.1 | 0.5 | 0.5 |
| Σ | 3 | 3 | 2.4 | 2.4 |
| 平 均 | 0.75 | 0.75 | 0.6 | 0.6 |

由表十可知:4 例混合性失语症病人复述专用名量词词组和借用名量词词组的平均正确率分别为 67.5%和 63.75%,两者数据相差 3.75%;复述专用动量词词组和借用动量词词组的平均正确率分别为 50.6%和 49.4%,两者数据相差 1.2%。由表十一可知 4 例混合性失语症病人复述专用名量词和借用名量词的平均正确率分别为 75%和 75%,两者数据完全相同;复述专用动量词和借用动量词的平均正确率分别为 60%和 60%,两者数据完全相同。

3.2.2 5 例 Broca 失语症病人和 4 例混合性失语症病人完成量词词组听理解之判断正误任务情况的统计。

表 十二

| M / C / N | 名量词 | | 动量词 | |
|---|---|---|---|---|
| | 专 用 | 借 用 | 专 用 | 借 用 |
| 1 | 0.8 | 1 | 0.8 | 0.6 |
| 2 | 0.5 | 0.3 | 0.5 | 0.5 |
| 3 | 0.8 | 0.8 | 1 | 1 |
| 4 | 1 | 1 | 0.7 | 0.9 |
| 5 | 0.8 | 1 | 0.7 | 0.7 |
| Σ | 3.9 | 4.1 | 3.7 | 3.7 |
| 平 均 | 0.78 | 0.82 | 0.74 | 0.74 |

表 十三

| N \ C \ M | 名量词 | | 动量词 | |
|---|---|---|---|---|
| | 专 用 | 借 用 | 专 用 | 借 用 |
| 6 | 0 | 0 | 0 | 0 |
| 7 | 0 | 0 | 0 | 0 |
| 8 | 0 | 0 | 0 | 0 |
| 9 | 0 | 0 | 0 | 0 |
| Σ | 0 | 0 | 0 | 0 |
| 平 均 | 0 | 0 | 0 | 0 |

由表十二可知:5 例 Broca 失语症病人完成判断专用名量词词组和借用名量词词组正误的平均正确率分别为 78%和 82%,两者数据相差仅 4%;完成判断专用动量词词组和借用动量词词组正误的平均正确率分别为 74%和 74%,两者数据完全相同。由表十三可知,4 例混合性失语症病人无一人能够完成听理解之判断正误的任务。

3.2.3 5 例 Broca 失语症病人和 4 例混合性失语症病人完成从四个备选量词中选择适合量词填空任务情况的统计。

表 十四

| N \ C \ M | 名量词词组 | | 动量词词组 | |
|---|---|---|---|---|
| | 专 用 | 借 用 | 专 用 | 借 用 |
| 1 | 0 | 0 | 0 | 0 |
| 2 | 0.7 | 0.7 | 0.7 | 0.6 |
| 3 | 1 | 1 | 1 | 1 |
| 4 | 0.9 | 0.8 | 0.65 | 0.65 |
| 5 | 0.75 | 1 | 1 | 1 |
| Σ | 3.35 | 3.5 | 3.35 | 3.25 |
| 平 均 | 0.67 | 0.7 | 0.67 | 0.65 |

表 十五

| M / C / N | 名量词词组 | | 动量词词组 | |
|---|---|---|---|---|
| | 专 用 | 借 用 | 专 用 | 借 用 |
| 6 | 0 | 0 | 0 | 0 |
| 7 | 0 | 0 | 0 | 0 |
| 8 | 0 | 0 | 0 | 0 |
| 9 | 0 | 0 | 0 | 0 |
| Σ | 0 | 0 | 0 | 0 |
| 平 均 | 0 | 0 | 0 | 0 |

由表十四可知 5 例 Broca 失语症病人完成书面选择专用名量词和借用名量词进行量词词组填空任务的平均正确率分别为 67%和 70%，两者数据相差 3%；完成书面选择专用动量词和借用动量词进行量词词组填空的平均正确率分别为 67%和 65%，两者数据相差 2%。由表十五可知 4 例混合性失语症病人无一人能完成从四个备选量词中选择合适量词填空的任务。

3.3　正常对照组 6 位被试，完成量词复述、听理解、书面选择任务的正确率均为 100%。

# 4 讨 论

4.1　现代汉语量词系统及所划分出的名量词和动量词，具有一定的神经生理机制和心理现实性基础。

4.1.1　对表二 5 例 Broca 失语症病人和表三 4 例混合性失语症病人完成复述任务所作的资料分析表明，5 例 Broca 失语症病人完成复述任务的平均正确率均高于 92.5%，4 例混合性失语症病人完成复述任务的平均正确率均低于 75%；混合性失语症病人对名量词和动量词的复述平均正确率分别比 Broca 失语症病人的平均正确率低 30%和 34%，对名量词词组和动量词词组的复述平均正确率分别比 Broca 失语症病人的平均正确率低 31.87%和 42.5%。而 5 例 Broca 失语症病人的病灶部位包括左侧额顶枕叶、左侧额顶区、左侧基底节区、左侧额叶，4 例混合性失语症病人的病灶部位包括左侧额颞叶、左侧基底节区，[①]由此可以推断，左半球额叶、顶叶、枕叶的损伤对失语症病人接收和生成名量词和动量词的语音能力的影响很小；而左半球额颞区的损伤对失语症病人接收和生成名量词和动量词的语音能力的影响很大，即左半球的颞叶与/或连接额叶和颞叶的通路等脑区掌管名量词和动量词的语音接收和生成。

通过对表三 4 例混合性失语症病人完成复述任务的资料作进一步分析，可以发现混合性失语症病人复述名量词和动量词的平均正确率相差 15%；复述名量词词组和动量词词组的平均正确率相差 15.63%，这说明混合性失语症病人复述名量词和动量词，复述名量词词组和动量词词组的能力有明显差别。特别是其中编号为 6 的左侧额颞区梗塞的混合性失语症病人复述名量词和动量词的平均正确率相差 40%；复述名量词词组和动量词词组的平均正确率相差 50%，更是突出体现了混合性失语症病人复述名量词和动量词能力的明显差别。由此可以推断在大脑左半球的颞叶与/或连接额叶和颞叶的通路等脑区中存在着分别掌管名量词和动量词语音信号的神经机制，只是由于目前还没有更为先进的神经影像学手段对分别掌管名量词和动量词的神经机制作出精确地辨认而已，也就是说，通过对混合性失语症病人中编号为 6 的典型病例所作的分析，使我们有充足的理由断定：大脑左半球的颞叶与/或连接额叶和颞叶的通路等脑区掌管现代汉语量词系统，在这些脑区中存在着分别掌管名量词和动量词的脑神经机制。

4.1.2 对表四所作的资料分析表明 5 例 Broca 失语症病人完成判断名量词词组和动量词词组的平均正确率均低于 80%，对表五所作的资料分析表明 4 例混合性失语症病人全都无法完成对名量词词组和动量词词组的语义是否正确的听理解判断任务。而根据 5 例 Broca 和 4 例混合性失语症病人的病灶部位，可以推断左半球的额叶、顶叶、枕叶等区域没有独立的能力掌管汉语量词词组中名



① 本文没有提及大脑左侧基底节区的作用，是因为神经学界和神经语言学界有人认为，左侧基底节区的损伤并不是失语症病人表现出失语障碍的直接原因，而是由于基底节区的损伤影响其它大脑区域而导致病人表现出失语症症状，这在神经科学领域被称为是“远隔效应”，但由于 CT 扫描无法准确判断出左侧基底节区损伤所影响的大脑区域究竟为何处，因而本文也就无法准确指明究竟是大脑的哪一区域受影响而产生 Broca 失语症或混合性失语症，不过我们可以推测：表现出 Broca 失语症症状的病人其左侧基底节区损伤可能影响了左半球的额叶等区域；而表现出混合性失语症症状的病人其左侧基底节区损伤可能影响了左半球的额叶与颞叶，以及连接额叶与颞叶的通路等脑区。当然，我们所作的这种推测有待于更精确的神经影像学手段的进一步证明，在此提出，供大家参考。

量词与动量词的语义识别;左半球的颞叶与/或连接额叶和颞叶的通路等脑区仅能够一般地掌管汉语量词词组中名量词与动量词的语义识别。

将表四的资料与表二的资料进行比较可以发现,5例Broca失语症病人完成判断名量词词组和动量词词组任务的平均正确率分别比完成复述名量词词组和动量词词组任务的平均正确率低17.5%和18.5%,这一对比数据说明随着失语症病人所需完成任务的难度加大(完成量词复述任务,失语症病人只需要实现由语音到语音的接收和生成就可以;而完成量词语义识别的任务,失语症病人则需要实现由语音到语义的接收和理解,并在此基础上作出判断),所涉及的需要合作的脑区域也就逐渐扩大,因而未受损伤的大脑颞叶与/或连接额叶和颞叶的通路等脑区本身并不能够很好地保证所需完成任务的顺利执行,故出现失语症病人完成量词语义判断任务比完成量词复述任务的平均正确率相差许多的情况。据此可以断定,左半球的颞叶与/或连接额叶和颞叶的通路等脑区仅能够一般地掌管汉语名量词词组和动量词词组的语义识别,也就是说,需要更多未受损伤的脑区的协作,才能够顺利执行所需完成的任务。4例混合性失语症病人全都无法完成名量词词组和动量词词组的书面语义选择任务,充分说明大脑左半球的颞叶与/或连接额叶和颞叶的通路等脑区对名量词和动量词的理解和生成是至关重要的,这些部位的损伤直接导致混合性失语症病人无法完成名量词词组和动量词词组的语义判断任务。因而进一步证明我们上面的推断,大脑左半球的颞叶与/或连接额叶和颞叶的通路等脑区掌管名量词和动量词的理解和生成。

4.1.3　对表六所作的资料分析表明5例Broca失语症病人完成名量词词组和动量词词组的书面语义选择任务的平均正确率均低于69%,对表七所作的资料分析表明4例混合性失语症病人全都无法完成名量词词组和动量词词组的书面语义选择任务。而根据5例Broca和4例混合性失语症病人的病灶部位,可以推断左半球的额叶、顶叶、枕叶等区域没有独立的能力掌管汉语量词词组中名量词与动量词的书面语义选择;左半球的颞叶与/或连接额叶和颞叶的通路等脑区不能够很好地掌管汉语名量词词组和动量词词组的书面语义选择。

我们将表六的资料与表二的资料进行比较,可以发现5例Broca失语症病人完成名量词词组和动量词词组的书面语义选择任务的平均正确率分别比完成复述名量词词组和动量词词组任务的平均正确率低28.58%和25.82%,这一对比资料说明,随着失语症病人所需完成任务的难度加大(完成量词复述任务,失语症病人只需要实现由语音到语音的接收和生成就可以;而完成量词书面语义选择的任务,失语症病人则需要实现由字形到语音,由语音到语义的接收和理解,并在此基础上作出选择),所涉及的需要合作的脑区域也就逐渐扩大,因而未受损伤的大脑颞叶与/或连接额叶和颞叶的通路等脑区本身并不能够很好地保证所需完成任务的顺利执行，故出现失语症病人完成量词书面选择任务比完成量词复述任务的平均正确率相差许多的情况。据此可以判定，左半球的颞叶与/或连接额叶和颞叶的通路等脑区本身不能够很好地掌管汉语名量词词组和动量词词组的书面语义选择，需要更多脑区的协作，才能够顺利执行所需完成的任务，比如，正常对照组的六位被试，在大脑没有受损的情况下，各个脑区协同作用，能够100%正确地完成量词书面语义选择的任务。4例混合性失语症病人全都无法完成名量词词组和动量词词组的书面语义选择任务，则说明大脑左半球的颞叶与/或连接额叶和颞叶的通路等脑区对名量词和动量词的理解和生成是至关重要的，这些部位的损伤直接导致混合性失语症病人无法完成名量词词组和动量词词组的书面语义选择任务。因而进一步证明大脑左半球的颞叶与/或连接额叶和颞叶的通路等脑区掌管名量词和动量词的理解和生成这一论断是正确的。

4.1.4　通过上述分析可知，随着Broca失语症病人和混合性失语症病人所需完成任务的难度逐步加大，第一部分复述（由语音→语音），第二部分语义判断（由语音→语义→判断），第三部分书面语义选择（由字形→语音→语义→选择），Broca失语症病人完成各项任务的平均正确率逐级递减，混合性失语症病人完成各项任务的能力则从有到无。这些情况说明，随着失语症病人所需完成任务的难度加大，所需合作的脑区域的范围也就越大，因而即使是作为现代汉语量词系统神经生理机制基础的大脑左半球颞叶与/或连接额叶和颞叶的通路等脑区也无法独立完成量词词组听理解语义判断任务和量词词组书面语义选择任务。不过，这种言语活动现象只是证明大脑的各个区域是一个有机整体，需要互相协同作用，以完成一定的任务；并不否认大脑的各个区域对各类语言功能所具有的主要掌管作用，比如，大脑左半球颞叶与/或连接额叶和颞叶的通路等脑区对现代汉语量词系统所具有的主导作用就表现在这些区域受损后混合性失语症病人或者无法很好的完成量词复述任务，或者竟然无法完成量词词组听理解语义判断和量词词组书面语义选择任务。Broca和混合性这两类失语症病人的实验结果使我们确信，大脑中的各个区域既是互相联系的完整网络，需要互相协调以完成各项言语活动任务；同时，大脑中的各个区域又都具有一定的独立性，对不同的语言能力具有主要的掌管和支配作用。这一点，Guido Gainotti在为《神经语言学手册》(Handbook of Neurolinguistics)所写的序言部分也作出了证明。[①]

① 参见Brigitte Stemmer and Harry A. Whitaker (1999)。

4.1.5 我们在本文中所分析的编号为 6 的混合性失语症患者，CT 扫描显示其左半球额颞区梗塞，其言语表现，即对名量词和动量词的复述平均正确率相差 40%，对名量词词组和动量词词组的复述平均正确率相差 50%，使我们确信现代汉语量词系统所划分出的名量词和动量词在大脑左半球颞叶与/或连接额叶和颞叶的通路等脑区中有不同的神经生理机制。尽管我们只搜集到一例这样的典型病人，但所作出的结论是结合 CT 扫描和病人的言语表现得出的，因而具有很好的实证基础，并且，我们的结论具有可验证性，因而我们期待有国内外的同行专家进一步研究这一问题，以便得出更精确的解释和推断。

4.1.6 综合上述论断，我们可以得出这样的结论，现代汉语量词系统具有一定的神经生理机制和心理现实性基础；现代汉语量词系统内部所划分出的名量词和动量词也具有一定的神经生理机制和心理现实性基础。

4.2 名量词和动量词内部所划分出的专用量词和借用量词不具有相应的神经生理机制和心理现实性作为基础。

4.2.1 由表八、表九可知，5 例 Broca 失语症病人在完成复述名量词、名量词词组的任务中，对名量词内部的专用名量词和借用名量词的复述平均正确率或者是没有任何差异，或者是差异不显著。在完成复述动量词、动量词词组的任务中，对动量词内部的专用动量词和借用动量词的复述平均正确率或者是差异不显著，或者是没有任何差异。由表十、表十一可知，4 例混合性失语症病人在完成复述名量词、名量词词组的任务中，对名量词内部的专用名量词和借用名量词的复述平均正确率或者是没有任何差异，或者是差异不显著。在完成复述动量词、动量词词组的任务中，对动量词内部的专用动量词和借用动量词的复述平均正确率或者是没有任何差异，或者是差异不显著。由表十二可知，5 例 Broca 失语症病人在完成对名量词词组的听理解任务中，对名量词内部的专用名量词和借用名量词的理解平均正确率差异不显著。在完成对动量词词组的听理解任务中，对动量词内部的专用动量词和借用动量词的理解平均正确率没有任何差异。由表十三可知，4 例混合性失语症病人无一人能够完成对量词词组的听理解任务。由表十四可知，5 例 Broca 失语症病人在完成选择适当名量词填空的任务中，对名量词内部的专用名量词和借用名量词的选择平均正确率差异不显著；在完成选择适当动量词填空的任务中，对动量词内部的专用动量词和借用动量词的选择平均正确率差异不显著。由表十五可知，4 例混合性失语症病人无一人能够完成从备选量词中选择适合量词填空的任务。

以上实验结果表明，无论是 Broca 失语症病人，还是混合性失语症病人，在完成复述、听理解和书面选择量词填空等任务中，不管是对名量词内部的专用名量词和借用名量词，还是对动量词内部的专用动量词和借用动量词的复述、听理解和书面选择的平均正确率均没有显著差异，甚至是没有任何差异。

4.2.2 上述实验结果，使我们相信在名量词和动量词内部划分出的专用量词和借用量词不具有相应的神经生理机制和心理现实性作为基础。本文虽然由于实验内容本身的要求，只调查了 Broca 失语症病人和混合性失语症病人，但这两类病人所涉及的病灶部位却包括左侧顶枕叶、左侧额顶区、左侧基底节区、右侧内囊、右侧额叶、左侧额颞区、左侧基底节区。也就是说这两类病人所涉及的病灶部位既有大脑皮层的各个区域也有皮质下结构。如果人脑中真的存在掌管专用量词和借用量词的特定区域或相应的支配专用量词和借用量词的神经回路的话，那么在涉及如此完整而又多样的病灶部位的情况下，Broca 失语症病人和混合性失语症病人必然会表现出对专用量词和借用量词生成和理解的显著差异，但本文的实验结果却没有看到这两类失语症病人在三项任务中表现出任何的显著差异，这说明人脑中既没有特定的区域也没有相应的神经回路来掌管和支配所谓的专用量词和借用量词。既然在名量词内部划分出专用名量词和借用名量词，在动量词内部划分出专用动量词和借用动量词没有一定的神经生理机制作为基础，那么一定的心理现实性又从何谈起呢？当代认知神经科学界已经形成这样的共识：一定的心理功能的实现要有一定的神经机制作为基石。而且，我们从这两类失语症病人完成对专用名量词和借用名量词、专用动量词和借用动量词的复述、听理解和书面选择任务的平均正确率或者是没有任何差异、或者是无显著差异这一实验结果本身，也可以推断出专用量词和借用量词之分不具备一定的心理现实性。

4.3 在现代汉语量词系统中划分出名量词和动量词，能够实现充分描写和充分解释现代汉语量词系统的本质特征与规律的理论要求；而在量词内部划分出专用量词和借用量词并不能实现描写充分性和解释充分性的当代语言理论要求。



4.3.1 正如前文所述，现代汉语量词的下位分类，有多种标准和结果，但只有分为名量词和动量词才是从语法功能的角度对现代汉语量词系统所作的分类，这种分类正是遵循了索绪尔所提出的严格区分共时与历时而进行的语言研究，是立足于共时语言系统研究共时语言现象的理论原则的典型体现。因为其他的分类，如同时把量词分为“个体量词”、“部分量词”、“集合量词”、“度量衡量词”、“临时量词”、“动量词”、“标准量词”等等，实际上是把不同标准（而这些标准多数又不是语法层面的）分出的类放在一个层面上，因而这样的分类严格地说并不是语法的分类，这就违背了量词分类的初衷。正如索绪尔所批评的那样：“要描绘阿尔卑斯山的全景，却同时从汝拉山的几个山峰上去摄取，那是荒谬绝伦的；全景只能从某一点去摄取。”[①]那么将量词分为名量词和动量词能否满足描写的充分性和解释的充分性的当代语言理论的要求呢？能否充分描写与解释的标准在于所划分出的名量词和动量词是否有助于学者们研究现代汉语量词系统的语法、语义和语用规律。邵敬敏(1993)、(1996)两篇文章对名量词与名词的语义双向选择关系和对动词与动量词的语义选择关系作了有益的探讨，可以证明名量词和动量词的划分有助于进行现代汉语量词系统语义规律的研究。此外，其他语言研究者也从不同的角度利用所划分出的名量词和动量词对量词系统的本质规律作出了有益的研究。因而，我们认为将量词划分为名量词和动量词能够实现充分解释现代汉语量词系统的本质规律的理论要求。而本文的实验研究也证明了现代汉语量词系统中划分出名量词和动量词具有一定的神经生理机制和心理现实性基础。

4.3.2　相反，量词的其他分类特别是专用量词和借用量词的划分却无助于实现充分描写和充分解释的当代语言理论要求，即专用量词、借用量词这两个次类无法对现代汉语量词系统所具备的句法、语义和语用特性作出充分的解释。因为专用量词、借用量词是从量词来源上对量词所作的分类，而并非是语法分类。可以说造成这种分类方法不符合事物的本质特征的深层次原因在于，坚持这样一种分类方法的学者们在研究共时语言现象时，将无谓的历时要素引入而造成的。有些看起来是从意义上划分的其他分类方式，但从更深的层面上看，也是将历时的要素无意识地杂糅进共时语法系统中。其实索绪尔早在上个世纪初就告诫过：“我们要集中在某一个状态才能把它(指语言—引者注)加以描写或确定使用的规范。要是语言学家老是跟着语言的演化转，那就好像一个游客从汝拉山的这一端跑到那一端去记录景致的移动。”[②] 当然，我们并不反对从历时角度对量词系统进行研究，也不反对在现代汉语量词系统的研究中将共时和历时要素结合起来进行研究。但我们认为引入历时语言要素时，应该遵循 Chomsky 所提出的语言理论应该满足描写充分性和解释充分性相统一的原则。如果历时要素的引入，有助于充分描述和解释共时语言现象，那我们就大胆借用；反之，则完全不必借用。我们的实验结果也充分说明了为什么专用量词和借用量词的划分无助于实现充分描写和解释现代汉语量词系统的本质特征和本质属性的原因，因为专用量词和借用量词的划分既然没有相应的神经生理机制作为基础，也就没有一定的心理现实性。

①② 见索绪尔(1996)，120 页。

## 5 结 论

（一）现代汉语量词系统及其下位分类名量词和动量词具有一定的神经生理机制，大脑左半球的颞叶与/或连接额叶和颞叶的通路等脑区掌管名量词和动量词的理解和生成。

（二）遵循共时原则在现代汉语量词系统中所划分出的名量词和动量词，能够实现充分描写现代汉语量词系统的本质特征和充分解释现代汉语量词系统的本质规律的理论要求。

（三）在名量词和动量词内部划分出的专用量词和借用量词两类，既没有相应的神经生理机制和心理现实性基础，同时也不能实现描写充分性和解释充分性的当代语言理论的要求。

本文的研究只是初步的，在研究内容和研究手段上，都有待于进一步的深入和改进，我们欢迎专家和学者对我们的研究提出理论上和实践上的中肯批评，以使我们对语言的本质有更深入的认识，对语言和脑机制的关系有更精确的辨识。

**参考文献**

费尔迪南·德·索绪尔：《普通语言学教程》，沙·巴利、阿·薛施蔼、阿·里德林格合作编印，高名凯译，岑麒祥、叶蜚声校注，商务印书馆1996年版。

胡明扬：《词类问题考察》，北京语言学院出版社1996年版。

黎锦熙，刘世儒：《论现代汉语中的量词》，商务印书馆1978年版。

黎锦熙：《新著国语文法》，商务印书馆1992年版。

陆俭明：《现代汉语中数量词的作用》，《语法研究和探索（四）》，北京大学出版社1988年版。

马建忠：《马氏文通》，商务印书馆1983年版。

邵敬敏：《量词的语义分析及其与名词的双向选择》，《中国语文》1993年第3期。

邵敬敏：《动量词的语义分析及其与动词的选择关系》，《中国语文》1996年第2期。

杨亦鸣，曹明：《中文大脑词库形、音、义码关系的神经语言学分析》，《中国语文》1998年第6期。

杨亦鸣，曹明：《基于神经语言学的中文大脑词库初探》，《语言文字应用》2000年第3期。

杨亦鸣，曹明，沈兴安：《国外大脑词库研究概观》，《当代语言学》2001年第2期。

杨治良：《实验心理学》，浙江教育出版社1998年版。

赵元任：《汉语口语语法》，商务印书馆1979年版。

Brigitte Stemmer and Harry A. Whitaker 1999 *Handbook of Neurolinguistics*, Academic

Press.

Neil Smith 2000 Chomsky *Ideas and Ideals*, Cambridge University Press.

Noam Chomsky 1995 *The Minimalist Program*, The MIT Press.

Noam Chomsky 2000 *New Horizons in the Study of Language and Mind*, Cambridge University Press.

（原载《中国语言学报》第11期）

# 汉语皮质下失语患者主动句式与被动句式理解、生成的比较研究[①]

本文通过对汉语皮质下失语患者的主动句式与被动句式理解、生成状况的调查分析，指出了汉语句法结构在听路径、阅读路径和生成路径中提取加工的相对独立性及其与词汇信息在大脑结构中储取的相对分离性，认为皮质下结构更多地参与了句法结构的储取加工，并认为主动句法结构与被动句法结构在大脑结构中表现出一种相对独立而又互相联系的平行式储取机制。

神经语言学(neurolinguistics)作为现代语言学的一门新兴边缘学科，它的建立对语言学的深入发展具有重大的理论意义和实践价值。由于对正常人进行动态(dynamic)研究的种种限制，目前神经语言学主要以失语症患者作为重要的研究对象。本文通过对皮质下失语(subcortical aphasia)患者的调查研究，分析其主动与被动句式的理解、生成的损伤状况，并结合其他研究成果和资料对句法结构形式的储取方式及有关问题作神经语言学的分析。



## 一、个案调查

患者，男，53岁，右利手，高中文化，1996年2月8日开始头部疼痛，右侧肢体有偏瘫现象，经脑CT扫描显示为左侧基底核——内囊区出血。我们在患者患病75天后对他进行了调查，患者神志

① 本文蒙江苏省教委“青蓝工程”基金资助，在研究和写作过程中还得到北京医科大学高素荣教授的帮助，一并致谢。

清楚，右侧偏瘫趋于好转，上下肢肌力Ⅳ级。

在调查方法上，我们以 the Boston Diagnostic Aphasia Examination、the Western Aphasia Battery、the Bilingual Aphasia Test 等国外失语检查法和北京医科大学第一医院神经科神经心理组设计的汉语失语检查法等为基础，根据我们的研究目的，自行设计了一套检查方法。

对患者语言功能的一般检测表明：患者为非流利型失语，自发性言语扩展能力遭受破坏，谈话音调偏低，有语音障碍，说话含混，发音不清，但不偏离原来的音位，可保持对其语义的理解；复述能力相对较好，但在对较长句子的复述时反应较差；在命名方面，实物命名、颜色命名能力较好，但在列名时有较大障碍，如对蔬菜类、水果类、动物类等的列名，最多只能说出三四个名称，且反应时间较长；患者的字词配画能力基本完好（从听理解和阅读理解两个角度进行测试）；在书写方面，摹仿书写较好，但在自主书写时有明显障碍，一段时间后，自主书写状况有了一定程度的改善，但情况仍很不理想，字体也仍很歪斜。根据患者上述的语言功能损伤情况，我们从以下几个方面对患者的主动与被动句式理解生成的状况进行了比较。

（一）在理解力方面，我们从听理解和阅读理解两个角度着手，对患者进行了语法形式判断、语义判断、语义转换判断等测试调查，并根据 the Bilingual Aphasia Test 所提供的附图进行了听理解和阅读理解的辨图测试。

1. 语法判断。我们主要选择了“名$_{\text{施}}$＋动＋名$_{\text{受}}$”和“名$_{\text{受}}$＋被＋名$_{\text{施}}$＋动”类句式作为比较分析的重点并兼及了其他句式。

在“名$_{\text{施}}$＋动＋名$_{\text{受}}$”句式的阅读语法判断中，患者反应的正确率约为 57%。主要错误有：(1) 将正确的判断为错误，如将“小狗啃着骨头”等句子判断为错误；(2) 将错误排列的“名$_{\text{施}}$＋名$_{\text{受}}$＋动”式假句判断为正确，如将“母亲小狗打了”、“他一只鸡杀了”、“他鸡吃”①等判断为正确。而患者的听理解语法判断则相对较好，对上述所列的真假句的判断都体现了正确性。

在“名$_{\text{受}}$＋被＋名$_{\text{施}}$＋动”式被动句的阅读语法判断中，患者反应的正确率为 42%，出现了对错误排列的“名$_{\text{施}}$＋被＋动＋名$_{\text{受}}$”、“名$_{\text{施}}$＋动＋被＋名$_{\text{受}}$”、“名$_{\text{施}}$＋名$_{\text{受}}$＋被＋动”、“名$_{\text{施}}$＋动＋名$_{\text{受}}$＋被”等的判断错误。如将“母亲被抱着小孩”、“小汽车拉着被卡车”、“他鸡被打了”、“人拉着船被”等判定为正确。在听理解方面，患者的语法判断错误率相对较低，出现的问题有：(1) 将正确句式“名$_{\text{受}}$＋被＋名$_{\text{施}}$＋动”判断为错误。如将“一只鸡被他吃光了”判断为错误。(2) 将错

① 这是非对比句情况下出现的形式。

误排列的“名$_{施}$＋被＋动＋名$_{受}$”、“名$_{施}$＋动＋被＋名$_{受}$”、“名$_{施}$＋名$_{受}$＋被＋动”等判断为正确。如将“母亲被抱着小孩”、“小汽车拉着被卡车”、“他鸡被打了”等判定为正确。

此外，在听理解方面，患者对“名$_{施}$＋动＋名$_{受}$＋名$_{数}$”句式、“名$_{施}$＋动＋名$_{受1}$＋名$_{受2}$”句式、连动句式以及一些复句形式的语法判断也都是错误的。如将“我打了他一下”、“我递给他一张纸”、“我递了一张纸给他”、“他听完歌曲后便做起了作业”等正确句子都判定为错误。

2. 语义判断。在对患者进行语义判断测试的句子中，有十二个主动与被动相互关联对应的句子具有对比分析的典型性，下面表 1 是对这十二个句子在常规语境下听理解判断的结果：

**表 1**

| 格式 | | 例句 | 判断 |
|---|---|---|---|
| 主动句 | 名$_{施}$＋动＋名$_{受}$＋名$_{数}$ | 1 门槛绊了我一交 | 正 |
| | | 2* 我绊了门槛一交 | 误 |
| 被动句 | 名$_{受}$＋被＋名$_{施}$＋动＋名$_{数}$ | 1 我被门槛绊了一交 | 正 |
| | | 2* 门槛被我绊了一交 | 误 |
| 主动句 | 名$_{施}$＋把＋名$_{受}$＋动＋名$_{数}$＋名$_{受}$ | 1 火把衣服烧了一个洞 | 正 |
| | | 2* 衣服把火烧了一个洞 | 误 |
| 被动句 | 名$_{受}$＋被＋名$_{施}$＋动＋名$_{数}$＋名$_{受}$ | 1 衣服被火烧了一个洞 | 正 |
| | | 2* 火被衣服烧了一个洞 | 误 |
| 主动句 | 名$_{施}$＋把＋名$_{受}$＋动·介＋名$_{处}$ | 1 大家把他围在了中间 | 正 |
| | | 2* 他把大家围在了中间 | 误 |
| 被动句 | 名$_{受}$＋被＋名$_{施}$＋动·介＋名$_{处}$ | 1 他被大家围在了中间 | 正 |
| | | 2* 大家被他围在了中间 | 误 |



从上表中可以看出，患者对主动句式语义判断的正确率为 100%，而对被动句式语义判断的正确率则约为 33%。

此外，患者对“香肠被狗吃掉了”、“狗被香肠吃掉了”、“草被狗吃掉了”、“他的花招被我们打破了”这些“名$_{受}$＋被＋名$_{施}$＋动”被动句式的句子的听理解语义判断都体现出正确性。

3. 语义转换判断。我们对患者进行了主动句与被动句之间的听理解语义转换的判断测试，这项测试的正确率约为 44%。其中对主动句式“名$_{施}$＋动＋

$名_{受}$”与被动句式“$名_{受}$＋被＋$名_{施}$＋动”之间的语义转换的理解能力较好，如将“我吃光了一只鸡”、“一只鸡被我吃光了”之间的语义关系正确地判断为一样，将“我打了他”、“我被他打了”之间的语义关系正确地判断为不一样。患者对主动句式“$名_{施}$＋动＋$名_{受1}$＋$名_{受2}$”与同其相对的被动句式“$名_{受2}$＋被＋$名_{施}$＋动＋$名_{受1}$”之间的语义转换判断、把子句与被动句等之间的语义转换判断的正确率则较低，如将“我给了他一张纸”、“一张纸被我给了他”之间的语义关系错误地判断为不一样，将“猫把一只狗给咬了”、“猫给一只狗咬了”之间的语义关系错误地判断为一样。

4. 辨图理解测试。在辨图理解测试中，我们也分别从听理解和阅读理解两个角度对患者就相应的主动句与被动句的理解能力进行了调查。我们从 the Bilingual Aphasia Test 附图中挑选了 13 幅图作为测试之用。如就下列两图让患者分别对主动句“卡车拉着小汽车”和被动句“小汽车被卡车拉着”进行听理解和阅读理解的辨图指认：

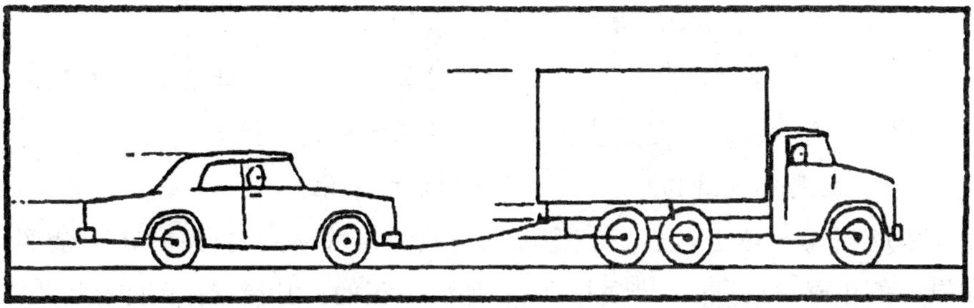

图(1)

图(2)

结果患者对“卡车拉着小汽车”的听理解和阅读理解的辨图指认都是正确的，都正确地指示为图(1)，而对“小汽车被卡车拉着”的听理解和阅读理解的辨图指认却都是错误的，都错误地指示为图(2)。

此项测试总体结果如下：主动句式听理解辨图正确率为 100%，被动句式听理解辨图正确率约为69%；主动句式阅读理解辨图正确率为100%(其中一辨图原先错误，后又更正)，被动句式的阅读理解辨图的正确率约为54%。

（二）在生成能力方面，我们主要对患者作了“名$_{施}$＋动＋名$_{受}$”型主动句式及相应的“名$_{受}$＋被＋名$_{施}$＋动”型被动句式的组块成句排列生成状况的调查，同时兼及了其他句式。

依据“名$_{施}$＋动＋名$_{受}$”型主动句式做组块排列生成句子时，患者主要出现以下三种排列：

1. 名$_{施}$＋动＋名$_{受}$，这是正确的排列。例如：

母亲抱着小孩。　　人拉着船。　　卡车拉着小汽车。

上述有些句子的施受关系为可逆型，在组块排列上可以互换，如“卡车”、“拉着”、“小汽车”这三个词也可组合为“小汽车拉着卡车”。为了对患者的施受关系的理解能力作进一步的调查，我们让患者就上述句子进行了辨图测试，患者辨图反映的结果是正确的，这表明患者对上述句子的施受关系的理解是正确的。

2. 名$_{施}$＋名$_{受}$＋动，这是错误的排列。例如：

*他一只鸡杀了。　　*他鸡吃着。　　*母亲小狗打了。

3. 名$_{受}$＋动＋名$_{施}$，这是施受关系倒置的错误排列。例如：

*猫的尾巴咬着狗。　　*她的肩打了他。

在依据“名$_{受}$＋被＋名$_{施}$＋动”型被动句式做组块排列时，患者在十余例排列中仅有一例正确，且原先为错误排列，后加以更正的。其错误排列主要有“名$_{施}$＋被＋动＋名$_{受}$”、“名$_{施}$＋动＋名$_{受}$＋被”、“名$_{施}$＋名$_{受}$＋被＋动”、“被＋动＋名$_{施}$＋名$_{受}$”、“被＋名$_{施}$＋名$_{受}$＋动”、“名$_{施}$＋被＋名$_{受}$＋动”、“名$_{施}$＋名$_{受}$＋动＋被”等形式，呈现出无序混乱状态。

在依据“名$_{受}$＋被＋动”型被动句式做组块排列时，患者出现以下几种情况：

1. 名$_{受}$＋被＋动，此为正确排列。例如：

鱼被吃了。　　鸡被赶跑了。　　桌子被擦过了。

2. 被＋动＋名$_{受}$，此为错误排列。例如：

*被宰羊了。　　*被吃光香肠了。

另外，还出现了“名$_{受}$＋动＋被”等错误排列。

在测试时，我们还让患者做了“名＋动”、“动＋名”等简单句式的组块排列，正确率也不太高，正确的排列方式与错误的排列方式均有，出现了“桌子拍”、“吃了母亲”等错误排列，其中“动＋名”句式排列的正确率稍高些。至于复杂句式的排列，无论主动句还是被动句，其排列更是呈现出混乱的无序态。

## 二、分析与讨论

通过以上对皮质下失语患者的主动句式与被动句式理解与生成状况的调查，下文我们将结合其他失语症研究成果和资料对句法结构形式的储取方式等问题进行探讨和分析。

（一）汉语句法结构形式在大脑中的储取是否具有相对独立性，大脑中的哪些区域与句法结构的储取的关联更为密切，这些问题都是需要神经语言学不断加以探索的。

我们对皮质下失语患者的调查显示，患者对于句法结构形式，无论是听理解、阅读理解，还是组块的排列生成，都产生了较多的错误，但这三者受损的情况是不一致的。从测试情况来看，大体上说，听理解中句法结构形式受损情况最为轻微，阅读理解为次，而排列生成的受损状况最为严重。为了结论的可靠性，我们又选择了患者在排列生成中出现错误的 8 个句子让患者分别作听理解和阅读理解的语法判断，结果患者听理解语法判断的正确率为 62.5%，阅读理解语法判断的正确率为 25%。以后我们又扩大测试量，对患者就相应句式的句法形式受损情况作大量调查，结果患者听理解语法判断的正确率约为 80%，阅读理解语法判断的正确率约为 50%，而排列生成的正确率约为 20%，且其组块的正确排列基本局限于简单的句法形式。从听理解、阅读理解与排列生成的受损情况来看，我们有理由认为，在听路径、阅读路径和生成路径中，对句法形式的提取加工各自具有相对独立性。在皮质下失语患者中，理解路径对句法形式提取加工能力的受损状况较生成路径轻微，这就是为什么典型的皮质下失语患者其自发言语扩展能力较理解能力损坏严重，患者只能进行单个词的言说或在语流中词语之间缺乏句法连贯性的原因。

有人指出，在语言信息中，词汇信息较易遗忘，而句法结构的信息最不易遗忘，其例证是一左侧顶颞区脑梗塞的男性右例混合性失语症患者。该患者的听说读写都有不同程度受累，对 13 句是非判断句的朗读无一正确，患者虽对语句读错或部分读不出，可是基本句型没有错，仍为 SVO。[①] 然而我们调查的这例皮质下失语患者则相反，其命名能力及朗读、复述能力保持较好，但句法结构受损较重，这是否意味着在语言信息中，句法结构的信息较词汇信息更易遗忘？可见，由一例或一类患者的情况去进行词汇信息与句法结构信息遗忘性的总体概

① 详见卫志强：《人脑与人类自然语言》，载《语言文字应用》1994 年第 4 期。

括将可能导致偏颇的结论。这两例失语症患者的相反状况实际上说明了这样一个重要事实:词汇和句法结构在大脑中的储取是相对独立的;在大脑区域与语言信息的相关性上,顶颞区受损将可能使词汇信息损伤严重,而皮质下受损则可能对句法结构信息的损伤更为严重。大量的失语症研究资料有力地证明了这一点。卢利亚曾经指出,皮质左颞部次生系统的损伤会导致音位听辨能力和词汇分辨能力的严重障碍,但在一定程度上仍能感知语句总的逻辑——语法结构。[①]而皮质下失语的研究则显示了朗读和单词理解的良好性及自发言语的不能、单词化或不连贯和对表稍复杂句法关系的句子理解的不良性。[②] 除皮质下之外,顶枕部也可能更多地参与了句法结构的储取加工。卢利亚指出,顶枕部脑损伤病人的音位听觉没有任何缺陷,能正确进行词汇的分辨理解,但在对句法结构操作时却遇到很大的困难。[③] 我国失语症研究也有类似报道。[④]

(二) 下面我们将进一步就主动句法结构与被动句法结构的储取方式作初步的探讨。

我们认为,主动句法结构与被动句法结构在大脑结构中的储取可能表现为一种相对独立而互有联系的平行式储取机制。

我们曾就十一对有对应关系的主动句与被动句的阅读理解辨图测试作计时分析,发现其中有四对在被动句式的辨图上患者出现错误,这里不作分析;在其余七对中,有两对对主动句式的理解辨图时间快于被动句式,有一对辨图时间相等,而另外四对则是对被动句式的理解辨图时间快于主动句式,其中有两对对主动句式理解辨图的反应时间分别是被动句式的两倍和三倍;在后来的追加补测中,我们仍不断发现对主动句式的反应时间长于对被动句式反应时间两倍以上的情况,并出现了对相应的主动句式理解辨图错误而对被动句式理解辨图正确的情况。我们又以下面三组句子对患者进行了理解辨图的计时测试(测试结果显示患者除对(1) A的理解辨图是错误的外,对其余句子的理解辨图都是正确的),患者对各句的反应时间如下:

(1) A:狗把猫咬了　15″
B:狗被猫咬了　20″
C:狗咬了猫　1′



---

① 看A. P. 卢利亚的《神经语言学》。

② 参看朱镛莲等(1987)、郭可教等(1985)、任惠(1990)、胡挽华等(1992)的论文以及高素荣(1993)的《皮质下失语综合症》一章。

③ 看A. P. 卢利亚的《神经语言学》。

④ 参看胡超群的《从大脑损伤引起的阅读障碍探讨阅读认知的心理过程》。

(2) A：警察把小偷给打了　25″

B：小偷被警察打了　15″

C：警察打了小偷　53″

(3) A：一个男人把一个女人给打了　25″

B：一个女人被一个男人打了　20″

C：一个男人打了一个女人　30″

患者对“把”字句和“被”字句的辨图反应时间能快于一般的主动句，这是我们始料不及的。一般说来，如同在心理词典中由于词频效果、新近性[1]等因素影响了词的认知阈限，使得对高频词的认知加工往往快于低频词一样，对主动句法结构和被动句法结构提取加工的水平由于使用频率等因素的影响而呈现出不一致性，主动结构加工激活的阈限低于被动结构，这使得对被动句式理解与生成的难度一般说来高于主动句式。但患者出现的对被动句辨图反应的时间比主动句反应时间迅速的事实，加上前述的患者有时对被动句辨图为正确而对相应的主动句辨图反而为错误的状况，都使得我们有理由认为主动句法结构与被动句法结构在大脑中的储取并不体现为深层结构、表层结构的转换关系，而应该是一种相对独立而互有联系的平行式储取机制。[2] 正因为如此，所以在失语症患者中，从总体上讲，被动句法结构的破坏比主动句法结构严重，而相对独立的平行储取方式又使患者对被动句的提取加工不一定慢于主动句，并且使得患者有时对被动句的理解甚至优于相应的主动句。

此外，认知心理研究也表明，不管一个被探查的句子是主动形式还是被动形式，如果与原来的句子相匹配，它就会被探测的快些。在回答有关句子的问题时，也出现同样情况，不管在问题中使用哪一种语态，如果问题的语态与被问及

---

① 新近性表示词语认知时距词语接触时的新近程度，Morton、Gough等认为新近被看到的词的激发阈限暂时降低，对这些词的认知就较为容易，只需较少的信息就可以达到对它们的认知。

② 当然，这一推论对乔姆斯基转换生成语法的转换规则与过程究竟能否代表或接近实际言语活动的心理过程是一个挑战。国外有的认知心理研究认为，在回忆英语的被动句的时候，被动句可能被改变为主动句。这个研究似乎有利于支持深层结构和转换规则的心理存在。我们也曾做过类似的实验，以两组句子对正常人进行了记忆测验，一组为三个被动句，另一组为三个被动句间以三个主动句。我们让被试在两分钟和20分钟后分别进行回忆，结果被试竟出现了将主动句改为被动句的情况，这种结果显然对深层结构和转换规则的心理真实性不利。实际上由于主动句法结构与被动句法结构在大脑结构中存在着相对独立的平行的储取机制，同时又互有联系，所以才会在记忆测试中出现主动结构与被动结构相互转换的现象。尽管乔姆斯基一再声称，他的语言学是认知心理学的一个分支，甚至就是脑生物学的一部分，但应该说，转换生成语法理论究竟是否具有心理真实性，是有待于神经语言学成果检验的。

的句子的语态一致，那么回答中所发生的错误就少一些，故如希望得到一个正确的回答，对于被动语态的句子要用被动语态来提问，而对于主动语态的句子则需要用主动语态来提问。[①] 这一研究结果也为主动句法结构与被动句法结构的相对独立的平行储取机制提供了有力的佐证。神经语言学对于揭示大脑的语言机制、真正认识语言的本质具有重大意义。由于失语症患者语言损伤状况的个体特异性，进行详细的有价值的个案分析具有相当的必要性。但以操汉语者脑损伤失语症为对象的神经语言学研究在国内还处于起步阶段，译介方面的成果多，做具体个案调查分析的少。本文的调查研究无论是在方法上还是分析方面都很不成熟，希望能得到同道的指正。

**参考文献**

高素荣：《失语症》，北京医科大学、中国协和医科大学联合出版社 1993 年版。

郭可教等：《大脑中心部损伤与言语障碍》，《中国神经精神疾病杂志》1985 年第 6 期。

胡超群等：《从大脑损伤引起的阅读障碍探讨阅读认知的心理过程》，《心理学报》1986 年第 1 期。

胡挽华等：《失语症的 CT 定位》，《国外医学・神经病学/神经外科学分册》1992 年第 6 期。

卢利亚：1975《神经语言学》，赵吉生、卫志强译，北京大学出版社 1987 年版。

罗伯特・L・索尔索：1979《认知心理学》，黄希庭、李文权、张庆林译，教育科学出版社 1990 年版。

诺姆・乔姆斯基：《乔姆斯基语言哲学文选》，商务印书馆 1992 年版。

任惠：《皮层下失语症》，《国外医学・神经病学/神经外科学分册》1990 年第 4 期。

朱镛莲等：《皮质下结构在语言活动中的作用》，《中华神经精神科杂志》1987 年第 1 期。

Blumstein, S. E. 1988 Neurolinguistics: an overview of language - brain relations in aphasia, *Linguistics: the Cambridge Survey*, Cambridge University Press.

Critchley, E. M. R. 1987 *Language and Speech Disorders*, London: CNS Publishers.

Damasio A. R, et al. 1982 Aphasia with Nonhemorrhagic Lesion in the Basil Ganglia and Internal Capsule, *Arch Neurol*, 39(15).

Plum, F. 1988 *Language, Communication, and theBrain*, New York: Raven Press.

（原载《中国语文》1997 年第 4 期）



① 参看 Wright, P. Some observations on how people answer questions about sentences. *Journal of Verbal Learning and Behavior*, 1972, 11: 188.

# 汉语宾语关系从句加工优势论：来自失语症研究的证据[①]

关系从句是语言中最复杂的句法结构之一，主、宾语提取的关系从句历来成为语言学家和心理学家研究句法复杂性的重要课题。本文以两个失语者 LY 和 YP 为研究对象，通过三个实验考察了汉语主、宾语关系从句的理解加工情况。结果发现：(1) 汉语主语关系从句比宾语关系从句的理解难度大，表明存在宾语关系从句加工优势现象，否定了“主语关系从句加工优势论”普遍性假说；(2) 控制从句主语和/或宾语名词的语义特征可以改变主、宾语关系从句的难度差别，这就是所谓的关键名词的生命性效应和人称代词效应，这两种效应都具有语言普遍性。针对现有失语症理解加工假说的不足之处，最后提出了基于句法复杂性的神经表征假说——论元跨越假说，以期对本文的实验结果和类似的理解加工问题作出更全面、更合理的阐释。

## 1 导 论

主、宾语不对称是人类语言的共性。提取 SVO 结构中的主/宾语成分可以生成不同的关系从句，简称主/宾语关系从句，这两类从句引起的不对称是主、宾语不对称的一个重要表现。由于主/

① 本文的研究得到国家社科基金项目(06BYY020)、江苏省哲学社会科学“十一五”规划基金项目(06JSBYY006)、江苏省“六大人才高峰”资助项目(07—A—019)、江苏省“青蓝工程”(科技创新团队)资助项目和教育部人文社会科学研究“十一五”规划项目(07JA740027)的支持，在此一并致谢。

宾语关系从句牵涉一系列复杂的句法、语义问题，因此成为语言学家们高度关注的研究课题。

但从实验科学的角度来看，围绕语言的研究所形成的各种理论，都还是一种假说，需要神经语言学的验证，（杨亦鸣 2007）因此在认知神经科学领域，围绕主/宾语关系从句的研究有相当多的成果，（English：Ford 1983；Waters，Caplan & Hildebrandt 1987；Gibson 1998；Gordon，Hendrick，Johnson & Lee 2006；King & Just 1991；MacWhinney 1982；Dutch：Mak，Vonk & Schriefers 2002，2006；German：Mecklinger，Schriefers，Steinhauer & Friederici 1995；Korean：Kwon et al. 2006）目前的研究成果都指向一个共同的结论：宾语被提取的关系从句（object-extracted relative clause，简称 ORC，下同）比主语被提取的关系从句（subject-extracted relative clause，简称 SRC，下同）更难理解，这就是被视为普遍规律的主语关系从句加工[①]优势论。比如（关系从句在中括号中表示，从句中被提取成分留下的空位用____表示）：

（1）a. SRC：The boy [who ____ kissed the girl] was tall.
　　b. ORC：The boy [who the girl kissed ____] was tall.

在例（1）中，尽管被提取成分 the boy 都作句子的主语，但在例（1）a 中同时充当从句的主语，而在例（1）b 中同时充当从句的宾语，从而形成两类不同的关系从句，即 SRC 和 ORC。主语关系从句加工优势论得到了大量的经验支持：从正常人的言语加工发现，例（1）a 普遍比例（1）b 容易理解；以英语为母语的失语症患者在完成句图匹配、句子理解等任务时，往往在 ORC 上表现出更大的困难（Caplan & Futter 1986；Grodzinsky 1986，1989；Martin 1990）。

主语关系从句加工优势论真的具有语言普遍性吗？有学者（Hsiao & Gibson 2003；Ishizuka & Gibson 2006；Chen et al. 2008；陈宝国、宁爱华 2008）对此提出了质疑。他们发现，有关关系从句的认知神经心理学研究过去主要集中于中心语前置语言（如英语），而针对中心语后置语言（如汉语）的研究却很稀少，因此从中心语前置语言中得到的结论未必适合中心语后置语言。更重要的是，这些学者应用相同的实验方法研究汉语、日语等中心语后置语言中的主、宾语关系从句，得到的却是截然相反的结果：主语关系从句（如例（2）a）比宾语关系从句

① 在心理学和神经科学中，加工包括输入（理解）加工和输出（表达）加工，本文中的加工限指前者。

(如例(2)b)更难理解,似乎暗示着宾语关系从句加工优势论的存在。

(2) a. SRC:[____邀请富豪的]官员心怀不轨但是善于隐藏。

b. ORC:[富豪邀请____的]官员心怀不轨但是善于隐藏。

宾语关系从句加工优势论得到来自汉语和粤语失语症研究(Su & Law 1993;Law 2000;Law & Leung 1998,2000;Su et al. 2007)的支持:语法缺失性失语者理解主语关系从句的成绩为随机水平(即正确率和出错率分别为50%)或在随机水平之下,而理解宾语关系从句的成绩在随机水平之上或接近正常水平。当然,宾语关系从句加工优势论也受到了挑战。如Lin & Bever(2006)就认为Hsiao & Gibson(2003)的实验材料和结果分析都存在问题[①],他们采用自己的实验材料以相同的实验范式(自定步速阅读)进行实验,得到的结论反对宾语关系从句加工优势论,支持主语关系从句加工优势论:被试阅读宾语关系从句需要更多时间,汉语同英语等语言一样表现为主语偏向(subject preference)。但我们在比较Hsiao & Gibson(2003)和Lin & Bever(2006)后发现,后者对前者的挑战缺乏说服力,因为他们彼此的实验材料不具可比性。

总之,现有文献显示有关汉语关系从句的加工研究还存在分歧,主语关系从句加工优势是否具有跨语言的普遍性还有待进一步证明。

从认知神经心理学的角度看,影响主/宾语关系从句加工的因素众多,包括工作记忆负担(Gordon et al. 2001,2002;Traxler et al. 2005)、主/宾语的生命性特征(如Mak et al. 2002;Traxler et al. 2002)、主/宾语的指称性(如Warren & Gibson 2002)、主/宾语的题元角色典型性(Traxler et al. 2005)、提取成分与空位(gap)之间的距离、从句出现的语篇结构(discourse structure)(Mak et al. 2006,2008)等。从语言学视角看,与关系从句的输入和输出相关的因素区分为句法、语义和语用三方面。本文拟从句法、语义出发,结合认知神经心理学的研究成果,探讨在主/宾语成分的语义特征被操纵的条件下汉语关系从句的加工情况。另外,关系从句的在线研究(如自定步速阅读、眼动实验、ERP和fMRI研究)很多,而以失语症研究为代表的离线研究相对较少,所以本文以两例汉语失

① 主要问题包括(1)发现常规关系小句的关系词前区域宾语关系从句的阅读时间较短,这不能反映加工关系从句的差别,只是反映了汉语主语关系从句因论元缺损导致了有关语言片段较长的阅读时间;(2)单一嵌套和双重嵌套的关系从句不具可比性;(3)实验中所用的动词没有控制句法歧义。(参见Lin & Bever 2006)

语者为研究对象也是对汉语关系从句在线研究的互补，所得结果可与在线研究结论进行比较和分析，从而更加准确地揭示汉语关系从句的神经、心理机制。

## 2 实验一：在关系从句主/宾语[＋生命性]条件下的句子图片匹配理解

### 2.1 实验对象

参与本实验(和实验二、三)的两个被试 LY 和 YP 均为男性，右利手，北京市人，母语为汉语。进行实验测查时，他们至少已经是病发后的第 14 个月，病情稳定，身体状态较好。有关被试的其他信息见表 1。

**表 1 被试的背景信息**

| 被试 | 性别 | 测查年龄 | 病发后时间 | 教育水平 | 病灶区域 |
|---|---|---|---|---|---|
| LY | 男 | 55 岁 | 15 个月 | 中学 | 左额叶 |
| YP | 男 | 55 岁 | 14 个月 | 高中 | 左颞顶叶 |

被试 LY 发病前是北京市公交公司维修工人。2007 年 10 月因中风入住北京友谊医院，出院后定期在北京东方医院接受治疗。急性期 CT 检查显示，该被试的左额叶和双侧放射冠状部位呈现多发性脑梗塞。同年 11 月，用舒华、毕颜超等汉化的《临床语言测查表》(Language Screening Battery)(下文简称《测查表》)测查，患者抄写词没有问题(10/10)，重复词和非词也接近完好。但他在其他的测试项中表现出障碍。在词语的听辨任务(告诉主试两个听觉呈现的语言刺激是否相同)中，他的准确率只有 75%(30/40)。在视觉的词图匹配任务(将一个书写词与四幅图中的一幅匹配，四幅图分别是目标图、语义填充图，视觉填充图，无关填充图)中，他的得分成绩低于 50%(7/15)。在听觉的句子图片匹配任务(根据主试说出的句子从两幅图中选择其一，干扰图要么语义有问题，要么角色反向)中，正确率为 70%(14/20)。在口头的图片命名任务中，表现出动词(13/34)比名词(22/48)受损严重。其自发言语欠流利、费力且带电报语言特点，这可以从他对“偷面包”(Cookie Theft)图片的描述中得到证实：“……水，水洒了……下边……下。”

从上面的测查中可知，LY 属于较典型的 Broca 失语(从语言学角度称作语法缺失性失语，agrammatic aphasia)，其理解相对保留较好，而表达则有不同程度的损伤。在最近的一次测查(仍用《测查表》)中，他在不少测查项目上都显示比原来的成绩有所提高：听辨任务 87%(35/40)；视觉词图匹配 93%(14/15)；图片命名中名词达到 72%(35/48),动词 80%(27/34)。尽管如此,他的自发言语仍觉困难。在造句任务中,他甚至无法用“飞机”或“照片”造出句子来。



被试 YP 中风前为北京一工厂技术员。2007 年 11 月,因严重头痛和言语困难入住北京天坛医院,CT 扫描显示左侧颞顶叶梗塞。2008 年 1 月患者感觉不适,再次入住天坛医院,我们测查了他对汉语语法标记词(如,“着,了、过”,“因为、但是、只要”等连接词)的理解和表达情况,结果显示其作业成绩比正常对照组的成绩低 20%以上。但他的自发言语比 LY 流利,对“偷面包”(Cookie Theft)图片的描述更显示出在理解方面的缺陷:“三个人,……他俩人在吵架呢,……这个老家伙。这个,这两人吵架呢……”综合其他临床言语表现,可以认定该患者属于维尼克(Wernicke)失语。

在用《测查表》对 YP 的最近一次测查中,他在重复(词:35/35;非词:5/5)、视/听觉词(20/20)匹配(将一个听到的词与视觉呈现的三个词之一匹配)和听觉词图匹配(要求先听一个词,再将该词与接着视觉呈现的两幅图匹配)等任务上均表现良好,成绩几乎与正常人的无异。

但是,他在图片命名和句子理解方面出现障碍。图片命名任务中,在名词命名上的成绩为 40/48,而动词命名成绩为 34/34;听觉的句子图片匹配任务中,成绩为 17/20。在听觉的句子重复任务(重复主试读出的句子)中,他的准确率为 40%(2/5)。

### 2.2 实验目的与预期

目的:检验汉语关系从句的理解加工中,主/宾语关系从句哪一个更难?

预期:汉语关系从句属于左分枝结构(left—branching structre),提取的主/宾语(即从句中心语/先行成分)位居结构的最右端。因此,被试在加工类似例(2)a 这样的主语关系从句时会遇到题元角色指派的困扰(动词“邀请”之后有两个名词“富豪”、“官员”需要指派题元角色),其理解作业成绩理应在随机水平(chance level);而当被试遇到类似例(2)b 这样的宾语关系从句时,从句结构与汉语的常规句子结构完全一致(SVO:富豪邀请官员 vs 富豪邀请的官员),所以不存在角色指派方面的问题,其理解作业成绩理应在随机水平之上(above chance level)。这样,我们的预期就是汉语宾语关系从句的理解难度比主语关系从句的理解难度低,简要表达为 ORC<SRC。

### 2.3 实验材料

本实验的任务是听觉的句子图片匹配,这首先牵涉句子和图片的设计。为了具有可比性,我们采用英语等语言的实验设计惯例,将关系从句设计为可逆句(reversible sentences,即主、宾语可以互换位置的句子):从句的主语和宾语都是具有强生命性特征的成分(人或动物);从句动词为动作性和形象性很强的单音节二价动词;从句位居句子的主语位置。全部实验句在实验前按七点量表的评分要求作了可接受性评定,平均可接受值≥4。关系从句由10个不同的动词构成,由此生成10组实验句,共20个句子,其中主语提取的关系从句和宾语提取的关系从句各半。实验句顺序进行了伪随机处理,即同一组的关系小句之间至少有3个其他关系小句的间隔。实验样本句如例(3)。

(3) a. SRC:亲男人的女人戴着眼镜。

b. ORC:男人亲的女人戴着眼镜。

以付费方式聘请华中师范大学美术系的二年级学生根据实验句的意思在A4打印纸上画出对应的素描画,每张纸上包括两幅图,其中一幅对应于目标句,另一幅为颠倒了施事—受事关系的干扰句。这样,对应于10组(20句)句子,共有10张(20幅)实验图。对应于实验样本句(3)的样本图如图1。少数素描画的效果开始不太理想,后经修改采用。

图1 上图——亲男人的女人戴着眼镜。
下图——男人亲的女人戴着眼镜。

### 2.4 实验程序

主试首先给被试呈现图片,要求被试在看清楚图片的同时认真听主试说出的句子，然后指出句子所描述的图片。譬如，主试说“踢男人的女人拿着手提包”，同时呈现图画“男人在踢女人，女人拿着手提包”和“女人在踢男人，女人拿着手提包”，让被试作出选择。如果需要，主试可多次重复句子直到被试完全听明白。正式实验前，先让被试做四个练习句（主语提取关系从句的句子和宾语提取的关系从句各两句）的匹配练习，好让被试熟悉实验任务。对每个练习句的匹配结果，主试主动向被试提供“正确”/“错误”评判反馈，但对正式实验的匹配结果不提供任何反馈。

两组句子在实验前通过伪随机排序，全部实验任务在同一个时间段完成。每个被试的回答由主试记录到问答纸上，实验过程同时全程录音，以备后续分析。实验任务在被试家里一个安静的单独房间里完成。

**2.5 实验结果分析**

实验结束后，对被试的回答记录作出评分。一个句子与图片匹配正确的记1分，匹配错误的记0分。表2显示了两个被试匹配正确的百分比。可以看到，LY理解两类关系从句都存在障碍，但整体表现在随机水平之上，只是宾语关系从句的正确率略高于主语关系从句的正确率。与LY的情况类似，YP在理解主/宾语关系从句时也遇到了困难，但在宾语关系从句上的匹配成绩接近正常水平，在主语关系从句上的匹配成绩却在随机水平之下（40%）。

**表 2 被试听觉句子图片匹配正确率（N[＋an]）**

| 被　试 | SRC正确率 | ORC正确率 |
| --- | --- | --- |
| LY | 60%(6/10) | 70%(7/10) |
| YP | 40%(4/10) | 90%(9/10) |

注：N[＋an]表示主/宾语为有生命名词；SRC代表主语提取的关系从句；ORC代表宾语提取的关系从句。

校正后的卡方检验显示，被试LY在句子图片匹配任务中没有显示出两类关系从句的显著差异（$x^2=0, p>0.1$），被试YP的匹配结果达到边缘显著（$x^2=3.516, p=0.061$）。

数据分析表明，两位失语症患者虽然病损的位置和言语障碍的程度都不相同，但在包含关系从句的句子图片匹配任务中都表现出大致一致的趋势：主语关系从句的匹配正确率低，宾语提取关系从句的匹配正确率高；这种提取加工的偏向性在被试YP身上表现更为突出（YP属于维尼克失语，理解复杂句法结构比理解简单句法结构表现出更大障碍，所以理解宾语关系从句难度更大）。这一结果与实验预期一致：ORC<SRC。

简而言之,本实验表明:在主、宾语名词[+生命性]特征条件下,汉语宾语关系从句比主语关系从句的图片匹配正确率高,从而支持汉语"宾语从句加工优势论"。

## 3 实验二:在关系从句宾语[-生命性]条件下的句子图片匹配理解

### 3.1 实验目的与预期

目的:根据 Traxler et al.(2002)和 Mak et al.(2006),当关系从句的主语为有生命名词而从句宾语为无生命名词时,宾语关系从句的加工难度会降低。因此,本实验旨在检验汉语关系从句在"主语[+生命性]+宾语[-生命性]"条件下的理解难度情况。

预期:基于实验一的结果,本实验预期主语关系从句的正确理解率会伴随从句宾语从[+生命性]向[-生命性]语义特征的转换而提高。

### 3.2 实验材料

为了避免与实验一中的材料相似可能产生的学习效应,本实验对句子类型和与其对应的图片作了重新设计。根据实验目的,关系从句的主语一律设计为有生命名词(典型的施事),句子的宾语全部为无生命名词(典型的受事)。其他筛选材料的方法和过程同实验一。

本实验所采用的实验样本句如例(4):

(4) a. SRC:咬皮球的狗是黑色的。
    b. ORC:狗咬的皮球是黑色的。

### 3.3 实验程序

本实验的操作程序同实验一,参见2.4。

### 3.4 实验结果分析

评分方式和标准同2.5。表3记录的是本实验中被试匹配正确的百分比。其中,被试LY在ORC上的匹配正确率比在SRC上的匹配正确率略高,被试YP在SRC和ORC上的正确率完全相等。

**表 3　被试听觉句子图片匹配正确率(S[＋an]),O[—an])**

| 被试 | SRC 正确率 | ORC 正确率 |
|---|---|---|
| LY | 80%(8/10) | 90%(9/10) |
| YP | 90%(9/10) | 90%(9/10) |

注：S[＋an]表示主语为有生命名词；O[—an]表示宾语为无生命名词；SRC 代表主语被提取的关系从句；ORC 代表宾语被提取的关系从句。

与实验一相比，两个被试在本实验中的句子图片匹配表现均在随机水平之上，接近达到正常成人的阅读理解水平。只是因为失语症类型差异，LY 在 SRC 和 ORC 上的匹配成绩分别递增 20%，YP 在 SRC 上的成绩增幅达到 50%，在 ORC 的理解正确率保持不变。卡方检验分析表明，被试 LY($x^2=0$，$p>0.1$)和 YP($x^2=0$，$p>0.1$)在听觉的句子图片匹配理解任务中没有表现出两类关系从句的显著差异。可见，当从句宾语变更为无生命名词时，关系从句的加工难度确实降低了。但与 Traxler et al.(2002)和 Mak et al.(2006)的发现不同的是，本实验中的被试不仅提高了在 ORC 上的正确率，也提高了在 SRC 上的正确率。总体看来，实验结果与实验预期一致。

这一结论表明，当关系从句主语为有生命名词而从句宾语为无生命名词时，无论主语被提取还是宾语被提取，关系从句的加工难度都会相应地降低，从而导致被试理解作业成绩的提高。从理论上讲，这种生命性特征的变换实际上改变了句子结构的标记地位，使之从有标记结构转变成了无标记结构：典型的施事(一般为生命性名词)作主语，典型的受事作宾语(一般为无生命名词)。(参见 Dowty 1991)换言之，在 SVO 构式中，由“主语[＋生命性]名词＋宾语[－生命性]名词”构成的关系从句比由“主/宾语[＋生命性]名词”构成的关系从句更容易理解，这归因为前者的无标记性、后者的有标记性。所以，在认知加工上，无标记结构比有标记结构的阈限低，其加工速度更快、加工质量更高理所当然。

## 4　实验三：在关系从句主/宾语[＋人称代词]条件下的汉语关系从句理解判断

### 4.1　实验目的与预期

目的：前文提到 Lin & Bever(2006)认为 Hsiao & Gibson(2003)的发现是无效的，并通过实验证明主语加工优势论具有语言普遍性。我们在比较 Hsiao & Gibson(2003)和 Lin & Bever(2006)后却发现，后者所用的实验材料与前者所用的实验材料不具可比性：Hsiao & Gibson(2003)中关系从句中的主、宾语都是有生命的普通名词，而 Lin & Bever(2006)中的主/宾语成分之一为人称代词。因为根据 Gordon et al.(2001)、Warren & Gibson(2002)和 Reali & Christiansen(2007)，当关系从句中的主/宾语成分之一为人称代词时，从句的加工难度就会降低；如果宾语关系从句的内嵌主语(embedded subject)为人称代词，则宾语从句比主语关系从句读得快。这一发现还从儿童的语言获得(Arnon 2006a,b)中得到证明：在人称代词条件下，希伯莱语儿童理解宾语关系从句比理解主语关系从句的准确度高，正确说出的宾语关系从句比主语关系从句多。所以本实验旨在检验汉语关系从句的理解加工中是否存在人称代词效应，即，如果汉语关系从句中主/宾语之一换成人称代词，主宾语关系从句的加工难度是否会发生变化。

预期：当关系从句主/宾语为人称代词时，主语关系从句的正确理解率会提高，从而使主、宾语关系从句的加工难度差异会降低或消除。

**4.2 实验材料**

实验一、二采用句子图片匹配理解任务考察了两名被试分别在“主/宾语[+生命性]”和“主语[+生命性]+宾语[-生命性]”条件下的汉语关系从句加工情况。本实验通过变换实验范式(听觉的句子理解判断任务)进一步测试被试在“主/宾语[+人称代词]”这一语义条件下对关系从句的理解加工变化。为便于比较，我们在设计实验材料时保留了实验一中实验句的关系从句部分，重新生成10组(20句)实验句；然后变换从句的主/宾语之一为人称代词，生成与之对应的另10组(20句)实验句。这样，本实验就包含两种条件(主、宾语[+生命性]；主/宾语[+人称代词])的实验句20组，共40个句子。实验样本句如例(5)。

(5) a. SRC：踢男人的女人很高。([+生命性])
b. ORC：男人踢的女人很高。([+生命性])
c. SRC：踢他的女人很高。([+人称代词])
d. ORC：他踢的女人很高。([+人称代词])



按实验材料设计惯例，本实验还增加了作填充用的主、被动句10组(20句)。全部实验句和填充句共60句在实验前通过伪随机排序处理，以规避学习效应。

**4.3 实验程序**

实验以听觉呈现的理解辨识方式进行。即，主试首先大声朗读一个测试句，要求被试根据对该句子的理解，对主试随后的提问作出正误判断。实验开始前，主试朗读指导语:"下面我读一句话,请您根据这句话的内容,对我后面提出的问题进行判断。如果您认为问题与前面的句子内容一致就回答'对',如果不一致,就答'错'。"然后用两个测试句进行正式实验前的练习,好让被试充分理解任务要求。实验进行时,主试朗读句子,如"踢他的女人很高",接着问"他踢了女人吗?",等待被试回答"对"或"错",并作好记录。

对每个练习句的匹配结果,主试主动向被试提供"正确"/"错误"评判反馈,但对正式实验的匹配结果不提供任何反馈。其他实验程序同实验一。

### 4.4 实验结果分析

根据被试答问记录评分,与前面的句子内容一致记 1 分,不一致记 0 分。表 4 记录的是本实验中被试听觉理解判断不同关系从句的正确率。

**表 4 被试听觉理解判断主、宾语关系从句的正确率**

| 被试 | SRC 正确率 | ORC 正确率 |
|---|---|---|
| LY | 90%(80%) | 90%(80%) |
| YP | 50%(70%) | 100%(70%) |

注:括号前的百分数代表主/宾语[+有生命]条件下的正确率,括号中的百分数代表主/宾语之一在[+人称代词]条件下的正确率。

从中可以看出:当从句主/宾语都为有生命名词时,被试 LY 理解主语关系从句和宾语关系从句的正确率接近正常人水平(90%),没有显示出两类关系从句的加工难度差异;被试 YP 对宾语关系从句的理解正确率达到 100%,而对主语关系从句的理解则表现为随机水平(50%),主语关系从句明显比宾语关系从句理解困难。当从句主/宾语之一为人称代词时,LY 对两类关系从句的理解正确率呈相同比例(10%)下降,YP 对两类关系从句的理解正确率完全相同——主语关系从句提高了 20%,宾语关系从句降低了 30%。尽管两名被试在不同条件下的理解成绩不同,但关键名词与人称代词之间的这种变换却带来了类似的结果:LY 因为同比的成绩下降获得相同的理解正确率,YP 因为不同比的升和降获得相同的理解正确率。

卡方检验显示,当关系从句中的两个关键名词(主语和宾语)为有生命的普通名词时,LY 在两种关系从句的理解上无差异($x^2=0.000, p>0.1$),而 YP 的理解成绩则呈现显著差异($x^2=7.912, p<0.05$)。当关键名词之一为普通名词、另一个为人称代词时,LY 依然没有显示出两种关系从句的理解难度差异($x^2=0.000, p>0.1$),YP 原有的在理解两种关系从句上表现出的难度差异消失($x^2=0.000, p>0.1$),具体说是宾语关系从句的正确率降低了而与之对应的主语关系从句的正确率提高了。

以上统计结果表明:汉语关系从句理解加工中同样存在“人称代词效应”,只是与英语等语言的具体加工表现不尽相同。

## 5 综合讨论

### 5.1 汉语主/宾语关系从句的加工难度及其难度消减

有关关系从句理解的大量文献都证明主语关系从句比宾语关系从句更容易加工。但如前所述,证明这一结论的大多数研究都是基于英语、德语等中心语前置的语言,所得结论还有待不同类型语言研究的进一步证实。汉语是中心语后置语言的代表,研究汉语中主、宾语关系从句的加工情况无疑可以对普遍认可的主语关系从句加工优势论进行检验。为此,本文以两个失语症患者为对象通过三个实验考察了汉语主、宾语关系从句的理解加工情况。

实验一参照国内外的一般实验模式——听觉的句子图片匹配理解,实验句采用修饰汉语主语 NP 的单一嵌套(singly - embedded)关系从句,即将从句置于句子的主语修饰语位置,从句结构为 SVO,从句的主、宾语为典型的有生命名词。实验结果表明,两个失语症患者理解主语关系从句的正确率比宾语关系从句的正确率低,其中,维尼克失语者 YP 理解主语关系从句的成绩在随机水平之下,而理解宾语关系从句的成绩接近正常人水平。可见,汉语关系从句的理解倾向支持宾语关系从句加工优势论,从而与以英语为代表的主语关系从句加工优势论形成对立。这说明,类似关系从句这样的复杂句法结构在加工上存在语言类型上的差异。如果说主语关系从句加工优势论反映了中心语前置语言的特点的话,那么宾语关系从句加工优势论可能代表了中心语后置语言的语言特殊性。当然,本实验仅仅以汉语为考察对象,宾语关系从句加工优势论是否适应全部中心语前置的语言还有待更多同类型语言的实验检验。



国外的很多研究证明,虽然主、宾语提取的关系从句因为句法结构的不同会在加工上形成明显差异,但可以通过控制语义因素来消减二者的加工难度。这里,造成影响的一个重要语义因素就是充当从句主、宾语名词的生命性特征。(如 Weckerly & Kutas 1999;Traxler et al. 2005;Mak et al. 2002;Lamers & Hoop 2005)比如,Weckerly & Kutas(1999)从 ERP 研究发现,早期名词(即被提取的关系从句的主/宾语)的生命性控制效应从第一个名词开始,延伸到整个主句动词。Mak et al.(2002)通过眼动实验证明,当宾语为无生命物时,主宾语关系小句在加工难度上不显示出差异。所以,实验二以实验一为基础把关系从句的宾语设计为无生命名词而保持从句主语的生命性特征不变(有生命名词),实验范式依然是听觉的句子图片匹配。实验结果显示,在从句宾语为无生命名词条件下,被试 LY 和 YP 对主语关系从句的理解正确率都明显提高,匹配成绩接近正常人水平;更重要的是,病人理解主语关系从句和宾语关系从句的难度差异不再显著,其中 YP 理解两类从句的正确率完全一样,难度差异完全消失。由此证明:控制从句宾语名词的生命性特征确实可以降低主、宾语关系从句的加工难度,从而使汉语宾语关系从句的加工优势消失。简而言之,这就是关系从句(理解)加工中关键名词的生命性效应。

根据国外研究,影响关系从句加工难度的另一个重要语义因素是从句主、宾语的指称性。譬如,Arnon(2006a)证实,当宾语关系小句包含一个作主语的代词时,儿童理解宾语关系小句的成绩会大大提高。Warren & Gibson(2002)发现,在提取关系从句宾语同时变换从句主语的实验中,代词阅读得最快,专名(famous name,如 Donald Trump)读得最慢,有定名词和无定名词的阅读速度居中。为此,实验三将关系从句中的关键名词(主/宾语)之一变更为人称代词,以听觉的句子理解判断方式考察被试加工主、宾语关系从句的情况。为便于比较,实验三还同时测查了关键名词同为有生命名词的情况。实验结果表明:无论关键名词之一是否变更为人称代词,语法缺失性失语者 LY 在两类关系从句的理解判断上不存在差异,且理解成绩接近正常人水平,但关键名词变更后的理解成绩与变更前相比分别有相同比例的降低(10%);在关键名词都为有生命名词条件下,YP 理解主语关系从句的成绩为随机水平(50%),而理解宾语关系从句的成绩达到令人惊诧的 100%,而当关键名词之一变换为人称代词时,YP 理解两类关系从句的正确率均为 70%,汉语宾语关系从句的加工优势由此消失。

从三个实验可以看出,失语者 LY 和 YP 属于不同类型的失语者,他们在理解主、宾语关系从句上的表现也不尽相同,但总的趋势一致:理解主语关系从句比理解宾语关系从句难;当我们操纵从句关键名词的语义特征后,两类关系从句的理解难度差异降低或消失,汉语关系从句(理解)加工中关键名词的生命性效应和人称代词效应由此可证。

### 5.2 不同关系从句理论对实验结果的解释力

在过去的研究中,提出的许多理论都试图从不同的视角对主语关系从句比宾语关系从句加工容易的现象作出解释。但基于正常人阅读理解的关系从句加工理论并不完全适合对失语症患者的理解情况作出满意的解释。所以,这里主要介绍面向失语者的关系从句加工理论,从比较分析中来阐释它们对上述实验结果的不同解释力:基于中心语前置语言的关系从句加工理论是否能有效解释中心语后置语言的关系从句加工结果？有关的理论假设包括三个：常规语序假说、语迹删除假说和同构映射假说。

常规语序假说(cannonical order hypothesis)通常认为符合一种语言常规语序的句式要比其他不合常规语序的句子更易于理解。该假说以 Caplan & Futter(1986)的"题元角色线性指派假说"(linear assignment)为代表。他们发现一例失语者 SP 理解主语关系从句(和主动句)没有明显困难，而理解宾语关系从句(和被动句)时特别困难。他们对此的解释是：患者遇到类似"The frog that chased the monkey bumped the bear."(主语关系从句)/"The frog that the monkey chased bumped the bear."(宾语关系从句)这样的句子时，一律按题元角色序列"施事—受事—目标"与结构序列"N1 - V - N2 - N3"直接配对的方法，结果导致理解偏差。按照该假说推断，病人在理解宾语关系从句、被动句时，会一直颠倒正确的题元角色指派，从而导致句子理解的正确率在随机水平之下，然而这与大多数学者的研究发现相悖——语法缺失性失语者对语义可逆被动句和宾语关系从句的理解往往处于随机水平。难怪 Grodzinsky(1989)等学者批评"题元角色线性指派假说"过于简单，不能对发现的语言事实作出充分的解释。

对照本文的实验，若考虑到语言结构类型的差异，该假说准确预期了两类关系从句在加工上的差异趋势，但不能解释其他相关结果。汉语关系从句与英语关系从句不同，汉语宾语关系从句的结构序列(如例(3)b)与其所属的主句语序(SVO)一致(英语主语关系从句的结构序列(如例(1)a)与其所属的主句语序(SVO)一致)。所以按该假说推理，对失语者而言，汉语的主语关系从句比宾语关系从句更难理解，从而支持宾语关系从句加工优势论，反对主语关系从句加工优势论。然而，语法缺失性患者 LY 的理解成绩不完全支持常规语序假说——在主/宾语为有生命名词条件下，LY 在句子图片匹配任务(实验一)中理解主语关系从句的正确率略高于随机水平(60%)，而在听觉的句子判断任务(实验三)中理解成绩则远在随机水平之上(90%)，接近正常人水平。此外，同样在主/宾语为有生命名词条件下，LY 理解判断被动句的成绩在随机水平(50%)，对主动句的理解却完好(100%)(郑伟 2009)，这一结果与"题元角色线性指派假说"的预期也不尽一致。



Grodzinsky(1986)提出的语迹删除假说(trace—deletion hypothesis)主要基于生成语法理论的思想。根据乔姆斯基(Chomsky)的管约论(government—binding theory)，非常规语序的句式是由句子中的某个 NP 经历移位形成的，NP 移位后在原位置留下一个痕迹，叫语迹(trace)(以 t 表示)，发生移位的 NP 与语迹同标，构成一个语链(chain，以下标 i 表示)。患者遇到主语从句(如，The $spy_i$ [$who_i$ _ $t_i$ _is following the president]is tall.)和宾语从句(如，The $spy_i$ [$who_i$ the president is following_$t_i$_]is tall.)时，由于语迹无法建立，他们就会采取一种默认策略(heuristic strategy)来对句子进行句法分析，即将施事角色指派给第一个NP。这种策略正好与主语关系从句的题元角色分配相吻合，所以理解主语关系从句不存在问题，而分析宾语关系从句时则面临角色指派冲突：按默认策略，第一个名词"the spy"被指派为从句的施事；按句法规则，"the president"由动词"following"指派为从句的施事。当必须作出选择时，病人不得不进行猜测，使得他们对这类句式(宾语关系从句)的理解正确率处于随机水平。

有报道(如，Law 2000；Su et al. 2007)称，与题元角色线性分配假说相比，语迹删除假说对病人的行为数据有更强的解释力。但该假说似乎不能很好地解释本文的实验结果。汉语关系从句的焦点(即被提取的从句主语/宾语)位居关系标记词"的"之后，从而与英语关系从句的焦点位置形成对立(位居标记词 who/which 之前)。按该假设的思路，患者根据默认策略把第一个名词指派为施事，这与汉语宾语关系从句(如，"男人亲 $t_i$的女人$_i$戴着眼镜")的题元角色配置一致，所以理解成绩在随机水平之上；但遇到主语关系从句(如，"$t_i$亲男人的女人$_i$戴着眼镜")时就可能面临两难选择，出现的第一个成分名词是"男人"，根据默认策略指派为施事角色，可因为该成分同时位居二价及物动词"亲"之后，所以按句法规则应该指派受事(对象)角色，这种角色之间的竞争导致病人会在理解主语关系从句时表现为随机水平。然而，语迹删除假说只能解释汉语中宾语关系从句比主语关系从句理解加工容易这一趋势，却不能准确预期本文的实验结果：LY 在实验一中匹配主语关系从句的正确率略高于随机水平(60%)，匹配宾语关系从句的正确率在随机之上(70%)，但两种匹配没有达到显著差异；LY 在实验三中(在主/宾语[+人称代词]条件下)判断主/宾语关系从句的正确率相等，且分别在随机水平之上(90%)，理解判断能力接近完好，这与该假说的预期完全相悖。另外，行为实验(如，Chen et al. 2008；陈宝国、宁爱华 2008；周统权 2009)证明，汉语正常人理解主语关系从句比理解宾语关系从句的难度大，出错率更高，预示着宾语关系从句加工优势论的存在。如果沿着 Grodzinsky(1986)的思路，正常人的语迹链接完好，在加工主、宾语关系从句时就不应存在明显的差别，这显然与实验结果相反。

O'Grady & Lee(2005)基于英语和韩语语法缺失性理解提出的"同构映射假说"(isomorphic mapping hypothesis)认为，一种句式的句法表征如与其表达的命题事件不构成同构投射，那么加工这种句式的难度就会加大，因而会给病人的理解带来更多困难。根据该假说，在主语被提取的关系从句中，句子顺序与其表达的命题事件的顺序是同构(即施事发起某动作并作用于受事)的，所以不会对病人的理解造成什么困难；而在宾语被提取的关系从句中，"受事—施事"的句子顺序与命题事件的顺序正好相反，句子的难度加大，病人就更容易出错。这种同构性方面的差异如例(6)a和例(6)b所示。

(6) a. 提取主语的关系从句：

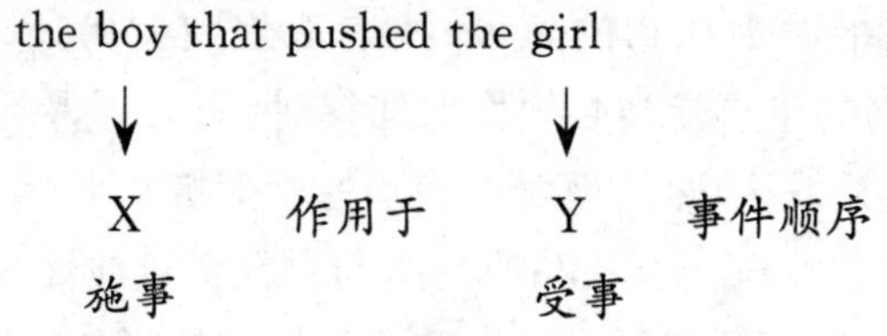


(6) b. 提取宾语的关系从句：

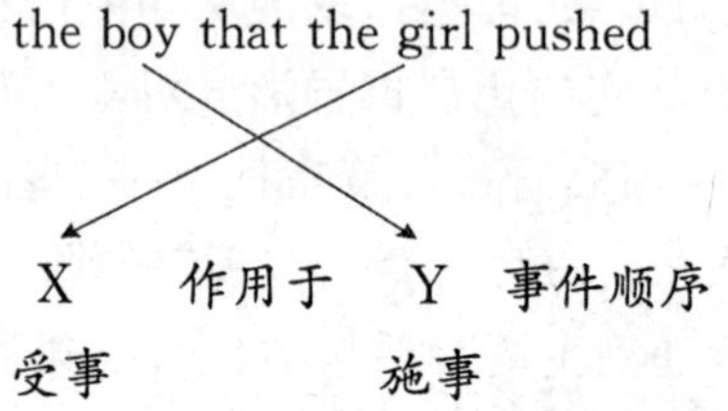


O'Grady & Lee(2005)提出同构映射假说的目的是为了从句法—语义匹配(投射)视角对英、韩语中不同句法结构(包括主、宾语关系从句)的不同加工难度作出解释。不过从比较分析中发现，该假说对以汉语为代表的中心语后置语言中的关系从句加工同样具有说服力。由于汉语和英语关系从句的焦点位置相反，汉语句式的句法表征与其对应的命题事件构成的投射也就正好相对。具体说，在宾语被提取的关系从句中，句子顺序与其表达的命题事件顺序同构(如例(7)b)，而在主语被提取的关系从句中，句子顺序与其相关的命题事件顺序相逆(如例(7)a)。根据同构映射假说，顺序同构的句子容易理解，而顺序不同构的句子难于理解。所以，例(7)a的理解难度应该大于例(7)b，这与本文实验结果呈现的总体趋势一致。来自正常人的行为实验(如，Chen et al. 2008；陈宝国、宁爱华 2008；周统权 2009)也支持同构映射假说：虽然正常人理解例(7)a和例(7)b的正确率一般高于失语者，但他们与失语者一样表现出基本一致的趋势——汉语主语关系从句的理解加工比宾语关系从句的理解加工难度大。

(7) a. 提取主语的关系从句：

亲男人的女人(戴着眼镜)。

X 作用于 Y　　事件顺序

施事　　受事

(7) b. 提取宾语的关系从句：

男人亲的女人(戴着眼镜)。

X 作用于 Y　　事件顺序

施事　　受事

然而，“同构映射假说”仅仅停留在对不同关系从句加工差异的一般趋势作出合理解释，并不能对可能出现的具体难度差别作出准确预测。更重要的是，O'Grady & Lee(2005)并没有明确交代事件结构的界定标准，该结构在文中被视为一种跨语言的心理结构来使用，可能对英语、韩语适用，但未必完全适应其他语言中的情况。比如，就语感而言，汉语中的双宾语结构(如，“李老师教我们数学”)似乎比对应的与格结构(如，“李老师教数学给我们”)更常用，加工起来可能容易。如果把涉及三个参与者(施事、受事和目标)的事件结构直接与与格结构对应起来，就会从理论上预期汉语的与格结构而非双宾语结构加工起来更容易，这可能正好与事实相悖。

**5.3　论元跨越假说**

自 Caramazza & Zurif(1976)提出“无句法理解”(杨亦鸣、周统权 2005)以来，很多学者对语法缺失性理解现象作了大量探索，结果发现不能把这种理解障碍归因于布洛卡失语者句法知识的全部丧失，因为这些患者虽不能理解复杂的句法结构(如被动句和宾语关系从句)，却能理解相对简单的句法结构(如主动句和主语关系从句)。针对患者在理解上的选择性损伤，神经科学家们从不同角度提出了不同的理论假设(包括上述理论)，试图对语法缺失性理解的句法表征作出解释。然而，这些理论很少或不涉及维尼克失语者的理解问题，给人的错觉是——语法缺失性理解就等同于失语症理解障碍。这是问题之一。问题之二：上文提到的三个理论假设皆不能充分解释本文的实验结果。为此，我们提出论元跨越假说，期望不仅能对本文的实验结果有更充分的解释，还能对其他语言中类似的语言加工现象作出合理的解释。

论元跨越假说(the Argument Crossing Hypothesis)：跨越动词的移位论元结构比不跨越动词的移位论元结构加工起来更难。

汉语属于中心语后置的语言，被提取的从句中心语总是在从句的最右端。根据该假说，汉语主语关系从句中的从句主语（外论元）需要从动词前的句首位置移动到动词宾语后位置，例(3)a中关系从句的派生过程是“女人亲男人……→亲男人的女人……”，结构图如图2(a)（不相关的部分省略，下同），所以加工起来比较困难：理由是这种移位的结果引发了结构的潜在歧义——汉语中的“$VN_1$的$N_2$”可以识解为动宾结构(VP)“V($N_1$的$N_2$)”，也可以识解为定中结构(NP)“($VN_1$的)$N_2$”（对应于主语关系从句结构），当$N_1$和$N_2$都为有生命名词时，这种潜在歧义便成为现实歧义，所以失语症患者（包括布洛卡失语者和维尼克失语者）在理解这类结构时只能凭猜测进行语义判断，理解成绩自然在随机水平或低于随机水平。按论元结构理论的说法，二价动词只能给其携带的唯一内论元指派受事角色，而“$VN_1$的$N_2$”这种结构的动词后出现了两个论元性名词($N_1$和$N_2$)，导致角色指派竞争或者双重依存的局面（杨亦鸣、周统权2005），失语者在理解中因此面临两难选择——要么把$N_1$视为受事，要么把$N_2$视为受事，理解成绩只能处于随机水平或低于随机水平。而与之对应的宾语关系从句中，宾语（内论元）不需要跨越动词，直接右向移动至添加的标记词(relativizer)“的”之后即可，例(3)b中关系从句的派生过程是“男人亲女人……→男人亲的女人……”，结构图如图2(b)，因此加工起来相对容易：宾语关系从句与其底层结构“$N_1VN_2$”的语序排列一致，动词对两个论元$N_1$和$N_2$的角色指派得以顺利进行——动词前的名词作施事，动词后的名词作受事，所以失语者理解主语关系从句时的正确率总是在随机水平之上。这样，论元跨越假设对汉语关系从句加工的预期就是：汉语中普遍存在宾语关系从句比主语关系从句加工容易的趋势。实验一的结果就是对这一预期的准确印证：LY属于布洛卡失语，理解能力相对较好，对两类关系从句的理解成绩都在随机水平之上，但主语关系从句的正确率低于宾语关系从句的正确率；YP属于维尼克失语，理解能力更差，所以主语关系从句的正确率在随机水平之下，而宾语关系从句的正确率则在随机水平之上。



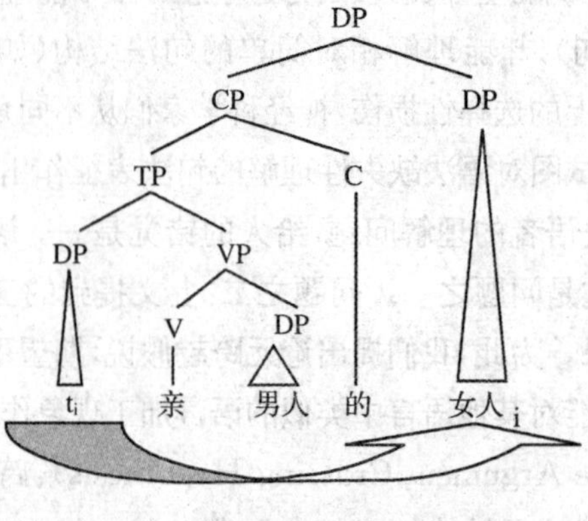


图2(a) “亲男人的女人”的结构图

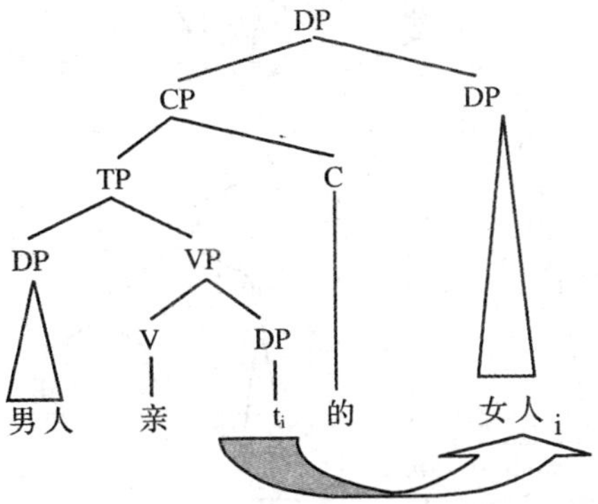


**图 2(b) "男人亲的女人"的结构图**

英语的关系从句结构与汉语不同,被提取的中心语位居从句的最左端。根据论元跨越假说,英语主语关系从句的主语不必跨越动词,只要在原底层结构的主语—动词之间插入标记词(who/that/which)(如:The woman kisses the man... →The woman who kisses the man...)即可,与例(3)a 中对应关系从句的结构图如图 3(a),所以加工起来容易:失语者根据线性原则或论元指派原则可以对从句主语(the man)和从句宾语(the woman)进行正确的角色指派。而与之对应的宾语关系从句的宾语则必须跨越动词和底层结构的主语、爬升到句子的最左端位置才能生成目标结构(如:The man kisses the woman... →The woman who the man kisses...),如例(3)b 中对应关系从句的结构图如图 3(b),所以加工起来难度更大:爬升的结果导致动词的主语位置两个名词(the man 和 the woman)同现,失语者遇到这类结构时面临题元角色(施事)指派困境——到底哪一个名词才是真正的主语?在理解任务中他们只好随意选择,理解成绩自然在随机水平或随机水平之下。这样,论元跨越假说就预期英语中存在主语关系从句的加工偏向性,即英语主语关系从句比宾语关系从句的加工更容易。至此,不论是中心语前置语言还是中心语后置语言,主、宾语关系从句的加工差异都可以从论元跨越假说得到合理的解读,论元跨越假说似乎更具语言普遍性。

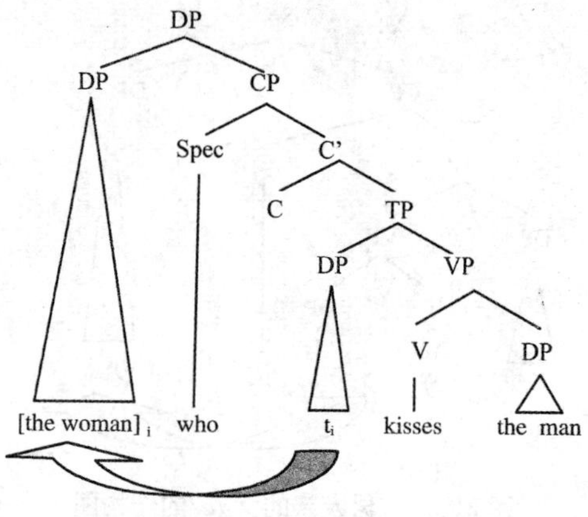


图 3(a)　"the woman who kisses the man..."的结构图

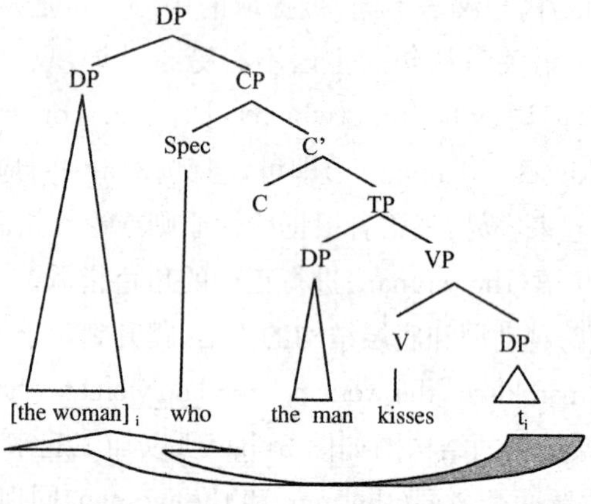


图 3(b)　"the woman who the man kisses..."的结构图

与线性假说和语迹删除假说一样,论元跨越假说也是基于句法结构复杂性提出的神经表征假说,所以不仅能对关系从句的加工差异作出合理解释,也能对其他复杂句法结构的加工差异给出准确预期。譬如在主动句中,主动句的结构顺序(SVO)与题元角色完全匹配,不发生论元跨越现象,所以患者可以依据线性策略对论元进行有效角色指派,加工起来一般没有困难或难度不大;而与主动句对应的被动句牵涉主、宾语换位,需要经历两次论元跨越(一次是作宾语的内论元跨越动词进入主语位置,一次是作主语的外论元跨越动词进入宾语位置),患者只能根据默认策略(即:动词前的名词作施事主语,动词后的名词作受事宾语)进行题元角色指派,所以理解起来难度较大,导致理解成绩在随机水平或随机之下。类似的情况还存在于不同分裂句的加工中:主语被提取的分裂句(如,This is the man who kisses the woman)比宾语被提取的分裂句(如,This is the man who the woman kisses)容易理解,原因是前者的论元(the man)虽然发生了移位,但没有跨越动词,而后者的论元移位的过程也是跨越动词的过程,结果引起动词前两个论元性名词共现、对同一题元角色(施事)形成竞争冲突。

大量文献表明(如 Grodzingsky 1986,1989;Friedmann & Shapiro 2003),成分移位是布洛卡失语者理解障碍的主因。即使在简单句中,有移位发生的简单句比不移位的简单句也更难理解。为此,Friedmann & Shapiro(2003)提出"回避移动策略"(Avoid Movement Strategy)①来解释操希伯莱语(Hebrew)的语法缺失性失语者理解 OSV 和 OVS 句比理解 SVO 句更难的现象。但该策略似乎不能对汉语和英语中以关系从句为代表的复杂句法结构的加工情况作出有效解释:汉语宾语关系从句和英语主语关系从句都牵涉强制性论元移动引起的词序变化,但语法缺失性失语者对这两种关系从句的理解都较好。可见,移动本身未必是理解障碍的根本所在。因此,论元跨越假说主张造成布洛卡失语者(和维尼克失语者)理解障碍的关键不在于成分移动本身(即不回避移动),而在于移动的方式和移动的距离。如上所述,在英语中,关系从句和分裂句中都存在论元移动,但主语关系从句和主语分裂句比对应的宾语关系从句和宾语分裂句的理解成绩好,主要在于前者牵涉跨越动词的论元移位而后者没有。从移位的距离上看,跨越动词的移位距离较长、层次更深(即空位与中心语之间的句法树节点更多),不跨越动词的移位距离较短、层次更浅,所以如图 3 所示,英语宾语关系从句(和宾语分裂句)比对应的主语关系从句(和主语分裂句)理解困难也就理所当然。汉语中的情况刚好与英语的相对,主语关系从句和主语分裂句涉及跨越动词的论元移位,而宾语关系从句和宾语分裂句不牵涉跨越动词的论元移位,所以如图 2 所示,前者的线性距离更长、结构距离层次更深,加工起来也就比后者更复杂。这一推导正好与 Tarallo & Myhill (1983)、Hawkins(1989)和 O'grady(1997)的距离假说预期一致。结合 Friedmann & Shapiro(2003)的实验,论元跨越假说同样可以对实验结果作出准确预期:OSV 和 OVS 句都涉及跨越动词的论元(宾语 O)移位,而 SVO 句是基础生成的句式,不发生成分移位,所以 OSV 和 OVS 句的理解难度大于 SVO 句的理解难度;OSV 的理解难度大于 OVS(虽然不存在显著差异)是因为前者只经历一次跨越(O 从宾语位置跨越动词至结构主语位置),后者经历了两次跨越(O 从宾语位置跨越至主语位置,S 从主语位置跨越至宾语位置)。

从加工成本方面看,论元跨越假说也具有很强的解释力。汉语主语关系从句

---

① 该策略是作为对语迹删除假说的补充(modification)提出的。意思是,假如短语移动和语链构成(chain formation)出现障碍的话,语法缺失性失语者就会尽可能回避短语移动,乐意(prefer)在基础生成位置(base - generated position)给论元指派题元角色,而不是移动该论元、冒遗失(论元的)语迹的风险。即,除非词序有强制性要求,移动一般不会出现在语法缺失性的言语加工中。(参见 Friedmann & Shapiro 2003)

因为牵涉跨越动词的论元移位，移位的距离更远，所以需要消耗更多的记忆资源来维持语迹与移出成分（即先行成分）之间的语链关系，保证动词对移出论元的正常角色指派。语法缺失性失语症患者（如 LY）的工作记忆受损，不能在长距离依存结构的填充词（filler）（即移出成分）——空位（gap）（即语迹所在地）之间建立有效的语义链接，自然在理解主语关系从句时感觉茫然，理解成绩在随机水平或随机水平之下。汉语宾语关系从句虽然也牵涉移位，但移位论元不跨越动词、移位的距离近，所以消耗的记忆资源少、加工成本低，语迹与移出成分的语链关系尚能建立，所以加工起来容易得多，理解成绩自然在随机水平之上。英语中关系从句的构成与汉语的相反，所以理解加工的结果也与汉语的相对，上文已经交代，此不赘述。同样因为加工成本方面的不同，患者在理解主一被动句和主语一宾语分裂句等结构时的难度差异可以类推。

尽管大量研究（如，Tyler 1985；Baum 1988；Haarman and Kolk 1994；Blumstein et al. 1991）表明，布洛卡失语症病人在理解长距离依存（long-distance dependency）结构（如英语宾语关系从句）方面存在障碍，但不同学者对引起障碍的动因阐释不尽一致。如 Blumstein et al.（1998）从实验中发现，布洛卡失语者和正常被试一样会在这类结构的空位处显示对填充语的明显激活，而维尼克失语者则没有激活的迹象出现，并认定布洛卡失语者在动词论元的题元关系的表征/加工上、在语迹一先行语的链接上都不存在损伤，障碍主要由语言形态特征复杂性或整体加工能力下降所致。而 Zurif et al.（1993）和 Friedmann（2008）则把布洛卡失语者的理解障碍归因于语迹一先行语之间语义链接能力的丧失，“在语法缺失性言语（agrammatism）中，语迹没有形成因此也不可能在语迹处找到先行语的重新激活。”论元跨越假说与上述观点不同，主张：（一）布洛卡失语者对长距离依存结构的理解障碍不能简单归因于语迹一移出成分之间语义链接能力的有或无，而应该从语义链接能力缺损的程度方面去思考[①]，其理解能力肯定与正常人有别；（二）维尼克失语者的这种语义链接能力同样不会完全丧失，只是从总体上比布洛卡失语者差。当然，这是基于实验一和实验三的结果所作的基本推导，该假说是否具有如此强大的解释力还有待进一步的跨语言实验和研究的检验。



① 因为英语主语关系从句和汉语宾语关系从句同样存在语迹一移出成分之间的语义链接问题，如果真是这种衔接能力完全丧失，布洛卡失语者也不可能更好地理解这两种关系从句，但事实正好相反。我们在这里用“移出成分”而不用“先行语”是因为充当填充语（filler）的成分既有左向移位的（如英语中的先行语），也有右向移位的（如汉语中的关系从句中心语），同时也暗示着论元移动的方向在论元跨越假说中是自由的。

# 6 结 论

汉、英语属于不同类型的语言，英语中的主/宾语关系从句和汉语中的主/宾语关系从句明显存在句法结构上的不同。本文以两个失语症病人为考察对象，通过三个实验检验了汉语主/宾语提取的关系从句的理解加工情况，所得结论如下：

（一）汉语主语关系从句比宾语关系从句理解更难，从而证明汉语宾语关系从句加工优势论的存在，不支持所谓的“主语关系从句加工优势”语言普遍性假说。

（二）影响主、宾语关系从句加工不一致的因素众多，关键名词（提取的从句主/宾语）的语义特征是其中的一个重要因素。当从句主语为有生命的普通名词、宾语为无生命名词时，不仅两个被试的理解正确率明显提高，而且被试 YP 理解两类关系从句的难度差异消失，表明存在关键名词的生命性效应。当从句主、宾语之一变更为人称代词时，YP 理解判断两类关系从句的正确率相等，原有的难度差异消失，进一步佐证了影响从句加工难度的人称代词效应。

从比较分析中发现，学界提出的三种理论假说虽能正确预期汉语关系从句的理解难度差异趋势，但都不能对本文的实验结果作出充分解释。为此，我们提出了基于句法复杂性的神经表征假说——论元跨越假说，对本文的实验结果进行了更加全面的解读，并结合其他涉及论元移动的复杂句法结构的加工情况来进一步佐证了该假说的概括性和强大解释力。

**参考文献**

Arnon, I. 2006a. Re-thinking child difficulty: The effect of NP type on child processing of relative clauses in Hebrew. www. standford. edu. /~ inbalar/posters/ rethinking% 20child% 20difficulty%20CUNY%202006. pdf

Arnon, I. 2006b. Relative clauses that children understand: NP type effects on child processing. http://splc. ddl. ish - lyon. cnrs. fr/fulltext/Delle% 20Luche/ Delle% 20Luche _ 2006 _ CUNY. pdf

Baum, S. 1988. Syntactic processing in agrammatism: Evidence from lexical decision and grammaticality judgment tasks. *Aphasiology*, 2, 117—135.

Blumstein, S. E., Milberg, W. P., Dworetzky, B., Rosen, A., & Gershberg, F. 1991. Syntactic priming in aphasia: An investigation of local syntactic dependencies. *Brain and Language*, 40, 393—421.

Blumstein, S. E., Byma, G., W., Kurowski, K., Hourihan, J., Brown, T., & Hutchinson, A. 1998. On - line processing of filler - gap construction in aphasia. *Brain and Language*, 6: 149—168.

Caplan, D., & Futter, F. 1986. Assignment of thematic roles to nouns in sentence comprehension by an agrammatic patient. *Brain and Labguage*, 2(1): 117—134.

Caramazza, A., & Zurtf, E. B. 1976. Dissociation of algorithmic and heuristic processes in language comprehension: Evidence from aphasia. *Brain and Language*, 3, 572—582.

Chen, B., Lin, A., Bi, H., & Dunlap, S. 2008. Chinese subject - relative clauses are more difficult to process than the object—relative clauses. *Acta Psychologica*, 129, 61—65.

Dowty, D. 1991. Thematic proto—roles and argument structure. *Language*, Vol 67, No 3, 547—619.

Ford, M. 1983. A method for obtaining measures of local parsing complexity throughout sentences. *Journal of Verbal Learning and Verbal Behavior*, 22: 203—218.

Friedmann, N. 2008. Traceless relatives: Agrammatic comprehension of relative clauses with resumptive pronouns. *Journal of Neurolinguistics*, 21: 138—149.

Friedmann, N., & Shapiro, L. P. 2003. Agrammatic comprehension of simple active sentences with moved constituents: Hebrew OSV and OVS structures. Journal of Speech, *Language and Hearing research*, 46: 289—297.

Gibson, E. 1998. Linguistic complexity: Locality of syntactic dependencies. *Cognition*, 68: 1—76.

Gordon, P. C., Hendrick, R., & Johnson, M. 2001. Memory interference during language processing. *Journal of Experimental Psychology: Learning, Memory, and Cognition*, 27, 1411—1423.

Gordon, P. C., Hendrick, R., & Levine, W. H. 2002. Memory load interference in syntactic processing. *Psychological Science*, 13, 425—430.

Gordon, P. C, Hendrick, R, Johnson, M, & Lee, Y. 2006. Similarity - based interference during language comprehension: Evidence from eye tracking during reading. *Journal of Experimental Psychology: Learning, Memory, and Cognition*, 32: 1304—1321.



Grodzinsky, Y. 1986. Language deficits and the theory of syntax. *Brain and Language*, 21, 135—159.

Grodzinsky, Y. 1989. Agrammatic comprehension of relative clauses. *Brain and Language*, 37, 480—499.

Haarman, H, & Kolk, H. 1994. On—line sensitivity to subject - verb agreement violations in Broca's aphasics: the role of syntactic complexity and time. *Brain and Language*, 46(4): 493—516.

Hawkins, J. A. 1989. Do second language learners acquire restictive relative clauses on the basis of relational or configurational information? The acquisition of French subject, direct object, and genitive restrictive clauses by second language learners. *Second Language research*, 5: 156—188.

Hsiao, F., & Gibson, E. 2003. Processing relative clauses in Chinese. *Cognition*, 90: 3—27.

Ishizuka, T., & Gibson, E. 2006. Processing relative clauses in context. *Paper abstract presented in CUNY.*

King, J, & Just, M. A. 1991. Individual differences in syntactic processing: The role of working memory. *Journal of Memory and Language*, 30: 580—602.

Kwon, N., Polinsky, M., & Kluender, R. 2006. Subject preference in Korean. In Donald Baumer, David Montero, and Michael Scanlon (eds.), *Proceedings of the 25th West Coast Conference on Formal Linguistics*, 1—14. *Somerville*, MA: Cascadilla Proceedings Project.

Lamers, M., & Hoop, H. 2005. Animacy information in human sentence processing: An incremental optimization of interpretation approach. In H. Christiansen et al. (Eds.): CSLP2004, LNAI3438, pp. 158—171.

Law, S-P. 2000. Structural prominence hypothesis and Chinese aphasic sentence comprehension. *Brain and Language*, 74: 260—268.

Law, S.-P., & Leung, M.-T. 1998. Sentence comprehension in Cantonese Chinese aphasic patients. *Aphasiology*, 12, 49—63.

Law, S.-P., & Leung, M.-T. 2000. Sentence processing deficits in two Cantonese aphasic patients. *Brain and Language*, 72, 310—342.

Lin, C. J. C., & Bever, T. G. 2006. Subject preference in the processing of relative clauses in Chinese. In Donald Baumer, David Montero, and Michael Scanlon (eds), *Proceedings of the 25th West Coast Conference on Formal linguistics*, 254—260. Somerville, MA: Cascadilla Proceedings Project.

MacWhinney, B. 1982. Basic syntactic processes. In S. Kuczaj. ed. Language Acquisition: vol 1. *Syntax and Semantics*. Hillsdale, NJ: Lawrence Erlbaum, 73—136.

Mak, W. M., Vonk, W., & Schriefers, H. 2002. The influence of animacy on relative clause processing. *Journal of Memory and Language*, 47, 50—68.

Mak, W. M., Vonk, W., & Schriefers, H. 2006. Processing relative clauses in Dutch: When rocks crush hikers. *Journal of Memory and Language*, 54, 466—490.

Mak, W. M., Vonk, W., & Schriefers, H. 2008. Discourse structure and relative clause processing. *Memory and Cognition*, 36(1): 170—181.

Martin, R. C. 1990. Neuropsychological evidence on the role of short-term memory in sentence processing In G. Vallar & T. Shallice. eds. *Neuropsychological impairments of short-term memory.* Cambridge: Cambridge University Press, 390—427.

Mecklinger, A, Schriefers, H, Steinhauer, K, & Friederici, A. D. 1995. Processing relative clauses varying on syntactic and semantic dimensions: An analysis with event—related potentials. *Memory & Cognition*, 23: 477—494.

O'Grady, W. 1997. *Syntactic development*. Chicago: University of Chicago Press.

O' Grady, W., & Lee, M. 2005. A mapping theory of agrammatic comprehension deficits. *Brain and Language*, 92, 91—100.

Reali, F., & Christiansen, M. H. 2007. Processing of relative clauses is made easier by frequency of occurrence. *Journal of Memory and Language*, 57: 1—23.

Su, Y.-C., & Law, S. P. 1993. A study of syntactic comprehension of a Chinese agrammatic patient. Paper presented at the International Conference on Chinese Linguistics 2, Paris.

Su, Y.-C., Lee, S-E., & Chung, Y-M. 2007. Asyntactic thematic role assignment by Mandarin aphasics: A test of the trace-deletion hypothesis and the double dependency hypothesis, *Brain and Language*, 101: 1—18.

Tarallo, F., & Myhill, J. 1983. Interference and natural language processing in second language acquisition. *Language Learning*, 35: 55—76.

Traxler, M. J., Morris, R. K., & Seely, R. E. 2002. Processing subject and object-relative clauses: Evidence from eye-movements. *Journal of Memory and Language*, 47, 69—90.

Traxler, M. J., Williams, R. S., Blozis, S. A., & Morris, R. K. 2005. Working memory, animacy, and verb class in the processing of relative clauses. *Journal of Memory and Language*, 53: 204—224.

Tyler, L. 1985. Real-time comprehension processes in agrammatism: A case study. *Brain and Language*, 26: 3—8.

Warren, T., & Gibson, E. 2002. The influence of referential processing on sentence complexity. *Cognition*, 85, 79—112.

Waters, G, Caplan, D, & Hildebrandt, N. 1987. Working memory and written sentence comprehension. In M. Coltheart. ed. *Attention and performance XII*. London: Erlbaum, 531—555.

Weckerly, J., & Kutas, M. 1999. An electrophysiological analysis of animacy effects in the processing of object—relative sentences. *Psychophysiology*, 36, 559—570.

Zurif, E. B., Swinney D., Prather, P., Solomon, J., & Bushell, C. 1993. Anon—line analysis of syntactic processing in Broca's and Wernicke's aphasia. *Brain and Language*, 45: 448—464.

陈宝国,宁爱华:《汉语主语和宾语关系从句加工难度的比较》,《应用心理学》2008 年第 1 期,第 29—34 页。

杨亦鸣:《语言的理论假设与神经基础——以当前汉语的若干神经语言学研究为例》,《语言科学》2007 年第 2 期,第 60—83 页。

杨亦鸣,周统权:《失语症语法障碍的表现与研究——海外失语症语法障碍研究述评》,《当代语言学》2005 年第 4 期,第 338—357 页。

郑伟:《汉语主、宾语关系小句的加工研究——来自失语症研究的证据》,2009 年华中师范大学硕士学位论文。

周统权:《主/宾语提取的汉语关系从句加工研究》,2009年北京师范大学博士后出站报告。

(原载《语言科学》2010年第3期)

# 基于ERPs实验的二语词汇能力心理现实性研究[①]

本文通过ERPs技术研究二语习得过程中词汇能力的心理现实性问题。通过实验,从N400成分上可以看出,学习者的英语词汇能力表现在词义通达的深度上明显低于汉语词汇能力,但在通达的快慢上两者并无差别。通过N400成分我们可以很好地观察到词汇能力在大脑中的表现,词汇能力具有显著的心理现实性。

## 1 引 言

对大多数中国大学生来说,与母语(以下称L1)的掌握相比,二语(以下称L2)的掌握往往耗时巨大而收效甚微。不少学生把大量时间放在词汇学习上,但往往是重视了词汇"量"的提高,忽视了词汇"质"的方面即词汇能力的提高,从而影响到最终的学习效果。

词汇能力也称词汇知识,是储存在学习者记忆中的有关某个词的形式和意义方面的知识或能力以及如何使用这个词的知识或能力。严格地说这两者不是一回事,但目前学界多认为这两个概念没多大区别[②],只是词汇能力是近年来更乐于使用的一个术语,反映了当代语言学在认知科学兴起的背景下对语言能力的一种探索。Richards(1976)提出词汇知识包括词的意义和形式、词在句子中的句法形式、与其他词的关系以及该词在使用上的语域限制。



① 本研究得到国家自然科学基金项目(30740040)、江苏省"青蓝工程"(科技创新团队)资助项目和江苏省哲学社会科学"十一五"规划项目(06JSBYY006)的资助,谨此致谢。

② 参见李红(2003)的讨论。

Nation(1990:31)认为词汇能力应包括词形(口语形式、书面形式)、所处位置(语法句型、搭配)、语用功能(词频、恰当性)、语义(概念、词联想)等几方面的能力。其他研究者也对词汇能力作了不同的定义,但都认为在构成词汇知识的各个组成部分中,词义知识是词汇知识的核心(Laufer & Goldstein 2004;孙蓝等2006),只有理解了词义才能形成其他方面的词汇能力。词汇意义层面的能力受两个因素影响。一个是词汇意义通达的深度。词汇意义除了基本的概念意义,还包括关联意义即社会意义、情感意义、反映意义(reflected meaning)等。词汇关联意义的掌握是L2学习者高水平词汇能力的体现,是词汇意义深度通达的体现。另一个是词汇意义通达的速度。学习者从看到一个词到理解其意义,需要一定的时间,费时多少是影响L2学习者阅读效率的重要因素。

可以看出,L2词汇能力与语言教学、语言习得关系密切。近十多年来,L2词汇能力研究受到了很多研究者的重视(Meara 1996a;Jiang 2000;Read 2000;Wolter 2001)。但目前的研究大多通过测试、调查等手段,即通过受试的外在表现来判断其词汇掌握的深度。这种外在的行为研究往往有如下不足:1) 在研究过程中,可能会受到种种外在因素的干扰,对结果的解释往往存在诸多矛盾之处;2) 通常采用测量反应时的方法,而反应时是一个单维的指标,且需要受试的意识判断,这使得反应时难以精确描述语言加工中即时而连续的心理过程;3) 没有给出大脑实时处理的神经机制的分析,即缺乏心理现实性的根据。语言理论的心理现实性是指语言学家对语言的描写、建立的模型和提出的理论是否反映或对应于大脑中的心理结构或过程。心理现实性是大脑在加工刺激时的实际表现,通过观察大脑在加工材料时的活动情况去研究L2学习者的词汇能力,这样得到的结论才会更科学,解释力更强。

以往的研究之所以在心理现实性的探究上存在不足,很大程度上是受到技术手段的制约。现在,神经语言学这门学科的发展已可以提供新的技术手段,从而使语言的心理现实性研究迈出了可喜的一步。神经语言学研究的重要手段之一是ERPs(Event Rclated Potentials,事件相关电位)技术。ERPs技术的主要原理是通过对大脑(或其他感觉系统)给予或撤消一定的刺激,在脑区(或其他感觉系统)会引起一定的电位变化,再通过分析ERPs波形特征来揭示大脑(或其他感觉系统)对刺激的加工强度和过程。峰值和潜伏期是ERPs的两个重要测量指标。一般情况下,峰值代表脑电位的强度,峰值大小与参与同步放电的神经元数目的多少以及神经元的排列方向密切相关。如果参与同步放电的神经元数量很多且排列方向一致,其结果还与记录电极的距离的远近有关,距离越近,则波幅增高,反之则降低。ERPs成分潜伏期的长短可以反映刺激的加工难度。一般来说，潜伏期延长则难度增加，缩短则难度减小。ERPs技术可测量"隐性"的加工过程，无需添加干扰任务即可提供语言分析过程中的大脑皮层活动数据。更为重要的是，ERPs可同时收集到行为资料和神经生理学资料，这样就有可能把行为表现与生理机制结合起来，可以进一步研究行为的心理机制的生理基础。

本文利用ERPs技术从心理现实性方面来研究L2词汇能力。在任务的选择上，运用内隐任务来考察词汇能力。Meara(1996b)认为词汇能力是学习者能否在语言理解和产出时自动地提取词汇的能力，如果要考察学习者自动提取能力，就不能给学习者任务，即应该通过学习者内隐加工词汇来反映词汇能力。在研究方法上，通过L2与L1的词汇能力在心理现实性上的对比来研究学习者的L2词汇能力。Wallace(1982:27)认为，像母语者那样"懂得"一个单词意味着能够：1）能听会认；2）随时都可回忆；3）能够联想到合适的物体或者概念；4）能够选择合适的语法形式来使用；5）发音正确；6）拼写正确；7）能按正确的搭配来使用；8）能在正确的语用环境中使用；9）掌握其内涵意和引申义。通过与L1词汇能力比较，可以更好地看出L2词汇能力与L1词汇能力之间的差距。

## 2　实验材料和实验方法

### 2.1　受试

18名(8男，10女)在校英语本科专业三年级学生[①]志愿者参加本实验，平均年龄为21.42岁，L1为汉语，L2为英语，受试约12岁开始接受正规的课堂英语教育，均通过专业英语四级，均为右利手，没有脑外伤和神经系统疾病史，视力和矫正视力均在1.0以上。数据离线处理后有2名受试的脑电数据未达到要求，在离线分析中被剔除。

### 2.2　实验材料

英语词汇的选择是从《学生英语常用词词典》上取60个常用名词。[②] 汉语词汇的选择是根据词频取60个高频名词。

### 2.3　实验设计[③]

实验在隔音电磁屏蔽室进行。要求受试保持头部不动注视屏幕中央，视角

① 三年级学生在生理心理发育上相对比较成熟，脑电比较稳定，适合做ERPs研究。

② 名词的概念义较唯一，这样有利于实验的开展。

③ 本实验考察单词任务状态下的词汇理解，不考察语境下的情况。语境下的词汇理解需要考虑到受试利用语境推知信息的情况，这样数据的解释比较复杂，本研究暂不涉及。

约为 1.5°×2.1°。刺激材料为 48 号宋体，呈现在计算机屏幕中央，屏幕的底色为黑色，字体颜色为灰色。实验中，分为 2 个刺激序列，L1 词汇和 L2 词汇各 1 个序列，每个单词呈现时间（duration）为 300ms，刺激间隔为 800ms。序列之间有短暂休息。实验分为两个步骤，第一个步骤是要求受试认真看屏幕上出现的单词，[①]记录这个阶段的脑电。第二个步骤是再认阶段，经过 3 个（或 4 个、5 个）单词，出现一个符号"＋"作为提示，再出现一个单词，此时让受试做出反应，判断该单词是否是前面的 3 个（或 4 个、5 个）单词中出现过的，并以左右手作出"是"或"不是"的按键反应，要求受试尽快准确地按键，记录反应时和准确率。[②] 在正式实验前，要求受试完成同样任务的练习，熟悉按键和任务要求。反应手和刺激序列呈现顺序在受试中进行交叉平衡。

**2.4 脑电记录**

实验中，受试佩戴 Quick - cap32 导 Ag/AgCl 电极帽，采用美国 Neuroscan Synamps2 记录脑电。电极位置采用 10—20 国际电极系统。参考电极置于双侧乳突连线，接地点在 Fpz 和 Fz 的中点，同时记录水平眼电和垂直眼电。带宽（bandpass）为 0.05—100HZ，采样频率（A/D rate）为 1000HZ，电极与头皮接触电阻小于 5KΩ。

**2.5 数据处理**

使用 Scan4.3 软件对采集的脑电数据进行离线分析处理，排除眼动和肌肉活动对 EEG（electroencephalography，脑电图）数据的影响，数据进行无相移数字滤波（zero phase shift filtering），滤波的带宽为 0—20Hz，滤波衰减强度为 24dB/oct，分析时程（epoch）为 900ms，其中刺激前基线 100ms，自动矫正眨眼等伪迹，波幅大于 $\pm 100\mu V$ 者被视为伪迹而自动剔除。对正确率进行统计，准确率低于 80%的受试的数据被剔除。离线分析剔除无效数据后，对 14 名受试（6 男，8 女）的脑电数据叠加处理。分类叠加这 14 名受试的脑电数据后得到 L1 词汇、L2 词汇这 2 种类型的 ERPs 曲线。

观察 ERPs 总平均图的波形特征，主要诱发了 N400 成分，对该成分进行峰值和峰潜伏期的测量和分析，[③]时间段选择为 360—420ms。对所测数据用

① 在默看单词的过程中，实现对词汇的理解。该任务不要求受试作出任何判断，可以看作内隐的实验任务。

② 设置再认任务，是为了让受试更好地集中注意力完成词汇理解任务。

③ 我们在实验中根据成分的具体情况来确定测量方法。波幅测量一般有平均波幅测量和峰值测量两种方法，由于有些 ERPs 成分的峰值并不都很好确定，因此测量平均波幅方法测得的波幅值更有价值和更为稳定。

SPSS10.0统计软件包进行双因素(词汇类型和电极点)重复测量方差分析。统计结果进行了 Greenhouse—Geisser 校正。

## 3 实验结果

### 3.1 行为数据结果

实验的行为数据为受试在再认词汇阶段的反应时和准确率。实验中,每个受试的P(A)值①均大于0.70,因此受试的反应是可靠的。对14名受试的反应时(为排除极端数据的影响,剔除了反应时长于2000ms和短于200ms的数据)和准确率进行单因素方差分析,两类词汇的反应时和准确率结果详见表1。

**表1 两类词汇的反应时和准确率**

| 类型 | 反应时(ms) | | 准确率(%) | |
|---|---|---|---|---|
| | 均值 | 标准差 | 均值 | 标准差 |
| L1词汇 | 783.88 | 70.15 | 85.88 | 4.82 |
| L2词汇 | 805.87 | 77.89 | 82.81 | 3.60 |

单因素(类型)方差统计分析结果显示,L1词汇、L2词汇的反应时没有类型的因素效应,$F(1,26)=0.616$, $p=.440$;L1词汇、L2词汇的准确率没有类型的因素效应,$F(1,26)=1.887$, $p=.181$。

### 3.2 ERPs数据结果

对N400成分进行类型[2水平:L1词汇和L2词汇×电极(11水平:C3、C4、CZ、F3、F4、F7、F8、FCZ、FP1、FP2、FZ)]的双因素方差统计,结果为有类型的主效应,$F(1,13)=45.884$, $p=0.000$,没有类型×电极的交互作用,$F(10,130)=1.957$, $p=0.154$。从ERPs的平均图(图1)来看,在N400成分上,L1词汇的峰值明显高于L2词汇的峰值,在潜伏期上,两者基本没有区别。表2为两种词汇的N400的峰值和潜伏期的具体数值。从图2②上可以看到,L1词汇和L2词汇的N400成分的脑区分布差异非常明显,前者主要分布在右前额叶、中央顶区,



① 根据信号检测理论,P(A)值为(击中数+正确否定数)/刺激总数,P(A)值大于0.5,受试的反应才是可信的。

② 地形图是将脑电信号转换成一种既能定量也能定性的脑波图形,可以将大脑在某一时间点上的功能变化与形态定位有机地结合起来(将功能状态与激活状态结合起来)。地形图中相同颜色的区域代表激活程度相同(电压相等)。脑电地形图可以看作大脑各部位的激活在头皮上的表现。

后者主要分布在中央前区。

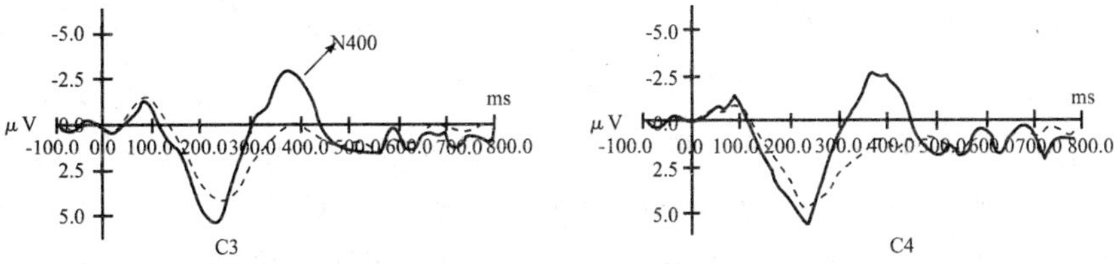


L1 词汇——— L2 词汇-------

**图 1 两种词汇的 ERPs(C3、C4)**

L1 词汇 L2 词汇

**图 2 两种词汇平均波幅地形图(360—420ms)**

**表 2 两种词汇的 N400 成分的潜伏期值和峰值**

| 类型 / N400 | L2 词汇 | L1 词汇 |
|---|---|---|
| 峰值(μV) | －0.23 | 2.5 |
| 峰潜伏期(ms) | 392 | 386 |

(潜伏期电极点为 C3、C4、CZ、F3、F4、F7、F8、FCZ、FP1、FP2、FZ;峰值电极点为 C3、C4、CZ、F3、F4、F7、F8、FCZ、FP1、FP2、FZ)

## 4 分析和讨论

### 4.1 N400 峰值与词义通达深度

从 ERPs 实验结果可以看出,L1 词汇和 L2 词汇在理解时的差别主要表现在 N400 成分的峰值上,即 L1 词汇的 N400 峰值明显高于 L2 词汇,潜伏期上二者没有显著差异。

Kutas *et al*. (1980)首先研究并报告了 N400 这个成分,该成分最初是定位在句尾词与句子语境不相符时所诱发的成分。为了使用 ERPs 来测量句子语境制约的功能,Kutas *et al*. (1980)进行了三个实验,分别进行三种不同程度的不正常句子的加工:中等语义反常、强烈语义反常和自然反常。中等语义反常的句子所用的例句为结尾不是所期待的但在语义上是合适的词,如"He shaved off his mustache and eyebrow"（他剃掉了他的胡子和眉毛）；强烈语义反常所用的例句为句尾词不是所期待的而且在语义上也是反常的词，如"He shaved off his mustache and city"（他剃掉了他的胡子和城市）；自然反常所用的例句为句尾词是期待的词，但词的书写方式与前面不同，如"She put on her high heel SHOES"（她穿上了高跟鞋）[①]。每个实验都通过视觉通道呈现 160 个不同的由 7 个词组成的句子，每个词呈现时间是 700ms。实验结果是中度和强烈语义反常的句尾词都诱发了中央顶的 N400，但是大写字母的物理属性反常的句尾词没有诱发 N400，而是诱发了 P300。对照 Kutas 的研究，笔者认为，本文实验结果的 N400 成分不是进行物理属性分析的表征，即不是因作为 L1 的汉语和作为 L2 的英语在词的物理属性上不同所形成两者在峰值上的不同，而是与语义加工有关联。尽管对 N400 的含义学术界没有统一的认识，但认为 N400 是对语义加工很敏感的一个 ERPs 成分。一般研究中，N400 大多由句子中的语义违反和启动词与目标词的语义不一致所诱发。（Kutas *et al*. 1980，1984）

按一般理解认为，加工 L2 词汇难度更高，因而需要耗费的脑资源更多，N400 的峰值也就更高。但与前人研究不同的是，本实验任务的选用并不要求受试对两种词汇作外显的加工，只是让受试以内隐的方式理解词汇，不需要作任何判断，两种词汇都不需要付出太多的认知努力，这样可看作是词汇能力的自然体现。从脑电上反映出来 L1 词汇的 N400 峰值高于 L2 词汇，说明了 L1 词汇激活脑资源的程度更高。前人研究也证明这种被动加工脑资源的激活与积极加工脑资源的激活是两种不同的情况。Perani *et al*.（1996）曾用 PET 技术研究 L1 为意大利语、L2 为英语的受试被动地听 L1、L2（中等流利）和 L3（陌生语言）故事时的脑区激活情况。结果发现，加工 L1 时激活了额下回、颞回上部和中部、颞极、角回并且激活了右小脑，而在加工 L2 时这些区域的激活明显变少，只在大脑左侧、右侧颞叶的上部和中部，以及双侧的海马区域有激活，L3 作为陌生语言，不管在大脑哪个区域，激活的程度都非常小。

本实验选用的单词都是常用词汇，受试在理解英语词语时，对词语本身的基本概念意义十分确定，但对比较生僻的概念意义和关联意义往往难以通达，因而反映在脑电上，英语词汇 N400 的峰值比较小。例如对于 L1"母亲"这个词，受试往往会想到母爱的伟大、母亲的含辛茹苦等等，而对 L2"mother"这个词，往往不能通达英语文化背景中该词的社会意义、情感意义等。据 Joe（1998）的看法，已



① SHOES 和 shoes 语义相同，只是书写形式不同，即在物理属性上句尾词和前面的词存在不同，Kutas *et al*.（1980）认为这种情况是自然反常。

具较高水平普通词汇的学习者、有社会阅历和经验且有相当语言水平者能获得更深更广的词汇知识。

从心理机制方面来讲，这种正常认知的 N400 峰值大于不完善认知的 N400 现象说明：虽然在一般情况下，大脑在加工语义认知时难度越大，激活就越强，反之则越小，但在双语脑机制中，正常认知的 L1，脑区激活强度大于不完善的认知的 L2。在本研究中，L1 词汇的加工更充分，其词义有着更好的通达，而 L2 词汇由于任务本身的原因，在加工的时候，大脑也"懒得"去努力了，因而在语义上没有很好也不必很好地加工，这是词汇能力的自然体现，两者在 N400 峰值上的差异，说明了受试的 L1 和 L2 词汇能力表现在词义通达深度上的差别。当然，随着英语学习的加强，L2 水平达到更高的熟练程度，词汇能力可能会得到提高①。

在类似的研究中也观察到这一现象，如 Romani(2001)研究阅读困难儿童再认记忆任务中的 ERPs，发现阅读困难儿童在一系列的获得和再认任务中，N400 波幅明显小于正常组。这反映出阅读困难儿童的语义加工存在缺陷。McPherson(1999)考察了不同类型的阅读困难(包括语音缺陷阅读困难和非语音缺陷阅读困难)与正常组在语音加工过程中的脑电情况。结果发现，正常组的 ERPs 在押韵目标词上出现 N400 启动效应，这种效应广泛分布在双侧皮层，在后部脑区达到峰值；非语音缺陷阅读困难组只在颞中顶区出现了 N400 启动效应，语音缺陷阅读困难组在 250—450ms 之间没有出现任何效应，但在 450—550ms 之间后部脑区出现了启动效应。在脑成像实验中，Price *et al*. (1999)利用 PET 技术考察了 6 位晚获得 L2 的受试在理解单词时的脑区活动情况，发现在左颞极区域，L1 比 L2 激活更强。

在行为研究上，国内不少研究者也都很好地描述了 L2 学习者在词汇意义深度通达上存在不足的现象，比如刘绍龙(2001)通过比较高二学生、英语本科一年级学生、英语本科三年级学生、英语专业研究生 4 组受试在词汇广度上存在明显差异，但是在词汇深度上却没有显著差异，跟 L1 词汇深度相比均存在不足。然而这类研究虽然描述了词义通达深度存在的现象，但没有揭示词汇能力这种差异背后的脑神经机制的生理基础。本文通过 ERPs 实验，从脑机制上很好地解释了观察所得的结果，对词汇能力的心理现实性作了科学有效的探讨。



---

① Pu Y *et al*. (2001)用事件相关功能成像技术(ER - fMRI)考察了熟练的汉英双语受试在动词产生的实验任务中脑区激活情况。该任务为，屏幕上呈现出一个名词，要求受试在大脑里默默地用两种语言分别想出一个跟这个名词相关的动词。实验结果显示：汉语任务和英语任务有着类似的血液动力学改变；在统计学层面上，左、中、前脑的下后部在潜伏期、强度和持续时间上相同。

### 4.2 N400潜伏期与词义通达快慢

在L2语义通达方面存在两种观点。一种观点认为，L2习得的早期阶段，双语者依赖L1与L2之间形式层上的联结来通达语义层。随着L2水平的提高，双语者可通过L2形式层直接通达语义层（Kroll & De Groot 1997）。另一种观点认为，无论在L2习得的早期阶段还是熟练阶段，L2学习者都可通过L2形式直接通达语义，无需通过L1的中介，这种观点称为“直接通达假说”（Paradis 2004:203）。

本研究中，在N400的潜伏期上，L1词汇和L2词汇没有差别，显示在通达时间上两者并无差异。我们的实验结果支持直接通达假说——学习者能够直接通达L2的词义信息，不需要L1词汇的中介就可实现对词义的通达。假如L2词汇需要经过L1作为中介，那么L2的N400潜伏期必然长于L1词汇。L1词汇和L2词汇在N400的潜伏期上没有差别，也说明了两者在难度上同样不存在差别。从行为数据的统计结果来看，L1词汇、L2词汇在再认阶段的反应时和准确率上也都没有显著性差异。再认阶段的反应时是三个部分时间之和，先是默看“十”后的单词，然后判断该单词是否与之前所看到的单词相符，最后做出反应。再认阶段中的第一步默看单词，就是一个词汇理解的过程，后两个部分的时间分配都没有差异①，从而可说明在词汇理解阶段L1词汇和L2词汇在词义通达的速度上没有区别，说明L2词汇可能并不需要经过L1词汇的中介就可以通达词义。Dufour & Kroll (1995)采用语义范畴分类作业对两组不同L2水平的语义提取效率进行了研究，实验结果也显示不管是高分组的受试还是低分组的受试都能够直接通达L2的语义信息，不需要L1词汇的中介就可以对其语义范畴关系进行加工。

李红(2003)通过启动范式研究了L2词汇知识对词义通达的影响，得到的结论是L2词汇知识影响了学习者对L2词义通达的效率。这与本实验的结论相矛盾，但李红所用的是启动范式，实验过程中会增加一些其他的因素，如词汇之间的联结强度——有可能是不同词汇知识水平的学习者在词汇联结强度上的不同造成了词汇通达效率的不同，不一定是词汇本身通达效率存在差异。李荣宝等(2003)的实验发现作为L1的汉语诱发的N400潜伏期显著短于英语，故认为L1为汉语者对汉语的语义加工速度快于对英语的加工。但从实验任务的选择上，他的实验中所考察词汇是放在句末位置，句末词N400成分反映的是对整个



① 第二步是大脑搜寻词汇阶段，是一般的认知过程，第三步是反应阶段，是个肌肉活动过程，在再认过程中，L1词汇和L2词汇在这两阶段的时间分配上不大可能有差异。

句子的加工，并不是对单个词汇词义通达的考察，不能作为 L1 词汇的通达快于 L2 词汇通达的证据。

因此，从 N400 的潜伏期上可以看出，本研究的受试在英语词汇意义通达时间的快慢上与 L1 词汇没有差别。Paradis(2004:208)认为，单词是音义结合体，在加工时大脑根据刺激的语音信息(或者正字法信息)来通达合适的词义，并不是根据语音信息先“贴上某种语言的标签”，然后再激活词义。单词不是通过“这个或那个词库”的线索而是通过特殊的语音特征(或正字法特征)来通达，当这些特征正好和某个语言中的单词相吻合，即能通达词义，而并不需要通过 L1 的中介来通达。按照这个观点，只要能够掌握 L2 词汇的基本词义，词义通达的时间并不受 L2 熟练程度的影响。当然，这还需要进一步的实验研究加以验证。

## 5 结 语

从本文对 N400 成分的讨论中可以看出，学习者的英语词汇能力表现在词义通达的深度上明显低于汉语词汇，但在通达的快慢上两者并没有差别。通过 N400 成分我们可以很好地观察到词汇能力在大脑中的表现，词汇能力具有显著的心理现实性。在研究前景上，ERPs 有着比较恒定的指标，对考察 L2 学习者能力是个有利的工具。当然，本文对词汇能力的研究还是初步的探索，对词汇能力的其他方面，如搭配、词缀等方面还没有涉及，对积极性词汇能力的研究也还要做进一步探讨。

**参考文献**

Dufour, R & J. F. Kroll. 1995. Matching words to concepts in two languages: A test of the concept mediation model of bilingual representation [J]. *Memory & Cognition* 23: 166—180.

Jiang, N. 2000. Lexical representation and development In a second language [J]. *Applied Linguistics* 21: 47—77.

Joe, A. 1998. What effects do text_based tasks promoting generation have on incidental vocabulary acquisition? [J]. *Applied Linguistics* 19: 357—377.

Kroll, J. F. & A. M. B. De Groot. 1997. Lexical and conceptual memory in the bilingual: Mapping form to meaning in two languages. In A. M. B. de Groot, & J. F. Kroll (Eds.), *Tutorials in bilingualism: Psycholinguistic perspectives*. Mahwah, NJ: Erlbaum. 169—199.

Kutas, M, et al. 1980. Reading senseless sentences: brain potential reflect semantic incongruity[J]. *Science* 207: 203—205.

Kutas, M. & S. A. Hillyard. 1984. Brain Potentials during reading reflect word expectancy and semantic association[J]. *Nature*307:161—163.

Laufer, B. &Z. Goldstein. 2004. Testing vocabulary knowledge: Size, strength, and computer adaptiveness[J]. *Language Learning* 54:390—436.

McPherson, W. 1999. A study of reading disability using event related brain potentials elicited during auditory alliteration judgments[J]. *Developmental Neuropsychology* 15:359—378.

Meara, P. 1996a. The third dimension of lexical compctence[R]. Paper presented at the A1LA Congress, Jyväskylä. Finland, August 1996.

Meara, P. 1996b. The vocabulary knowledge framework[OL]. http://www.lognostics.co.uk/vlibrary/meara1996c.pdf (accessed 30/03/2007)

Nation, S. 1990. *Teaching and Learning Vocabulary*[M]. Boston: Heinle&Heinle.

Paradis, M. 2004. *A Neurolinguistic Theory of Bilingualism*[M]. Amsterdam: Benjamins.

Perani, D. *et al*. 1996. Brain processing of native and foreign languages [J]. *NeuroReport*7: 2439—2444.

Price, C. 1999. A functional imaging study of translation and language switching [J]. *Brain*122:2221—2236.

PuY, Liu HL, J. A. Spinks, et al. 2001. Cerebral Hemodynamic Response in Chinese(first) and English(second) Language Processing Revealed by Event—related Functional MRI[J]. *Magnetic Resonance Imaging* 19:643—647.

Read, J. 2000. *Vocabulary*. Cambridge: Cambridge University Press.

Richards, J. C. 1976. The role of vocabulary teaching[J]. TESOL Quarterly 10/1:77—89.

Romani, S. 2001. Visual evoked potential abnormalities in dyslexic children Functional[J]. *Neurology*16:219—229.

Wallace, M. 1982. *Teaching Vocabulary*[M]. London: Heinemann Educational Books.

Wolter, B. 2001. Comparing the L1 and L2 Mental Lexicon[J]. *Studies in Second Language Acquisition* 23:41—69.

李红:《第二语言语义提取中的词汇知识效应》,《现代外语》2003 年第 4 期,386—393 页。

李荣宝、彭聃龄、郭桃梅:《汉英语义通达过程的事件相关电位研究》,《心理学报》2003 年第 3 期,309—316 页。

刘绍龙:《论二语词汇深度习得及发展特征——关于词义与词缀习得的实证调查》,《外语教学与研究》2001 年第 6 期,436—441 页。

孙蓝、赵新红、许秋敏:《二语词汇语义习得中的形义映现》,《语言科学》2006 年第 4 期,56—65 页。

(原载《外语教学与研究》2008 年第 3 期)

# 应用事件相关电位技术考察双语理解中内隐加工与外显加工的互补①

背景：以往借助脑成像技术研究双语的脑机制，但存在时间分辨率不足的缺陷，而利用高时间分辨率的相关电位技术可根据需要观察到任一时段的大脑活动情况。目的：利用事件相关电位技术探讨双语者加工母语及第二语言句子时的脑机制。设计、时间及地点：两因素重复测量试验，于 2007 年 1 月在江苏省语言科学与神经认知工程重点试验室完成。参试者：选择年龄在 21—23 岁的 18 名在校英语本科大三学生志愿者参加。方法：选择 120 个简单的主谓宾句子为试验语料，包括 60 个汉语句子和 60 个英语句子，句子中每个单词呈现时间为 300ms，刺激间隔为 800ms，两个句子间的刺激间隔为 2000ms。首先要求被试认真阅读屏幕上出现的句子，记录句子末尾词语的脑电；在经过 3 个(或 4 个、5 个)句子后，出现一个符号"十"作为提示，再出现一个句子，此时让被试做出反应，判断该句子是否是前面句子中出现过的，并以左右手作出"是"或"不是"的按键反应，记录反映时和准确率。主要观察指标：采用 NeuroScan 公司 32 导电极帽 10/20 系统记录脑电，离线分析反映人类内隐加工机制的 N400 和与外显加工机制有关的 LPC 成分。结果：在 N400 成分上，第二语言句子的平均波幅高于母语句子；而在 LPC 成分上，母语句子的平均波幅高于第二语言句子。结论：两种句子在加工时，都运用了内隐的加工机制和外显的

① 本文的研究工作得到国家自然科学基金项目(30740040)、国家社科基金重点项目(01AYY004)、江苏省"青蓝工程"(科技创新团队)资助项目、江苏省哲学社会科学"十一五"规划项目(06JSBYY006)的资助，一并致谢！

加工机制，母语句子加工时运用了较多的内隐加工机制、较少的外显加工机制，而第二语言句子加工时运用了较少的内隐加工机制、较多的外显加工机制。两种句子加工时，内隐加工和外显加工呈现出互补的态势。

## 0 引 言

人脑除了能够掌握母语(L1)之外，还能够掌握第二语言(L2)，人脑如何加工这两种语言，一直受到众多研究者的关注。

利用事件相关电位(event - related potential，ERP)技术可以观察语言加工时候的脑活动情况，通过对一些常见成分的分析、讨论及对比可很好地揭示语言加工的本质。N400与LPC是两个比较常见的ERP成分。其中N400成分，与语言加工密切相关，常被称为“语言相关电位”。

在双语者L1、L2脑机制研究中，N400成分也是众多研究者关注比较多的成分之一。研究者发现，在N400成分的波幅上，L2高于L1，认为L2的语义加工难度高于L1，L2加工需要耗费更多的脑资源[1-3]。但是，杨亦鸣等[4]发现双语者在加工两种语言的单词时，在N400成分波幅上，L1高于L2。双语者两种语言的加工时，N400成分波幅的大小与试验任务的设置等等密切相关，不同的试验任务脑资源的耗费有着不同的要求，N400的波幅的大小与耗费脑资源的多少密切相关[4-5]。一般情况下，当试验任务趋于内隐时，L1比L2耗费更多的脑资源，而试验任务趋于外显时，L2比L1耗费更多的脑资源。

在LPC成分的研究上，研究者发现LPC除了出现在很多非语义的任务中，如图片匹配任务[6]、记忆再认任务等[7-9]，也常常出现在与语义上下文效应有关的试验中[10-11]。Kirsi等[12]进一步发现只有在接收了全部的刺激信息之后，即将一个完整的句子视为一个有意义的语言学信息，LPC才会出现，LPC成分与语言信息的外显整合有着密切的关系。不过，目前对LPC成分反映语言信息整合的分析和讨论大多还限于对L1的研究，在双语者双语加工研究中，鲜见对LPC成分的分析和讨论。

本文将利用ERP技术对操汉语的英语学习者的L1与L2进行研究，通过句子情况下L1、L2的N400、LPC成分比较，来探讨双语加工的脑机制。

## 1 对象和方法

设计：两因素重复测量设计。

单位：江苏省语言科学与神经认知工程重点试验室。

对象：试验于2007年1月在江苏省语言科学与神经认知工程重点试验室完成。选择在校英语本科大三学生志愿者18名作为受试者，男8名，女10名；年龄范围为19～22岁；均为右利手，视力正常或矫正后正常；均无任何精神和神经疾病史；自愿参与本试验。试验前签署知情同意书和试验协议，试验方案得到伦理委员会批准。

方法：

刺激组成：在L1、L2句子的选取上，先分别选取120个简单的主谓宾句子（如，学生盼望着假期、议会否决了草案、The mother forgave her son、The father kept his promise），对这120个句子进行30人的可接受度调查，分为可接受和不可接受。其中有2份问卷为无效问卷被排除。最后再选择20人均认为可接受的L1、L2各60个句子作为最终的试验材料，尽量使得试验材料在可接受度上不存在任何差异。

试验程序：试验在隔音电磁屏蔽室进行。要求被试保持头部不动注视屏幕中央，视角约为1.5°×2.1°。L1刺激材料为48号宋体，L2刺激材料为48号Times New Roman，呈现在计算机屏幕中央，屏幕的底色为黑色，字体颜色为灰色。试验中，L1、L2句子各2个序列。句子呈现的方式为逐词呈现，句子中每个单词呈现时间为300ms，刺激间隔为800ms，两个句子间的刺激间隔为2000ms。序列之间有短暂休息。试验分为两个步骤，第一个步骤是要求被试认真阅读屏幕上出现的句子，记录句子末尾词语的脑电。为了让被试集中注意力，经过3个（或4个、5个）句子，出现一个符号“+”作为提示，再出现一个句子，此时让被试做出反应，判断该句子是否是前面句子中出现过的，并以左右手作出“是”或“不是”的按键反应，要求被试尽快准确地按键，记录准确率。在正式试验之前，要求被试完成同样任务的练习，熟悉按键和任务要求。反应手和刺激序列呈现顺序在被试中进行交叉平衡。

脑电信号记录与分析：试验中，被试佩戴Quick—cap32导Ag/AgCl电极帽，采用美国Neuroscan Synamps2记录脑电。电极位置采用10—20国际电极系统。参考电极置于双侧乳突连线，接地点在Fpz和Fz的中点，同时记录水平眼电和垂直眼电。带宽（bandpass）为0.05—100Hz，采样频率（A/D rate）为1000Hz，电极与头皮接触电阻小于5kΩ。

使用Scan4.3软件对采集的脑电数据进行离线分析处理，排除眼动和肌肉活动对脑电图数据的影响，数据进行无相移数字滤波，滤波的带宽为0—20Hz，滤波衰减强度为 24dB/oct，分析时程为 900ms，其中刺激前基线 100ms，自动矫正眨眼等伪迹，波幅大于±100μV 者被视为伪迹被自动剔除。分类叠加被试的脑电数据后得到 L1 句子、L2 句子这 2 种类型的 ERPs 曲线。

主要观察指标：N400、LPC 成分。

设计、实施、评估：为全部作者。

统计学分析：第一作者用 SPSS11.0 统计软件对 ERP 数据进行两因素方差分析。两因素分别为刺激类型(L1 句子/L2 句子，2 水平)和电极部位(随观察的 ERP 成分不同而变)。以 $P<0.05$ 为差异有显著性意义。

## 2 结 果

### 2.1 参与者数量分析

对正确率进行统计，剔除低于 80%的被试。离线分析剔除无效数据后，对 14 名被试(6 男，8 女)的脑电数据进行叠加处理。

### 2.2 行为结果

两种刺激类型(L1 句子、L2 句子)的反应时分别为(739.09±30.27)，(750.37±25.32)ms，正确率分别为(85.15±3.2)%，(84.72±2.8)%。方差分析显示，L1 句子、L2 句子再认的反应时和正确率差异均无显著性意义[$F(1,26)=0.14, P>0.05$]。

### 2.3 ERPs 数据结果

N400 成分：对 N400 成分的平均波幅进行类型(2 水平：L1 句子和 L2 句子)×电极(17 水平：C3，C4，CP3，CP4，CPZ，CZ，FCZ，FZ，P3，P4，P7，P8，PZ，T7，T8，TP7，TP8)的两因素方差统计，结果为有类型的主效应，$F(1,13)=4.748$，$P=0.048$，没有类型×电极的交互作用，$F(16,208)=2.547$，$P=0.059$，在 N400 成分上，L2 句子的平均波幅高于 L1 句子的平均波幅，见图 1。



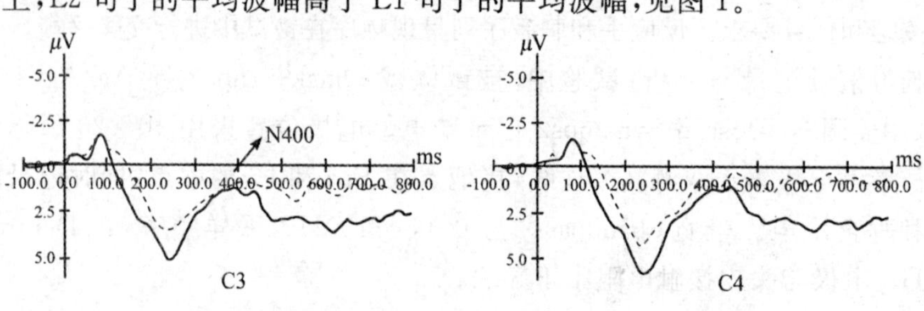


**图 1 两种句子的 ERPs(N400)(C3、C4)**

LPC 成分：对 LPC 成分的平均波幅进行类型（2 水平：L1 句子宾语位置上的单词和 L2 句子宾语位置上的单词）×电极（9 水平：TP7，TP8，P3，P4，P7，P8，CP3，CP4，CPZ）的两因素方差统计，结果为有类型的主效应，$F(1,13)=14.901$，$P=0.002$，没有类型×电极的交互作用，$F(8,104)=1.281$，$P=0.293$，在 LPC 成分上，L1 句子的平均波幅高于 L2 句子的平均波幅，见图 2。

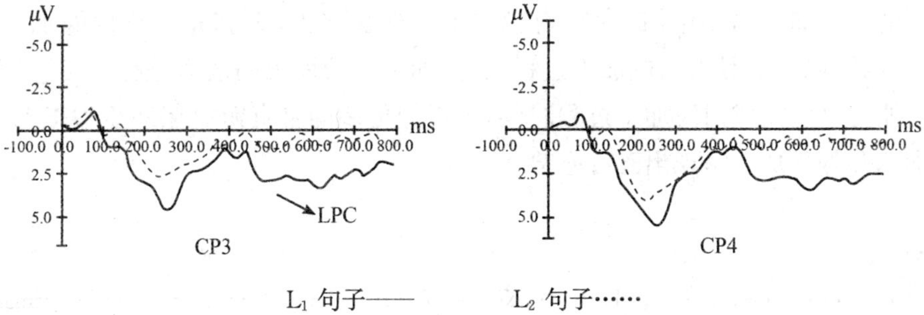


**图 2　两种句子的事件相关电位（LPC）（CP3、CP4）**

## 3　讨　论

从图 1，2 可以看出，两种句子的 N400、LPC 成分有着不同的表现，在 N400 成分上，L1 句子小于 L2 句子，而在 LPC 成分上，L1 句子高于 L2 句子。

首先来看 N400 成分。Stark 等[13] 和 Woodward 等[14] 发现 N400 成分是内隐的。根据 N400 成分的这一性质，认为本试验中的 N400 成分波幅的不同反映了加工 L1、L2 句子时运用内隐加工比重的不同。对 L1 来讲，宾语位置上的单词出现之前，大脑已能够很好预期它的出现，趋向于自动加工，因而它加工起来比较容易，所以 N400 波幅比较小。但加工 L2 句子宾语位置上的单词是另外一种情况，相比于 L1 句子，L2 句子不够熟悉，宾语前的刺激对宾语的内隐的启动效应并不能很好的突显出来，加工到宾语位置上的单词时，需要更多的外显加工参与，其语义加工才能充分，因而 N400 波幅要高于 L1 句子宾语位置上的单词。

再看 LPC 成分。Kirsi 等[12] 认为，LPC 的有无表明了充分凝固的内隐的语义记忆加工发生之后，基于注意的外显加工是否能够实现的问题。L1 句子在加工时，加工到宾语位置时，由于启动效应的存在，大脑能够很好地实现对宾语意义的理解，这样的理解过程完全是自动的、内隐的，因而大脑可以有额外的资源去对全句的意义进行整合，这种外显的整合过程是与注意机制相关的加工，因此 LPC 成分表现很明显，反映出比较大的波幅。而 L2 句子在加工时，加工到宾语位置时，由于大脑对 L2 句子内部关联不“敏感”，启动效应不足以实现对宾语位置上单词意义的理解，因而还需要依靠积极的外显加工实现对 L2 宾语位置上单词意义的理解，因此 N400 波幅大，而 LPC 波幅非常不明显。

综上所述，L1、L2 句子在加工的时候，都运用了内隐的加工机制和外显的加工机制，L1 句子在加工时候运用了较多的内隐加工机制、较少的外显加工机制，而 L2 句子在加工时运用了较少的内隐加工机制、较多的外显加工机制。L1、L2 句子加工时，内隐加工和外显加工呈现出互补的态势。并且，作者假设，在任何类型的认知加工活动中，都存在内隐加工和外显加工，大脑先执行内隐加工过程，当内隐能力不足以完成加工过程，外显加工会帮助内隐能力进行加工。而当内隐能力足以完成内隐加工过程时候，可以把更多的脑资源放在外显加工上，内隐加工和外显加工呈现出互补态势。

**参考文献**


[1] Rüschemeyer SA, Fiebach CJ, Kempe V, Friederici AD. Processing lexical semantic and syntactic information in first and second language: fMRI evidence from German and Russian. *Hum Brain Mapp* 2005;25(2):266—286.

[2] Suh S, Yoon HW, Lee S, et al. Effects of syntactic complexity in L1 and L2: an fMRI study of Korean—English bilinguals. *Brain Res* 2007;1136(1):178—189.

[3] Kovelman I, Baker SA, Petitto L—A. Bilingual and monolingual brains compared: A functional magnetic resonance imaging investigation of syntactic processing and possible "neural signature" of bilingualism. *J Cogn Neurosci* 2008;20(1):153—169.

[4] Yang YM, Geng LB. Waiyu Jiaoxue yu Yanjiu 2008;52(3):163—169。杨亦鸣，耿立波：《基于 ERPs 实验的二语词汇能力心理现实性研究》，《外语教学与研究》，2008 年第 3 期，163—169 页。

[5] Liu T, Yang YM, Zhao L, et al. Zhongguo Zuzhi Gongcheng Yanjiu yu Linchuang Kangfu 2007;11(31):6187—6190。刘涛，杨亦鸣，赵仑，等：《应用事件相关电位技术考察正常人名词和动词的脑区分布特征》，《中国组织工程研究与临床康复》，2007 年第 31 期，6187—6190 页。

[6] Huang YX, Luo YJ. Temporal course of emotional negativity bias: an ERP study. *Neurosci Lett* 2006;398(1—2):91—96.

[7] Tapia M, Carretié L, Sierra B, et al. Incidental encoding of emotional pictures: Affective bias studied through event related brain potentials. *Int J Psychophysiol* 2008;68(3):193—200.

[8] Wagner M, Baving L, Berg P, et al. An ERP Investigation of Semantic Priming, Repetition Priming, and Negative Priming in Schizophrenic Patients. *J Psychophysiol* 2006;20:195—211.

[9] Wolk DA, Schacter DL, Lygizos M, et al. ERP correlates of recognition memory:

Effects of retention interval and false alarms. *Brain Res* 2006;1096(1):148—162.

[10] Yang YM, Liang DD, Gu JX, et al. Yuyan Kexue 2002;1(1):31—46。杨亦鸣，梁丹丹，顾介鑫，等：《名动分类：语法的还是语义的——汉语名动分类的神经语言学研究》，《语言科学》，2002 年第 1 期，31—46 页。

[11] Kim A, Osterhout L. The independence of combinatory semantic processing: Evidence from event—related potentials. *J Mem Lang* 2005;52(2):205—225.

[12] Kirsi J, Revonsuo A, Lang H. Dissimilar age influences on two ERP waveforms (LPC and N400) reflecting semantic context effect. *Brain Res Cogn Brain Res* 1996;4(2):99—107.

[13] Stark C, Stark S, Gordon B. New semantic learning and generalization in a patient with amnesia. *Neuropsychology* 2005;19(2):139—151.

[14] Ford JM, Woodward SH, Sullivan EV, et al. N400 evidence of abnormal responses to speech in Alzheimer's disease. *Electroencephalogr Clin Neurophysiol* 1996; 99(3): 235—246.

（原载《中国组织工程研究与临床康复》2008 年第 30 期）

# 正常被试与失语症患者镜像书写的对比研究[①]

——镜像书写发生机制新论

文章以正常人为实验对象并结合失语症患者的书写情况，从神经语言学角度研究镜像书写的神经机制，发现正常人的镜像书写和脑损伤患者的表现不完全一致。诱发镜像书写的因素很多，原有假设不能充分解释镜像书写现象。文章强调对镜像书写从质的角度作出分类意义重大，并针对镜像书写/书写运动发生的复杂情况，尝试提出一个新的“书写印迹的主次表征假说”，以期对镜像书写的发生作出全新的统一的解释。

## 1 引　言

镜像书写(mirror writing)在正常人和脑损伤患者身上都可能发生。本文以正常人为被试并结合失语病人的临床书写资料探讨汉字镜像书写和镜像运动的发生机制，力图从神经语言学的角度寻求一种更合乎理据的新解释。



① 本文在调查过程中得到徐州市第四人民医院曹培卫大夫、徐州市第三人民医院纪艾玲大夫的热情协助，徐州师范大学语言研究所的研究生汪丽琴、张萌、李琳、缪兰芬等多位同学在调查中做了很多工作；本研究还得到了国家社会科学基金重点项目(01AYY004)、国家社会科学基金一般项目(06BYY020)、国家自然科学基金一般项目(30740040)、江苏省“青蓝工程”(科技创新团队)资助项目、教育部人文社会科学研究“十一五”规划项目(07JA740027)、江苏省哲学社会科学“十一五”规划项目(06JSBYY006)和江苏省“六大人才高峰”资助项目(07—A—019)的资助，在此一并致谢。

# 2 资料和方法

## 2.1 研究资料

### 2.1.1 病例资料

LWF，男，右利手，高小毕业（教育年限 6 年），汉族，64 岁，家住徐州农村，讲本地方言。结合 CT 检查，临床诊断为两侧基底节区、额叶多发梗塞灶，左枕叶软化灶，属混合型失语。WJJ，男，右利手，高小毕业，汉族，74 岁，退休前为国家干部，家住徐州市区，讲本地方言，经 CT 检查发现大脑两侧基底节区及侧脑室梗塞，结合临床测查，认定为 Broca 失语。

### 2.1.2 正常被试资料

被试分小学生组（9—10 岁的三年级学生）和大学生组（20—22 岁的在校大学生），基本情况见表 1。

表 1 被试基本情况一览表

| 被试组 | 男 | 女 | 左利 | 右利 | 混合利 | 总人数 |
|---|---|---|---|---|---|---|
| 小学生组 | 7 | 4 | 1 | 7 | 3 | 11 |
| 大学生组 | 7 | 15 | 10 | 10 | 2 | 22 |

## 2.2 研究方法

对失语症患者进行临床跟踪调查，测查依据是高素荣编“汉语失语症检查法（ABC）”和自行设计的失语症分项调查方案。

正常被试组的测查依据自行设计的“汉字镜像书写测查方案”，内容包括五部分：第一部分为“自发书写”，由 0—9 数字和 26 个英文字母的顺序写和逆序写组成，英文字母分大、小写；第二部分“反手抄写”，包括汉字真、假字/词，汉语句子和英语单词分大、小写的抄写；第三部分“逆向书写”，分听写和抄写两项，每项先反手写后正手写，内容涉及句子、短语、数字和英语字母组合；第四部分为“闭眼听写”，分正、反手写数字和句子；第五部分为“双手同时书写”，由书写自己的名字和抄、听写句子与字母组合构成。利手的区分严格按照 Snyder et al. (1993)的指标，满足 12 个项目中 9 项及以上的左手使用者划为左利，满足 6—8 项的左手使用者划为混合利，其余划为右利。在实验的过程中，一名主试负责控制实验的进程和有关的注意事项，另一名主试则根据实验进程讲解实验要求并指导完成实验。每位被试给安排一名观察员负责观察和记录，以确保数据采集的准确性。每次测试的被试数为 2—6 人，测试的数据记录在每次实验结束后立即复核，以保证数据的一致性和有效性。

## 3 结 果

### 3.1 失语症患者的实验结果

LWF 的镜像书写只出现在听写和自发性书写（如给家人所写的便条）中，字、词抄写时表现与正常人无异。另外，随着病情的好转，病人的镜像书写显示出不断减少的趋势，但仍发现有镜像书写运动（指写字的顺序颠倒但写出的字仍是正确汉字，如写“颠倒”中的“颠”时，先写“页”后写“真”）。1—10 位数字（听写，分阿拉伯数字和汉字形式书写）和汉字假字（pseudo character）（抄写）的测查中，发现病人写数字时，“4、6、10”出现镜像，“5”出现部分镜像（写成了“[illegible]”），汉字的“四”出现镜像书写，“七”写错，其余大写数字出现镜像运动，而假字抄写则无一例外地呈镜像运动。WJJ 的书写检查（包括姓名、1—10 数字的自发书写，汉字的抄写和句子的听写）结果显示该病例既有镜像书写又有镜像书写运动。图 1 是两位患者的镜像书写示例，左半部分是患者 WJJ 书写的数字“1、2、3、3、4”和“二、三、四、五”；右半部分是患者 LWF 书写的汉字“有、点、然、正”，“明、赶、常”，“车、冻、才、跑、示”，“病、土、牛、朱”。

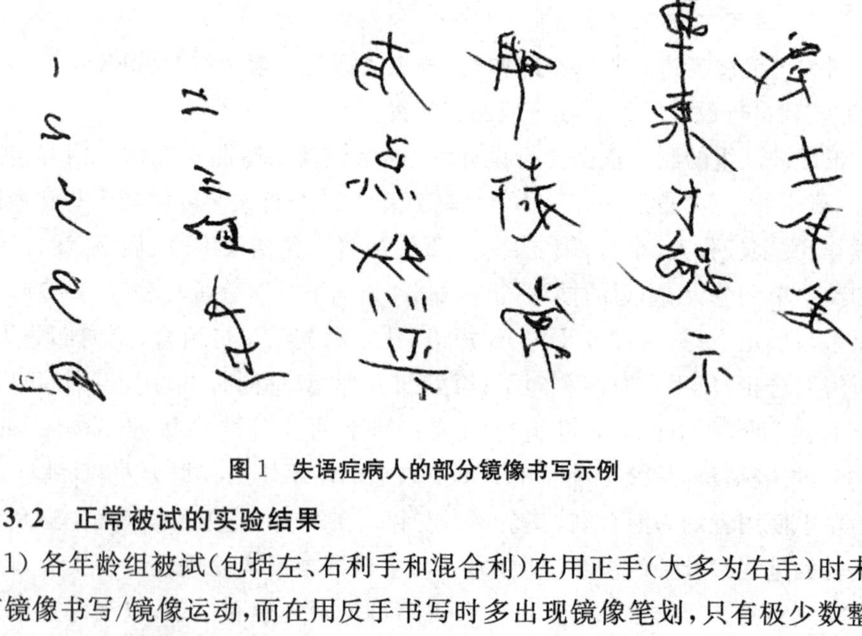

图 1 失语症病人的部分镜像书写示例

### 3.2 正常被试的实验结果

1）各年龄组被试（包括左、右利手和混合利）在用正手（大多为右手）时未发现有镜像书写/镜像运动，而在用反手书写时多出现镜像笔划，只有极少数整字镜像。

2）镜像书写运动出现的频率与性别、年龄、受教育的水平相关。总的趋势是，女性的镜像笔划多于男性，年龄越小镜像笔划出现的机率越多，接受教育的程度与镜像笔划的概率成反比。其中镜像笔划数目利手对比见表2。（有三位大学生被试（女，左利）出现完全/大部分镜像书写，故未列入统计中）

**表2 镜像笔划数目统计表（“数字”表示出现镜像笔划的种类）——利手对比**

| 被试组 | 汉字 | | | 英语字母 | | | 数字 | | | 汉字假字 | | | 笔划总数 | 人均笔划数 |
|---|---|---|---|---|---|---|---|---|---|---|---|---|---|---|
| | 左 | 右 | 混 | 左 | 右 | 混 | 左 | 右 | 混 | 左 | 右 | 混 | | |
| 小学生组 | 10 | 25 | 13 | 1 | 12 | 4 | 3 | 27 | 4 | 0 | 4 | 4 | 107 | 9.73 |
| 大学生组 | 10 | 22 | 4 | 5 | 9 | 1 | 10 | 19 | 3 | 0 | 2 | 1 | 86 | 4.53 |

（注：左、右、混合利被试的镜像笔划总数分别为39、120、34，各利手的人均镜像笔划数分别为4.88、7.06、6.8。）

镜像笔划数目性别对比见表3。

**表3 镜像笔划数目统计（“数字”表示出现镜像笔划的种类）——性别对比**

| 被试组及人数 | 汉字 | | 英语字母 | | 数字 | | 汉字假字 | |
|---|---|---|---|---|---|---|---|---|
| | 男 | 女 | 男 | 女 | 男 | 女 | 男 | 女 |
| 小学生组11人 | 30 | 18 | 6 | 11 | 10 | 24 | 6 | 2 |
| 大学生组19人 | 10 | 26 | 3 | 12 | 5 | 27 | 0 | 3 |

镜像笔划数目平均对比见表4。

**表4 镜像笔划数目统计——笔划数平均对比**

| 被试组 | 被试总数（男：女） | 每位男、女被试出现镜像运动的平均笔划数比 | 每位左、右、混利被试出现镜像运动的平均笔划数比 |
|---|---|---|---|
| 小学生组 | 11(7：4) | 7.43：13.75 | 14：9.7：8.33 |
| 大学生组 | 19(12：7) | 2.57：5.67 | 3.57：5.2：4.5 |

3）书写速度与笔划镜像的数量成正比，速度越快出现笔划镜像的次数越多。从被试的总体书写情况看，汉字笔划只出现左右镜像而无上下镜像，这与以往的报道一致。（王炳钊等1994，Schott 1999）

4）镜像书写是否与镜像运动同步，以前没有报道。我们的实验结果表明，镜像运动不一定引起镜像书写，镜像书写肯定伴随镜像书写运动，但镜像书写出来的字（或字母）的笔划并不完全表现为镜像运动，也就是说，有的笔划呈镜像运动，有的不呈镜像运动。

5）在全部的镜像运动中，“横”笔划的镜像最普遍，重复出现的次数也最多，这说明无论汉字还是拼音文字，笔划镜像的出现概率有差异。

6）汉字真、假字书写的比较表明，真、假字本身对镜像笔划的出现多少没有明显影响，这与以往的报道不一致。（Yang 1997）

7）书写的方向性对镜像书写/镜像运动影响较大。一般而言，逆向书写比正向书写发生镜像的可能性大，这与以前的报道一致。（杜健等 1997）

8）利手对比的结果表明，右利手被试比左利手出现镜像书写的次数多，混合利的情况介于二者之间。这一结果与以前的报道均不一致。（Tankle & Heilman 1983，Vaid et al. 1989，Rodriguez 1991）

## 4 讨　论

### 4.1 影响镜像书写/书写运动的诱因

#### 4.1.1 利手

利手区别过去一直被视为影响镜像书写的主导因素，本实验也证实了这一点。Tankle & Heilman(1983)和 Rodriguez(1991)认为左利手比右利手在镜像书写中表现更好，Vaid et al. (1989)的实验表明左、右利手在镜像书写方面的表现相差无几。本文的研究不支持任何一方的观点，实验发现是右利手比左利手和混合利在镜像书写方面表现更突出。我们以为结论的不同主要是由以下几点造成的：1）利手区分的标准不统一，而且利手本身的划分具有相对性，既有生理因素也有心理因素；(Lisch 1987)2）实验中选取的样本量大小不同；3）实验的操作方式和对数据的处理方式不同。至于孰是孰非，还有待于进一步对比研究的验证。

#### 4.1.2 年龄、教育和认知

镜像笔划出现的频率与年龄、受教育的水平相关，这与以前的研究报道基本一致。（王新德等 1995，王炳钊等 1994）从年龄上看，小学生的大脑发育不够成熟，机能整合功能不够完善，所以笔划镜像较多，而大学生的平均年龄≥20 岁，大脑已经进入相当成熟阶段，笔划镜像书写相对较少。从教育水平上看，小学生自控能力不如大学生强，认知能力较低，因此镜像笔划相对多。年龄与受教育水平是影响认知水平的重要因素。Kuzuya et al. (1991)认为镜像书写与老人的认知功能失调有关；王新德等(1995)也从老年人的研究中发现镜像书写随年龄的增大有逐渐增多的趋势，并主张镜像书写可以作为测定老年人认知能力的一个参项。本研究的病例 LWF 随着病情的好转，其镜像书写也越来越少。这些都说明，由于个人的认知能力伴随年龄的增长有一个“从低到高，再由高到低”的自然变化过程，镜像书写的质和量因此在一定程度上反映出认知能力的增长度或衰减度。

4.1.3 性别差异

王炳钊等(1994)认为镜像书写没有明显的性别差异，我们的实验结果正好与此相反：性别不仅影响镜像书写，而且作用十分显著：无论小学生组还是大学生组，男女出现镜像书写的笔划数目之比都接近1：2，已经达到显著差异。这可能与男女控制运动转换(正常书写←→镜像书写)的能力差异相关。

4.1.4 真/假汉字

汉字真、假字的抄写在正常被试中未见差别，但在两例失语者的身上有显著不同：真字出现部分的镜像笔划或整字镜像，假字全部呈现部分镜像——笔划反向。Yang(1997)发现被试的真字书写比假字书写表现好，他把这一现象归因于“字优势效应(character superiority effect)”——正常印迹(engram)和镜像印迹只有真字才有而假字没有。Lebrun(1995)也认为，字/词书写的有意识心理表征与其客观世界的对应物相似，都遵循从左至右的纬度(dimension)，镜像书写是真词及其表征反向(从右至左)的结果。果真如此，则真、假字的书写差异在正常人身上应有明显表现，即假字的镜像书写比例大大高于真字的镜像书写比例，但我们的实验结果显示情况并不是这样：真假汉字出现镜像书写的机率没有明显的不同。由此可见，这一假说仿佛不具有解释的充分性。作为对这一假说的修正，我们作如下补充：真字/字母在大脑中以两种方式表征，一种是整字/字母形式的表征，一种是(构建字/字母的)单个笔划的表征，而假字是一种临时造字，只可能有一种表征——单个笔划的表征。对于正常人，书写中两种表征都充分激活，所以真、假字的书写不表现出明显差异；而对部分脑损伤病人而言，因其整字形式的表征仅部分破坏，但单个笔划的表征却全部受损，出现真、假字不同性质和不同数量的镜像也就理所当然。我们的这一修正假说已从Gottfried等人(2003)的病例研究中得部分证明。

4.1.5 信息传递通道

正常被试在听写、自发书写和抄写方面没有明显的差别，但两例失语症病人却表现出显著差异——听写和自发书写时发生镜像的情况多，而抄写时发生镜像的情况少。通过比较不难推知：听写和自发书写都与工作记忆相关，需要调动大脑中的语义机制协同加工，认知负担较重，出现镜像书写的可能性大；而抄写仅涉及主管视觉通道与手动肌力的神经机制的参与，认知负担较轻，出现镜像书写的可能性小。此外，字/词形的构建方式是大脑词库的一部分，正常人的认知机制健全，词库中分管字词书写的神经元可以在各通道充分激活，所以在三类形式的书写上不表现出显著差异；失语症患者因为语言机制的部分损伤，或多或少波及有关通道的激活水平，加之与视觉刺激相比，听觉刺激在引发“书写”这一行为的过程中所途经的环节更多，信息“失真”的可能性更大，镜像书写发生的比例也就更高。

4.1.6　笔划的书写难度和出现频率

在全部的镜像运动中，“横”笔划的镜像最普遍，所有被试都有此表现。这一现象可以从三个方面作出初步分析：1）书写习惯所致，右（左）利手被试平时一般都用右手书写，在测试中要求用左（右）手快速书写时被试不得不临时改变书写习惯，“横”的镜像正好反映了基本书写方向的改变；2）正常书写时，人们（右利手）写“横”沿着从左至右运动，而换用左手写“横”则方向变成从右至左，这在行为表现上理所当然。“可能的原因是外展运动比内展运动更容易”，（Schott 1999）“横”笔划的反向代表了左手书写时最基本的外展运动；3）“横”的正常书写和镜像书写在外在形态上没有显著的差别，而且与其他笔划相比“横”笔划书写起来最容易，因而其书写运动的异常性易为注意所“忽略”。

4.1.7　视觉工作记忆与书写运动

因为对侧大脑对新行为（如右利手的左手书写运动）的有效控制有一段适应的过程，所以被试随着任务的不断进展其镜像书写运动有逐步减少的趋势；而且，当要求重写已成镜像的字/字母时，所有被试的镜像书写或镜像书写运动的数量大都明显减少，有的甚至不出现。这一现象说明“视觉工作记忆”参与了书写运动的调节过程，至少在书写的纠错方面起到了积极的作用。

**4.2　镜像书写的质的分类**

王新德（1995）按镜像书写字数出现的百分率将镜像书写分成完全、重度、中度和轻度几类，这是从量的角度作出的分类。本文根据实验结果拟对镜像书写进行质分类，进一步揭示镜像书写的发生机制。



从镜像书写发生的性质来看，镜像书写可分为病理性和条件性两类。病理性镜像书写源于神经机制受损引起的病理反应，好比脑损伤引起的言语不能；条件性镜像书写源于神经机制在书写运动转换过程（从左至右→从右至左）中的操作性失误，好比正常人言语交际中出现的口误（slip of tongue）。所以，前者的纠正依赖于脑损伤的康复，患者在发病期间一般意识不到自己的书写异常，当要求书写已发生镜像的目标字时，不会有任何改观，但随着病情的好转镜像书写有明显减少的趋势，甚至完全消失；后者则可自行矫正，正常人对出现的镜像字/笔划很敏感，就像出现口误一样，会不自觉地自我纠正，当要求重写出现过的镜像目标字/字母时，镜像书写/镜像书写运动不再发生。

从成字的特征角度，镜像书写可分为完全镜像和部分镜像。完全镜像指书写出来的汉字因为整个字的笔划出现左右方向的整体逆转从而使得整个字只能从镜子中（或写字纸的反面）才能正确辨识，所以也称“整字镜像”。部分镜像可进一步细分成“笔划反向”和“部件反向”两小类，前者指一个字中的部分笔划方向颠倒，这种颠倒可导致写出的字“整体形象正常”（如写“都”时，其中的“撇”笔划写成“从左下至右上”），或出现汉字非字（如写“到”时，将右侧的“竖钩”笔划中的“钩”划写成“左下至右上”，结果形成非字），后者指由左右或左中右部分构成的合体字在书写时颠倒书写顺序，但整体字型正常，上面提到的先写“页”后写“真”一起构成“颠”字的情况属此类。本实验表明，汉字的“左右顺序反向”仅限于脑损伤病人，在正常人的书写中不曾见到。也就是说，“左右顺序反向”属病理性镜像书写范畴。

根据上文的讨论，可以从质的角度对镜像书写作出以下的分类：

镜像书写的“质”的分类
- 发生性质
  - 病理性镜像：源于神经机制受损
  - 条件性镜像：转换的操作性错误
- 成字特征
  - 完全镜像：字的全部笔划反向
  - 部分镜像：成字笔划/部件反向

### 4.3 镜像书写发生的新解释：书写印迹的主次表征假说

关于镜像书写机制的解释，国外学者曾提出过四大假说：“运动假说”（the motor hypothesis，Fuller 1916）；视觉支配理论（the theory of visual dominance，Orton 1928）；空间方位假说（spatial orientation hypothesis，Heilman et al. 1980）；丘脑机制说（the thalamic mechanism，Tashiro et al. 1987）。[①] 这些理论/假说都能对病理性的镜像书写作出比较合理的解释，但对条件性的镜像书写缺乏说服力。

基于实验结果，我们提出一个新的“书写印迹的主次表征假说”，以期对两类

---

① “运动假说”认为运动程序在大脑双侧以镜像形式表征，当右手的书写动作（movements）改用左手完成时就会引起镜像书写；“视觉支配理论”（由 Orton 提出）假设视觉记忆印迹在大脑双侧表征。在非优势半球，该印迹有一个正常情况下被抑制的镜像形式，但在某些生理失调条件下，抑制是不完全的，从而导致包括镜像书写倾向在内的方向紊乱；“空间方位假说”主张镜像书写源于因空间关系混淆所引起的病理障碍，包括选定正确方向、给书写和别的方向性活动定位等方面的不能；“丘脑机制说”假定丘脑机制牵涉震颤病、帕金森病和小脑病变的病人的镜像书写，这些病变可以从丘脑的定向程序得以治疗。（参见 Schott 1999）

镜像书写现象作出统一的解释。我们假设，书写印迹在左、右半球都以两种截然相反的方式储存，一种表征为正常的书写方式，称为“主表征”，另一种表征为与正常方式方向相反的镜像书写方式，称为“次表征”。一般情况下，支配主表征的神经元充分激活，支配次表征的神经元受到抑制，所以正常人的正手（大多为右手）书写正常；而实验中当要求改用反手（大多为左手）书写时，由于优势半球务必先将“书写运动信息”传递给平时处于“休闲”状态的非优势半球，而后者的主、次表征神经元一般少有与前者的对应神经元发生信息对接的经历，所以当这种信息对接临时出现时，“信息丢失”难免发生，使主表征受到部分抑制而使次表征部分激活，结果引起部分的镜像书写。但脑损伤病人与此不同，其镜像书写的发生主要源于优势半球的主表征神经元的损坏。当这种受损的主表征神经元和完好的次表征神经元传递给对侧非优势半球的对应神经元时，对侧主表征神经元接收到的正常书写运动信息不足，为了给反手传导充分的书写运动信息，次表征神经元的激活程度就比正常情况下高，从数量统计看，病理性的镜像书写比条件性镜像书写出现得更频繁。如果优势半球的主表征神经元严重受损，镜像书写的数量就会增加；在特别严重时，主、次神经元都遭到破坏，病人可能出现失写，但一般不会有完全镜像书写的情形，因为从理论上讲不会发生主神经元“彻底损坏”而次神经元“完好无损”的情况。

可见，“主次表征假说”不仅可以解释正常人的镜像书写还可以解释脑伤病人的镜像书写。

## 5 余 论

书写印迹的主次表征假说是否具有充分的解释力呢？这可以从特殊情况的镜像书写进行验证。根据现有文献和我们的实验调查，这里所指的“特殊情况”包括两种极端：一种是正常被试在用反手书写时出现完全镜像书写而不是部分镜像书写，另一种是有人在用反手书写时不出现镜像书写。对于第一种情况，可以尝试作如下解释：人类作为一个种系是以多方面的共性为基础的，但这不能否定个体差异的存在。对绝大多数人而言，左、右脑分管书写的神经机制是一致的，即主表征由充分激活到抑制性激活，而次表征由完全抑制到部分抑制（亦即部分激活）；可少数人与此不同，其主表征经历了充分激活到充分抑制的过程，次表征经历了由完全抑制到完全激活的过程。第二种情况比较容易解释：人脑的功能侧化机制虽然存在，但由于人脑本身具有非凡的学习潜能，人脑机能的先天不对称性在一定的条件下是可以改变的，裂脑人的右脑语言补偿机制的获得即是证明。在我们的实验中，一左利被试不曾有镜像书写出现就是源于学前时期被强制要求用左手学习写字的经历。换句话说，正常人非优势半球的主、次表征神经元的激活/抑制程度是可以通过学习改变的。总之，反手书写不会发生镜像是后天学习、适应的结果。



**参考文献**


陈海波，蔡晓杰，王新德：《右利手右大脑半球卒中患者的镜像书写研究》，《中华神经科杂志》1997 年第 6 期，334—337 页。

杜健，曾嵘，李廷武：《健康人左手镜像书写的调查》，《山西医科大学学报》1997 年第 2 期，110—111 页。

王新德，蔡晓杰：《帕金森病患者镜像书写研究》，《中华神经精神科杂志》1995 年第 2 期，83—86 页。

王新德：《镜像书写》，《中华神经精神科杂志》1985 年第 2 期，108 页。

王新德，蔡晓杰：《老年人镜像书写研究》，《中华老年医学杂志》1995 年第 2 期，72—74 页。

王炳钊，安立忠，王文生：《学龄期儿童、少年汉字镜像书写与书写语言发展的初步探讨》，《临床神经病学杂志》1994 年第 4 期，245—246 页。

Fuller JK 1916 The psychology and physiology of mirror writing, *Univ Calif Publs Psychol* 2, 199—265.

Heilman KM Howell G Valenstein E & Rothi L 1980 Mirror reading and writing in association with right-left spatial disorientation, *J Neurol Neurosurg Psychiatry* 43, 774—780.

Kuzuya M Yamamoto T & Kuzuya F 1991 Mirror writing in the aged, *Nippon Ronen Idakkai Zasshi* 28. 4,449—503.

Lebrun Y 1995 Looking with one's mind's eye, *European Journal of Disorders of Communication: the Journal of the College of Speech and Language* 30. 3,279—302.

Lisch 1987 Origin of mirror writing in children, *Klinische Monatsblatter fur Augenheilkunde* 191. 5,417—418.

Orton ST 1928 Specific reading disability-strephosymbolia, *JAMA* 90,1095 1099.

Rodriguez R 1991 Hand motor patterns after the correction of left-nondominant-hand mirror writing, *Neuropsychologia* 29. 12,1191—1203.

Schott GD 1999 Mirror Writing: Allen's self observations, Lewis Carroll's "looking-glass" letters, and Leonardo da Vinci's maps, *The Lancet* 354,2158—2161.

Skoyles JR 1992 Mirror script, *Nature* 357,25—26.

Tankle R Heilman 1983 Mirror writing in right-handers and in left-handers, *Brain and Language* 19. 1,115—123.

Tashiro K Matsumoto A Hamada T & Moriwaka F 1987 The aetiology of mirror writing: a new hypothesis, *J Neurol Neurosurg Psychiatry* 50,1572—1578.

Vaid J Stiles Davis J 1989 Mirror writing: An advantage for the left-handed? *Brain and Language* 37.4,616—627.

Yang MJ 1997 Mirror writing in right-handers and in left-handers: A study using Chinese characters, *Neuropsychologia* 35.11,1491—1498.

（原载《语言科学》2008 年第 1 期）

# 甲骨文点阵字形转换为甲骨文轮廓字形的方法①

本文描述了如何使用 Bezier 曲线拟合甲骨文轮廓字形的方法，其中包括甲骨文字形轮廓数据的获取、轮廓字形特征点的提取以及使用 Bezier 曲线拟合字形等主要步骤。实验结果表明，通过使用我们开发的甲骨文字形处理系统，可以把图片形式的甲骨文转化为曲线轮廓描述的甲骨文字形，并形成标准的 TrueType 格式字库，从而能在通用的字处理软件中方便地使用甲骨文。

## 1 引言

自 1899 年王懿荣发现甲骨文以来，对甲骨文的研究已有一百多年历史，由于甲骨文自身的学术价值和所具有的特殊规律，现在已发展成为与历史学、考古学、文字学、文献学等学科有密切关系的一门学科——甲骨学。

随着对甲骨文研究的不断深入，一些甲骨文著录书籍也相继刊行，这些著录书籍对于甲骨文的研究、传播起了很大作用。但也存在很多不足之处：其一，由于甲骨文片数众多，相关著录书籍也日益增多，人们查阅这些资料往往需要耗费大量的精力，这不利于对其进行深入研究；其二，人们在研究过程中，常常需要引用某片甲骨文，现在只能采取扫描甲骨文图片的方式，但是如果需要经常

① 本文研究工作是在徐州师范大学语言研究所工程语言学实验室完成的，并得到江苏省哲学社会科学基金项目（No. K3.019）和江苏省普通高校自然科学基金项目（01KJB630003）资助，一并致谢。

使用某片甲骨文中的一些文字，又要花费大量的时间处理它们，而且效果也不是很好；其三，这些著录书籍常常发行量小，价格昂贵，不是所有的读者都有能力购买得起，以至于很多读者不能方便地接触到这些资料。这些不足制约了甲骨文的广泛传播，不利于对它进行深入研究，人们迫切需要一种新的载体来摆脱这种困境。

由于信息技术的快速发展，特别是计算机的日益普及和网络的飞速发展，人们希望借助于计算机和网络提高甲骨文的传播速度和利用效率。借助于计算机技术处理甲骨文，这就是对甲骨文的数字化处理。要解决好甲骨文数字化问题，需要做的工作很多(例如做好甲骨文字形的整理工作)，其中关键要解决好每个甲骨文字形的生成和显示问题，即如何把图片形式的甲骨文转化为出版系统、网络传播、字处理软件所需格式的字形。但是与现代汉字字形相比，甲骨文字形具有笔画繁多、无法区分笔划、构造异常复杂等特点，这些特点决定了开发出一种适合于甲骨文字形特点的字形处理系统是一项具有挑战性的工作。本文根据甲骨文字形不能区分笔画，构形随意性、不规则性的特点，结合传统字形生成技术的经验，对扫描进计算机的甲骨文图片进行处理，并使用提取特征点的方法，得到描述甲骨文轮廓的一组 Bezier 曲线，最后把字形轮廓描述数据存放于 TrueType 格式的字库，从而在通用字处理软件中可以方便地使用这些甲骨文。

## 2 甲骨文点阵字形数字化处理过程

几千年来，甲骨文一直深埋地下，很多甲骨被腐蚀，加之后来出土时的损坏，造成许多甲骨残缺不全，大多数的甲骨都有明显的裂痕，因此以此为原型的甲骨文拓片，往往残缺不全，字形模糊，含有许多噪声点。这样的图像质量一般不高，难以满足字形处理的需要，必须对它们进行图像预处理操作，以便提取某些特定信息。图像预处理包括图像增强、平滑滤波、锐化、二值化等内容。对经过图像预处理后的甲骨文图像，便可执行一系列数字化处理了，这些处理过程主要包括如下三个步骤：1) 甲骨文字形轮廓数据的获取；2) 甲骨文字形轮廓特征点的提取；3) 甲骨文字形曲线轮廓描述字形数据的拟合等等。

### 2.1 甲骨文字形轮廓数据的获取

2.1.1 标记每个连通区域

甲骨文字形通常是由几个分离的区域组合而成，所以字形处理的第一步就是从每个字形图像中标记出各个连通区域。图 1 是一个甲骨文(其)的字形图像，图 2 是标记出的各个连通区域，分别用不同的颜色表示。标记每个连通区域的算法可以描述如下：

连通区域标记算法：

步骤 1　从上往下、从左往右扫描二值图像，最先扫描到的黑色点记为点 P，并标记它。

步骤 2　以 P 为起点，判断 P 周围左、上、下、右 4 个相邻点，若存在一个点是黑点，并且没有被标记过，则标记这个点，并把这个点记为 $P_1$。

步骤 3　以 $P_1$ 为起点，进行步骤 2，直到找到一个点周围 4 个相邻点全是白色，或者都被标记过为止。那么这些被标记点构成的图形就是一个连通区域。

步骤 4　继续扫描图像，重复步骤 1、2、3，直到图像中所有的黑色点全被标记过为止。

2.1.2　轮廓边界提取

轮廓边界提取的目的是为了获取图像的轮廓。对二值图像边界提取的算法是：从上往下、从左往右扫描图像，最先扫描到的黑色点记为点 P，然后判断 P 周围上、下、左、右 4 个相邻点，如果全是黑点，则 P 点被标记为内部点，并将该点删除。继续扫描，再进行上述判断，直到全部图像都被扫描过为止，那么，所有未被标记为内部点（或未被删除）的黑点构成了图像的整个边界轮廓。图 3 是对图 2 进行轮廓边界提取后的图形。

2.1.3　轮廓线追踪

轮廓线追踪是为了获取字形轮廓的数据，主要方法是沿着图像的边界进行搜索，并将搜索到的轮廓线上的点记录在点列中，这样，一个点列就表示一条轮廓线。这里使用 3×3 的模板对轮廓线上的点进行判断，同时约定图像的背景色为白色，图像颜色为黑色。建立一个以点 P 为中心的 3×3 的模板，如下图所示，按上、左、下、右、右上、左上、左下、右下次序标上序号。

| | | |
|---|---|---|
| 6 | 1 | 5 |
| 2 | P | 4 |
| 7 | 3 | 8 |

**轮廓追踪使用的模板**

轮廓追踪算法：

步骤 1　从上往下、从左往右扫描图像，找到图中第一个黑点记为 $P_1$ 点。把 $P_1$ 点作为轮廓线追踪的起点。

步骤 2　使用模板检验 $P_1$ 周围各像素的颜色，把第一个遇到的黑色像素设为 $P_2$ 点，做步骤 3；如果 $P_1$ 周围的各个像素都是白色像素，则 $P_1$ 点为孤立点，停止追踪。

步骤 3　以 $P_2$ 点为起点，做步骤 2。假设已经找到 $P_n$ 点（n 为正整数），以 $P_n$ 为起点，做步骤 2，如果搜索到 $P_{n+1}$，而且 $P_n = P_1$，$P_{n+1} = P_2$，则表明 $P_1, P_2, \cdots, P_{n-1}$，已经组成一个封闭轮廓，点列 $P_1, P_2, \cdots, P_{n-1}$ 就是所要找的一条轮廓线。

步骤 4　继续进行步骤 1，把第一个被扫描到且未被记录的黑点作为起点，同时判断轮廓线所在的轮廓是内轮廓还是外轮廓，是内轮廓按顺时针方向做步骤 2、3，否则按逆时针方向做步骤 2、3。直到图像中所有的轮廓点都被记录过为止。

图 1　原始甲骨文字形图像（“其”）

图 2　标记各个连通区域

图 3　轮廓边界提取后的图形

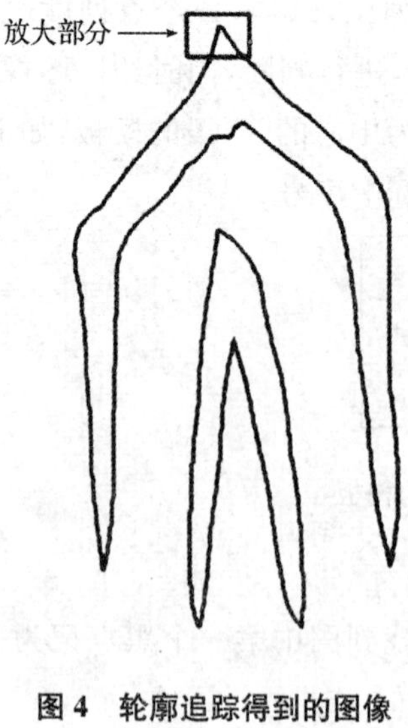


图 4　轮廓追踪得到的图像

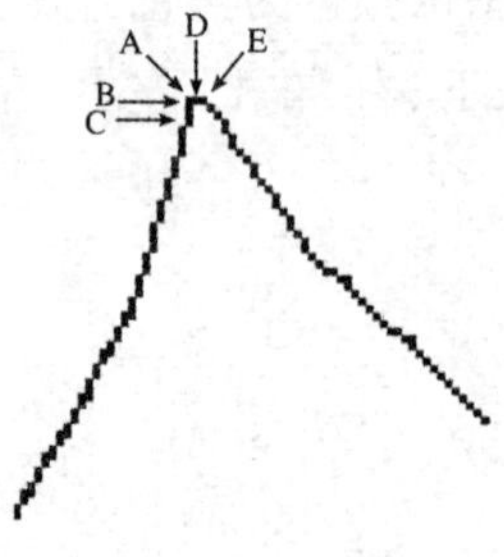


图 5　对图 4 方框内部分的放大展示

图 4 展示的是对甲骨文字形轮廓追踪得到的图像，图 5 是对该图像方框内的部分放大。依据以上算法，从上往下、从左往右扫描图像，点 A 应该是第一个被扫描到的点，执行步骤 2，A 上面、左边都没有黑色点，根据模板，位于 A 下面的点 B 成为第二个被追踪到的轮廓点，而位于 A 右边的点 D 不会被追踪；以点 B 为起点，执行算法，首先遇到黑色点 A，A 被追踪过，应该被忽略，黑色点 C 未被追踪过，点 C 成为下一个被追踪的起点，位于 B 右上方的点 D 仍然不会被追踪。继续进行追踪，点 D 应该是最后一个被追踪到点，以点 D 为起点，执行算法，D 周围八个方向没有黑点未被追踪过，这时又回到最初的起点 A，而 A 周围的黑点也都被追踪过，这说明 A、B、C、…、E、D 已成为一个封闭轮廓。该轮廓线追踪的整个过程结束。

由于甲骨文字形上任意一条封闭轮廓线都有一定的大小，而且甲骨文拓片往往有大小不一的污点存在，通常这些点都比构成字形的部分小得多，虽然这些污点面积很小，但仍然无法通过中值滤波过滤它们。我们可以通过计算一条轮廓线上点列的多少，判断该轮廓线所围的区域是不是一块污迹。例如先预设一个正整数 Q，当点列的数目小于 Q 时，则认为该轮廓线所围区域不是字形上的部分，而是污迹，应删掉该点列。

## 2.2 甲骨文字形轮廓特征点的提取

### 2.2.1 特征点提取方法

轮廓特征点是图像的重要特征，它决定了图像的基本形状，所以它在图像处理、模式识别等领域都有着重要意义。所谓的特征点就是能够代表边界曲线特征的一部分点，主要位于以下三种情况之中：1) 轮廓线急剧锐转的两侧(即拐角两侧)；2) 直线与直线、较平直曲线与大曲率弧线的交接部位；3) 凸凹向相反的曲线结合处。特征点包括角点、切点和拐点等，其中角点是目标轮廓线上曲率超过一定阈值的点，切点是圆弧和直线的平滑过渡点，拐点是凸圆弧和凹圆弧的平滑过渡点。由于它们对目标形状起着决定作用，一旦找到了目标的这些轮廓点也就大致掌握了目标的形状。其中角点的曲率较大，比较容易提取，在图像处理中起的作用较大，国内外学者对它进行了深入地研究。切点和拐点的曲率较小，也较难提取，其重要性不及角点，对它们的相关研究还比较少。



到目前为止，有几种代表性的特征点检测方法，主要有两类：第一类方法是角检测和多边形逼近法。首先把图像分成各个小部分，然后用一个链码来表示物体的边界，再寻找具有最大曲率的点或在链条上执行多边形逼近来寻找线段交叉部分；另一类方法是直接在灰度图像上进行操作，这种方法主要运用斜率、表面曲率以及通过计算各个点的曲率来提取特征点。

本文提出的方法属于第一类方法，与第二类算法相比，它们往往不考虑图像的灰度特征，主要判断曲线曲率强烈变化的地方。该类算法往往比第二类算法简单，计算量小，效果也较好。

我们注意到，通过计算轮廓线上当前点与左右相邻点夹角的大小可以判断轮廓线在该点的弯曲程度。本文使用反余弦函数计算出当前点与左右相邻点夹角的大小，规定其夹角不大于某个给定的值 $\delta$ 的点就被认为是特征点。例如对于一个曲线序列 $C_n$（$n$ 为整数）上相邻的某三个点 $P_{i-1}$，$P_i$，$P_{i+1}$（$i$ 为整数），设线段 $P_{i-1}P_i$ 和 $P_iP_{i+1}$ 的夹角为 $\alpha$，则平面上两线段 $P_{i-1}P_i$ 和 $P_iP_{i+1}$ 夹角的计算公式为：

$$\cos\alpha=\frac{P_iP_{i-1}\cdot P_iP_{i+1}}{|P_iP_{i-1}|\times|P_iP_{i+1}|}$$

然后使用反余弦函数求出 $\alpha$ 的大小，这里求出的是弧度制的角，为了便于比较，将它们转换为角度制的角。

当它们的夹角等于180度时，或者接近于180度时，那么就可以认为 $P_{i-1}$，$P_i$ 和 $P_{i+1}$ 三点在一条直线上或者近似于在一条直线上，那么 $P_i$ 就不可能是特征点，可以把它给过滤掉；当它们的夹角是一个锐角、直角或者是一个角度稍小一点的钝角时，则轮廓线在 $P_i$ 处弯曲得就比较厉害，那么该点就有可能被认为是一个特征点；当它们的夹角是一个较大的钝角时，轮廓线在 $P_i$ 处看起来就比较平缓，那么该点很有可能不是一个特征点。通过以上分析，判断轮廓线上每个点与相邻点夹角的大小，就可以求出曲线上的特征点。

在实际进行特征点的提取操作中，由于轮廓线上相邻三个点的距离太近，计算它们的夹角容易产生较大的误差。为了减少这种误差，我们采取从当前点开始，顺序探测当前点与一定数量的相邻点夹角的大小，然后再对这些角度求平均值作为当前点的角度值。例如对于上面提到曲线序列 $C_n$，设当前点为 $P_i$，它左边序列上的点分别设为 $P_{i-1}$，$P_{i-2}$，$P_{i-3}$，…，右边序列上的点设为 $P_{i+1}$，$P_{i+2}$，$P_{i+3}$，…，需要求的角度分别是直线段 $P_iP_{i-1}$ 与 $P_iP_{i+1}$，$P_iP_{i-2}$ 与 $P_iP_{i+2}$，…夹角的大小，然后再对这些夹角求平均值作为当前点 $P_i$ 所在曲线上的角度值。



但是这样的检测往往也会漏掉某些点，而这些点对后来字形的拟合很重要，例如对于一段缓慢弯曲的较长曲线，使用上述方法，往往不能检测出该段曲线存在特征点，而在拟合曲线时，由于曲线段过长，拟合效果往往不很理想，这时需要增加一个特征点。具体方法是：在特征点提取过程中，从当前点开始，设置一个变量，并将该变量起始值设为0，用以记录构成曲线点的个数，通过判断该变量的值，决定是否增加一个新的特征点。如果该变量等于给定的值，就增加一个新的特征点，并将变量设为0；当遇到一个新的特征点时，就将该变量清0。否则继续进行上述判断。下面给出我们设计的特征点提取算法。

特征点提取算法：

步骤1 对每一条字形轮廓线依次执行以下各步骤。

步骤2 在字形轮廓线上选取一个起始点，作为当前点，做下面的步骤3,4。

步骤3 计算出当前点与它左右两边相邻点夹角的大小，然后对这些角度求平均值，作为当前点的角度值。

步骤4 从当前点开始按顺时针方向（外轮廓）或按逆时针方向（内轮廓），依次取轮廓线上的下一个点作为当前点，重复执行步骤3，直到该轮廓线所有点的角度值都被计算出为止。

步骤5 对于某个预先设定的角度值$\delta$，若轮廓线上的点所在的角度值小于$\delta$，则该点为特征点，否则该点就不是特征点。

2.2.2 特征点提取算法实验结果

从甲骨文字形"其"的特征点提取结果来看，我们提出的通过精确的特征点提取以及采取对缓慢弯曲的较长曲线增加特征点的方法，使特征点提取的结果更适合以后字形拟合的需要。图6是对甲骨文（其）的特征点提取展示（未填充），图形中较小的正方形就是所提取的特征点。

## 2.3 甲骨文字形曲线轮廓描述字形数据的拟合

传统字形拟合都是基于三次Bezier曲线或者是B样条曲线，也有人使用有理样条或C-Bezier曲线拟合字形。马小虎、潘志庚（1994:121）给出了三次Bezier曲线的轮廓字库自动生成算法，用参数型最小二乘法求三次Bezier曲线的导引点，然后拟合给定的轮廓段。杨丰、余英林（1998:400）使用三次B-样条插值曲线表示字形笔划的轮廓线，并规定合成比例系数，统一曲线控制点长度与参数取值范围，得到新的字形笔划曲线表达式，产生新的字形。潘志庚、马小虎（1996:331）利用基于Fourier变换的闭合曲线描述汉字轮廓，使用Fourier进行加法和乘法的变换对不同字形风格进行复合，生成多种风格的字形。杨建、张明敏（2000:660）提出一种基于C-Bezier曲线表示汉字轮廓字体的方法，利用C-Bezier曲线具有控制因子、控制点不变的特点，通过改变控制因子的大小来调节曲线的形状，同时通过限制控制因子的大小，还可以将C-Bezier曲线退化到Bezier曲线表示形式。

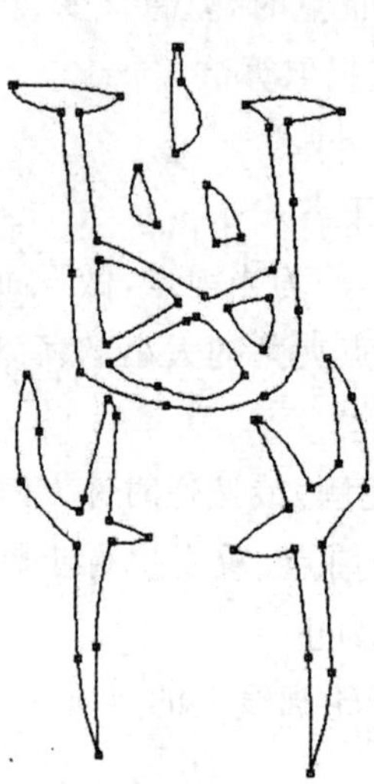

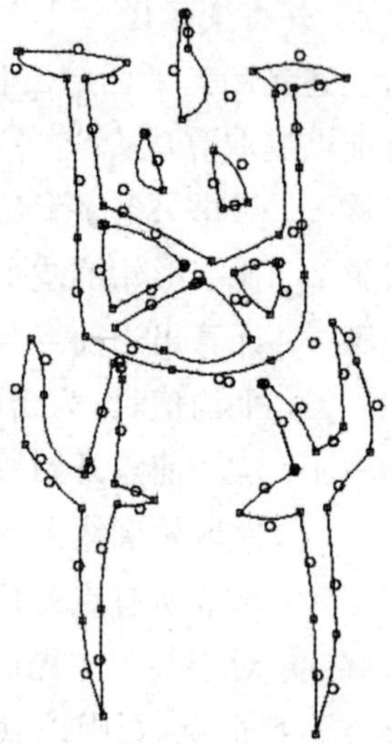

图 6　甲骨文字(“其”)的特征点提取　　图 7　带导引点的甲骨文字

本文使用二次 Bezier 曲线拟合字形，虽然二次 Bezier 曲线描述字形轮廓线的能力不如三次 Bezier 曲线，但二次 Bezier 曲线也具有三次 Bezier 曲线所没有的优点，比如控制导引点的计算简单，而且 TrueType 字体格式中也是使用二次 Bezier 曲线，TrueType 字体还通过其丰富的指令大大弥补了二次 Bezier 曲线描述能力的不足。

下面给出基于特征点的二次 Bezier 曲线轮廓字形 BNF 描述：

〈轮廓汉字〉::=〈轮廓段〉{〈轮廓段〉}

〈轮廓段〉::=〈直线段〉{〈二次 Bezier 曲线〉}

〈直线段〉::=〈POINT〉〈POINT〉

〈二次 Bezier 曲线〉::=〈POINT〉〈POINT〉〈POINT〉

〈POINT〉::=〈X〉〈Y〉X,Y 是整数



二次 Bezier 曲线可以用参数方程描述如下：

$$P(t)=\sum_{i=0}^{2}P_iB_{i,2}(t)=(1-t)^2P_0+2t(1-t)P_1+t^2P_2,\quad 0\leqslant t\leqslant 1$$

其中：$P_0$，$P_2$ 是端点，$P_1$ 是控制导引点。

根据定义，二次 Bezier 曲线控制点有三个：两个在曲线上，一个在曲线外，在曲线外的点称为曲线的导引点，二次 Bezier 曲线导引点的求法比较简单，首先求出首、尾两个端点的切线方程，然后再求这两个切线的交点，这个交点就是所求的导引点。图 7 是带控制导引点的特征点字形(未填充)，空心的圆点是导引点。

通过比较已拟合的各个曲线段和轮廓线上各个轮廓段的偏差量，检验已拟

合的字形是否合乎要求。我们选取偏差量最大的那个点作为最大偏差点。最大偏差点就是拟合曲线上的点与轮廓线上的对应点之间距离最大的一点。对于轮廓线上两个相邻特征点 A、B 之间的轮廓段 AB，拱极点定义为轮廓段 AB 上的某一点到特征点 A、B 连线距离最大的一点。

拟合精度检查算法：

步骤 1　对于一个给定的正数，如果最大偏差小于这个正数，则判断该轮廓段拟合成功；否则做步骤 2。

步骤 2　对该轮廓段进行分段，分段的位置是在轮廓段的拱极点处，并把该点设为特征点，并做步骤 3。

步骤 3　继续对分段后的各个轮廓段进行拟合，然后做步骤 1。

### 2.4　甲骨文点阵字形数字化的总过程

通过以上的介绍，甲骨文点阵字形数字化处理过程可以总结为如下一系列步骤：

步骤 1　对甲骨文图片进行一系列数字图像处理，包括平滑图像、去除噪声点和消除图像上的污迹、标准化甲骨文字形等操作。

步骤 2　从处理过的甲骨文图片中分离出各个连通区域。

步骤 3　分别提取各个连通区域的轮廓线，并进行轮廓线追踪操作。

步骤 4　对追踪过的轮廓线进行特征点提取操作。

步骤 5　使用二次 Bezier 曲线拟合甲骨文字形。

步骤 6　把拟合得到的甲骨文字形轮廓描述数据存放到 TrueType 格式的字库文件中。

## 3　实验结果

我们已经在 Dell Precision 330 工作站上用 C＋＋实现以上所有提出的算法，并成功地开发出一个甲骨文字形处理系统，该系统能够以 TrueType 字体文件格式对字形数据进行存储，最后生成标准的 TTF 甲骨文字库。图 8 是用我们开发的甲骨文字形处理系统生成的甲骨文字形竖排版时与对应现代汉字放大、缩小对照实例，图 9 是生成的甲骨文与对应现代汉字变形的比较。

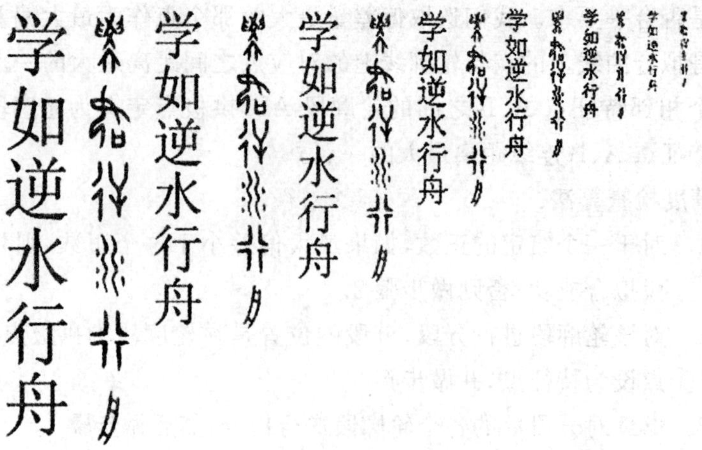


**图 8　甲骨文与对应现代汉字放大、缩小比较**

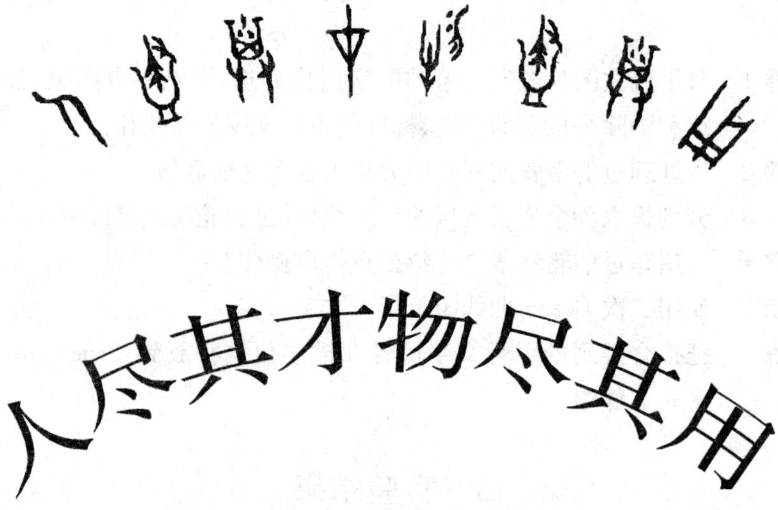


**图 9　生成的甲骨文与对应现代汉字变形比较**

## 4　结　语

古文字数字化近年来已成为人们对古文字研究的一个热点，小篆、金文字形计算机处理研究已经引起人们的关注并取得了一定的成绩。[①] 而甲骨文数字化的研究还处在起步阶段，因为与现代汉字及其它古文字相比，它更复杂、字形更没有规律可循，所以必须开发出适合甲骨文字形特点的字形技术生成甲骨文；而

① 参见周晓文(2002)及华东师范大学中国文字研究与应用中心开发的《金文字库》。

且甲骨文还存在大量的异体字，如何处理这些异体字也是甲骨文字形处理所必须解决的一个问题。

甲骨文作为中国最古老的成体系文字，对甲骨文字形技术的研究不仅对甲骨文数字化起着重要的作用，而且对其它古文字字形技术的发展也有着很大的促进作用。本文提出的甲骨文点阵字形数字化处理的方法能够较好地把质量不高的甲骨文图片转化为曲线轮廓描述的高质量甲骨文字形，并且使用我们开发的甲骨文字形处理系统，能自动生成标准格式的甲骨文字形字库，从而用通用的字处理软件能够方便地对甲骨文进行输入、显示、输出和其它复杂处理，具有十分重要的使用价值。

**参考文献**


刘志基：《金文字形整理与金文字库建设》，古文字信息化处理国际学术研讨会 2001 年。

马小虎，潘志庚，石教英：《曲线轮廓汉字自动生成及其变形方法》，《中文信息学报》1999 年第 13 卷第 2 期，46—55 页。

马小虎，潘志庚：《高质量 Bezier 曲线描述轮廓库自动生成算法》，《自动化学报》1994 年第 20 卷第 1 期，121—125 页。

马小虎，杨亦鸣，黄文帆，鄌格斐：《甲骨文轮廓字形生成技术研究与通用甲骨文字库的建设》，《语言文字应用》2004 年第 3 期，105—111 页。

潘志庚，马小虎，张明敏，石教英：《基于 Fourier 级数描述器的多种汉字字形自动生成》，《软件学报》1996 年第 7 卷第 6 期，331—338 页。

杨丰，王哲，佘英林：《一种实用的汉字字形合成方法》，《中国图像图形学报》1998 年第 3 卷第 5 期，400—403 页。

杨建，张明敏，张纪文，潘志庚：《基于 C—Bezier 曲线的汉字轮廓字库描述及生成》，《计算机辅助设计与图形学学报》2002 年第 12 卷第 9 期，660—663 页。

张再兴：《古文字信息化处理国际学术研讨会》，《中文信息学报》2002 年第 16 卷第 3 期，63—64 页。

周晓文：《古文字字库的设计与实现》，台湾：2002 年第二届汉文化资料库国际学术研讨会。


（原载《语言科学》2004 年第 3 期）

# 甲骨文轮廓字形生成技术研究与通用甲骨文字库的建设①

甲骨文是我国迄今发现的最早的一种成熟文字系统，目前对甲骨文进行计算机处理的研究还远远不能满足实际的需要。本文就甲骨文字形的特点，提出通用甲骨文字库建设的设想，并根据字库建设的需要设计出甲骨文字形处理系统，文章最后讨论了大型的专业甲骨文字库建设需要解决的几个问题。

## 一、引言

随着信息技术的发展，古文字信息化的研究逐渐提上了日程，如何利用计算机对古文字进行存储、处理和使用引起了人们很大兴趣，对这方面的研究、开发已成为古文字研究的一个热点。2001年在华东师范大学召开的“古文字信息化处理国际学术研讨会”上，与会专家就古文字信息化处理各个方面的问题作了广泛的探讨，显示出人们对古文字信息化的重视和迫切需求。② 然而由于古文字构造复杂，种类繁多，如何利用计算机有效处理众多古文字仍然是个难题，特别是对中国最古老的文字——甲骨文信息化的研究还远远不够。

近年来，由于社会对甲骨文信息化的要求越来越迫切，特别是以下三个因素激发了人们对计算机处理甲骨文的高度重视：一是



---

① 本文研究工作是在徐州师范大学语言研究所工程语言学实验室完成的，并得到江苏省哲学社会科学基金项目(No. K3.019)资助，一并致谢。

② 张再兴：《古文字信息化处理国际学术研讨会》，《中文信息学报》2002年第3期。

因为现代出版系统普遍采用电脑排版，以前靠扫描甲骨文图片和手写等方法处理文章中出现甲骨文的方式远远不能满足出版业的需求，人们迫切需要解决好甲骨文在电脑中的排版问题；二是文化传播与学术交流更多地利用网络传播手段，越来越多的甲骨文资料需要在网上进行发布，靠扫描整幅甲骨文拓片不利于甲骨文在网络上的传播；三是由于人们现在普遍使用电脑写文章，如何在电脑上方便地显示、处理甲骨文已成为人们关注的问题。要解决好这些问题，前提是做好甲骨文字库的建设工作。但是由于甲骨文笔画繁多，构造复杂，字形整理工作还没有完成，造成甲骨文字库建设迟迟未能实现。本文就甲骨文字形的特点提出建设通用甲骨文字库的设想，并介绍我们所设计的甲骨文轮廓字形生成系统，文章最后讨论了甲骨文字库建设还需要解决的几个问题。

## 二、通用甲骨文字库制作的设想

### （一）什么是通用的甲骨文字库

通用的甲骨文字库就是选用出现频率高、具有代表性的甲骨文字形构成的字库。通用甲骨文字库建立的目的主要是便于甲骨文知识的传播和一般甲骨文学习者的需要。它要求选择的字形具有真正的代表性，选择的标准主要有两个：一是字形相对比较规整，二是具有较高的使用频率。目前已出土的甲骨文字数目巨大，很多字都存在异体字现象，如何从众多的异体字中选择真正通用的甲骨文字形是通用甲骨文字库建设必须首先考虑的问题。其次是甲骨文字模的制作问题，甲骨文不仅笔划繁多，而且是用刀或者其他坚硬的工具刻在龟甲或兽骨之上，使它具有不同于使用毛笔或钢笔书写的风格。传统字库字形的设计是由熟练的造字工人在计算机辅助设计工具支持下，先设计好每一个字，再用数字化扫描仪扫描每一个字，然后拿扫描得到点阵字形和原来字形相比较，修正失真部分，最后再核对直到完全相同为止。而通用甲骨文字库的字模应该以甲骨文拓片为模型进行设计，因为已出土的甲骨文散失到世界各地，而且容易损坏，又是宝贵的文物，而其拓片能较逼真地再现甲骨文字形的特点，依据甲骨文拓片为原型设计字模是完全可行的。最重要的是还需要一个针对甲骨文字形特点设计的造字系统，它应该具有以下几个特点：能够对甲骨文拓片进行前期处理，快速处理字形复杂、笔划无规则的甲骨文，能生成符合现在流行的字处理软件格式的 TrueType 字库。

由于甲骨文长年久月地深埋地下，加之甲骨本身脆弱以及出土时的损伤，造成很多甲骨有明显的裂痕、残缺，以此为原型的甲骨文拓片对生成标准的字模要求还相差很远，图 1 是一个甲骨文拓片的实例，选自《甲骨文合集补编》第一部第 837 片。[①] 标准的甲骨文字模要求对有裂痕、残缺的甲骨文拓片上的字形进行填补，对明显不平的地方进行修整并使用图像增强等技术手段处理图形模糊的拓片以恢复甲骨文原有的面貌，还需要对甲骨文的边界进行规整，除去图像中较小的噪声点，在处理时还应该注意到字形的特点，做到重心平稳、结构匀称、大小一致、比例协调等。最后再根据处理过的甲骨文图片做成甲骨文字模，图 2 是对图 1 甲骨文拓片中的“贞”字进行图像处理后得到的字模图像。

**图 1　甲骨文拓片**

**图 2　对甲骨文拓片进行处理得到的字模图象**

（二）甲骨文字形的特点

通用甲骨文字库的制作还要注意甲骨文字形上的特点，甲骨文是刻在龟甲和兽骨上的文字，其构成方式主要有象形、指事、形声、会意等四种，其中象形字占大多数，这就决定了大多数甲骨文字形具有图画性，即使是一些会意字、形声字也是以象形字为基础，大都具有图画性，这也决定了甲骨文笔画繁多、构造复杂的特点；同时甲骨文的字形刚劲有力，笔端尖细，难以区分笔画，只能作为一个整体进行处理。所以甲骨文字形处理技术远比现代汉字的字形处理技术复杂，甲骨文字形生成不能简单地套用现代汉字字形制作技术，必须发展适合甲骨文的形体特点的字形技术。

保证甲骨文字库达到计算机处理所要求的标准，最大限度地实现其社会通

① 彭帮炯等主编：《甲骨文合集补编》（第一部），语文出版社 1999 年版。

用性，难点还在于甲骨文虽整体上趋于定型化，表现出一定的成熟性，但很多甲骨文还存在一字多形现象。因为虽然商代占卜有专门官员负责，但在刻写时也常常出现错刻、倒刻、缺刻某个笔画，加之商朝时间跨度较大，甲骨文中的颠倒、共用字、假借字等情况时有发生。总的来说，甲骨文字形有以下几个特点：(1) 甲骨文字形难以区分笔画，这是它们与现代汉字最大的区别之处。即甲骨文形符不定型，形符各个变体之间呈现交叉性，它们写法近似或相同，但作用有别；(2) 甲骨文异体字数量过多，有些甲骨文的异体字甚至高达三百余个；(3) 构成甲骨文的线条多为直线，且线条瘦劲挺直，两端尖锐，转折处，往往以两条直线相接成屈折状。甲骨文刀笔镌刻带来的形体特点，便是它的随意性和不规则性，笔画疏密有致，形体变化多姿，随字异形，多数呈不规则状。

### （三）如何制作通用的甲骨文字库

当前常见的字体制作工具主要有两个：Font Creator Program 和 AsiaFont Studio。Font Creator Program 是用来制作 TrueType 字体的程序，除了能自行制作外还可以直接修改视窗操作系统上的任何 TrueType 字体，制作或修改后的字体能够随意存储和使用，但这个字形制作工具主要针对只有较少字符的西文字库设计的，对中文字库的制作还存在很多局限。Fontlab 公司的 AsiaFont Studio 是一个适应全世界多种语言的字型编辑器，它能够将世界上任何一个国家的语言编辑出超过 65000 个字的字型，也能直接修改 Type 1、TrueType、OpenType 和 CID 格式的字形，编辑后可以保存为 TrueType、OpenType 和 CID 等格式。这个软件兼容于所有 Unicode 的完整字集的显示和制作。这个字形制作工具能很好地实现对现代汉字的支持，但是对于像甲骨文这样的古文字的支持还有很多不足，如它们无法对原始的甲骨文拓片进行前期处理。

为了解决好通用甲骨文字库的建设，就必须针对这种字形变化复杂、笔划无规则的甲骨文，制作出专门的造字系统。该造字系统除了具备一般造字系统的功能之外，还应具备以下的特点，首先是能对不符合甲骨文字模标准的拓片使用计算机图形学的方法进行前期处理。其次是能够把字形复杂的甲骨文作为一个整体进行快速处理。



## 三、甲骨文造字系统的建立

### （一）当前字形技术的概况

汉字字形技术有三种：点阵式，矢量式，曲线轮廓式。低分辨的点阵字形变化能力差，不能满足不同字体的要求，显示效果也不很理想。高分辨率的点阵字形占用空间大，当字形放大超过原来字模大小时有锯齿出现；矢量字形在字库文件中以结点坐标的形式存放，笔划太细，在较高的放大倍数下字形有一定的失真；曲线轮廓采用直线或者二次、三次 Bezier 曲线来描述字体的轮廓，这种字体还原时能够忠实地再现原来字体的风格，缩放时无锯齿出现，是国际实际上的工业标准。80 年代初到 90 年代初在我国占主导地位的是矢量轮廓字形技术，而在国际上占主导地位的是 TrueType 和 Postscript 曲线轮廓技术，由于 Windows 产品主要使用美国苹果公司的 TrueType 字形技术，促使 TrueType 字形技术在国内迅速流行起来；Postscript 是国际印刷出版行业的工业标准，80 年代就在国际市场上普遍流行了。现在在国内外占主导地位的是 TrueType 和 Postscript 为代表的曲线轮廓技术。

（二）甲骨文造字系统的建立

甲骨文造字系统实现过程主要分为两个阶段：一是输入拓片、图像处理（包括柔化、锐化、放大、缩小、扩展、收缩、二值化等）、提取轮廓、求连通图、寻找特征点、曲线拟合等字形生成过程；二是读取字形的数据、依据 TrueType 文件格式记录轮廓数据、把字形存入字库指定位置、形成 TrueType 格式文件、装入系统并注册等。该系统涉及的技术很多，由于篇幅所限，下面简略介绍我们开发的甲骨文造字系统的关键技术。

**1. 轮廓提取与轮廓线追踪**

对二值图像轮廓提取的算法是从上往下、从左往右扫描图像，如果最先检出的黑色点记为点 P，然后判断 P 周围上、下、左、右 4 个相邻点，如果全是黑点，则 P 点被标记为内部点。继续扫描，再进行上述判断，直到全部图像都被扫描过为止，那么，所有未被标记为内部点的黑点构成了字形轮廓。图 3 展示的是提取的字形轮廓。

轮廓线追踪是为了获得经过轮廓提取后的轮廓数据，从上往下、从左往右扫描图像，找到图中第一个黑点记为 $P_1$ 点，按上、右、下、左、左上、右上、左下、右下的顺序找到相邻的黑点，记为 $P_2$，如果 $P_2$ 就是 $P_1$ 点，则停止搜索；否则从该点出发继续搜索，直到最后找到的轮廓点 $P_n$ 等于 $P_1$ 为止，$P_1, P_2, \cdots, P_n$ 就是所要找的一条轮廓线。然后再把搜索起始点移到别处，继续进行下一个图形轮廓的搜索，直到所有的轮廓点都被记录下来为止。

**2. 特征点的确定**

由于特征点在二维图像处理中扮演着重要的角色，所以特征点的探测往往是人们进行二维图像处理的先决条件。特征点定义为：(1) 轮廓线急剧锐转的两侧（即拐角两侧）；(2) 较平直曲线与大曲率弧线的交接部位；(3) 拐点，即凹凸向相反的曲线结合处。[1] 在特征点的探测方面，有两种不同的方法广泛应用。第一种方法首先把图像分成各个小部分，然后用一个链码来表示物体的边界，再寻找具有最大曲率的点或在链条上执行多边形逼近来寻找线段交叉部分。另一种方法是直接在灰度图像上进行操作，这种方法主要运用斜率和表面曲率以及限定后续点的界限。本文采用第一种方法，通过判断线上连续的三个点构成的两直线夹角的大小来确定特征点的位置。图 4 是求得的特征点及导引点的一个实例，较小的方点是特征点，较大的圆点是导引点。

**3. 基于特征点的曲线轮廓库自动生成**

下面我们给出基于特征点的曲线轮廓字形 BNF 描述：

〈轮廓汉字〉::=〈轮廓段〉{〈轮廓段〉}

〈轮廓段〉::=〈直线段〉{〈二次 Bezier 曲线〉}

〈直线段〉::=〈POINT〉〈POINT〉

〈二次 Bezier 曲线〉::=〈POINT〉〈POINT〉〈POINT〉

〈POINT〉::=〈X〉〈Y〉X，Y 是整数

两特征点之间轮廓线拟合时，首先判断它们是否是直线。如果是，用 Bresenham 算法进行拟合；如果不是，用二次 Bezier 曲线来拟合每一段的曲线轮廓段。首先用参数型最小二乘拟合法，求出控制导引点 $P_1$，再用二次 Bezier 曲线进行拟合。在实际的使用中，常常需要将一段长的曲线进行分段，然后分别对它们进行拟合，这样生成的字形更能逼近原字形。图 5 是拟合得到的字形轮廓加以填充后的字形，与图 2 相比，生成的字形与原字形完全一致。

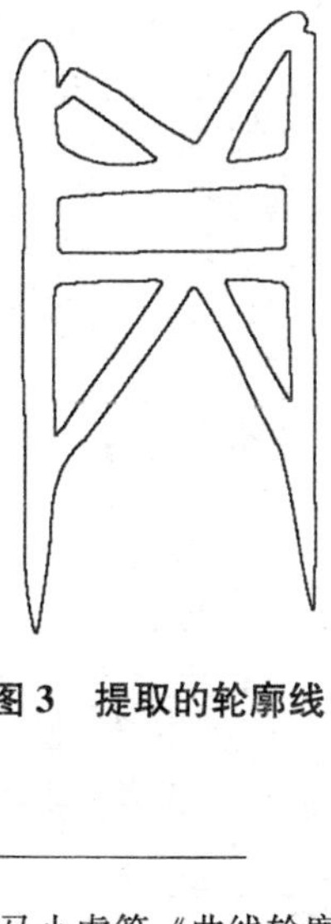

**图 3　提取的轮廓线**

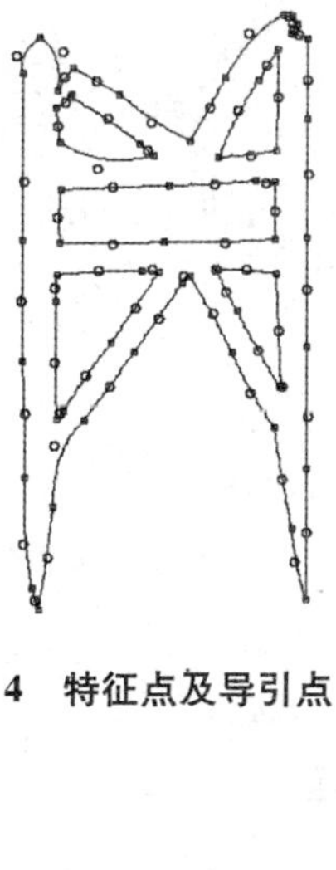

**图 4　特征点及导引点**

**图 5　还原得到的字形**

[1] 马小虎等：《曲线轮廓汉字自动生成及其变形方法》，《中文信息学报》1999 年第 2 期。

#### 4. TrueType 字形数据的存取

在 TrueType 文件中，字形的形状是由轮廓描述的，轮廓又由轮廓控制点构成的，一个字形可以由一系列轮廓组成。TrueType 技术提供了一个有大量命令的指令集，用以对字形设计进行有效的控制，使还原时关键的部分保持最优，TrueType 指令集包括完整的栈结构的管理和操作命令。TrueType 解释器是解释由 TrueType 指令写的 TrueType 程序，TrueType 解释器其实是基于栈的数据结构，指令的输入参数和输出结果都是以栈作为操作空间进行的。此外，在 TrueType 文件中还有许多表，其中 OS/2 表是一张很重要的表，它保存了 IBM OS/2 操作系统家族和 Windows 操作系统家族都需要的规格信息，与指令有关的表有字形程序部分（FPGM）、控制数据部分（CVT）、轮廓数据部分（GLYF）。TrueType 文件结构也由一些表组成，这些表包括字形映射表（CMAP），数据位移（LOCA）和数据描述表（GLYF）、TrueType 程序表（FPGM、PREP、CVT）等。系统管理表有 HEAD、HHEA、MAXP、NAME 等等。

该造字系统是基于 Windows 平台，使用 Visual C++6.0 开发的，它生成的 TrueType 字体可以在 WORD 等字处理软件中自由调用。图 6 给出了我们开发的甲骨文轮廓字形生成系统的用户界面。图 7 则给出了用通用的字处理软件 Word 调用我们开发的甲骨文轮廓字库书写的对联实例。

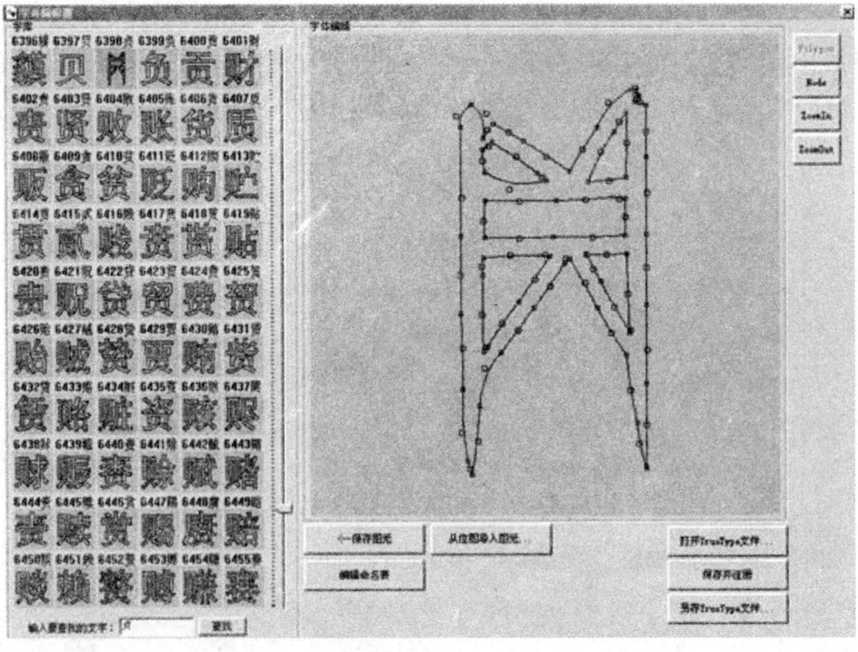


**图 6　甲骨文轮廓字形生成系统的用户界面**

家有书声出门无车马来

家有书声出门无车马来

家有书声出门无车马来

家有书声出门无车马来

**图 7　一个用字处理软件 Word 调用甲骨文轮廓字库书写的对联实例**

## 四、展　望

对甲骨文进行计算机处理是甲骨文研究领域和中文信息处理领域里的一个新的发展方向，任务十分艰巨，不仅需要甲骨文文字专家和计算机软件设计专家通力合作，还需要投入大量的人力、物力、财力。通用甲骨文字库的建立只是甲骨文计算机处理的一个初步形式，它只能满足甲骨文网络传播以及一般甲骨文爱好者的需要。要想真正解决甲骨文的信息处理问题，满足甲骨文专家的学术研究需要，应建立一个更开放、更完善的大型字库。而这样一个大型专业甲骨文字库的建设还面临着许多需要解决的问题。

首先是大型甲骨文字库对未识字的处理问题。众所周知，在已出土的甲骨文当中，有相当一部分是未识或误释，现有的检索编码系统都无法对其进行编码。如何把未考释出来的甲骨文存入字库，并通过编码输出它们，是大型甲骨文字库建设首先应该解决的问题。

其次是如何处理甲骨文中众多的异体字。由于有相当数量的甲骨文都存在异体字的问题，业内人士研究甲骨文时，往往需要大量地使用这些异体字，因此大型甲骨文字库必须包含众多的甲骨文异体字，而如何使每个异体字都能方便地进行存取，是大型字库建设必须解决的问题。

第三，殷墟甲骨文从武丁时期到帝辛时期一般可分为五个时期，[1]而各个时期的甲骨文字形和字体都发生了很大变化。董作宾1933年对第1期至第5期的书法风格作了以下评价：第1期雄伟；第2期谨饬；第3期颓靡；第4期劲峭；第5期严整。这里暂不讨论这种评价是否恰当，但从中可以看出，这五个时期字形和字体都有很大的不同。如何处理好这五个时期甲骨文，也是建设大型专业字库应该考虑的问题。

总之，对甲骨文信息化研究才刚刚开始，怎样才能更好地完成甲骨文信息化的任务，需各方面的专家协作攻关。

**参考文献**


孙家广：《计算机图形学》，清华大学出版社1998年版。

闻申生：《汉字的输出——汉字字形技术》，载陈原主编《汉语语言文字信息处理》，上海教育出版社1997年版。

赵诚：《甲骨文字学纲要》，商务印书馆1993年版。

Feng Yuan：《Windows图形编程》（英宇工作室译），机械工业出版社2002年版。

Knuth, D. E. 1993 *TrueType Font File Version* 1.00. Microsoft Press.


（原载《语言文字应用》2004年第3期）



① 董作宾：《甲骨文断代研究例》，历史语言研究所集刊外编（庆祝蔡元培先生六十五岁论文集）1933年版。

# 基于字形拓扑结构的甲骨文输入编码研究①

本文分析了甲骨文字形的拓扑结构特征，考虑了甲骨文字形、读音等因素，制作了甲骨文输入法的字形码表和拼音码表，设计了一种简便、有效的甲骨文输入编码方案，开发了甲骨文输入法程序，利用该程序可以通过两种途径来输入甲骨文字形，即拆分取码方法和现代汉字拼音方法，从而解决了从通用甲骨文字库中调出所需字形的问题。

## 1 引 言

甲骨文信息化处理是古文字信息化处理的一个重要研究领域，在甲骨文信息化处理的过程中，甲骨文字库的建设是一个核心的问题。在实现了将甲骨文字形数字化，建立起通用甲骨文字库[1]后，随之而来的问题是如何把字形从字库中调出来，这就需要对甲骨文字形进行编码。甲骨文字形的输入编码，是为了通过键盘字符把甲骨文字形输入计算机而设计的一种编码，它按照某种规则将每一个甲骨文字形和一个符号串或一个数字串对应起来，从而把甲骨文字形输入到计算机中。为此，我们在对甲骨文字形特征进行深入分析研究的基础上，设计出了甲骨文字形键盘输入法码表，然后编写输入法程序用来方便地从通用甲骨文字库中调出每一个字形并在显示器上显示出来。

① 本文的写作得到国家社会科学基金重点项目(01AYY004)、江苏省哲学社会科学基金项目(K3—019)资助。鄢格斐同志在算法和程序设计方面提供了热情的帮助，在此一并致谢。

此前的甲骨文输入编码方案分为两类。(1) 利用甲骨文字形象形的特征进行编码，称为象形码。1996年李继明[2]提出了甲骨文象形编码方案，该编码方案利用甲骨文构字部件象形的特点，利用26个拉丁字母以及10个阿拉伯数字对甲骨文字形进行编码。1999年肖明等[3]人运用模糊数学和面向对象Petri网方法研究甲骨文的部件形成和码元的确定规则，使用25个拉丁字母和7个阿拉伯数字作为码元，与甲骨文中的500多个部件相对应，实现一字一码的编码方案。2003年、2004年肖明等[4][5]人对甲骨文象形码的编码方法进行了研究，认为甲骨文编码的最佳码长大致接近于3。形码从甲骨文构字部件象形的角度出发对甲骨文进行编码，并没有利用语音方面的属性，存在重码较多的问题。(2) 利用甲骨文字形的结构特征进行编码，称为形码。2003年周晓文[6]利用小篆造字软件拟合甲骨文字形，设计了甲骨文字库，并对其进行了编码，对2600余字形拆码分析而归纳出341个常用基本部件。但是，上述方案所归纳出的构字部件均是针对部分甲骨文字形分析得出，并不全面。

本文对《殷墟甲骨刻辞类纂》[7]收录的甲骨文字形的拓扑结构进行了深入分析，整理出了569个甲骨文部件，将其分别编置在标准键盘的26个键位上。通过拆分取码和现代汉字拼音的方法，使用26个字母就可以输入《殷墟甲骨刻辞类纂》中3673个甲骨文(含异体字合文)。

## 2 甲骨文字形的拓扑结构特征

字形是指构成每一个方块汉字的二维平面图形。构成汉字拓扑空间的要素是笔画及其位置关系。笔画是构成汉字字形的最小连笔单位，落笔处为笔画的起点，提笔处为笔画的终点。甲骨文作为汉字的一种早期形态，从本质上来说，是一种平面图形，层次性不强，存在构形复杂，异写字、异构字繁多等特点，比如“犬”在甲骨文中的形态有一百多种。但是，我们仍然能够认知这一百多个不同形态的“犬”字，正是因为甲骨文具备了拓扑结构不变性的特征。



### 2.1 甲骨文字形的笔画组合特征

甲骨文字形构形复杂，难以区分笔画，构成甲骨文的线条多为直线，线条瘦劲挺直，两端尖锐，转折处，往往以两条直线相接成屈折状。由于甲骨文字形具有上述特点，我们把甲骨文的基本笔画形式大体上分为三大类：点、直、折。在这里笔画是一个抽象的概念，因为在具体的甲骨文字形中笔画因其在字中的位置和笔画间的组合关系不同而呈现出不同的变形。甲骨文字形笔画间的组合关系大致可以分为以下几种形式：

(a) 离散组合关系(相离)如:,,,,等。

(b) 连接组合关系(相接)如:,,,等。

(c) 交叉组合关系(相交)如:,,,等。

**2.2 甲骨文字形的部件**

落笔和提笔及其间轨迹的点位组成笔画,笔画组成部件。部件是由笔画构成的,它是汉字形体结构的基本单元。部件可按其笔画的多少,分成单结构部件(一笔形成)和复结构部件(二笔或多笔形成)。部件中有些仅有形,而无音和义,这是一种纯粹的符号单位,又称非成字部件。而有的部件构成单字,也称为成字部件,它仍保持字的"形、音、义"属性。出于对甲骨文字形进行输入法编码研究的需要,我们在对甲骨文字形的部件特征进行分析之后,确定了569个部件。这些部件一部分是甲骨文中可以独立成字的独体字,如、、、、等。另一部分是不能独立成字,但是在甲骨文中却很常见的构字部件,如、等。这些部件都是甲骨文中常用的组字部件,具有很高的组字频率。

**2.3 甲骨文字形的结构特征**

部件构成汉字时的方式和规则称为汉字结构,也称字形结构。汉字可以看成是部件在平面上的排列,每种排列可视为一种拓扑结构。拓扑结构的形式由组成字的部件数和每个部件在平面上的位置决定,并且与部件的选择和分析方法直接相关。从数以千计的甲骨文字形结构拓扑图形中可以归纳出以下四种基本结构:1) 独体结构,如、、等;2) 左右结构,如、、、等;3) 上下结构,如、、、等;4)包围结构,如、、、、、等。

甲骨文""的拓扑结构可以图示如下:

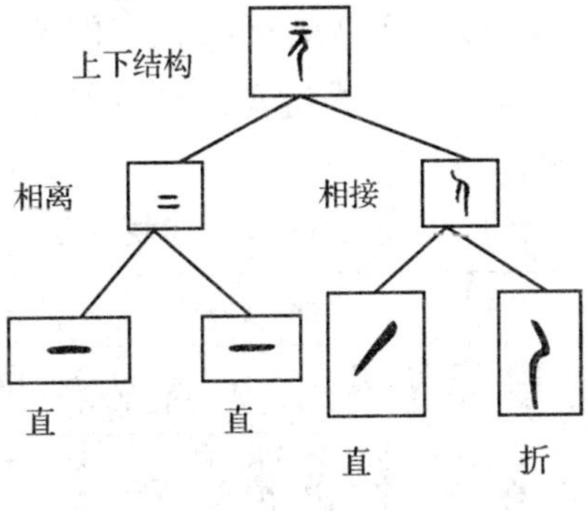


**图1 甲骨文""的拓扑结构**

## 3　甲骨文输入编码方案

理想的编码方案应该具备三个特点：易于使用，重码少，平均码长短。在编码方式上，我们采用以形为主，以音为辅，形音结合的方法，充分利用形、音两方面的属性，提高编码的易用性。

甲骨文作为一种成熟的文字系统，是由一些构字的基本单位按照一定的规律组合成不同的汉字形体，这些构成甲骨文的基本单位称为“码元”。每个码元与键盘上的字母对应起来，这样甲骨文部件与键盘上的字母形成了一种映射关系。在计算机上要输入某个甲骨文字形，首先要找出构成这个字形的码元，根据码元与键盘上的字母的映射关系，在甲骨文输入状态下输入这几个编码，就可以将甲骨文输入到计算机中。对于少数可以见字识义的字形，根据现代汉语拼音方案，直接以其现代汉字的读音作为输入码，以提高编码的易用性，这就是本文所提出的甲骨文输入法编码方案的基本思想。

### 3.1　甲骨文部件与键盘分布

我们对《殷墟甲骨刻辞类纂》所收录的甲骨文字形进行了全面的分析，整理出 569 个甲骨文部件。对于归纳出来的 569 个部件，将其分别编置在标准键盘的 26 个键位上。通用甲骨文字库中所有的字形都是由这 569 个部件组成的。

甲骨文部件可以分为两类，一类是形似拉丁字母的部件，比如“ ”、“ ”等部件形似拉丁字母 A，“ ”形似字母 B，“ ”、“ ”等部件形似拉丁字母 X，“ ”形似拉丁字母 S，“ ”形似拉丁字母“Z”，把这些部件与这些拉丁字母相联系，放在计算机键盘相应的键位上。另一类是字形不像拉丁字母的部件，对于这类部件，把它们也跟某一拉丁字母相联系，放在计算机键盘相应的键位上，比如把“ ”、“ ”、“ ”、“ ”等部件与字母 K 相联系，放在键盘的键位 K 上。甲骨文部件与字母的对应关系见表 1。



**表 1　甲骨文部件与字母映射表**

| 字母 | 部　件 |
|---|---|
| A |  |
| B | 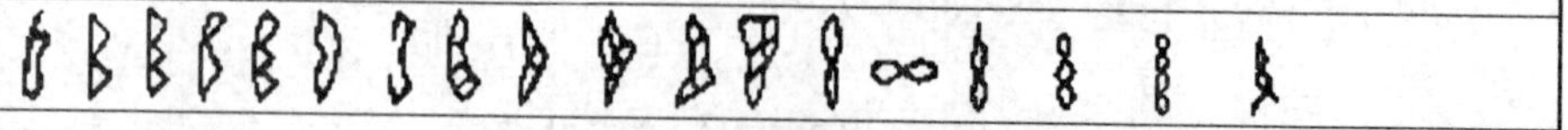 |
| C |  |

续表

| 字母 | 部件 |
|---|---|
| D |  |
| E | 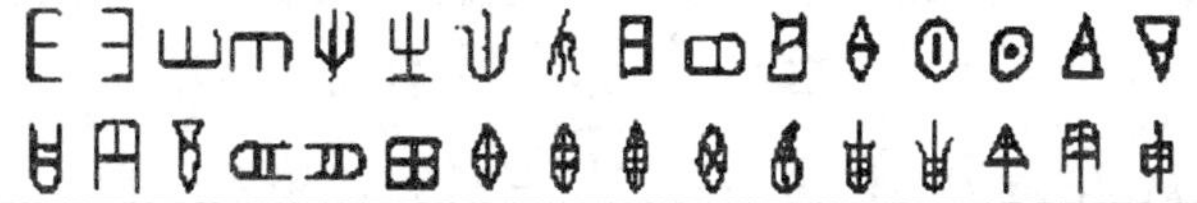 |
| F | 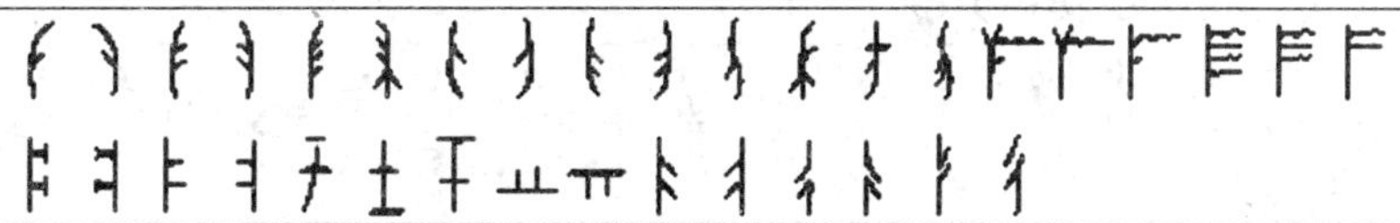 |
| G | 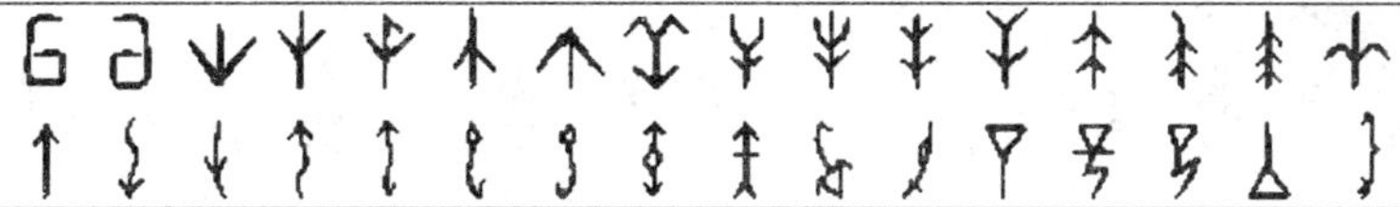 |
| H | 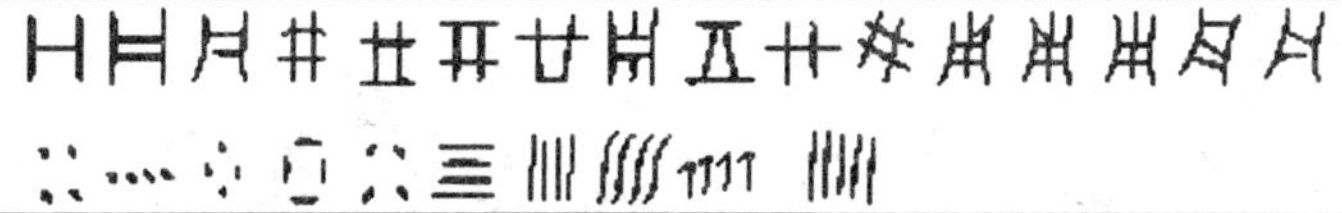 |
| I |  |
| J |  |
| K | 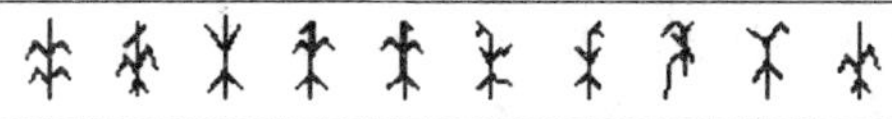 |
| L |  |
| M |  |
| N |  |
| O |  |
| P |  |
| Q | 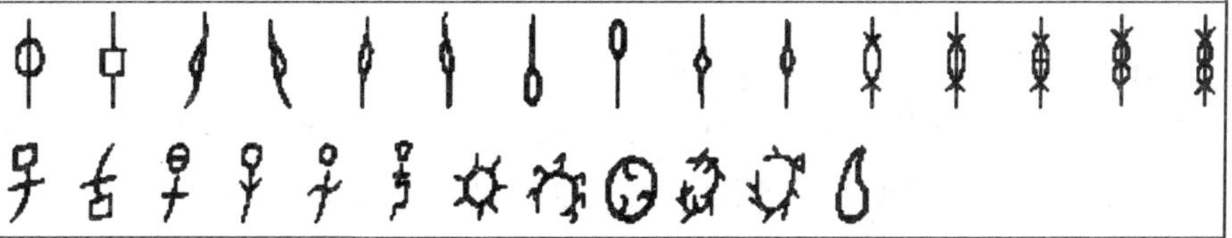 |
| R |  |
| S |  |
| T | 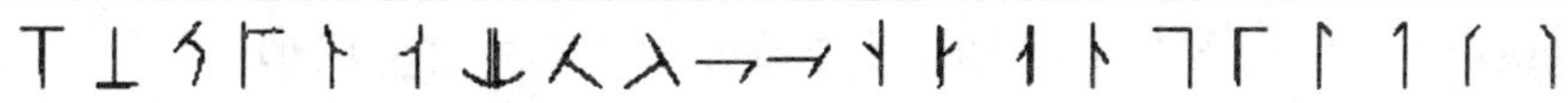 |

续表

| 字母 | 部　件 |
|---|---|
| U | 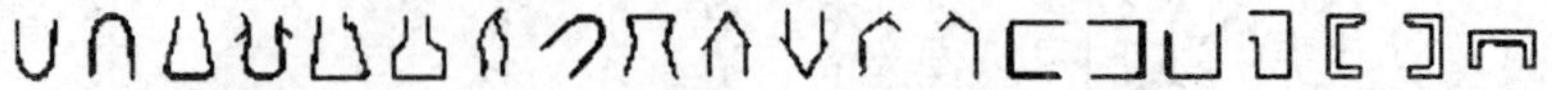 |
| V | 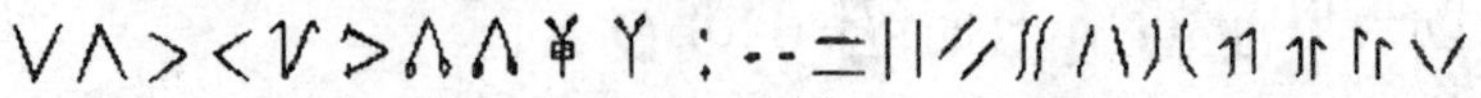 |
| W |  |
| X | 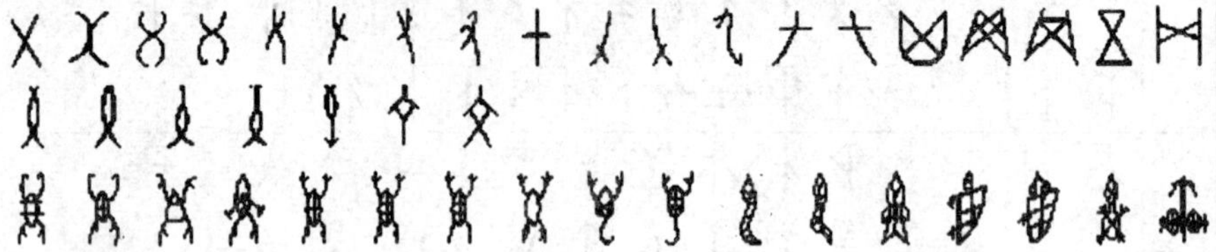 |
| Y | 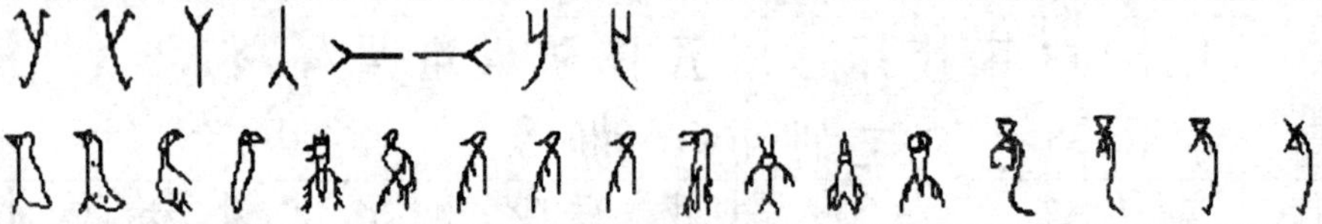 |
| Z |  |

### 3.2　甲骨文拆分取码原则

甲骨文字形可以分为独体结构、左右结构、上下结构和包围结构。甲骨文中的象形字因物具形，描摹自然界物体，只是单纯的平面图画，一般无法分析结构，成为独体。这些象形字描摹自然界常见的物体，在甲骨文中属常用字，因此将这部分字形映射为单个拉丁字母的编码序列。对于独体字之外的其他字形，采用拆分输入的方法。拆分时在取码顺序上，按照从左到右，从上到下，从外到内的顺序来对甲骨文字形进行拆分取码。在对字形进行拆分取码的时候，按照从左到右，从上到下、从外到内的顺序对甲骨文字形进行拆分，取第一、二、三、末码作为字形的输入码，对于不足四码的以空格键结束。比如，甲骨文字形“”对应的键位是 s 键，那么在键盘上输入 s 就可以把“”显示出来。甲骨文字形“”为左右结构，按照从左到右的顺序，可以拆分出“”、“”部件，所对应的键位是 s、i，它的输入码即为 si，在甲骨文输入法状态下，输入 si 就可以把字形“”显示出来。对甲骨文字形“”，采用形码的方法，可以拆分为“”、“”、和“”3 个部

件，各个部件对应的键位分别是 g、x、d，在甲骨文输入法状态下，输入 gxd 即可以把“”显示在计算机的屏幕上。甲骨文字形“”，采用形码的方法，可以拆分为“”、“”、“”、“”4 个部件，这四个部件所对应的键位是 x、x、q、p，在甲骨文输入法状态下，输入 xxqp，就可以把“”显示在计算机的屏幕上。

甲骨文字形输入编码可以概括为：第一，根据字形的拓扑结构拆分出部件；第二，根据甲骨文部件与码元的映射关系，得出甲骨文编码的字母序列。可以图示如下：

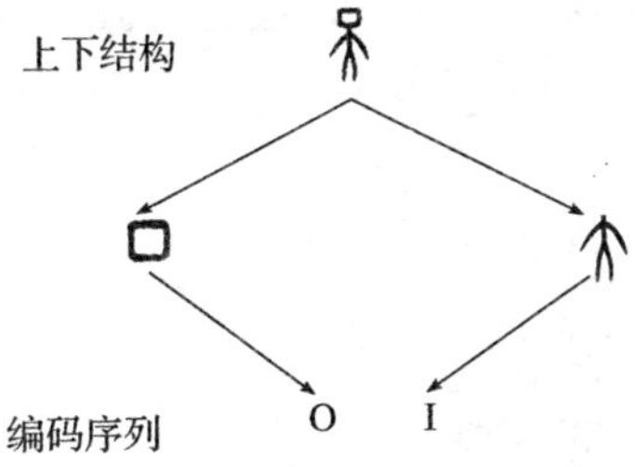


**图 2　甲骨文编码示意图**

### 3.3　码表的设计

按照甲骨文输入法编码方案，从形和音的角度，我们制作了形码表和音码表，从而可以使输入法程序通过形和音的编码方案输入甲骨文字形。

码表的格式如下：

＜编码序列＞＜Tab 键＞＜字形序号[＜Tab 键＞字形序号]＞

字母序列表示甲骨文字形的键盘输入码，数字表示通用甲骨文字库中的字形序号，字母序列和数字之间用 Tab 键隔开。图 3 和图 4 分别是从形码表和音码表中选取的部分码表示例：在甲骨文码表制作出来以后，输入法程序就可以根据键盘输入码与字库中字形序号的对照表查找与输入码对应的甲骨文字形。

| | | | |
|---|---|---|---|
| GPX | 1576 | | |
| GQ | 0588 | 1397 | 3178 |
| GQF | 2975 | | |
| GR | 0613 | 1790 | |
| GRGF | 1737 | | |
| GRGS | 2611 | 2612 | |

**图 3　甲骨文字形码表部分示例**

| | | | |
|---|---|---|---|
| KANG | 0249 | | |
| KAO | 0026 | 0039 | |
| KE | 0739 | 2633 | 3090 |
| KEN | 1212 | | |
| KOU | 0365 | 0717 | |
| KUA | 0271 | | |

**图 4　甲骨文拼音码表部分示例**

## 4　实验结果及分析

我们在 Dell Precision330 工作站上，利用 Visual C++成功地开发出了甲骨文输入法程序，通过该输入法程序可以把通用甲骨文字库中的任一字形方便地显示在计算机的屏幕上。图 5、图 6 分别是甲骨文拆分取码输入方法和甲骨文现代汉字拼音输入方法的示例，图 7 是采用本文的输入法方案显示的与现代汉字对应的甲骨文示例。

**图 5　甲骨文的形码输入方法示例**

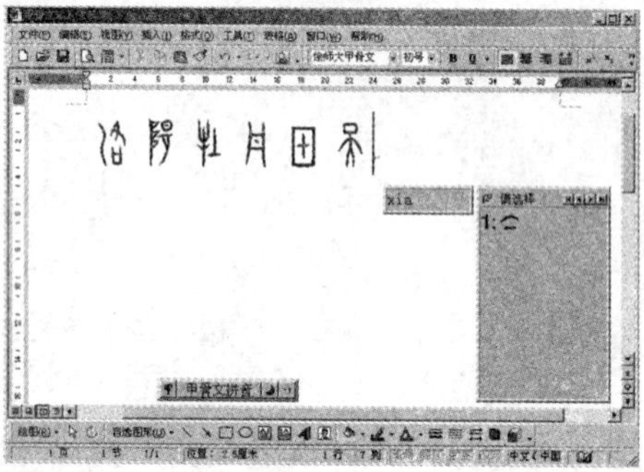


**图 6　甲骨文的音码输入方法示例**

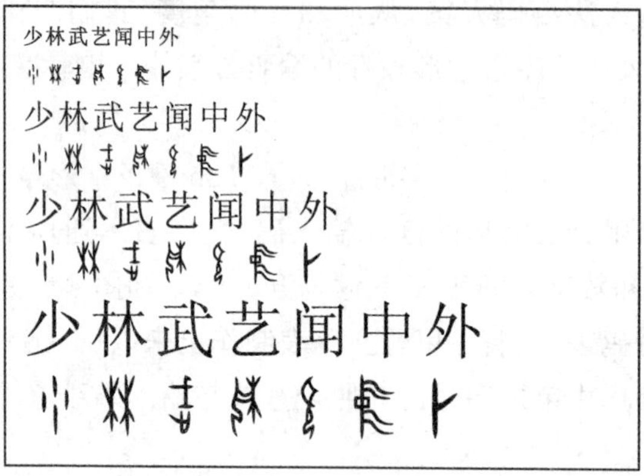


**图 7　甲骨文字形示例**



在本方案中所使用的编码字符为 26 个拉丁字母。我们将含有一、二、三、四个字母的编码序列分别称为一级简码、二级简码、三级简码、四级简码。一、二、三、四级简码数量分别为 26、439、918、1089，覆盖的甲骨文字数分别为 181、1108、1060、1133，平均码长为 2.75，静态重码率为 39%。其中，一、二、三级编码字数占甲骨文总字数的 64%。与已有的编码方案相比，本方案具有码符集少，平均码长短等特点，如表 2 所示。

表 2　本方案与象形码的比较

| 方　案 | 甲骨文部件 | 码符集 | 平均码长 |
|---|---|---|---|
| 象形码 | 500多个 | 25个拉丁字母和7个数字 | 3 |
| 文中方案 | 569 | 26个拉丁字母 | 2.75 |

## 5　结　语

古文字信息处理的研究方兴未艾，甲骨文作为我国最古老的成熟文字系统，它的信息化处理研究开始受到人们的重视。我们根据甲骨文字形的拓扑结构特征，设计并实现了甲骨文输入法程序，利用该程序可以通过拆分取码方法和现代汉字拼音方法这两种途径来输入甲骨文字形，较好地解决了从通用甲骨文字库中调出所需字形的问题。实验结果表明，利用我们开发的甲骨文输入法程序，可以很方便地在通用字处理软件比如 Word 中输入甲骨文字形，并做各种排版处理。这些研究工作无疑对极其珍贵的文化遗产——甲骨文——进行数字化、展示、有效保护和方便使用，具有重要的现实意义，对甲骨文的信息化处理工作具有很好的促进作用。

**参考文献**

[1]　马小虎，黄文帆，顾绍通，杨亦鸣：《甲骨文点阵字形转换为甲骨文轮廓字形的方法》，《语言科学》2004 年第 3 期，3－11 页。

[2]　李继明：《计算机文字信息处理技术新探——甲骨文象形码设计方案》，《中文信息学报》1996 年第 3 期，18—29 页。

[3]　肖明，胡金柱，赵慧：《面向对象的 Petri 网方法及其在甲骨文编码中的应用》，《华中师范大学学报》(自然科学版)1999 年第 4 期，495—499 页。

[4]　肖明，赵慧，甘仲惟：《甲骨文象形码编码方法研究》，《中文信息学报》2003 年第 5 期，60—65 页。

[5]　肖明，赵慧，甘仲惟：《甲骨文象形码编码的模糊数学模型研究》，《计算机工程与设计》2004 年第 3 期，358—361 页。

[6]　周晓文：《古文字字库的设计与实现》，《民俗典籍文字研究》2003 年第 1 辑，375—380 页。

[7]　姚孝遂，肖丁：《殷墟甲骨刻辞类纂》，中华书局 1989 年版。

[8]　刘连元：《汉字拓扑结构分析》，《电子出版》1995 年第 5 期，2—5 页。

（原载《中文信息学报》2008 年第 4 期）

# 基于GMM符号化和置信判别的汉语方言自动辨识研究①

近年来汉语方言自动辨识研究有了初步进展，但由于缺乏带有语音标注的方言音库，性能优越的并行音素识别—语言模型(PPRLM)方法尚未得到研究和运用。本文借助高斯混合模型(GMM)符号化器把PPRLM的思想方法引入到汉语方言辨识中并通过融合置信判别使系统能够应用于开集辨识。仿真实验表明，本文方法具有很高稳定性和可靠性，综合性能较为优越。

## 1 引言

汉语方言自动辨识是计算机自动辨识一段汉语方言语音的技术，它在语音识别、信息检索、旅游服务、刑侦以及军事监听等领域都有着重要的应用价值。目前，该研究尚处于起步阶段，2002年以来，台湾的Tsai Wuei-He、新加坡的B. P. Lim等先后进行了基于高斯混合二元模型、融合全局特征等方法的相关研究。[1][2]由于缺乏带有语音标注的汉语方言音库，语种辨识领域中性能优越的并行音素识别一语言模型方法(PPRLM)[3][4]尚未得到应有的研究。另外，目前研究都是基于闭集强制判别的，在应用中缺乏稳定性和可靠性。本文通过引入高斯混合模型(GMM)符号化[5]避免了对语音库的标注要求，实现了PPRLM思想方法在汉语方言辨识中的

① 本文得到了国家社会科学基金重点项目(01AYY004)、江苏省社会科学基金项目(06JSBYY006)、江苏省"十五"社科基金项目(K3－013)、徐州师范大学人文社会科学基金项目(06XWB28)资助，特此致谢。

应用。同时为增强系统的可靠性,本文通过比较选取了置信判别方法,使其能够应用到开集判别领域。仿真实验表明,基于 GMM 符号化和置信判别的汉语方言辨识方法具有较快的辨识速度和良好的辨识率,综合性能优于以往方法。



## 2　高斯混合模型(GMM)符号化

本文的符号化过程类似于 PPRLM 中的音素识别功能,只不过这里的训练语音数据不再需要标注。基于 GMM 符号化和置信判别方法的辨识系统结构如图 1 所示。它由语音信号预处理、特征提取、GMM 符号化、语言建模、分类器识别和置信判别六个部分组成。其中,语音信号预处理主要包括采样、量化、去噪、端点检测、预加重、分帧和加窗等操作,本文所用采样频率是 11kHz,量化级是 16bit,帧长为 256 点、帧移 128 点。特征提取则利用美尔倒谱系数(MFCC)计算办法得到,这里取 12 维 MFCC 加 12 维一阶差分美尔倒谱系数组成特征向量。

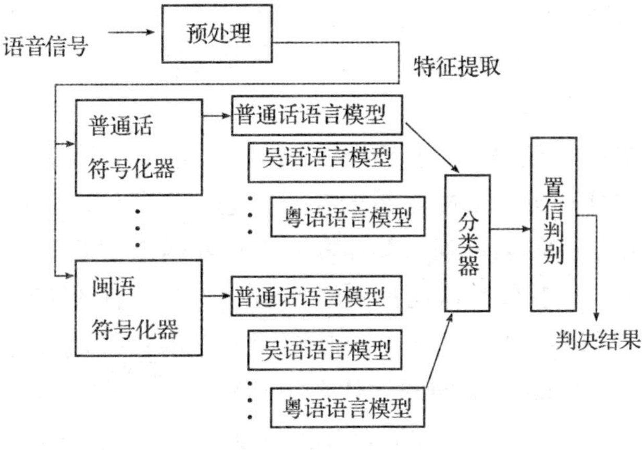


**图 1　本文系统结构简图**

### 2.1　GMM 符号化原理

符号化通过高斯混合模型(GMM)(也可以称作 GMM 符号化器)各子分布对语音帧的打分实现。GMM 在系统中主要用作对不同方言语音进行声学建模。利用 EM 算法[6]及每一种方言的训练语音数据,可以训练得到各方言的模型参数:$\Omega_k=\{w_i,\lambda_i\}$,$\lambda_i=\{\vec{\mu}_i,\Sigma_i\}$,这里 $\Omega_k$ 表示第 $k$ 类方言的模型参数,$w_i$ 为各高斯混合元的权重,它满足:$\sum_{i=1}^{M}w_i=1$,$\lambda_i$ 表示第 $i$ 个高斯分量参数集,其中的 $\vec{\mu}_i$ 是均值向量,$\Sigma_i$ 是协方差矩阵,$i=1,2,3,\cdots,M$,$M$ 是高斯混合元的总数。在测试阶段,语音信号被逐帧解码:对于每一帧,GMM 依据公式 $v_i=\underset{1<=j<=M}{\operatorname{argmax}}$

$\{b(x_i \backslash \lambda_j)\}$输出其对应的符号(符号可以用数字或字母表示)。也就是说,GMM对于输入的每一帧语音(特征向量)按照似然度指定一个声学空间的子空间,这里是一个高斯子分布,并输出相应子分布的标号。式中,$x_i$ 为第 $i$ 帧向量,$\lambda_j$ 为第 $j$ 个高斯分量(子分布)的参数(包括均值$\vec{\mu}$、方差$\Sigma$和权重 $\lambda$),$M$ 是高斯混合数,$v_i$ 为第 $i$ 帧向量所对应的符号。显然,符号化是通过上述最大后验概率把特征向量 $x_i$ 和高斯分量 $j$ 联系起来并输出符号 $v_i$。在系统中,这种符号化在无需语音标注的情况下实现了类似音素识别的功能。

### 2.2 语言模型

PPRLM 系统通过对音素识别得到的音素流进行语言建模,大大提高了系统辨识的正确率,本系统仿照 PPRLM 系统中的语言建模过程,对得到的符号串进行语言建模。本文的语言模型部分是一个插值二元模型,[7]其概率计算可以由公式 $\hat{p}(v_t \backslash v_{t-1})=\lambda_0+\lambda_1\hat{p}(v_t)+\lambda_2\hat{p}(v_t \backslash v_{t-1})$给出,其中,权重 $\lambda_i$ 表示对每一部分概率的置信度,$\lambda_0$ 为被估计概率的最小值阈值,概率 $\hat{p}(v_t)$对应于训练数据中符号 $v_t$ 出现的概率,概率$p\hat{p}(v_t \backslash v_{t-1})$是 $v_t$ 紧随 $v_{t-1}$出现的二元概率。实验中,本文把权值设置为:$\lambda_0=0.001$,$\lambda_1=0.333$,$\lambda_2=0.666$。

### 2.3 后端分类器

后端分类器在基于音素识别(Phone Recognition,PR)方法的系统中被广泛采用,其目的是从上阶段语言模型组的打分中进一步获取区分信息。本文比较了两类较为常用的分类器:高斯分类器和人工神经网络(ANN, Artifical Neural Network)分类器。高斯分类器是把各语言模型的打分看成特征向量的一维分量,然后用一个多维均值和协方差的高斯模型来获取各类别对语言模型组打分的统计分布特征。ANN 分类器的设计则相对复杂和多样。本系统采用的是前馈型两层 BP 神经网络(NN)分类器,在设计方面,为了在网络学习中获得较快的收敛速度和克服类别之间的耦合,选用了单输出型神经网络。[8][9]具体做法是:首先为每个类建立一个单输出神经网络,然后对每一类进行分别训练,并将属于这一类样本的期望输出设为 1,而把属于其它类的期望输出设为 0。特别地,训练中必须用所有类所别训练数据对每一个网络模型进行有监督训练。在分类阶段,将未知类别的打分样本输入到每一个网络,然后把输出最接近 1 的网络的类别判定为决策类别。



## 3 置信判别

置信判别是对分类器的分类结果在一定的置信度下进行最后的接受或拒绝

处理的一种方法。它对于系统开集辨识条件下拒绝集外语音(非目标类别)、信噪比过低的语音或者非语音输入等具有重要作用。当输入语音为集外语音或带有较多的噪音等而难以做出可靠的判别时,拒绝判别是一个更为理想的选择。为融入有效的置信判别,提高系统的稳定性和可靠性,本文比较了两类共三种不同的置信判别方法。第一类是用所有非目标方言训练语音训练一个综合背景 CBG(Composite Background )语言模型,[10]一者这是因为各背景方言没有足够的数据来训练各自的背景语言模型,二者出于系统运算效率的考虑。第二类是不建立 CBG 而使用直接的在线置信判别,本文又分别采用了 GMM 声学打分的置信判别和语言模型(Language Model, LM)打分的置信判别两种方法。在融入 CBG 置信判别的系统中,置信判别是通过比较最优假设和 CBG 的打分差别实现的,而第二类不包括 CBG 系统是通过在不同阶段比较最优假设打分和训练数据平均打分的差别实现的。

## 4 实 验

### 4.1 使用的汉语方言语音库

语音库的建库目的和用途不同,其选取的语料种类和数量也各不相同。在方言语音库方面,我国在上世纪 90 年代中后期建立了面向传统方言学研究的现代汉语方言语音库,[11]但专门面向方言辨识的方言语音库尚属一片空白。为此,参照 OGI 国际多语种语音库的设计建立方法,[12]本文建立了一个面向方言辨识的小型的多说话人、非特定文本、连续语音、独白模式的汉语方言语音库。语料包含个人介绍(姓名、性别、年龄、毕业学校、家庭住址、家乡特产、特色家乡话等)、词句和故事讲述三部分。语音库在广播系统播音室录制,以 11025Hz 采样,16bit 量化。该语音库包括现代汉语的七大主要方言:北方方言、吴方言、粤方言、闽方言、湘方言、赣方言和客家话,分别以普通话、苏州话、广州话、厦门话、长沙话、南昌话和广东梅县话为代表,每种方言说话人设计为 10—12 人,男女比例为 1∶1。本文以前四种方言为辨识目标方言,其它方言及其次方言为集外方言。语音库分为三部分:训练集、开发集和测试集,分别用于训练 GMM 符号化器和语言模型、系统性能提升比如训练后端分类器以及测试整个系统的性能。训练集中前四种方言和作为整体的集外方言每者各有一个约 60 分钟的训练语料,测试集和开发集为 15 秒的语音段的集合,测试集中上述五者各有 60 段时长 15 秒的测试语音,同样地开发集中也各有 60 段时长 15 秒的语音。以上三个语音集语音数据互不交叉重叠。

### 4.2 基线闭集强制判别系统实验

本实验主要是在闭集条件下测试GMM(符号化器)的阶数、并行GMM符号化器的路数以及不同后端分类器对辨识率的影响。

首先考察GMM符号化器的阶数对系统辨识率的影响,这里GMM阶数分别取16、32、64、128,由于语料规模的限制,128阶以上的本文暂未进行研究。本实验同时还对高斯分类器和ANN分类器在系统条件下作了比较。图2显示了GMM阶数和系统平均辨识率之间的关系,这里的平均辨识率在4路并行GMM符号化

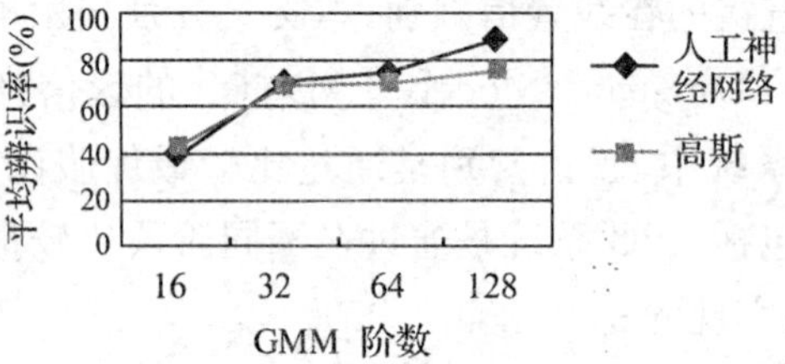


**图2 不同GMM阶数及两类分类器的比较**

器系统下计算。实验表明,总体上系统性能有随着GMM阶数的增加而提升的趋势,但GMM阶数达到32以后提升速度明显放缓。这或许是因为增加GMM的阶数,能够对语音进行更为细致地分析和描绘,而增加到一定程度后,这种效果便趋于弱化。同时还可以看到,本系统中ANN分类器在GMM取32阶后分类效果开始优于高斯分类器,特别在128阶时高出10多个百分点。这表明在本系统,ANN分类器有更强的分类能力和容错能力。

考察GMM符号化器并行路数对系统辨识率的影响,实验结果见表1。和PPRLM系统一样,每一个符号化器都只用一种方言语音训练,符号化器数目采取从吴方言到粤方言、普通话、闽方言逐一增加的方式,实验中GMM符号化器阶数均取为128,分类器采用ANN分类器。表1表明,本系统四路并行时系统稳定性和辨识率最好,而1路单符号化器时性能最差。这表明增加符号化器数目能够更好地刻画语音中的音素和类音素搭配规律。



**表1 不同路数GMM并行时系统性能的比较**

| 性能波动 | 不同路数GMM并行辨识率(%) | | | |
|---|---|---|---|---|
| | 单路 | 2路 | 3路 | 4路 |
| 最低 | 15.2 | 35.5 | 57.0 | 70.2 |
| 平均 | 32.5 | 60.2 | 67.5 | 87.3 |
| 最高 | 55.0 | 82.1 | 88.3 | 95.2 |

### 4.3 基于置信判别的开集实验

这部分开集条件下的实验用来测试和比较上文提到的两类三种置信判别方法。实验中系统采用128阶GMM四路并行方式，置信判别的模型和阈值用开发集的数据训练。由于CBG的加入，使用CBG的高斯分类器和人工神经网络分类器用20维的打分向量训练，而不用CBG的两类分类器都用16维的打分向量训练。实验结果如表2所示。表2表明，系统使用CBG置信判别时的性能明显优于使用一般置信判别的系统，这说明背景模型在有置信判别的使用PPRLM方法的系统中是非常重要的模块。在分类器方面，本实验再次验证了该系统中ANN分类器效果要优于高斯分类器。

**表2 两类分类器下不同置信方法的比较**

| 置信方法分类 | | 高斯分类器辨识率(%) | | ANN分类器辨识率(%) | |
|---|---|---|---|---|---|
| | | 总体 | 置信 | 总体 | 置信 |
| 不用CBG | GMM | 47.7 | 58.6 | 62.0 | 69.4 |
| | LM | 61.7 | 72.5 | 69.8 | 76.7 |
| CBG | | 71.5 | 82.5 | 75.4 | 86.2 |

## 5 结语

本文通过引入GMM符号化研究了语种辨识的PPRLM思想方法在汉语方言自动辨识中的应用，并在此基础上研究比较了开集条件下的置信判别。实验结果表明基于GMM符号化的类PPRLM汉语方言自动辨识方法辨识率高、运算效率突出而且对训练语音库没有标注要求，是一种具有很强扩展性和移植性的综合性能优越的方法。置信判别的比较实验表明，基于CBG的置信判别是类PPRLM方法在开集应用中重要组成部分，它增强了系统的稳定性和可靠性，使其能够应用到开集辨识领域。



**参考文献**

[1] Tsai Wuei-He and Chang Wen-Whe 2002 Discrimination Training of Guassian Mixture Bigram Models with Application to Chinese Dialect Identification. *Speech Communication*, no 36, 317—326.

[2] Lim, B. P., Li Haizhou and Ma Bin 2005 Using Local & Global Phonotactic Features in Chinese Dialect Identification. In: Proc. of ICASSP'05, vol 1, 577—580.

［3］ Muthusamy, Y. K. , Barnard, E. and Cole, R. A. 1994 Reviewing automatic language identification. *IEEE Signal Processing Mag* , no 4, 33—31.

［4］ Zissman, M. A. 1996 Comparison of Four Approaches to Automatic Language Identification of Telephone Speech. *IEEE Trans. Speech and Audio Pro* , no 1, 31—34.

［5］ Torres-Carrasquillo, P. A. , Reynolds, D. A. and Deller, J. R. Jr 2002 Language identification using Gaussian mixture model tokenization. In: Proc. of ICASSP 2002, 757—760.

［6］ Laird, N. M. , Lange, N. and Stram, D. 1987 Maximum Likelihood Computations with Repeated Measures: Applications of the EM algorithm. *Journal of the American Statistical Association* , no 82, 97—105.

［7］ Jelinek, F. 1999 *Statistical Methords for Speech Recognition*. Cambridge: MIT Press.

［8］ Biederman, D. C. 1995 Ososanya E. Capacity of several neural networks with respect to digital adder and multiplier System Theory. In: Proc. of the Twenty-Seventh Southeastern Symposium on Neural Network, 305—308.

［9］ 赵力:《语音信号处理》,机械工业出版社 2001 年版。

［10］ Gleason, T. P. and Zissman, M. A. 2001 Composite background models and score standardization for language identification system. ICASSP, no 1, 529—532.

［11］ 侯精一主编:《现代汉语方言音库》,上海教育出版社 1994—1999 年版。

［12］ Muthusamy, Y. K. 1993*A segmental approach to automatic language identification*: [*Doctor thesis*]. Hyderabad, Indian: Jawaharlal Nehru Technological University.

［13］ 黄伯荣,廖序东:《现代汉语》(增订二版),高等教育出版社 1997 年版。

（原载《计算机科学》2006 年第 11 期）

# 支持矢量机的汉语声调识别①

本文提出了一种支持矢量机的汉语声调识别新方法。文章首先在基频和对数能量的基础上，建立了一个适合于支持矢量机分类的等维声调特征。然后对支持矢量机的多分类策略和不同核函数对声调识别的影响进行了实验研究。与BP神经网络相比，支持矢量机具有更高的识别率和更强的推广能力。

## 1 引 言

汉语是一种典型的声调语言，声调在汉语语音识别、语音合成等言语信息处理中具有十分重要的应用价值。早在1000多年前的隋朝，古代先贤就凭借自身的感知器官对汉语声调进行了大量的定性研究。[1]用科学仪器进行汉语声调的定量研究则是20世纪初由留学海外的赵元任、刘复等先生开始。其中，赵元任独创的五度声调表示法已得到广泛认可，有关基频包络与汉语四声的对应关系更是现代汉语语音工程研究的重要基础。六十年代，国内外学者开始讨论语音信号的基频提取问题。七十年代，此项研究达到高潮，人们提出了很多至今仍在使用的经典算法。[2]八十年代以后，汉语等有调语言国家的学者开始将基频提取算法应用到声调识别研究中，并提出了包括隐马尔可夫模型[3]和神经网络等在内的许多声调识别方法。[4]归纳起来，声调识别主要由四个部分组

① 本文的写作得到江苏省“十五”社科基金项目(K3—013)、江苏省高校自然科学基金项目(99KJB510002)资助。一并致谢。

成:(1) 语音信号预处理,(2) 基音频率的提取,(3) 基音频率曲线的平滑和声调特征的提取,(4) 分类器设计。见图 1。

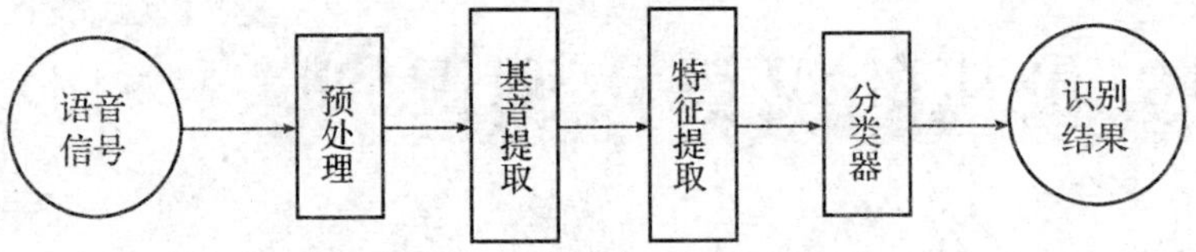


**图 1　汉语声调识别框图**

随着人们对声调本质属性认识的不断深化,以及现代模式识别新方法的不断推出,一些好的基音提取方法、好的声调特征和好的模式分类方法仍在不断涌现。其中,支持矢量机就是最近几年出现的一种优秀的模式分类器,[5]它在解决非线性分类问题,尤其对解决小样本情况下的非线性分类问题表现出独特的优势,目前该方法已在邮政手写体数字识别、文本分类、人脸识别、基因检测等领域得到广泛应用。[6]由于语音信号是典型的动态模式,每个音节包含的特征矢量的总维数是可变的,而支持矢量机是典型的静态分类器,它要求模式的特征维数必须一致。为此,本文首先提出了一种新的齐次化声调特征,然后结合四声分类的特点,对支持矢量机多分类策略和核函数进行了实验研究,找到适合四声分类的最佳模式。

本文第二部分主要说明如何解决声调特征的选择、特征齐次化问题,第三部分则介绍支持矢量机多分类策略和核函数的选择问题,第四部分给出相关的实验及结果,最后进行了简要的总结。

## 2　齐次化声调识别特征的提取

### 2.1　特征参数的计算



特征是影响分类效果的重要因素,基音频率无疑是公认的声调识别特征参数,此外,基频差分、能量及能量差分也是声调识别的重要参数。其中,基音频率的计算最为关键。目前的计算方法大致可以分成三类:(1) 时域法:如自相关方法、平均幅度差法;(2) 频域法:如倒谱提取法;(3) 时频结合法:如简单逆滤波法、小波变换法。有关基频提取算法的综述可以参考文献[2]。由于基音不是一个完全周期信号,它既要受声门开闭变化的影响,又要受讲话者、噪声等因素的影响,因此,要想正确提取语音信号的基音频率仍然不是一件容易的事情。考虑到基音周期计算应尽可能简单并具有一定的容错性,这里采用加权自相关法来计算各帧的基音频率。[7]设分帧后的语音信号为 $x(n)$,帧长为 $M$,延迟点数为 $\tau$。

语音信号的自相关函数定义为：

$$\phi(\tau)=\sum_{n=0}^{M-1}x(n)x(n+\tau) \tag{1}$$

平均幅度差函数定义为：

$$\varphi(\tau)=\frac{1}{M}\sum_{n=0}^{M-1}|x(n)-x(n+\tau)| \tag{2}$$

则改进的加权相关函数定义为：

$$\mu(\tau)=\phi(\tau)/(\varphi(\tau)+k) \tag{3}$$

其中，$k$ 是大于零的某个常数。利用该加权函数，可以较好地得到浊音语音信号各帧的基音频率。再通过中值平滑处理基频轨迹上的随机错误点，即可得到一组基频特征参数：$F_0=\{f_0^1,f_0^2,\cdots,f_0^N\}$，$N$ 为总的语音帧数，其对应的差分基频参数记为：$\Delta F_0=\{\Delta f_0^1,\Delta f_0^2,\cdots,\Delta f_0^{N-1}\}$。各帧的能量参数记为：$E=\{e_1,e_2,\cdots,e_N\}$，其中，$e_i$ 可用公式(4)得到：

$$e_i=\sum_{n=0}^{M-1}|x(n)|^2 \tag{4}$$

考虑人耳的听觉感知特点，取对数值作为特征参数，即：$\lg E=\{\lg(e_1),\lg(e_2),\cdots,\lg(e_N)\}$，其对应的差分能量记为：$\Delta\lg E=\{\Delta\lg(e_1),\Delta\lg(e_2),\cdots,\Delta\lg(e_{N-1})\}$。由此可见，每一帧的特征矢量可选择四个参数组成：$\{f_0^i,\Delta f_0^i,\lg(e_i),\Delta\lg(e_i)\}$，其中 $1\leqslant i\leqslant N-1$，将各帧特征矢量参数组合起来即可得到一个描述该语音的声调特征参数矩阵 $X$，见(5)式。将矩阵中的某几个列矢量串接起来即可得到不同维数的音节特征矢量。

$$X=\begin{bmatrix} f_0^1 & \Delta f_0^1 & \lg(e_1) & \Delta\lg(e_1) \\ f_0^2 & \Delta f_0^2 & \lg(e_2) & \Delta\lg(e_2) \\ \vdots & \vdots & \vdots & \vdots \\ f_0^{N-1} & \Delta f_0^{N-1} & \lg(e_{N-1}) & \Delta\lg(e_{N-1}) \end{bmatrix} \tag{5}$$

### 2.2 特征的齐次化

由于音节发音长度不可能相同，则每个音节包含的帧数 $N$ 也不相同，因此，音节特征矢量的维数必然不同，而支持矢量机只能对相同特征维数的模式矢量进行分类，因此，必须将不同维数的特征矢量转化为具有相同特征维数的新的特征矢量。此项工作称为特征的齐次化，这里采用两种齐次化策略。

(1) 插值法，即将矩阵 $X$ 中的每一列特征参数值看成是函数 $f(x)$ 在自变量 $(x_1,x_2,\cdots,x_k,\cdots,x_{N-1})$ 各点的函数值。将自变量取值区间进行 $P+1$ 等分，然后计算中间 $P$ 个等分点上的函数值作为新的特征参数，中间各等分点上的函数值可按公式(6)计算得到。

$$c_j^i=\frac{z_j-x_{k+1}}{x_k-x_{k+1}}f(x_k)+\frac{z_j-x_k}{x_{k+1}-x_k}f(x_{k+1}) \tag{6}$$

这里，$c_j^i$ 表示矩阵(5)中第 $i$ 列中的第 $j$ 个元素变换后的结果。$z_j=x_1+j\cdot\frac{x_{N-1}-x_1}{p+1}$，$z_j\in[x_k,x_{k+1}]$，$i=1,2,\cdots,4$；$j=1,2,\cdots,P$；$k=1,2,\cdots N-1$。上述参数最终形成一个新的特征参数矩阵 $C$，见式(7)，将各列串起来即可得到维数为 $4*P$ 维的音节特征矢量。

$$C=\begin{bmatrix} c_1^1 & c_1^2 & c_1^3 & c_1^4 \\ c_2^1 & c_2^2 & c_2^3 & c_2^4 \\ \vdots & \vdots & \vdots & \vdots \\ c_p^1 & c_p^2 & c_p^3 & c_p^4 \end{bmatrix} \tag{7}$$

(2) 曲线拟合法，即矩阵 $X$ 中每一列的特征参数看成是某一拟合曲线上的采样点，然后利用这些采样点求出该曲线的拟合系数，将这些拟合系数组合在一起即可得到一个等维的特征矢量。这里采用以勒让德多项式为基函数的最小二乘法进行拟合。如公式(8)所示

$$g_0^i(x)=\sum_{j=1}^{M-1}c_j^i e_j(x) \tag{8}$$

其中 $g_0^i(x)$ 为矩阵 $X$ 中第 $i$ 列语音特征参数构成的曲线，$e_j(x)$ 为第 $j$ 阶勒让德多项式。$c_j^i$ 为曲线拟合系数，$M$ 为勒让德多项式的阶数，这里取 $M=4$，这样就可以用 4 个曲线拟合系数来表示每个语音特征参数。由于勒让德多项式在 $[-1,1]$ 上带权 $\rho(x)=1$ 的正交多项式，所以需要将语音特征参数归一化处理。归一化公式见(9)。

$$\tilde{x}=2.0\times\frac{x-x_{\min}}{x_{\max}-x_{\min}}-1.0 \tag{9}$$

这样拟合系数 $c_j^i$ 由公式(10) 直接求得。有关此项工作的具体方法可参考文献[8]。

$$c_j^i=\frac{[e_j(x),g_0^i(x)]}{[e_j(x),e_j(x)]} \tag{10}$$

这时齐次化的语音声调特征参数可用矩阵 $C1$ 来表示，见式(11)，将各列串起来即可得到维数为 $4*M$ 维的特征矢量。

$$C1=\begin{bmatrix} c_0^1 & c_0^2 & c_0^3 & c_0^4 \\ c_1^1 & c_1^2 & c_1^3 & c_1^4 \\ \vdots & \vdots & \vdots & \vdots \\ c_M^1 & c_M^2 & c_M^3 & c_M^4 \end{bmatrix} \tag{11}$$

# 3　支持矢量机分类器设计

支持矢量机(Support Vector Machines,简称 SVM)是建立在统计学习理论基础上的一种新型模式分类器。它的主要特点是:(1) 利用那些对分类有较好区分能力的支持向量,构造分类空隙最大的有较好推广性能和较高分类准确率的最优超平面,图 2 中的黑点表示支持向量;(2) 通过核函数变换的方法,将低维空间非线性分类问题转换为高维空间线性可分的问题,同时很好地解决了高维空间中的计算复杂性问题;(3) SVM 分类器不存在过学习问题。在二类模式分类问题中,支持矢量机的最优超平面可用图 2 表示,其结构如图 3 所示,其中,最优超平面的分类函数可以表示为:

$$f(x)=\mathrm{sgn}\left(\sum_{i=1}^{s}a_i y_i K(x_i,x)+b\right) \tag{12}$$

$K(x_i,x)$表示内积函数。选择不同形式的内积函数,支持矢量机就会形成不同的算法,常用的内积函数主要有以下三种:多项式核函数,径向基核函数和 sigmoid 型核函数。本文选择了前两种形式的内积函数。

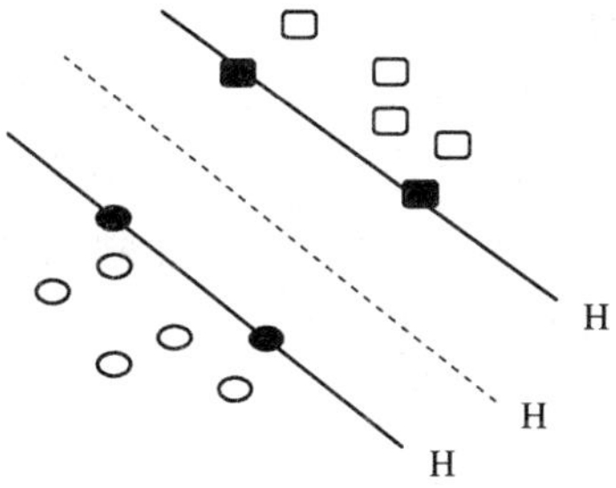


**图 2　最优超平面示意图**

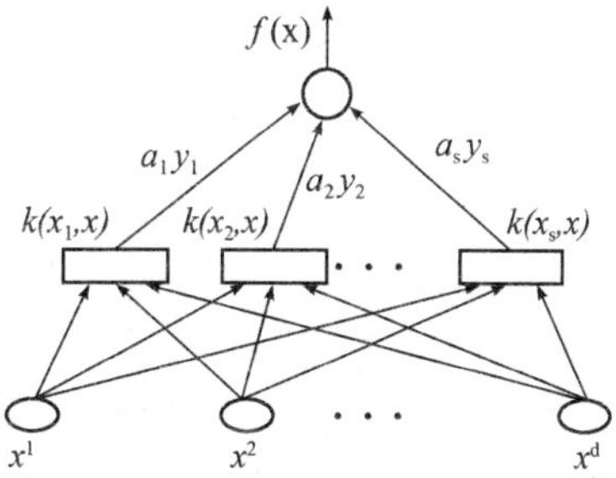


**图 3　支持矢量机结构示意图**

对于多类模式的分类问题,目前主要有“一对一”、“一对其余”和决策导向无环图三种多类分类策略。考虑到“一对一”分类方法精度高、容错性好,而待区分的类别数(四类)较少的实际情况,本文采用“一对一”多类分类支持矢量机。它的原理是:首先利用已知的 $k$ 类训练样本训练 $k(k-1)/2$ 个二类支持矢量机,然后,用这些二类支持矢量机对测试样本进行分类,最后将判入次数最多的类别作为测试样本的分类结果。

# 4　实验与分析

为了检验特征的可行性和支持矢量机的分类效果,我们首先建立了一个专门进行声调训练和测试的语音数据库，然后按照图 1 所示的流程进行了系列实验研究。图 1 中的语音信号预处理主要包括滤波、分帧、加窗、清浊音区分等多个环节。实验研究主要包括特征的齐次化方式、特征的组合方式、核函数对 SVM 分类效果的影响和不同分类器对声调识别效果的影响等。

### 4.1 语音数据库的建立

实验所用的发音语料选自《普通话水平测试实用手册》中的 100 个单音节字，这些单字包括单元音和复元音，每个音节大部分都有四声读音。录音由声卡和 Cool Edit 软件共同完成，其中语音的采样频率为 11025Hz、量化级长为 16bit。发音人是 10 位在校大学生(男生和女生各 5 人)，年龄介于 18—23 岁，都来自于徐州市区。每个发音人每个单字读 5 遍共得到 5,000 个单字的读音，发音不准时要求重录。将其中 3 男 3 女的前三次发音共计 1,800 个的读音作为训练集(记作 TRAIN)，将他们后两次发音共计 1,200 个读音组成测试集 1(记作 TEST1)，将另外 2 男 2 女的所有发音共计 2000 个读音组成测试集 2(记作 TEST2)。

### 4.2 特征齐次化方式对声调识别的影响

不同的特征齐次化方式对声调识别的影响是不相同的。表 1 给出了两种不同齐次化方式下的声调识别结果。该结果是采用混合特征参数：基频及其差分、对数能量及其差分的情况下得到的。有此可见，曲线拟合法比插值法识别效果要更好一点。原因是插值法拟合曲线必需经过节点，而节点值并非精确值，它存在一定的误差。而曲线拟合时只考虑所有节点处的总体误差小，因此，某个局部的误差不会影响整体拟合的效果。

**表 1　两种特征齐次化处理的平均识别率**

| 齐次化方式 | 训练集 | 测试集 1 | 测试集 2 |
|---|---|---|---|
| 插 值 法 | 100% | 98.2% | 95.5% |
| 曲线拟合法 | 99.9% | 98.9% | 96.6% |



### 4.3 不同特征对声调识别的影响

表 2 给出了不同特征组合下，声调识别的结果表明：(1) $F_0$ 的识别率明显高于 $\lg E$ 的识别率，说明基音频率对声调识别起主导作用；(2) 组合特征参数的识别率高于单一特征参数的识别率，说明特征组合可以提高声调识别的效果。

表 2　不同特征和特征组合对声调识别的影响

| 特征组合 | 训练集 | 测试集 1 | 测试集 2 |
| --- | --- | --- | --- |
| $F_0$ | 97.5% | 95.0% | 90.25% |
| $F_0,\Delta F_0$ | 99.5% | 96.0% | 91.1% |
| $\lg E$ | 71.8% | 69.6% | 61.1% |
| $\lg E,\Delta\lg E$ | 89.3% | 75.8% | 68.9% |
| $F_0,\lg E$ | 97.4% | 96.6% | 94.5% |
| $F_0,\lg E,\Delta\lg E$ | 98.1% | 97.4% | 95.5% |
| $F_0,\Delta F_0,\lg E$ | 99.9% | 99.3% | 96.1% |
| $F_0,\Delta F_0,\lg E,\Delta\lg E$ | 99.9% | 98.9% | 96.6% |

表中，$F_0=[f_0^1, f_0^2, \cdots, f_0^{N-1}]$，$\Delta F_0=[\Delta f_0^1, \Delta f_0^2, \cdots, \Delta f_0^{N-1}]$，$\lg E=[\lg e_1, \lg e_2, \cdots, \lg e_{N-1}]$，$\Delta\lg E=[\Delta\lg e_1, \Delta\lg e_2, \cdots, \Delta\lg e_{N-1}]$。

### 4.4　不同核函数对声调识别实验

对于不同的核函数，SVM 分类器的识别效果是不同的，这里对径向基函数和多项式核函数的声调识别情况进行了测试，结果表明两者都具有很高的声调识别率，但多项式核函数的推广能力比径向基函数要更强一些，见表 3。

表 3　不同核函数对声调识别的影响

| 核函数 | 训练集 | 测试集 1 | 测试集 2 |
| --- | --- | --- | --- |
| 径向基函数 | 100% | 98.2% | 96.2% |
| 多项式核函数 | 100% | 97.5% | 95.4% |

### 4.5　与 *BP* 神经网络的比较

神经网络也是应用非常广泛的一类非线性分类器，它是目前声调识别效果最好的少数几种方法之一，为此，这里将 SVM 与 BP 网络进行了对比实验，结果如图 4 所示。从实验结果可以看出：(1) SVM 分类器比 BP 神经网络分类器具有更高的识别率。(2) 从比较两者的训练集和测试集(TEST2)识别结果，可以发现 BP 网络的识别结果有明显下降，而 SVM 分类器的测试结果下降较少，说明 SVM 的推广能力比 BP 网更强。

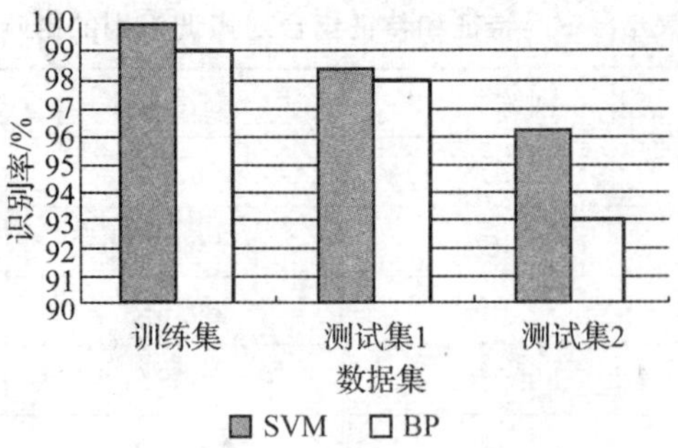


**图 4 不同分类器对声调识别的影响**

## 5 结 论

本文讨论了支持矢量机在汉语声调识别中的应用,实验结果表明,(1) 基音频率是声调识别的主要特征,但增加能量及其他们的差分参数可以进一步提高声调识别率;(2) 曲线拟合得到的齐次声调特征是一种好的识别特征;(3) 对于模式类别较少的声调识别来说,采用"一对一"的 SVM 多分类策略具有更好的识别效果;(4) 与 BP 神经网络方法相比,SVM 具有更高的识别率和更强的推广能力。

**参考文献**


[1] 刘俐李:《二十世纪汉语声调理论的研究综述》,《当代语言学》2004 年第 1 期,45—56 页。

[2] Rabiner, L. R., CHENG, M. J. and Rosenberg, A. E. C. A. 1976 Mcgonegal A comparative performance study of several pitch detection algorithm. *IEEE Trans. on ASSP*, vol 24, no 5, 399—418.

[3] YANG, W. J., LEE, J. C. and CHANG, Y. C. 1988 Hidden markov model for mandarin lexical tone recognition. *IEEE Trans, on ASSP*, vol 36, no 7, 988—992.

[4] CHEN, S. H. and WANG, Y. R. 1995 Tone recognition of continuous mandarin speech based on neural network, *IEEE Trans. on SAP*, vol 3, no 2, 46—150.

[5] Vapnik, V. N. 1995 *The nature of statistical learning theory*, New York: Springer Verlag.

[6] Burges, C. J. C. 1998 A tutorial on support vector machines for pattern recognition. *Knowledge Discovery Data Mining*, vol 2, no 2, 121—167.

[7] Shimamura, T. and Kobayashi, H. 2001Weighted autocorrelation for pitch extraction of noisy speech. *IEEE Trans. on SAP*, vol 9, no 7, 727—730.

[8] 顾明亮,王太君,何振亚:《语音信号时间动态规正新方法》,《东南大学学报》1998 年第 28 卷第 2 期,10—14 页。


(原载《声学技术》2007 年第 6 期)

# 杨亦鸣论著要目

## 一、著作类

1.《教学语法新体系》(合著:杨亦鸣、张成福),中国矿业大学出版社 1988、1989 年版。

2.《音韵易通》(合著:顾义生、杨亦鸣),中国矿业大学出版社 1989 年版。

3.《李氏音鉴音系研究》,陕西人民教育出版社 1992 年版。

4.《语言学集稿》,黄山书社 1994 年版。

5.《易经对话录》(合著:孙映逵、杨亦鸣),社会科学文献出版社 1996 年版。

6.《易经对话录上、下卷》(合著:孙映逵、杨亦鸣),笙易有限公司文化事业部 2002 年版。

7.《语言的神经机制与语言理论研究》,学林出版社 2002、2003 年版。2003 年获江苏省哲学社会科学优秀成果一等奖,2006 年获第四届中国高校人文社会科学研究优秀成果一等奖。

8.《周易解读》(合著:孙映逵、杨亦鸣),黄山书社 2003、2007 年版。

9.《易经对话录》(韩文版,合著:孙映逵、杨亦鸣),Hyeonamsa Publishing,2007 年版。

10.《易经启示录》(修订版,合著:孙映逵、杨亦鸣),台湾滚石出版社 2008 年版。

11.《古今山水名胜诗词辞典》(编委),陕西人民出版社 1991 年版。

12.《中国古代教育名言辞典》(副主编),湖南教育出版社 1993 年版。

13.《乾隆御批纲鉴》(副主编),黄山书社 1996 年版。

14.《文言文学习词典》(主编),黄山书社 1998 年版。

15.《汉语音韵史十讲》(选编),华语教学出版社 1999 年版。

16.《云龙学术》(主编),中国矿业大学出版社 2006 年版。

17.《国家哲学社会科学“十五”研究状况与“十一五”发展趋势·语言学》(主要撰稿人),社会科学文献出版社 2006 年版。

18.《国外高校人文社会科学发展报告 2008·语言学》(主要撰稿人),高等教育出版社 2008 年版。

19.《现代汉语使用手册》(主要撰稿人),北京出版社 2009 年版。

## 二、论文类

1.《中学课本中鲁迅作品里日语借词例释》,《语文教学园地》1981 年第 3 期。

2.《对〈藤野先生〉中日语借词的补述》(合著:杨亦鸣,刘明),《语文战线》1981 年第 8 期。

3.《〈镜花缘〉》中的音韵学》(合著:李时人,杨亦鸣),《镜花缘研究》第二辑,1984 年版。

4.《〈诗〉“伐檀”、“伐辐”、“伐轮”正义》,《徐州师范学院学报》(哲学社会科学版)1984 年第 3 期。

5.《“英雄所见略同”解》(合著:杨亦鸣,张成福),《语文园地》1984 年第 5 期。

6.《侧笔描绿叶　绿叶扶红花——浅谈〈柳毅传〉对配角钱塘君形象的塑造》(合著:张成福,杨亦鸣),《语言文学》1984 年第 5 期。

7.《触龙是怎样“说”赵太后的?——〈触龙说赵太后〉的逻辑分析》(合著:杨亦鸣,张成福),《逻辑与语言学习》1984 年第 5 期。

8.《语体文难句释例》(合著:杨亦鸣,张成福),《语文教学与研究》1984 年第 6 期。

9.《“偷”出了神韵佳境——谈〈社戏〉中的“偷”》(合著:张成福,杨亦鸣),《中学语文教学》1984 年第 8 期。



10.《关于鲁迅作品中结构助词叠用的问题》,《语言教学与研究》1985 年第 3 期。

11.《新体系、新知识、新教法——介绍〈中学教学语法新编〉》(合著:杨亦鸣,张成福),《学语文》1985 年第 3 期。

12.《有关语素教学的几个问题》(合著:杨亦鸣,张成福),《语文学习与研究》1985 年第 4 期。

13.《多项定语与复杂定语》,《语文报》1985 年 9 月 16 日第 172 号。

14.《把字句、被字句和一般的“动词+宾语”句的变换》(合著:杨亦鸣,张成福),《中学语文教学》1985 年第 11 期。

15.《略说词的兼类》(合著:杨亦鸣,张成福),《语文学习》1985年第12期。
16.《中学教学语法系统与现行中学语法系统的比较》(合著:杨亦鸣,张成福,陈继运),《学语文》1986年第1、2期连载。
17.《数词教学指要》(合著:杨亦鸣,张成福),《语文辅导》1986年第2期。
18.《句子的主干》(合著:杨亦鸣,张成福),《语文知识》1986年第3期。
19.《连动句三题》(合著:杨亦鸣,张成福),《语文》1986年第3期。
20.《谈复指短语》,《逻辑与语言学习》1986年第3期。
21.《结构助词"的"的使用》,《语言美》1986年3月25日第2版。
22.《漫谈复辅音》,《语文导报》1986年第12期。
23.《短语的扩展与复杂的动词短语》(合著:杨亦鸣,张成福),《语文》1987年第1期。
24.《试论汉语歇后语的英译》(合著:杨亦鸣,司辉,王维佳),《外语与外语教学》1987年第6期。
25.《关于〈左传〉"贰于×"及其他》,《语言研究》1988年第2期。
26.《"也"字语义初探》,《语文研究》1988年第4期。
27.《复指句及其语法分析》(合著:杨亦鸣,张成福),《语文知识》1988年第4期。
28.《〈李氏音鉴〉音系的性质》,《语言研究》1989年第2期。
29.《不要以今律古》,《中国语文天地》1989年第2期。
30.《睢宁话反复问句的类型》,《徐州师范学院学报》(哲学社会科学版)1989年第3期。
31.《〈李氏音鉴〉的粗细理论及反切特点》,《徐州师范学院学报》(哲学社会科学版)1990年第1期。又载《人大复印资料(语言文字学)》1990年第7期。
32.《〈李氏音鉴〉的声、韵、调系统》,《徐州师范学院学报》(哲学社会科学版)1991年第3期。又载《人大复印资料(语言文字学)》1992年第1期。
33.《〈李氏音韵〉与18世纪末的北京音系》,载《语言研究》编辑部编《汉语言学国际学术研讨会论文集》,华中理工大学出版社1991年版。又载徐州师范学院中文系《汉语研究论集》编委会编《汉语研究论集》,语文出版社出版。
34.《〈语言风格学〉中译本序》,N. E 恩克韦斯特著,李大勤、王德福、张成福译《语言风格学》,中国矿业大学出版社1992年版。
35.《"古无轻唇音"、"凿齿"及其他》,《中文自修》1993年第4期。
36.《词义变化的分类》,《学语文》1993年第6期。
37.《从音韵学角度看〈镜花缘〉的著作权》,《语言研究》增刊(上)1994年版。
38.《试析主语槽中的"NP的VP"结构》(合著:杨亦鸣,李大勤),载《语法研究与语法应用》，北京语言学院出版社 1994 年版。
39.《留学生与中国语言学的现代化转型》（合著：杨亦鸣，曹明），《徐州师范大学学报》（哲学社会科学版）1997 年第 1 期。
40.《汉语皮质下失语患者主动句式与被动句式理解、生成的比较研究》（合著：杨亦鸣，曹明），《中国语文》1997 年第 4 期。
41.《中文大脑词库形、音、义码关系的神经语言学分析》（合著：杨亦鸣，曹明），《中国语文》1998 年第 6 期。2002 年获第三届中国高校人文社会科学研究优秀成果奖。
42.《等韵学基本规则——内外转》（合著：孙强，杨亦鸣），《徐州师范大学学报》（哲学社会科学版）1999 年第 4 期。
43.《非线性音系学与〈李氏音鉴〉的反切原理》（合著：王为民，杨亦鸣），载中国音韵学研究会、徐州师范大学语言研究所编《中国音韵学研究会第十一届学术研讨会暨汉语音韵学第六届国际学术研讨会论文集》，香港文化教育出版社 2000 年版。
44.《试论"也"字句的歧义》，《中国语文》2000 年第 2 期。
45.《中国神经语言学的新进展》（合著：张强，杨亦鸣），《江苏社会科学》2002 年第 2 期。
46.《基于神经语言学的中文大脑词库初探》（合著：杨亦鸣，曹明），《语言文字应用》2000 年第 3 期。又载《人大复印资料（语言文字学）》2001 年第 1 期。2001 年获江苏省哲学社会科学优秀成果奖二等奖。
47.《近年来我国语法理论研究概述》（合著：李大勤，王仁法，杨亦鸣），《语言学及应用语言学研究》2001 年第 1 卷第 1 辑。
48.《国外大脑词库研究概观》（合著：杨亦鸣，曹明，沈兴安），《当代语言学》2001 年第 2 期。又载《人大复印资料（语言文字学）》2002 年第 2 期。
49.《中文大脑词库中语言单位存储和提取方式初探》（合著：杨亦鸣，方环海，张珊珊），《语言学及应用语言学研究》2001 年第 1 卷第 1 辑。
50.《名动分类：语法的还是语义的——汉语名动分类的神经语言学研究》（合著：杨亦鸣，梁丹丹，顾介鑫，翁旭初，封世文），《语言科学》2002 年第 1 期。
51.《说"韵"和"韵部"》（合著：杨亦鸣，王为民），《中国语文》2002 年第 3 期。
52.《介绍〈神经语言学和语言失语症学导论〉》（合著：杨亦鸣，沈兴安），《外语教学与研究》2002 年第 6 期。
53.《1994—1997 年中国理论语言学研究概观》，载《中国语言学年鉴》编辑部编《中国语言学年鉴 1995—1998》，语文出版社 2002 年版。

54.《论副词的语用分类》,*Journal of Chinese Language and Computing* 2003 年第 1 期。又载徐杰、钟奇主编《汉语词汇・句法・语音的相互关联》,北京语言大学出版社 2007 年版。
55.《〈汉语词法:语言学和认知的研究〉评述》(合著:杨亦鸣,余光武),《当代语言学》2003 年第 1 期。
56.《"副+名"现象研究之研究》(合著:杨亦鸣,徐以中),《语言文字应用》2003 年第 2 期。
57.《〈圆音正考〉》与〈音韵逢源〉所记尖团音分合之比较研究》(合著:杨亦鸣,王为民),《中国语文》2003 年第 2 期。又载《人大复印资料(语言文字学)》2003 年第 6 期。
58.《汉语量词及其分类的神经机制与相关理论问题探讨》(合著:杨亦鸣,沈兴安,方环海,翁旭初),载中国语言学会《中国语言学报》编委会编《中国语言学报》,商务印书馆 2003 年第 11 期。
59.《〈论自然与语言〉导读》,载西方语言学原版影印系列丛书八《论自然与语言》,北京大学出版社 2004 年版。
60.《副词"幸亏"的语义、语用分析——兼论汉语"幸亏"句相关话题的形成》(合著:杨亦鸣,徐以中),《语言研究》2004 年第 1 期。又载《人大复印资料(语言文字学)》2004 年第 6 期。
61.《心理词典中范畴化现象研究综述》(合著:向华东,吕勇,杨亦鸣,翁旭初),《心理与行为研究》2004 年第 2 期。又载《人大复印资料(心理学)》2004 年第 11 期。
62.《甲骨文点阵字形转换为甲骨文轮廓字形的方法》(合著:马小虎,黄文帆,顾绍通,杨亦鸣*),《语言科学》2004 年第 3 期。2005 年获江苏省哲学社会科学优秀成果奖三等奖。
63.《甲骨文轮廓字形生成技术研究与通用甲骨文字库的建设》(合著:马小虎,杨亦鸣,黄文帆,酆格斐),《语言文字应用》2004 年第 3 期。
64.《〈音韵逢源〉氐毕胃三母的性质》(合著:王为民,杨亦鸣),《民族语文》2004 年第 4 期。又载《人大复印资料(语言文字学)》2004 年第 11 期。
65.《〈论天性与语言〉评介》(合著:杨亦鸣,沈兴安),《语言科学》2004 年第 5 期。
66.《副词"都"的主观性、客观性及语用歧义》(合著:徐以中,杨亦鸣),《语言研究》2005 年第 3 期。
67.《失语症语法障碍的表现与研究——海外失语症语法障碍研究述评》(合著:杨亦鸣,周统权),《当代语言学》2005 年第 4 期。又载《人大复印资料(语言文字学)》2006年第4期。

68.《再谈〈左传〉"贰于×"》,《中国语文》2005年第4期。

69.《我国神经语言学研究的理论和方法》(合著:张强,沈兴安,杨亦鸣),《外语研究》2005年第6期。

70.《大脑中的基本语言单位——来自汉语单音节语言单位加工的ERPs证据》(合著:张珊珊,赵仑,刘涛,顾介鑫,杨亦鸣*),《语言科学》2006年第3期。又载《人大复印资料(语言文字学)》2006年第9期。

71.《汉语名、动、形充当名词修饰语的fMRI研究》(合著:梁丹丹,杨亦鸣,封世文,李建策),《语言文字应用》2006年第4期。

72.《基于GMM符号化和置信判别的汉语方言自动辨识研究》(合著:沈兆勇,顾明亮,杨亦鸣),《计算机科学》2006年第11期。

73. Digitization processing and input method coding of Jiaguwen, *Journal of Computational Information Systems*, v2, n2, p803—809. (Ma Xiaohu, Gu Shaotong, Yang Yiming),2006年版。

74.《脑成像技术在汉语神经机制研究中的应用》(合著:封世文,杨亦鸣),《外语研究》2007年第2期。

75.《语言的理论假设与神经基础——以当前汉语的若干神经语言学研究为例》,《语言科学》2007年第2期。2009年获中国高等学校科学研究优秀成果二等奖。

76.《阅读线性词语序列的脑激活模式》(合著:赵汉青,程国勤,王安明,沈兴安,封世文,张强,杨亦鸣),《医疗装备》2007年第2期。

77.《支持矢量机的汉语声调识别》(合著:顾明亮,夏玉果,杨亦鸣),《声学技术》2007年第6期。

78.《应用功能磁共振成像评估汉语名词、动词、形容词词组视觉呈现加工的脑区定位》(合著:封世文,翁旭初,沈兴安,林冲宇,向华东,杨亦鸣*),《中国组织工程研究与临床康复》2007年第22期。

79.《应用事件相关电位技术研究词汇识别中汉字正字法的作用》(合著:顾介鑫,赵仑,刘涛,杨亦鸣*),《中国组织工程研究与临床康复》2007年第26期。

80.《应用事件相关电位技术考察正常人名词和动词的脑区分布特征》(合著:刘涛,杨亦鸣*,赵仑,张珊珊,张强),《中国组织工程研究与临床康复》2007年第31期。

81. An outline description based transfovm strategy for generating new style Jiaguwen, *Journal of Computational Information Systems*, v3, n2, p493—

499. (EI) (Ma Xiaohu, Fan Xuexue, Yang Yiming), 2007 年版。

82. GMM tokenization & confidence measure based chinese dialect identification, *International Symposium on Computer Science & Technology, Proceedings*, p 246—249. (Shen Zhaoyong, Gu Mingliang, Yang Yiming), 2007 年版。

83. 《正常被试与失语症患者镜像书写的对比研究——镜像书写发生机制新论》(合著:周统权,徐以中,杨亦鸣*),《语言科学》2008 年第 1 期。

84. 《基于 EPPs 实验的二语词汇能力心理现实性研究》(合著:杨亦鸣,耿立波),《外语教学与研究》2008 年第 3 期。

85. 《基于 AdaBoost 的汉语方言辨识》(合著:顾明亮,夏玉果,张长水,杨亦鸣),《东南大学学报》(自然科学版)2008 年第 4 期。

86. 《基于字形拓扑结构的甲骨文输入编码研究》(合著:顾绍通,马小虎,杨亦鸣),《中文信息学报》2008 年第 4 期。

87. 《语法语境下汉语名动分离的 ERP 研究》(合著:刘涛,杨亦鸣*,张辉,张珊珊,梁丹丹,顾介鑫,胡伟),《心理学报》2008 年第 6 期。又载《人大复印资料(心理学)》2008 年第 11 期。

88. 《人脑中的基本语言单位——汉语双音节语言单位加工的神经电生理学证据》(合著:杨亦鸣,张珊珊,刘涛,赵仑,耿立波),载中国语言学会《中国语言学报》编委会编《中国语言学报》,商务印书馆,2008 年第 13 期。

89. 《应用事件相关电位技术考察双语理解中内隐加工与外显加工的互补》(合著:耿立波,于亮,张珊珊,杨亦鸣*),《中国组织工程研究与临床康复》2008 年第 30 期。

90. Semi-supervised learning based Chinese dialect identification, 9th International Conferenceon Signal Processing, p1608—1611. (EI) (Gu Mingling, Xia Yuguo, Yang Yiming), 2008 年版。

91. 《〈双语的神经语言学理论〉评介》(合著:杨亦鸣,耿立波),《外语教学与研究》2009 年第 1 期。

92. Neural correlates of Chinese phrase: An fMRI study, *Proceedings of the 2nd International Conference on BioMedical Engineering and Informatics*, p288—290. (Feng Shiwen, Yang Yiming*, Shen Xing'an, Geng libo) 2009 年版。

93. 《"就"与"才"的歧义及相关语音问题研究》(合著:徐以中,杨亦鸣),《语言研究》2010 年第 1 期。

94. 《汉语宾语关系从句加工优势论——来自失语症研究的证据》(合著:周统

权，郑伟，舒华，杨亦鸣*），《语言科学》2010年第3期。

95.《基于泊松分布和分形几何的甲骨文拓片字形复原方法》（合著：顾少通，杨亦鸣*，马小虎，酆格斐），《中国科学》（F辑：信息科学）2010年第40卷第7期。

96. Developmental dyslexia in Chinese and English populations: dissociating the effect of dyslexia from language differences, *Brain*, Advance access published May 20, 2010. doi: 10. 1093/brain/awq106. (Wei Hu, Hwee Ling Lee, Qiang Zhang, Tao Liu, Li Bo Geng, Mohamed L. Seghier, Clare Shakeshaft, Tae Twomey, David W. Green, Yi Ming Yang and Cathy J. Price)

注：*为通信作者。